MÉMOIRES DE L'ACADÉMIE
DES
SCIENCES, BELLES-LETTRES ET ARTS DE CLERMONT-FERRAND

Deuxième Série

FASCICULE SEPTIÈME

HISTOIRE D'AUVERGNE

PAR LE CHANOINE

Pierre AUDIGIER

—

Tome I

Projet de l'Histoire d'Auvergne

CLERMONT-FERRAND
LOUIS BELLET, IMPRIMEUR-ÉDITEUR
Avenue Carnot, 4

1894

MÉMOIRES DE L'ACADÉMIE

DES

SCIENCES, BELLES-LETTRES ET ARTS

DE

CLERMONT-FERRAND

DEUXIÈME SÉRIE

Fascicule septième

HISTOIRE
D'AUVERGNE

PAR LE CHANOINE

Pierre AUDIGIER

—

Tome I

Projet de l'Histoire d'Auvergne

CLERMONT-FERRAND

LOUIS BELLET, IMPRIMEUR-ÉDITEUR

Avenue Carnot, 4

—

1894

AVERTISSEMENT

L'Académie des Sciences, Belles-Lettres et Arts de Clermont-Ferrand ayant décidé, dans sa séance du 1er décembre 1892, de donner au public l'*Histoire d'Auvergne* du chanoine Pierre Audigier, demeurée inédite jusqu'à ce jour, chargea de ce soin son comité de publication. C'est le premier volume de cette *Histoire* qui paraît ici, il forme comme une introduction à l'œuvre entière qui comprendra de sept à huit volumes.

Le lecteur verra sans peine combien cette œuvre reste inférieure aux grandes histoires provinciales publiées par les Bénédictins, mais il se rendra compte aussi qu'elle méritait de voir le jour, puisqu'elle est après tout le travail le plus complet et le plus sûr qui ait été encore composé sur l'ensemble de l'Histoire d'Auvergne.

Les manuscrits d'Audigier, entrés à la Bibliothèque royale en 1768, après la suppression du collège des Jésuites de Clermont, auquel le docte chanoine les avait légués, forment une série de dix volumes, format in-4°, reliés en maroquin rouge aux armes du roi. Ils sont inscrits actuellement au catalogue des manuscrits français de la Bibliothèque nationale sous les nos 11477 à 11486 (*Ancien Supplément français*).

Ce catalogue (rédigé en 1896) attribue par erreur à Jacques Audigier le père, les volumes 11477 à 11484 comprenant l'*Histoire d'Auvergne*. Ils sont cependant de l'écriture de son fils Pierre, aussi bien que les deux volumes suivants,

11485 et 11486, qui comprennent l'*Histoire de la ville de Clermont* et lui sont seuls attribués dans le catalogue.

Le volume 11477 (celui que nous livrons aujourd'hui à l'impression) est divisé en deux tomes : le tome Ier porte en titre *Projet de l'Histoire d'Auvergne* ; le tome II, *Histoire d'Auvergne,* est un résumé de l'histoire de cette province.

Le volume 11478 contient les tomes III et IV : tome III, *Histoire des villes et localités de la Haute-Auvergne* ; tome IV, *Histoire des villes et localités de la Limagne.*

Le volume 11479 renferme les tomes V et VI : tome V, *Histoire des villes et localités de la Limagne* (suite) ; tome VI, *Histoire des autres villes et localités de la Basse-Auvergne.*

Le volume 11480 se compose du tome VI seulement. Il y est traité de l'*Histoire des Auvergnats* jusqu'à l'arrivée de saint Austremoine, et de l'*Histoire de l'Eglise d'Auvergne* jusqu'à saint Eparque, 10e évêque de Clermont.

Le volume 11481 est composé du tome VIII. Il contient l'*Histoire de l'Eglise d'Auvergne* jusqu'à Cautin, 17e évêque de ce siège.

Le volume 11482 renferme les tomes IX et X. Il contient l'*Histoire de l'Eglise d'Auvergne,* de saint Avit à Etienne VI.

Le volume 11483 comprend les tomes XI et XII. Il contient l'*Histoire de l'Eglise d'Auvergne,* de l'évêque Durand à Aubert Aycelin.

Le volume 11484 est formé d'une table générale alphabétique divisée en trois parties.

L'*Histoire de la ville de Clermont en Auvergne* porte les n°s 11485 et 11486 du catalogue.

La présente édition est faite d'après la copie prise directement sur le manuscrit original par M. Ant. Vernière, ancien président de l'Académie des Sciences, Belles-Lettres et Arts de Clermont-Ferrand. C'est lui qui a dressé aussi la table qui termine ce volume. Les notes ont été rédigées par MM. Paul Leblanc, G. Rouchon, A. Vernière et Vimont.

On remarquera que ces notes rectificatives sont peu nombreuses et peu développées. Peut-être les trouvera-t-on insuffisantes. On devra réfléchir que ce premier volume n'est à la vérité qu'une introduction : l'auteur y effleure rapidement des questions sur lesquelles il s'étendra à loisir dans les volumes suivants. Les éditeurs ont pensé qu'il convenait de réserver pour ces volumes les notes et les additions, et qu'il était inutile de les répéter ici. Les chapitres relatifs à l'industrie et au commerce, à l'administration des intendants, à la religion gallo-romaine ont toutefois été annotés plus copieusement, parce qu'on ne devait plus les revoir.

Un dernier volume comprendra la biographie du chanoine Audigier, l'étude critique des sources auxquelles il a puisé, quelques éclaircissements indispensables à certaines parties de son œuvre, enfin, s'il se peut, une série de pièces justificatives.

PROJET

DE

L'HISTOIRE D'AUVERGNE [1]

Il est surprenant que parmi le grand nombre d'hommes savants que l'Auvergne a produits, il ne s'en soit trouvé aucun assez zélé pour faire connaître la province qui lui avait donné le jour. Les Auvergnats pourtant ont fait assez de figure dans le monde pour mériter qu'on ne passât pas sous silence leurs belles actions et la part qu'ils ont eue à

---

(1) Le *Projet de l'Histoire d'Auvergne* qui se trouve en tête des manuscrits de Pierre Audigier et sert, pour ainsi dire, de préface à son vaste travail, n'est pas absolument inédit. Les premières pages figurent, à peu près entières, dans une plaquette (petit in-folio de 16 pages) que l'auteur a publiée (sans lieu, ni date) pour annoncer son ouvrage. Toutefois, comme le cadre de cette sorte de prospectus devait forcément être un peu restreint et qu'il n'y pouvait pas entrer tous les développements dont le chanoine clermontois a cru devoir orner, dans son œuvre définitive, l'exposé néanmoins rapide des fastes de l'Auvergne, le texte de l'imprimé est en général assez écourté. Nous nous sommes donc tenus à celui du manuscrit qui, par contre, s'arrête brusquement à l'épiscopat de Raymond Desprez (1337). Pour ne pas laisser inachevé ce tableau d'ensemble de l'histoire d'Auvergne, nous en avons emprunté les derniers traits au *Projet* imprimé. Les paragraphes ajoutés sont compris entre des crochets. Enfin, lorsque les variantes entre les deux textes nous ont paru présenter quelque intérêt, nous les avons données en note.

On trouvera, peut-être, que divers passages de cet avant-propos exigeraient plus de précision et de clarté ; mais tous les faits qui y sont rappelés devant être traités avec des détails nouveaux dans le corps de l'ouvrage, nous donnerons alors les éclaircissements nécessaires, quand nous le croirons utile ou indispensable.

tous les événements qui font la plus belle partie de l'histoire des anciens Gaulois et des Français.

Quoiqu'on se borne à l'histoire d'une province, qu'on ne croie pas n'y trouver aucun de ces événements dignes de la curiosité des lecteurs. On y fera connaître un peuple qui a eu part à la prise de Rome par les Gaulois, et avec lesquels Annibal et son frère ont bien voulu partager leurs victoires. On y admirera des rois dont la puissance n'avait d'autres bornes que le Rhin, les Alpes et la mer, et qui peuvent être proposés pour modèle à tous ces souverains qui ne veulent se servir de leur autorité que pour le bien de leurs sujets. On les verra ne point s'épouvanter du nom romain, aller attaquer ce peuple qui se croyait invincible, et ne succomber que par des artifices qui ne furent approuvés du sénat que par la crainte de voir arrêter leurs conquêtes par des rois d'Auvergne.

Les Auvergnats, quoique vaincus, se firent craindre des Romains. Ceux-ci voulurent les avoir pour amis, et, ayant connu quelle horreur ils avaient pour la servitude, ils leur permirent de vivre dans l'indépendance. Gergovie fut le centre de leur république. Le sénat de cette fameuse ville ne parut pas moins jaloux de sa liberté que celui de Rome, et ses citoyens donnèrent plus d'une fois des exemples d'une fermeté et d'une intrépidité du moins égales à celles des Romains.

La Gaule, se voyant attaquée par Jules César, crut pouvoir l'arrêter en lui opposant un homme qu'elle fut prendre parmi les sénateurs de Gergovie, qui avait donné d'éclatantes marques de courage dans diverses occasions. Ce roi que les peuples mirent à leur tête, nommé Vercingétorix, fit fuir devant les murs de sa patrie le vainqueur dans la suite du grand Pompée; et malgré cet affront, cet homme qui triompha de tous ses ennemis, ayant à son tour vaincu les Auvergnats, ne leur ravit point la liberté, ce précieux trésor dont ils faisaient tant de cas.

Ces peuples soumis, ayant vu les Romains de plus près, en

eurent une haute opinion. Ils furent charmés de leurs lois et de leur gouvernement; de sorte que, devenus eux-mêmes Romains, ils furent le plus ferme appui de cet empire lorsqu'il fut près de sa chute. Ils donnèrent dans ces temps-là un empereur qui, avant que de monter à ce suprême degré d'honneur, l'avait soutenu bien des fois par sa valeur et par son éloquence.

Dans le iv° et le v° siècle les Auvergnats faisaient la principale gloire de cet empire chancelant. C'est du sein de cette province que sortirent plusieurs préfets du prétoire des Gaules, des maîtres de l'une et de l'autre milice, des préfets de Rome et des généraux d'armée. Jamais aussi consternation ne fut plus grande que celle des Auvergnats, lorsqu'ils apprirent qu'ils ne seraient plus Romains, que Nepos les abandonnait à la domination des Visigoths. Dans la vue d'un tel malheur, ils tentèrent toutes choses pour ne pas subir le joug de ces barbares. Ils voient leur ville presque réduite en cendres, leurs murailles ouvertes, l'ennemi prêt à les égorger, mais rien ne les épouvante; sur le point de périr, leur courage semble se redoubler. Ecditius, fils de l'empereur Avitus, sort de la ville, attaque et met en fuite ceux qui s'attendaient à y entrer victorieux. Il fallut enfin obéir à ces nouveaux maîtres qui n'oublièrent rien, de leur côté, pour gagner un peuple si belliqueux, et que la force seule avait contraint à se rendre. Rassurés par la douceur du gouvernement, ils furent fidèles à des princes qui les laissèrent vivre selon les lois auxquelles ils étaient accoutumés, et qui surent si bien se les attacher, qu'on vit marcher contre Clovis, avec une intrépidité étonnante, dix mille citoyens de la ville d'Auvergne, parmi lesquels on comptait un grand nombre de sénateurs ayant à leur tête le fils du célèbre Sidoine Apollinaire. Ce fut lorsque ce roi des Français entreprit de chasser Alaric de ses états. La bataille se donna à Vouillé. Ce nouveau conquérant ne fut vainqueur que lorsqu'il ne trouva plus aucun Auvergnat pour lui disputer la victoire.

L'histoire de la religion des peuples n'attachera pas moins le lecteur que l'histoire politique. Des hommes qui se piquaient d'avoir un des plus magnifiques temples de l'Europe et qui rendaient des honneurs divins à une statue colossique (*sic*) qui surpassait toutes celles qu'on admirait dans l'univers, devaient avoir une grande idée de leurs dieux. Ils les abandonnèrent pourtant et les méprisèrent après avoir ouï parler de Jésus-Christ à leur premier apôtre, saint Austremoine, qui leur avait été envoyé par la mère de toutes les églises. Leur foi fut tout d'un coup si ferme que, dans ces commencements, plus de six mille citoyens répandirent généreusement leur sang dans la ville capitale pour ce Sauveur, aussitôt qu'ils l'eurent connu. Ces peuples, soutenus par l'exemple de leurs premiers évêques dont l'Église honore la mémoire, laissèrent prendre de si fortes racines à la religion que l'on venait de leur prêcher, qu'en l'espace de quinze cents ans toutes les erreurs qui se glissèrent dans presque toutes les parties de l'Europe ne trouvèrent jamais aucune entrée dans leur province.

Le grand nombre de saints, dont quelques-uns font aujourd'hui même la gloire de plusieurs endroits de France, de grands évêques assemblés huit ou neuf fois dans la capitale, ayant trois fois le chef de l'Église à leur tête (1); Urbain II, en présence d'une multitude d'évêques, de princes et de peuples auxquels il persuada la conquête de la terre où un Dieu fait homme avait fait tant de merveilles, sont des objets assez importants pour rappeler sans cesse l'attention des lecteurs.

(1) Variante de l'imprimé : *font des objets assez importants pour rappeler sans cesse l'attention du lecteur; quelle gloire, en effet, ne revient pas à l'Auvergne d'avoir été le théâtre d'un des plus grands événements qui fût arrivé en France depuis le commencement de la monarchie, puisqu'il mit en mouvement pendant trois siècles tous les peuples non seulement de la France, mais même des autres parties du monde, par les croisades auxquelles donna lieu le grand Concile de Clermont, où se trouva le pape Urbain II et tout ce qu'il y avait dans le royaume d'évêques, de princes et de grands seigneurs, auxquels il persuada de tenter la conquête de la terre où un Dieu fait homme avait opéré tant de merveilles !*

On ne laissera pas de trouver dans cette histoire particulière une variété très grande de faits qui se feront lire avec plaisir.

On voit, par tout ce que nous venons de dire, que cet ouvrage comprendra *quatre volumes* in-4º (1). Dans le premier (2), on mettra devant les yeux du lecteur l'histoire d'Auvergne qui a peu de rapport avec la religion. Le *premier volume* (3) renfermera un si grand nombre de choses sur tous les lieux remarquables de la Limagne, de la basse et de la haute Auvergne, que nous avons été obligés à le partager en plusieurs livres. Le *premier* sera comme un flambeau qui nous donnera de grandes lumières pour lire avec plus de plaisir cette histoire. On commencera par une description de la province qui en fera connaître toutes les parties. La description que nous en donnerons arrêtera agréablement le lecteur. La peinture d'un pays aussi beau que la Limagne aura des charmes pour ceux à qui elle sera présentée. Il faut en effet bien des agréments dans un pays pour faire naître dans le cœur des rois de violents désirs pour en repaître leurs yeux. Tout le monde sait que le roi Childebert laissait souvent échapper de sa bouche ces mots : « Que je souhaiterais de voir la Limagne d'Auvergne qui, à ce qu'on dit, étale aux yeux mille charmants objets ! » Les montagnes elles-mêmes n'offrent rien qui soit affreux que leur hauteur. On y marche sur quelques-unes sur toutes sortes de fleurs. On pénétrera jusque dans leur sein pour y découvrir des mines d'or, d'argent et de plomb. On fera voir des rochers dont on tire des pierres auxquelles on donne l'éclat du diamant et des autres pierres précieuses, des collines qui renferment des améthystes que les étrangers viennent chercher avec empressement, et de la terre en certains endroits qui pourrait servir à former toutes sortes d'ouvrages que l'on nous présente en porcelaine. On y voit des ruisseaux qui donnent à ceux de leur voisinage

(1) Var. : *deux parties.*
(2) *Dans la première.*
(3) *Elle.*

des coquilles où l'on trouve des perles; quelques autres roulent des eaux qui semblent changer en pierre tout ce qu'elles touchent; quelques autres enfin produisent un bitume qui sert à divers usages. Les sources d'eau y sont sans nombre pour donner la santé à ceux qui y boivent ou qui s'y baignent. Il y en a qui étaient en si grande réputation parmi les Romains qu'ils y élevaient des temples connus sous le nom de panthéon ; on en voit encore les restes aux bains du Mont-Dore. Après cela, on parlera de l'antiquité des peuples, de leur commerce ancien et nouveau, de leur religion du temps des anciens Gaulois et de la religion chrétienne en général, après l'arrivée de saint Austremoine, de leurs mœurs, de leurs études, de leurs lois, de leur gouvernement, des rois anciens auxquels ils ont été soumis, des comtes nommés par les rois et qui sont connus sous le nom de comtes bénéficiaires, et des comtes qui, étant devenus souverains, eurent le nom de comtes héréditaires (1). Après avoir parlé des gouverneurs de la province, nous parlerons dans ce même livre de la noblesse dont on fera connaître les maisons; ce sera un des plus beaux ornements de ce livre. Nous en donnerons même quelque légère connaissance de ces maisons, dans ce projet.

On exposera, dans le *second livre*, l'histoire de la ville de Clermont. On parlera des divers noms qu'on lui a donnés, de son sénat, de ses illustres sénateurs qui le composaient, de son temple de Vasso, de son colosse de Mercure, de son église magnifique bâtie sous saint Namace et de celle que nous voyons aujourd'hui élevée sous Hugues de La Tour et Guy, tous les deux de La Tour-du-Pin. La grandeur de la ville et sa magnificence sous les anciens rois, et quand elle était la demeure des préfets du prétoire des Gaules, des patrices et des préfets de l'une et de l'autre milice, ne seront pas ce qu'il y a de moins intéressant, non plus

---

(1) Var. : *Nous donnerons enfin une connaissance assez détaillée de leur langue, où nous découvrirons quantité de mots celtiques.*

que ses églises, ses monastères, ses privilèges sous les Romains, sous les rois visigoths et sous les rois de France, les états-généraux de la province qui s'y sont tenus, ses familles anciennes et les grands hommes qui y ont pris naissance. Nous n'oublierons pas même ce qu'elle a souffert dans divers sièges qu'elle a soutenus, dont elle s'est relevée avec beaucoup de gloire (1).

Dans le *troisième* on fera la description de la Limagne, où toutes les villes et tous les lieux remarquables trouveront leur place. On découvrira la véritable origine du nom de Limagne, presque inconnue aujourd'hui. On dira ce qu'on croira digne de curiosité sur chaque ville et sur chaque lieu qui mérite quelque attention. On ne manquera pas de faire connaître tous les seigneurs que l'on a pu découvrir qui en ont été les maîtres. On n'y oubliera point l'ancienne ville de Gergovia qui fut assiégée par Jules César; on en donnera le plan et de tous les lieux qui sont aux environs. On espère qu'on lira avec plaisir tout ce que nous dirons de particulier des villes de Riom, de Montferrand, d'Aigueperse, du duché de Montpensier, de Saint-Pourçain, de Cusset, de Maringues, de Thiers, de Vollore, de Lezoux, de Billom, de Saint-Amant, de Saint-Saturnin, de Tallende, de Neschers, de Champeix, de Montaigut-le-Blanc, de Saint-Cirgues, de Saint-Floret, de Meilhaud, de Plauzat, du Dauphiné d'Auvergne, d'Issoire, de Vic-le-Comte, de Saint-Germain-Lembron, d'Auzon, d'Usson, de Nonette, de Saint-Ilpise, de Balzac, de Brioude, de Randan, de Pont-du-Château, et d'un grand nombre d'autres lieux qui sont dignes de remarque.

Dans le *quatrième* livre on fera connaître en détail tous les lieux de la basse Auvergne qui ont quelque chose d'intéressant, tels que peuvent être Courpière, Aubusson, Olliergues, La Roue, Viverols, le Livradois, Ambert, Arlanc, La Fayette, La Chaise-Dieu, Allègre, Saint-Paulien, Poli-

---

(1) Var. : *Nous finirons enfin par la description de plusieurs monuments antiques que l'on y voit, très dignes de la curiosité des amateurs de l'antiquité.*

gnac, Chanteuge, Pébrac, Langeac, Paulhaguet, Saint-Germain-l'Herm, Cunlhat, Montboissier, Sauxillanges, Manglieu, Lavaudieu, La Voûte-Chillac, la ville de Massiac, Blesle, Ardes, Mercœur, Besse, Aubijoux, La Tour, Murat-le-Quaire, Laqueuille, Léclache, La Vassin, Feniers, Preschonet, La Celette, Herment, Le Montel-de-Gelat, La Combraille, Montaigut-en-Combraille, Blot, Menat, Châteauneuf-sur-Sioule, Le Puy-Saint-Gulmier, Les Lignères, Barmontais, Le Port Sainte-Marie ou la Chartreuse, Pontgibaud, Banson, Cros, Vernines, Allagnat, Orcival, Saint-Nectaire ou Seneterre, Chambon et Murols.

Le *cinquième* livre ne sera pas moins curieux que les autres, puisqu'on y parlera de tous les lieux de la haute Auvergne qui méritent d'être connus. Nous commencerons par la ville de Saint-Flour sur laquelle nous nous étendrons beaucoup ; nous continuerons par Saillans, Lastic, la ville de Ruines, la ville de Pierrefort, Oradour, Chaudesaigues, Brezons, Vic, Carlat, Pesteils, la ville d'Aurillac qui nous fournira bien des choses curieuses, Conros, la ville de Maurs, Montsalvy, Laroquebrou, Pleaux, la ville de Salers, Escoraille, la ville de Mauriac, Murat-l'Arabe, Saignes, Madic, Chastel-Marlhac, Apchon, Dienne, la ville de Murat, Allanche, Mardogne et Marcenat.

Les *Mémoires* que nous a laissés l'auteur de l'*Origine des François* (1), si glorieux à la nation, ont été d'un grand secours, pour l'histoire de ce premier volume, à celui qui a entrepris l'ouvrage que l'on annonce au public. Pour l'histoire du second volume qui regarde l'histoire de l'église d'Auvergne, l'auteur ne le doit qu'à la peine qu'il s'est donnée de fouiller dans quelques bibliothèques, et surtout dans les archives de l'évêché et de la cathédrale de Clermont, où il a travaillé dix ans avec un très grand plaisir dans la vue de donner des marques de son amour pour sa patrie, pour son église, et de

---

(1) Jacques Audigier, père de l'auteur du manuscrit que nous publions, auteur lui-même de l'*Origine des François et de leur empire* (Paris, Claude Barbin, 1676, 2 vol. in-8°).

son attachement respectueux, de sa vénération et de sa reconnaissance au prélat qui gouverne avec tant de sagesse et de zèle l'église d'Auvergne.

Les *deux autres volumes* ne feront pas moins de plaisir que le premier. Peut-on donner aux peuples d'Auvergne un spectacle plus agréable que de leur mettre devant les yeux l'empressement de leurs ancêtres pour adorer Jésus-Christ crucifié, dès le moment qu'on leur eut fait connaître les merveilles qu'avait faites cet Homme-Dieu. Quelque enchantés qu'ils fussent de leurs idoles dont on parlait dans toute l'Europe, avec quel mépris les regardèrent-ils dès que leur premier apôtre leur eut fait une peinture de la beauté de la religion chrétienne !

On a cru devoir représenter en peu de mots, avant que de commencer cette histoire, tous les événements les plus remarquables qui avaient donné une haute idée des Auvergnats avant la venue de saint Austremoine. Les liaisons que l'histoire de la province doit avoir avec celle de son église ont fait juger que les choses dont nous donnerons une légère connaissance dans ce livre préliminaire, ne seraient pas inutiles dans cet ouvrage. *Sept livres,* outre celui dont nous venons de parler, renfermeront toute l'histoire de l'église d'Auvergne.

Dans ce *livre préliminaire* nous verrons les Arvernes, plusieurs siècles avant Jésus-Christ, traverser les Alpes avec les autres Gaulois qui donnèrent une si grande épouvante aux Romains, qu'ils furent sur le point d'abandonner cette ville qu'ils se flattaient devoir être éternelle. Ils furent aussi de ceux qui se joignirent au fameux Annibal pour vaincre les mêmes Romains dans les journées de Trébie, de Trasimène et de Cannes. Ils furent aussi les seuls dont parle Tite-Live qui s'offrirent à grossir l'armée d'Asdrubal qui se fit un chemin par les Alpes pour joindre son frère ; ce qu'il eût exécuté si, dans la bataille du Métaure, la mort n'eût pas arrêté tous ses grands desseins.

Nous verrons quelque temps après les Arvernes, maîtres

de toute la Gaule, qui obéissaient à des rois dont les historiens nous donnent une si belle idée qu'il serait à souhaiter que tous les monarques les prissent pour modèle. Nous verrons ces rois parcourir les provinces de leur royaume, montés sur de superbes chars d'argent, répandant partout où ils passaient de l'or et de l'argent. Nous verrons un de ces rois, nommé Bituitus, fils de Luerius, marcher contre les Romains à la tête de deux cent mille hommes, qui ne fut malheureux dans cette guerre que par la perfidie horrible de Domitius Ahenobarbus. Il en porta aussi ses plaintes en plein sénat, devant lequel il parla avec tant de hardiesse, qu'il fit rougir ces fiers Romains en leur faisant sentir, par de sanglants reproches, combien ils étaient éloignés de cette probité dont ils s'étaient piqués jusqu'alors. S'ils subjuguèrent les Arvernes, ce fut plutôt par artifice que par leur valeur. Ils ruinèrent la ville capitale connue sous le nom de *Nemetum*. On ne leur ravit pourtant pas la liberté. Les Arvernes, après cela, formèrent un état républicain dont Gergovia devient la principale ville, qui se ressentit de la venue des Cimbres qui portaient la désolation partout. On donnera après en spectacle le grand Vercingétorix, de la même ville, qui fut déclaré roi de toute la Gaule et qui vit fuir, des remparts de Gergovia, Jules César, le plus illustre des Romains, qui l'avait assiégée.

Cette guerre, qui soumit à ce grand homme les Arvernes, ne l'empêcha pas de les traiter avec distinction, tout vaincus qu'ils étaient. Leur ville capitale fut ruinée, et Nemetum, dont le peuple avait témoigné du penchant pour le général romain, reprit le rang de ville capitale des Arvernes.

Auguste, étant devenu le maître du monde, se rendit si agréable aux peuples des Gaules, que les Arvernes ajoutèrent son nom à celui de leur ville et la nommèrent *Augustonemetum*. Quelques inscriptions que l'on trouve dans plusieurs endroits de la province, où l'on trouve le nom de l'empereur Claudius, feront juger avec certitude qu'il traversa une partie de l'Auvergne pour aller triompher de la Grande-Bretagne.

Néron, qui lui succéda, devint l'horreur du genre humain. Rome ne fut délivrée de ce monstre que par les Gaulois qui mirent à leur tête Julius Vindex, dont le père avait été sénateur romain. Mais, sur ces entrefaites, Néron mourut de la main la plus coupable qui fût dans le monde, en se poignardant lui-même.

De son temps, Zénodore, un des plus excellents sculpteurs qui ait jamais été, vivait dans la ville d'Auvergne. Il s'acquit une gloire immortelle par le colosse de Mercure qu'il fit pour contenter le culte superstitieux de ses compatriotes. Il avait quatre cents pieds de haut; à peine put-il être achevé dans dix ans. Quatre cents fois cent mille sesterces furent le prix de cet ouvrage (4,000,000). Il était placé, à ce qu'on présume, dans l'endroit de la ville le plus élevé. Le Jupiter que l'on adorait au Capitole cédait au Mercure de Zénodore, quoique Spurius Carvilius, qui avait été deux fois consul, l'eût fait faire des cuirasses et des casques que les Romains avaient enlevés aux Samnites, et que sa hauteur fût si grande qu'on le voyait de la place de Jupiter Latial, et que le reste de la limaille eût été suffisante pour faire la statue de Carvilius qui fut mise au pied du colosse. Celui d'Apollon, que M. Lucullus fit transporter dans Rome, d'Apollonie, ville située dans une petite île du pont Euxin, et qu'il fit placer dans le Capitole, était bien inférieur à celui de la ville d'Auvergne puisqu'il n'avait coûté que cinq cents talents (1,344,000). Un autre colosse d'Apollon que l'on voyait à Tarente ne l'emportait pas sur celui des Arvernes. C'était pourtant l'ouvrage du célèbre Lysippe de Sycione. Sa hauteur était de quarante coudées. Celui même d'Apollon, que l'on voyait à Rhodes, qui a passé pour une des sept merveilles du monde, était bien au-dessous de celui du Mercure de Zénodore, bien que Kharès, disciple de Lysippe, y eût travaillé, et que Lyndus de Rhodes y eût mis la dernière main, qu'il eût soixante et dix coudées de hauteur, et qu'on eût employé bien des années à le faire. Je me garderais bien de mettre l'ouvrage de cet habile homme de *Nemetum* au-dessus de tous les colosses dont je viens de parler, si je ne suivais en cela le sentiment de Pline l'Ancien qui s'y connaissait le mieux. Cet auteur, après avoir fait mention de toutes les statues colossiques (sic), décide enfin que la grandeur du colosse de Mercure des Arvernes l'emportait sur toutes les autres (1) : *Verum omnem amplitudinem statuarum ejus generis vicit œtate nostra Zenodorus Mercurio facta in civitate Galliæ Arvernis per annos decem HS.CCCC. manipretio.* Son habileté et son adresse parurent encore en travaillant à de certains vases chargés tout autour de figures dans le goût du fameux Calamis qu'il imitait si parfaitement qu'ils ne cédaient en rien à ceux de cet insigne ouvrier dont Germanicus, neveu de Tibère, avait été si charmé, qu'il n'épargna rien pour les avoir.

Ces ouvrages auxquels travaillait Zénodore dans la ville d'Auvergne, pendant que Vibius Avitus commandait dans la province, firent tant de bruit en Europe, que Néron, en ayant ouï parler, crut qu'il ne fallait pas laisser plus longtemps dans l'Arvernie un homme si fameux qui devait avoir pour théâtre la capitale du monde. Il obéit aux ordres de l'empereur. Il ne fut pas plus tôt arrivé à Rome qu'il employa toute sa science à faire le colosse de Néron à qui il donna cent vingt pieds de haut. La beauté du modèle que cet ouvrier illustre avait fait de terre en grand et en petit avec des branches de jonc, était si digne d'admiration, que le célèbre Pline, à qui nous devons la connaissance de la capacité de cet habile homme, se rendait souvent chez lui et avouait qu'on ne pouvait rien imaginer de plus parfait que les dessins de ses ouvrages. Il ne laisse pas de déplorer le malheur de son siècle, dans lequel on avait perdu la véritable manière de jeter en fonte, puisque Néron fournissait en abondance l'or et l'argent pour faire un colosse parfait et que Zénodore ne cédait en rien aux anciens dans l'art de donner la dernière perfection à ses ouvrages et dans celui de les graver.

La statue de cet empereur fut placée dans le vestibule du

---

(1) Lib. XXXIV, cap. VII.

superbe et magnifique palais qu'il fit bâtir et qu'il fit appeler la maison dorée. Il était sur le mont Esquilin, où sont aujourd'hui les églises de Sainte-Marie-Majeure et de Saint-Pierre-aux-Liens. Pour en faire connaître la grandeur, dit Suétone, il suffit de dire que son vestibule était capable de contenir le colosse dont nous parlons.

Néron ayant trouvé par sa mort la fin de ses abominations, et sa mémoire étant devenue l'horreur du genre humain, Vespasien laissa le corps du colosse tel qu'il était et se contenta d'en ôter la tête, à la place de laquelle il fit mettre celle d'Apollon environnée de sept rayons de vingt-trois pieds de longueur. C'est ce qui a donné lieu au poète Martial de l'appeler sidereus colossus (1) :

Hic ubi sidereus propiùs videt astra colossus.

L'empereur Commode, fils de l'incomparable Marc-Aurèle, voulant s'acquérir de la gloire sans qu'il lui en coûtât beaucoup, fit abattre la tête d'Apollon et y fit placer la sienne sous la figure d'Hercule ayant un lion de bronze à ses pieds. On peut juger par l'attention que l'on avait pour conserver l'ouvrage de Zénodore, combien on le croyait inimitable.

La tranquillité ne fut point rétablie dans l'empire par la mort de l'infâme Néron. Chaque armée fit un empereur. Rome en vit périr deux entre ses murs. Le troisième crut se rendre immortel en méprisant la vie, après la défaite de son armée. Ces mouvements se firent sentir dans toutes les parties de l'univers. La Gaule fut plus agitée que les autres et les Arvernes se sentirent de ces agitations.

Sous un maître tel que Vespasien les Gaulois n'osèrent pas remuer. Ainsi ils jouirent d'une profonde paix que la douceur du règne de Titus, l'amour qu'ils avaient pour Domitius en mémoire de son père, le respect de la vieillesse de Nerva et la réputation de Trajan firent continuer très longtemps.

Adrien, qui se montrait sans cesse à toutes les provinces de son empire, comme le soleil, pour y répandre ses bienfaits,

(1) Mart., *De Spect.*, épigr. 2.

n'oublia pas de se faire voir aux peuples de la Gaule, d'où il passa dans l'Ile-Britannique, où il fit tirer un mur de quatre-vingt mille pas pour séparer la partie de l'île qui obéissait aux Romains d'avec celle qui ne leur était connue que par les courses que faisaient les peuples barbares sur les sujets de l'empire. Il revint dans les Gaules. On croit que c'est à son retour qu'il eut le plaisir de voir le charmant pays de la Limagne d'Auvergne et la situation de la ville de Gergovia si fameuse par la vigoureuse résistance qu'elle fit à Jules César. Ce n'est pas sans raison que nous avançons qu'il voulut contenter sa curiosité, car outre qu'il aimait les antiquités, on trouve dans un village nommé Pérignat, sur la rivière d'Allier, non loin où César la passa quand il marcha contre Gergovia, une colonne qui a environ dix pieds de hauteur élevée en l'honneur de cet empereur, comme on n'en saurait douter par l'inscription qui s'y voit encore où on lit ces mots : *Imperator Cæsar Divi Trajani Parthici filius, Divi Nervæ nepos Trajanus Adrianus.*

S'il est vrai, comme la tradition le veut, qu'il y eût une synagogue à Issiodore (Issoire) du temps de saint Austremoine, il est à croire que les juifs vinrent chercher une retraite dans cette province après qu'ils eurent été chassés de la Judée par cet empereur qui donna même son nom à la fameuse ville de Jérusalem.

Ce fut aussi sous le gouvernement de ce prince que vivait Servilius Martianus de la ville d'Auvergne. Il fut choisi par trois provinces des Gaules pour être prêtre du célèbre temple de la ville de Lyon dédié à Rome et aux empereurs. Il fut assez illustre pour mériter une inscription dont ces trois provinces l'honorèrent. On la voit à Lyon sur l'escalier d'une maison proche de Saint-Côme. Voici ce qu'elle contient : *Servilio Martiano Arverno C. Servilii Domiti filio sacerdoti ad templum Romæ et Augustorum, tres provinciæ Galliæ.* Cette inscription fait encore connaître son père qui devait être distingué parmi les siens, puisqu'on a conservé son nom de C. Servilius Domitius.

Les Gaules furent heureuses sous Antonin, le meilleur de tous les empereurs. Elles eussent continué de l'être sous Marc-Aurèle, le plus sage des Césars, si les calomnies que l'on imputait aux chrétiens n'eussent point arrêté sa bonté, pour laisser répandre des ruisseaux de sang, surtout dans la ville de Lyon qui vit mourir dans cette persécution saint Pothin, son premier évêque, le célèbre Vectius Epagatus de qui descendait l'aïeule de saint Grégoire de Tours, et la mère de saint Gal, son oncle, nommée Léocadie.

Les Gaulois virent assez tranquillement les règnes de Commode, de Pertinax et de Didius Julianus, mais, ne pouvant souffrir que ce dernier eût acheté l'empire, ils élurent Albinus, dans le temps que ceux d'Orient ornèrent de la pourpre Pescennius Niger. Leur choix plongea ceux de Lyon dans le dernier des malheurs ; Sévère, que l'armée d'Italie avait proclamé empereur, après avoir vaincu Pescennius Niger, ne pouvant plus souffrir d'égal, marcha contre Albinus, quoiqu'il l'eût déclaré César, et ne crut être heureux que lorsqu'il lui eut fait perdre la vie dans un combat. Cet empereur, dont le nom répondait à son humeur, fit sentir les effets de sa colère à tous les Gaulois qui avaient épousé les intérêts de son rival. Lyon devint la proie des flammes. Les Arvernes, qui jouissaient toujours de leur liberté, laissèrent battre ces trois rivaux sans prendre beaucoup de part à leurs démêlés.

Caracalla et Géta, fils tous les deux d'un empereur qui ne savait ce que c'est que de pardonner, Macrin, Diadumène et Héliogabale ne firent rien qui pût troubler les Gaules. Si ces empereurs les laissèrent en paix, les Germains vinrent les inquiéter sous Alexandre Sévère. Ce prince, dont les vertus font regretter son malheur, se rendit dans les Gaules pour réprimer la hardiesse de ces peuples du Nord, mais il fut en même temps la victime de quelques légions gauloises qu'il avait cassées. Mammée, mère de cet empereur, qui lui avait inspiré toutes les vertus qui le font regarder aujourd'hui comme un modèle dans l'art de régner, était fille de Julius Avitus Lupus, que quelques-uns, à cause de ce nom d'Avitus, voulaient faire sortir d'Auvergne; ce qui ne paraît point probable. La mort d'Alexandre ébranla l'empire. Maximin, de race gothique, s'en rendit le maître. Le Sénat lui opposa quatre empereurs : Pupienus, Balbinus et les deux Gordiens qui goûtèrent à peine de la souveraine puissance. Le jeune Gordien, les délices des Romains malgré tant de divisions, fit connaître aux Perses, dans une extrême jeunesse, ce que l'on devait attendre de lui, si la vie ne lui eût point été ravie par Philippe, Arabe de nation, que quelques-uns ont publié avoir été le premier empereur chrétien.

Gordien trouva un vengeur dans la personne de Dèce qui soutint vigoureusement l'empire, dans le temps qu'il mettait tout en œuvre pour faire oublier la religion de Jésus-Christ.

Dans le *premier livre,* par où nous commencerons l'histoire de l'église d'Auvergne, on fera connaître la foi, le courage, le zèle et la sainteté de son premier évêque qui fut envoyé en Auvergne par l'Église romaine qui avait toujours les yeux ouverts pour étendre l'empire de Jésus-Christ. Après avoir établi son siège dans la capitale de la province, et dans peu dissipé les ombres qui avaient caché aux peuples la connaissance du vrai Dieu et de son Fils, il vola dans les provinces voisines, dans le Berry, le Nivernais et le Velay, pour y faire triompher la croix de Jésus-Christ. On a lieu de croire qu'il donna à Bourges saint Ursin pour évêque, saint Georges à la ville de Saint-Paulien connue pour lors sous le nom de *Ruessium.* A peine eut-il rappelé dans la mémoire des Arvernes le Dieu que leurs ancêtres avaient oublié depuis tant de siècles, qu'étant honteux de leur égarement, il y en eut plus de six mille qui se laissèrent égorger pour cet Être invisible. Si l'on devait ajouter foi à la tradition, le pasteur fut immolé comme ses brebis par la rage où se laissa transporter un juif, voyant que son fils, instruit par ce saint évêque, avait abandonné l'ancienne loi pour la nouvelle. On montre encore aujourd'hui à Plauzat le puits dans lequel il fut précipité par son père.

Tant de sang répandu fructifia beaucoup dans la suite. Si on n'y vit pas couler tant de sang, on y vit des hommes dans lesquels on admire d'éclatantes vertus, non seulement dans nos évêques, mais dans toutes sortes de conditions. Les vertus de saint Austremoine brillèrent dans ses successeurs. On les admira dans saint Urbique, qui fut enterré dans l'église de Chantoen avec sa femme et sa fille, dont la naissance lui coûta tant de larmes; dans saint Légonce, en l'honneur duquel les peuples élevèrent une église; dans saint Illidius ou Allyre, dont les miracles que Dieu opérait pour donner de l'éclat à ses vertus, volèrent jusqu'à la cour de l'empereur Maxime, dont il guérit la fille; dans saint Népotien, qui attira à Jésus-Christ saint Arthême, son successeur, si connu par les miracles qui se continuent tous les jours quand on l'invoque dans quelque incendie ; dans saint Vénérand, qui est si loué par saint Paulin, dont la sainteté ne fut pas moins illustre que sa noblesse, puisqu'il descendait de sénateur et qu'il était lui-même sénateur. De quelle douleur ne fut-il pas pénétré lorsqu'il vit le peuple de sa ville épiscopale exposé à la fureur des soldats d'Honorius qui en firent un horrible carnage, puisqu'un grand nombre de sénateurs y furent tués, ayant à leur tête Rustique Agrèce, préfet du prétoire des Gaules. A saint Vénérand, dont nous voyons encore aujourd'hui une église avec des tombeaux de marbre, succéda saint Rustique qui fut élu par une espèce de miracle ; à celui-ci saint Éparque qui faisait sa demeure la nuit et le jour devant le Seigneur, ou dans son église ou dans un oratoire qu'il avait fait construire sur une colline peu éloignée de la ville qui porte aujourd'hui le nom de Chantourgues. Dans ce temps-là l'église d'Auvergne eut la gloire de donner à celle de Tours deux évêques célèbres par leur sainteté, saint Eustoche et saint Perpet, tous les deux parents de saint Grégoire de Tours.

Plusieurs grands saints qui brillèrent par leur piété et par le don des miracles ne firent pas moins d'honneur à cette église, parmi lesquels on révère particulièrement saint Injurieux et son épouse dont la sainteté a quelque chose de singulier, sur quoi saint Grégoire de Tours a pris, ce semble, plaisir de nous instruire ; saint Clair si estimé de saint Martin et de Sulpice Sévère, qui remplit d'inscriptions de la main de saint Paulin en son honneur une église qu'il avait fait élever ; sainte George, si célèbre à Clermont; sainte Vitaline, dont la sainteté attira saint Martin à Artonne, petite ville d'Auvergne, d'où il avait résolu de se rendre dans la ville capitale, si les grands et magnifiques équipages des sénateurs qui venaient en foule à sa rencontre, n'eussent arrêté un saint dont la vertu favorite était l'humilité ; saint Mart, abbé dans un faubourg de la même ville, dont saint Grégoire de Tours raconte tant de merveilles ; sainte Natalène, dont Dieu récompensa la pureté par le martyre que lui fit souffrir celui qui, touché de sa beauté, lui plongea le poignard dans le sein, dans la fureur qui le transporta, ne pouvant pas éteindre ses feux criminels par la résistance de cette sainte vierge ; saint Amable, fameux par les miracles qui se font sans cesse à Riom, où sont ses reliques.

Les merveilles continuelles qui se faisaient sur le tombeau de saint Julien, et qui ont rendu la ville de Brioude si célèbre, feront connaître à tout le monde combien son sacrifice fut agréable au Seigneur. Deux vieillards, dont l'Église conserve la mémoire sous les noms d'Arçons et d'Ilpise, pour avoir lavé son corps et lui avoir rendu les devoirs funèbres, devinrent deux hommes nouveaux par un prompt rétablissement de leurs forces. Dieu fit éclater la gloire de ce saint martyr par tant de prodiges que son nom devint fameux, non seulement dans toute la Gaule, mais même jusqu'à Constantinople, puisqu'on y voyait une église de son nom. Son ami, l'illustre saint Ferréol, n'a pas rendu moins célèbre ce même canton de l'Auvergne, où il est à croire qu'il possédait quelque terre considérable, où devait se retirer saint Julien, lorsqu'il prit par son conseil le chemin de cette province.

Nous ravirions beaucoup de gloire à l'Auvergne si nous passions sous silence des hommes de cette province d'une probité et d'un mérite si éclatant qu'ils ont été élevés aux plus grandes dignités de l'Empire. Parmi lesquels nous ferons connaître le grand-père de Sidoine Apollinaire qui fut le premier qui méprisa le culte des idoles pour embrasser la croix de Jésus-Christ et qui fut honoré de la dignité de préfet des Gaules, et Rustique, son intime ami, qui fut élevé à la même dignité. Le plus illustre a été Eparchius Avitus, sénateur et citoyen de la ville d'Auvergne, que ses grandes qualités firent monter sur le trône des Césars, auquel il renonça pour être évêque de Plaisance. La dévotion qu'il avait pour l'illustre martyr saint Julien lui fit souhaiter d'être enterré dans son église de Brioude. Ce qui fut exécuté après sa mort qui arriva dans un voyage qu'il fit pour se rendre dans sa patrie.

Le *second livre* ne sera pas moins glorieux à l'église d'Auvergne que le premier, puisque nous y ferons paraître d'abord le célèbre saint Sidoine, qui n'est pas moins connu par sa sainteté et par ses lumières dans toutes sortes de sciences, que par la grandeur de sa naissance et par les éminentes dignités auxquelles il fut élevé. On le voit patrice romain, préfet de Rome et enfin évêque de la ville d'Auvergne. Que ne dirons-nous pas d'un homme estimé et aimé des empereurs de son temps : d'Avitus dont il avait épousé la fille ; d'Anthemius qui ne pouvait rien lui refuser ; de Majorien, le dernier des Romains, qui le combla de grâces, quoiqu'il lui eût fait la guerre pour conserver l'empire à son beau-père ? Que d'hommes illustres ne serons-nous pas obligés à faire connaître par les liaisons qu'ils eurent avec lui ? Nous parlerons d'Ommace, sénateur de la ville d'Auvergne ; d'Iberia sa fille, qui épousa Rustic, qui devint évêque de Limoges ; d'Évodius, qui était si bien à la cour du roi Évarix ; de Donidius, seigneur de la ville d'Ebreuil ; de Calminius ; de Domitius, qui demeurait du côté de Brioude ; de Probus ; d'Avitus, ses parents et ses amis, avec lesquels il avait été élevé ; d'Ecditius et d'Agricola, ses beaux-frères, les soutiens de l'Auvergne ; de Vectius, l'ornement du pays de Combraille, et de Bourguignon, tous de la province ; du célèbre Fauste, évêque de Riez ; de saint Loup, le père des évêques, et de Léon, le ministre d'État du roi Évarix, homme profond dans la politique et dans toutes sortes de connaissances, qui avait une si haute idée de saint Sidoine, qu'il n'oublia rien pour l'obliger à donner au public l'histoire de son temps, ce qui donna lieu au saint évêque de lui faire une réponse qui fait juger du grand mérite de ce ministre. Nous parlerons des Fronton d'Auvergne qui y tenaient un si grand rang par la piété et par la noblesse; de saint Mamert, évêque de Vienne; de Mamert Claudien, son frère, le plus bel esprit et le plus savant homme de son temps, qui, dans ses ouvrages, explique la différence du corps et de l'âme, tout comme le fameux Descartes; du célèbre roi des Visigoths Théodoric, dont il semble qu'il était le favori, tant il était familier avec lui. Nous finirons par la connaissance que nous donnerons des grandes qualités du fils de saint Sidoine et de ses deux filles Severiana et Roscia, pour lesquelles il avait beaucoup de tendresse. Nous passerons ensuite à ses successeurs dans le siège d'Auvergne, Apruncule, évêque de Langres, qui, étant obligé de fuir pour éviter la persécution des ariens, trouva un asile dans la ville d'Auvergne et consola en même temps les peuples de la perte qu'ils venaient de faire par la mort de leur saint évêque qui leur annonça en mourant sa venue; saint Eufraise, qui reçut avec bonté Quintien, évêque de Rodez, que les ariens de son diocèse voulaient immoler à leur fureur; saint Quintien, que ses vertus firent mettre dans le siège d'Auvergne, après la mort d'Apollinaire, petit-fils de saint Sidoine, qui y avait été placé par les intrigues de sa femme Placidime et de sa sœur Alcime, qui employèrent pour réussir dans leur projet leur crédit et leurs richesses. Nous n'oublierons pas que saint Quintien fut le rempart que les peuples opposèrent à la colère du roi Thierry, qui avait quitté la Thuringe dans le dessein de les exterminer, ce qui ne fut arrêté que par ses prières et par ses larmes; que le pouvoir du saint évêque ne s'étendait pas seulement sur les choses d'ici-bas, que le démon à sa prière abandonnait ceux dont il s'était mis en possession; que le ciel même, touché de ses larmes, s'ouvrait pour répandre des pluies abondantes dans des temps où il semblait que le feu eût passé sur la surface de la terre. Son successeur dans le siège épiscopal ne donna pas moins d'éclat à notre église. On le croira sans peine, au nom seul de saint Gal que sa naissance illustre et sa sainteté rendirent si cher au roi Thierry et à la reine.

Elle n'en reçut pas moins par divers évêques qu'elle donna à quelques autres villes du royaume, tels que furent Hesychius, qui fut placé dans le siège de Vienne, dont la sainteté fut récompensée par deux fils qui furent la gloire de la Gaule. On peut l'assurer aux seuls noms d'Alcime Avite, évêque de Vienne, et de saint Apollinaire, évêque de Valence, tous les deux de la maison Avitienne. Leur sœur Fuscine ne se rendit pas moins illustre en se consacrant à Dieu parmi les vierges dont elle prit l'habit. Cette église donna encore plusieurs saints qui font la gloire de plusieurs provinces de France, parmi lesquels on trouve saint Abraham, qui, voulant imiter le père des croyants dont il portait le nom, quitta l'Égypte pour aller dans une terre de promission. L'Auvergne fut cette heureuse terre qui le reçut. Sa sainteté fut bientôt si éclatante que saint Sidoine conçut une si grande vénération pour lui qu'il se rendait souvent dans le monastère dont il était abbé dans sa ville épiscopale, où il fut témoin d'un grand nombre de merveilles que Dieu opéra en faveur d'un saint qui avait entrepris de si longs voyages pour lui obéir. On trouve encore sainte Eutropie, de la ville d'Auvergne, dont le même Sidoine fait un si bel éloge; saint Pourçain, dont les miracles qui se faisaient à son tombeau attirèrent tant de monde que, dans peu de temps, il s'y forma une ville qui est une des treize bonnes villes de la basse Auvergne; saint Protais, qui demeurait dans le monastère de Combronde, où il fut d'un si grand secours à saint Pourçain, dans les divers combats qu'il eut à soutenir contre l'esprit de ténèbres; saint Émilien, qui ne voulut vivre qu'avec Dieu seul, dans une affreuse forêt, qui devint ensuite un monastère près de la ville de Pontgibaud, célèbre encore par le séjour qu'y fit saint Bravi, dont la réputation y fit voler un grand nombre de personnes pour y vivre sous un tel maître; saint Carilèfe ou Calais, d'une illustre maison de la province, qui, voulant être inconnu du monde, alla se cacher dans une solitude du pays du Maine ; sa vertu l'y ayant fait découvrir par le roi Childebert et par la reine Ultrogode, ils répandirent leurs bienfaits sur son nouveau monastère, situé près de la source de la rivière d'Anile ; saint Fale ou Fidule, d'une naissance illustre de la ville d'Auvergne, dont le nom est célèbre dans la Champagne ; saint Frambourg et saint Constantien, nés dans la province de parents les plus qualifiés, si connus par leur sainteté dans le pays du Maine et dans l'Ile-de-France ; on voit même à Senlis une église collégiale dédiée au premier.

Ces heureux jours, qui donnèrent tant de lustre à l'église d'Auvergne, souffrirent quelque éclipse par la vie scandaleuse du successeur de saint Gal, nommé Cautin. Si l'histoire nous permettait de supprimer la vérité, nous aurions tiré le rideau pour cacher la vie criminelle de cet évêque. Les hautes vertus que nous verrons pratiquer dans le monastère de Randan, nous feront oublier pour quelque temps les indignes actions de cet évêque. Les peuples ne portaient leur vue que sur un religieux de cette abbaye pour implorer son secours dans toutes sortes de maladies. Aussi verrons-nous que ce saint religieux ne savait que prier, jeûner et faire souffrir à son corps les plus grandes austérités. Ce que nous dirons de curieux sur cette abbaye et sur son abbé Simniulfe ne déplaira pas certainement. Nous ne cacherons pas non plus la ridicule vanité d'un chanoine de son église, nommé Caton, qui ne dissimulait pas qu'il devait être placé dans les premières dignités de l'Église, par la manière dont il s'était acquitté de tous les emplois dont il avait été chargé. Il devait avoir du mérite puisque l'église de Tours envoya des députés en Auvergne pour lui offrir la chaire épiscopale, qu'il refusa, n'ayant de l'ambition que pour celle de la ville d'Auvergne. Tous ses desseins n'ayant pas réussi, il rentra dans lui-même et s'offrit à Dieu comme une victime, dans un temps de peste qui enleva la plus grande partie des habitants, dont il fut du nombre.

Nous ne dissimulerons pas non plus la désolation de cette province par l'armée de Thierry, qui était venu de Thuringe tout fumant de colère, dans le dessein de faire souffrir à sa ville capitale toutes les horreurs d'un siège affreux, si le ciel n'avait arrêté sa fureur en écoutant les ardentes prières de saint Quintien, son évêque.

Tout ce que nous dirons d'Apollinaire, fils de saint Sidoine, et des belles et pieuses actions d'Ecditius, son beau-frère, fils de l'empereur Avitus, nous le fera voir comme soutenant parfaitement la gloire de leur maison. Nous finirons ce livre en donnant l'histoire des deux premiers conciles qui se sont tenus dans la ville d'Auvergne, sous le célèbre saint Gal, qui y reçut quinze évêques, qui se trouvèrent dans le premier à la prière du roi Théodebert, dont la piété lui avait inspiré d'apporter quelques remèdes aux maux qu'avait faits son père le roi Thierry. Dans le second, on ne fit que confirmer les Canons du cinquième concile d'Orléans.

Le *troisième livre* offrira aux yeux du lecteur des évêques qui ont soutenu avec éclat la réputation qu'avait donnée dans toute la Gaule l'église d'Auvergne. Le premier dont nous parlerons sera saint Avit, premier du nom, qui forma à la piété et dans la science ecclésiastique saint Grégoire de Tours. Il avait un grand art pour gagner des hommes à Jésus-Christ, puisqu'il persuada à plus de cinq cents juifs d'abandonner leur loi pour celle de cet Homme-Dieu. Il fut lié d'une étroite amitié avec sainte Radegonde et saint Fortunat de Poitiers qui célébra ses vertus dans ses poésies, dans lesquelles il le qualifie de père de l'univers, de gloire des pontifes, de père des pauvres, de l'espérance des étrangers, de guide et de la gloire de l'Église et de la douce lumière de lui-même Fortunat. Il reçut dans sa ville épiscopale les évêques de la première Aquitaine qui s'y étaient rendus pour décider des différends qui étaient entre Ursicin, évêque de Cahors, et Innocent, évêque de Rodez ; ce fut le troisième concile de la ville d'Auvergne. Sous cet évêque nous commencerons à faire connaître quelques-uns des comtes bénéficiaires qui ont été célèbres dans notre histoire par des actions qui ont honoré et déshonoré l'Église. Nous donnerons une idée peu avantageuse du comte Becon, qui se laissait si fort dominer par l'avarice, que les actions les plus inhumaines n'avaient rien d'affreux à ses yeux. Nicetius, de l'illustre maison d'Auvergne, eut de grandes qualités qui le firent choisir comte de la province par Sigebert Ier, roi d'Austrasie. La mort de ce prince, qui arriva peu de temps après, donna lieu au partage que fit le roi Gontran de ce comté en deux parties. Eulalius, dont la vie a quelque chose de singulier, fut nommé comte par le dernier roi. Les actions de sa femme Tetradie seront intéressantes pour le lecteur. L'évêque saint Avit Ier eut pour successeur saint Désidérat, dont les vertus charmèrent si fort son peuple, que l'on éleva en son honneur dans la ville épiscopale une église qui a été entièrement ruinée. Celui-ci fut suivi de saint Avol et de saint Just dont on voit une chapelle de son nom dans l'église de saint Alyre. Ce dernier, de saint Césaire, qui fut lié d'une étroite amitié avec l'illustre saint Didier, évêque de Cahors, qui le fut aussi avec saint Gal, deuxième du nom. Il devait avoir un mérite bien reconnu, puisque l'auteur anonyme de la vie de saint Didier le met à la tête des saints évêques dont la doctrine et la piété faisaient plus de bruit dans les Gaules. Procule ou Prologue, si on doit ajouter foi aux catalogues des évêques de Clermont, succéda à Gal II.

Avec quel plaisir ne lira-t-on pas tout ce que la piété fit faire à l'évêque saint Genès, qui fonda l'abbaye de Chantoen pour des vierges et celle de Manglieu pour des hommes, et qui, après avoir fait bâtir une maison pour les pauvres, fit élever aussi une église en l'honneur de saint Symphorien, martyr? Après saint Genès, on trouve dans quelques catalogues Gyroinde; après lui, saint Félix, qui donna la conduite du monastère de Combronde à saint Prix ou Preject; à celui-ci succéda Garivolde, qui fut placé dans ce siège d'une manière peu canonique. On ne laisse pas de le trouver honoré du nom de saint dans l'auteur des *Églises de Clermont,* qui le fait reposer dans celle de Saint-Gal. Une sévère pénitence, comme le prétendent quelques-uns, lui fit trouver grâce devant le Seigneur. Sa place fut remplie par un saint dont les vertus édifièrent toute la France, où il est en vénération. C'est saint Prix qui versa son sang pour Jésus-Christ, grâce qu'il avait souvent demandée à Dieu en écrivant la vie des martyrs qui furent immolés par Chrocus dans sa ville épiscopale. Ce fut à son honneur que son successeur, Avit II, fit élever une église à Volvic où il avait été tué, dans laquelle on transporta d'Issoire le corps de saint Austremoine. Nous finirons ce livre en faisant admirer tout ce que fit de merveilleux le célèbre saint Bonnet qui succéda à Avit II, son frère. On était sûr qu'il ferait les délices de son troupeau par toutes les vertus que l'on avait admirées dans lui lorsqu'il était patrice de Marseille et référendaire, c'est-à-dire chancelier. Une délicatesse de conscience lui fit quitter son évêché pour se renfermer dans un monastère, d'où il partit pour aller à Rome visiter le tombeau des apôtres. C'est dans son voyage que le roi des Lombards, Aribert, fut assuré de remporter une victoire sur son ennemi après une conversation qu'il avait eue avec ce saint qui donna, par ses largesses, la liberté à un grand nombre de captifs. Au retour de Rome il se rendit à Lyon, où ses grandes austérités jointes à la goutte le mirent au tombeau.

Les autres saints de cette province, outre les évêques, ne seront point oubliés. Les plus connus sont saint Calupan dont la vie est toute miraculeuse; saint Léobard, qui se conduisit toute sa vie par les conseils de saint Grégoire de Tours; saint Pallade, évêque de Saintes, qui fut uni avec le même Grégoire de Tours, et qui se fit estimer par le grand saint Grégoire, pape; le saint comte Genès que nous pouvons sûrement joindre à tous ces saints, qui, au milieu d'immenses richesses, ne fut que l'économe des pauvres ou des religieux, ayant fondé des hôpitaux et cinq monastères à Chamalières, dans un faubourg de la ville d'Auvergne, suivant en tout les avis de saint Prix.

Nous mettrons ensuite dans un grand jour tout ce que

fit de plus éclatant saint Grégoire de Tours, soit par sa sainteté, soit par la fermeté avec laquelle il parlait aux rois pour soutenir les malheureux que l'on voulait opprimer, soit par son zèle pour convertir les ariens et les juifs, avec lesquels il eut de fréquentes disputes dans lesquelles il fit briller sa profonde connaissance dans les matières de religion, soit par son intégrité qui le faisait consulter dans les affaires importantes par les rois et par les évêques, ses confrères. Nous lui joindrons son frère aîné, Pierre, dont nous raconterons des faits dignes de curiosité. Nous rapporterons aussi les belles actions et les miracles que fit le Seigneur pour faire éclater la sainteté de saint Valery, né en Auvergne, qui fut élevé d'abord dans le monastère d'Antoing, dans le Dauphiné d'Auvergne. Après en être sorti, il fut travailler avec un zèle infatigable à la conversion des peuples de Picardie. Sa vie laborieuse fut couronnée par une sainte mort. Son corps fut enterré, comme il l'avait souhaité, au pied d'un arbre sur une colline fort haute. Il fut depuis transporté dans la nouvelle église d'un monastère que saint Blimont, un de ses disciples, avait fait bâtir par le secours qu'il reçut du roi Clotaire II, et ce fut avec l'agrément de l'évêque d'Amiens. La vénération des peuples pour ce serviteur de Dieu était si grande qu'ils ne cessèrent d'aller sur la colline où l'on avait d'abord déposé son corps, pour y faire leurs prières, ce qui donna lieu à y bâtir une chapelle où les matelots vont l'invoquer pour obtenir une heureuse navigation. Les miracles continuels qui se faisaient à son tombeau attirèrent tant de peuple, qu'il s'y forma une ville sous le nom de Saint-Valery, qui a fait entièrement oublier l'ancien nom *Leuconaus*, Leucone.

Nous aurons très peu de chose à dire de quelques successeurs de saint Bonnet. Le plus connu est Norbert dont ce saint évêque avait fait choix pour occuper la chaire qu'il quittait. C'était un homme illustre par sa naissance, son esprit et sa piété. Il eut le chagrin de ne pouvoir pas obtenir le corps de saint Bonnet qui avait été inhumé à Lyon dans l'église du monastère de Saint-Pierre qui est une abbaye de filles. On trouve après lui Bubus dans divers catalogues sur lesquels quelques-uns ne comptent pas beaucoup. Il fut suivi, à ce qu'on croit, de Procule, à qui l'archevêque de Lyon, Fulgoad, ne fit pas difficulté d'accorder le corps de saint Bonnet. La demande fut faite par des députés de conséquence, par Adelphe, abbé de Manglieu, par Éoalde, abbé de Volvic, par Modératus que l'on croit avoir été abbé ou de Sainte-Thècle de Chamalières, ou de Teilhède, près de Riom. La joie de l'évêque à cette nouvelle fut très grande. Il sortit de la ville avec tout son clergé suivi de tout le peuple pour recevoir ce sacré dépôt et le conduire dans l'église de Saint-Maurice, aujourd'hui la paroisse du grand séminaire. On trouve après Procule trois évêques peu connus. Quelques rois de la première race auront beaucoup de part à ce que nous dirons, surtout le saint roi Gontran. Nous finirons ce livre par la triste catastrophe de Bobon, duc des Auvergnats, dont le père, du même nom, avait été choisi par le roi Chilpéric pour un des ambassadeurs qu'il envoya en Espagne, à Récarède, à qui Rigunthe, sa fille, avait été promise en mariage. Sigebert, touché du mérite de son fils, le fit partir pour la Thuringe à la tête d'une armée composée de ceux de son gouvernement. Les ennemis firent une si belle défense, qu'ils périrent tous avec leur duc.

Nous commencerons le *quatrième livre* par un objet bien triste, qui est la ruine de la ville capitale par Pépin le Bref. Nous serons obligés de faire connaître le sujet de la colère de ce roi qui voulait se venger des insultes qu'il avait reçues de Gayfre, duc d'Aquitaine et comte d'Auvergne. Cela nous donnera lieu à entrer dans quelques détails sur la maison de ce comte qui disparut dans peu de temps. Blandin, comte, que le duc avait nommé comte de la ville, se défendit avec beaucoup de valeur, mais il ne put résister à des troupes commandées par Pépin qui avait voulu être accompagné de Charles, âgé de neuf ans, connu dans la suite sous le nom de Charlemagne, qui, étant devenu roi après son père, et s'étant rendu maître de la personne d'Hunald, père de Gayfre, qui avait quitté le froc pour prendre les armes, se vit paisible possesseur de l'Aquitaine ; alors il donna pour comte à l'Auvergne Ithier, duquel on croit que descendent les seigneurs de Mercœur.

Dans cette guerre si funeste à la ville d'Auvergne, la magnifique église qu'avait fait élever l'évêque saint Namace fut réduite en cendres; celle qui fut bâtie dans la suite passait pour avoir quelque beauté, mais c'était dans un temps où le goût pour l'architecture était pitoyable. Les peuples qui avaient de la peine à abandonner une ville où ils étaient nés, trouvèrent quelque consolation dans leur désespoir par le zèle de leurs évêques qui ne les quittèrent point dans l'accablement où ils étaient. Asclepius, qui succéda à Norbert, était un homme d'une grande piété ; Bernowinus, qui vint après lui, était habile dans la science des Écritures et avait quelque goût pour la poésie, comme on peut le juger par quelques vers qui nous restent de sa façon sur l'église de Saint-Alyre qu'il avait fait rebâtir. On lui donne pour successeur saint Stable Ier, dont on faisait l'office avec distinction dans l'église de Saint-Alyre dès le xe siècle. Et à celui-ci Étienne Ier. C'est dans ce temps que le monastère de Mauriac doit son commencement par le zèle dont était animé l'archevêque de Sens, Jérémie, pour donner à Dieu de nouvelles maisons où étaient renfermés d'exacts observateurs de ses lois. Nous espérons que le détail dans lequel nous entrerons sur cette fondation ne déplaira pas, car elle ne fut faite que des biens qu'avait laissés Basole, comte d'Auvergne, à l'abbaye de Saint-Pierre-le-Vif, de Sens.

Sous Louis le Débonnaire, les chanoines de l'église cathédrale vécurent en communauté sous l'observation de la règle que fit faire cet empereur à Aix-la-Chapelle dans une nombreuse assemblée d'évêques, sur quoi nous dirons des choses assez curieuses. La ville d'Auvergne, sortie de ses cendres, ne laissa pas de recevoir dans ses murs Pépin, le troisième fils de cet empereur. On y prit la résolution de transporter le corps de saint Austremoine de Volvic à Mozat, près de Riom. Le jeune roi voulut bien charger sur ses épaules ce sacré dépôt et le porter jusqu'au lieu où l'on avait résolu de le mettre. L'évêque Adebert présida à cette sainte cérémonie. Après cela on tint un concile dans sa ville épiscopale contre ceux qui attaquaient le mystère de la Trinité. Pépin, avant que de quitter l'Auvergne, donna un nouveau lustre à l'abbaye de Mozat en lui faisant rendre les biens dont on l'avait dépouillée. Ce qui l'a fait regarder comme un second fondateur de ce monastère. Mais sa fondation, qui est beaucoup plus ancienne, mérite bien que nous en fassions connaître cet illustre fondateur, prince et duc des Auvergnats.

L'évêque Frédegise, qui fut successeur d'Adebert, attira dans sa ville épiscopale le célèbre saint Jacques l'ermite, dont la vie a quelque chose de singulier.

A l'occasion de la désolation de l'Auvergne par les Sarrasins, dont la fureur ne put être arrêtée par les miracles continuels qui se faisaient à Brioude au tombeau du saint martyr Julien, nous parlerons en détail de la fondation du chapitre de cette église par le comte Bérenger que l'on croit avoir été seigneur de Victoriac, aujourd'hui Saint-Ilpise, et comte de Brioude. Nous parlerons aussi de celle du monastère de Menat, dans lequel Louis le Débonnaire rétablit la ferveur qui y avait fleuri sous saint Bravi et qui n'était plus la même.

A Frédegise succéda Stable, dont la grande réputation le fit appeler au concile de Tousi, dans le diocèse de Toul, où fut examinée une affaire de conséquence qui regardait Étienne, comte d'Auvergne. Celui-ci s'y défendit avec beaucoup de fermeté ; malgré tout ce qu'il put dire pour prouver son innocence, sa conduite criminelle fut condamnée par l'évêque Sigon qui avait succédé à Stable. La colère du comte fit traiter ce saint évêque avec beaucoup d'inhumanité. Cette espèce de guerre finit par l'autorité du pape Nicolas Ier. Sigon se trouva aussi au concile de Soissons. Ce fut sous son épiscopat que la ville d'Auvergne se ressentit de la fureur des Normands qui brûlèrent l'église collégiale du Port qui fut rétablie par ce saint évêque. Le comte Étienne trouva grâce devant Dieu par une sainte mort que son courage lui procura en défendant la ville contre ces peuples barbares.

Après que le Seigneur eut appelé à lui saint Sigon, sa place fut remplie par Agilmare, que l'on croit avoir été d'une des plus illustres maisons de Bourgogne, où il possédait la terre de Vergy. Ses grandes qualités, jointes à sa piété, le firent souhaiter pour assister au concile de Pontion, en Champagne, où se trouva l'empereur Charles le Chauve, duquel nous raconterons des particularités assez intéressantes. Il fut appelé aussi à celui de Troyes, où se rendit le pape Jean VIII, pour implorer le secours du roi Louis le Bègue et de l'église de France contre Lambert, duc de Spolète. On lui fit de grandes promesses qui furent bientôt oubliées. Agilmare fut le seul des évêques de France qui l'accompagna dans son retour à Rome, quoique plusieurs autres eussent été chargés par le roi de lui rendre cet honneur. Le Saint-Père en eut beaucoup de reconnaissance, comme il paraît par une lettre qu'il écrivit au roi. Le zèle de cet évêque lui fit recevoir avec plaisir la nouvelle qu'il eut que l'évêque de Nevers, nommé Eumenus, voulait fonder un monastère dans un lieu de son diocèse nommé *Cuciacum*, Cusset. Nous ferons connaître le fondateur et le monastère.

Nous laisserons pour quelques moments les évêques successeurs d'Agilmare pour parler des comtes d'Auvergne de ce temps; non seulement parce qu'ils devinrent, dans la suite, maîtres de la province, ce qui leur faisait avoir une étroite liaison avec nos évêques, mais bien plus encore par le vif attachement qu'ils avaient pour cette église, sur laquelle ils répandaient avec abondance une partie des biens qu'ils possédaient. Un des plus fameux est le comte Guérin qui fut un des plus grands hommes de son temps. Il s'attira, par ses belles actions, l'estime de Louis le Débonnaire, de Charles le Chauve et des deux Pépins, rois d'Aquitaine. Ce fut lui qui arracha la victoire à Lothaire pour la donner à Charles le Chauve à la journée de Fontenay, qui fut si funeste à la

France. Il eut pour fils un Bernard, aussi comte d'Auvergne, et pour petit-fils un Bernard qui eut de sa seconde femme, Ermengarde, Guillaume le Pieux, fondateur de l'abbaye de Cluny, du monastère de Sauxillanges et de celui de Moissat ou Maensac, Norbert, évêque du Puy-en-Velay, et Adelinde, de laquelle sont issus par mariage, avec Acfred Ier, tous les comtes d'Auvergne. C'est à leur mère, Ermengarde, que nous devons la fondation du monastère de Blesle, ville située sur la rivière d'Alagnon. Nous en reparlerons assez au long.

Nous reprendrons l'histoire de nos évêques par un Jean dont les actions avaient été inconnues jusqu'aujourd'hui. Il paraît pourtant par un vieux titre un peu rongé par les vers, que nous avons trouvé, qu'étant peu touché des choses du monde et tout occupé à amasser des richesses qui ne périssent point, il répandait sur les pauvres et sur son église de grandes libéralités. Il fit de plus bâtir une église ou une chapelle d'un ouvrage merveilleux. C'est dans ce lieu où il voulut que l'on transportât son corps après sa mort.

Adelard fut mis à sa place. Il aimait son église, à laquelle il donna celle de Saint-Victor qu'il avait achetée. Le doyen de l'église de Brioude, accompagné de plusieurs chanoines, vint lui demander la permission de bâtir une église dans un lieu appelé Blanède. Quand elle fut bâtie, il s'y rendit pour la sacrer. Sa sainteté était si répandue partout que le célèbre saint Géraud, comte d'Aurillac, surpris d'une maladie qu'il crut le conduire à la mort, voulut l'avoir auprès de lui dans ces derniers moments si précieux pour l'éternité. Cette mort nous donnera lieu de raconter les vertus éclatantes de ce comte que l'Église a placé sur nos autels. Nous ferons connaître un ouvrage digne de sa piété, qui est la fondation du monastère qu'il établit dans Aurillac, capitale de son petit État. Il y appela des moines qui avaient pratiqué dans la dernière exactitude la règle de saint Benoît, et donna à l'église le nom de l'apôtre saint Pierre dont il était allé visiter le tombeau à Rome jusqu'à sept fois.

Nous joindrons à ce saint fondateur Guillaume le Pieux,

son parent, qui a été en grande vénération de son temps par des actions dans la piété et dans la guerre qui ont rendu son nom si célèbre. Ne pouvant trouver aucun repos après avoir tué Hugues, son ennemi, dans un transport de fureur, il ne fut occupé qu'à faire de grandes largesses aux pauvres et aux églises. Il fonda, comme nous l'avons déjà dit, le monastère de Cluny, qui est devenu si fameux pour avoir donné à l'Église plusieurs saints et plusieurs papes qui se sont distingués par des entreprises mémorables ; celui de Sauxillanges et celui de Moissat. Tout ce que nous dirons de ces lieux de retraite ne sera point indifférent. A Guillaume le Pieux succéda, dans le comté d'Auvergne, un fils de sa sœur Adelinde qui avait épousé Acfred Ier, comte de Bourges. Il eut le même nom que son oncle et ne fit pas moins paraître de zèle pour l'église d'Auvergne et pour son roi. Il fut le soutien de l'église de Brioude dont on enlevait tous les jours une partie des biens qu'elle devait à la piété des fidèles. Son frère Acfred II fut aussi comte d'Auvergne après la mort de son frère, qui n'épousa pas avec moins d'ardeur les intérêts de l'Église.

A Adélard succéda Arnaud dans le siège d'Auvergne. Ses peuples souffrirent beaucoup de la fureur des Normands. Le monastère de Saint-Alyre, avec sa belle église, l'ouvrage de l'évêque Bernowinus, furent par leur barbarie la proie des flammes. L'évêque fit sortir une seconde fois, du milieu des cendres, une maison qui avait été arrosée du sang de six mille martyrs. Ce fut à la sollicitation d'un Bernard, abbé de la cathédrale, et d'un autre Bernard, abbé du monastère. L'autorité du comte d'Auvergne, Raymond Pons, leur fut d'un grand secours. On espère qu'on lira sans ennui tout ce que nous dirons sur cette abbaye.

Après la mort de l'évêque Arnaud, on lui donna pour successeur un Bernard. Ce fut sous lui que l'on commença l'abbaye d'Issoire qui doit sa fondation à la cruauté des Normands. On en sera convaincu par ce que nous rapporterons. Nous n'oublierons point la fondation du monastère de Chanteuge, par Cunibert, prévôt de l'église de Brioude, qui n'est plus aujourd'hui qu'un prieuré uni à l'abbaye de La Chaise-Dieu.

Bernard, qui ne fut pas longtemps évêque d'Auvergne, eut pour successeur Begon Ier, qui fit faire des prières pour découvrir l'endroit où étaient les reliques de saint Clément, pape et martyr, que saint Allyre avait mises dans l'église dédiée à son nom. Sa piété fut récompensée, puisque le bras de ce saint martyr fut trouvé dans une boîte d'ivoire.

Après Begon, Étienne II fut placé dans le siège de la ville d'Auvergne. Il était fils de Robert Ier, vicomte de la province, et d'Algarde, sœur de saint Odile, de la maison de Mercœur. C'était un homme d'une sainteté éminente, qui se donna tout entier au service des pauvres et à procurer de nouveaux bienfaits aux églises et aux monastères. On lui doit la fondation de l'église de Saint-Germain-Lembron, dont il fit don à l'église de Brioude, où il mit ensuite des chanoines. Il augmenta les biens du monastère de Sauxillanges, auquel il donna l'église de Chauriat. C'est à lui que celle de Clermont est redevable de presque tous les biens qu'elle possède. Il lui fit don des églises de Pompignac, de Saint-Beauzire, de Ceyrat, de Gerzat, de Saint-Hippolyte du Petit-Tallende, de Saint-Martin et de Saint-Hilaire de Cournon, de Saulse, de Ménétrol, de Turiac, de Saint-Hilaire de Clermont et de plusieurs autres terres et églises dont les noms sont à peine connus. Il fit le voyage de Rome, d'où il apporta des reliques qui furent mises, par son ordre, dans la statue de la sainte Vierge qui est au-dessus du grand autel de la cathédrale. Nous ne finirions point si nous voulions entrer dans le détail de tous les biens qu'il répandit sur diverses églises. Robert, son frère, fut vicomte d'Auvergne, et Guy, aussi son neveu, qui fut ensuite comte de la même province. N'ayant point d'enfants, ce comté passa à son frère Guillaume, qui avait épousé Humberge, que l'on croit avoir été fille de Guillaume Tête d'Étoupe ; et en faveur de ce mariage, on veut que le comté d'Auvergne demeurât dans la maison de Guillaume et que, depuis ce temps-là, elle en a joui paisiblement.

On verra ensuite les actions pleines de piété de Begon II qui succéda à Étienne II. Le saint abbé de Cluny, Mayeul, étant mort à Souvigny, les religieux, à la vue de tous les miracles que Dieu opérait par son intercession, levèrent son corps et y dressèrent un autel. L'évêque Begon en fit la cérémonie avec beaucoup d'éclat par le grand nombre des peuples qui voulurent en être les témoins et qui le furent aussi, avec Théodat, évêque du Puy ; que ce dernier, voulant lui donner des marques solides de l'amitié qu'il avait pour lui, fit don à l'église de Clermont des terres de Villeneuve et de Vendaigre.

On ne nous blâmera point de nous étendre beaucoup sur un sujet d'Auvergne dont les grandes qualités le firent monter sur la chaire de saint Pierre du temps de l'évêque Begon, d'autant plus que ce fut le premier Français qui fut honoré de cette première dignité de l'Église. C'est le fameux Gerbert, d'Aurillac, qui, par un mérite des plus éclatants, sut gagner la confiance de Hugues Capet, de la reine Adélaïde, de son fils Robert, de l'impératrice Adélaïs, la princesse la plus spirituelle et la plus vertueuse de son siècle, femme de l'empereur Othon Ier, surnommé le Grand, celle d'Othon II et d'Othon III, dont il avait été précepteur après avoir eu le même emploi auprès du bon roi Robert qui, plein de reconnaissance, le fit nommer archevêque de Reims, dans lequel, n'étant pas paisible, il se retira en Allemagne auprès d'Othon qui, charmé du profond savoir de son maître, lui procura l'archevêché de Ravenne, et, ne le croyant pas encore assez récompensé, le fit élever sur le premier siège du monde. Ce qui ne surprit point tous les grands hommes de son temps, dont il fut l'admiration. Il fut l'ornement de la France et par conséquent de l'Auvergne, sa patrie.

Nous lui joindrons saint Odile, de la maison de Mercœur, d'une si grande réputation de sainteté que l'impératrice Adélaïs ne se conduisait que par ses conseils dans le chemin de la perfection, et que tous les princes de l'Europe, pour rétablir la discipline religieuse dans les monastères où elle commençait à s'affaiblir, avaient recours à lui, et le consultaient dans les affaires les plus importantes. Casimir, roi de Pologne, quitta sa couronne pour vivre sous sa conduite. Son humilité était si grande que le pape ne put jamais l'obliger à accepter l'archevêché de Lyon. Sa charité pour les pauvres était sans bornes. Il n'en avait pas moins pour le soulagement des morts ; c'est à lui que les fidèles chrétiens doivent la commémoration des fidèles trépassés, que l'Église célèbre le lendemain de la Toussaint. La fondation du monastère de Saint-Flour est son ouvrage. La maison de Brezons fournit abondamment les biens nécessaires pour l'entretien des religieux.

Nous reprendrons l'histoire de nos évêques par Étienne III, de la maison d'Auvergne, qui fut successeur de Begon II. Il était fils de Guillaume IV, comte d'Auvergne, et d'Humberge, qui fit don à l'église de Brioude de plusieurs biens et de l'église de Lugeac. Ses vertus ne furent pas capables d'arrêter la main d'un meurtrier qui le tua en trahison. Son frère, Robert I*er*, comte d'Auvergne, fut affligé, comme on peut le croire, à la nouvelle d'une mort si funeste. Ce comte était puissant à la cour de France par son mariage avec Ermengarde, laquelle était sœur de la reine Constance, femme du bon roi Robert. C'est dans ces temps-là que nous ferons voir ce qui donna lieu au vicomte de Thiers, Guy II, de faire renaître la ferveur dans le monastère de Saint-Symphorien de la ville capitale de sa vicomté, et la manière dont il fonda le chapitre de Saint-Genès, de la même ville. Cette fondation donnera lieu à raconter des choses qui satisferont la curiosité du lecteur. Nous en dirons d'aussi importantes et d'aussi agréables sur la fondation de l'abbaye de La Cluze, dont à joui longtemps le célèbre prince Eugène de Savoie, puisqu'elle est due à Hugues-Maurice de Montboissier, reconnu pour être de cette maison d'Auvergne dans la bulle d'Innocent III qui regarde cette abbaye.

Après la mort tragique d'Étienne III, on lui donna pour successeur Étienne IV qui fit paraître beaucoup de fermeté, par l'excommunication qu'il lança contre Ponce, fils de Guillaume IV, comte d'Auvergne, qui avait quitté sa femme pour en épouser une autre. Ce comte porta lui-même ses plaintes à Rome, au pape Jean X, lequel leva l'excommunication. L'évêque s'en plaignit à son tour. La réponse du souverain pontife est digne de la place qu'il occupait, aussi les évêques assemblés à Limoges ne purent s'empêcher de s'écrier : C'est à tort que nous avons fait querelle à notre chef, le chef de l'Église n'est point coupable. C'est plutôt nous qui le sommes, si nous ne lui donnons pas connaissance de ce qui se passe parmi nous. Benoît VIII, ayant excommunié plusieurs seigneurs qui s'étaient emparés des biens de l'abbaye de Cluny, envoya une lettre à l'évêque d'Auvergne pour la communiquer aux évêques de Bourgogne, d'Aquitaine et de Provence, par laquelle il les exhortait de confirmer la sentence d'excommunication qu'il avait prononcée contre eux. Ce fut sous cet évêque que l'on commença le monastère de La Voute, dans un lieu où la rivière d'Allier fait un coude, ce qui lui a fait donner le nom qu'il porte. Quand l'église fut construite, l'évêque Étienne fut appelé pour la sacrer. Le saint abbé Odile fut présent à cette cérémonie avec ses neveux Étienne, prévôt de Brioude, Beraud et Hildegaire, chanoines de la même église. On donna de grands biens à ce monastère, à condition qu'il serait toujours dépendant des abbés et des moines de Cluny.

A cet évêque succéda Rencon, d'une noble extraction et d'un mérite si éminent, qu'il gagna, par ses grandes qualités, l'amitié des rois et des souverains pontifes. Guillaume V, comte d'Auvergne, charmé de sa sainteté, ne faisait rien sans le consulter. Il voulut même partager son autorité avec lui et se dépouiller en faveur de son église d'une partie de la ville d'Auvergne. Quelques années après, il lui abandonna le droit de battre monnaie et les monétaires, afin que les chanoines en jouissent en commun. Quelques autres seigneurs imitèrent la piété du comte. Un gentilhomme, nommé Hector, fonda une église du Saint-Sépulcre, à Beaulieu, près de Jaligny. Un autre seigneur, qui avait nom Géraud, donna à l'église d'Auvergne un bien situé à Lussat, avec toutes ses dépendances. Guillaume, vicomte de Thiers, fonda, du consentement de sa femme Reclinde, pour lors âgée de quatre-vingts ans, le chapitre de Saint-Martin d'Artonne, où il mit un abbé et douze chanoines. Mais rien ne rendit si célèbre le gouvernement de l'évêque Rencon, que la fondation du monastère de La Chaise-Dieu, par saint Robert, que quelques-uns croient avoir été neveu de l'évêque Rencon, par sa sœur Raingarde, mère du saint fondateur. Nous entrerons dans un grand détail pour faire connaître les éminentes qualités de ce saint fondateur et son monastère, qui a été distingué en France par la piété des religieux qui en ont été tirés pour occuper les premières places de l'Église et même celle de Rome. Le saint évêque Rencon, pénétré d'une tendre dévotion pour Jésus-Christ, forma le dessein d'aller dans les lieux que cet Homme-Dieu avait consacrés par sa présence ; ce qu'il exécuta. Étant occupé du soin de son église, il se donna bien du mouvement pour la faire rentrer dans des biens dont des seigneurs l'avaient dépouillée. C'est à lui qu'elle est redevable de la restitution qu'il lui fit faire de ce qu'elle possède à Pompignac, qu'elle tenait anciennement de la libéralité de son évêque, Étienne II.

Ce grand évêque étant allé jouir de la vue de celui pour l'amour duquel il avait entrepris tant de travaux, sa place fut remplie par un évêque de la maison de Polignac ou de la maison de Mercœur. Pour accorder les auteurs qui sont partagés à ce sujet, nous mettrons deux Étienne au lieu d'un. Nous commencerons par celui de la maison de Polignac. On le dit fils d'Armand de Polignac ; il fut d'abord prévôt de l'église du Puy. Il eut plus d'inclination pour manier l'épée que pour porter la crosse. Il doit être mort en 1156, s'il est vrai qu'il ait précédé Étienne de Mercœur, neveu de saint Odile. Il donna d'abord une grande idée de lui, voulant même embrasser l'état monastique à Saint-Honorat de Lérins. Mais son ambition produisit en lui un grand changement. L'évêché du Puy ayant été tiré de la juridiction de Bourges, par le pape Léon IX, celui de la ville d'Auvergne n'eut rien d'agréable pour lui ; il s'empara de celui qui faisait l'objet de ses désirs, et mit dans le sien Guillaume de Chamalières. Ce changement lui attira bien des malheurs. Non seulement il fut condamné dans un concile de Rome, par le pape Grégoire VII, mais encore dans le cinquième concile de Clermont, assemblé par l'évêque de Die, légat du saint-père, dans lequel il fut déposé, et Guillaume de Chamalières avec lui comme simoniaque et usurpateur. Sous cet évêque fut faite la fondation du chapitre d'Ennezat par Guillaume, comte de Poitiers, cinquième du nom, qui ne voulut exécuter son premier dessein qu'après avoir consulté le pape Alexandre II. Le même comte étant venu visiter l'église cathédrale, charmé d'y avoir vu ceux qui y servent Dieu avec tant de zèle et de piété, il leur fit don à perpétuité, comme la loi romaine le permettait, de la dîme de tout ce qu'il possédait dans le château d'Ennezat et dans toute la châtellenie, et de tout ce qu'il pourrait y acquérir, soit en or, soit en argent, en blé, en vignes. Il voulait même qu'ils pussent la prendre sur les animaux qui étaient à son service. Presque dans le même temps, Godon, archiprêtre, donna à la même église, à Dieu, à la sainte Vierge et aux saints Agricole et Vital, le lieu de Ternant, et à des conditions qu'on lira dans l'histoire. Un Étienne Darvic fit aussi présent à la bienheureuse Marie de toutes les dîmes qu'il possédait dans l'église d'Orcines. Pierre Mota et sa femme donnèrent aussi à Dieu et à la Vierge tout ce qu'ils avaient dans la dîmerie de Gandalbac, pour leur fils Raymond. La même église augmenta ses revenus par une donation que fit Heldin, qui se dit fils de Guillaume et de Richarde, à Dieu et à la Vierge, de plusieurs héritages qu'il avait à Herment et à Sauvagnat. Géraud de La Tour, deuxième du nom, fils de Bernard de La Tour, suivant les traces de plusieurs grands seigneurs, chercha un asile dans le monastère de Sauxillanges, à l'exemple de son aïeul Géraud Ier, le chef de la maison de La Tour d'Auvergne. Il fit don à ce monastère, conjointement avec ses frères, des églises de Saint-Nazaire de Singles, de Saint-Pardoux, de Sainte-Marie de Chastreix, de Saint-Donat, de Saint-Pierre de Mazayes et de la chapelle de

La Tour. Peu de temps après, il fit don au même monastère de la moitié de l'église de Besse. Ce qui fait voir que la seigneurie de cette ville, laquelle a été longtemps dans la maison de La Tour, y était déjà dans le onzième siècle. Nous ferons paraître dans le même temps une princesse de sa maison, nommée Judith, fille de Robert II, comte d'Auvergne, et de Judith de Melgueil, remplie de grâces pour le monde et de celles que Dieu inspire à des âmes choisies. La manière dont elle renonça au monde est toute singulière. On lui avait destiné un époux qui tenait par le sang à tout ce qu'il y avait de plus grand en France, nommé Simon de Crespy en Valois. Dès que ces deux aimables personnes se virent, ils se firent bien des caresses où la passion, tout jeunes qu'ils étaient, n'avait aucune part. Il y parut bien, puisque dès qu'il leur fut permis d'avoir entre eux un entretien, ce ne fut que pour parler de la douceur qu'il y avait à servir Dieu. De sorte que Judith résolut sur-le-champ de n'avoir d'autre époux que Jésus-Christ; et de crainte que ces heureux sentiments, que Dieu avait fait naître dans son cœur, ne vinssent à s'évanouir au milieu du siècle, elle se retira parmi de saintes filles, pour lesquelles on avait élevé un grand bâtiment à La Chaise-Dieu. Simon se sauva dans un asile semblable dans le même lieu. Il y prit l'habit de saint Benoît, mais se trouvant trop près de celle qui avait frappé ses yeux, il s'éloigna d'un endroit où les charmes de cette sainte princesse pouvaient quelquefois se présenter à lui. Il passa des montagnes d'Auvergne dans le mont Jura, où était le monastère de Saint-Claude où il mourut, avant l'année 1101, dans la pratique des plus hautes vertus.

Quoique les quatre premiers livres de cette histoire aient fourni quantité de choses remarquables et dignes d'admiration, que l'on tâche de représenter fort succinctement, le *livre cinquième* ne satisfera pas moins l'attention du lecteur. Quelle gloire ne revient pas à cette église qui a été le théâtre d'un des plus grands événements qui soit arrivé en France depuis le commencement de la monarchie, puisqu'il mit en mouvement, pendant près de trois siècles, tous les peuples de l'Europe par les croisades, auxquelles donna lieu le grand concile de Clermont, où se trouva le pape Urbain II et tout ce qu'il y avait en France d'évêques, de princes et de grands seigneurs; où l'on décida des affaires d'une extrême importance !

L'évêque qui était pour lors dans la chaire épiscopale était Durand, qui y fut mis après la déposition de Guillaume de Chamalières. Il avait pris naissance dans la même ville; porté naturellement à la vertu, ne voulant s'occuper que de Dieu seul, il choisit pour sa retraite le monastère de La Chaise-Dieu, où il fit de si grands progrès dans la perfection, que saint Robert, fondateur de cette abbaye, étant au lit de la mort, jeta les yeux sur lui pour lui confier le gouvernement du troupeau qui lui était si cher. Il ne faut pas s'étonner si l'église d'Auvergne, qui avait été un peu défigurée par la conduite de ses deux derniers évêques, reprit sa beauté par la sagesse de son saint pasteur. Il eut le bonheur de voir dans son diocèse des hommes d'une éminente sainteté. Les plus connus sont saint Pierre de Chavanon, d'une noble famille de Langeac, dont la vie est pleine de merveilles. C'est à lui que nous devons la fondation de l'abbaye de Pébrac, sur le penchant d'une colline peu éloignée de Langeac, baignée par la petite rivière de la Desge. Nous espérons contenter la curiosité du lecteur sur tout ce que nous en dirons et sur l'abbaye des Chases, dans laquelle le saint fit revivre l'esprit de saint Benoît. Un des plus illustres saints dont la vie est digne d'admiration, est saint Étienne, fondateur de l'ordre de Grammont, fils d'Étienne II, vicomte de Thiers, et de Blanche. Aussi elle nous arrêtera quelque temps, aussi bien que celle de Milon, archevêque de Bénévent, avec lequel le saint jeune homme passa quelques années, et renouvela ses études avec plaisir, s'étant particulièrement connus en Auvergne d'où était le saint archevêque. A son retour en Italie, où il avait été avec son père, il se rendit à Rome, où le saint pape Grégoire VII, qui était parfaitement instruit de la grandeur de la naissance du jeune Étienne, accorda à la ferveur avec laquelle il lui témoigna vouloir se donner à Dieu, d'établir un ordre monastique selon la règle de saint Benoît que l'on observait dans un monastère de Calabre, où il avait fait quelque séjour. L'évêque Durand vit encore un seigneur nommé de Velcia qui, ayant entrepris le voyage de Compostelle pour se rendre favorable le grand apôtre saint Jacques, tomba grièvement malade non loin de Saint-Sever, du diocèse d'Aire, où il se fit transporter. Voyant qu'il n'en échapperait pas, il fit appeler les compagnons de son voyage, qui furent les témoins des dons qu'il fit dans son testament au monastère d'Ébreuil. Les religieux, dès qu'ils en furent informés, lui donnèrent des marques d'une vive reconnaissance ; cette ville est située sur la rivière de Sioule et l'abbaye est son principal ornement.

Les religieux de Cluny n'imitèrent pas ceux d'Ébreuil ; ils persécutèrent l'évêque Durand qui, pour rappeler la ferveur qui avait régné dans l'abbaye de Mozat, voulut la mettre dans la dépendance de celle de Cluny. Mais, parce qu'il s'était réservé des droits épiscopaux, la crainte qu'ils eurent de n'être pas entièrement indépendants de l'évêque et de son chapitre les aigrit si fort contre lui, qu'ils n'oublièrent rien pour le perdre dans l'esprit du pape Urbain II, qui avait été moine et prieur de Cluny. Mais sa vertu et sa grande réputation rendirent inutiles tous les coups qu'ils lui portèrent. Nous ne passerons pas aussi sous silence le chagrin que lui donnèrent les moines du monastère de Saint-Loup, de la ville de Billom, et les chanoines de Saint-Cerneuf de la même ville, qui en vinrent à des excès si horribles les uns contre les autres, qu'étant parvenus aux oreilles du saint-père, il en écrivit à l'évêque pour savoir au vrai si les chanoines avaient été coupables de toutes les horreurs dont on les accusait. Car il était vivement touché de toutes ces abominations qui se passèrent comme sous ses yeux.

Les actions pieuses de deux personnes de son église lui donnèrent quelque sujet de consolation. Il perdit le prévôt de sa cathédrale qui, poussé par une grâce victorieuse, s'alla renfermer dans le monastère de Saint-Martin de Tours, où il oublia entièrement la grandeur de sa naissance, pour travailler à mourir à tout et ne vivre que pour Jésus-Christ, qui lui fit connaître par des merveilles combien lui était agréable son sacrifice. Un autre des chanoines, nommé Asselme d'Olby, fit élever une petite église joignant sa cathédrale, connue sous le nom de Saint-Nicolas, qu'il donna à perpétuité à la bienheureuse Vierge, à saint Nicolas et aux chanoines. Il fit ensuite don de quarante sols de forte monnaie qui furent employés à l'acquisition d'une terre, pour fonder un bénéfice qui fut rempli par un digne ecclésiastique, nommé Adam, à la recommandation d'Asselme d'Olby.

La joie de l'évêque Durand fut encore plus grande quand il vit approcher le temps dans lequel on devait recevoir dans les murs de sa ville épiscopale tout ce qu'il y avait de grand et d'illustre en Europe : le souverain pontife, les cardinaux qui l'accompagnaient, une infinité d'archevêques, d'évêques, d'abbés, de princes et de grands seigneurs, qui devaient tous s'assembler pour l'entreprise la plus glorieuse qui fut jamais, qui coûta la vie à notre saint évêque. Il n'est pas difficile de se persuader quels mouvements il dut se donner dans une occasion qui demandait des soins infinis. Ils furent en effet si grands que, dès que le saint-père fut arrivé, il se trouva mal et se mit au lit, où il ne fut visité par ce pontife que pour recevoir la bénédiction apostolique. Après quoi il mourut regretté de tout le monde. On chargea du soin de ses funérailles, Hugues, évêque de Grenoble, Jarenton, abbé de Saint-Bénigne de Dijon, et Ponce de Tournon, abbé de La Chaise-Dieu, qui tous les trois avaient été religieux dans ce monastère dont il avait été le second abbé. Jamais funérailles ne furent si magnifiques. Le pape s'y trouva avec les cardinaux, les archevêques, les évêques, les abbés, les princes, les grands seigneurs et une multitude infinie de peuple. De sorte que cette pompe funèbre avait tout l'appareil d'un triomphe, dit Baudry, abbé de Bourgueil en Anjou, qui y était présent et qui fit deux pièces de poésie en l'honneur de ce saint évêque. Après quoi, Guillaume, de l'illustre maison de Baffie, fut élu évêque à sa place, par le pape, avec le consentement du clergé et du peuple. Un concile, que plusieurs auteurs traitent de général, nous fournira quantité de choses de conséquence dignes de n'être point inconnues au lecteur. Après qu'on y eut terminé les affaires importantes, le saint-père se résolut du grand dessein d'arracher des mains des infidèles cette terre qui avait été arrosée du sang d'un Homme-Dieu. Dessein formé avant par le pape Grégoire VII, qui n'imaginait rien que de grand. Urbain, voulant être entendu de tout le monde, choisit, pour parler à cette multitude infinie de peuple que le concile avait attiré dans la ville, la plus grande place qui répond aujourd'hui à la plus belle porte de l'église cathédrale, qui est du côté du nord. Son discours, plein de force et d'éloquence, ébranla si fort les cœurs de cette nombreuse assemblée que tous s'écrièrent, en fondant en larmes, qu'ils voulaient prendre la croix. Ce qui fut exécuté même par les princes et les plus grands seigneurs.

La plupart de ceux d'Auvergne furent des plus empressés à la prendre, et leur zèle fut si grand, qu'avant de partir ils firent hommage de leurs terres à la bienheureuse Vierge et à la mère église. L'évêque accompagna Urbain jusqu'à Tours. Étant revenu de ce voyage, il fit de grandes libéralités au monastère de Saint-Pourçain et à son église, à laquelle il fit don de l'église de Saint-Martin-des-Olmes. Nous ne manquerons pas de parler, dans ce temps-là, du précieux trésor que reçut la ville de Billom, qu'elle conserve pieusement.

A l'évêque Baffie succéda Pierre Roux. Sa ville épiscopale fut le lieu de sa naissance. Il eut le même plaisir de recevoir dans Clermont le pontife romain, Pascal II, qui sacra l'église de Saint-Alyre. Les violences du doyen de Mauriac lui firent passer des jours bien tristes, étant accusé de trop d'indolence pour les arrêter. Effectivement il ne parut se déclarer fortement contre lui que dans un synode qu'il avait assemblé, où se trouva le légat du pape. Il eut la joie de voir un archidiacre de son église, nommé Ernion, dont le zèle était ardent pour faire revivre l'esprit de Jésus-Christ parmi les ecclésiastiques ; ce qu'il fit surtout dans l'église de Lezoux, où le service ne se faisait plus avec la décence que méritait le Dieu que l'on y servait ; et, afin que rien ne fût capable de les détourner de leur devoir, il trouva l'art de leur fournir par lui ou par des personnes pieuses, tout ce qu'ils pouvaient avoir besoin pour leur entretien. Pour donner toute la solidité à son entreprise, il voulut être muni de l'autorité du pape Pascal II, qui lui envoya une bulle où l'on trouve les noms de toutes les églises dont on avait rendu maîtres les chanoines.

A Pierre Roux nous verrons succéder Aymeric, abbé de La Chaise-Dieu, qui laissa, dans le gouvernement de ce monastère, un homme plus illustre par sa sainteté que par sa noblesse, quoiqu'il fût de l'ancienne maison de Mercœur. Le nouvel évêque donna un abbé à l'église Saint-Laurent d'Auzon, du consentement d'Adémar, doyen de tous les chanoines de sa cathédrale. Sous cet évêque, la ville d'Auvergne fut honorée de la présence du pape Calixte II, qui y fut reçu avec tous les honneurs dus à sa dignité, par Aymeric et par Guillaume VI, comte de la province. Ce comte, qui avait quelque démêlé avec l'évêque, voulant faire connaître au saint-père son attachement pour l'Église, fonda l'église du Moustier, à Montferrand, qui fut sacrée par le souverain pontife. L'évêque eut beaucoup à souffrir de ce comte. Il eût même été obligé à plier, si le roi Louis le Gros n'eût volé deux fois à son secours.

Ce ne fut pas le seul pape qu'il eut le plaisir de voir dans sa ville épiscopale. Innocent II, obligé d'abandonner l'Italie où il avait des ennemis de conséquence, ayant pris le chemin de France, s'y rendit. Sa présence donna de la joie à tout le peuple dont il s'était fait aimer dans le grand concile de la croisade sous Urbain II. Son séjour fut assez long, puisqu'il y tint un concile où il fit plusieurs cardinaux, et on compte celui-ci pour le neuvième concile de Clermont, s'en étant tenu un autre, en 1124, duquel on n'a conservé aucune mémoire. Après que le pape eut terminé avec beaucoup de fermeté des affaires qui demandaient beaucoup de résolution, il partit pour se rendre dans l'abbaye de Cluny, où Pierre le Vénérable et ses moines, qui lui avaient envoyé soixante chevaux et mulets avec tout l'équipage, tant pour lui que pour les cardinaux, le retinrent onze jours.

Nous commencerons à faire connaître le bienheureux Pierre de Montboissier, abbé de Cluny, surnommé le Vénérable, le grand ami de saint Bernard et en grande considération parmi tous les papes de son temps. Tout ce que nous dirons de ce grand homme, de sa mère sainte Raingarde, de son père et de ses frères, sera un des plus beaux ornements de ce livre.

Ce pieux abbé eut quelque différend avec l'évêque de Clermont, qui ne voyait qu'à regret que tous les monastères d'Auvergne engloutissaient comme un gouffre tous les biens de son diocèse. Cependant, dans une assemblée qui se tint à Clermont, en 1131, où se trouvèrent l'évêque avec ses chanoines d'une part, et, du côté des moines, l'abbé de Cluny et plusieurs prieurs et religieux de cette congrégation, après bien des paroles inutiles, on passa une transaction bien glorieuse aux moines, auxquels on accorda plus qu'ils n'avaient osé espérer, avec une générosité qui surprendra ceux qui la liront et qui leur donnera une haute idée de la bonté des chanoines.

Les actions de cet illustre abbé nous fourniront quantité de choses mémorables. Nous le verrons assister au concile de Pise, où il avait été appelé par le pape Innocent. Il en fut l'âme avec le célèbre abbé de Clairvaux. Les larmes qui coulèrent en abondance de ses yeux à la nouvelle de la mort de sa mère, sainte Raingarde, dont nous n'oublierons pas les grandes qualités, et surtout les vertus éclatantes qui l'ont fait mettre au nombre des bienheureux, nous donneront une belle idée de la bonté de son cœur ; qui ne trouva d'autre adoucissement à sa douleur que de représenter à trois de ses frères, Jourdain, Ponce et Armand, les vertus de leur mère dont la vie fait l'admiration des personnes engagées dans les liens du mariage et de celles qui ne veulent que respirer l'amour de la croix dans les cloîtres.

Nous laisserons pour quelques moments les actions de Pierre le Vénérable, pour parler d'une division qui régnait entre le comte d'Auvergne, Robert III, et l'église de Brioude, pour des droits qu'exigeait le comte sur les dignités et les chanoines. On prenait les armes des deux côtés, et, dans un combat où l'on ne s'épargnait point, un chanoine fut blessé. La tranquillité revint par la médiation d'une personne considérable, dont le nom était Joubert Armand. Les deux parties passèrent une transaction, par laquelle on obligea Robert de se présenter nu-pieds dans l'église de Brioude pour réparation de l'excès commis en la personne du chanoine, et on lui fit promettre bien d'autres choses auxquelles il se soumit avec serment.

Nous reviendrons à l'abbé de Cluny, dont le mérite avait si fort éclaté et donné tant de lustre à sa congrégation, que, dès que les papes avaient été reconnus, ils lui faisaient part de leur élection. En effet, dès qu'Innocent fut mort, son successeur, Célestin II, lui écrivit et lui demanda le secours de ses prières ; Lucius II, qui vint après, n'eut pas moins de confiance en lui. Il fit même venir à Rome treize de ses religieux qu'il plaça dans le monastère de Saint-Sabas, fondé du temps de saint Grégoire le Grand. Il ne fut pas moins estimé de son successeur, Eugène III, disciple de saint Bernard, de sorte qu'on peut dire que, dès qu'on était devenu le chef de l'Église, on devenait en même temps le protecteur de ce grand homme et de son ordre. Les religieux même de Cîteaux lui donnaient souvent des marques par lesquelles il était visible qu'ils le regardaient comme leur père. C'est à lui que s'adressèrent les religieux de l'abbaye de Montpeiroux dans une affaire qui les chagrinait beaucoup. Il leur rendit avec une tendre charité le service qu'ils souhaitaient non seulement par la tendresse qu'il avait pour eux, mais encore pour l'amour qu'il avait pour le lieu de leur retraite, puisque nous voyons par une de ses lettres que ceux de sa maison avaient contribué à la fondation de ce monastère ; ce qui nous donnera lieu à le faire connaître. Nous y joindrons celui de Bellaigue, de la même congrégation. Ce saint abbé était en si grande vénération dans le monde, que la croisade étant résolue, dans laquelle devait marcher Louis le Jeune, à la tête d'une nombreuse armée, saint Bernard ne voulut rien déterminer sans avoir les lumières de Pierre le Vénérable ; ce qui l'obligea à lui écrire une lettre pour le prier de se rendre à Chartres, où l'on devait s'assembler pour cette affaire, dont les conséquences demandaient un profond examen. On jugera par la lettre de ce grand saint de l'estime infinie qu'avait l'abbé de Clairvaux pour l'abbé de Cluny.

Cette sainte expédition étant résolue, les Auvergnats, qui se souvenaient que les premiers projets d'une guerre si sainte avaient été formés dans la capitale de leur province, furent des plus vifs à prendre la croix. Nous parlerons des plus distingués, parmi lesquels nous ferons paraître Guillaume le Jeune qui accompagna le roi avec Eustache-Maurice de Montboissier, frère de Pierre le Vénérable, Hugues de Montmorin et un grand nombre d'autres grands seigneurs. Nous ferons surtout mention d'un seigneur, nommé Gilbert, d'une ancienne noblesse, qui, après avoir combattu auprès du roi, dont il était fort connu, les ennemis de la foi dans la Palestine, prit la résolution après son retour de faire la guerre à d'autres ennemis qui sont ceux qui donnent de cruels combats à notre cœur. Pour se mettre en sûreté, il dit, avec une générosité des plus héroïques, un éternel adieu au monde, embrassa la règle de saint Norbert et fonda l'abbaye de son nom, dont nous ferons connaître l'origine. Son exemple fut suivi avec beaucoup de courage par sa femme Pétronille et sa fille Ponce qui s'immolèrent avec lui comme des victimes aux pieds des autels. Le bruit de la sainteté de la mère éclata si fort, que l'Église l'a mise au nombre de celles que l'on honore d'un culte public. Elle fut la première abbesse d'un monastère de filles qu'elle fonda non loin d'École, que l'on connaît aujourd'hui sous le nom de prieuré d'Aubeterre, qui est sur la rivière de Sioule.

Le comte d'Auvergne, Guillaume le Jeune, poussé par un zèle plein d'ardeur pour Jésus-Christ, à peine fut-il arrivé de la Terre-Sainte, qu'il forma le désir d'y retourner ; mais, se voyant arrêté par les manières outrageantes de son oncle Guillaume l'Ancien, qui travaillait à le dépouiller de son comté pour s'attirer la faveur du ciel, il fit de si grands dons à l'abbaye de Saint-André de Clermont, qu'il en a passé pour fondateur, quoique par un ancien calendrier de ce monastère il paraisse que la fondation est due à un prévôt de l'église cathédrale de la même ville. Tout ce que nous dirons de cette abbaye sera digne d'attention.

La division des deux comtes troubla cruellement la tranquillité de la province qui, par un surcroît de malheur, perdit son évêque Aymeric, dont la sainteté et la sagesse étaient si éclatantes qu'il était consulté dans toutes les affaires importantes par les grands et par les petits. Un calendrier de l'église de Clermont le loue comme pieux, chaste et très dévot à la mère de Dieu. L'abbé Suger le qualifie d'homme d'honnête vie et d'illustre défenseur de l'Église. Sa place fut remplie par un Étienne, de la noble et ancienne maison de Mercœur, fils de Beraud IV, seigneur de Mercœur, et frère d'Odile, prévôt de l'église de Brioude. Nous ne pourrons pas nous empêcher de parler des démêlés des évêques d'Auvergne et des comtes de cette province qui, ayant été assoupis pendant quelque temps, se réveillèrent et donnèrent de mortelles inquiétudes au nouvel évêque.

Quoique ces deux comtes eussent de grands sujets de se haïr l'un et l'autre, leur haine semblait disparaître quand ils croyaient que l'Église avait usurpé quelqu'un des droits qu'ils prétendaient les regarder. Rien ne les aigrissait si fort que de voir le clergé qui, sur la moindre injustice qu'il croyait lui être faite, allait sur-le-champ porter ses plaintes au roi. Ils firent entrer dans leur querelle Armand, vicomte de Polignac; après quoi ils commencèrent leurs hostilités contre l'église de Brioude. L'évêque de Clermont ne laissa pas impunie leur hardiesse ; il lança contre eux les foudres de l'Église ;

mais, dans la crainte qu'on ne méprisât ses armes spirituelles, il implora la protection du pape Alexandre III. L'oppression dans laquelle se trouvaient les peuples par ces petites guerres, il crut ne pouvoir l'arrêter qu'en se jetant aux pieds du roi ; ce qu'il fit avec l'évêque du Puy. Ils lui représentèrent tous les deux les maux extrêmes dont leurs troupeaux étaient accablés. Louis, dont l'âme était tendre, se hâta de marcher à leur secours. Sa présence fit tomber les armes des mains des deux comtes. Dès qu'ils virent le roi éloigné, ils devinrent plus furieux que jamais. Leur fureur éclata surtout sur l'abbé de Saint-Germain-Lembron, qui avait été chargé par Louis de veiller à ce que ces seigneurs exécutassent sans délai tout ce dont ils étaient convenus dans l'accommodement qui s'était fait en présence du roi. Ils furent assez hardis que de le mettre dans les fers. Guillaume l'Ancien, jugeant bien que le roi ne souffrirait pas de si grands excès sans en prendre une vengeance éclatante, fit sa paix avec le pape qui leva l'excommunication qu'il avait encourue. Louis n'en fut que plus irrité contre lui et trouva même mauvaise la douceur du souverain pontife dans cette occasion. Le comte chercha un asile en Normandie pour se mettre à couvert de sa colère. L'évêque de Clermont, ne craignant plus un prince qui fuyait, voulut se rendre maître de son palais ; mais Anne de Nevers, sa femme, par sa vigoureuse défense, fit échouer cette entreprise. A cette nouvelle, le comte, transporté de colère, quitta la Normandie. L'évêque, informé de l'état plein de fureur où il s'abandonnait, sortit au plus vite de la ville et se retira à Riom, où il fut poursuivi si vivement qu'il ne dut son salut qu'à saint Amable, patron de cette ville, qui combattit pour lui ; et, en reconnaissance d'un si grand bienfait, il accorda aux habitants de Riom le corps de ce saint à miracles, qui avait été longtemps à Clermont dans une église de Saint-Hilaire. Le cœur du comte étant toujours ulcéré, son venin continua à se répandre au dehors ; ce qui paraît par une lettre que le chapitre de Clermont écrivit au roi en 1166, dans laquelle ils lui donnent des marques bien éclatantes de leur fidélité, puisqu'ils lui déclarent hautement qu'ils ne sauraient souffrir que l'on ose dire qu'ils soient dépendants du roi d'Angleterre. Ils finissent en implorant sa miséricorde et sa justice. Cette lettre fit sur ce prince toute l'impression qu'ils souhaitaient. Après l'avoir lue, il résolut de mettre à la raison les deux comtes. Il vint avec des troupes contre lesquelles ils osèrent tenter un combat dans lequel la fortune ne leur fut point favorable. Ils furent battus, pris prisonniers et conduits à Paris. Henri, roi d'Angleterre, fut assez hardi, comme duc de Guyenne, de demander avec hauteur la liberté de ces deux princes; mais on fit peu de cas de ses plaintes, il ne fut point écouté. Ils ne furent relâchés qu'après avoir restitué au clergé tout ce qui lui avait été enlevé, et promis solennellement, en présence des grands du royaume, de laisser en paix les églises d'Auvergne et du Puy. Nous verrons ensuite comme ces deux princes, n'ayant plus d'ennemis étrangers à combattre, se firent entre eux une cruelle guerre; l'un pour conserver le comté dont il s'était emparé sur son neveu, l'autre pour rentrer par la force dans les terres dont on l'avait dépouillé. Mais comme cette querelle ne pouvait se terminer sans verser du sang, les seigneurs de la province leur persuadèrent d'abandonner leurs intérêts au jugement du roi d'Angleterre, qui le rendrait en présence de Louis le Jeune, leur seigneur dominant. Guillaume l'Ancien, craignant de n'avoir pas ce roi favorable, se rendit à la cour de France pour demander la protection du roi. Pour s'attirer même la protection du pape Alexandre, il donna à l'Église romaine son château nommé *Uteo*, que quelques-uns croient avoir été Busséol, sur le chemin de Mirefleurs à Billom, et que d'autres estiment, sur la conformité du nom, avoir été Usson. Les deux comtes, dans quelques moments de tranquillité, portant leur vue sur l'avenir, redoutant la puissance des deux rois qu'ils jugèrent ne les protéger que pour les dépouiller plus sûrement, ne trouvèrent rien de mieux, pour l'avantage de tous les deux, que de terminer leur différend par un partage de toute l'Auvergne et d'une partie du Velay; voulant par là se dérober à l'avidité des deux monarques. Nous ferons mention du partage qu'ils firent entre eux.

Nous reviendrons aux grands hommes de la maison de Montboissier. Nous commencerons par l'affliction extrême de Pierre le Vénérable quand il apprit la mort d'Eugène III. Rien ne découvre mieux combien étaient brillantes les qualités de ce saint abbé, que l'estime qu'avait conçue pour lui ce grand pape, quoiqu'il eût été d'un ordre dont les démêlés avec celui de Cluny eussent été poussés avec assez de vivacité. Il était ravi, quand quelque occasion se présentait, d'entreprendre le voyage de Rome pour aller offrir ses respects à ce chef de l'Église qui prenait grand plaisir à s'entretenir avec lui et à profiter de ses lumières. Nous l'apprenons de lui-même dans une lettre qu'il écrit à saint Bernard auquel il dit, en finissant : « J'étais presque le seul étranger qui fût admis dans ses conseils avec les Romains. Enfin rien n'était caché pour moi. Mais, dans le particulier, je n'ai jamais trouvé d'ami plus fidèle, ni de frère plus sincère, ni de père qui parlât avec plus de cordialité. Il m'écoutait avec patience et me répondait promptement et efficacement. Il me traitait non comme un grand à l'égard de son inférieur, mais comme son égal et quelquefois même comme son supérieur. » A peine la plaie de la perte qu'il venait de faire commençait à se fermer, qu'elle fut rouverte plus que jamais par la douleur où le plongea la nouvelle de la mort de l'homme le plus illustre de son temps, le grand saint Bernard, qui arriva le 20 août de l'année 1153, un mois après que le pape Eugène eut été mis dans le tombeau. Celle du saint abbé de Cluny arriva trois ans après, le jour de Noël de l'année 1156, étant âgé de près de soixante-cinq ans, laissant dans la désolation quatre cents religieux dans la seule abbaye de Cluny. Jamais homme n'a été si fort loué et n'a mérité tant de louanges. On verra les témoignages authentiques de l'estime infinie qu'ont eue pour lui les grands hommes qui ont vécu dans le douzième siècle et dans les autres jusqu'à celui où nous vivons. On y lira encore combien ont été touchés de son mérite même les ennemis de l'Église romaine. Quels éloges ne lui donne pas M. Weitman ! Il les finit par le témoignage que le cardinal Bona et M. Dupin rendent de cet illustre abbé. Le premier dit que Pierre le Vénérable était un homme d'une grande piété, qui plaît par l'agrément de son style et par la solidité de ses raisonnements. Le second, parlant des lettres du même abbé, dit qu'elles sont écrites d'un style pur et agréable, qu'il y a de l'esprit, du jugement et des pensées solides, qu'on n'y remarque point tant de vivacité et autant de brillant que dans les lettres de saint Bernard, mais que le style en est plus mâle, plus égal et plus pur.

Nous continuerons à parler des hommes illustres de cette maison. Si elle fut en deuil par la mort de Pierre le Vénérable dont la gloire rejaillissait sur elle, elle eut de quoi trouver quelque consolation par l'éclat qu'elle reçut d'un des frères de cet illustre abbé que nous connaissons sous le nom d'Héraclius, qui fut élevé aux plus éminentes dignités de l'Église. On le vit archevêque de Lyon, légat du Saint-Siège dans les Gaules et exarque du palais de Bourgogne. Son frère, qui avait beaucoup de tendresse pour lui, le recommanda au pape Innocent II. Il fut chanoine de Lyon, ensuite archidiacre, et enfin ce chapitre si auguste voulut l'avoir à sa tête et le mit sur la chaire épiscopale de son église, en 1153. Ses grandes qualités jointes à sa grande naissance le firent aimer de l'empereur Frédéric Barberousse, qui le consultait dans les affaires les plus importantes. Il répandit sur lui ses bienfaits à pleines mains. Nous ne pouvons pas en douter par la lecture de la bulle d'or que cet empereur donna à cet archevêque, où l'on voit, en détail, toutes les faveurs qu'il fit à son église, dans des termes qui donnent un poids infini à toutes les grâces dont il le comble. Nous la produirons en français ; on verra par cette bulle quel rang tenait cet archevêque dans l'esprit de ce monarque, puisque ne se contentant pas de combler de bienfaits son église, il l'honore en particulier lui-même de la dignité de chef suprême de son conseil et d'exarque de son palais de Bourgogne, c'est-à-dire de tout le royaume de Bourgogne ; dignité qui le rendait indépendant de tous les ducs et comtes qui affectaient une espèce de souveraineté dans le royaume de Bourgogne et de Provence.

Il fallait qu'il eût un mérite bien éminent pour avoir su conserver l'estime et l'amitié de deux puissances redoutables, des papes et des empereurs d'Allemagne, dans le temps qu'ils se faisaient la plus cruelle guerre. Nous avons vu jusqu'à quel point Frédéric était frappé des grandes qualités de cet archevêque. Les papes n'en furent pas moins frappés, puisque malgré la liaison étroite qu'il avait avec un homme qui les persécutait et qui ne gardait aucune mesure avec eux, ils ne laissèrent pas de le combler de bienfaits. Adrien IV et Alexandre III le déclarèrent leur légat, et le premier confirma en sa faveur les prérogatives de l'église de Lyon. Combien de choses dignes de remarques ne dirons-nous pas auxquelles eut part cet archevêque, qui finit ses jours l'onzième de novembre de l'année, à ce qu'on croit, 1167 !

Après avoir fait connaître ces deux grands hommes qui ont été, sans contredit, deux des plus brillantes lumières de la maison de Montboissier, nous reprendrons l'histoire de nos évêques. Nous ferons mention de l'arrivée du pape Alexandre III en France, l'asile ordinaire des papes persécutés. Il se rendit par mer, sur les galères du roi de Sicile, dans l'île de Maguelonne, peu éloignée de Montpellier. Après quoi, prenant son chemin par Alais et par Le Puy, il se trouva à Clermont en 1162. Il y fit son entrée la veille de l'Assomption. Il y fut reçu par l'évêque Étienne de Mercœur, avec toute la magnificence et tout le respect dû au chef de l'Église. Un grand nombre d'archevêques et d'évêques s'y étant rendus pour lui faire honneur, il y tint avec eux un concile qui est le dixième de Clermont, dans lequel il frappa des foudres de l'Église l'antipape Victor Frédéric et tous ses adhérents. Après avoir fait un séjour de deux ans dans le royaume, ayant appris que les Romains souhaitaient de le revoir dans leur ville, il crut devoir se rendre à leur empressement. Comme il avait été très content de la magnifique réception qu'on lui avait faite à Clermont, il ne voulut pas quitter la France sans donner à l'évêque et au peuple d'Auvergne de nouvelles marques de sa bienveillance. De Paris il prit le chemin de Bourges, accompagné de saint Thomas de Cantorbéry qui se sépara de lui pour la dernière fois. De là, il alla à Clermont où il fit quelque séjour ; il y était le 19 juillet. Il n'en partit point sans avoir fait connaître à l'évêque et à ses chanoines combien il était satisfait de la manière avec laquelle ils l'avaient reçu.

Dieu semble avoir pris un soin particulier de l'église d'Auvergne. Il n'est point de siècle qu'il n'ait mis sur le chandelier des évêques que leur vertu a rendus célèbres. Nous en ferons paraître plusieurs, dans ce livre *sixième,* qui, par leur piété, se sont attirés la confiance non seulement de leur peuple, mais des rois même les plus saints qui soient montés sur le trône des Français. Je vais commencer à parler du successeur d'Étienne de Mercœur, dont tous ceux qui vécurent de son temps, touchés de ses éminentes vertus, ne lui purent refuser le titre de bienheureux. Ce saint homme est connu sous le nom de Ponce, qui se consacra dès sa jeunesse à Dieu dans l'abbaye de Grand-Selve, dont il eut quelque temps le gouvernement. Le bruit des choses éclatantes qu'il fit dans ce monastère, et desquelles nous parlerons, le fit juger digne d'être un des successeurs de saint Bernard dans l'abbaye de Clairvaux. Il s'y conduisit avec tant de sagesse qu'on le chargea d'une commission des plus importantes, qui était de faire renaître la bonne intelligence entre les plus grandes puissances de l'Europe, c'est-à-dire entre le pape Alexandre et l'empereur Barberousse. Tous les mouvements qu'il se donna dans cette affaire d'une si grande conséquence firent connaître qu'il était né pour servir l'Église et qu'il méritait d'en occuper les premières places. Il fut en effet élevé malgré lui sur le siège de Clermont.

A peine eut-il pris possession de son évêché, qu'il fut appelé par les puissances les plus respectables pour profiter de ses lumières. Nous ne passerons point sous silence les plaintes continuelles que Pierre, évêque du Puy, faisait au roi Louis le Jeune contre les vicomtes de Polignac, qui désolaient les terres de son église. Enfin le calme ne revint que par le traité fait par l'évêque de Clermont, l'évêque de Viviers et l'archevêque de Vienne. Ce traité fut fait à Fontainebleau, en 1173. Nous n'oublierons pas de parler, dans la même année, de la fondation de l'abbaye de Feniers, connue sous le nom de *Vallis honesta*. Ce monastère se trouve situé entre les petites rivières de la Rue et de la Sentoire, qui se jettent dans la Dordogne. On croit, par de bonnes raisons, que les seigneurs de Mercœur en sont les fondateurs. Nous dirons, à ce sujet, des choses qui ne déplairont point au lecteur. Nous joindrons à cette fondation celle de Mègemont, fondée pour des filles du même ordre de Cîteaux, auxquelles ont succédé des religieux bernardins qui peuvent pratiquer les plus hautes vertus dans un lieu des plus solitaires où ils ne seraient point troublés par les gens du monde, s'ils ne les attiraient point. On attribue cette fondation à Dauphin d'Auvergne, comte de Clermont, qui fut le premier des dauphins d'Auvergne. Il était fils de Guillaume VII dit le Jeune. Plusieurs abbesses ont gouverné ce monastère. La dernière fut Françoise de Nérestang, qui l'était en 1612, qu'elle fit l'échange de l'abbaye de Mègemont avec celle de la Bénissons-Dieu. Depuis ce temps-là, il y a eu des abbés de Mègemont nommés par le roi. Nous verrons, comme dans le temps, que l'évêque de Clermont voyait avec plaisir fleurir dans son diocèse les maisons religieuses d'un ordre dont il avait été un des plus beaux ornements.

Le souverain pontife, qui connaissait son habileté dans le maniement des affaires épineuses, le chargea des commissions les plus difficiles. Nous parlerons surtout de la plus délicate, qui était de mettre le calme dans la maison du roi d'Angleterre, Henri, et son fils aîné qui, étant dévoré par l'ambition, exigeait que son père lui communiquât quelque rayon de la puissance souveraine, après l'avoir fait couronner. Ce qui obligea Henri à faire la paix avec le prince qu'il redoutait le plus, qui était Louis le Jeune ; et, pour la rendre inébranlable, il voulut l'affirmer sur le droit du sang en mariant son fils avec une fille de Louis ; ce qui fut exécuté. On confia même cette jeune princesse au père, qui fut chargé de son éducation jusqu'à ce qu'elle fût en âge d'être mariée. Cette princesse, à mesure qu'elle sortait de l'enfance, faisait voir des grâces capables de toucher les cœurs les plus insensibles. Le père, qui la voyait sans cesse, fut si fort épris de ses charmes, qu'il ne put se résoudre à la perdre de vue. Sa réputation en souffrit beaucoup. Une conduite si criminelle vint aux oreilles d'Alexandre III qui, voulant faire cesser un scandale qui déshonorait un si grand roi, jeta les yeux, pour cette importante négociation, sur l'évêque de Clermont et sur l'archevêque de Tarentaise. Les charmes de la princesse étaient des liens trop difficiles à rompre ; les menaces les plus fortes ne firent rien sur son cœur si follement épris. Ce qui obligea le jeune Henri de prendre les armes contre son père.

Louis, qui avait toujours été le soutien de l'église d'Auvergne contre les seigneurs qui travaillaient avec acharnement à la dépouiller de ses biens et de ses droits, mourut le 18 septembre de l'année 1180, et le pape Alexandre, qui faisait tant de cas de l'évêque de Clermont et que les peuples de cette ville avaient eu le plaisir de voir deux différentes fois dans leurs murs, ne survécut pas longtemps à Louis ; il finit ses jours le 30 août de l'année 1181.

Un Auvergnat, dont la vie a quelque chose de bien singulier, nous obligera à quitter l'Europe pour nous transporter en Orient. Cet homme est le fameux Héraclius, qui remplit en quelque manière de son nom l'Orient et l'Occident. Comme il était peu accommodé des biens de la fortune et qu'il avait l'esprit vif et entreprenant, il s'en servit pour se tirer du triste état où il était. Se voyant sans appui dans son pays, il crut qu'il devait s'en éloigner et aller chercher en Orient si la fortune se présenterait à lui d'une manière plus glorieuse qu'en Auvergne. Tous les Français étant agités de la passion d'aller combattre en Syrie contre les infidèles, ils s'y rendaient en foule. Héraclius y passa comme les autres. Joignant à un grand génie une ambition encore plus grande, il sut si bien accommoder son esprit, qui était naturellement haut et impétueux, à l'humeur de ceux qui avaient la puissance en mains, que dans peu de temps il obtint l'archevêché de Césarée. Dans ce poste, il sut si bien gagner les bonnes grâces de la mère du roi Baudouin, que le patriarche de Jérusalem, Amaury, étant venu à mourir, elle lui offrit cette dignité malgré les oppositions de Guillaume de Tyr. Ses ennemis publièrent que la croix se perdrait sous un patriarche du nom d'Héracle, comme elle avait été trouvée sous un empereur du même nom. On l'accusa même de bien des crimes devant le pape. Le nouveau patriarche quitta la Palestine pour venir se jeter aux pieds du souverain pontife ; par son éloquence et sa bonne mine, il eut bientôt effacé toutes les mauvaises impressions que l'on avait données de lui.

Les chrétiens d'Orient, voyant qu'ils allaient être livrés à un ennemi redoutable, qui était le célèbre sultan Saladin, si fameux dans nos histoires, le jeune roi résolut de s'adresser aux princes chrétiens pour leur demander du secours. Le patriarche, qui aimait l'éclat, employa tous ses amis pour être un de ceux qui seraient destinés à une ambassade si honorable. On lui donna pour compagnons les deux grands maîtres des Hospitaliers et des Templiers, Roger et Arnaud qui mourut dans le voyage, à Vérone. Leur négociation ne fut point heureuse. Ils eurent de belles promesses de l'empereur et des lettres touchantes du pape Lucius pour les rois de France et d'Angleterre. Ce dernier ne s'était engagé à faire ce voyage, il y avait plus de dix ans, que pour accomplir la pénitence qui lui avait été imposée à cause de la mort de l'archevêque de Cantorbéry. Comme il comptait sûrement sur ce roi, sa surprise fut extrême lorsqu'il lui eut entendu dire qu'il ne pouvait pas quitter son peuple, que sa première obligation était de maintenir la paix dans son royaume, mais qu'il pouvait compter qu'il lui donnerait cinquante mille marcs d'argent pour cette guerre. Cette offre fut fièrement rejetée par le patriarche qui demandait un chef capable de conduire une armée, non de l'or et de l'argent. Après lui avoir fait mille reproches d'un air offensant, voyant que le roi rougissait de dépit et de colère : « Ne croyez pas, lui dit-il, que je craigne les effets de votre fureur. Tenez, voilà ma tête. Traitez-moi comme vous avez fait de saint Thomas. J'aime autant mourir de votre main en Angleterre que de celle des Sarrasins en Syrie; aussi bien ne valez-vous pas guère mieux qu'un Sarrasin. » Son ambassade ayant eu un si triste succès, on peut juger de quelle douleur mortelle fut pénétré son cœur rempli de tant de fierté et de hauteur. A son retour, il s'éleva de terribles tempêtes contre lui qui feront des épisodes assez curieux. Il trouva pourtant l'art de se soutenir. Il fut même assez heureux de recevoir les deux plus puissants rois de l'Europe, Philippe-Auguste et Richard, roi d'Angleterre, puisqu'il ne mourut qu'en 1191.

Nous serons obligés de parler de l'expédition du roi de France pour aller reprendre Jérusalem dont la perte avait consterné les chrétiens qui versèrent des torrents de larmes à cette triste nouvelle. Toute la noblesse de France accompagna Philippe. On peut le conjecturer par les seuls grands seigneurs d'Auvergne qui voulurent avoir part au recouvrement de la sainte cité. Un titre nous a conservé les noms des fameux guerriers de cette province. Voici comme ils sont nommés : Arnaud de Bréon, seigneur de Mardogne ; messire Léon de Rochefort, seigneur d'Aurouse ; messire Arnaud d'Apchon ; messire Jean de Murat ; Louis de Pondonas ; Louis de Montmorin, seigneur de La Roche ; le seigneur de Montboissier ; Jacques de Tournemire ; Léon de Dienne ; le seigneur de Beaufort ; le baron de La Tour et le dauphin d'Auvergne.

Après avoir rapporté les faits mémorables de nos guerriers, nous quitterons l'Orient pour parler de deux frères qui donnèrent bien de l'éclat à l'église d'Auvergne. L'un est Géraud d'Escorailles, abbé de Tulle, et l'autre Mainfroy d'Escorailles, doyen de Mauriac. Ils étaient tous deux de la noble et ancienne maison de ce nom qui ne tirait pas moins de lustre de ses grandes alliances avec celles de Comborn, de Ventadour et d'Aubusson que par la valeur et la piété de Guy et de Raoul qui donnèrent tant de marques de leur courage et de leur foi dans la première croisade. Nous dirons des choses bien intéressantes sur les deux frères qui renoncèrent à toutes les grandeurs pour servir Jésus-Christ dans la retraite. Nous raconterons des actions bien extraordinaires et bien pieuses des deux vicomtes de Polignac qui avaient commis bien des violences contre l'église de Brioude qui avait pour lors pour prévôt Guillaume d'Auvergne, fils de Guillaume l'Ancien, comte de la province, qui était en même temps prévôt de celle de Clermont. Ces deux vicomtes firent satisfaction à l'église de Brioude d'une manière qui fit bien connaître qu'ils étaient touchés d'un sincère repentir. Le saint évêque Ponce termina ses jours, qu'il avait employés au service de l'Église et de l'État, le troisième jour de mai de l'année 1187. Son corps fut déposé dans Notre-Dame de Chamalières. Il avait pour chapelain un ecclésiastique nommé Adam, qui avait écrit une chronique de toutes les choses remarquables qui se passaient de son temps. Nous ne renverrons pas plus loin la fondation du monastère de l'Éclache pour lequel l'évêque Ponce avait beaucoup d'attachement, comme étant de l'ordre de Cîteaux, dans lequel il s'était fait une grande réputation. Il est à croire que les anciens comtes d'Auvergne ont beaucoup de part à la fondation de ce monastère, car ils ne l'ont presque jamais oublié dans leur testament. Nous rapporterons sur ce sujet des choses dignes de mémoire.

Après la mort du bienheureux Ponce, le clergé lui donna pour successeur Gilbert. On ne sait rien de sa naissance non plus que de sa patrie. Il eut une si grande reconnaissance qu'il la poussa un peu loin. Il eut quelque démêlé avec Arnaud, abbé de Saint-Alyre, qui devait être de quelque conséquence puisque l'archevêque de Bordeaux, Hélie de Malemort, fut commis par le pape Célestin III pour mettre la paix entre eux. Sous cet évêque, nous rapporterons la fondation de deux célèbres abbayes de l'ordre de Cîteaux : l'une d'hommes, connue sous le nom de l'abbaye du Bouchet, en latin *Vallis lucida;* l'autre de filles, appelée La Vassin, *Vallis sana.* La première fut fondée par Robert IV, comté d'Auvergne, fils de Guillaume VIII et d'Anne de Nevers. Ceux de cette branche de la maison d'Auvergne choisirent l'église pour être le lieu de leur sépulture. Nous ferons une mention assez étendue des choses remarquables de ce monastère qui est situé dans la châtellenie de Buron, non loin de Vic-le-Comte.

Celle de La Vassin se trouve dans un profond vallon environné de rochers et de montagnes, sur la petite rivière de Trentaine. Elle est dans la paroisse de Saint-Donat. Nous dirons comme elle reconnaît pour son fondateur Bertrand de La Tour, Ier du nom, fils de Bernard de La Tour, IIIe du nom. On trouve plusieurs personnes de cette maison enterrées dans l'église de ce monastère, parce que l'usage était que les grands seigneurs établissaient les sépultures de leur famille dans les abbayes et monastères qu'ils fondaient. Bertrand, leur fondateur, y reçut les honneurs de la sépulture avec Matheline de Béziers, sa femme, Jeanne de Toulouse, femme de Bernard, seigneur de La Tour, VIe du nom, avec plusieurs autres de la maison de La Tour.

Avant de parler du successeur de Gilbert dans l'évêché de Clermont, nous avons cru qu'il était important de donner une connaissance de l'état où se trouvait la province d'Auvergne. Ce qui nous donnera bien des lumières à la faveur desquelles nous verrons dans un beau jour les affaires de son église. Nous observerons les alarmes que causait la puissance du roi Philippe à Guy II, comte d'Auvergne, et à Dauphin, son cousin, comte de Clermont, et le peu de fonds qu'il y avait à faire sur Richard, roi d'Angleterre, de qui ils avaient été abandonnés après leur avoir promis des troupes et de l'argent, surtout à Guy qui s'était rendu auprès de ce prince en Angleterre et qui connut sans peine, à la manière dont il fut reçu, qu'il ne devait rien attendre de lui. Ces comtes eussent pu vivre dans une tranquillité qui eût fait le bonheur de leurs peuples, si l'union, qui est le plus ferme soutien des maisons, se fût conservée entre le comte Guy et son frère Robert. Mais la division s'étant mise entre les deux frères, ils en vinrent à une guerre ouverte qui eut de funestes suites pour le comte et ses descendants. C'est ce que nous développerons.

Robert d'Auvergne, fils de Robert IV, comte d'Auvergne, et de Mahaut de Bourgogne, frère puîné de Guy, étant doyen de l'église d'Autun, succéda, en 1195, à Gilbert dans l'évêché de Clermont. Dans son élection se trouvèrent, outre le prévôt, l'abbé, le doyen, qui était malade, et les chanoines, cinq archidiacres et deux archiprêtres. Peu de temps après son élection, il se vit attaqué par son frère qui se déclara pour le roi d'Angleterre. Robert, qui prévoyait que la conduite de son frère allait faire élever un orage qui pouvait l'envelopper luimême, demeura ferme dans le parti de Philippe. Alors la guerre fut déclarée d'une si terrible manière, que l'évêque se servit des armes temporelles et des armes spirituelles. Les deux frères, après avoir jeté le premier feu de leur colère, se raccommodèrent par l'entremise d'Henry de Sully, archevêque de Bourges. Il se fit encore un second accommodement par la prudence d'Eudes, duc de Bourgogne, leur cousin, dans lequel entra le chapitre de Clermont, qui céda avec l'évêque au comte tout le droit qu'il avait sur le château et la châtellenie de Lezoux, à condition qu'il en ferait hommage à l'évêque.

Philippe, chagrin de les voir réunis ensemble, chercha querelle au comte. Celui-ci, pour se garantir de l'orage dont il était menacé, se dépouilla de la principale pièce de son État, c'est-à-dire de la ville de Clermont, et la donna en garde, en 1202, à son frère pour la tenir jusqu'à ce que lui ou les siens eussent fait leur paix avec le roi, et afin qu'on ne pût pas révoquer en doute cet acte, on y apposa le sceau de la ville comme le souhaitait l'évêque de Clermont. Depuis ce temps-là, la seigneurie de cette ville est demeurée en la puissance des évêques. Et c'est en vertu de ce titre que la reine Catherine de Médicis gagna son procès contre Guillaume du Prat, évêque de Clermont.

Les deux frères se trouvant dans une espèce de tranquillité, firent réflexion que le ciel pourrait bien être irrité contre eux ; dans la vue de l'apaiser, ils se croisèrent contre les albigeois qui avaient déclaré une cruelle guerre à l'Église. Ils ne furent pas longtemps dans leur voyage ; le comte de Toulouse donna de si éclatantes marques de pénitence, que la paix fut bientôt faite.

Les deux frères, que l'on croyait si bien d'accord, devinrent plus furieux que jamais l'un contre l'autre. Le comte fit éclater le venin qu'il conservait contre Robert et contre l'Église. Il en vint jusqu'à cet excès de fureur de ruiner une abbaye royale de filles dont il enleva la croix, les ornements et toutes les richesses. Il osa même mettre la main sur son frère et le prendre prisonnier. De si grands excès réveillèrent la colère du roi, qui envoya contre lui une armée commandée par Guy de Dampierre, seigneur de Bourbon, qui se rendit maître de toutes les places de conséquence du comte. Afin que l'évêque vît dépouiller son frère avec moins de chagrin, on lui laissa la ville de Clermont qu'il tenait déjà en dépôt. On lui donna de plus le Pont-du-Château, Lezoux, la forteresse de Dallet et le fort entre les deux rivières, et, dans la crainte de le perdre par une tendresse naturelle, il lui donna en augmentation de fief les lieux de Gerzat, de Ferintrat (1), de Lugnat, de Thuret, de La Forest et une partie du fief de Chamalières, avec les dépendances dont Pierre de Chamalières s'était mis en possession.

Nous ne manquerons pas d'opposer au comte Guy la conduite sage et modérée de Dauphin, son cousin, qui, ayant naturellement l'esprit doux et cultivé par l'étude des beaux-arts et surtout de la poésie, ne voulut point tenir tête au roi et termina tous les différends qu'il avait avec ce prince. Ce seigneur, à qui devait appartenir le comté d'Auvergne, a été le premier de sa maison et de sa branche qui prit le titre de dauphin d'Auvergne et qui le rendit héréditaire à ses successeurs. Il prit même pour armes un dauphin et quitta le gonfanon qui était les armes des comtes d'Auvergne. Il passait

---

(1) Malintrat.

pour un des chevaliers de son temps des plus sages et des plus accorts, qui entendait le mieux la guerre et le fait des armes. Son attachement à la poésie lui fit aimer les poètes. Il n'y en avait point qui eût quelque réputation qu'il n'attirât à son service. Mais celui pour lequel il eut plus de tendresse fut Pierre d'Auvergne, gentilhomme qui avait pris naissance dans un château nommé Perols, situé sur les terres du dauphin, au pied de Rochefort. Nous ferons connaître le caractère de ce poète qui, outre qu'il avait mille agréments dans sa personne qui le rendaient très aimable, composait des vers où l'on trouvait beaucoup de délicatesse. Quoique le comte Dauphin fût un des plus polis chevaliers de son temps, il n'en était pas moins bon chrétien. Il donna de véritables marques de son attachement pour l'Église en diverses circonstances que nous ne laisserons pas échapper. Il aimait si fort l'équité qu'ayant découvert que les droits qu'il croyait lui appartenir dans le lieu et dans l'église d'Orcival étaient à la noble maison de Cros, il ne fit nulle difficulté de le reconnaître par un acte public. Sa femme, G., comtesse de Montferrand, n'était pas moins vertueuse que lui. Son testament en est une preuve sensible par les dons qu'elle y fait. Elle n'y oublie point l'église et l'évêque de Clermont, non plus que tous les chapitres et tous les monastères d'Auvergne. Après avoir fait mention de plusieurs autres dons qu'elle fait, elle ordonne que tout ce qu'elle peut avoir de reste en or, en argent et en joyaux soit vendu avec ses grandes chemises, quatre paires de grands draps, ses guimpes, ses toiles et ses serviettes, de l'avis de sa fille, Dauphine d'Auvergne, dont l'argent doit être employé pour faire célébrer, pour le salut de son âme, trente grandes messes tous les jours pendant le cours d'une année. Elle veut enfin que l'on appose à son testament les sceaux de l'église de Clermont, de l'évêque, de son mari et de ses fils.

Après avoir raconté ce qui regardait la division des deux frères, nous parlerons des choses qui touchent en particulier l'évêque Robert d'Auvergne. En 1197, les religieux de Mozat l'ayant prié de se rendre dans leur monastère pour relever les reliques de saint Austremoine, il s'y trouva et fit ouvrir le tombeau qui renfermait le corps de cet apôtre d'Auvergne. Il était enveloppé d'une étoffe de soie serrée avec des cordons sur lesquels on voyait les sceaux du roi Pépin. Il était accompagné, dans cette cérémonie, de son oncle, Guillaume d'Auvergne, prévôt de l'église de Clermont.

Il avait beaucoup d'inclination pour le monastère de Chantoen. Nous entrerons dans un grand détail de tout ce qui regarde cette abbaye, qui fut occupée d'abord par des religieuses que le saint évêque Genès y avait établies. Elles la cédèrent au commencement du XII° siècle aux chanoines de Clermont pour quelques-uns de ceux qui, ayant cessé de vivre en communauté, prirent la résolution de continuer à vivre dans la retraite. Les autres voulurent avoir part à cette pieuse entreprise en se dépouillant de leurs biens en leur faveur. Ils reçurent donc de la libéralité de l'église de Clermont plusieurs églises qui dépendent aujourd'hui de l'abbaye de Chantoen. Tout ce que nous venons d'avancer est appuyé sur un ancien titre dont l'extrait est rapporté dans une charte de l'an 1464 qui est dans les archives de la cathédrale, où est aussi le premier titre dans toute son étendue. On y lit expressément que l'abbé et le couvent de Chantoen avouent avoir reçu du chapitre de Clermont les églises de Chantoen, qu'elles leur ont été données avec le consentement et l'autorité du seigneur évêque, et à leurs successeurs à perpétuité, pour les aider à vivre régulièrement dans la pratique de la règle de saint Augustin. *Profitemur,* disent-ils, *nos accepisse a capitulo Claromontensi ecclesias de Chantoen.* Ils le font à certaines conditions que l'on lira dans l'histoire. La première est qu'ils s'obligent à payer au chapitre une redevance de vingt sols, monnaie de Clermont, comme lui étant redevables de leurs biens, et la seconde que deux chanoines seront appelés à l'élection de leur abbé dans la vacance de ladite abbaye. L'évêque Robert leur procura par ses exhortations de grandes libéralités des peuples qui fournirent abondamment l'argent nécessaire pour élever des bâtiments où ils fussent logés plus commodément.

Cet évêque, étant très zélé pour la pureté de la foi, fut une seconde fois au secours de ceux qui combattaient contre les hérétiques du Languedoc. Il se croisa avec Guichard de Beaujeu et Géraud de Cros, son métropolitain. Son amour pour son église lui fit obtenir du roi Philippe que les clercs jouiraient de leurs anciens privilèges, qu'ils ne seraient pas contraints de fournir aucun subside pour ses troupes, et qu'il n'y aurait point de grenier à sel dans l'Auvergne. Il avait l'âme grande et beaucoup de zèle pour maintenir la discipline ecclésiastique, lequel il fit paraître par tous les mouvements qu'il se donna pour rétablir le bon ordre dans son église. Il ne fut pas moins soigneux d'en conserver les biens, comme on le verra par les statuts qu'il fit en 1207 avec son chapitre, qui avait pour prévôts un Guillaume et un abbé du même nom. On les lira avec plaisir. Il avait un si grand attachement pour son église, qu'ayant remarqué que ses chanoines ne voyaient qu'avec peine prendre des curés qui étaient de leur dépendance le droit de visite, qui était autrement appelé droit de procuration, ayant l'âme élevée, il fut charmé de trouver cette occasion de leur faire plaisir en abandonnant pour lui et ses successeurs un droit qu'il croyait lui appartenir. Il voulut affranchir de ce droit les églises qu'ils pourraient avoir dans la suite. L'acte fut passé en 1205 dans le chapitre de Clermont, en présence de Guillaume, archevêque de Bourges. Il soutenait avec fermeté les droits de son église ; ce qu'il fit paraître au sacre de Guillaume de Chailly pour archevêque de Bourges. On manda, pour faire la cérémonie, l'archevêque de Bordeaux, Hélie. Robert, qui tenait le premier rang parmi les évêques de la métropole, soutint avec beaucoup de vigueur qu'il ne devait être sacré que de sa main.

La bonne intelligence qu'il avait eu soin d'entretenir avec le roi Philippe procura bien des avantages et des augmentations à son évêché. Il lui fit tomber la seigneurie de Vertaizon dont il dépouilla Pons de Chapteuil par arrêt de 1204. Les évêques de Clermont, par le même arrêt, devinrent seigneurs de Billom. Cette ville avait appartenu aux premiers comtes d'Auvergne. Guillaume le Pieux en fit don au monastère de Moissat, suivant un ancien titre de cette église. Richer, abbé de Saint-Laumer de Blois, d'où dépendait Saint-Laumer de Moissat, redonna cette ville à Burgon de Vassalo, seigneur de Vertaizon. Pons de Chapteuil, l'un des successeurs de Burgon dans la seigneurie de Billom, la perdit en même temps qu'il fut dépouillé de Vertaizon, et cette ville fut adjugée à l'évêque de Clermont qui en jouit encore aujourd'hui. Robert reçut encore de la main du roi le château de Mauzun, que son frère lui abandonna à condition qu'il y pourrait rentrer avec le consentement de Philippe, qui refusa sans doute de le donner, puisque les évêques de Clermont ont toujours joui de cette terre, et que ceux qui y avaient quelque droit et qui y possédaient quelque chose en gratifièrent l'évêque Robert. Car on trouve dans un titre de l'évêché de Clermont qu'une dame nommée Anne, fille d'Eustache, donna à l'évêque, en 1222, la justice et le domaine de Mauzun, et que le seigneur de Bourbon, Archambaud, Béatrix, dame de Montluçon, et Mahaut, comtesse de Bourbon, cédèrent tous les droits qu'ils avaient sur cette terre, et que ces donations furent confirmées par Simon, archevêque de Bourges.

Un évêque d'une si grande réputation attirait les yeux de toutes les églises de France. Celle de Lyon ayant perdu son archevêque, Reynaud de Forez, le choisit pour lui succéder. Il remplit cette place, mais ce ne fut pas avec la même vigueur qu'il avait rempli celle de Clermont. Sa santé s'étant affaiblie, il fit son testament en 1232. Deux ans après, en 1234, il mourut et fut enterré dans une chapelle de Saint-Jean où l'on voit encore ses armes.

Sous cet évêque, Clermont reçut dans ses murs, en 1209, les frères-prêcheurs, et Montferrand, les frères-mineurs. La maison des premiers est le quatrième établissement qu'ils aient eu dans le royaume ; et celle des derniers est la troisième maison de ces pères. Nous entrerons dans un détail assez curieux de leur fondation. Les jacobins reconnaissent pour leurs fondateurs les rois de France et pour bienfaiteurs un grand nombre de seigneurs et d'évêques. Ce couvent a donné plusieurs hommes illustres. Les plus connus sont Hugues Aycelin qui a laissé à ces pères son bréviaire et son missel, don de conséquence en ce temps-là ; Guy de La Tour, évêque de Clermont ; Durand de Saint-Pourçain, évêque du Puy et ensuite de Meaux ; Durand, son neveu ; le cardinal de Saint-Saturnin et plusieurs autres. La maison de ces pères est vaste, les jardins sont grands et spacieux et s'étendent assez loin dans la campagne.

Les frères-mineurs vinrent presque dans le même temps en Auvergne. Leur couvent de Montferrand est un des plus anciens de France. Il fut fondé par Guichard qui entra en possession de la ville de Montferrand par son mariage avec Catherine Dauphine, fille de Guillaume, comte de Clermont et de Montferrand, qui lui apporta en dot la seigneurie de cette ville. Il fit venir Sabadin de La Marche, un des compagnons de saint François, qui prit soin de faire bâtir la maison de ces pères ; leur église est d'une belle structure. Cet ouvrage est dû à la piété de plusieurs gentilshommes qui contribuèrent tous à sa construction de la manière qu'elle est. Elle fut sacrée, le 9 de juin de l'année 1229, par l'évêque d'Ascalon, nommé Thomas, qui tenait la place, dans cette cérémonie, de l'évêque de Clermont, Hugues de La Tour.

L'évêque Robert eut aussi la consolation de voir dans son diocèse la fondation d'une maison de chartreux, qui fut fondée en 1219 par deux frères de la noble maison de Beaufort, nommés Guillaume et Raoul (1). Ces pères reçurent de ces deux seigneurs un lieu appelé vulgairement Confinial, tous

---

(1) Les Beaufort, fondateurs de la chartreuse du Port-Sainte-Marie, n'appartenaient pas à la famille qui a donné deux papes à l'Église. C'est au xive siècle seulement que Guillaume Roger, frère de Clément VI, devint possesseur de la seigneurie angevine de Beaufort-en-Vallée, dont il prit alors le nom.

les bois qui en dépendent, le village de Montevers et tous les pacages qui s'étendaient depuis le ruisseau de Laves jusqu'à Confinial, avec la liberté de prendre tout le bois nécessaire pour leur chauffage, excepté dans la forêt de Lajas. Ils donnèrent même la liberté aux vassaux de toutes leurs terres de donner ou vendre ce qui accommoderait ces saints religieux, qui en jouiraient librement et sans aucun trouble. Cette donation fut ratifiée par le vénérable Pierre Simon, par la grâce de Dieu archevêque de Bourges, et par tout le chapitre de la même église, sous la mouvance de laquelle semblait être tout ce qui leur avait été donné. Ces pères avaient sans doute quelque habitation dans ce canton, puisqu'on trouve des titres plus anciens où il est parlé de divers dons que l'on avait fait aux religieux qui y étaient.

Du temps du même évêque, Robert d'Auvergne, l'église d'Auvergne donna un saint archevêque à sa métropole. Ce fut Géraud de Cros, fils de Géraud II, seigneur de Cros, de Murat et de Vernines. Sa maison était ancienne et illustre. Il fut archidiacre et doyen de l'église de Clermont. Ceux de Bourges ayant perdu un saint archevêque dans la personne de Guillaume de Donjeon, voulurent se consoler de la perte qu'ils avaient faite en plaçant dans leur siège un autre saint. Ils en firent choix en 1209. Après quoi il se rendit à Rome pour faire confirmer son élection par le pape Innocent III. Son zèle pour l'Église romaine le porta à passer avec l'évêque de Clermont, Robert, en Languedoc, pour achever de réduire les albigeois. A son retour, voyant les grandes merveilles que Dieu opérait par l'intercession de son prédécesseur, il se mit en chemin pour se rendre à Rome, afin d'obtenir du pape qu'il ne différât pas plus longtemps à lui rendre la gloire qui lui était due, en le mettant au nombre de ceux que l'Église honore comme jouissant de la vue de Dieu. La fatigue du voyage l'en fit jouir bientôt lui-même, car il mourut en chemin. Sa sainteté était si éclatante et accompagnée de tant de merveilles, que quelques auteurs n'ont fait difficulté de lui donner le nom de bienheureux.

Nous laisserons pour quelques moments l'Auvergne et nous nous transporterons dans l'Orient pour y voir un seigneur de cette province qui s'attira, par son zèle pour la foi et par les grandes actions qu'il fit pour défendre l'héritage de Jésus-Christ, une réputation immortelle. Cet homme, qui a fait la gloire des Hospitaliers de Saint-Jean de Jérusalem, était Guérin de Montaigut sur Champeix. Il avait pour père Pierre de Montaigut, et pour mère Alix ou Alasie. Ce père fut heureux en mettant au monde six enfants mâles qui donnèrent dans le même temps un éclat à sa maison que l'on aurait de la peine à découvrir dans une autre. Le premier, qui eut le même nom que son père, prodigua son sang à la bataille de Masoure en combattant sous les yeux de saint Louis ; le second fut Astorg de Montaigut, archevêque de Nicosie, dans l'île de Chypre ; le troisième, appelé Foulques, fut évêque de Lidde, dans la Terre-Sainte ; le quatrième, nommé Bernard, fut évêque du Puy, tendrement aimé du roi saint Louis ; le cinquième, que ses grandes qualités élevèrent à la dignité de maître des Templiers, avait le nom de Pierre ; et enfin le sixième, nommé Guérin, qui surpassa en mérite tous ses frères. Son zèle et sa valeur lui firent embrasser la règle des Hospitaliers de Saint-Jean de Jérusalem. La force de son génie, sa prudence, sa piété et les hauts faits par lesquels il s'était signalé dans mille rencontres, le firent choisir pour être à la tête de cet ordre qui remplissait de son nom les trois parties du monde. Il fut élu en 1206, après la mort de Geoffroy Le Rat, de la Langue de France. Il en fut le quatrième grand maître. Une de ses premières et brillantes actions fut d'affermir sur le trône d'Arménie, Léon, qui était attaqué d'une manière cruelle par le sultan d'Iconium.

Le pape Innocent ayant excité d'une manière si ardente tous ceux qui assistaient au concile de Latran à prendre les armes, ils ne purent pas résister à un pape qu'ils crurent inspiré de Dieu et qu'ils étaient par conséquent obligés à lui obéir. André, roi de Hongrie, fils de Bala III et de Marguerite, fille de Louis le Jeune, se détermina sur-le-champ à partir. Le saint-père, sachant l'ardeur de ce roi pour cette entreprise, l'exhorta de ne former aucun projet sans la participation du grand maître des Hospitaliers. Ce roi, de son côté, qui aimait tous les hommes d'un mérite distingué, avait conçu tant d'estime pour lui qu'il n'avait compté en prenant les armes que sur sa valeur et sur sa sagesse. Aussi ne régla-t-il aucune opération de guerre que par ses conseils. Il fut si fort touché de tout ce qu'il vit faire d'éclatant aux chevaliers conduits par un tel grand maître, qu'il demanda avec beaucoup de zèle d'être associé dans l'ordre en qualité de confrère, et afin qu'ils conservassent la mémoire d'un roi qui s'était fait une gloire d'être de leur corps, il donna à perpétuité à l'ordre sept cents marcs d'argent à prendre sur les salines de Saloch, en Hongrie. Il n'y eut point d'affaires de conséquence dans la Palestine et dans l'Europe qu'on ne lui communiquât et sur laquelle on ne voulût avoir son avis. Mais sa sagesse ne parut jamais avec plus d'éclat que dans les démêlés du pape Grégoire IX et de l'empereur Frédéric. Il se conduisit en Palestine, dans ces temps de trouble, d'une manière à ne point perdre l'amitié et l'estime du saint-père, dont l'autorité était si respectable dans son ordre, et à ne point aigrir Frédéric si ce prince avait pu modérer ses emportements contre le chef de l'Église. Après tant de belles actions que le grand maître avait faites pendant vingt-trois ans qu'il avait gouverné les Hospitaliers, il ne faut pas être surpris s'ils pleurèrent sa mort qui arriva en 1230. L'auteur de l'histoire des chevaliers de Saint-Jean de Jérusalem dit qu'il était de la maison de Montaigut en Auvergne, homme de grande valeur et prudent, et qui fut fort honoré et aimé des princes chrétiens, et à sa mort extrêmement regretté de ses religieux. On verra par le détail que nous donnerons de tout ce qu'il fit de grand qu'il n'y a point d'éloges qu'il ne mérite.

Tandis que Guérin gouvernait avec tant de sagesse les Hospitaliers, il perdit, en 1223, un des plus zélés de son ordre (sic), Philippe-Auguste, un des plus habiles de nos rois dans l'art de régner. Louis VIII, son fils, régna après lui et ne fut pas longtemps sur le trône. Il marcha contre les albigeois ; sa santé l'empêcha de finir une guerre dont les commencements lui promettaient un heureux succès. A son retour, il prit son chemin par l'Auvergne, et, sentant affaiblir entièrement ses forces, il fut obligé de s'arrêter à Montpensier, où sa maladie augmenta si fort qu'elle le mit au tombeau le huitième de novembre de l'année 1226. Son corps fut porté à Saint-Denis. L'abbaye de Saint-André-lès-Clermont eut le bonheur d'avoir le cœur de ce vertueux roi, qui fut déposé dans l'église célèbre par les tombeaux des anciens dauphins d'Auvergne.

Après sa mort fut mis sur le trône des Français un roi qui, ne voulant plaire qu'à Dieu seul, fit le bonheur de ses peuples et fut l'admiration de tout l'univers. Aussi sut-il joindre à une éminente sainteté, un courage et une valeur qui étonnaient ses ennemis, et une science dans l'art de régner qu'il possédait en véritable chrétien au suprême degré. Il fallait, en effet, que le mérite de Louis eut quelque chose de bien supérieur à tous les héros qui avaient été avant lui, puisque des peuples barbares et infidèles voulurent en faire leur maître.

L'église de Clermont eut aussi le bonheur de voir, dans sa chaire épiscopale, un homme qui, pour le faire connaître en un mot, eut la confiance du saint roi dont nous venons de parler. Cet évêque fut Hugues de La Tour, que le clergé choisit pour occuper la place de Robert d'Auvergne, quand il se démit de l'évêché de Clermont, en 1227. Il était fils d'Arbert II, seigneur de La Tour-du-Pin, et de Marie d'Auvergne, sœur de Guy II, comte d'Auvergne, et de Robert, auquel il succéda. Il pratiquait la règle de saint Benoît quand il fut fait évêque. Sa piété, qu'il avait soin de nourrir de la méditation des choses saintes, le fit connaître à saint Louis, qui lui donna toute sa confiance. Robert III, comte d'Auvergne, ayant donné une église qu'il avait fait bâtir à Herment, à l'église de Clermont, avec tous ses droits, dîmes et oblations, en 1150, les chanoines, sur les représentations qu'on leur fit que rien ne serait plus utile au peuple de ce canton que d'ériger une collégiale dans le lieu d'Herment, abandonnèrent les revenus qui leur avait été donnés pour en faire jouir douze ecclésiastiques dont le chapitre serait composé, qui auraient à leur tête un doyen. Ils se contentèrent, pour faire connaître que l'église de la nouvelle collégiale était entièrement de leur dépendance, d'un cens de quinze livres, monnaie de Clermont. Ce qui fut approuvé par l'évêque Hugues, qui approuva aussi que l'on érigeât en collégiale l'église de Saint-Pierre, à Clermont, qui était desservie par des clercs de la cathédrale. Il fallait le consentement de la mère église à laquelle ils étaient soumis. Ils le demandèrent en 1242, et ils ne trouvèrent aucune opposition à leur désir. On exigea que leur chapitre paierait tous les ans à la cathédrale, comme une redevance, vingt-cinq livres, dix livres au doyen et dix livres de cire à l'évêque de Clermont. On exigea aussi que le doyen et chaque chanoine, après avoir été installés dans le chœur de leur église, ferait serment de fidélité au chapitre et à l'église de Clermont, dans l'endroit où l'on a coutume d'assembler les chanoines. On exigea encore quelques autres conditions qu'on lira dans l'histoire.

Le roi saint Louis et la reine Blanche, sa mère, faisaient tant de cas de l'évêque Hugues, qu'ils le consultaient dans les affaires les plus importantes. Ils le chargèrent d'une négociation qui demandait une grande dextérité pour terminer une guerre qui pouvait allumer un grand feu dans le royaume. Raymond VII, dit le Jeune, avait fait sa paix avec le roi et avait promis sa fille Jeanne en mariage à Alphonse, frère du roi, et, qu'après sa mort, son comté de Toulouse passerait à son gendre et aux enfants qui en naîtraient ; et que si leur postérité venait à manquer, le comté serait dévolu au roi et après lui à ses enfants. Ce prince, faisant réflexion au traité honteux qu'il venait de faire et animé par des seigneurs qu'il croyait de ses amis, ne fut occupé que de la passion de se venger. Ce qu'il aurait fait sans les manières douces et insinuantes de l'évêque de Clermont, qu'on lui avait envoyé avec

Imbert de Beaujeu, pour le faire rentrer dans son devoir et dissiper en même temps un orage qui pouvait avoir des suites.

Tandis que l'évêque Hugues s'attirait de plus en plus, par sa sagesse, la confiance de saint Louis, l'église d'Auvergne donna à celle de Paris un de ses plus saints et de ses plus savants évêques. On n'aura point de peine à en convenir lorsqu'on nommera Guillaume d'Auvergne ou de Paris, dont la patrie était Aurillac. L'école de Paris où il avait été élevé le rendit un des docteurs les plus célèbres qui eût paru dans cette université. Il succéda en 1228 à l'évêque Barthélemy, recommandable par sa piété et sa grande suffisance dans le droit civil et canonique. Il donna d'abord des marques éclatantes de son zèle pour arrêter un désordre qui le faisait gémir depuis longtemps, qui regardait la pluralité des bénéfices, qu'il regardait comme un monstre. Qui n'envisagerait point, dit-il lui-même, comme une chose monstrueuse, un clerc revêtu des dépouilles de la maison de Dieu, lorsque bien souvent il en devrait être chassé ? Peut-on voir sans gémir, ajoute-t-il, un clerc doyen dans une église, prévôt dans une autre, chantre dans celle-ci et archidiacre dans celle-là ? Il fit tenir une assemblée, dans le chapitre des frères-prêcheurs, des plus célèbres docteurs, où il se passa des choses qui satisferont la curiosité du lecteur.

Guillaume de Paris ne fut pas le seul évêque que l'église d'Auvergne vit sortir de son sein. Celle du Puy reçut dans son siège un Auvergnat dont la vertu devait avoir bien de l'éclat puisqu'elle l'avait fait tendrement aimer du roi saint Louis. Il était de l'illustre maison de Montaigut, frère du grand maître des Hospitaliers. Il succéda à Bernard de Rochefort dans l'évêché du Puy, en 1236. Le saint roi, qui n'avait de penchant que pour les gens de bien, voulait sans cesse avoir auprès de lui ce saint évêque, surtout dans les saintes et éclatantes cérémonies qu'il faisait quelquefois, comme il arriva lorsqu'il reçut avec tant de vénération les reliques qu'on avait apportées de Venise. Il voulut être accompagné de l'évêque du Puy et lui fit part d'une partie des trésors qui faisaient toute sa joie. Après avoir donné mille marques de son zèle pour la sanctification de son peuple, il mourut le vingt-troisième jour de février de l'année 1248. Après sa mort, l'église d'Auvergne donna encore à celle du Puy un évêque du nom de Guillaume de Murat, frère de Pierre de Murat qui avait épousé Gaillarde de La Tour, fille de Bernard de La Tour, septième du nom, et de Jeanne de Toulouse, et neveu de Gérard de Cros, archevêque de Bourges. Il fut chargé de quelques affaires importantes par le pape Innocent IV qu'on lira avec plaisir. Il mourut en 1250.

Nous commencerons à parler de la piété de Hugues, qui le rendait très cher au saint roi ; aussi l'avait-il toujours auprès de lui dans les jours où ce saint roi faisait avec plus d'éclat quelque action de piété. Car le bel édifice de la Sainte-Chapelle que nous admirons encore aujourd'hui, étant dans sa perfection en 1247, il en fit la dédicace avec tout l'éclat que demandait une cérémonie si auguste. Ce saint roi dont le zèle était ardent pour tout ce qui regardait la religion, s'y trouva et voulut être accompagné de l'évêque de Clermont et de tout ce qu'il y avait de grand à sa cour.

Ce bon prince, dont toute la vie n'était qu'un enchaînement de saintes actions, porta après cela toutes ses vues à accomplir le vœu qu'il avait fait d'aller en personne arracher des mains des infidèles le tombeau de Jésus-Christ. L'évêque de Paris, Guillaume d'Auvergne, jugeant que ce serait fort inutilement qu'il s'opposerait à ce pieux dessein, prit la croix qu'il avait demandée et la lui attacha. Le saint roi voulut avoir avec lui dans cette sainte expédition l'évêque de Clermont. Avant son départ, il fit son testament dans lequel son église se ressentit de ses bienfaits par l'acquisition qu'il fit de la dîme de Jensac qu'il unit à la mense épiscopale et assigna dessus le revenu des quatre vicairies qu'il fonda dans sa cathédrale, à raison de vingt septiers chacune. Le roi, qui l'aimait beaucoup, eut la douleur de perdre bientôt ce saint évêque. A peine fut-il arrivé en Égypte qu'il tomba malade, et Dieu couronna ses travaux par une sainte mort, le 28 décembre de l'année 1249. C'est à lui que l'on est redevable de la magnifique église cathédrale. Il en avait fait jeter les fondements avant de s'embarquer pour le voyage d'outre-mer.

Un grand nombre des seigneurs d'Auvergne, à l'exemple de leur évêque, pénétrés de la vénération qu'ils avaient pour leur roi, voulurent l'accompagner pour partager avec lui tous les périls auxquels son zèle pour la religion l'allait faire exposer. Les plus illustres furent Bertrand de La Tour, septième du nom ; Jean, seigneur de Rochefort et de Préchonnet ; Gautier de La Guesle ; Helin, seigneur de Salers, sur lesquels nous dirons des choses qui ne déplairont point et qui sont extraordinaires, surtout celles que nous rapporterons du seigneur de Salers.

Nous reprendrons ensuite l'histoire de nos évêques par le successeur d'Hugues de La Tour. Ce fut Guy de La Tour-du-Pin, fils d'Albert de La Tour-du-Pin, premier du nom, et de Béatrix de Coligny. Il avait embrassé la règle des frères-prêcheurs dans le couvent de Clermont, dès l'âge de quinze ans. Il fut élu par le chapitre en 1270, n'ayant encore que dix-huit ans. A peine eut-il été sacré, qu'il se forma un orage contre lui par le comte d'Auvergne, Robert, qui prétendait rentrer dans des terres dont l'évêque était en possession, croyant qu'il serait appuyé par Alphonse, frère du roi, qui possédait le canton de l'Auvergne, que nous connaissons aujourd'hui sous le nom de duché d'Auvergne, dont le chef-lieu est la ville de Riom. Les lieux qui faisaient les sujets de la querelle étaient Mauzun, Lezoux, Laps, Issandolanges et quelques autres moins connus. Des amis communs arrêtèrent ce feu qui pouvait avoir des suites. L'accommodement fut fait par une transaction dont furent médiateurs Raoul, comte de Genève, Albert de La Tour-du-Pin, dit le Jeune, frère de l'évêque, et Guillaume, seigneur de Baffie. On régla que les châteaux de Mauzun et de Lezoux avec toutes leurs appartenances et dépendances, avec le fief de Bertrand Frenaud, qui commençait à la rivière d'Allier, demeureraient à perpétuité à l'évêque, lequel, de son côté, abandonnerait au comte les châteaux d'Issandolanges, de Laps et tout ce qu'il prétendait à Chalandrat, situé au delà de la rivière.

Il eut encore un grand démêlé avec le comte Alphonse qui, ayant obtenu, pour son apanage, la partie de l'Auvergne qui fut appelée la Terre-d'Auvergne, *Terra Alverniæ*, qui avait été enlevée à ses comtes, il en prit la qualité de comte et prétendit que la ville capitale était à lui. Mais l'évêque ayant présenté une requête au saint roi, dans laquelle, après lui avoir exposé qu'il tenait de lui sa ville épiscopale, il suppliait Sa Majesté de ne la jamais mettre hors de sa main et puissance royale. Ce qui lui fut accordé par lettres patentes par lesquelles le roi lui promit de ne jamais mettre hors de l'obéissance de la couronne de France la ville de Clermont. Elles sont de l'année 1269.

La maison des comtes d'Auvergne donna un archevêque à l'église de Vienne, qui fut Guy d'Auvergne, frère du comte Robert V. Il était prévôt de Lille-en-Flandre, archidiacre de Tournai, écolastre de l'église de Cologne et abbé de Saint-Germain, à laquelle abbaye il devait être nommé par son frère qui, à cette occasion, eut de terribles assauts à soutenir contre un chanoine de Paris qui disputa avec beaucoup de vivacité ce bénéfice à son frère. Il avait encore un frère nommé Guillaume d'Auvergne, qui était chanoine de Lille et de Lyon, archidiacre de Liège et prévôt de Saint-Donatien de Bruges ; peu s'en fallut qu'il ne se vît placé dans l'évêché de Liège. On ne sera pas surpris de voir ces deux frères posséder ces bénéfices en Flandre, lorsqu'on saura que leur père Guillaume X, comte d'Auvergne, avait épousé Alix de Louvain ou de Brabant, fille d'Henri Ier, duc de Brabant, et de Mahaut de Boulogne. Nous ajouterons que c'est par là que le comté de Boulogne entra dans la maison d'Auvergne. Ces deux frères ne furent pas les seuls de cette province qui furent l'ornement de quelques autres églises. La maison de Polignac, si illustre par le sang des Apollinaires dont elle se flattait avec raison de descendre, avait donné un évêque à l'église du Puy. Son nom était Armand de Polignac, fils de Pons III, vicomte de Polignac, et d'Alcinoïs de Montlaur, qui répandit ses bienfaits sur sa cathédrale et sur plusieurs maisons religieuses.

L'évêque de Clermont fit voir aussi des effets de sa libéralité à l'égard de l'abbaye de La Chaise-Dieu, à laquelle il donna l'église de Saint-Jean-des-Ollières et la chapelle d'Olliergues. Il ne fut pas longtemps à se repentir d'avoir été si libéral. Les religieux oublièrent bientôt la reconnaissance qu'ils lui devaient pour un tel bienfait ; ils lui refusèrent hautement de lui rendre les droits épiscopaux. Quoiqu'il eût été religieux, il ne laissait pas de vouloir les ranger à leur devoir, et il en serait venu à bout s'ils n'avaient pas trouvé de la faveur auprès du pape Urbain IV. Il était aussi bien difficile d'exiger quelque soumission des abbés à qui il était permis de se montrer aux grandes fêtes avec la mitre en tête, la crosse à la main, donnant la bénédiction au peuple.

Les chanoines de l'église du Port n'en usèrent pas de même, et firent voir d'une manière bien généreuse combien ils étaient sensibles aux marques effectives de bonté que leur donnait ce grand évêque. Ils lui abandonnèrent, en 1263, et à ses successeurs, la nomination à la seule dignité de leur chapitre, qui est le doyenné.

Nous ne manquerons pas de parler de ces jours heureux dans lesquels l'évêque et les chanoines et tous les citoyens de Clermont virent paraître dans leur ville le plus saint et le plus grand de tous les rois. Tout retentit des cris d'allégresse à sa réception. Tous les cœurs étaient contents à la vue d'un si bon prince. Le sujet de sa venue augmentait encore le ravissement dans lequel sa présence mettait les peuples. Ce bon roi s'était rendu à Clermont, accompagné de tous les grands de son royaume, pour une action bien éclatante, puisqu'on y devait célébrer le mariage de son fils, Philippe le Hardi, avec Isabeau, fille de Jacques, roi d'Aragon, et d'Yolant, fille d'André, roi de Hongrie. Il le fut, en effet, le jour de la Pentecôte, le 27 mai 1262, dans l'église cathédrale, par l'évêque assisté de tout son clergé, en présence du roi, de Robert V, comte d'Auvergne, de Robert II, dauphin d'Auvergne, des princes, du légat du pape et d'un grand nombre de seigneurs qui se trouvèrent à cette cérémonie qui se fit avec un appareil digne d'une action si auguste.

Un grand nombre d'évêques s'étant trouvés à Clermont pendant cette magnifique fête, s'assemblèrent en présence du légat d'Urbain IV pour traiter de plusieurs affaires de conséquence. On croit que cette espèce de concile se tint dans le couvent des frères-prêcheurs. On y montre encore à présent la chambre du légat et les cellules où l'on prétend qu'étaient logés les évêques. C'est apparemment ce concile que M. Dupin traite de synode, qu'il place en l'année 1263.

Peu de temps avant que se fît l'auguste cérémonie dont nous venons de parler, l'évêque de Clermont pleura la mort de Robert Ier, comte de Clermont, dauphin d'Auvergne, avec lequel il était lié d'une amitié des plus étroites. Nous donnerons dans toute son étendue son testament. Outre que c'est un beau monument de la piété de ce comte, on y lira des particularités tout à fait singulières. Son fils, Robert II, donna des marques de son amour pour l'église de Clermont par un acte qu'il fit après la mort de son père, par lequel il déclare reconnaître, à l'exemple de ses ancêtres, tenir en fief de l'évêque de Clermont, le château de Champeix et ceux de Plauzat, d'Aurières, de Pontgibaud, de Montrognon, de Chamalières, avec leurs dépendances, et tout ce qu'il a à Clermont, à Montaigut, à Ruhan, que le seigneur de Montaigut tient de lui. Il avoue encore tenir de l'évêque les fiefs d'Aubière, de Montrodez, d'Opme, de Chanonat et de Beaumont, qui sont des dépendances de Montrognon, et celui de Vernines, qui est une dépendance d'Aurières. Il fait l'hommage de toutes ces terres à l'évêque de Clermont et avoue que ses successeurs sont obligés de suivre son exemple, comme il suit celui de ceux qui l'ont précédé, et afin de rendre cet acte irrévocable, il y apposa son sceau au mois d'août de l'année 1263, étant à Cournon.

L'église de Clermont trouvait dans son sein, comme elle a toujours fait dans la suite, des hommes qui non seulement défendaient avec chaleur son patrimoine, mais qui l'augmentaient même de leur propre bien. Un de ses doyens, nommé Guillaume de Cebazat, de qui elle avait déjà reçu, en 1258, dix setiers de froment de rente en directe, qui devaient être pris sur le territoire de Rabanesse, lui donna de plus, en 1263, par testament, la maison et la dîmerie qu'il avait en commun avec l'abbé de Saint-Alyre, au territoire de Sezal. Ce doyen était un homme de mérite, puisque l'évêque de Clermont, Hugues de La Tour-du-Pin, l'avait fait son vicaire général et qu'il fut souvent nommé juge dans des affaires de conséquence, comme il le fut d'un grand différend qu'une action très criminelle avait fait naître entre l'abbé de Thiers, la prieure du monastère de Courpière, et Étienne, damoiseau et seigneur de Maubec, dont on racontera ce qui y donna lieu. Nous n'oublierons pas non plus l'action d'un chanoine de la cathédrale, homme de qualité, nommé Géraud Dalmas, qui s'attira bien des chagrins par une conduite qui déplut extrêmement à son chapitre, qui fit paraître dans cette occasion une grande fermeté. On découvrira, dans la narration de cette affaire, le zèle des chanoines à punir ceux de leurs confrères qui s'écartaient quelquefois de leur devoir, dans des choses même qui semblaient n'être point criminelles. On sera ravi de voir la manière dont ils procédaient dans ces occasions. S'ils eurent quelque sujet de plaintes de ce chanoine, leur corps reçut beaucoup de gloire de la conduite de deux autres qui étaient tous deux d'une maison illustre. L'un était de celle de Saint-Nectaire et l'autre de celle de Montgascon. Le premier, appelé Casto de Saint-Nectaire, était fils de Louis de Saint-Nectaire et d'Alix. Il était en même temps chanoine de Brioude et archidiacre de Billom. Aymeric de Montgascon, chanoine et archidiacre de Clermont, était d'une maison illustre et puissante par le nombre des terres qu'elle possédait en Auvergne. Il était frère de Robert de Montgascon, qui avait eu de Béatrix de Beaujeu, Faucon de Montgascon, qui ne laissa que deux filles de son mariage avec Isabeau de Ventadour, dont l'aînée Béatrix, épousa Robert VI, comte d'Auvergne et de Boulogne, et lui porta les seigneuries de Montgascon, d'Ennezat, de Joze, de Montredon, de Pontgibaud, des Granges, de Margeride et plusieurs autres terres. Aymeric, son oncle, avait eu de grands biens de sa maison ; il en fit part à son église. Il fonda une vicairie et donna pour cela les percières de Villelongue, paroisse de Saint-Ours. On voit par son testament qu'il y fonda son anniversaire et qu'il fit don au chapitre de trente œuvres de vigne qu'il avait dans le territoire de Florat, d'une dîme qu'il avait à Clermont par indivis avec le même chapitre et l'abbé de Chantoen, d'une autre dîme qu'il avait à Epinet et à Lussat, de dix setiers de froment à prendre chaque année sur la leyde de Clermont. Il avait encore un frère, Jean de Montgascon, qui fut chanoine de la même église. Nous joindrons aux chanoines dont nous venons de parler un chanoine de la maison de La Tour, nommé Bertrand de La Tour, fils de Bertrand de La Tour, sixième du nom, et de Jeanne de Toulouse, qui eut de grandes contestations avec son frère aîné, Bernard, pour le partage des biens paternels et maternels. Il eut tout lieu d'être satisfait de son lot, puisque nous voyons par son testament qu'on lui avait laissé les terres de Saint-Saturnin, de Saint-Amant, de Randoha, de Fohet, de Tinières, de Chastries, de Gibertez, de la Fau, de la Broha, de Darbouville, de Ferreoles, de Banhols, de Saint-Donat, de Chastel-sous-Mercœur, de Montpeyroux, de Coudes, de Saint-Sandoux et de plusieurs autres endroits. C'est dans ce testament où l'on connaît, sans en douter, l'attachement qu'il avait pour l'église de Clermont. Outre d'autres legs qu'il a faits à cette église, il fonda une vicairie et légua pour cela dix livres de monnaie de Clermont. Il veut que le prêtre qui la desservira dise une messe tous les jours dans la chapelle de Saint-Jean, qui est près de sa maison, pour son âme et celles de ses père et mère et parents. Il veut que cette vicairie soit à la nomination de ceux de la maison de La Tour qui auront jouissance de ces maisons. Mais il déclare que si, dans vingt jours après avoir appris qu'elle vaquait, ils manquaient d'y nommer, ce droit serait dévolu au chapitre de l'église cathédrale. Il veut, de plus, que le vicaire qui sera nommé fasse son séjour dans Clermont et soit habitué dans l'église où il est chanoine. Il donne encore à son église cinquante livres tournois pour faire tous les ans son anniversaire, à la charge que le chapitre régalera ce jour-là les frères-prêcheurs et les frères-mineurs de Clermont qui feront un office des morts pour le repos de son âme. Parmi les autres dons qu'il fait dans son testament, il fait présent de son livre de Décret aux frères-mineurs de Clermont, à condition que frère Armand, du même ordre, son neveu, en aura l'usage pendant sa vie, et il donne aux frères-prêcheurs de la même ville son livre des Décrétales, qu'il prétend être attaché avec une chaîne, pour ceux qui y voudront chercher quelque texte favorable dans leurs affaires. Ce testament fut fait à Cuers (1) en Auvergne, au mois d'octobre de l'année 1281. L'année d'après, se trouvant à Toulouse, il fit un codicile.

L'évêque Guy de La Tour, voyant l'éclat qui revenait à son chapitre par tant d'hommes distingués qui le composaient, mais qui manquaient d'une église qui répondît par la magnificence à la manière auguste avec laquelle ils célébraient l'office divin, entreprit d'achever le superbe édifice que nous voyons aujourd'hui, dont Hugues de La Tour, son prédécesseur, avait fait jeter les fondements en 1240. L'évêque et les chanoines n'étant pas en état de fournir les sommes suffisantes pour conduire à sa perfection un ouvrage de cette conséquence, ils eurent recours au pape Clément IV. Ils obtinrent de lui une bulle donnée à Pérouse, le quatrième des calendes de janvier, adressée aux archevêques de Bourges, de Bordeaux et de Narbonne, par laquelle il donne des indulgences à tous ceux qui contribueront par leurs aumônes à la construction de l'église de Clermont. A ce prix, les mains

---

(1) Cuyrs, d'après Baluze. *Hist. gén. de la maison d'Auvergne*, t. II, p. 503.

d'une infinité de personnes furent ouvertes. Les grands seigneurs d'Auvergne furent aussi libéraux dans cette occasion. Ils suivirent en cela l'exemple de leur roi saint Louis qui, étant à Clermont pour la cérémonie du mariage de son fils, crut engager le ciel à le bénir en sortant de son trésor de quoi élever une église où les louanges du Seigneur devaient être chantées. L'amour qu'il avait pour cette église ne se termina pas là. Il voulut lui procurer quelque chose de plus précieux que l'or et que l'argent. Il l'enrichit en effet de ce que nous avons de plus saint dans notre religion. Il envoya, étant à Paris, à l'évêque Guy de La Tour, une croix dorée, enrichie de pierreries, où était du bois de la vraie croix, une épine de la couronne du Sauveur et bien d'autres qui avaient servi à cet Homme-Dieu. Il accompagna ce présent d'une lettre, où il traite l'évêque de son ami fidèle et bien aimé. Il le prie et tous les chanoines de veiller avec grand soin à la conservation de ces saintes reliques et de vouloir offrir pour lui à Dieu leurs prières. Cette lettre est datée de l'année 1269. Il ne cessa de répandre ses bienfaits sur cette église. Il en augmenta les revenus par le don qu'il fit au chapitre de la leyde de Clermont et fonda un anniversaire pour lui et pour Philippe son fils.

Nous parlerons en détail de la dernière entreprise de ce saint roi, qui fut si funeste à la France par une mort qui enleva ce prince dans lequel on voyait toutes les vertus qui font les grands saints et toutes les qualités que l'on admire dans les héros qui ont fait le plus de bruit dans le monde. Quand les seigneurs d'Auvergne qui l'accompagnaient dans cette expédition ne nous eussent point obligés à le suivre dans cette partie du monde qui le vit mourir, ses bontés pour l'église de la province d'Auvergne nous engageaient à ne point le quitter un moment, pour admirer ses vertus qui le rendirent si cher à ses peuples, et qui le feront regarder dans tous les temps comme le modèle des rois. Quelles larmes ne versèrent pas, à la nouvelle de sa mort, l'évêque de Clermont et les peuples de la province qui n'avaient vu que des jours heureux depuis que le saint roi leur avait laissé des règlements à l'abri desquels le repos, la paix, la tranquillité régnaient dans toutes les familles !

Si la mort d'un si bon roi mit l'Auvergne dans une affliction extrême, Riom, la capitale de ce qu'on appelait la terre d'Auvergne, ne fut pas moins sensible à la perte qu'elle fit du prince Alphonse, frère du roi, qui trouvait le séjour de cette ville si agréable, qu'après y avoir passé près de deux ans, il ne la quitta qu'avec regret et ne put se résoudre à ce triste voyage qui coûta tant de pleurs à la France, qu'il n'eût laissé des preuves sensibles de sa tendresse pour les peuples de cette ville en leur donnant des coutumes et des privilèges qui fussent comme une barrière capable d'arrêter tout ce qui pouvait troubler le repos de la vie. Nous les ferons connaître.

La funeste expédition du siège de Tunis jeta aussi dans le deuil les plus grandes maisons d'Auvergne. Plusieurs seigneurs, entraînés par l'exemple du saint roi, avaient voulu le suivre et partager avec lui tous les périls où il allait s'exposer. Un des plus illustres fut Bernard de La Tour, septième du nom, qui mourut dans ce funeste canton d'Afrique, le 14 d'août, douze jours après le décès de saint Louis.

Tandis que la malheureuse expédition de Tunis faisait verser des larmes, les moines de La Chaise-Dieu sentirent une douleur amère pour un sujet bien différent, puisqu'elle n'eut d'autre source que la crainte qu'ils eurent que l'autorité de leur monastère ne souffrît quelque diminution. Ils regardaient leur maison comme un chef d'ordre qui en avait plusieurs dans sa dépendance. Leur abbé, Arbert de La Molette, partit dans le dessein de visiter quelques-uns des monastères qui lui étaient soumis ; s'étant rendu dans l'abbaye de Saint-Théodard de Montauban, il y trouva un abbé nommé Bernard, d'une humeur impétueuse, qui ne crut pas devoir plier devant un homme qu'il regardait comme son égal. Arbert, outré de voir qu'on voulait le dépouiller d'un droit dont un grand nombre de ses prédécesseurs avaient joui, forma ses plaintes. Ce démêlé, qui allait avoir des suites fâcheuses, fut calmé par l'adresse et la prudence de Bertrand, abbé de Moissac.

Quelque temps auparavant un abbé du même monastère, nommé Bertrand de Paulhac, d'une noble maison près de Billom, qui soutenait avec beaucoup de vigueur les privilèges de son abbaye, surtout depuis que le pape lui eût permis de se montrer dans son église avec la mitre, la crosse, les gants et les sandales, et de bénir le peuple paré de tous ces ornements dont usaient les seuls évêques quand ils officiaient les jours de grande solennité ; cet abbé ne pouvait souffrir au milieu de si grands honneurs d'être obligé de se rendre au synode que l'évêque de Clermont assemblait, lorsqu'il y était obligé. Guy de La Tour, qui savait mieux qu'un autre les droits des évêques et la différence qui devait être entre sa dignité et celle d'un abbé d'un monastère, le fit sommer d'y comparaître ou de se justifier s'il avait quelque excuse légitime pour ne point s'y trouver. L'abbé croyant que son éminente place le dispensait de se montrer dans le même rang que les curés et les autres clercs du diocèse, refusa d'obéir à son évêque. Mais sa désobéissance fut punie par une sentence arbitrale qui lui ordonnait de se trouver aux synodes tenus par son évêque. Cette sentence fut rendue le mercredi après la nativité de la Vierge, en 1253.

Guy de La Tour termina une affaire bien plus importante qui regardait le monastère de Saint-Alyre. Cet évêque, dont les soins s'étendaient sur son clergé et sur les religieux de son diocèse, fut averti d'employer son autorité pour arrêter la mauvaise conduite d'un abbé de Saint-Alyre, nommé Jean Bel. Ses moines avaient fermé les yeux à ses désordres tandis qu'ils n'avaient aperçu dans lui qu'une grande négligence à faire observer les statuts de l'ordre. Mais lorsqu'ils virent que leur maison ne pourrait plus se soutenir par l'affreuse dissipation qu'il faisait des biens du monastère, alors ils crurent qu'ils ne devaient plus dissimuler, qu'ils devaient lever le voile et faire connnaître à leur évêque le dérèglement de leur abbé. Guy de La Tour, informé que cette sainte maison, qui avait été un des plus grands ornements de sa ville épiscopale, était sur le point d'être renversée par le ravage qu'y faisait cet abbé, prit avec beaucoup de vivacité les intérêts de ce monastère. Voulant d'abord donner quelques bornes à la sévérité avec laquelle il pouvait traiter cet abbé, il se contenta de le suspendre pendant quelque temps de ses fonctions. Cet homme audacieux, bien loin de se soumettre avec humilité à ce que demandait de lui son évêque, lève le masque et refuse d'obéir. Guy de La Tour, voyant que la douceur ne faisait qu'augmenter la hardiesse du coupable, se résolut de le pousser à bout. Il chargea Languisset, archidiacre d'Aurillac, de lui faire son procès. Après quoi l'évêque, conjointement avec son chapitre, prononça une sentence par laquelle il fut condamné par coutumace, déposé, et l'abbaye déclarée vacante, avec la liberté aux religieux de procéder à l'élection d'un autre abbé.

Ils eurent bientôt oublié la reconnaissance qu'ils devaient à l'évêque et à son chapitre de leur avoir ôté, comme ils le souhaitaient, un abbé d'une conduite si déréglée. Il leur avait sans doute inspiré quelque portion de son orgueil contre ses supérieurs puisqu'ils crurent se rabaisser que d'aller aux processions générales des Rogations et du dimanche des Rameaux, comme ils avaient accoutumé, avec la cathédrale, les chapitres et les religieux de Saint-André et de Chantoen. Leur désobéissance ne demeura pas impunie. Ils avaient affaire à un évêque qui ne pouvait souffrir l'orgueil dans ceux dont l'humilité devait être la principale vertu.

Nous verrons dans ces temps-là, dans la chaire épiscopale du Puy, un évêque qu'elle tenait de l'église d'Auvergne. C'était Guillaume de La Roue, d'une ancienne et illustre famille de la province sur les confins de l'Auvergne et du Forez. Il avait embrassé la règle de saint Benoît dans le monastère de La Chaise-Dieu quand il fut élevé à cette dignité. Il fut sacré par le pape Urbain IV à Orviète, le 22 février 1263. Clément IV, qui avait conservé beaucoup de tendresse pour cette église qu'il avait gouvernée avant Guillaume, lui envoya le *Pallium*. Après avoir donné tous ses soins à la conduite de son troupeau pendant bien des années, il mourut le 9 août de l'année 1282. Il voulut être enterré dans l'église de La Chaise-Dieu. C'est à lui que l'évêché du Puy est redevable de la terre de Monistrol qu'il acheta mille trois cent soixante livres de Guigon de Saint-Didier, et du fort d'Hispalis (1) qu'il fit bâtir.

L'évêque de Clermont n'était pas moins ardent pour les intérêts de son église que celui du Puy. Il savait que plusieurs de ses prédécesseurs, nommément Robert d'Auvergne et Hugues de La Tour-du-Pin, avaient fondé dans leur église cathédrale des distributions de pain et de vin qui se devaient faire tous les ans à Noël, le jeudi saint, à Pâques et à la Toussaint. La fondation de ces évêques ayant été négligée, il se fit un point de conscience et d'honneur de la mettre à exécution. Robert d'Auvergne et Hugues de La Tour avaient légué au chapitre de Clermont la somme de cent soixante-huit livres de revenu annuel qui devaient être prises sur la somme de trois mille et trois cents livres qu'ils avaient prêtée à Guillaume, comte dauphin, à Bernard, seigneur de La Tour, et à Girard, seigneur de Villeneuve, lesquels seigneurs, pour sûreté de la somme prêtée, avaient affecté et hypothéqué le comté d'Auvergne, le château de Montrognon, la seigneurie de La Tour, le château de Regnac et le village ou fort de Fohet, et le seigneur Girard la moitié de la leyde de Billom. L'évêque Guy ayant été payé de cette somme de trois mille et trois cents livres, il l'employa et y ajouta quelque chose de plus pour acheter le village ou château d'Aulnat, le village ou château d'Aloys (2) pour la commodité et utilité de l'évêché, et promit en même temps de payer au chapitre, tant pour lui que pour ses successeurs, la rente de cent soixante-huit livres, au payement de laquelle il affecte les droits de sceau de l'officialité et le temporel de l'évêché. Ledit acte est du 1er juillet de l'an-

---

(1) Espaly.
(2) « Castrum et villam d'Aloyza. »

née 1282 ; et, pour donner plus de force et d'autorité à cet acte, il fut confirmé et approuvé, le troisième décembre 1285, par l'archevêque de Bourges, Simon de Beaulieu. Nous n'oublierons point plusieurs comtes d'Auvergne et dauphins d'Auvergne dont la piété leur a fait répandre libéralement leur bien sur l'église de Clermont et sur toutes les églises ou monastères de la province avec une profusion qui surprendra les lecteurs. Les femmes de ces seigneurs n'ont pas été moins libérales que leurs maris. Nous en serons convaincus par le testament de la mère du comte d'Auvergne, Robert, qui était de l'illustre maison de Baffie qui avait donné un évêque à Clermont dès l'année 1095. Ayant appris que son fils avait été tué dans le combat naval que donna le prince de Salerne, fils du roi Charles d'Anjou, contre le roi d'Aragon, elle s'abandonna à un si grand chagrin qu'elle en mourut. Voyant qu'elle allait rendre compte à Dieu, elle fit son testament qui fait juger des secours qu'elle voulait s'attirer du ciel par les dons qu'elle fit à presque toutes les églises d'Auvergne.

Dans le même temps que l'on pleurait cette princesse, l'Auvergne pleura aussi Philippe le Hardi qui aimait l'église de Clermont. Elle lui donnait en toutes occasions des marques de sa reconnaissance. Elle en trouva une particulière qu'elle n'échappa pas. On avait représenté au roi qu'il était bien dur aux peuples de la terre d'Auvergne, aujourd'hui le duché, que les chanoines levassent la dîme sur les terres qui lui devaient des percières. Ils ne balancèrent point à abandonner leurs intérêts pour lui faire plaisir. Ils renoncèrent à cette dîme d'une manière qui lui fut si agréable, qu'il ne laissa pas sans récompense la générosité du chapitre. Il donna des lettres patentes par lesquelles il lui fit don de vingt setiers de froment de rente annuelle à prendre sur son domaine d'Ennezat. Dans une autre affaire que le chapitre eut avec ce roi, les choses ne se passèrent pas avec la même douceur. Ses officiers s'étaient mis dans la tête de dépouiller l'église cathédrale de la justice qu'elle avait toujours eue sur un village appelé Donas Vignas, elle se vit obligée de porter ses plaintes au parlement et de mettre en évidence son bon droit. Ce qui fut fait d'une manière si claire et si précise, que ces sénateurs pleins d'intégrité donnèrent un arrêt en faveur du chapitre contre le roi par lequel il était maintenu dans la possession de la justice haute, moyenne et basse du lieu qui faisait le sujet du procès.

Nous serons obligés de parler de l'affliction où fut plongée l'Auvergne par la mort de son évêque, Guy de La Tour, qui était le refuge de tous ceux qui souffraient et l'arbitre de tous les différends qui naissaient entre les grands et les petits. L'usage de tester étant interdit aux évêques qui, avant que d'être élevés à cette dignité, s'étaient consacrés à Dieu dans une maison religieuse ; Guy de La Tour, se trouvant dans le cas, obtint du pape Innocent V, qui avait été, comme lui, dans l'ordre de Saint-Dominique, la permission de disposer de ses biens par testament en 1276. Ce qu'il fit dans son diocèse. Mais dans un voyage qu'il fut obligé de faire, étant tombé malade dans un endroit nommé Ouzouer, dans le diocèse d'Auxerre, il fit un second testament qui n'est presque qu'une confirmation du premier. C'est un trop beau monument de la piété de cet évêque pour ne pas le donner dans l'histoire de l'église de Clermont. Après le préambule ordinaire aux testaments, il vient aux pieuses donations que son zèle pour les églises de son diocèse lui inspira de faire. Il unit l'église de Tinlhat à celle de Billom, et une troisième partie de la dîme de la chapelle de Montmorin, l'autre partie à l'église de Notre-Dame de Vertaizon. Il unit à Notre-Dame du Port l'église de Saint-Laurent qui n'en était pas loin. Outre cela, il lui légua la dîme d'Aydat. Il unit à l'église de Clermont celles de Tort et de Condat, mais il veut qu'on réserve vingt livres tournois de rente pour chaque prêtre qui les desserviront. Après quoi il fait le partage de ses joyaux que nous ferons connaître en détail. Il lègue sa bibliothèque et ses vêtements au couvent des frères-prêcheurs de Clermont, sa grande Bible en un volume avec la Somme des cas à frère Guillaume de Luys, et son livre de la Pauvreté religieuse à la communauté, mais il veut qu'il soit attaché à une chaîne. Pénétré de reconnaissance pour les biens que lui et quelques autres de sa maison qui avaient gouverné l'église de Clermont avaient eus de cette cathédrale, il lui lègue son château d'Aulnat et tout ce qu'il avait acquis à Lempdes avec toutes les appartenances et dépendances, à la charge qu'on ferait pour lui tous les ans deux anniversaires. Il abandonne tous les revenus de son château de Lezoux et de ses autres acquisitions à ses exécuteurs testamentaires jusqu'à l'entier payement de ses dettes. Il choisit pour ses exécuteurs testamentaires son frère Hugues de La Tour, sénéchal de Lyon et abbé de l'église de Clermont, Gilles Aycelin, prévôt de la même église, qui fut chancelier de France, et frère Hugues de Jalignac, de l'ordre des frères-prêcheurs. Il avait déjà donné sa grande coupe d'or pour en faire un calice, il changea de volonté et ordonna qu'on en fît un soleil où l'on enfermerait l'hostie lorsqu'on exposerait le Saint-Sacrement sur le grand autel. Ce testament, que nous donnerons en son entier, fut fait et passé à Ouzouer le jeudi après les Cendres, en l'année 1285. On l'envoya à Clermont où il fut publié judiciairement par l'official en présence d'Aymard de Cros, chantre de l'église, et de plusieurs chanoines, le 16 des calendes d'avril de l'année 1285, un lundi après la troisième semaine de carême. Il vécut peu de jours après son testament. On croit que sa mort arriva le premier jour de mars. Il fut enterré dans l'église de la paroisse dédiée à saint Martin où l'on voit son tombeau, sur lequel on découvre la figure d'un évêque en habit de cérémonie avec ces mots : *Hic jacet DD. Guido de Turre, Episcopus Claromontensis.*

Outre les biens qu'il a donnés à son église, il avait grand soin d'en conserver les privilèges et les prérogatives pour la rendre plus vénérable aux peuples, et même de les augmenter quand il en trouvait l'occasion. Sa grande réputation engagea Pierre Ier, abbé de Maurs sur les confins de l'Auvergne, à céder à l'évêché de Clermont la moitié du domaine de la ville de Maurs en 1255. Cette donation fut confirmée par Pierre III Olivier en 1281. Quoiqu'il eût été religieux, il savait mieux qu'un autre ce qu'on devait à l'épiscopat et ne négligeait nullement de se faire rendre les devoirs épiscopaux par les religieux et les religieuses. Il agit même avec tant de vigueur auprès de François de Bort, chevalier du Temple, qu'il l'obligea à passer une transaction par laquelle il s'engageait, à cause de sa commanderie de Culhat et Foulhouse, de reconnaître le fief et de payer une obole d'or aux évêques de Clermont. Ce fut en l'année 1278. On s'empressait à lui rendre la foi et l'hommage. Jeanne, comtesse de Forez, la lui rendit après la fête de saint Pierre-aux-Liens, en 1274, pour les châteaux de Vollore, Maymont et La Barge. Nous parlerons aussi du plaisir qu'il eut de voir l'empressement que les peuples de Clermont et de Riom eurent pour profiter des grands exemples de vertu que donnaient les frères-mineurs dans tous les endroits où on les appelait. Ils furent reçus dans ces deux villes presque dans le même temps. On dira des choses très curieuses sur la fondation de ces deux maisons de ces pères, qui furent d'abord placées hors de ces deux villes. Celle de Clermont regarde pour ses fondateurs les seigneurs de la maison de La Tour, et c'est aussi dans leur église qu'ils ont leurs tombeaux. Celle de Riom a pour fondateurs les habitants de la ville et quelques seigneurs des environs qui y sont inhumés.

Nous reviendrons à parler de nos évêques par le successeur de Guy de La Tour, qui fut Aymard de Cros, de l'ancienne maison du même nom. Il était fils de Guy II, seigneur de Cros, et petit neveu de Géraud de Cros, archevêque de Bourges. Il eut cette place par le choix d'Hugues de La Tour, sénéchal de Lyon et abbé de Clermont. Les chanoines, après avoir jeté les yeux sur trois personnes de leur corps pour en élever un des trois à cette dignité, laissèrent la liberté à Hugues d'en nommer un en prenant l'avis de Gilles Aycelin, prévôt de leur église. Son élection fut confirmée par Honorius IV et la cérémonie de son sacre fut faite par Simon de Beaulieu, archevêque de Bourges. Il prit possession de l'évêché le jour de Noël de l'année 1286 et fit le serment accoutumé au chapitre. On dut un si digne évêque au choix de l'abbé de Clermont, Hugues de La Tour, qui fit, presque dans le même temps, un don à son église de plusieurs maisons situées dans la rue du Port. Un autre chanoine, nommé Odon, donna aussi par son testament cinquante sols de rente pour acheter des cierges d'une livre qui devaient être distribués aux chanoines qui assisteraient à la procession de la Purification. L'acte de cette donation est du septième des ides de mars de l'année 1288.

L'évêque de Clermont eut à soutenir quelques combats contre Philippe le Bel, prince des plus fiers et des plus impérieux qui fût monté sur le trône. Il sut pourtant l'art de ne point plier dans une affaire assez délicate et de ne point s'attirer l'indignation d'un roi nourri dans l'orgueil et qui se croyait tout permis. Dès qu'il se fut rendu maître par achat de la ville de Montferrand, il commença à y étaler les plus grandes marques de la souveraineté en y faisant battre monnaie. L'évêque de Clermont, instruit parfaitement de la hauteur avec laquelle ce prince soutenait ses entreprises, ne laissa pas d'y former opposition pour son église. Elle fut déclarée nulle. L'évêque ne perdit point courage et soutint avec fermeté son droit. Ce procès donna lieu à faire une enquête. Elle est de l'année 1295. C'est un grand parchemin où elle est écrite qui a du moins vingt pieds de long et qui se plie en rouleau. Le droit du chapitre y est prouvé d'une manière décisive. On y voit, par le témoignage des personnes âgées de quatre-vingts ans, de quatre-vingt-dix et de cent ans, les lieux où la monnaie de Clermont avait cours. Le procès n'étant pas décidé, Philippe donna des lettres patentes par lesquelles il déclarait qu'attendu la nécessité de ses affaires, la fabrique de la monnaie de Montferrand continuerait par provision et sans déroger aux droits de l'église de Clermont.

Si ce procès avec le roi lui donna quelque chagrin, il fut diminué en voyant dans une grande élévation un homme de son diocèse, dont la maison était illustre. Son nom était Hugues Aycelin de Montaigut, fils de Pierre Aycelin, seigneur de Montaigut-sur-Billom, et de N. Flotte, dont la famille a donné deux chanceliers à la France. Le désir ardent qu'il eut pour son salut le fit choisir pour sa retraite la maison des frères-prêcheurs de Clermont, où il se fit une si grande réputation que son mérite parvint jusqu'à la connaissance du pape Nicolas IV qui, ayant dessein de faire une promotion de cardinaux, jeta les yeux sur Hugues Aycelin pour l'élever à cette éminente dignité. Nous apprendrons des choses dignes de remarque sur ce cardinal, qui obtint l'évêché d'Ostie. Le saint Pierre Mouron ayant été élevé sur la chaire de saint Pierre après la mort de Jérôme d'Ascoli, Nicolas IV, la cérémonie de son sacre fut faite par ledit Hugues Aycelin, le 29 d'août 1294. Il fit deux testaments dont la lecture satisfera le lecteur. Il fit encore un codicile à Sainte-Sabine de Rome le dimanche 28e jour de décembre de l'année 1298. Il mourut deux jours après. Ses entrailles furent déposées dans l'église de Sainte-Sabine et son corps et ses os furent transportés dans l'église des Jacobins de Clermont et mis dans un magnifique tombeau que l'on voit encore aujourd'hui dans le chœur de l'église de ces pères, non loin du grand autel, du côté de l'épître. Comme il prenait le nom de Hugues Aycelin de Billom, on l'a souvent confondu avec un seigneur de Billom, qui se nommait Hugues Seguin de Billom, dont les maisons sont bien différentes par la noblesse et les dignités. L'Auvergne pleura ce cardinal, mais sa mort fut encore plus sensible à l'évêque de Clermont qui le regardait comme un puissant protecteur de son diocèse.

Les évêques étant souvent obligés, sous Philippe le Bel, de se rendre à Paris pour leurs affaires et pour celles de l'État, le roi exigeant sans cesse de tout le clergé des décimes et d'autres contributions qui faisaient gémir les peuples, l'évêque Aymard de Cros prit de là occasion d'acheter dans cette grande ville un hôtel, pour lui et pour ses successeurs, qui était situé dans la rue de la Harpe, près de l'église de Saint-Côme, qui répondait à la cour intérieure du couvent des Cordeliers. Ce fut en 1291. C'est cet hôtel qui fut vendu par Guillaume du Prat, évêque de Clermont, et dont les deniers furent employés pour l'acquisition de l'hôtel de Langres, que Bernard de La Tour avait acheté de la maison de Flotte, tous Auvergnats. C'est aujourd'hui le collège des jésuites, dans la rue Saint-Jacques, lequel a été connu, jusqu'en 1674, sous le nom de collège de Clermont. Les premiers disciples de saint Ignace, dans lesquels brillaient au souverain degré toutes les vertus, pénétrés de la plus vive reconnaissance pour leur fondateur et d'une reconnaissance qu'ils auraient juré devoir être éternelle, se firent gloire de faire connaître à toute l'Europe leur premier collège de France sous le nom de Clermont, qui était celui de la ville épiscopale de Guillaume du Prat, leur insigne bienfaiteur, et de l'hôtel qui avait été vendu pour acheter celui où ils sont aujourd'hui.

Le clergé d'Auvergne eut bien à souffrir sous le règne de Philippe le Bel, qui leva, en vingt-huit ans, vingt-et-un décimes. Ce prince, fier et hautain, se brouilla avec presque toutes les puissances de l'Europe, surtout avec le pape Boniface et Edouard III, roi d'Angleterre. Les métropolitains n'eurent presque d'autres occupations, sous son règne, qu'à tenir des assemblées avec leurs comprovinciaux pour lui fournir l'argent qu'il attendait d'eux. Il fut si content de l'évêque de Clermont, qui ne s'opposa à aucune de ses demandes, dans l'assemblée qui se tint à Clermont la quatrième semaine de carême de l'année 1295, qu'il lui donna plusieurs fois des preuves de l'estime qu'il avait pour lui. Il fut ravi de l'acquisition que fit un seigneur d'Auvergne, nommé Pierre Flotte, que nous verrons chancelier de France, de la terre de Maschale, pour en gratifier l'évêque de Clermont. Il se fit un plaisir de ratifier un don qui augmentait le revenu de l'évêché. Après avoir gouverné son église avec beaucoup de sagesse, il mourut le 17e jour d'octobre de l'année 1297. Il fit à son église un présent des plus magnifiques et des plus riches, qui était sa vaisselle d'argent, dont il avait une quantité étonnante pour le siècle où il vivait. Il voulait qu'on en fît une table d'argent qui devait avoir de riches embellissements. On ne sait à quoi elle devait servir. L'ouvrage ne pouvait pas manquer d'être des plus magnifiques, puisque cette table devait peser plus de trois cent soixante marcs. Il n'y a point lieu d'en être surpris, ayant destiné, pour le conduire à sa perfection, quatre-vingt-et-un bassins, cinquante assiettes, soixante-deux écuelles, quarante-huit gobelets, vingt-cinq cuvettes et un vase fait en forme de navire pour recevoir les aumônes; le tout d'argent. On doute si cette riche matière fut employée à la construction de cette table ; car, outre qu'il n'en est fait aucune mention dans aucun mémoire des archives de la cathédrale, il est certain que le chapitre prêta toute cette vaisselle d'argent à Jean Aycelin, qui fut successeur d'Aymard de Cros dans l'évêché de Clermont.

Sous cet évêque, les carmes furent reçus dans la ville de Clermont. Tout ce que nous dirons sur l'établissement de ces pères donnera beaucoup de satisfaction au lecteur. Il ne sera pas moins content de tout ce que nous rapporterons sur l'établissement des frères-mineurs à Brioude, qui doivent leur fondation à la veuve d'un nommé Julien Odin, appelée Anne Fabre. Tous les seigneurs des environs voulurent avoir part à cette bonne œuvre, comme on le verra dans l'histoire.

Après la mort d'Aymard de Cros, le chapitre de Clermont nomma, pour remplir sa place, Jean Aycelin, abbé de la même église, auquel le pape Nicolas avait accordé, par une bulle, la dispense pour pouvoir posséder en même temps l'abbaye de Clermont, celle de Saint-Genès, et des prébendes dans les églises de Chamalières, de Billom et de Beauvais. Il était de la maison des Aycelins, seigneurs de Montaigut-sur-Billom, fils de Pierre Aycelin et de N. Flotte, frère de Hugues Aycelin, cardinal, et de Gilles Aycelin, archevêque de Narbonne. Il prit possession de son évêché le propre jour de Pâques, et fit le serment accoutumé au chapitre en 1298. Il ne fut pas longtemps sans donner des marques de sa reconnaissance à son église par l'union qu'il fit à la mense capitulaire, en 1299, pour augmenter le service divin, de l'église de Saint-Mamet avec les fruits, revenus, profits, oblations, et tous autres droits appartenant à ladite église, se réservant vingt livres pour celui qui desservirait ladite église. Il avait accompagné son frère Hugues, le cardinal, à Rome. L'abbaye de la cathédrale étant venue à vaquer, les chanoines, qui avaient une grande vénération pour ce cardinal, le prièrent de nommer à ce bénéfice qui il voudrait. Hugues, connaissant le mérite de ceux qui composaient le chapitre, fut si longtemps à se déterminer à faire un choix qui leur fût agréable, que le pape, averti de l'état flottant où il était, le tira de son irrésolution en donnant l'investiture de l'abbaye à son frère Jean par l'anneau. Nous sommes instruits de ce détail par la lettre que Jean écrivit lui-même, de Rome, aux chanoines pour les prier d'agréer et de vouloir confirmer la grâce qu'il venait de recevoir du saint-père. Il finit sa lettre en leur souhaitant une longue vie, une santé parfaite, et les prie de lui commander comme à un homme qui leur est tout dévoué. Il veut que sa lettre, qui est cachetée en cire rouge, soit adressée aux vénérables et discrètes personnes qui composent l'église de Clermont. On ne pouvait pas voir une union plus étroite que celle qui était entre cet évêque et son chapitre. Il connut combien il en était aimé dans une occasion assez importante. Ayant témoigné à ses chanoines qu'on lui ferait plaisir de lui prêter la vaisselle d'argent que son prédécesseur avait donnée à son église, on la lui accorda de bonne grâce. Il promit par écrit de la rendre. Ce qui fut exécuté par ses héritiers en 1306. Le chapitre eut la douleur de le perdre en 1301.

Bientôt après qu'on eut fait les cérémonies funèbres, les chanoines s'assemblèrent et choisirent pour leur évêque Pierre du Croc (1), qui était de la maison du Croc, près de Thiers, qui a donné des hommes distingués dans la guerre et dans les ambassades. Il fut élu le troisième de février 1301, et prêta le serment un vendredi de l'Assomption de la Vierge. Comme il eut quelque part, avec quelques seigneurs d'Auvergne, au grand démêlé qu'eut Philippe le Bel avec le pape Boniface VIII,

(1) Généralement connu sous le nom de Pierre de Cros.

nous rapporterons la source de leur éclatante division dans le tempérament fougueux et violent de ces deux souverains, tous les deux d'une fierté et d'une hauteur à ne jamais céder. En faisant connaître un seigneur d'Auvergne, nommé Pierre Flotte, qui eut la confiance de Philippe le Bel, nous verrons ce que firent ce pape et ce roi pour se perdre l'un et l'autre. Ce seigneur avait toutes les qualités propres pour plaire à son roi. Il était d'un esprit élevé et ardent, ne reculant jamais dans les entreprises les plus difficiles quand il y allait du service de son maître. Aussi fut-il employé par ce roi, qui voulait être servi sans réplique, dans un grand nombre de négociations dont il s'acquitta avec tant d'honneur, qu'elles lui servirent comme autant de degrés pour parvenir à la dignité de chancelier de France. Il fut employé pour dissiper l'orage qui se formait par les intrigues du roi d'Angleterre contre la France, et pour faire mettre Louis IX au nombre des saints. Il sut même si bien l'art d'adoucir l'esprit du pape, qui était tout de feu, qu'il donna des interprétations favorables à la bulle qui avait si fort choqué Philippe. Leur bonne intelligence ne devait pas durer. Le nouvel évêque de Pamiers fit naître entre eux une haine qui ne leur fit garder aucune mesure. On verra jusqu'à quel excès ils poussèrent leur emportement. Pierre Flotte fut envoyé à Boniface pour adoucir cet esprit hautain ; mais il le trouva si aigri, qu'il ne put jamais le fléchir. Il s'abandonna à des menaces indignes contre le roi, auquel il écrivit une lettre dans laquelle il traitait ce prince avec une hauteur sans égale. Il en chargea le seigneur de Flotte, qui lui dit, en partant, avec beaucoup de courage : « Saint-Père, votre épée ne tranche qu'en paroles ; mais celle de mon maître tranche en effets. » C'est comme l'exprime la vieille chronique de Saint-Denis : *Sancte Pater gladius vester est verbalis, sed gladius Domini mei est realis.* Cette lettre aigrit si fort le roi, que, pour rendre inutiles les coups que le pape était sur le point de lui porter, il fit assembler les États de son royaume à Paris, en 1303. Tous les grands du royaume, plusieurs évêques, abbés, bénéficiers, s'y trouvèrent. Pierre

Flotte en était l'âme. On y déclara qu'on ne reconnaissait point d'autre supérieur que le roi pour le temporel. Le zèle de l'évêque de Clermont, Pierre du Croc, parut, dans cette occasion, pour les intérêts du roi. Il se joignit aux autres évêques qui envoyèrent une lettre au pape où, prenant le parti de leur prince, ils ménageaient extrêmement le chef de l'Église. Le roi récompensa Pierre Flotte en l'honorant de la dignité de chancelier de France. Il lui avait déjà donné, en 1294, la terre de Ravel en Auvergne, qui est aujourd'hui à la maison d'Estaing. Ce chancelier sacrifia sa vie dans la guerre que firent au roi les Flamands.

Son armée ayant été taillée en pièces, il fallut en lever une nouvelle, et pour cela trouver de l'argent pour une si importante entreprise. Le clergé fut le premier qui entra dans ses vues. On leva des décimes qui lui firent connaître que ce premier corps de l'État était toujours prêt à se sacrifier pour le bien du royaume. Il fut surtout content de l'évêque de Clermont qui, dans cette occasion, s'épuisa, avec son clergé, pour marquer son attachement pour ce prince. Philippe en fut si content, qu'il lui accorda bien des grâces pour son église. La joie de cet évêque fut un peu diminuée par un petit orage qui s'éleva entre son chapitre et lui, qui fut bientôt dissipé. Ayant voulu confirmer l'élection d'une abbesse de Blesle, aujourd'hui du diocèse de Saint-Flour, et la sacrer dans le monastère de Saint-André sans en avoir parlé à son chapitre, il reçut une députation de quelques chanoines, parmi lesquels était Aubert Aycelin, qui, lui ayant fait connaître que, dans cette occasion, il devait faire la chose de concert avec son chapitre, satisfait de leurs raisons, il suspendit l'exécution de ce qu'il avait résolu de faire, jusqu'à ce que le chapitre fût entré dans l'acte de la confirmation de l'abbesse.

Robert VI, comte d'Auvergne et de Boulogne, fils de Robert V et d'Éléonore de Baffie, passa une transaction avec le même chapitre de Clermont en 1304, par laquelle le chapitre le décharge de plusieurs redevances qu'il lui devait moyennant six vingt livres d'argent. Il le décharge, de plus, de la prestation de foi et hommage qu'il lui devait pour les biens qu'il avait dans la paroisse de Saint-Martin-des-Olmes, et le comte assigna dix-huit setiers qui avaient été légués au chapitre par Aymeric de Montgascon, cinq sols de rente donnés aussi par Guillaume X, son aïeul, pour son anniversaire, et enfin dix livres de rente qui avaient été données au même chapitre par Jean de Montgascon, chanoine de la même église, sur la leyde de Clermont. On croit que, dans la même année 1304, finit ses jours l'évêque Pierre du Croc.

Après sa mort, l'élection de son successeur ne se fit pas sans quelque trouble. Le plus grand nombre des chanoines voulurent élever à cette dignité un religieux de l'ordre des frères-prêcheurs, nommé Bernard de Ganniac ; quelques autres donnèrent leurs voix à Aubert Aycelin, leur confrère, qui était aussi archidiacre de Chartres ; et un chanoine nommé Desfarges prétendit que le droit de nomination lui appartenait, apparemment comme étant en hebdomade, et fit choix de Rolland, prévôt de son église. L'affaire étant portée devant le chef de l'Église, Clément V, Aubert fut préféré à ses deux concurrents, comme il paraît par une bulle donnée la deuxième année de son pontificat. Ce différend fut cause que le nouvel évêque ne fit le serment accoutumé qu'en 1307, et celui de la fidélité au roi dans l'octave de l'Assomption de la même année. Il était fils de Guillaume Aycelin, seigneur de Bressolie et de Montaigut près Billom, neveu de Gilles Aycelin, chancelier de France, de Hugues, cardinal, et de Jean, que nous avons vu évêque de Clermont, et frère de Robert Aycelin, qui fut prévôt de la même église. Quelques mois avant que l'église de Clermont perdît son évêque, Pierre du Croc, celle de Paris se vit privée du sien, connu sous le nom de Matifas de Buci. Elle en reçut bientôt un d'Auvergne, à qui les chanoines de cette église avaient déjà donné une place parmi eux. Voulant récompenser le mérite qu'ils reconnaissaient en lui, ils l'élevèrent à cette dignité le 18 de septembre de l'année 1304. Le lieu de sa naissance était Aurillac, et le nom de sa famille Baufeti ou Baufet. De physicien, c'est-à-dire médecin de Jeanne de Châtillon, il devint médecin du roi. Cette comtesse de Blois le choisit pour être un de ses exécuteurs testamentaires en 1291 ; on le trouve nommé dans son testament : « Guillaume d'Orillac, mon physicien. » Ce nom de Guillaume a fait que quelques auteurs l'ont confondu avec le célèbre Guillaume d'Auvergne, évêque de la même église, si estimé du bon roi saint Louis. Le nouvel évêque de Paris se vit d'abord obligé de faire rendre compte de sa doctrine à un docteur en théologie de l'ordre des frères-prêcheurs, nommé Jean de Paris, homme de beaucoup d'esprit et d'un grand savoir, qui se piquait de suivre une route nouvelle et inconnue aux savants dans la manière d'expliquer l'existence de Jésus-Christ dans l'eucharistie. La témérité de ce religieux fut arrêtée par l'évêque de Paris ; mais il ne se rendit pas aux menaces qu'on lui fit : il appela au Saint-Siège. On lui donna des commissaires en cour de Rome ; mais il mourut avant que l'affaire fût terminée. Cet évêque eut bien des assauts pendant la vie de Philippe le Bel. La colère de ce roi contre le pape Boniface ne put jamais être adoucie, même après la mort du saint-père ; sa haine contre les chevaliers du Temple était si grande, que les supplices les plus affreux dont on se servait pour leur ôter la vie ne purent jamais toucher son cœur de compassion pour ces malheureux. Tant d'impôts, qui jetaient les peuples dans la dernière misère, firent passer des jours pleins d'amertume à cet évêque de Paris, qui ne trouva la fin à toutes ses douleurs que par la mort, qui arriva en 1320.

Ce roi, le plus hautain qui fût jamais, avait quelque amitié pour l'église de Clermont, parce que, apparemment, il l'avait toujours trouvée dans la disposition de lui fournir les secours dont il avait besoin. Il lui marqua sa reconnaissance en lui donnant des lettres patentes par lesquelles il reconnaît que les dignités et les prébendes de cette église ni des églises qui en relèvent ne sont point sujettes à la régale ; et il ordonne en même temps, aux receveurs de ses droits, de rendre les fruits dont ils s'étaient emparés. Ces lettres sont de l'année 1309.

Le Parlement donna aussi un arrêt portant que le roi ne nommerait point aux bénéfices vacants dépendant de l'évêque pendant la vacance du siège, et réservait la nomination et la collation à l'évêque futur. Cet arrêt est du vendredi après la fête de l'Épiphanie.

Cet évêque eut encore beaucoup de joie du mariage de son neveu, Gilles Aycelin, Ier du nom, avec Mascaronne de La Tour, fille de Bertrand, seigneur de La Tour, VIIIe du nom, et de Béatrix de Rodez. Le contrat fut passé à Paris et enfin conclu à Châteldon le 29 septembre 1317, après que Gilles et Mascaronne eurent été émancipés en présence de Gilles Aycelin, archevêque de Rouen ; de Bertrand de La Tour, seigneur d'Olliergues ; de Hugues de Chalencon, chantre de l'église cathédrale, et de quelques autres. Nous ferons connaître cet archevêque de Rouen qui a fait tant d'honneur à l'église de Clermont, puisque c'est de cette église dont il fut tiré pour être archevêque de Narbonne, ensuite de Rouen, et enfin qui fut élevé, par un mérite distingué, à la dignité de chancelier de France. Il était de la maison de Montaigut, fils de Pierre Aycelin, seigneur de Montaigut, et de N. Flotte, oncle de l'évêque de Clermont. Comme il était neveu de Pierre Flotte, qui avait beaucoup de crédit à la cour de Philippe le Bel, il se vit en situation d'aspirer aux plus grands emplois. Son inclination lui fit embrasser l'état ecclésiastique, dont il fut l'ornement. Il commença à s'y distinguer dans la place de prévôt de l'église de Clermont ; s'étant fait connaître, revêtu de cette dignité, pour un homme qui avait de la fermeté jointe à un grand amour pour le bien de l'Église, le chapitre jeta les yeux sur lui pour le mettre à sa tête. Nous dirons tout ce que son zèle lui fit faire de grand dans cette église, de laquelle il passa à l'archevêché de Rouen où était archevêque Bernard, neveu du pape Clément V, qui fut ravi de ce changement, parce que son neveu n'avait pas su se faire aimer de la noblesse. La réputation de l'archevêque de Rouen fit que le roi le mit dans son conseil et qu'il le chargeait souvent des affaires de la dernière conséquence ; enfin il lui confia les sceaux.

Il fut un des plénipotentiaires, en 1299, à Montreuil-sur-Mer, pour négocier un traité de paix ou de trêve. Il s'y trouva avec les ducs de Bourgogne et de Bretagne. Le roi l'envoya à Rome pour tâcher d'adoucir l'humeur violente du pape Boniface ; n'ayant pas pu le calmer, il revint en France. Après la mort de ce pape, les cardinaux ne pouvant s'accorder pour donner un chef à l'Église, il eut ordre d'aller à Rome en 1305 ; et peut-être que ce fut par ses avis que le roi eut cette conférence avec Bertrand de Got, archevêque de Bordeaux, qui succéda à Benoît XI.

Le roi avait tant de considération pour lui que, parmi tous les archevêques et évêques du royaume, il le choisit pour faire la célébration du mariage d'Isabeau de France, sa fille, avec Édouard, prince de Galles, depuis roi d'Angleterre. Cette brillante cérémonie se fit à Boulogne où se trouva le roi avec les princes, ses fils, et toute la cour. Edouard y ratifia le traité de paix fait en 1305 avec le roi son père, et y fit hommage à Philippe pour le duché de Guyenne et pour le comté de Ponthieu. Gilles Aycelin, après avoir rendu de si grands services à l'Église et à son roi, dont nous entrerons dans le détail, mourut le 23 de juin de l'année 1318. Il avait fondé en 1314 le collège qui fut longtemps appelé le collège des Ayeelins et ensuite de Montaigut, qui est le nom sous lequel il est connu aujourd'hui, sur lequel on dira des choses qui ne seront pas désagréables au lecteur. Celles que nous rapporterons au sujet de la découverte des reliques de saint Alyre ne lui feront pas moins de plaisir. Guy Escot, abbé de ce monastère du nom de ce saint, ayant cru qu'il était de son devoir de chercher ce précieux trésor qui était dans son église, l'évêque de Clermont fut prié de se trouver à cette pieuse cérémonie. Il se rendit dans cette abbaye au mois de décembre de l'année 1311, et, à l'issue de matines qui furent chantées, il célébra la messe à son autel et communia les religieux en présence de plusieurs chanoines et d'un grand nombre de frères-prêcheurs et de frères-mineurs. Ensuite on fit creuser au-dessous de l'autel, où l'on découvrit un coffre qui renfermait le corps de saint Alyre. On en fut convaincu sur-le-champ par une merveille dont tout le monde fut témoin ; Dieu, par les mérites du saint, ayant rendu la vue à un saint religieux des frères-prêcheurs. Le lendemain on fit une procession magnifique où était l'évêque en habits de cérémonie accompagné de tout son clergé, dans laquelle on porta le corps du saint en triomphe dans toutes les rues de la ville. Dès que l'on fut de retour dans l'abbaye, l'évêque monta dans une chaire que l'on avait préparée dans un pré et fit un éloquent discours qui tira bien des larmes à tous les auditeurs, dans lequel ne fut pas oublié le miracle éclatant dont tout le peuple avait été témoin ; après quoi il célébra la messe sur l'autel de saint Clément.

La même année 1311, le pape Clément V, ne pouvant plus résister aux violentes sollicitations de Philippe le Bel, se rendit à Vienne pour tenir le concile qu'il y avait convoqué depuis trois ans. On y vit plus de trois cents évêques, sans compter les abbés et les docteurs. Dans le temps que l'on conférait sur les matières que l'on y devait décider, arriva l'évêque de Clermont, qui s'y trouva lorsqu'on y lut les actes faits contre les templiers. Dans la seconde session, qui fut tenue le troisième d'avril, la suppression de ce corps qui avait été si illustre fut publiée en présence de Philippe le Bel, à qui cette affaire tenait fort à cœur, de son frère Charles de Valois et de ses trois fils. Le roi se vit au comble de ses souhaits au sujet de l'ordre des templiers qui fut anéanti en sa présence. Sa joie fut troublée par le chagrin et la confusion qu'il eut de ne pouvoir pas obtenir de voir flétrir la mémoire de Boniface. Il eut la mortification d'entendre parler trois cardinaux pour la justification de ce pape et de voir deux chevaliers catalans qui s'offrirent à soutenir des combats pour l'honneur du chef de l'Église qu'on voulait déshonorer. Le concile renouvela la célébration de la fête du saint sacrement, instituée quarante-huit ans auparavant par le pape Urbain IV ; mais la bulle n'avait point eu d'exécution. Il y avait bien lieu d'espérer que la colère du roi serait satisfaite par l'entière extinction de l'ordre des templiers; mais on fut étrangement surpris quand on sut que l'on allait continuer le procès des deux premiers hommes de l'ordre, savoir du grand maître Jacques de Molay et du grand prieur d'Aquitaine qui, ayant pris des sentiments dignes de leur naissance, révoquèrent avec un courage infini la confession qu'ils avaient faite par la crainte de la torture et des horribles tourments dont on les menaçait. Que ce qu'ils avaient dit contre leur ordre était faux, que ses statuts et ses lois étaient très saintes et que tout ce qu'ils avaient avancé n'était qu'à la sollicitation du pape et du roi, qu'ils étaient prêts de donner leur vie pour soutenir cette vérité. Le roi fut si surpris de leur désaveu et animé en même temps d'une si terrible colère, qu'il les abandonna entre les mains des bourreaux. Ils furent brûlés à petit feu le 13 de mars. Le pape ni le roi ne leur survécurent pas longtemps. Une maladie mit le pape au tombeau le 20 d'avril 1314, et Philippe mourut la même année à Fontainebleau, le vendredi, veille de saint André, sur le point de voir son État en combustion par la levée des nouvelles impositions dont il accablait le peuple. Son fils Louis fut son successeur.

Le Saint-Siège ne fut pas rempli aussitôt que le trône de France. Les cardinaux, ne pouvant pas s'accorder, le laissèrent vide pendant plus de deux ans. Enfin, s'étant assemblés à Lyon par la prudence de Philippe, frère du roi, qui les avait fait enfermer en la maison des frères-prêcheurs, pour sortir de cette espèce de prison ils élurent Jacques d'Ossa, cardinal, évêque de Porto, le 7 d'août 1316. Il était fils d'un savetier nommé Arnaud d'Ossa, de la ville de Cahors. Quoiqu'il fût d'une si basse naissance et d'une petite taille, il parvint à toutes les dignités de l'Église, jusqu'à la suprême, par son esprit, par son savoir et par son courage.

A peine l'évêque de Clermont fut-il de retour du concile de Vienne, qu'il fut prié de se trouver au contrat de mariage de Bertrand de La Tour, Ier du nom, seigneur d'Olliergues, avec Marguerite Aycelin, sa nièce. Le nouveau marié, peu de temps après, rendit la foi et l'hommage à l'église de Clermont pour la terre de La Veyssière, près Courtheugol, qu'il avait achetée de Roger de La Rivière, à la charge du fief qu'il devait au chapitre qui, en considération d'un si grand seigneur, neveu de son évêque, voulut bien changer en sa faveur le fief de La Veyssière en arrière-fief à la charge de vingt-cinq sols de prestation annuelle. L'évêque de Clermont, ne voyant qu'avec des yeux d'indignation le trouble que causaient les juges séculiers dans la juridiction ecclésiastique, s'en plaignit au roi Louis le Hutin qui, par une considération particulière, lui accorda, en 1315, des lettres patentes par lesquelles il leur était défendu de ne plus inquiéter les juges ecclésiastiques et de ne point mettre sous la main du roi la temporalité de l'évêché sans en avoir un exprès commandement du roi.

Ce roi, de qui l'évêque venait de recevoir une grâce si singulière, ne vécut pas longtemps après. S'étant échauffé en jouant à la paume, il fut saisi d'une fièvre qui l'emporta le 7 du mois de juin de l'année 1316. La reine Clémence de Hongrie, sa seconde femme, étant accouchée d'un prince qui mourut bientôt après, assura la couronne à Philippe qui ne lui fut point contestée, surtout après qu'une grande assemblée composée de la noblesse, de presque tous les prélats et des principaux bourgeois de Paris, eut déclaré d'un consentement unanime que les femmes étaient incapables de succéder à la couronne.

On croit que, dans la même année, l'église de Clermont perdit un de ses chanoines de la maison de La Tour, Guillaume, fils de Bertrand, IIIe du nom, et de Béatrix d'Olliergues. Il était en même temps chanoine de Reims et de Brioude. L'étude du droit étant la voie la plus courte pour parvenir aux premières dignités de l'Église, les personnes de la plus haute qualité se faisaient un honneur de s'y rendre habiles. C'est pourquoi ce chanoine de Clermont passa une partie de sa jeunesse à étudier dans l'université de Toulouse où il fut reçu bachelier en lois, où il se distingua si bien, qu'après avoir obtenu le degré de docteur en droit, il fit profession publique de l'enseigner. Il fit son testament à Clermont, au mois d'avril de l'année 1315, où il fait un grand nombre de legs à toutes les églises d'Auvergne, à plusieurs hôpitaux et à plusieurs églises de Toulouse. Il laisse au seigneur Agnon, son frère, prieur de Carennac, dans le diocèse de Cahors, son livre de *Décret*. Il lègue ses autres livres de droit, l'*Infortiat,* le *Code* et ses autres commentaires sur le corps du droit et les décrétales, au fils de son frère, Bernard de La Tour, nommé aussi Bernard, qui fut chanoine de Clermont et ensuite cardinal.

Enfin nous voici arrivés dans l'année 1317 dans laquelle le diocèse de Clermont fut divisé en deux diocèses. Le pape Jean XXII ayant érigé en archevêché l'église de Toulouse, il lui donna quatre suffragants qu'il créa évêques de quatre cités qui firent quatre diocèses. Il ne s'en tint pas là. Il fit un grand nombre de nouveaux diocèses. Celui de Clermont fut un de ceux qu'il prit envie de diviser. Mais afin de ne trouver aucun obstacle à ce qu'il prétendait faire, il fit part au roi de son dessein pour avoir son consentement. Après quoi il partagea en deux diocèses celui de Clermont, érigeant en évêché l'ancien prieuré que saint Odile avait établi dans un lieu de la Haute-Auvergne nommé Saint-Flour qui avait pris son nom de saint Flour que l'on croit avoir été le premier évêque de Lodève. Pour composer ce nouveau diocèse, on tira de celui de Clermont les archiprêtrés de Saint-Flour, de Langeac, de Blesle et d'Aurillac où l'on trouve près de 400 paroisses. La première pensée du pape fut d'ériger en évêché Brioude ou Aurillac ; mais ces deux églises de Saint-Julien et de Saint-Géraud ayant marqué peu d'empressement à accepter l'honneur qu'on voulait leur faire parce qu'elles étaient exemptes de la juridiction de l'évêque de Clermont et de l'archevêque de Bourges, le pape se détermina à rendre Saint-Flour chef du diocèse, à la sollicitation du vicomte de Murat, des seigneurs de Brezons, de Canillac, de Peyre, de Dienne et de quelques autres qui possédaient de belles terres dans ce canton.

Quoique l'église de Saint-Flour eût été érigée en évêché, les moines du prieuré ne laissèrent pas de faire le service divin ; ce qui continua jusqu'en 1476 qu'ils furent sécularisés par le pape Sixte IV à la prière de Louis XI et des moines qui se plaignirent, aux termes de la bulle, que leur monastère ayant peu d'étendue et que ne pouvant être éternellement au chœur ou dans leur chambre, ils étaient obligés de sortir pour prendre l'air dans la place publique et de se trouver par conséquent avec les laïques ; ce qui paraissait fort opposé à la règle de saint Benoît et empêchait les nobles et les doctes d'embrasser leur institut. La vie qu'ils menaient étant peu édifiante sur ce fondement, le chapitre fut réduit à peu près en l'état où il est aujourd'hui. Avant l'érection de l'évêché, il y avait à Saint-Flour un archiprêtré dépendant de l'évêché de Clermont ; on le continua sous les évêques de Saint-Flour. On avait créé un archidiacre. Ces deux dignités furent réunies au chapitre lorsqu'il fut sécularisé. De sorte que ce chapitre fut composé d'un archidiacre, d'un archiprêtre et de dix-sept chanoines dont le premier est l'évêque, et de six semi-prébendés qui doivent être présents à toutes les heures. Les dignités, outre les revenus dont elles jouissent qui sont égaux à ceux des chanoines, ont des prieurés qui leur sont annexés. L'archidiacre a les prieurés de Brezons et de Malbo, le trésorier a celui de Saint-Mari-le-Plain, et l'archiprêtre celui de L'Espinasse. L'archidiacre et les prébendes sont à la nomination du chapitre et les semi-prébendes aussi, avec cette différence que ceux qui les possèdent peuvent être destitués si leurs mœurs n'étaient pas régulières et s'ils n'étaient pas exacts au service du chœur. L'archiprêtre est à la nomination de l'évêque. Chaque chanoine a droit de choisir pour lui un habitué.

Quoique le diocèse de Clermont ait été divisé en deux, nous ne laisserons pas de continuer l'histoire de l'église d'Auvergne dans ce *septième livre*. Nous la verrons toujours briller par des événements remarquables, par les hommes célèbres qui sont sortis de son sein, qui ont fait la gloire d'un grand nombre d'autres églises de France. On aura le plaisir de voir plusieurs de ses enfants capables des plus grands emplois qu'un mérite éclatant a fait placer parmi les cardinaux, les archevêques, les évêques, les chanceliers de France et les généraux d'ordre.

Nous commencerons ce livre par représenter quelques démêlés qu'eut l'évêque de Clermont, Aubert Aycelin, avec son chapitre, au sujet de quelques droits et privilèges dont les chanoines étaient en possession de temps immémorial. Comme ces droits furent la malheureuse source de la mésintelligence qui régna quelque temps entre les autres évêques, ses successeurs, et le chapitre, il est bon de faire connaître en peu de mots l'origine de tous ces différends et quelles étaient les prétentions des chanoines de Clermont. Nous les trouverons clairement expliqués dans la bulle d'Urbain V par le chanoine qui fut député pour soutenir les droits de son église devant ce pape qui ne lui était pas fort favorable. Ce chanoine, nommé Chondardi, exposa avec beaucoup de netteté et de force, devant le saint-père, les privilèges dont son chapitre avait joui de tout temps sans aucun trouble. Il représenta qu'il avait toujours été en possession de la juridiction spirituelle et temporelle, soit pour le civil, soit pour le criminel, sur les chanoines, sur les choriers et officiers de l'église de Clermont ; qu'il avait toujours été le maître de la tour de la Monnaie et des cinq portes du cloître ; que de tout temps il avait tenu les assises dans cette tour ; qu'il jugeait par ses officiers tous les procès tant en matière civile qu'en matière criminelle qui regardaient les ecclésiastiques de l'église cathédrale ; que c'était à ses officiers à faire l'inventaire de ce qui se trouvait dans la maison d'un chorier qui était mort, ou après avoir fait son testament, ou sans en avoir fait ; qu'il n'était point permis à l'évêque de faire aucune union de bénéfice, d'imposer aucune levée des deniers sur son clergé et de faire des statuts synodaux sans l'avis et le consentement de son chapitre ; que l'évêque était tenu de lui payer les émoluments du sceau, cent trente livres chaque année, la moitié à la fête de la Toussaint et l'autre moitié à Pâques ; qu'il était aussi tenu de payer douze sols pour l'anniversaire de l'évêque Hugues de La Tour, et douze sols pour celui de Robert d'Auvergne, son prédécesseur ; que c'était à lui à fournir le pain et le vin le jour de la Cène, et le linge dont était ceint celui qui faisait la cérémonie ; qu'il devait payer la moitié de la somme que l'on donnait à ceux qui étaient chargés de sonner les cloches ; que c'était à lui à fournir les treize cierges qui brûlaient à certaines heures de l'office sur la perche. Il y a bien d'autres choses que nous passons sous silence. On verra plus en détail les contestations que le chapitre eut avec l'évêque Aubert Aycelin et avec quelques-uns de ses successeurs, qui presque tous rendirent justice aux chanoines de leur église par des transactions qui les ont conservés dans tous leurs privilèges. Le pape Jean XXII, étant informé de la division que de petits intérêts entretenaient entre l'évêque de Clermont et son chapitre, nomma, pour mettre la paix entre eux, son neveu, Bertrand de Pojet, cardinal du titre de saint Marcel. L'évêque eut quelque peine à acquiescer au jugement que ce cardinal avait prononcé ; mais il ne laissa pas de passer avec son chapitre une transaction par laquelle il veut bien qu'il jouisse de sa juridiction ordinaire, qu'il soit maître des cinq portes du cloître et ne lui dispute point tous les autres chefs dont nous avons parlé.

Il fit connaître en une occasion combien il était ennemi des manières d'agir violentes. Son bailli, croyant apparemment lui faire sa cour, insulta un chanoine de sa maison. Il réprima sur-le-champ l'insolence de son officier, et ne se contentant pas de désavouer avec éclat son action, il nomma, de plus, deux chanoines pour informer contre lui, afin qu'il fût sévèrement puni. Nous verrons aussi comme il mit la paix entre l'abbé de Saint-Alyre, nommé Escot, et ses religieux, étant persuadé que, sans l'union, l'esprit de Dieu ne saurait se trouver dans les monastères.

Nous ferons paraître, sous cet évêque, un homme de son diocèse qui se fit une grande réputation par son esprit et par son savoir, qui fut mis dans le siège de la ville du Puy. Ce fut Durand de Saint-Pourçain qui, voulant dans sa jeunesse se retirer du monde, choisit pour le lieu de sa retraite la maison des frères-prêcheurs de Clermont. Il n'y demeura pas longtemps sans faire connaître l'étendue de son esprit. On le crut propre aux sciences les plus élevées. C'est pourquoi on l'envoya à Paris pour puiser dans cette célèbre université ce qu'il y a de plus profond dans la théologie. Il s'y fit tant de réputation qu'il fut choisi par le pape, en 1312, pour un maître du sacré palais. Jean XXII lui confia ensuite le gouvernement de l'église du Puy.

Ce pape avait donné une bulle contre les frères-mineurs schismatiques qui s'étaient retirés en Sicile, où ils s'étaient donnés un général particulier et où ils enseignaient des erreurs dont la plus remarquable était qu'il y avait deux Églises, l'une charnelle, comblée de richesses, plongée dans les délices, à laquelle commandaient le pape et les autres prélats; l'autre spirituelle, ornée de toutes les vertus, qui ne consistait qu'en eux et leurs sectateurs. Ils résistèrent à la bulle du pape. On travailla à faire leur procès, sur lequel on voulut avoir l'avis de Durand. Il le donne en cette manière : « Moi, frère Durand, évêque du Puy et docteur de la sacrée faculté, je juge que tous les susdits articles sont hérétiques. En témoignage de quoi j'ai signé de ma propre main. »

Ce pape fut si content de lui qu'il le fit passer de l'évêché du Puy à celui de Meaux. Nous verrons que, malgré les marques d'estime que le saint-père lui donna, il ne laissa pas de se déclarer contre des propositions que ce chef de l'Église avança dans un sermon qu'il fit le jour de la Toussaint pour soutenir son opinion favorite, que les âmes des justes ne jouiront de la vue de Dieu qu'après le jugement universel. Durand fit un traité où il combattait avec beaucoup de force ce sentiment. Ce pape, qui ne voulait point être contredit, le fit citer. Cette affaire eût été peut-être plus loin si le roi n'avait pris sa défense. Quoique cet évêque estimât infiniment saint Thomas, il ne laissa pas de s'éloigner de quelques sentiments de ce saint docteur. Il soutenait des opinions particulières et assez hardies qui lui ont fait donner le nom de docteur résolutif. Ce qui n'a pas empêché le célèbre Jean Gerson de conseiller aux écoliers de théologie à Paris de lire ses écrits. Tous les grands hommes de son temps lui ont donné de grandes louanges et ceux qui ont vécu après lui ne lui en ont pas moins donné. Nous joindrons à ce grand évêque son neveu, que l'on a appelé Durandel, pour le distinguer de son oncle. Il embrassa comme lui la règle de saint Dominique. Mais ne pouvant souffrir, pour la gloire de son ordre, que son oncle se fût éloigné des sentiments de saint Thomas, préférant l'alliance spirituelle qu'il avait contractée avec sa congrégation à celle du sang, il écrivit sans aucun ménagement contre lui. Cet ouvrage n'eût point paru sans saint Antonin, qui nous en a conservé la mémoire dans le premier tome de sa chronique. Cette querelle, où l'esprit seul avait part, n'altéra en rien l'amitié qui était entre l'oncle et le neveu.

Nous reprendrons notre histoire pour parler de Philippe le Long qui eut quelque chose à souffrir de ses peuples qui paraissaient mécontents de son gouvernement, et de la fierté des Flamands qui voulaient la paix à des conditions qui ne convenaient point au roi qui était leur souverain. Pour ramener le comte à son devoir, il voulut le faire les armes à la main. Dans ce dessein, il écrivit aux prélats et aux seigneurs du royaume qu'ils eussent à se tenir prêts en armes pour le suivre, à la mi-carême, où il voudrait les mener. Ceux des seigneurs d'Auvergne qui reçurent des lettres de la part du roi furent Aubert Aycelin, évêque de Clermont, le seigneur de La Tour, le seigneur de Mercœur, Guillaume Flotte, le comte de Boulogne, le seigneur de Montboissier, le dauphin d'Auvergne, le vicomte de Chouvigny et Pierre de Mercœur. Il envoya même quelques seigneurs en Auvergne et les chargea de demander aux barons et aux nobles qu'ils voulussent lui accorder bénignement et gracieusement quelques secours pour la guerre qu'il avait à soutenir contre les Flamands, à des conditions que l'on lira dans l'histoire, qui furent très agréables à toute la noblesse. Ces grands préparatifs du roi étonnèrent les Flamands et firent faire la paix par un traité qui fut conclu le deuxième de juin 1320. Les sujets du roi en eurent d'autant plus de joie que ce prince, par une bonté peu commune, ne laissa pas passer l'année sans les décharger des tailles et sans faire de beaux règlements de justice.

Nous raconterons ensuite comme ce roi, qui ne manquait pas de prudence, conçut le dessein de porter, comme quelques-uns de ses prédécesseurs, la guerre en Orient. Nous n'en pouvons pas douter, puisque nous avons des lettres de ce roi données à Vincennes, le huitième jour d'octobre 1319, par lesquelles il ordonne aux prélats et aux grands seigneurs du royaume de se trouver à Paris aux fêtes de Noël pour y délibérer sur la résolution qu'il avait prise d'aller attaquer dans la Palestine les ennemis du nom chrétien. Robert VII, comte d'Auvergne et de Boulogne, fut un des seigneurs à qui ces lettres furent adressées. Il obéit aux ordres du roi et se trouva à Paris cette année. Il fut logé dans l'enceinte de l'abbaye de Sainte-Geneviève où il fut attaqué d'une si violente maladie que les médecins, après bien des visites, désespérèrent de sa santé et l'abandonnèrent. Un de ses gens, au désespoir de perdre son maître, s'approcha de son lit plein de foi et lui parla ainsi : « Sire, il repose céant une vierge de grande puissance. Requierez à son aide et li prometté à offrir une ymage de vostre pesant de cire ; et je crois qu'elle vous fera ceu que li phisicien ne pourroient faire et quelle vous rende tout sain. A ces mots le comte leva les yeux au ciel et le cuer, car plus ne pouvoit et requist l'aide de la vierge. En l'eure il demanda à mangier. Et bientost après il fut guerriz et fit faire une ymage de cire et une de fust qui encore est en l'église. »

Philippe le Long ne put accomplir le projet qu'il avait fait, ayant été attaqué d'une violente fièvre quarte qui le mit au tombeau le troisième janvier 1322. Charles le Bel, son frère, lui succéda et fut sacré au mois de février. Ce prince eut beaucoup de confiance pour un gentilhomme d'Auvergne nommé Rodier, qu'il éleva aux premières dignités de l'État. On n'en sera pas surpris par tout ce que nous dirons de lui. Il avait pris le parti de l'Église et avait été introduit à la cour par la maison de Flotte ou par celle des Aycelins dont l'autorité était grande sous ces fils de Philippe le Bel. Il fut clerc de ce roi, c'est-à-dire secrétaire, et connu pour un homme d'une si rare prudence qu'il fut commis pour des affaires de conséquence. Il ne fut pas moins aimé de Charles de France, son frère, puisqu'il le fit son chancelier, et après la mort de Philippe il lui confia les sceaux, en 1321, et en cette qualité il assista à son couronnement. Il les garda jusqu'en 1323 et les rendit après avoir été nommé à l'évêché de Carcassonne. Il y acquit la réputation d'un saint évêque et fit bâtir dans son église la chapelle de saint Barthélemy.

Nous ne manquerons pas aussi de parler des marques d'estime que donna ce roi au chapitre de Clermont. Ses anciennes querelles s'étaient renouvelées avec l'évêque Aubert, qui continuait à inquiéter les chanoines au sujet de leur juridiction ; ils s'adressèrent à ce prince qui, étant touché de les voir persécutés par celui qui devait les traiter en père, leur accorda avec bonté des lettres de sauvegarde pour la conservation de leurs privilèges ; elles sont de l'année 1325.

Dans cette même année, nous parlerons de la mort de Robert VII, comte d'Auvergne et de Boulogne, fils de Robert VI, comte d'Auvergne, et de Béatrix de Montgascon, qui fut enterré avec cérémonie dans l'abbaye du Bouchet. C'est à lui qu'on donne la fondation de la Chartreuse de Neuville, près de Montreuil-sur-mer, appelée aujourd'hui Notre-Dame du Prez. On prétend que ce qui lui donna lieu à faire cette bonne œuvre, fut qu'étant venu à Montreuil, sa dévotion l'ayant porté à voir le tableau de la Véronique, il crut s'apercevoir que Jésus-Christ, qui était peint dans ce tableau, semblait détourner les yeux de dessus lui, comme le jugeant indigne qu'il portât ses regards sur un pécheur. Ce qui le fit penser sérieusement à lui. De sorte qu'il prit la résolution de fonder cette Chartreuse. Il n'en fut point détourné par un prieur des chartreux, nommé Henry Kalkar. Après quoi il eut la consolation de voir le visage de Jésus-Christ.

Nous reviendrons à l'évêque de Clermont qui vécut en

paix avec son chapitre jusqu'en 1328, que le seigneur l'appela à lui dans la ville de Billom. Son corps fut transporté dans la cathédrale, où on lui fit élever un mausolée de marbre blanc, où il est représenté en habit de cérémonie avec la chasuble et la mitre. On y voit les armes des Aycelins.

Dans cette même année, le chapitre de Clermont perdit son protecteur, le roi Charles le Bel, qui mourut au bois de Vincennes et qui eut pour successeur à la couronne de France son cousin germain, Philippe de Valois, fils de Charles de Valois, frère de Philippe le Bel. Le trône qui lui fut disputé par Edouard III, roi d'Angleterre, lui fut adjugé tout d'une voix dans une assemblée des seigneurs et des grands du royaume. Bertrand de La Tour d'Auvergne ne survécut pas longtemps à Charles le Bel. Il fit de grands dons à un nombre infini d'églises et de monastères. Il fit son héritier Agne de La Tour, et voulut que son fils puîné, Pierre dit Pierrot, serait religieux, et ordonna à son héritier de lui payer, chaque année, cinquante livres et tout ce qui serait nécessaire pour son entrée en religion. Il déclara, de plus, que si Dieu lui donnait plusieurs filles, il veut qu'il y en ait une de mariée et que toutes les autres entrent dans des monastères. Nous dirons d'autres choses sur ces seigneurs qui ne déplairont pas au lecteur.

Nous avons parlé de la mort d'Aubert Aycelin, nous ferons connaître son successeur, Arnauld Roger de Comminges, fils de Bernard V, comte de Comminges, et de Laure de Montfort, frère de Jean, cardinal de Comminges. Il fut élu par le chapitre en 1328 et prit possession de son évêché le 18 décembre de l'année 1329. Dans ces temps-là, nous parlerons fort au long du défenseur du clergé de France, dont l'éclatant mérite fit empresser les rois, les papes et les princes à l'élever dans les plus hautes dignités. Il se nommait Pierre Bertrand, et était fils de Mathieu Bertrand, de la ville d'Aurillac, où il professait la médecine. On ne sait ce qui l'obligea à quitter sa patrie pour s'aller établir à Annonay, dans le Vivarais, où il épousa une demoiselle connue sous le nom d'Agnès Impératrice, de laquelle il eut ce fils. Il fut, en 1310, chanoine et official de Clermont. Son profond savoir dans le droit canon et civil le fit appeler par les universités de Montpellier, d'Avignon, d'Orléans et de Paris pour y faire des leçons de l'un et de l'autre droit. Louis le Hutin lui donna une charge de conseiller en la Grand'Chambre. Philippe le Long fit choix de lui pour un des quatre clercs de son conseil d'État. Après quoi il fut nommé évêque de Nevers, et cinq ans après évêque d'Autun. C'est dans cette place que le clergé de France trouva dans lui un intrépide défenseur qui soutint avec ardeur les intérêts de ce corps contre des ennemis très puissants, qui ne travaillaient pas moins qu'à lui ravir toutes ses prééminences en lui disputant tous ses droits, et en attaquant tous ses privilèges qui le rendaient vénérable aux yeux du peuple, et qui n'ont cessé de lui faire une guerre sourde, sous laquelle il a enfin succombé et s'est vu dépouiller de ses plus belles prérogatives. Nous développerons dans cette histoire les sujets de cette guerre qui a été si funeste à ce premier corps du royaume, malgré les combats que cet évêque d'Autun soutint avec tant de force, de zèle et de vigueur, qu'on ne put lui refuser d'abord la victoire. Il fallait que son discours eût fait bien de l'impression sur l'esprit du roi, puisqu'il protesta aux évêques qui s'étaient rendus dans son palais, ayant à leur tête l'évêque d'Autun, que bien loin de vouloir diminuer les droits de l'Église, il les augmenterait et les étendrait de tout son pouvoir, qu'il mettrait tout en œuvre pour conserver le glorieux titre de roi très chrétien et de fils aîné de l'Église, qu'il tenait par succession d'une longue suite de ses ancêtres ; et pour faire connaître combien il était content de la manière dont l'évêque d'Autun avait soutenu les intérêts de l'église de France, il lui permit, par une concession toute particulière, de charger de trois fleurs de lis d'or le chevron de ses armes, afin de conserver à la postérité la mémoire d'une action qui lui était si glorieuse. Ainsi le clergé de France dut la conservation de ses droits, sous ce roi, à deux Auvergnats, à l'évêque d'Autun et à Durand de Saint-Pourçain, qui avait composé un traité des plus savants sur la juridiction ecclésiastique, dans lequel Pierre Bertrand ne fait point difficulté d'avouer avoir puisé les plus fortes preuves pour la cause qu'il venait de défendre avec tant de succès.

Le pape fut si content de la manière toute pleine de bonté dont le roi en usa dans cette occasion à l'égard de l'église de France, qu'il lui en fit de grands remercîments. Mais, comme il attribuait cet heureux succès à l'évêque d'Autun, il voulut faire connaître à toute l'Europe l'obligation que toute l'Église avait à ce grand homme, en se rendant avec plaisir aux prières que le roi et la reine lui firent de l'honorer du chapeau de cardinal ; ce qu'il fit en 1330 ou 1331.

Nous raconterons ensuite comme le roi, quoiqu'il eût de cruels ennemis, se mit en tête de porter la guerre dans la Terre-Sainte, et comme le pape Jean XXII, ravi de voir revenir ces temps heureux, dans lesquels de nombreuses armées marchaient sous les ordres du chef de l'Église, exhorta le roi à ne se départir jamais d'un si pieux dessein. Les évêques furent invités par ce prince à se rendre à Paris, en 1331. L'évêque de Clermont reçut sa lettre comme les autres, et se trouva à Paris dans l'assemblée qui se tint dans la Sainte-Chapelle, où ils furent touchés du discours qu'ils entendirent de Pierre de Palu, patriarche titulaire de Jérusalem. Cette extrême ardeur qui paraissait dans le roi et dans le pape pour cette sainte expédition, n'aboutit enfin qu'à la levée des décimes.

Nous ferons voir l'attention que l'on avait pour le clergé à cause de ces levées qui lui étaient si fort à charge. Ce qui parut dans une occasion qui fut très favorable à l'évêque de Clermont et à son chapitre. Nous avons vu que cette église avait reçu des lettres patentes du roi Philippe le Bel, par lesquelles il déclarait qu'elle n'était point sujette à la régale. Elles avaient été inutiles jusqu'en 1332, n'ayant point été mises à exécution. Ce qui fut fait cette année par un procès-verbal qui fut dressé par le bailli d'Auvergne ou son lieutenant. Ce fut un grand avantage pour cette église, qu'elle n'a pas su conserver dans ces derniers temps, par une négligence qui n'est point pardonnable. Si les chanoines de Clermont eurent tout lieu d'être contents de la Cour, ils ne le furent pas moins de leur évêque qui, voulant bannir tous les sujets qui pouvaient faire naître entre eux quelque mésintelligence, donna une déclaration, en 1332, par laquelle il assure ne vouloir jamais préjudicier en aucune manière aux immunités, privilèges et juridiction de son chapitre. Dans le même temps, ayant quelque différend avec l'abbé de Maurs, dans la haute Auvergne, à raison de la justice de cette ville et de l'enregistrement des fiefs, il passa une transaction qui lui fut avantageuse avec Guillaume, abbé de cette ville, les moines et les damoiseaux des environs. Il reçut aussi, le vendredi après la fête de la Toussaint de la même année 1332, une reconnaissance d'Isabelle de Cusset pour tout ce qu'elle possédait dans le bourg de Saisine (1), diocèse de Saint-Flour. L'année ensuite, le chapitre de Clermont fit un accommodement et passa un contrat d'échange avec l'abbé de Saint-André, nommé de Serre, et les religieux de l'abbaye, par lequel il céda à cet abbé et au monastère la quatrième partie de ce qu'il avait accoutumé de prendre tous les ans dans les dîmeries des Aymerics, et, en contre échange, l'abbé et les religieux donnèrent au chapitre neuf setiers froment de cens en directe sur divers héritages situés à Malintrat, et quatre sols six deniers, aussi en directe. Ils remirent aussi audit chapitre trois setiers deux quartes froment qu'il leur devait à cause de sa dîmerie de Ceyrat. Ils ajoutèrent à tout cela une cession qu'ils firent au chapitre d'une quarte de froment, que les habitants d'Aulnat étaient obligés de payer tous les ans à ce monastère à cause du château du même lieu, qui appartenait au chapitre.

L'évêque de Clermont, appuyé de l'autorité du pape, fit, comme son chapitre, un contrat d'échange avec Bertrand, seigneur de La Tour, auquel il céda le château de Reignac, et

---

(1) Cézens ?

reçut celui de Sevine (1).. Mais ce fut à la condition que l'on rendrait aux évêques de Clermont la foi et l'hommage ; ce qui y fut mis par une clause expresse ; ce fut en 1333. Cet évêque obtint cette dernière faveur du pape Jean XXII, qui mourut le quatrième de décembre de l'année 1334, âgé de près de quatre-vingt-dix ans, après avoir gouverné l'Église près de dix-huit ans. Les cardinaux, après sa mort étant assemblés, donnèrent, par inspiration, pour chef à l'Église, Jacques du Four ou Fournier, de Saverdun, dans le comté de Foix. On l'appelait le cardinal blanc, parce qu'il portait l'habit de l'ordre de Cîteaux dont il avait embrassé la règle. Il fit paraître d'abord une étonnante humilité. Il était pourtant grand théologien et habile jurisconsulte. On jugera par tout ce qu'on lira dans cette histoire que je devais faire connaître ce pape, regardé comme un saint, qui donna, en bien des rencontres, des marques de l'estime qu'il avait pour le chapitre de Clermont.

Dès que la nouvelle de l'élection d'un pape vertueux fut répandue, l'évêque de Clermont, comme le premier des suffragants de la métropole de Bourges, écrivit à l'évêque de Rodez des lettres par lesquelles il lui donnait avis de l'exaltation de ce nouveau pontife et lui ordonnait de faire faire des prières pour celui qui venait d'être élu à cette suprême dignité et qui était connu sous le nom de Benoît XII. Presque dans le même temps cet évêque reçut le serment de fidélité d'Isabeau de Langeac, abbesse des Chases, pour son monastère, pour le lieu des Chases, pour le château et le lieu de Saint-Arcons, et du précepteur de la maison de Saint-Antoine de Nébouzat, pour le mas de Chancelade. Guillaume aussi, abbé du Bouchet, lui promit obéissance par un acte qui est du onzième novembre.

Nous n'oublierons pas que, dans la même année que mourut le pape Jean XXII, l'église de Châlons-sur-Marne perdit un grand évêque qu'elle tenait de celle de Clermont. Il était de la même ville et d'une maison distinguée qui avait donné des

(1) Savennès.

conseillers au Parlement de Paris. Son nom est aujourd'hui Mandeville. On le trouve écrit anciennement Madevilloni et Mandouillenc. Il conserva jusqu'à sa mort une tendresse particulière pour l'église de Clermont, comme il le fit paraître par son testament, dans lequel il veut et ordonne qu'on fasse dans cette église, où il a été chanoine, une image de la Vierge avec un tabernacle, que le tout soit mis dans une chapelle qui est au-devant du chœur, et que chaque samedi, pendant l'année, tous ceux qui sont au chœur se rendent après vêpres devant l'image de la Vierge pour y chanter l'antienne *Inviolata* ou quelque autre en l'honneur de cette mère de Dieu, et il lègue à tous les chanoines qui seront présents deux deniers tournois et un aux habitués. Il lègue, de plus, vingt setiers de froment de rente pour la fondation d'une vicairie, à la charge que celui qui en sera pourvu dise du moins trois messes par semaine. Nous passons bien d'autres legs que l'on lira dans son testament. Il devait, étant évêque, avoir des ornements bien riches, puisque Guy d'Auvergne, connu ordinairement sous le nom de cardinal de Boulogne, parmi les dons dont il voulut gratifier l'église de Lyon, de laquelle il était archevêque, il est fait mention dans son testament d'une mitre dont il avait accoutumé de se servir avant que d'être cardinal, qui avait appartenu à Jean de Mandevillain, évêque de Châlons-sur-Marne. Mais il ne la donne qu'à condition que les archevêques qui voudront s'en servir, ne le pourront faire qu'ils n'aient donné des cautions suffisantes, qu'ils ne l'aliéneront jamais et qu'avant leur mort ils la remettront à l'église, au chapitre et au doyen.

Nous ferons mention d'un petit sujet qui troubla la paix qui régnait entre l'évêque de Clermont et son chapitre. Ce démêlé ne dura pas longtemps, non plus que la douceur qu'il avait de voir l'union qui était entre lui et ses chanoines. Il mourut en 1336, avec de grands sentiments de piété.

Raymond Despets ou des Prés fut élu pour remplir le siège de Clermont, vacant par la mort d'Arnauld de Comminges, en l'année 1337. Il fit son entrée dans la ville le 24 de mai, et ne prêta le serment que le 29 septembre, dans la chapelle de saint Nicolas, où les chanoines tenaient leur chapitre. Ce fut en présence de Géraud de Cros, prévôt; de Guillaume de Orto ou du Jardin, abbé; de Pierre Rovi (1), doyen; de Pierre Giraud, chantre; de Hugues Dauphin et de Gilles de Chalencon, l'an quatre du pontificat de Benoît XII. On commença dès lors à connaître ce que l'on devait attendre de lui, par le refus qu'il fit de prêter serment. Les chanoines avaient fait leurs protestations contre son refus; ce ne fut que par les conseils de ses amis qu'il se détermina à leur donner la satisfaction qu'ils demandaient.

L'abbé de Orto ou du Jardin nous donnera lieu de parler d'un statut de l'église de Clermont qui est assez singulier. Le chapitre, en 1323, donna des lettres patentes par lesquelles il déclare qu'il veut que l'on sache que le vénérable homme Guillaume de Orto, chanoine et abbé de ladite église, a accompli le temps de sa première résidence triennale, selon les statuts et la coutume de Clermont, qui obligent les nouveaux chanoines auxquels on a conféré nouvellement une prébende, d'observer exactement ce statut. Le chapitre déclare encore que, dès qu'il eut obtenu l'abbaye de leur église, il paya, en qualité d'abbé, dans le temps prescrit pour les heures, en bonne monnaie bien comptée, quarante livres. Nous dirons aussi quelque chose digne de curiosité au sujet d'Hugues Dauphin, qui était présent lorsque le nouvel évêque prêta le serment accoutumé. Il était fils de Robert III, comte de Clermont, dauphin d'Auvergne, et d'Isabeau de Châtillon, sa seconde femme. Il jouissait des terres de Champeix et de Chamalières, où il fit son testament. Il avait été nommé prévôt de l'église de Brioude. Cette grande maison d'Auvergne, qui avait donné à l'église de Clermont Hugues Dauphin, avait encore donné un homme illustre à l'évêché de Tournai et ensuite à celui de Cambrai. Nous le ferons connaître dans cette histoire. Son nom était Guy d'Auvergne, seigneur de Boulon-

(1) Rocci?

nargues, fils puîné de Robert V, comte d'Auvergne et de Boulogne, et d'Eléonore de Baffie. Il embrassa l'état ecclésiastique, obéissant en cela à la volonté de son père qui lui avait déclaré dans son testament qu'il voulait qu'il fût d'église, avec Geoffroy d'Auvergne, son frère. Comme la maison d'Auvergne était connue dans les Pays-Bas pour une des illustres du royaume, surtout depuis que son grand-père, Guillaume X, avait épousé Alix de Brabant, et que par ce mariage Robert était devenu comte de Boulogne, il n'est pas surprenant si l'on voit plusieurs princes dans cette maison occuper les premières places des églises de ces provinces. Guy d'Auvergne, de qui nous parlons, en obtint deux des plus considérables. Il se comporta avec beaucoup de sagesse dans ces places. Il était doux, affable et généreux. Il était très exact à se trouver dans les conciles assemblés par son métropolitain. Il assista en 1311 à celui de Senlis, où présida l'archevêque de Reims, Robert de Courtenay, pour examiner une accusation atroce que l'on avait formée contre Pierre de Latilly, évêque de Châlons, qui était..... (1).

[Nous verrons ensuite comme le Seigneur consola l'église de Clermont en lui donnant un saint évêque nommé Aubert, dont le mérite et surtout la piété furent récompensés par les plus éminentes dignités de l'Église, par le cardinalat et la papauté. Tout ce que nous dirons de lui sera digne d'un grand exemple pour ses successeurs. Nous en ferons paraître plusieurs après lui dans la chaire de Clermont qui se firent distinguer de leurs peuples, comme Pierre André, d'une maison distinguée de la ville épiscopale, Pierre d'Aigrefeuille et Jean de Mello, si fort aimé du duc de Berry et de ses diocésains, dont il épousait les intérêts avec un zèle plein de vigueur dans des temps malheureux.]

[Nous parlerons ensuite de plusieurs cardinaux d'Auvergne qui se firent une grande réputation avant et pendant le grand

---

(1) Ici s'arrête le texte du manuscrit d'Audigier. La suite est tirée du *Projet* imprimé.

schisme. Les plus illustres furent le cardinal Guy de Boulogne, oncle du roi Jean, qui avait épousé sa nièce : il n'y eut point d'affaires de conséquence dont il ne fût chargé par les papes et par les rois de France ; Bernard de La Tour, mort à Avignon en 1361 et enterré à Clermont où il avait été chanoine, fait cardinal par le pape Clément VI ; Gilles Aycelin, chancelier et cardinal, qui, se trouvant à Avignon après la mort de Grégoire XI et après l'élection forcée d'Urbain VI, confirma celle du cardinal de Genève, qui avait été faite à Fondi par les cardinaux qui s'étaient échappés de Rome ; Jean Rolland, évêque d'Amiens et cardinal, qui s'était fait une grande réputation dans plusieurs universités où il avait enseigné le droit : il se trouva à Rome à l'élection violente d'Urbain, où il eut grand'peur ; Nicolas de Saint-Saturnin, de l'ordre de saint Dominique, de la ville de Clermont, qui fut député par les cardinaux au roi Charles V, après qu'ils eurent élu Robert, cardinal de Genève, pour lui faire la peinture de la fureur que les Romains avaient fait éclater contre les cardinaux ultramontains ; ce qui ne contribua pas peu à faire approuver leur conduite par le sage roi. Les autres cardinaux d'Auvergne qui donnèrent une grande idée de leur attachement pour la France dans ce grand schisme feront une agréable partie de cette histoire. Ils méritent qu'on les connaisse ; ils le seront sous les noms de Pierre Aycelin, évêque de Laon et cardinal, et d'Ameil, cardinal, évêque d'Embrun ; de Bertrand de Lager, cardinal, et de Jean de Murols, cardinal, évêque de Genève, d'une maison distinguée. Leur conduite pleine de sagesse nous fournira bien des choses curieuses.]

[De crainte d'être trop long dans ce projet, nous ne parlerons que fort succinctement des évêques de Clermont qui ont succédé à Jean de Mello, nous réservant de faire connaître dans notre histoire tout ce qui s'est passé dans l'église d'Auvergne de digne d'être conservé dans la mémoire des hommes. Nous joindrons aussi tous ceux que notre église nous présentera qui auront brillé sous ces évêques par leur piété, leur science et leur habileté dans les affaires importantes, et par toutes les qualités qui les ont fait élever dans les premières places de l'Église et de l'État.]

[Nous commencerons par les successeurs de Jean de Mello, Henri de La Tour, fils de Bertrand de La Tour, IV° du nom, et d'Isabeau de Lévi, frère de Jean de La Tour, cardinal, de Bertrand de La Tour, évêque et duc de Langres, et de Bertrand de La Tour, évêque de Toul et ensuite du Puy. Nous ne laisserons pas passer tout ce qui se sera passé d'important sous cet évêque et sous ses frères, non plus que tout ce que nous présentera de curieux le gouvernement de son successeur, Martin de Charpaigne-Gouge, qui, étant chancelier de France, fut comme l'âme de toutes les grandes affaires sous le roi Charles VII. Jacques de Comborn, son grand ami, de l'illustre maison de son nom, lui succéda, qui eut aussi beaucoup de part au gouvernement de l'État. Son église reçut aussi mille bienfaits de lui. Après sa mort fut placé dans le siège de Clermont un prince de la maison de Bourbon, connu sous le nom de Charles Ier de Bourbon, frère de Pierre de Bourbon, qui avait épousé Anne de Beaujeu, régente du royaume, laquelle fit gagner à son beau-frère, évêque de Clermont, un procès que Guillaume du Prat perdit par le crédit de Catherine de Médicis. Il mourut cardinal et archevêque de Lyon. Après sa mort, sa place fut disputée par Guillaume de Montboissier, prévôt de l'église cathédrale, qui eut le plus grand nombre de suffrages, et par Charles II de Bourbon, fils naturel de Raynaud de Bourbon, qui l'était de Charles, duc de Bourbon et d'Auvergne, lequel avait eu quelques voix par la brigue de la maison de Bourbon. Ce qui n'alarma pas beaucoup celui que les chanoines voulaient avoir pour leur chef; de sorte que Charles ne fut bien paisible possesseur de l'évêché qu'après la mort de Guillaume de Montboissier. Charles en conserva quelque aigreur pour son chapitre, laquelle eût duré plus longtemps si Jean de La Tour, comte d'Auvergne et de Boulogne, ne l'eût porté à la douceur. Les chanoines furent charmés de lui donner pour successeur

Jacques d'Amboise, qui avait été chanoine de leur église.
On ne peut pas jeter les yeux sur son église, sur son palais
de Clermont et sur son ancienne et grande maison de
Beauregard, qu'on n'aperçoive des marques de ses bienfaits ; mais on fut encore plus surpris de son zèle pour
rétablir la discipline régulière dans plusieurs maisons religieuses. On ne le sera pas moins de tous les mouvements
qu'il se donna pour une si bonne œuvre. Thomas du Prat,
qui lui succéda, et son frère, Antoine du Prat, cardinal légat,
archevêque de Sens et chancelier, nous fourniront bien des
choses dignes de ceux qui aiment les événements singuliers.
On ne sera pas moins content de tout ce que nous dirons
de Guillaume du Prat, qui succéda à son oncle, Thomas du
Prat. Son zèle pour la religion, sa grande suffisance dans la
théologie, dans l'histoire ecclésiastique et dans les belles-lettres lui attirèrent l'estime et l'amitié des plus grands hommes qui composaient l'assemblée du concile de Trente, dans
laquelle il connut les jésuites qu'il fit venir le premier en
France, où il fonda pour eux trois collèges, deux en Auvergne,
Billom, Mauriac, et un à Paris, qui a été longtemps connu
sous le nom de collège de Clermont. Il eut pour successeur
Bernard Salviati, d'une grande maison de Florence, que la
reine Catherine de Médicis attira en France. Il commença
à se faire connaître par les belles actions qu'il avait faites
étant chevalier de Malte, qui l'avaient rendu la terreur de
l'empire ottoman ; la reine lui procura l'évêché de Clermont,
et le pape Pie IV, voulant l'avoir auprès de lui, le fit cardinal.
Son siège ensuite fut occupé par Antoine de Saint-Nectaire,
de l'illustre maison de ce nom. Dans le même temps, l'Auvergne donna un cardinal à l'Église romaine, nommé Jérôme
de La Souchère, dont le saint-père Pie V fit l'éloge après sa
mort. François de La Rochefoucauld fut mis à la place d'Antoine de Saint-Nectaire. On s'attend bien que les belles actions
de ce saint évêque feront un des plus agréables ornements de
cette histoire, dans laquelle nous ferons entrer tout ce que fit
pour la religion le père Faure, premier abbé de Sainte-Gené-

viève, fils d'un gentilhomme d'Auvergne qui fut d'un grand secours au pieux évêque dans les projets qu'il avait formés pour rétablir la ferveur dans plusieurs maisons religieuses. Les affaires de la Ligue, soutenue par notre évêque, nous retiendront quelque temps avec plaisir, par des événements de conséquence qui donneront lieu à l'évêque de Clermont de changer d'évêché avec Antoine Rose, évêque de Senlis, qui ne fut pas longtemps dans cette place. Il eut pour successeur Joachim d'Estaing, d'une maison illustre. Il ne fut point en paix avec son chapitre. Son siège, après sa mort, fut occupé par un autre d'Estaing nommé Louis, frère du premier, qui gouverna son diocèse avec beaucoup de sagesse. Gilbert de Veyni d'Arbouse, qui lui succéda, fit aussi paraître beaucoup de prudence dans sa manière de gouverner. Le roi nomma, après sa mort, François Bochard de Saron, qui, par la solidité de son esprit, par sa douceur et sa prudence, trouva l'art de se faire aimer de son chapitre et de tous les peuples de son diocèse. Il eut pour successeur Jean-Baptiste Massillon, prêtre de l'Oratoire, qui s'était fait admirer, dans Paris et à la Cour, depuis plus de trente ans, par la beauté et la force de son éloquence.]

[On finira cet ouvrage par un seul livre qui comprendra une histoire suivie jusqu'à ces derniers temps de tous les grands événements auxquels ont eu part les Auvergnats, sous leurs rois, sous la république romaine, sous les empereurs, sous les rois visigoths et sous les rois de France de la première, de la seconde et de la troisième race.]

[Une histoire qui commence quelques siècles avant Jésus-Christ, qui présentera au lecteur tout ce qui s'est passé d'important soit pour la religion, soit pour la politique, qui donnera une connaissance exacte de toutes les villes et des lieux de quelque conséquence, des évêchés, des abbayes, des monastères, des grandes maisons et des hommes illustres qui ont paru avec éclat soit dans l'Église, soit dans la guerre et dans la robe, est une entreprise qui n'est pas médiocre. Il a fallu consulter un grand nombre d'écrivains anciens et modernes, tant imprimés que manuscrits, fouiller dans plusieurs archives pour découvrir ce qui pourrait servir à former cet ouvrage, pour lequel nous a été d'un grand secours les *Mémoires* que nous a laissés l'auteur de l'*Origine des François*, surtout pour l'histoire politique de la province ; car, pour l'histoire de l'Église, l'auteur ne la doit qu'à la peine qu'il s'est donnée de fouiller dans plusieurs archives, surtout dans celles de l'évêché et de la cathédrale de Clermont, où il a travaillé dix ans avec plaisir, dans la vue de donner des marques de son amour pour sa patrie, pour son église, et de son attachement respectueux pour le prélat qui la gouverne avec tant de zèle et de sagesse.]

[Mais, outre ce que nous avons dit, ce qui n'a pas été moins difficile à l'auteur est l'arrangement des divers matériaux que l'on avait recueillis avec bien de la peine ; c'est de les mettre dans un ordre qui ne pût pas dégoûter les lecteurs, qui soulageât leur esprit et partageât moins leur attention.]

[On peut juger, par le plan que nous venons de donner de cet ouvrage, combien de recherches il a fallu faire pour le mettre en état de paraître. Quoique l'on se soit étendu sur l'histoire des abbayes, des églises, des maisons illustres, et sur la vie des grands hommes, comme on pourrait n'avoir pas été instruit de bien des particularités curieuses et capables d'éclaircir des faits intéressants, et qu'il se peut faire même qu'on ait oublié des personnes considérables parmi les abbés, les abbesses et les hommes distingués, on prie les communautés et les particuliers de procurer à l'auteur les mémoires qu'ils peuvent avoir, pour servir à perfectionner son ouvrage. S'ils ne le font pas, qu'ils ne se plaignent point s'ils ne trouvent pas le nom et les belles actions de quelqu'un de leurs ancêtres et quelques autres personnes auxquelles ils prennent intérêt. Car, quoique l'auteur ait une grande attention à rendre justice à tout le monde, il ne peut pas tout savoir. Il est difficile qu'il ne lui soit échappé bien des choses qui devraient entrer dans son histoire, s'il n'est aidé dans les recherches qu'il fait (1).]

(1) Les dernières pages du *Projet* imprimé sont remplies par une assez longue liste des familles importantes de l'Auvergne à l'époque romaine et sous les premiers rois de France. Nous avons cru inutile de la reproduire ici, parce que l'auteur revient sur ces familles dans la suite de son ouvrage.

HISTOIRE D'AUVERGNE

LIVRE PREMIER

I

Description de l'Auvergne

Le nom des peuples d'Auvergne est le même que celui que nous trouvons dans les anciens auteurs. Ils nous les ont fait connaître sous le nom d'*Arverni*. Les Grecs l'écrivent de même Αρουερνοι. C'est ainsi que nous le voyons écrit dans Strabon et dans Ptolémée ; Plutarque et Étienne de Byzance y font quelque changement. Du mot *Arverni* on a formé les noms du pays d'Auvergne, *Arvernia* et *Alvernia*. Le premier est l'ancien et le second n'a commencé que dans les siècles du Bas-Empire. Le nom français d'Auvergne ne diffère des autres que par la terminaison qui n'est qu'un adoucissement de la langue française, par la suppression de la lettre R. On doit attribuer ce changement aux siècles dans lesquels on disait Alvergne pour Auvergne, et ceux qui se piquaient de parler latin rendaient ce mot par celui d'*Alvernia*. De sorte que l'*Al* des Latins s'étant depuis changé en *Au* parmi les Français, d'Alvergne on a fait Auvergne. Par la même raison que d'*allare* on a fait autel, d'*altus* haut, d'*alba* aube, de *Gallia* Gaule, d'*alter* autre, de *saltus* saut, et d'une infinité d'autres qu'il est aisé d'observer dans les auteurs.

Si nous en croyons Winebrand (1) dans la vie de saint Alyre et l'auteur anonyme de celle de saint Austremoine, nous tirerons l'origine du mot *Arvernia*, Auvergne, de deux mots latins, *arva verna,* campagnes qui jouissent d'un printemps continuel, parce que la Limagne qui est une des contrées de la basse Auvergne, est un des plus beaux pays du monde. Ces deux auteurs se sont sans doute trompés, puisque le nom d'Auvergne était connu plusieurs siècles avant qu'on eût aucune connaissance de la langue latine dans ce pays. On doit plutôt chercher le nom d'Auvergne dans celui de quelqu'un de ses anciens rois, selon l'usage des anciens fondateurs des nations, que Joseph, Philon et Isidore remarquent avoir imposé leurs noms aux provinces qu'ils ont conquises ou habitées.

L'Auvergne est située sous la zone tempérée septentrionale, entre le 44° degré, 40 minutes et le 46° degré, 20 minutes de latitude, et entre le 19° degré, 25 minutes et le 21° degré, 20 minutes de longitude (2). Sa situation, à l'égard de la terre, est dans cette partie de la France qui a été connue anciennement sous le nom de Gaule celtique, ou proprement Gaule, puis sous celui de première Aquitaine. L'Auvergne est aujourd'hui un des trente-sept gouvernements militaires ou une des trente-sept provinces de France, qui se trouve dans la partie méridionale de ce royaume. Lors des états généraux tenus à Paris en 1614, on divisa la France en douze grands gouvernements. L'Auvergne fut comprise dans celui du Lyonnais. Elle a pour bornes, au septentrion le Bourbonnais, à l'orient le Forez et une partie du Velay, au midi une partie aussi du

---

(1) Voyez Bibliothèque de Clermont, manuscrit n° 712, folio 49, une dissertation sur Winebrand, religieux de l'abbaye de Saint-Alyre et auteur de la vie de saint Alyre.

(2) Il s'agit ici du méridien de l'île de Fer, qui est à 20 degrés plus à l'ouest que celui de Paris.

Velay, le Gévaudan et le Rouergue, et au couchant le Quercy, le Limousin et la Marche. On lui donne près de quarante lieues du nord au sud, depuis Saint-Pourçain jusqu'au delà de Chaudesaigues, et trente d'occident en orient, depuis le bord de la Dordogne jusqu'à Saint-Anthême, au delà d'Ambert.

On divise l'Auvergne en haute et basse Auvergne. On se tromperait si l'on croyait, par cette division, que l'on ne trouve que des montagnes dans la haute et de vastes plaines dans la basse, comme le prétendent plusieurs célèbres auteurs qui n'ont eu qu'une connaissance fort imparfaite de cette province, puisque les plus hautes montagnes sont dans la basse, comme le Mont-Dore et le Puy-de-Dôme, qui forment une chaîne de montagnes qui traversent une partie de la basse Auvergne. On peut juger par là que la division de cette province n'est point naturelle.

Cette division n'est purement que politique, formée sur le ressort qu'avaient les deux anciens bailliages de la haute et de la basse Auvergne, avant que le roi Jean eût attribué leur juridiction au bailliage de Saint-Pierre-le-Moûtier, et sur celui qu'avaient les deux élections de Clermont et de Saint-Flour, avant qu'on eût pris plusieurs de leurs paroisses pour former les élections de Brioude, d'Aurillac, d'Issoire, de Riom et de Gannat, et, enfin, sur les parties qui sont sous la dépendance des deux lieutenants du roi au gouvernement d'Auvergne. Comme ces deux parties ne sont bornées entre elles ni par des rivières, ni par des montagnes qui sont les bornes naturelles des régions, on ne peut pas la diviser plus commodément qu'en tirant une ligne depuis la montagne de la Margeride, par l'extrémité septentrionale des paroisses de Clavière, de Saint-Eustache (1), d'Allanche, de Landeyrat, de Saint-Bonnet, de Sainte-Mandine (2), le long de la rivière de Rue, jusqu'au pont de Bort, sur la rivière de Dordogne. Le milieu de cette province, qui a dans sa lon-

---

(1) Sainte-Anastasie.
(2) Saint-Amandin.

gueur près de trente lieues, depuis Saint-Pourçain jusqu'à Langeac, est un des plus délicieux pays de l'Europe. Il est fermé par une ceinture de montagnes qui s'étendent à l'orient depuis Cusset jusqu'à Saint-Paulien, et, du côté du midi, depuis cette ville jusqu'à Maurs, d'où elles continuent par l'occident jusqu'à Château-sur-Cher. De ces montagnes où s'engraissent ces troupeaux de bœufs et de moutons, qui nourrissent toute la France, descendent ce nombre infini de ruisseaux qui font la beauté de cette partie de l'Auvergne si célèbre en France sous le nom de Limagne.

On trouve dans ces deux parties de l'Auvergne des cantons auxquels on a donné des noms particuliers et qui ont leurs villes principales. Le Lembronois a Saint-Germain-Lembron; le Brivadois, Brioude; le Langhadois, Langeac; le Livradois, Arlanc; et la Limagne. Ils sont dans la basse Auvergne. On peut ajouter à ces cantons celui des montagnes où se trouvent le Mont-Dore et le Puy-de-Dôme. Dans la haute est l'Auriliacois, dont la ville principale est Aurillac; le Carladais, qui prend son nom de l'ancien château de Carlat; le Cantal; et, entre les petites rivières de Cère et de la Rue, le canton de Mauriac où est la ville du même nom.

La capitale de toute la province est Clermont, connue du temps des anciens Romains sous le nom de *Nemetum,* de *Nemossus* et d'*Augustonemetum.* Dans la suite, on lui donna le nom des peuples dont elle était le chef, on l'appela *Arverni* ou *Civitas Arvernorum;* et enfin, son dernier nom a été Clermont, depuis qu'elle fut rebâtie, après qu'elle eut été entièrement ruinée par Pépin le Bref. Elle est située dans la Limagne. On trouve encore dans la basse Auvergne, Riom, capitale du duché d'Auvergne; Montferrand, qui n'est qu'à un quart de lieue de Clermont; Aigueperse, chef du duché de Montpensier; Saint-Pourçain, à l'extrémité de la province du Bourbonnais; Ébreuil et Cusset; Maringues, non loin de la rivière d'Allier, chef de la baronnie de Montgascon; Thiers, peu éloignée du Forez, célèbre par son commerce; Lezoux et Billom, qui sont dans un pays abondant, à quatre lieues de

Clermont ; Courpière, Arlanc et Ambert qui fournit les meilleurs papiers de l'Europe, toutes les trois sur la rivière de Dore ; Vic-le-Comte, chef aujourd'hui du comté d'Auvergne ; Vodable, chef du dauphiné d'Auvergne ; Issoire, sur la rivière de la Couze ; Brioude, fameuse par son église de Saint-Julien et par ses comtes (1) ; Langeac, sur la rivière d'Allier ; Vieille-Brioude, sur la même rivière, célèbre par son pont, qui est un ouvrage des Romains (2) ; La Chaise-Dieu, connue par son abbaye, chef d'ordre ; Sauxillanges, par son prieuré de la fondation de Guillaume le Pieux, et Ardes, chef du duché de Mercœur, de qui dépendait la ville de Blesle. On trouve dans la haute Auvergne, Saint-Flour, évêché, qui en est la capitale, elle est sur la rivière de Lande (3) ; Aurillac, sur la petite rivière de Jordane, qui a un présidial célèbre ; Maurs, sur la rivière d'Iboly (4), sur les confins du Quercy ; Vic, chef du Carladois ; Chaudesaigues, fameuse par ses eaux chaudes ; Murat, chef d'une vicomté ; Mauriac, qui a une prévôté et une élection ; Salers, au milieu des montagnes ; Allanche, qui était autrefois une des dépendances du duché de Mercœur, et Monsalvy, où est un monastère régulier, dont le prévôt est comme chef d'ordre. On place aussi, dans la basse Auvergne, le petit pays de Combraille, qui a titre de baronnie, qui peut avoir huit lieues dans sa longueur et quatre dans sa largeur,

---

(1) Les chanoines-comtes de Brioude.

(2) Le pont romain, qui avait plusieurs arches, comme on peut le voir dans une des planches de la *De artificiali perspectiva* de Jean Pèlerin, n'existait plus à l'époque où écrivait Audigier. Il se trouvait en aval de celui, à une seule arche, bâti en 1454 aux frais de la comtesse des Dombes, femme de Charles Ier, duc de Bourbon et d'Auvergne, et qui figure au tome IV, 2e partie, p. 188, de l'*Antiquité expliquée* de Dom B. de Montfaucon. Ce pont s'est écroulé en 1823 et il a été aussitôt reconstruit à la même place.

(3) Le Lander.

(4) La principale rivière qui arrose la plaine de Maurs est la Rance. Peut-être s'est-elle appelée autrefois l'Iboly ? Elle est, en effet, indiquée sous ce nom, dans la carte : Auvergne, du *Theatrum mundi* de Blaeu (1660) et dans celle des *Provinces et gouvernemens du Lionnois, Forez et Beaujolois, de la haute et basse Auvergne et du Bourbonnois*, par H. de Fer (1712).

dont les villes les plus remarquables sont Evahon ou Evaux, Chambon, Auzance, Lespau et Sermur.

L'Auvergne était autrefois d'une bien plus grande étendue, puisqu'elle renfermait une partie du Velay et une partie du Bourbonnais. La première du côté du midi et la seconde du côté du nord. On trouve souvent, dans les anciens auteurs, Le Puy et Moulins en Auvergne.

Outre le duché, le comté et le dauphiné d'Auvergne, on y comptait trois duchés : Montpensier, Mercœur et Randan, tous dans la basse Auvergne, avant que celui de Randan fût éteint. On y trouve plusieurs marquisats : Allègre, Effiat, Langeac et Combronde dans la basse Auvergne ; plusieurs comtés : Carlat, Aubijoux ; le vicomté de Murat ; les baronnies de Montboissier, d'Apchon, de Pierrefort, et celle de La Tour, célèbre par le nom qu'elle a donné à l'ancienne maison de La Tour d'Auvergne.

L'Auvergne peut encore se diviser en deux diocèses qui sont ceux de Clermont et de Saint-Flour. Cette division n'a commencé qu'en 1317, que le pape Jean XII tira diverses paroisses du diocèse de Clermont pour composer celui de Saint-Flour.

Le diocèse de Clermont comprend plus de sept cent soixante paroisses, sous quinze archiprêtres, qui sont ceux de Clermont, de la Limagne, de Souvigny, de Cusset, de Billom, du Livradois, de Sauxillanges, d'Issoire, de Merdogne, d'Ardes, de Mauriac, de Rochefort, d'Herment, de Menat et de Blot. L'étendue de ce diocèse se prend depuis au-dessus de Souvigny, dans le Bourbonnais, en tirant vers l'orient, le long du Forez, jusqu'à Bonneval, et depuis ce lieu-là, en allant vers le sud-est, sur une ligne qui passerait à La Chaise-Dieu, à Saint-Germain-Lembron, à Allanche, à Feniers, à Brassac, à Pleaux et à Reliac (1) près de la Dordogne, et, en remontant vers le nord, on tirerait une ligne qui conduirait jusqu'au delà de Souvigny, sur laquelle on trouverait le faubourg de

---

(1) Reilhac.

Bort, Château-sur-Cher, Montaigut, Souvigny, La Prade et Neuvy, qui sont du Bourbonnais. Le diocèse de Saint-Flour comprend près de trois cents paroisses, sous cinq archiprêtres, qui sont ceux de Saint-Flour, d'Aurillac, de Langeac, de Blesle et de Brioude. Sa longueur est depuis l'abbaye de Saint-Pierre des Chases, jusqu'au delà de la ville de Maurs, et sa largeur depuis Blesle jusqu'à La Roche-Canillac.

On ne sait pas si les anciens faisaient quelque division de l'Auvergne. Ce que nous savons avec certitude, c'est qu'elle a fait toujours partie de la Gaule. Elle en était la plus illustre, du temps que les rois d'Auvergne étendaient leur domination depuis le Rhin jusqu'à la Méditerranée et jusqu'à l'Océan. Jules César, qui divise la Gaule en Belgique, en Celtique et Aquitanique, place l'Auvergne dans la seconde, qui était entre la Marne, la Seine, le Rhône, la Garonne, le Rhin et l'Océan. Auguste divisa la Gaule d'une autre manière. Il fit plusieurs provinces de ces trois grandes parties. Il partagea l'Aquitaine en trois, auxquelles il donna les noms de première, de seconde et troisième Aquitaine. Il comprit l'Auvergne dans la première Aquitaine avec le Berry, le Limousin, le Quercy, le Rouergue, le Gévaudan et le Velay. Clermont, sous le nom de *Nemetum* ou de *Nemossus*, et ensuite d'*Augustonemetum*, fut la capitale de l'Auvergne jusqu'à la prise de Bituitus, dernier roi des Auvergnats. Les Romains la ruinèrent après avoir envoyé à Rome ce puissant et malheureux roi. Alors Gergovia devint la première ville de la province. Celle-ci ayant été détruite selon quelques-uns par Jules César, Clermont, sous le nom d'*Augustonemetum*, reprit son rang de capitale et devint le chef des peuples de l'Auvergne dont elle prit le nom, ayant été appelée *Arverni* ou *Arvernorum civitas*.

L'empereur Constantin ayant partagé l'empire d'Occident en six diocèses, sous deux préfets du prétoire, l'Auvergne fut dans le diocèse des Gaules, qui comprenait dix-sept provinces. L'Auvergne était comprise dans la première Aquitaine, qui était une des dix-sept provinces soumises à un président. Ces dix-sept provinces dépendaient d'un vicaire des Gaules, qui dépendait lui-même du préfet du prétoire des Gaules, qui gouvernait, sous les empereurs, les Gaules, l'Espagne et les Iles Britanniques.

Cette province étant presque tout environnée d'une chaîne de montagnes, il n'est point surprenant si elle est arrosée par un grand nombre de rivières et par une infinité de ruisseaux qui, tombant de ces montagnes, donnent une fertilité à la terre que l'on ne voit presque nulle part.

L'Allier (1) est la plus grande rivière d'Auvergne; il la coupe en long pendant trente lieues au moins, depuis les Chases jusqu'au delà de Saint-Pourçain. Il est bordé, presque dans tout son cours, par des collines couvertes par un agréable vignoble. Sa source est dans la montagne de Lozère, la plus haute du Gévaudan. Etant entré dans l'Auvergne, il passe à l'abbaye des Chases, à Langeac, à La Voûte-Chilhac, à Vieille-Brioude, à Nonette, à Coudes, à Mirefleurs, à Cournon, à Dallet, à Pont-du-Château, à Beauregard, au port de Maringues, nommé Viale, et après avoir traversé une partie du Bourbonnais, il se jette dans la Loire au bec d'Allier, au-dessous de Nevers. Il reçoit dans son cours un grand nombre de rivières qui portent la fécondité à autant de vallons : Alagnon, qui arrose le vallon de Murat et de Mardogne; les trois petites rivières du nom de la Couze : la première qui coule dans le vallon d'Issoire, la seconde dans celui de Saint-Germain-Lembron et la troisième dans celui de Neschers; la Monne, qui fait la beauté du délicieux vallon de Tallende et des Martres; Tiretaine et Bedat, qui arrosent de vastes prairies qui sont entre Montferrand et Riom. L'Allier reçoit encore la Senoire (2), qui passe à La Chaise-Dieu; la Morge, qui est d'une grande utilité à Maringues; la Dore et la Sioule.

Alagnon sort d'un petit lac du même nom qui est sur le Can-

---

(1) L'hydrographie de l'Auvergne a été traitée avec plus d'exactitude et de détails dans *L'eau sur le plateau central de la France*, par H. Lecoq. (Paris, J.-B. Baillère et fils, 1871; in-8°.)

(2) Senouire.

tal et prend son cours dans un vallon bordé d'arbres, passe à Murat, au Pont-du-Vernet, à Massiac, à Lempdes, à Charbonnier, au-dessous duquel ses eaux vont se mêler avec celles d'Allier.

La Senoire, *Sinus aureus,* prend sa source près de La Chaise-Dieu, passe à Paulhaguet, à Lavaudieu, et se jette dans l'Allier au-dessous de Vieille-Brioude.

Nous avons déjà dit qu'il y a trois petites rivières dans la Limagne connues sous le nom de Couze qui, en langue celtique, signifie ruisseau. La première est celle qui coule le long du vallon de Sansac ou Saint-Germain-Lembron. Elle prend sa source dans les montagnes qui sont au-dessus de la ville d'Ardes, et, après avoir baigné ses murs et ceux de Madriat, de Saint-Germain-Lembron et du Breuil, elle va se perdre dans l'Allier.

La seconde sort du lac de Pavin, au-dessus de Besse, passe près de cette ville, arrose le vallon d'Issoire où sont Saint-Floret, Saint-Vincent, Saint-Cirgues, Meilhaud et le château de Montplaisir, et après avoir baigné les murailles d'Issoire, porte ses eaux dans Allier, non loin du château de Parentignat.

La troisième sort du lac de Chambon, et, après avoir passé à Murols, à Champeix, à Neschers, à Beauvezeix et à Coudes, se rend dans Allier.

La Monne-Limane, qui prend son nom d'un village du même nom (1) auprès duquel est sa source, après avoir passé non loin d'Aydat, maison de campagne de Sidoine Apollinaire, à Saint-Saturnin, à Saint-Amant, s'épand dans le délicieux vallon de Tallende, arrose les belles prairies et les agréables vergers des Martres, après quoi elle se perd dans Allier, vis-à-vis de Mirefleurs.

La petite rivière de Scatéon, qui vient de Fontanas, non loin

---

(1) La Monne ou La Mône prend sa source entre les puys de Baladou et de la Croix, dans un lieu où il n'y a point de village. Le hameau de Monne, commune du Vernet-Sainte-Marguerite, voisin de ce cours d'eau, est à 8 kilomètres du point d'origine.

du Puy-de-Dôme, se partage en deux bras inégaux au-dessus de Chamalières, dont l'un a le nom de Tiretaine et l'autre celui d'Artières. Celui-ci, après avoir coulé le long des murs de Clermont du côté du midi, après avoir reçu les eaux du ruisseau d'Aubière et celles qui formaient l'ancien lac de Sarliève, se jette dans Allier au-dessous des Martres-d'Artières. L'autre, après avoir baigné les murs de Clermont du côté du nord et ceux de Montferrand, arrose de vastes prairies, se joint à la petite rivière de Bedat qui prend sa source à Saint-Vincent (1) et donne un agrément infini au vallon de Blanzat et de Cebazat. Après avoir mêlé ses eaux avec celles de Tiretaine et de la Prade qui arrosent le charmant vallon de Marsat, les porte dans la rivière de Morge, à Entraigues.

La Morge est une petite rivière qui forme un port à Maringues et qui prend sa source près d'un lieu qu'on appelle Blancheys (2). Elle passe à Saint-Myon, fameux par ses eaux minérales, aux Martres-de-Morge, à Maringues. A un grand quart de lieu de cette ville, elle se jette dans l'Allier.

La Dore commence au-dessus de Saint-Victor (3), descend dans le Livradois sous Arlanc, passe à Ambert, à Olliergues, et arrose le vallon de Courpière qui s'étend jusqu'à Puy-Guillaume, où elle se rend dans l'Allier après avoir reçu les petites rivières de Dolore au-dessus d'Arlanc, et de la Durolle qui baigne les murs de Thiers.

La Sioule, *Sicanda*, sort non loin du village de Vernines, roule ses eaux dans des endroits pleins de rochers, passe à Pontgibaud, au Port-Sainte-Marie, qui est une Chartreuse, à Menat, à Ébreuil, deux célèbres abbayes, et, après avoir coulé le long des murs de Saint-Pourçain, se rend dans Allier.

(1) La source la plus élevée du Bedat est au village de Sayat; elle ne reçoit que plus bas les eaux de source de Saint-Vincent; une autre origine de ce cours d'eau est la fontaine ou source de Nohanent qui s'échappe sous trois petites arcades romanes.
(2) Blancheix.
(3) Saint-Victor-sur-Arlanc, canton de La Chaise-Dieu (Haute-Loire).

Le nom latin de la rivière d'Allier, qui reçoit toutes celles dont nous venons de parler, est *Elaver ;* c'est ainsi que l'appelle Jules César ; Sidoine Apollinaire lui donne le nom d'*Elavis,* Grégoire de Tours celui d'*Elacris ;* l'auteur anonyme de la vie de saint Alyre la nomme *Aleris,* et celui de la vie des évêques d'Auxerre l'appelle *Aligeri.* Il retient son premier nom parmi les latins. Les autres noms ne sont qu'une suite des dialectes introduits de temps en temps parmi les peuples à mesure que la langue latine se corrompait. C'est pourquoi Grégoire de Tours, après avoir donné à cette rivière son ancien nom, ajoute que c'est le même que l'on nomma de son temps *Elacris.*

La Dordogne est une des grandes rivières de France. Elle prend son origine dans le haut du vallon des Bains du Mont-Dore. Elle ne doit son nom qu'à l'ancien nom latin *Durania* ou *Duranius ;* c'est ainsi que l'appellent Ausone et Sidoine Apollinaire. Les autres auteurs font quelque changement dans son nom. Grégoire de Tours la nomme *Dordonia,* Isidore de Séville *Dornonia,* Eginhard *Darnonia,* et les autres auteurs plus récents *Durdonia,* fondés sur la croyance où ils étaient qu'elle était formée de deux petits ruisseaux qui se joignaient ensemble, dont l'un était appelé Dore et l'autre Dogne, qui ont donné le nom qu'elle porte. Cette opinion, toute fausse qu'elle est, a quelque ancienneté, puisqu'elle avait déjà cours du temps d'Aimoin, qui l'assure ainsi que les Grandes Chroniques (1). Si la chose était ainsi, ce ne serait pas sans exemple. On sait que la Tamise, qui passe à Londres, ne prend son nom que de deux petites rivières, l'Isle et le Tam, qui se joignent au-dessous d'Oxford.

---

(1) Erreur d'Audigier. La Doré et la Dogne existent parfaitement et forment, en réunissant leurs eaux et leurs noms, la Dordogne. La Dore prend sa source dans une dépression marécageuse au pied du pic Sancy, point culminant du Mont-Dore, et, à peine formée, se précipite en une cascade assez élevée ; la Dogne naît sur les flancs du puy de Cacadogne. Ces deux cours d'eau, dont les points d'origine sont peu distants l'un de l'autre, opèrent leur jonction aussitôt qu'ils atteignent le fond du cirque supérieur de la vallée des Bains du Mont-Dore.

Cette rivière descend le long du vallon des Bains, passe à Bort, coule dans le Périgord et la Guyenne, et se joint à la Garonne au Bec-d'Ambez, où est le confluent de ces deux rivières qui coulent leurs eaux, sous le nom de Gironde, jusque dans l'Océan, près de la tour de Cordouan. Elle reçoit dans son cours la Rue, la Cère et la Sele (1), qui sont des rivières d'Auvergne.

La Rue vient du col de Cabre et mêle ses eaux avec celles de la Dordogne, au-dessous de Bort.

La Cère prend sa source dans le Lioran et va se perdre dans la Dordogne, à l'extrémité du Quercy, après avoir passé à Vic en Carladais et à La Roquebrou, et reçu la petite rivière de Jordane qui rend le séjour d'Aurillac si agréable.

La Sele, qui commence un peu au-dessus de Calvinet, arrose la prévôté de Maurs, traverse une partie du Quercy, et puis se rend dans la Dordogne après avoir baigné les murs de Figeac.

La Truyère, que Sidoine Apollinaire appelle *Triober,* prend sa source dans le Gévaudan, reçoit la Lande (2) qui passe à Saint-Flour et se rend dans le Lot à Entraigues.

Le Lignon, en latin *Ligno* ou *Linio,* commence vers les confins de l'Auvergne, au-dessus de Noiretable, descend dans le Forez, et se rend dans la Loire, non loin de Feurs. Ses bords, embellis d'aulnes, contribuèrent aux tendres imaginations d'Honoré d'Urfé qui, dans son *Astrée,* a rendu cette rivière aussi fameuse que les anciens poètes leur Alphée, leur Pénée et leur Erymanthe.

Le Cher, que les latins nomment *Carus* ou *Caris,* prend sa source près du village de Chez-Redon (3), traverse la Combraille, le Bourbonnais, le Berry, la Sologne et la Touraine, et se perd dans la Loire, vis-à-vis de Langers (4).

(1) Le Celé. *Sele* est l'orthographe des deux cartes citées plus haut.
(2) Le Lander.
(3) Dép. de la Creuse. Entre Chard et Mérinchal.
(4) Langeais. C'est l'Indre qui se jette dans la Loire, en face Langeais. Le confluent du Cher est un peu en aval de Tours, vis-à-vis de Saint-Mars-la-Pile.

L'Auvergne est célèbre par le nombre de ses lacs et étangs, dont quelques-uns ont quelque chose d'extraordinaire. Le plus connu est celui de Pavin, qui est au pied du Mont-Dore, à une demi-lieue de Besse. Son eau est affreuse à voir par sa profondeur qu'il est difficile de trouver (1). Il est environné de rochers qui forment autour comme une muraille fort élevée qui lui donne la figure d'un ovale (2). A un des bouts s'offre une ouverture qui donne une issue à l'eau qui fait dans son cours la rivière de la Couze, qui va arroser le beau vallon d'Issoire et par laquelle on peut se glisser sur le bord de l'eau. Si on veut se donner la peine de tirer quelques coups de fusil, on entend, par le moyen des échos, le même bruit que fait le tonnerre quand il éclate à diverses reprises. C'est ce qui a donné lieu au peuple de croire qui si l'on jette dans ce lac une pierre, dans un temps calme et serein, l'agitation de l'eau causée par le mouvement de la pierre, fait élever une vapeur, d'où se forment ensuite la pluie et les orages suivis d'éclairs, de grêle et de tonnerre. Quoique la plupart de nos géographes aient publié cette merveille et le père Kircher aussi, sur la foi de quelques auteurs, il est pourtant assuré qu'il n'en est rien. A un petit quart de lieue de ce lac on trouve un grand puits qui a la forme ronde, que l'on nomme dans le voisinage le creux de Soucy. On prétend que l'eau se communique avec celle du lac, et on ne doute point de cette communication sur ce qu'on assure qu'un chien étant tombé dedans, on le vit, le lendemain, qui était sur la surface de l'eau du lac. Dans la crainte de quelque accident, on a bouché l'ouverture avec quelques grosses pierres (3).

Le lac d'Aydat, à trois lieues de Clermont du côté du

---

(1) Maximum de la profondeur, 74 mètres.
(2) La forme est plutôt circulaire qu'ovale.
(3) Le creux de Soucy a été débarrassé, il y a quelques années, des blocs qui en obstruaient l'ouverture. On y est descendu en 1892. Sa profondeur totale est de 30 mètres 50 centimètres. L'amas d'eau qui occupe une partie du fond paraît se décharger à l'opposite du lac Pavin. Voyez *Revue d'Auvergne*, 1892, page 390, article de MM. Paul Gautier et Bruyant.

sud-ouest, est celui dont nous avons une si agréable description dans une lettre de Sidoine Apollinaire, sur le bord duquel était la maison de campagne de ce grand évêque. Il la tenait de l'empereur Avitus, père de sa femme Papianille. L'eau du lac, selon la description que nous a laissée Sidoine Apollinaire, prenait son cours du côté du levant. Il contenait dix-sept stades en longueur. Une rivière s'y rendait dont le cours, étant interrompu par divers rochers, faisait blanchir les eaux d'une écume épaisse, et, après quelques chutes réitérées dans un petit intervalle, ses eaux se cachaient parmi des écueils et des précipices. L'on ne distinguait pas si elle le traversait ou si elle le formait *(sic)*, mais il paraissait qu'elle ne sortait pas des conduits souterrains (1) et que le lac ne diminuait point et était toujours égal en hauteur. Il n'était pas quelquefois si abondant en poissons, parce qu'étant poussés dans un gouffre plus tranquille, où l'eau ne faisait que tournoyer, ils y étaient comme dans une prison, qui les environnait et qui leur faisait perdre leur couleur rouge et vermeille et rendait leur chair molle et blanchâtre (2). Le lac était, de plus, coupé et inégal et rempli de bocages à la droite, étendu égal et rempli de pâturages à la gauche, et dans le milieu on voyait s'élever une presqu'île (3). On remarque presque toutes les mêmes choses dont fait mention Sidoine Apollinaire dans le lac d'Aydat, au bord duquel était bâtie la magnifique maison dont il nous a laissé une si

---

(1) Sidoine dit au contraire qu'il se déchargeait par des canaux souterrains, *per colla subterranea*, ce qui est exact et l'est encore actuellement, l'eau s'échappant par des fissures de la coulée de lave à laquelle est due la formation du lac, en barrant le vallon et retenant les eaux. Voyez les *Lettres de Sidoine Apollinaire*, livre II, lettre 2ᵉ.

(2) Sidoine ne dit point cela, mais bien que la blancheur de leur ventre fait ressortir la rougeur de leur chair, et qu'ils se développent rapidement dans les eaux tranquilles du lac où ils sont emprisonnés par l'étroitesse des conduits souterrains.

(3) Une île et non une presqu'île. Voyez, au sujet de lac d'Aydat : *Avitacum*, *Essai sur l'emplacement de la villa de Sidoine Apollinaire*, par l'abbé Régis Crégut ; 3ᵉ fascicule des *Mémoires de l'Académie de Clermont* (2ᵉ série).

belle description. Les gens du pays montrent encore aujourd'hui l'endroit où elle était placée.

Le lac de Chambon, d'où sort la rivière la Couze, qui passe à Neschers, est fort grand et a beaucoup de rapport avec celui d'Aydat ; ce qui a donné lieu au père Sirmond de placer à cet endroit l'Avitacus de la maison Avitienne ; mais ce savant jésuite, à qui Aydat n'était point connu, s'est éloigné dans cette occasion de la vérité.

On trouve le lac de Cragus (1) près de La Vassin, célèbre abbaye, celui de la Moussinière près de Compains, et celui de Lacassou, de figure ronde, sur une montagne (2). L'eau s'y trouve toujours au même état. On n'aperçoit ni ruisseau ni fontaine qui se déchargent dedans.

Le lac de Tagenac (3), près de la source de la rivière de Morge, a quelque chose d'affreux ; le peuple lui donne le nom de gour. C'est ainsi qu'on appelle en Auvergne un rutoir où l'on fait rouir le chanvre (4). On croit, sur quelque fausse tradition, qu'il y a dedans une ville submergée.

Le lac de Sarliève, qui ne subsiste plus, était au-dessous de la montagne de Gergovia et avait une grande étendue. Il était formé par un grand nombre de sources abondantes que l'on y voit. On a trouvé l'art d'en faire écouler les eaux qui en sortent par de grandes tranchées ou fossés, dont les bords sont fort élevés, qui les conduisent jusqu'à la rivière d'Allier. Il y a quelques auteurs qui ont cru, sans beaucoup de fondement, que le hasard avait formé ce lac, lorsque Jules César assiégea pour la seconde fois Gergovia. Ils se fondent sur ce que rapporte Florus, que ce grand capitaine voulant se

---

(1) De la Crégut.

(2) Probablement Audigier veut parler du lac de la Godivelle, auquel se rapporte exactement sa description. Ce qu'on appelle le Lacassou, actuellement, est un amas d'eau assez profond, mais de faible dimension, peu distant du lac de la Montsineyre ou Moussinière.

(3) Tazanat ou Tazenat.

(4) *Gour* signifie aussi gouffre dans le dialecte local, et c'est probablement dans cette dernière acception qu'on l'entend en l'appliquant au lac de Tazanat.

rendre maître de cette ville importante, fit une tranchée soutenue de palissades dans laquelle il fit passer une rivière. Il ne la nomme point ; mais ils croient que ce ne peut être que celle d'Allier qui en est peu éloignée (1). Ces eaux, ajoutent-ils, avec celles qui naissent à Sarliève, formèrent ce lac, qui n'a disparu qu'en 1629, par l'industrie d'Octavio de Strada, gentilhomme de Bohême, à qui le roi Louis XIII donna le terrain qu'il occupait, qui est aujourd'hui un des cantons de la Limagne des plus fertiles.

Les montagnes d'Auvergne, qui, par leur hauteur, semblent toucher le ciel et qui de loin paraissent affreuses, n'ont rien qui ne soit utile et agréable. Ce ne sont point des rochers secs et stériles. On s'y trouve, en été, comme par une espèce d'enchantement, au milieu des jardins qui ont le plus d'agrément. On y marche sur les anémones, sur les tulipes, sur les martagons, sur les immortelles et sur toutes sortes de fleurs qui parent le plus les parterres. On les voit couvertes de troupeaux de bœufs et de moutons que l'on conduit dans toutes les provinces de France, après qu'ils s'y sont engraissés pendant l'été et le printemps. C'est au-dessus de ces montagnes où s'offre ce prodigieux nombre de simples, d'espèce et de nature différentes, à ces hommes curieux qui viennent d'Allemagne, d'Italie et surtout des autres provinces de France, pour connaître et admirer cette prodigieuse diversité de plantes qui font la beauté et la richesse de ces lieux élevés.

Ces montagnes sont comme attachées à celles des Cévennes et ne font qu'une même chaîne avec celles du Velay, du Vivarais, du Gévaudan, du Rouergue, du Forez, du Limousin et de la Marche. Elles commencent près du Rhône et s'étendent jusqu'à la Garonne et vont finir dans le Berry. Ce qui fait que quelques-uns ont placé les Cévennes en Auvergne. Jules César dit qu'elles séparaient l'Auvergne du Vivarais (2) ; Pto-

---

(1) Le fond du lac de Sarliève est à un niveau plus élevé que le lit de l'Allier ; ce qui infirme complétement cette supposition.

(2) César, *De Bello Gallico*, lib. VII, c. viii, 56.

lémée, que les habitants des Cévennes joignaient les Auvergnats ; Strabon, que les Cévennes traversaient les plaines gauloises, et Ausone, qu'elles pénétraient bien plus dans l'Aquitaine que dans la Narbonnaise. Par tout ce que nous venons de dire, le célèbre Adrien de Valois, dans sa notice des Gaules, ne fait point difficulté d'attribuer le nom de Cévennes à nos montagnes d'Auvergne. Il n'infère pas mal aussi que le mot de Cévennes signifie, parmi les anciens Celtes, un mont en général, de sorte qu'on a pu le donner à nos montagnes et à celles des régions voisines. On voit aussi que celles qui séparent la France de l'Italie ont été nommées généralement Alpes, et celles qui sont entre la France et l'Espagne ont été appelées Pyrénées, quoique plusieurs de leurs parties reçoivent différents noms. Le Cantal est une des plus fameuses montagnes d'Auvergne. Elle semble dominer sur toutes celles du Rouergue, du Vivarais et du Velay qui en sont comme les branches. Sa hauteur, au-dessus de la mer, est de 982 toises.

Le mont Saint-Côme et le Plomb du Cantal sont les parties les plus connues de cette montagne. De l'endroit le plus élevé, on découvre les Pyrénées qui en sont à soixante lieues. Il s'étend depuis Murat jusqu'au delà de Vic. Au pied du Cantal est une maison de la paroisse de Brezons qui, quoique petite, ne laisse pas d'avoir quelque chose de singulier. Le toit a deux pentes pour l'écoulement des eaux qui prennent des routes bien différentes. Celles qui tombent d'un côté vont se rendre dans un petit ruisseau qui se jette dans l'Alagnon qui, entrant dans l'Allier, va mêler ses eaux avec celles de la Loire et celles de l'Océan au-dessous de Nantes, en Bretagne. Celles qui prennent leur cours de l'autre côté sont reçues dans une petite rivière qui, par le moyen de la Truyère, du Lot et de la Garonne, vont se perdre dans le golfe de Gascogne. Les autres montagnes jusqu'à Salers ne doivent être regardées que comme des parties du Cantal, quoique nous les connaissions sous d'autres noms. On trouve, presque sur une même ligne, le Lioran, le puy de Compein (1), le puy de Griou, le col de Cabre (2), le puy Mary, le puy de Perol (3), les Fauges et le puy Violan, non loin de Salers, qui a de hauteur, au-dessus de la mer, 853 toises.

Quoique le Mont Dore soit assez éloigné du Cantal, on peut assurer qu'il ne fait avec lui qu'une même chaîne de montagnes, puisqu'ils ne sont séparés que par d'autres qui leur cèdent en hauteur. On croit communément que le plus précieux des métaux a donné son nom à cette montagne et qu'il signifie *mons aureus,* à cause des mines d'or qu'il renferme, des simples rares qu'on y trouve et des abondants pâturages qui nourrissent une infinité de bêtes propres à l'usage de l'homme. Son nom latin que l'on connaît depuis plus de douze cents ans est *mons Duranus* ou *Duranius* que l'on trouve dans Ausone et dans Sidoine Apollinaire (4). Il est composé de plusieurs montagnes qui forment plusieurs vallons d'une profondeur extraordinaire. On y trouve des loups. Diverses rivières y prennent leur source. Les eaux minérales n'y manquent point. Toute l'Europe connaît les bains du Mont-Dore. C'est la montagne la plus haute de l'Auvergne ; elle est élevée, au-dessus de la mer, de 1030 toises (5). Le Puy de Dôme, à deux lieues de Clermont, n'égale point en hauteur le Mont Dore ni le Cantal ; il ne laisse pas d'être une des montagnes de France les plus hautes. Il a 853 toises au-dessus de la mer (6). Il ressemble à un pain de sucre. La circonfé-

---

(1) Le *pas* de Compains, et non le *puy*, est une gorge étroite où coule la Cère ; ce n'est point une montagne.

(2) Le col de Cabre n'est pas une montagne, mais bien un passage entre le puy de Bataillouze et celui de Peyrarche ou Pierre-Arse.

(3) Certains noms de montagnes, de rivières et de forêts, employés par Audigier, et qui paraissent avoir été peu usités, se retrouvent sur les cartes d'Auvergne de Blaeü et de de Fer.

(4) Les noms de Duranus et Duranius, dans Ausone et Sidoine Apollinaire, s'appliquent à la rivière de la Dordogne et non à une montagne. Il n'est nullement question du Mont-Dore chez ces deux auteurs.

(5) Le pic Sancy, point culminant du Mont-Dore, est haut de 1886 mètres.

(6) La hauteur réelle du Puy de Dôme est de 1463 mètres.

rence depuis le pied va toujours en diminuant jusqu'au sommet. On voyait sur un de ses côtés une petite chapelle, dédiée à saint Barnabé, qui est entièrement ruinée depuis fort peu de temps (1). On croit que quelques moines faisaient autrefois leur demeure sur le plus haut de la montagne. On y trouve les restes d'un assez grand bâtiment (2). La vue que l'on y découvre est une des plus belles qui soient en France. Elle s'étend du côté de l'orient sur toute la Limagne, du côté du nord jusqu'au delà de Nevers, et du côté de l'occident jusque bien avant dans le Limousin.

Les autres grandes montagnes que l'on trouve en Auvergne sont celles du Luguet, entre Ardes et Allanche; de la Fageole, entre Massiac et Saint-Flour; de la Mouche, près de Neyrebrousse; de la Chaise-Dieu; de la Margeride, entre Saint-Flour et Langeac.

L'Auvergne a des forêts d'une assez grande étendue où se nourrissent un grand nombre de bêtes fauves. Celles de pins qui remplissent les cantons d'Ambert, d'Allègre et de la Chaise-Dieu donnent de la poix, du goudron et de la térébinthe (3). C'est aussi où l'on prend ces grands arbres qui servent à faire les mâts des vaisseaux du roi. Les autres qui sont les plus connues sont celles du comté d'Auvergne, près de Vic-le-Comte, de Lezoux, de Borne, de Védrines-Saint-Loup, de Serres, de Conros, de Pignères, de Cros (4), du Falgoux, de La Nobre, près de Bort, d'où le roi prétend tirer les mâts pour ses vaisseaux que l'on conduira à Rochefort par la Dordogne que l'on a rendu navigable depuis peu. On trouve

---

(1) Cette chapelle était placée au point culminant et non sur un des côtés de la montagne.

(2) Ces restes d'un assez grand bâtiment sont ceux que des fouilles récentes ont fait découvrir, qui remontent à l'époque romaine, vestiges d'un temple dédié à Mercure Domien, *Mercurio Dumiati*, comme l'indique une inscription votive et qu'on pense pouvoir identifier avec le temple de Vasso dont parle Grégoire de Tours.

(3) Térébenthine.

(4) Cros-de-Montvert.

encore plusieurs forêts en Auvergne : celles du roi, près des sources d'Allagnon ; de Feniers, des Gardes, non loin de la rivière de la Rue ; de la Roche-Marchalin, près du Mont-Dore ; de Murat et de Tortebesse, près de Préchonnet ; des Roches, près des sources du Cher ; de Droüille, près de Roche-d'Agoux ; de Pierre-Brune, près de La Cellette ; d'Anglard, près de Saint-Gervais ; de Menat, près de l'abbaye du même nom ; de la Brosse, près Marsillat ; de Randan, près du lieu du même nom ; de la Margeride, près de Clavières ; de Conrons (1), près du village du même nom ; de Haute-Serre, près de Saint-Mary (2), non loin de la rivière de Cère.

(1) Conros.
(2) Rouannes-Saint-Mary.

II

Merveilles naturelles de l'Auvergne

L'Auvergne a des contrées qui présentent aux yeux des terres qui ne se ressemblent point. On remarque cette différence dans la basse comme dans la haute. En certains endroits, tout y est couvert d'arbres et de vignobles qui portent quantité de fruits et de vins délicieux ; en d'autres, la terre est grasse et arrosée d'une infinité de ruisseaux, où sont de belles et vastes prairies. Enfin, on en trouve d'autres remplies de montagnes d'une hauteur prodigieuse, d'où descendent ces grandes et petites rivières qui portent la fécondité à cette partie de l'Auvergne connue sous le nom de Limagne, et aux vallons qui s'offrent pour ainsi dire à chaque pas et font voir un des plus beaux pays du monde. Si la surface de la terre d'Auvergne ne montre rien que d'agréable, et si les yeux sont si satisfaits de tout ce qu'ils aperçoivent, on ne découvre pas moins de merveilles dans les entrailles de la terre lorsqu'on entreprend de fouiller dans son sein. C'est ce qui a fait dire à quelques auteurs, quoiqu'ils ne soient pas du pays, qu'on ne trouverait pas moins d'or dans les montagnes d'Auvergne que dans celles du Pérou. Quoique l'exagération soit outrée, on peut assurer qu'on en tirerait de plusieurs cantons.

On ne doute point qu'il n'y en ait même beaucoup dans le territoire d'Éparrou, entre Mirefleurs et Saint-Maurice, sur la rivière d'Allier, à trois lieues de Clermont, dans divers endroits du Mont Dore et du Cantal, et dans quelques lieux qui sont sur les confins du Velay. Il doit y en avoir dans le col de

Cabre, dans l'endroit qui donne naissance à la petite rivière de la Jordanne, puisque ses eaux roulent avec elles des paillettes d'or fin dont les habitants des lieux retireraient quelque profit, s'ils voulaient se donner la peine de les ramasser.

On a découvert, à ce qu'on prétend, depuis peu, une mine d'argent dans un faubourg de Clermont, du côté de Saint-Genès ; elle s'étend dans les jardins qui s'y joignent. Il y a vingt ans qu'on en fit la découverte par le moyen de la baguette. Quelques personnes engagèrent l'un des jardiniers à fouiller dans son jardin ; il le fit et trouva, à six pieds de profondeur, une terre brune éclatante, de couleur d'argent, laquelle donnait de très bon argent en petite quantité. On porta cette terre à un orfèvre qui témoigna en faire peu de cas ; mais, ayant découvert l'endroit d'où on la tirait, il s'accommoda avec le jardinier, qui lui en donnait autant qu'il en voulait à vingt-cinq sous la hottée. On prétend que cent francs de cette sorte lui ont produit trente mille livres et qu'il a continué ce commerce jusqu'à sa mort. Ce qui est vrai, c'est qu'il a laissé une très opulente succession. Une personne ayant appris ce que nous venons de dire, se fit conduire dans ce jardin où on lui montra l'endroit où l'on avait creusé. Voulant s'assurer s'il était vrai qu'il y eût une mine, il pria un de ceux qui ont le don de la baguette d'y venir faire l'essai ; ce qui fut fait avec tant de succès, que douze baguettes rompirent entre ses mains dans une heure. Ce qui lui fit croire que la mine existe et qu'elle est même riche et abondante. Il est encore persuadé qu'elle n'est pas à neuf ou dix pieds de profondeur (1).

On croit qu'il y a encore une mine d'or et d'argent aux environs de l'abbaye de Menat qui est sur la rivière de Sioule. On y a trouvé une mine de marcassites d'or et d'argent qui tiennent de l'un et de l'autre de ces deux métaux (2).

---

(1) Est-il besoin de faire remarquer que ce ne sont là que des fables ?
(2) Les marcassites ou pyrites de Menat sont bien connues ; elles ne contiennent ni or, ni argent.

Le débris des seules marcassites excéderait la dépense que l'on pourrait faire en cherchant les mines d'or et d'argent. Royat (1), près de Clermont, Montjoly, Enval, près de Riom, Saint-Jean-d'en-Haut, Chazelles (2), près de Tauves (3), et Roure, qui est un village près de Pontgibaud, à quatre lieues de Clermont, sont des endroits célèbres pour des mines d'argent. Un homme fort entendu dans la science des minéraux, avait entrepris de faire creuser sur une hauteur, près de Royat, mais il en fut détourné par des affaires de famille qui l'ont occupé jusqu'à la mort. On y trouve de la poudre d'or en abondance (4). Guy de Daillon, comte du Lude, auquel Jacqueline de La Fayette avait apporté en dot la terre de Pontgibaud, fit fouiller près du village de Roure une mine d'argent avec la permission d'Henri III. On en tira de quoi faire un service de vaisselle d'argent. Il abandonna cette entreprise dans la crainte que le profit serait moins grand que la dépense.

Les officiers de la Monnaie de Riom ayant ouï dire qu'il y avait une mine d'argent à Enval, près de cette ville, s'y transportèrent et firent plusieurs essais de ce qu'ils en tirèrent et trouvèrent en effet de l'argent fin qu'ils mirent plusieurs fois dans le creuset. Mais comme leur entreprise demandait un grand travail, étant obligés de creuser aux pieds des rochers de Saint-Jean-d'en-Haut, et qu'ils avaient peu de fonds pour le continuer, ils l'abandonnèrent.

(1) On trouve, en effet, près de Royat, à l'entrée de la vallée de Charade, un filon de barytine contenant des traces de galène, peut-être argentifère ; quelques travaux de recherches y ont été faits. Le lieu en a gardé le nom de La Mine.

(2) Chazelles, dans la commune actuelle de Saint-Just-près-Brioude. Itier de Rochefort, doyen de Brioude, fit donation, en 1277, au chapitre de Saint-Julien, de la moitié des produits de cette mine, trouvée sur les terres du doyenné. (*Gallia christiana*, éd. des Bénédictins, t. II, Inst., col. 144.)

(3) Au Pont-Vieux.

(4) Audigier veut-il désigner ici le filon de quartz qui se trouve à la suite de la montagne de Prudelles, et où l'on a trouvé quelques grains d'or natif ?

On croit qu'on trouverait des mines de plomb à Royat. Il est certain qu'il y en a une aux environs de la ville de Montaigut-en-Combrailles, près de la chapelle de Notre-Dame ; elle est même très abondante et d'une bonne qualité. Il y a plus de vingt ans qu'on y travaillait avec succès. Les entrepreneurs y trouvaient de grands avantages ; mais, ayant été contraints de quitter la province, pour quelques affaires criminelles, tous leurs travaux furent arrêtés.

Il y a, dans un bois appelé de Corbirs (1), qui est dans le vallon de la rivière d'Auze, dans la paroisse de Mauriac, une mine de plomb dont on a autrefois tiré des pierres qui marquaient sûrement qu'elle fournirait de ce métal. Mais il est très difficile d'en avoir parce que, outre qu'elle n'est pas abondante, elle se trouve entre des rochers fort durs et escarpés.

La tradition veut qu'il y ait eu autrefois dans la province des mines de cuivre très abondantes, puisqu'elles en fournirent assez pour former le fameux colosse de Mercure de quatre cents pieds de haut, auquel travailla pendant dix ans, dans la ville de Clermont, Zénodore, dont la réputation vola jusqu'à la cour de l'empereur Néron.

On a découvert près de Latour et en divers endroits aux environs de la ville de Brioude des mines d'antimoine qui sont très abondantes. L'antimoine est à longues raies et très propre aux opérations de la chimie. Un marchand de Brioude, nommé Vairon, avait entrepris de faire travailler à une de ces mines, et il eût continué si le produit eût égalé la dépense qu'il était obligé de faire (2).

On trouve des mines de fer à Ferrières, près de Thiers, et à un lieu du même nom, près d'Aurillac (3). La plus connue est

---

(1) Il doit s'agir ici de la mine de Crouzy, commune de Chalvignac (Cantal).

(2) Cf. *Voyage fait en 1787 et 1788 dans la ci-devant haute et basse Auvergne*, par le cit. LEGRAND; t. II, pp. 209 et suiv. Legrand d'Aussy donne des détails assez minutieux sur l'exploitation et le commerce de l'antimoine en Auvergne, dont le sieur Vayron avait encore le privilège vingt ans après la mort d'Audigier.

(3) Plutôt Ferrières, près de Massiac.

celle de Compains (1), non loin de Besse. Le fer qu'on en tire est fort bon. Il y a vingt ans que l'on y travaillait avec succès, mais elle fut abandonnée par la mésintelligence qui se mit entre feu M. le comte de Brion, seigneur de cet endroit, et les entrepreneurs. Ce serait un grand bien pour cette province si on pouvait se passer du fer du Nivernais, dont les frais des voitures font doubler le prix d'une marchandise si nécessaire à tout le monde.

Au-dessous du château d'Usson, il y a dans une vigne une mine d'azur dont la matière est aussi rare en France qu'elle est précieuse. Il serait facile de la faire valoir beaucoup, puisqu'elle fournirait abondamment à la dépense que l'on serait obligé de faire pour la chercher (2). Elle serait d'une grande utilité à la province; l'azur étant une matière dont les peintres, les doreurs, les tapissiers, les drapiers et les chimistes..... (La fin de la phrase a été rognée lorsque le manuscrit d'Audigier a été relié.)

Dans les montagnes du Mont-Dore, aux environs de la source de la Dordogne, on a fait depuis peu une rare découverte d'un minéral bleu d'une couleur azurée très riche. On veut qu'il puisse se fondre, et que par la fusion on le vitrifie, qu'en cet état il conserve toujours sa belle couleur. Cette matière, à ce qu'on ajoute, est d'autant plus précieuse, qu'elle n'est point sujette à se casser et qu'elle souffre les coups de marteaux. Les ouvrages qu'on en formerait n'auraient point de prix (3). Nous devons la connaissance de ce minéral à un bourgeois de Clermont nommé Benoît, qui assure avoir vu des gobelets de cette matière.

Sur le penchant de cette haute montagne, on trouve plusieurs minéraux, différents en couleurs. La matière des uns

---

(1) Il existe à une faible distance, à l'ouest de Compains, un filon de fer qui n'est signalé dans aucun auteur récent, et qui a été en effet exploité. Près du village, on trouve encore des scories de fourneau, plus ou moins vitrifiées, résidu du traitement du minerai.

(2) Cf. LEGRAND D'AUSSY, *Op. cit.*, t. II, p. 223.

(3) Qu'est-ce que ce minéral bleu ?

est d'un jaune doré ; celle des autres est rouge, verte, noire et brune. Celle qui est de couleur d'or est excellente pour les ouvrages de peinture à fresque et à huile ; les marchands de Clermont en font un assez grand commerce. Elle ne leur coûte pourtant que les frais de voiture. Dans cette même montagne, dans la grotte qui est au-dessus des bains, s'offre aux curieux une terre aussi noire que le jais qui souffre le feu sans rien perdre de sa noirceur. On y trouve aussi de l'orpin et de l'ocre. Au-dessous du château de Beauregard, qui est l'agréable maison des évêques de Clermont, sur le chemin de Lezoux, paraît une petite éminence d'où l'on tire sans cesse de cette dernière un minéral qui est d'un grand usage pour la peinture.

Le diamant naturellement clair, coupant le verre et presque aussi dur que le véritable, se trouve à Roche-d'Agoux, dans la basse Auvergne, près de la Combrailles, dont la terre appartient à M. Rolet, trésorier de France à Riom. On y voit un rocher, duquel on coupe des morceaux au milieu desquels sont des pierres fort brillantes, qui ont presque le même éclat des diamants quand elles sont bien taillées. Elles faisaient autrefois le grand ornement des dames du pays, qui portaient au doigt des bagues où elles avaient fait enchasser de ces sortes de pierres. Les manchettes des jeunes gens étaient aussi attachées avec des boutons d'argent, au-dessus desquels brillaient ces diamants de Roche-d'Agoux (1).

Non loin de Pegu, dans la haute Auvergne (2), il y a un endroit d'où l'on tire des pierres fines, qui approchent entiè-

---

(1) Ces prétendus diamants ne sont autre que du cristal de roche ou quartz, dont un filon important existe à Roche-d'Agoux. Les belles variétés de quartz, soit limpide et brillant, soit enfumées, étaient désignés sous le nom de *Diamant d'Alençon*. Les quartz ou diamants de Roche-d'Agoux étaient très anciennement connus et employés. Un inventaire de la comtesse de Montpensier, de 1474, mentionne « Ung diamant de Roche-d'Agoux. »

(2) Pégut n'est pas dans la haute Auvergne, mais près du Vernet-la-Varenne, non loin des autres gisements d'améthyste énumérés au paragraphe suivant.

rement des améthystes, lesquelles, lorsqu'elles sont bien travaillées, ont un éclat qui surprend. Elles sont dures et d'une belle eau (1).

Entre Brioude et Issoire règnent certains côteaux secs et arides dans l'espace de trois lieues. Ce sont proprement des rochers qui ont peu de terre sur leur superficie. Ils sont sur les bords de l'Allier et regardent le midi. La terre qui les environne est sèche, mais la première superficie est sablonneuse. On trouve dans ces rochers des veines d'améthystes de différentes couleurs ; mais ce qui est singulier, c'est de voir dans la même veine des pierres diversement coloriées : les unes sont noires, les autres violettes et quelques-unes gris de lin. Il y en a aussi qui sont blanches comme du cristal. Les endroits où l'on en trouve le plus sont La Mongie, Sarlande, Brassac, La Chau de Bernat (2), Meilhaud, Sauxillanges et Usson (3). Les plus belles, soit pour la couleur, soit pour la grosseur, sont celles de Pegu, où l'on a creusé une mine qui en a fourni en quantité à un lapidaire de Murat, nommé Auguste, qui les mettait en œuvre pour les marchands de Genève et de Catalogne. Il assure que ces Messieurs qui le faisaient travailler les transportaient dans le Portugal et même aux Indes, et qu'ils avaient fait, dans ces sortes de commerce, des fortunes considérables. Il y a très peu de temps qu'un marchand de Genève, nommé Rolland, en vint chercher et pria le sieur Auguste de lui en procurer le plus qu'il pourrait et des plus grosses.

On faisait un assez grand commerce de ces pierres à Murat.

---

(1) Savary des Bruslous, dans le *Dictionnaire universel du Commerce* (t. I, p. 87), dit, au contraire, qu'on ne les considère guère plus que les améthystes factices.

(2) Brenat. Voyez, au sujet des améthystes, le *Voyage en Auvergne* de Legrand d'Aussy, t. II, page 292.

(3) Lamontgie, Serlande, Lachaux, Brenat, Mayaux, Sauxillanges et Usson sont des localités placées sur la rive droite d'Allier, entre Pégut et cette rivière. Il n'y a point d'améthystes à Brassac ; quelques filons se rencontrent de l'autre côté de l'Allier, à Marnhac, près de Vezezoux (Haute-Loire), toujours sur la rive droite.

On y vendait des bagues, des colliers, des croix, des pendants d'oreilles, des boutons. Il y a actuellement, dans cette ville, deux lapidaires qui s'occupent à ces sortes d'ouvrages.

On trouve aux environs de Salers, une espèce de cristal qui ne laisse pas d'avoir de la beauté. Un procureur de cette ville, allant se promener dans le bois de Mary, de la paroisse de Falgoux, détacha avec quelque peine d'un rocher, des pierres luisantes comme du cristal, avec lesquelles on coupait le verre avec la même facilité qu'avec un diamant (1).

On découvre aussi, dans la Dordogne et dans une caverne qui est au-dessous de Tinières, des pierres transparentes qui sont de différentes grosseurs et qui approchent du diamant (2).

Entre Mirefleurs et Saint-Maurice est un territoire nommé Éparrou qui produit cette précieuse terre que les anciens nommaient *Lemnia terra,* terre de Lemnos, parce qu'on la tirait de l'île du même nom qui est dans la mer Egée. On la connaît aujourd'hui sous le nom de terre sigillée, parce qu'elle porte le sceau du grand seigneur, sous la domination duquel est l'île de Stalimène. Il en envoie quelquefois aux rois et aux personnes d'une qualité très distinguée.

Les environs de la ville de Lezoux donnaient autrefois une terre qui approchait de la terre sigillée, dont on faisait divers ouvrages d'une grande beauté. On en voit encore dans quelques maisons qui font l'ornement du cabinet des curieux. Ce sont des vases faits en petites urnes, en forme de têtière, en soucoupes et en gobelets. La couleur de cette terre approche d'un rouge de pourpre.

On trouve du talc à Langeac, à Neuvéglise et dans plusieurs endroits de l'élection de Mauriac. Le territoire d'Éparrou, dont nous avons parlé, donne le plâtre en abon-

---

(1) On rencontre, dans les basaltes des environs de Salers, des cristaux d'aragonite qui ne rayent pas le verre.

(2) Ces pierres, semblables à des *cailloux du Rhin,* se trouvent dans les souterrains du château de Thinières, commune de Beaulieu (Cantal).

dance, pour orner les cheminées et les plafonds des salles et des chambres. Il y a enfin, dans le territoire de Mauriac, des endroits où l'on trouve une terre grasse et gluante qui a beaucoup de rapport avec le bol d'Arménie. On n'en fait pourtant aucun usage.

Les mines de charbon sont abondantes en Auvergne. Les plus connues sont celles de Charbonnier, de Brassac, de Sainte-Florine, de Frugères, de Sauxillanges, de Lande (1) sur Alagnon, de Salevert (2) et de Bogros (3). Celles de Brassac sont les plus estimées. On en transporte le charbon par eau à Paris, à Orléans, à Nantes et à Rouen. Ce commerce était de conséquence dans la dernière guerre, où celui d'Angleterre n'était pas reçu dans nos ports. Dans les environs de Cebazat, entre Clermont et Riom, on a fait depuis peu la découverte d'une mine de charbon de terre qui est estimée (4). Si la mine est abondante, il s'en fera un grand débit à cause de la situation du lieu.

On en trouve beaucoup le long de la Dordogne, du côté de Bort, mais on le néglige parce que le profit qu'on y peut faire est peu de chose. Il y en a une de découverte depuis longtemps auprès du village de Lampres (5), dans la paroisse de Champagnac, élection de Mauriac, à cinq quarts de lieue de Bort. Il y en a encore dans la paroisse de Bassignac et de Jaleyrac, mais on les a abandonnées, parce qu'elles sont peu abondantes.

On trouve des pierres ponces à Issoire et à Mezeix (6), et, à Langeac, certaines pierres de diverses couleurs qui brûlent insensiblement comme de la bougie, et d'autres blanches comme de l'argent, dont on se sert pour ôter la rouille du fer.

(1) Lempdes.
(2) Savennes ?
(3) Bogros, commune de Messeix.
(4) Il n'y a jamais eu de charbon en cet endroit. Tout ce qu'on y trouve est du bitume.
(5) Lampret.
(6) Mezel ?

La terre des environs de Brioude, de Vernassal, de Massiac et de Préchonnet renferme des carrières de marbre de diverses couleurs, qui servirait à construire des édifices somptueux s'il y avait dans la province de ces hommes qui ont été, de nos jours, les favoris de la fortune. Le bénitier de marbre blanc que l'on voit dans l'église des pères Minimes de Clermont a été pris dans celle de Brioude (1).

La grande quantité de colonnes de marbre de toutes les couleurs qui [   ] de ceux qui sont curieux de visiter la célèbre abbaye de Saint-Alyre, dans un des faubourgs de Clermont, marquent, sans en pouvoir douter, que le marbre était autrefois fort commun en Auvergne. On voit dans l'église quatre colonnes qui ont bien quatorze pieds de long, dont le fût a quatre pieds dans la grosseur. Les autels sont couverts de grandes pierres de marbre, tout d'une pièce, d'une beauté surprenante, par les diverses couleurs qui y sont répandues. Le toit des trois côtés du cloître est soutenu par des colonnes de marbre, qui sont couplées de distance en distance. Les trois côtés de l'église de Saint-Vénérand, qui est dans l'enclos du monastère, sont ornés de tables de marbre, sur lesquelles on a représenté en bas relief quelques histoires du nouveau Testament. Il est à présumer que l'Auvergne a fourni ce marbre qui fait un des plus beaux ornements de cette abbaye (2), car on doit faire peu de cas de la tradition qui se conserve parmi le peuple, qui veut que tout ce marbre ait été transporté de Trèves à Clermont par le démon, qui fut obligé en cela d'obéir aux ordres de saint Alyre, quatrième évêque de la même ville, lorsqu'il était à la cour de Maxime qui avait usurpé l'empire sur Gratien, fils de Valentinien. Ce tyran lui en avait fait présent en reconnaissance de ce que, par ses prières, sa fille avait été délivrée du malin

---

(1) Sur les marbres des environs de Brioude, voir RONDELET, *Art de bâtir*, 11ᵉ édit., t. Iᵉʳ, p. 53, et GUETTARD, *Mémoire sur la minéralogie de l'Auvergne* (Mém. de l'Académie royale des sciences, 1759, p. 548.)

(2) Cela n'est pas probable. Sauf le calcaire saccharoïde de Savennes, près de Bourg-Lastic, il n'y a pas de vrai marbre en Auvergne.

esprit. On a été si fort persuadé de cette histoire, qui paraît fabuleuse, qu'on l'avait peinte dans le cloître, et que l'on a placé, sur une des grosses colonnes, une statue représentant l'esprit des ténèbres, ayant chaque épaule chargée d'une colonne de marbre.

Dans la paroisse de Chalvignac, de l'élection de Mauriac et près du château de Miremont, qui appartient à M. le marquis de Malause, on voit de grands rochers d'un marbre gris blanc, desquels on a coupé plusieurs grandes pièces qui embellissent l'église et le cloître du monastère de Saint-Pierre de Mauriac et l'église de la paroisse. Ce marbre n'est pas d'une grande beauté, mais il ne laisse pas d'orner les endroits auxquels on veut donner quelque relief.

L'Auvergne est abondante en carrières de pierres qui servent à la construction des bâtiments. On tire des environs de Volvic, entre Clermont et Riom, une pierre de taille grise, qui a paru si belle, qu'on l'a employée pour les grandes réparations que l'on a faites à la magnifique église de Sainte-Croix d'Orléans. Villars, à une lieue de Clermont, sur le chemin du Puy de Dôme, abonde en carrières d'une pierre qui est d'un gris moins clair que celle de Volvic (1). On croit, sans beaucoup de certitude, qu'elle a servi pour la construction de la cathédrale de Clermont. On trouve encore des carrières de pierre à Saint-Flour, à Aubepierre, à Neschers. On en tire de blanches à Éparrou, de couleur approchant du jaune à Montpeyroux-sur-Allier. On ne connaissait guère que cette pierre jaune dans le IXe siècle (2). On n'en voit pas d'autre

---

(1) Ce n'est pas à Villars que se trouvent ces carrières, mais plus haut et plus à l'ouest, près du hameau de la Fontaine-du-Berger. Elles étaient la propriété du chapitre cathédral de Clermont. La pierre qui a servi à construire la cathédrale de Clermont, provient de la coulée de lave de Thiolet, attenante à la lave de la Nugère où sont exploitées les carrières actuelles, et qui avaient été établies antérieurement à ces dernières, mais ont été abandonnées lorsque celles-ci ont été ouvertes, c'est-à-dire après un court espace de temps.

(2) Avant Audigier, le président Savaron avait signalé l'emploi relativement récent, en Auvergne, des matériaux de couleur sombre (c'est-à-

dans les grands bâtiments qui restent de ce temps-là. Roffiac, près de Saint-Flour, donne du tuf. La Sauvetat, Pérignat-outre-Allier, Villeneuve dans le Lembron et mille autres endroits abondent en chaux.

Il faut que la terre d'Auvergne soit diversifiée au dedans de bien des manières, pour fournir à cette diversité infinie d'eaux qui sortent de son sein et qui font voir toutes en particulier quelque chose de merveilleux, soit dans les effets surprenants qui se présentent à nos yeux, dans lesquels la nature paraît se jouer de mille différentes manières, soit dans les remèdes qu'elles donnent à presque toutes les maladies que nous connaissons.

A Mazaye, non loin de Pontgibaud, on voit sortir deux fontaines chaudes en hiver, et extrêmement froides en été. On remarque surtout ces deux qualités opposées dans celle qui est dans la paroisse des Roches (1). Dans la plus grande rigueur de l'hiver, elle est presque aussi chaude qu'un bain naturel, et dans les chaleurs excessives de l'été elle se change

---

dire d'origine volcanique) dans une des notes sur la 2ᵉ lettre du Livre second des Lettres de Sidoine Apollinaire (*C. S. Apoll. opera*. Éd. de 1609, p. 110) : « Nota quod ædificia veterrima quæ supersunt in Arvernia nostra, cementis candidis et quadris albis condita sunt, non subnigris, quæ non ita dudum ex latumiis Violvici eruta sunt, nisi cementum lævigatum, inductum et *tectoriorum fricatione lævigatum*, ut loquitur Vitruvius. »

(1) La *cheire* ou coulée de lave du puy de Côme présente, en effet, sur certains points, au voisinage de Pontgibaud, ce qu'on appelle les sources glacées. Ce sont des fissures d'où s'échappent des courants d'air très froids et chargés d'humidité. Celle-ci se dépose sur les parois de la crevasse, et se vaporisant en partie, malgré sa température peu élevée, sous l'influence des courants d'air, elle arrive à être assez refroidie pour se congeler et former au rocher un revêtement de glace. Dans les basses températures de l'hiver, ce phénomène prend une apparence contraire ; il n'y a plus de glace, mais bien de la vapeur d'eau qui s'échappe, sous l'apparence d'une fumée. Il y a grande exagération à lui attribuer alors une chaleur voisine de celle des bains. En réalité ces courants d'air ont, été comme hiver, de 7 à 8 degrés, et s'ils semblent fumer dans cette dernière saison, c'est qu'alors ils sont relativement plus chauds que l'atmosphère. Refroidis par leur contact avec celle-ci, ils laissent condenser la vapeur d'eau qu'ils contiennent ; c'est précisément le phénomène si connu des soupiraux des caves qui laissent échapper des flots de vapeur pendant les grands froids.

en glaçons qui donnent du froid dans le voisinage. On voit deux fontaines qui ont le goût du vin en deux endroits : l'une est à Saint-Mart, près de Clermont, l'autre près du château de Laqueuille. Ceux qui ne sont point témoins de cette merveille en douteront moins sur ce que dit Ovide, dans le quinzième livre de ses *Métamorphoses,* de la fontaine de Lyneste, en Macédoine, dont l'eau faisait chanceler ceux qui en avaient bu comme s'ils étaient ivres :

> Huic fluit effectu dispar Lynestius amnis,
> Quem quicumque parum moderato gutture traxit,
> Haud aliter titubat quam si mera vina bibisset.

L'eau de la fontaine du dieu Bacchus, dans l'île d'Andros, avait la même qualité, au rapport de Pline dans le chapitre second du trente-et-unième livre de son *Histoire*. L'eau de celle de Laqueuille n'enivre point, mais on la boit assez agréablement si on y ajoute une sixième partie de vin. Celle de Saint-Mart a un goût fort désagréable.

Montferrand, Malintrat, Cebazat sont célèbres par des fontaines bitumineuses. L'eau de la première sent fort mauvais quand elle est échauffée. Le bitume des autres est plus solide et plus propre à mettre en usage et est bien moins puant.

La plus fameuse de ces sources bitumineuses est celle que l'on voit sur une petite colline nommée Crouël, à une demi-lieue de Clermont, presque sur le chemin qui conduit de cette ville au Pont-du-Château. Au-dessus de cette colline sortent deux fontaines d'une eau assez claire et tiède qui se change en un bitume épais, gluant et adhérent, en sorte qu'il n'est pas possible de l'arracher des endroits où on l'applique (1). Les oiseaux s'y trouvent pris en buvant, même dans l'hiver. Le bitume se forme plus vite en été par la chaleur du soleil. C'est ce qui fait que sa fermeté se trouve proportionnée aux

---

(1) L'auteur fait ici confusion entre le puy de Crouël et le puy de la Poix, peu distants l'un de l'autre ; ce qu'il dit se rapporte à ce dernier.

diverses saisons de l'année. On pourrait attribuer la cause de la conglutination de ces sucs mous et liquides à la matière grasse, huileuse et sulfureuse du terroir qui se mêle parmi les eaux de ces fontaines. On trouve, en divers endroits de la surface de cette petite colline, des croûtes de cette eau convertie en poix assez ferme. Les anciens ont connu deux fontaines huileuses et bitumineuses. Qui ne sait que ceux qui se baignaient dans le fleuve Liparis qui passait à Soli, ville de Cilicie, sortaient de l'eau tout huilés ; qu'à Euchinte et près de Dyrrachium, aujourd'hui Durazzo, et d'Apamée, il y avait des sources qui jetaient une grande quantité de poix mêlée avec l'eau ; qu'à Babylone, il se trouvait un grand lac appelé *Limne Asphaltes,* lac bitumineux sur lequel nageait un bitume liquide, duquel Sémiramis se servit pour joindre les briques dont elle bâtit ces murs tant vantés de cette superbe ville ; qu'il y avait aussi en Syrie, près de Joppé, et en la partie de l'Arabie qui est proche de l'Afrique, des lacs fort larges qui jetaient de grandes pièces de bitume que les habitants d'alentour attiraient au bord. Il n'est pas besoin de beaucoup de peine pour avoir celui qui se trouve dans l'eau de ces fontaines. Si on voulait travailler à le perfectionner, il pourrait servir à bien des usages.

Rien n'est plus surprenant que les eaux qui pétrifient que l'on voit près de l'abbaye de Saint-Alyre, dans un des faubourgs de Clermont. La saveur de ces eaux est aigrette, la couleur inégale, de même que la qualité. Elles paraissent tantôt tièdes, tantôt froides, quelquefois troubles, quelquefois claires, selon le changement de temps. La vertu qu'elles ont de pétrifier s'étend sur les matières molles, dures, unies et raboteuses, sur des branches d'arbres sèches et verdoyantes, sur des fruits, sur des fleurs, sur des herbes, et généralement sur toutes sortes de choses, avec cette merveille qu'en se pétrifiant elles conservent parfaitement leur première figure, représentant jusqu'aux parties les plus petites et les plus délicates dans les fruits et dans les fleurs.

Cette espèce de métamorphose n'est pas peu digne d'admiration, puisque Georges Agricola de Misnie, qui a si bien écrit des minéraux et des minières, parle comme d'un prodige d'une fontaine à peu près semblable qu'il avait vue en Bohême. Pline fait aussi mention d'une fontaine que l'on voyait à Eurimène qui changeait en pierre les fleurs et les bouquets qu'on y jetait, et d'une rivière qui durcissait comme des pierres les briques et les tuiles, et enfin d'une autre rivière de l'île de Scio qui pétrifiait jusqu'aux branches mêmes des arbres qu'elle arrosait. Vitruve raconte aussi qu'en Cappadoce, proche du chemin qui était entre Mazaca et Tecana, il y avait un très grand lac dans lequel si on mettait tremper une canne ou quelque autre chose, on la trouvait, le lendemain, quand on la tirait, pétrifiée par la partie qui avait été dans l'eau, celle qui était dehors étant demeurée dans son naturel. On voyait, dit le même auteur, à Hiérapolis, en Phrygie, une grosse fontaine bouillante qui, dans les fossés qui étaient autour des jardins et des vignes, où elle coulait, engendrait une croûte de pierre de chaque côté du fossé, que l'on en tirait tous les ans et dont on se servait pour faire la séparation des terres.

Ce qui est singulier et qu'on ne voit peut-être dans aucun autre lieu de l'univers, est que l'eau de Saint-Alyre a formé insensiblement une muraille de plus de [240] toises de longueur, haute de [16] pieds et large de [12] en quelques endroits, à l'extrémité du côté du nord, elle est taillée en forme d'arche, sous laquelle passe le ruisseau de Tiretaine; on lui a donné le nom de pont de pierre. Ce miracle de la nature a fait tant de bruit dans le monde que le roi Charles IX, la reine Catherine de Médicis, sa mère, et le roi de Navarre, depuis roi de France sous le nom d'Henri IV, ayant dessein de se rendre à Bayonne en 1564 (1), prirent le chemin d'Auvergne pour y voir cette merveille. Cette eau a donc la qualité de pétrifier tout ce qu'elle touche, pourvu qu'elle coule

---

(1) Le voyage de Charles IX en Auvergne eut lieu seulement en 1566 et au retour de Bayonne.

quelque temps par-dessus. Un religieux bénédictin, nommé le Père Guérin, avait un jardin rempli de diverses pétrifications. Toute sorte de fruits, de fleurs et tout ce qu'on pouvait imaginer se présentait aux yeux des curieux converti en pierre sans que la figure de la chose eût souffert aucun changement. On peut conjecturer que les parties de ce que l'on voit pétrifié ne sont nullement changées. Il ne s'y fait aucun dérangement, elles demeurent unies dans la même situation qu'elles ont naturellement. L'eau ne fait autre chose, en passant souvent par-dessus, que laisser diverses couches d'un bitume gluant sur les diverses surfaces de la matière, qui s'endurcit si bien avec le temps, qu'on ne peut le rompre qu'à coups de marteau, et alors on trouve dans son entier ce qu'on a voulu voir changer en pierre.

Depuis dix ou douze ans ces eaux sont en grande réputation dans Clermont, pour la guérison des maladies qui ont rendu si célèbres celles de Vichy.

On voit quelque chose qui n'est guère moins surprenant sur les frontières de l'Auvergne, du côté de Saugues, dans la haute Auvergne. Près d'un lieu nommé Plantat (1) coule un ruisseau dans lequel on trouve des huîtres que les paysans et les bergers ramassent en été pour en faire un mets assez délicieux. Ils ne vont à cette pêche que lorsque l'eau est fort basse. On découvre dans ces huîtres des perles de la grosseur d'un pois. Toutes donneraient quelque perle, si on ne les ouvrait point avant qu'elles fussent achevées de former. Si la coquille est ouverte avant que la perle ait commencé à se former, on trouve au milieu une figure ronde toute noire ; si elle a quelque commencement, cette couleur noire devient de la couleur de blanc d'œuf, et lorsqu'elle est dans sa perfection, elle prend la figure et la couleur des véritables perles. Un gentilhomme du voisinage, dans la longueur du temps, en avait ramassé un grand nombre dont il fit un collier qui fut

---

(1) Esplantas, village du canton de Saugues (Haute-Loire), faisait partie, autrefois, comme cette localité, du Gévaudan.

estimé cinquante pistoles à Montpellier. Dans un autre endroit de la haute Auvergne, auprès de Fournels, à une lieue de Chaudesaigues, on trouve, dans l'eau d'un petit ruisseau, des poissons très petits ressemblant à des moules, dans lesquels les bergers du pays rencontrent des perles très fines mais petites, dont ils font un amas dont l'argent qu'ils en ont les récompense de leur peine. Ce n'est point une chose rare dans ce canton. On en voit encore dans quelques ruisseaux du Gévaudan. Il y a cinq ou six ans qu'on en donna un assez bon nombre à M. Bochet, secrétaire des commandements de Son Altesse Royale Mgr le prince de Conti, lorsqu'il était en Auvergne pour prendre possession du duché de Mercœur au nom de ce prince. Il se faisait un plaisir de les faire voir aux curieux de Paris (1).

Comme on rencontre beaucoup de montagnes en Auvergne, on ne doit point être surpris si on y trouve un si grand nombre de sources dont les eaux sont propres à guérir une infinité de maladies. Les eaux s'y offrent pour ainsi dire à chaque pas à ceux qui y viennent chercher le rétablissement de leur santé. Les environs de Clermont en fournissent seuls cinq sources. On les connaît sous les noms de fontaines de Jaude, du Champ des pauvres, de Beaurepaire, de Saint-Pierre et de Saint-Alyre. Les trois premières, qui ne sont pas fort éloignées les unes des autres, sont aussi fort peu différentes pour la qualité. L'eau de la petite source de Jaude est très limpide et de saveur un peu aigrette et vineuse, et laisse quelque impression de sécheresse à la langue. En vidant les bouteilles

---

(1) Ces coquilles appartiennent à l'espèce dite *Margaritana Margaritifera* (Dupuy), qui habite les eaux vives et froides des ruisseaux des pays de montagnes. Son nom significatif est dû aux perles de peu de valeur qu'elle renferme souvent. Legrand d'Aussy, dans son *Voyage en Auvergne*, a donc tort de douter de cette production de perles. Dupuy, dans son *Histoire naturelle des mollusques terrestres et d'eau douce*, et Bouillet, dans son *Catalogue des mollusques d'Auvergne*, la signalent dans cette province. M. Payan-Dumoulin a consacré aux coquilles perlières des environs de Saugues et d'Esplantas une notice spéciale, dans le tome XXIII des *Annales de la Société d'agriculture du Puy*.

pour mettre cette eau à évaporer, il se trouve au fond quelques résidus de couleur feuille morte. Après l'évaporation, il reste une matière grisâtre qui contient du sel qui a du rapport au vrai nitre et qui, étant fondu au feu dans un creuset, prend la couleur rouge. L'eau du Champ des pauvres et celle de Beaurepaire sont en tout pareilles à celle de la petite source. Les sels de ces trois eaux, étant séparément fondus au feu dans les creusets, prennent une couleur rouge plus ou moins chargée, selon le degré du feu.

L'eau de Saint-Pierre, qui est près d'une porte de Clermont du même nom, est excellente pour les coliques (1). On en voit des effets surprenants. Dans quelque saison que ce soit de l'année, dès que l'on se sent attaqué de ce cruel mal, on en envoie quérir et on ne manque point de se trouver soulagé. Quand on la prend au commencement du printemps, elle est limpide, sa saveur est un peu aigrette et vineuse. Pendant l'évaporation de cette eau, il se fait à la surface des pellicules blanches qui se précipitent en petits flocons. L'on en tire du sel, semblable à une portion du sel de l'eau marine qui se cristallise au fond et dans l'humidité, et qui se mêle sans trouble avec les alcalis où sels fixes sulfurés des plantes dissoutes en commun.

A Vic-le-Comte, à quatre lieues de Clermont, on trouve plusieurs sources d'eaux minérales qui ont été autrefois en grande réputation. Elles sont sur le bord de la rivière d'Allier et dans le lit même de la rivière. On les appelle, sur les lieux, fontaines de Sainte-Marguerite et on les connaît ailleurs sous le nom des eaux de Vic-le-Comte, à cause du voisinage de cette ville, quoiqu'elles en soient éloignées d'une demi-lieue et qu'elles soient au-dessous du village de Saint-Maurice. On leur donne le premier nom, parce qu'avant qu'on eût une

---

(1) La source Saint-Pierre, qui jaillissait dans le fossé même des fortifications, a disparu sous les constructions du bâtiment du Poids-de-Ville. Ses eaux s'écoulent actuellement par les égouts.

parfaite connaissance de ces eaux, les paysans y faisaient leurs prières à sainte Marguerite, à laquelle ils attribuaient la guérison de leurs maladies, ne croyant pas que les eaux seules pussent leur redonner la santé. Les sources sont au nombre de trois. La première est sur le bord d'Allier ; on lui donne le nom du Cornet, parce qu'elle coule par un petit tuyau de fer. La seconde est celle du Rocher, parce qu'elle sort entre deux rochers ; elle se trouve souvent couverte par la rivière, de sorte qu'on ne peut y atteindre que sur la fin de l'été, lorsque l'eau a fort diminué par les grandes chaleurs. Cette source reçoit encore le nom d'eau des Graviers. La troisième est au milieu de la rivière, de sorte que l'on a été longtemps sans en avoir aucune connaissance. La rivière ayant changé de lit en 1664, on vit cette fontaine dans une petite île qui s'y forma au milieu de l'été. L'Allier ayant repris son cours ordinaire, elle disparut. L'eau de la première source est imprégnée de plusieurs matières telles que sont le bitume, le vitriol, le fer et le nitre. On y discerne le bitume à l'odeur qui approche de celle du soufre, au goût et à quelques petits nuages gras de couleur changeante, qui nagent au-dessus de l'eau, lorsqu'elle n'est point agitée. La substance du vitriol se remarque au goût piquant et aigrelet que l'on observe encore dans la nature du terrain d'alentour, d'où l'on tire du minéral en le séparant et en le purifiant de la manière que l'on purifie le salpêtre. La substance du fer se fait distinguer au goût et à la couleur orangée de la boue qui se forme de cette eau, semblable à la rouille du fer. Quant à la substance du nitre, on le remarque à la force qu'a l'eau de percer le ciment et la pierre, au limon qui reste après son ébullition, à la couleur semblable au nitre et au goût piquant et salé, tels qu'on le trouve dans les eaux nitreuses, lesquelles diffèrent peu des salées, étant seulement plus violentes, plus détersives et moins astringentes ; en quoi les eaux de Vic-le-Comte ont grand rapport avec celles de Spa, dans le pays de Liège. M. du Clos dit que l'eau de Vic-le-Comte, de la fontaine du Cornet, prise au printemps, est très limpide et de saveur aigrelette vineuse (1). Elle ne laisse point de sécheresse à la langue, parce que, ajoute-t-il, l'acidité de cette eau et des autres semblables qui prennent avec la noix de galle, l'écorce de grenade, les myrobolants, etc., comme font celles où il y a du vitriol, semble provenir de la participation de quelques vapeurs vitrioliques. L'on a voulu voir si, par la distillation, l'on en pourrait séparer quelque esprit de cette qualité, différant du reste de l'eau. L'on a donc mis de cette eau de Vic-le-Comte à distiller dans l'alambic de verre, à chaleur très lente, observant soigneusement s'il s'élèverait quelque vapeur acre, semblable à celle qui prend au nez de ceux qui boivent de ces eaux aigrettes et vineuses à la sortie de leurs sources. Mais ce qui s'est élevé et qui a distillé dès le commencement n'avait ni odeur ni saveur, et ce qui en restait dans l'alambic, au lieu d'acidité, avait seulement un peu de salure qui s'augmentait sur la fin de la distillation. Par ces expériences, réitérées sur d'autres eaux aigrettes, l'on peut juger que l'acidité de ces eaux provient de quelque subtile vapeur minérale qui ne se condense point, et qui change promptement son acidité en salure. L'on a aussi fait évaporer de cette eau en des vaisseaux ouverts, et l'on a observé que, pendant l'évaporation, il se faisait à la surface des pellicules très petites qui, tombant au fond, se mettaient en petits grumeaux pierreux. L'évaporation étant achevée, il en reste un $\frac{1}{192}$ de résidence (2) blanche, de laquelle on a tiré presque les deux tiers de sel qui était semblable au vrai nitre. Ce sel ayant été fondu au feu, dans un creuset d'Allemagne, ne s'est point gonflé et est devenu seulement grisâtre. La terre de cette résidence qui était blanche, ayant été embrasée au feu, est devenue rougeâtre. Elle se dissolvait en partie dans le vinaigre distillé.

La seconde source, qui est celle du Gravier. L'eau en est plus chaude que de celle de la première et moins pesante sur l'estomac. Elle est souveraine pour les coliques et d'autres maladies.

(1) Du Clos, *Observations sur les eaux minérales de plusieurs provinces de France*, etc. (Paris, de l'Imprimerie Royale, 1765.)
(2) De résidu.

La troisième source, qui a disparu et qu'on ne connaissait pas avant l'année 1664. L'eau en était merveilleuse pour les rhumatismes et pour toutes les maladies de ce genre. On y venait prendre les bains ; on n'en peut pas douter, puisqu'on y trouva un bassin et les restes d'un panthéon, qui étaient sans aucun doute des ouvrages des Romains. Les eaux de Vic-le-Comte ont été autrefois en grande réputation. On y avait autrefois élevé de grandes allées en terrasse, bordées d'arbres qui régnaient le long de la rivière, pour la commodité des buveurs d'eau. C'est peut-être le lieu dont il est fait mention dans les tables de Peutinger, lorsqu'il parle du chemin de Lyon à Clermont ; comptant depuis ces eaux chaudes huit mille pas de distance, ce qui convient mieux à cet endroit qu'à la ville de Chaudesaigues, située dans la haute Auvergne, sur la route de Toulouse, et nullement sur celle de Lyon. L'éloignement de plus de Chaudesaigues à Clermont est d'au moins soixante mille pas. C'est pourtant le sentiment du célèbre père Sirmond, duquel on peut s'éloigner dans cette occasion (1).

De l'autre côté de la rivière, au-dessous d'un village nommé Couren (2), est une source d'eaux minérales connues sous le nom des eaux des Martres-de-Veyre. On a cru qu'elle avait une espèce de flux et de reflux. Mais ce n'est rien moins que cela. Ce qui est vrai, c'est que, sortant par secousses, elle fait un bruit qui lui a fait donner le nom de fontaine du Tambour.

L'eau de cette fontaine étant prise au rocher des bains, dit M. du Clos, en la saison du printemps, est très limpide, de saveur aigrette et vineuse. Elle laisse sur la langue quelque impression de sécheresse. Il se trouve, dans les bouteilles qui la renferment, quelque peu de résidence roussâtre. Il se forme, en l'évaporation, des pellicules blanchâtres très minces

---

(1) Jacq. Sirmond, *C. S. Apoll. Sid. Opera*, Notæ ad Sidonium, lib. V, ep. xiv.

(2) Corent.

surnageantes, qui, en se précipitant, s'attachent autour des vaisseaux. La résidence de toute l'eau évaporée à sec est blanche, de saveur saline, et sa quantité fait $\frac{1}{182}$ du poids de l'eau ; il s'en tire presque la moitié de sel nitreux. Ce sel ayant été fondu au feu dans un creuset, devient de couleur bleuâtre. La terre, mise au feu et fortement embrasée, change fort peu de couleur ; mais elle devient grumeleuse et contracte de la salure. Devant et après l'ignition, elle se dissout presque toute dans le vinaigre distillé et avec effervescence, comme fait la matière terrestre blanche et insipide qui résulte du mélange du vrai nitre ou de quelque alcali avec cette portion de sel commun qui ne se condense point au froid et dans l'humide.

Dans un lieu appelé Chanonat, à deux lieues de Clermont, au-dessous de Gergovia, on trouve des eaux minérales. C'est une eau froide qui, étant prise au printemps, selon M. du Clos, est très limpide et un peu aigrette. Elle laisse, après son évaporation, peu de résidence blanchâtre qui s'amasse par petits flocons. Il n'y en a qu'environ $\frac{1}{1850}$ sans mélange d'aucun sel manifeste. Cette terre se dissout presque toute avec effervescence dans l'esprit distillé du vinaigre et devient rougeâtre au feu.

On voit deux sources d'eaux minérales entre Beauregard et Joze, au-dessous du bois du prieuré de Médagues, l'une appelée le petit Bouillon et l'autre le grand Bouillon (1). L'eau du petit Bouillon est très limpide, dit M. du Clos, et de saveur aigrette. Elle laisse sur la langue une impression de sécheresse. Pendant qu'elle évapore, il se forme à la surface de petites pellicules qui se précipitent par petits flocons et s'attachent aux côtés des vaisseaux. La résidence sèche de cette eau évaporée revient à $\frac{1}{345}$ de son poids, dont on peut extraire

---

(1) M. Gaumet, médecin à Clermont, en avait fait l'analyse du temps de Massillon. L'évêque de Clermont avait eu recours à ces eaux contre des maux d'estomac auxquels il était sujet, et en avait reçu du soulagement. (Arch. dép. du Puy-de-Dôme, C. 1431.)

plus de la moitié de sel roussâtre qui sent fort la lessive et qui est reconnu nitreux. Il devient bleuâtre après avoir été fondu au feu. La terre, séparée de ce sel, se dissout en partie avec effervescence dans le vinaigre distillé et ne change point de couleur au feu.

L'eau du grand Bouillon a une saveur vineuse plus forte que celle du petit Bouillon, mais ses résidences sont pareilles et son sel nitreux comme l'autre. L'eau du gros Bouillon est si abondante que l'eau qui en sort formerait un assez gros ruisseau.

Saint-Myon, au-dessous de la petite ville d'Artonne, est un lieu célèbre par deux fontaines minérales qui sont fort près l'une de l'autre (1). M. du Clos assure que l'eau de ce lieu, prise au printemps, est limpide, aigrette et vineuse. Pendant son évaporation, il se forme quelques pellicules blanches qui surnagent, puis se précipitent peu à peu et s'attachent aux côtés des vaisseaux avec quelques petits flocons qui se font au milieu de l'eau. L'évaporation étant achevée, il reste une matière blanche, grumeleuse, de saveur très lissiviale, dont le poids est $\frac{1}{300}$ de celui de l'eau. On en peut séparer presque les deux tiers de sel qui est nitreux comme celui de Pougues. Ce sel ayant été fondu dans son creuset devient seulement grisâtre. La terre de cette résidence se dissout avec effervescence dans le vinaigre distillé. Ayant été embrasée au feu, elle devient un peu rougeâtre. Elle ne prit point couleur à Paris avec la noix de galle, selon M. du Clos ; mais, selon M. Spon, sur les lieux elle devint d'une couleur de rose fanée. Elle rend la teinture de tournesol de couleur rouge et pourprée. La dissolution du vitriol blanc la rend un peu jaunâtre. Ce sont des eaux froides qui ont peu d'égales pour rafraîchir et pour désopiler.

---

(1) Ces eaux appartenaient, en 1772, à M. le marquis de Capony, seigneur de Vaux et Limagne, et elles étaient sous la surveillance de M. Dufour, médecin et trésorier de France à Riom. On en transportait jusqu'à Moulins. (Arch. dép. du Puy-de-Dôme, C. 1431.)

On trouve, à Châtelguyon, près de Riom (1), une eau minérale qui, à ce que prétend M. du Clos, est limpide étant prise au commencement du printemps. Elle fait dans les bouteilles quelques résidences blanchâtres. Sa saveur est faiblement aigrette et un peu vineuse. Il se fait à sa surface, pendant l'évaporation, des pellicules blanches fort épaisses qui la couvrent toute, puis elles se précipitent au fond des vaisseaux en grosses écailles. La résidence de cette eau évaporée à sec est $\frac{1}{170}$ dont la moitié est sel et l'autre terre. Ce sel est fort acre et peut être comparé à cette portion du sel marin qui ne se condense point au froid et dans l'humidité, ce qui a été reconnu par son mélange avec la liqueur du sel de tartre résous et qu'il faisait coaguler. Ce sel, ayant été fondu au feu dans un creuset, fume et pousse une odeur d'esprit de sel commun. La terre de cette résidence se dissout en partie dans le vinaigre distillé. Elle contracte au feu quelque salure et y change sa blancheur en couleur jaunâtre.

On voit, à Pontgibaud, petite ville au delà du Puy de Dôme, à quatre lieues de Clermont, une fontaine d'eau minérale qui, étant prise au printemps, dit M. du Clos, est limpide, aigrette et vineuse. En la faisant évaporer, il n'y paraît aucune concrétion jusqu'à la fin qu'il reste une résidence blanche dont le poids est $\frac{1}{550}$ de celui de l'eau. L'on y trouve un peu plus de la moitié de sel nitreux semblable à celui de Saint-Myon. La terre de cette résidence se dissout en partie dans le vinaigre avec effervescence. Elle devient un peu brune au feu sans y recevoir d'autre altération manifeste.

Le Vernet, qui est un lieu proche de Saint-Nectaire, qui a donné le nom à l'illustre maison qui a produit de si grands hommes, conserve aussi une fontaine d'eau minérale qui, étant prise au printemps, comme l'assure M. du Clos, est très limpide, de saveur aigrette et vineuse. Lorsqu'on a fait l'évaporation, toute sa surface s'est couverte d'une pellicule

---

(1) Ces eaux appartenaient, en 1772, au marquis de Chazeron. (Arch. dép. du Puy-de-Dôme, C. 1431.)

grasse. La résidence de cette eau totalement évaporée est en très petite quantité. C'est un peu de terre feuillée et insipide. Elle se dissout en partie dans le vinaigre distillé. Ayant été embrasée au feu, sa couleur s'obscurcit.

Au commencement du beau vallon de Meilhaud et d'Issoire, est situé Saint-Floret, où l'on trouve de l'eau minérale qui, étant prise, dit M. du Clos, en la saison du printemps, est limpide et aigrette. En l'évaporation de cette eau, il s'y fait amas de quelques flocons roussâtres qui, en s'attachant aux côtés des vaisseaux, formaient des écailles assez grosses. Après l'évaporation, la résidence se trouve roussâtre, feuillée et saline. Il y en a $\frac{1}{313}$ qui se rapporte au vrai nitre. Ce sel ayant été fondu au feu dans un creuset d'Allemagne, devient roux, et la terre de cette résidence dessalée se dissout quasi toute dans le vinaigre distillé avec grande effervescence, et contracte au feu quelque salure et une couleur jaunâtre (1).

A sept lieues de Clermont, au commencement des montagnes, du côté du sud-ouest, est placée la petite ville de Besse, où il y a une fontaine d'eau minérale qui, étant prise, selon M. du Clos, au commencement du printemps, est limpide et de saveur vineuse très forte (2). En la faisant doucement évaporer, on observe qu'il se fait en sa surface de très petites pellicules grisâtres, et que quelque poussière roussâtre s'attache aux parois des vaisseaux. L'évaporation étant achevée, il reste au fond une terre blanchâtre, feuillée, presque insipide qui revient à $\frac{1}{645}$ du poids de l'eau. L'on n'en peut séparer que très peu de sel semblable à celui de Châtelguyon. Cette terre dessalée étant fortement embrasée au feu, elle se dissout en partie dans le vinaigre distillé. Quant à la saveur vineuse de cette eau, quoiqu'elle soit très forte, elle ne laisse pas de se perdre promptement à la chaleur du feu,

---

(1) Cette source est connue sous le nom de source de la tour de Rambaud, d'une ruine féodale voisine.

(2) Elle jaillit au voisinage de la Villetour et est connue sous le nom de ce hameau, très voisin de la ville de Besse.

comme les autres eaux minérales aigrettes et moins vineuses. On en a fait distiller, et ce qui passe au commencement est insipide, comme ce qui passe au milieu et à la fin de la distillation.

Il y a des eaux minérales à Vic en Carladois, dans la haute Auvergne, qui ont toujours été en grande réputation (1). Leur source a fait donner le nom de Vic à cette ville ; car *vic*, en langage celtique, signifie fontaine. Ce qui fait que plusieurs lieux qui ont de semblables eaux, dont la vertu est salutaire pour les maladies, ont eu le même nom. L'eau de Vic, comme l'assure M. du Clos, prise au printemps, se trouve très limpide et de saveur aigrette. Il se forme des pellicules blanches très minces à la surface de cette eau en la faisant évaporer. Et sur la fin de l'évaporation, il se fait une résidence blanche, mais lagineuse [mucilagineuse], de saveur saline, laquelle étant sèche n'est que $\frac{1}{920}$ du poids de l'eau. En cette résidence, il y a la moitié de sel qui est de qualité nitreuse. Étant fondu au feu, il ne change point de couleur. La terre de cette résidence se dissout en partie dans le vinaigre distillé. Étant fortement embrasée au feu, elle devient grisâtre et un peu salée.

Il y a encore les eaux de Bar, à sept lieues de Clermont, du côté d'Ardes (2).

Dans l'élection de Mauriac, on trouve les eaux de Jaleyrac, près de la paroisse du même nom ; d'Ailly, près de la rivière d'Auge : il y en a deux fontaines, un peu différentes, à deux pas l'une de l'autre. On trouve encore celles du Cher, qui est un village dans la paroisse de Drignac (3) ; de Saint-Martin-

---

(1) L'enquête de 1772, déjà citée, nous apprend que ces eaux naissaient dans un domaine appartenant à M. de La Carrière, seigneur de Comblat, qui en retirait un revenu de 600 à 1,000 livres. Ces eaux s'expédiaient, dit-on, au XVIIe siècle, jusque dans les Pyrénées. (Arch. dép. du Puy-de-Dôme, C. 1431). — Cf. *Recherche analytique de la nature et de la propriété des eaux minérales de Vic dans la haute Auvergne*, par J.-B. Esquirou. Aurillac, L. Viallanes, 1718 ; in-12.

(2) Dans la paroisse de Boudes, canton de Saint-Germain-Lembron.

(3) Aujourd'hui de la commune de Drugeac.

Valmeroux, proche du lieu du même nom ; de La Bastide, qui est un village de la paroisse de Fontanges, près de la ville de Salers ; de Biel (1), village de la paroisse d'Ydes, et de Saint-Vincent, qui est une autre paroisse.

Dans l'élection de Saint-Flour, il y a un grand nombre de fontaines d'eaux minérales qui ne sont pas fort recherchées. On en trouve à Corent, à demi-lieue de Saint-Flour, dans la terre de M. le comte de Montgon. La source est abondante, mais fort négligée. Elle tient du vitriol, du soufre et du nitre. Celle de Magnac a le goût de vitriol et de fer ; celle qui est dans la paroisse de Paulienc (2) est imprégnée de vitriol, et celle de Baboulet, dans la paroisse de Sainte-Marie, a beaucoup de soufre et de vitriol.

Les eaux les plus célèbres de l'élection sont celles de Chaudesaigues, qui est une ville à quatre lieues de Saint-Flour, sur le grand chemin de Rodez. Elle se trouve au milieu d'un vallon fort profond, qui est ouvert du côté du couchant et fermé par des collines fort élevées vers le nord et vers le sud. Une source d'eau chaude lui a donné le nom qu'elle porte. Elle est bouillante, et sa chaleur surpasse celle de l'eau qu'on fait bouillir sur le feu. Elle est si abondante à sa source, qu'elle égale, en sortant, la grosseur du corps d'un homme. Il y en a encore qui, se cachant sous terre, coulent, par des canaux souterrains qu'on ne voit point, dans plusieurs maisons particulières. Lorsqu'on veut manger une bonne soupe, on emploie cette eau, surtout avec les choux qui en ont beaucoup meilleur goût. Dans toutes les maisons, on ne se sert point d'autre eau pour écurer la vaisselle, sans qu'il soit besoin de la faire chauffer. Il n'y a point de poêle qui communique tant de chaleur à une chambre qu'elle en communique à celles des maisons sous lesquelles elle passe. Cette eau, comme le veut M. du Clos, prise au printemps, est limpide et

---

(1) Beil, commune de Madic. — La source d'Ydes, dite source Déribier, n'a été découverte qu'en 1818.

(2) Paulhenc, connue sous le nom de source Fontanes.

insipide. Il la trouva de mauvaise odeur, s'étant corrompue dans les bouteilles. En la faisant évaporer à petit feu, il se fit une résidence mucilagineuse, semblable au frai de grenouille et de saveur un peu saline, qui s'épaissit comme de la gelée de corne de cerf. Toute cette résidence sèche revenait seulement à $\frac{1}{1139}$ du poids de l'eau. Elle contenait un peu plus de la moitié du sel. Le sel de cette résidence se trouve être nitreux ; car il précipita en couleur d'écorces d'oranges mûres le mercure sublimé dissous en eau commune, comme fait le vrai nitre, et comme font les sels de lessive. Il changea en couleur verte celle de sirop violat, et rétablit la couleur bleue du tournesol, changée et fortement rougie par l'eau alumineuse. Ce sel, ayant été fondu au feu dans un creuset d'Allemagne, se gonfla comme du borax et devint roux. La terre de cette eau ne reçut point de changement au feu, quoiqu'elle y eût été fortement embrasée dans un creuset. Elle se dissout en partie dans le vinaigre distillé.

On voyait autrefois dans Chaudesaigues des bains publics qu'on a été obligé de combler, n'y ayant point d'année qui ne fût funeste à quelque enfant qui s'y noyait. On en trouve de fort anciens chez trois apothicaires. On y met l'eau trois ou quatre heures avant que d'y entrer ; on se sert de l'eau de fontaine pour lui donner un degré de chaleur que l'on puisse souffrir. Le soufre, le bitume, le nitre sont les minéraux qui dominent le plus dans ces eaux. Elles étaient célèbres dès le cinquième siècle. Sidoine Apollinaire n'a point oublié la vertu qu'elles avaient de guérir ceux qui étaient attaqués des maladies du foie et qui tombaient en phtisie. Voici comme il en parle, dans la lettre quatorzième du cinquième livre, à Aper : *Calentes nunc te Baiæ, et scabris cavernatim ructata pumicibus aqua sulphuris, atque jecorosis et phtisiscentibus languidis medicabilis piscina delectat* (1). Philander, natif de Châtillon-sur-

---

(1) Il est infiniment probable qu'il s'agit ici des eaux du Mont-Dore, et non de celles de Chaudesaigues.

Seine, en a fait une excellente description dans ses commentaires sur Vitruve (1).

L'endroit le plus célèbre, non seulement de l'Auvergne, mais de toute la France et peut-être de toute l'Europe, pour les eaux minérales, mais surtout pour les bains, est le village des Bains, ainsi appelé parce qu'il y a des bains qui sont souverains pour les paralysies, les gouttes, les sciatiques, les rhumatismes, les engourdissements, les retirements des nerfs et pour bien d'autres maux de ce genre. Le village est situé dans un des vallons que forment les montagnes du Mont-Dore, à l'extrémité duquel est la source de la Dordogne. Cette situation leur a fait donner le nom de Bains du Mont-Dore. Ils ont été fameux dans tous les temps, puisque les Romains les ont connus. On y trouve des restes de quelques ouvrages de ces maîtres du monde. La tradition a conservé parmi le peuple la mémoire d'un Panthéon. Il en est fait mention dans beaucoup de terriers qui ont plus de quatre cents ans d'antiquité. On le trouve dans le terrier du sieur de Baings, qui est de l'an 1420 : *Pro quodam tenemento vocato del Pantheo, quod quondam fuit Hugonis Bigerii, quod tenementum del Pantheo situm est in dicta villa de Baing et in pertinentiis ejusdem villæ, etc.* Il en est parlé dans un terrier de 1463, et dans plusieurs autres qu'il serait trop long de décrire (2). On remarque, en effet, quelques restes de colonnes et quelques pierres ciselées à l'antique, que les curieux considèrent avec beaucoup d'attention. Ces Panthéons que l'on voit dans les lieux où l'on venait chercher la santé, par le moyen des eaux, prouvent que les anciens avaient une grande dévotion pour leurs dieux, dans le temps qu'ils prenaient des remèdes. Ils honoraient

---

(1) Amsterdam, Louis Elzévir, 1649, page 97, note *n*.

(2) Les reconnaissances où se trouvent les mentions du terroir du Panthéon ont été transcrites par Chaduc. Le manuscrit fait partie aujourd'hui de la collection F. Boyer. Elles n'établissent pas qu'il ait existé au Mont-Dore un temple nommé Panthéon, bien que cela ne soit pas impossible. Peut-être le terroir a-t-il simplement pris son nom d'une inscription qu'on dit avoir été trouvée au Mont-Dore, et sur laquelle se trouvent ces mots : DIVO PANTEO.

particulièrement Minerve, dans les endroits où il y avait des eaux propres à leur procurer la guérison de leurs maladies. Nous l'apprenons de Solin qui, en parlant de la grande Bretagne, dit qu'il y a des eaux chaudes auxquelles préside Minerve : *In quo spatio magna et multa flumina sunt, fontesque calidi opiparo exsculpsi apparatu ad usus mortalium quibus fontibus præsul est Minervæ numen* (1). Ces fontaines étaient sacrées chez les anciens païens. Sénèque nous l'assure dans son épître quarante-et-unième : *Coluntur aquarum calentium fontes* (2).

Dans ce village on voit un bassin antique, et on y trouve plusieurs médailles qui sont des preuves incontestables que ce lieu a été connu dans les siècles les plus reculés. Il y a trois bains. Le plus élevé, qui est sur une hauteur, est le bain de César, dont l'eau est si chaude, qu'on la souffre avec peine. Elle s'élève à gros bouillons du milieu d'une espèce de tonneau renversé, qui ne peut contenir qu'une seule personne. Il est d'une seule pierre qui a deux pieds de profondeur et trois pieds et quatre pouces de diamètre. Ce bain est dans une grotte faite en partie du rocher et en partie d'un arc de pierre de taille qui soutient la terre et l'empêche de tomber. L'eau de cette source est fort chaude et alors (*sic*) un petit goût de sel et une petite odeur de soufre. Quand elle est refroidie, elle est insipide, mais elle est fort claire. Le second bain est au-dessous, fort près du premier. L'eau est dans deux bassins qui ont chacun deux pieds de profondeur, six de longueur et quatre de largeur. L'un est pour les hommes et l'autre pour les personnes du sexe. Ils sont séparés par une seule pierre qui est de la même élévation que les bords. On y a ajouté depuis quelques années une séparation faite avec des planches de bois, pour empêcher que les deux sexes se voient quand ils sont dans le bain. L'eau est onctueuse et balsamique. Lorsque l'on s'y plonge on sent une chaleur douce qui fait plaisir.

---

(1) *C. Julii Solini polyhistor.* (Poitiers, E. Marnef, 1590, p. 72.)
(2) Epist. XL.

Le troisième bain est celui que l'on appelle le bain des chevaux, qui est très négligé (1). Il semble que c'est celui dont les anciens faisaient le plus de cas. On peut le conjecturer par les restes remarquables des bâtiments qui en sont proches. Des eaux de ces sources, dit M. du Clos, on en tire un sel nitreux. La noix de galle en rend l'eau de couleur rose un peu foncée, et elle fait changer la teinture du tournesol en rouge violet ; ce qui marque qu'il y a peu d'acide dans ces eaux, car, s'il y en avait beaucoup, la noix de galle y aurait pris une couleur plus foncée, et le rouge de la teinture du tournesol serait plus clair et moins éloigné de la véritable couleur du suc du tournesol. Le suc de la terre la rend laiteuse, mais il ne lui donne ni odeur ni saveur désagréable ; ce qui fait croire que son soufre est très pur, au cas qu'il y en ait.

Non loin du premier bain on trouve trois petites fontaines, dont la première s'appelle la fontaine de Sainte-Marguerite. Son eau est sans odeur, limpide, et ne fait point changer la noix de galle ; mais elle change la teinture du tournesol en beau rouge fort clair, et le sel de tartre ne lui donne ni odeur ni saveur désagréable. Les deux autres sont éloignées de celle-ci de quinze ou vingt pas, et leur eau est fort peu différente.

Dans le treizième et le quatorzième siècle, on y connaissait quatre bains : ceux de la Grotte, de Saint-Jean, de la Madeleine et de Saint-Pardoux. Il en est fait mention plusieurs fois dans les terriers de ce temps-là, dont nous rapporterons quelques endroits dans les notes.

Je ne doute point qu'on ne se rendît en foule dans ce lieu, dont les bains sont préférables à tous ceux du royaume, si on y était logé commodément ; mais le peu de commodité qu'on y trouve en éloigne avec raison les étrangers. Un lieu où les

---

(1) Legrand d'Aussy critique beaucoup, dans son *Voyage en Auvergne*, un intendant de la province qui imagina de faire alimenter, par la décharge des autres bains, une piscine pour les chevaux, et, pour l'établir, acheva la destruction des thermes antiques.

sujets du roi trouveraient sûrement du soulagement dans leurs maux serait bien digne de l'attention des ministres.

Parmi tant de sources d'eaux salutaires que l'on trouve en Auvergne, il en est une bien contraire dont l'eau cause la mort. Elle est entre Montpensier et Aigueperse. On la trouve dans une espèce de puits qu'on a comblé d'un tas de pierres au travers desquelles elle se perd sous terre. On trouvait souvent, autour, des oiseaux morts ou pour en avoir bu, ou pour s'être arrêtés au-dessus trop longtemps (1). Cette malignité est produite par la terre du voisinage qui est imbibée de nitre, d'arsenic et de sels caustiques très propres à ôter la vie. Elle est pourtant sans saveur, du moins sensible. Elle a encore cela de surprenant qu'elle bout et fait du bruit comme l'eau qu'on jette sur la chaux, et cependant elle est froide au toucher, quoique ces bouillons soient grands et impétueux. Vitruve assure qu'on en trouvait, de son temps, dont l'usage était pernicieux et mortel, à cause du suc venimeux de la terre sous laquelle elles coulaient : telles qu'étaient les eaux d'une fontaine de Terracine, qui était appelée Neptunienne (2), de laquelle ceux qui en buvaient par mégarde mouraient incontinent ; ce qui fut cause qu'on la combla, comme on a fait de celle de Montpensier. Telle était aussi l'eau proche de Cidero en Thrace, de laquelle on ne pouvait non seulement boire, mais même se laver sans mourir. Il y avait encore, en Thessalie, une fontaine qui était à l'ombre d'un arbre dont les fleurs étaient de couleur de pourpre, de l'eau de laquelle ni les troupeaux ne voulaient point boire, ni aucun genre d'animaux n'osaient approcher. Tout de même en Macédoine, près

---

(1) Elle est encore connue sous le nom de Fontaine empoisonnée. En réalité, ce n'est qu'un dégagement de gaz acide carbonique qui se fait dans une dépression du sol, où il ne s'amasse quelque peu d'eau qu'à la suite des pluies. Les oiseaux qui y venaient boire, les insectes, etc., étaient asphyxiés par le gaz qui s'accumulait dans le creux. Actuellement on l'a recouverte d'une petite construction. Voyez, à son sujet, un article de Darcet, dans le *Recueil industriel, manufacturier, etc.*, de Moléon.

(2) *Op. cit.*, p. 162.

du tombeau d'Euripide, deux ruisseaux se joignaient après l'avoir côtoyé à droite et à gauche, l'un desquels avait une si bonne eau, que les passants s'y arrêtaient pour se repaître ; mais l'eau qui coulait de l'autre côté avait la réputation d'être si pernicieuse, que personne n'en approchait. En la partie de l'Arcadie nommée Nonacris, il distillait une eau très froide, que les Grecs appelaient eau de tristesse, qui ne pouvait être reçue dans aucun vaisseau d'argent, ni de cuivre, ni de fer qu'elle ne [le] rompît, et il n'y avait que la seule corne du pied d'un mulet où on pût la garder. On dit, ajoute Vitruve, qu'Antipater fit porter de cette eau par son fils Jolas dans la province où était Alexandre, et qu'elle fut le poison qui fit mourir ce roi. Il y avait encore une autre eau, dans les Alpes, au royaume de Cotties, qui faisait tomber subitement ceux qui en buvaient.

III

Antiquité

Les Auvergnats se disent descendus de Pluton, comme le reste des Gaulois. Mais ils prétendent, de plus, que leur pays était véritablement sous sa domination et qu'il y faisait son séjour. L'Auvergne s'appellait *Arvernus;* le nom d'*Arvernia* ne paraît dans aucun auteur ni dans aucun titre avant le neuvième ou le dixième siècle. On trouve son ancien nom dans Sidonius Apollinaris, dans Grégoire de Tours, dans Venance Fortunat et dans la Chronique de Tours. Toute l'antiquité convient que la patrie du père Dis (1) ou de Pluton, s'appellait *Avernus,* ainsi on ne doit point la chercher ailleurs que dans l'Auvergne, puisque ce ne peut être que le même pays que l'on nomme *Arvernus* et *Avernus*. La lettre R, qui manque au dernier nom, ne met point une différence essentielle entre ces deux mots. Qui est-ce qui ne sait que les Romains retranchaient souvent l'R aux mots des langues étrangères ? Ne rendaient-ils point les mots grecs d'artron, ἀρτρον, et de lectron, λεντρον, par ceux-ci, *artus* et *lectus* ? C'est ce qui fait que les auteurs emploient indifféremment *Arvernus* et *Avernus* pour exprimer l'Auvergne, *Arverni* et *Averni,* pour désigner les peuples et la capitale d'Auvergne. On ne trouverait peut-être là-dessus aucune contradition, si les scholiastes n'avaient pas corrigé divers passages des anciens auteurs, par l'addition de cette lettre, parce qu'ils trouvaient dans César, dans Tite-Live, dans Florus, dans Pline, dans Sidonius

(1) Dispater.

Apollinaris et dans Grégoire de Tours, qu'elle entrait plus souvent dans les noms d'Arvernes et d'Arverni, qui sont en effet les véritables. Ce qui n'a pas empêché que la manière de les écrire sans R ne soit venue jusqu'à nous et que Ptolémée, Plutarque, Ammien-Marcellin, Eginhard, l'auteur anonyme des comtes d'Anjou, celui des gestes de la maison d'Amboise et plusieurs autres, ne nous aient laissé le nom d'Avernus, pour dire l'Auvergne.

Il semble que les Auvergnats ne devraient point avouer une telle origine, puisque les poètes ont pris le nom d'Avernus pour l'enfer, et que les Gaulois, dans cette vue, ont compté l'espace du temps par nuits et non point par jours, pour conserver une descente qui n'a rien de brillant, étant au contraire enveloppée de ténèbres. Cette manière de compter reste encore aujourd'hui en Auvergne, où l'on dit *aneu* et *anuy* pour aujourd'hui. Tous ces discours ne pourraient déplaire qu'à ceux qui ne savent pas que la fable de Dis ne signifie autre chose sinon que Pluton eut pour son partage les régions inférieures et occidentales du monde, ce que veut dire le mot grec Ἀορνος, en langage punique, et que cette partie de son royaume, nommée les Champs Elyséens, qui était un lieu enchanté, convient parfaitement à la Limagne d'Auvergne dont la beauté et les charmes font oublier, comme le fleuve Lethé, aux étrangers, leur patrie et le reste de l'univers. C'est ainsi que s'exprime, sur cette partie de l'Auvergne, Sidonius Apollinaris à son ami Aper : *Quod denique hujusmodi est, ut semel visum advenis, multis patriæ oblivionem sæpè persuadeat* (1). Pour ce qui est de la coutume de compter par nuits et non point par jours, qui ne sait qu'elle est la plus ancienne et la plus vénérable ? Car, outre que les Numides, les Germains et les Gaulois n'en suivaient point d'autre, ils imitaient en cela les premiers hommes du monde et le fameux législateur Moïse.

Tout ce que nous venons de dire jusqu'ici ne veut dire

(1) Lib. IV, ep. 21.

autre chose, si ce n'est qu'il restait dans l'esprit des Auvergnats quelque idée de Japhet, l'aîné des enfants de Noé, qui avait envoyé quelques colonies dans les Gaules, dont ils tiraient leur origine. Car ce fut lui qui fut chargé de peupler la partie occidentale du monde, par où on voit le rapport qu'il y a entre Pluton, frère de Jupiter et de Neptune, et Japhet, frère de Sem et de Cham, tous trois fils de Noé, comme les trois premiers étaient fils de Saturne, dans lequel il n'est pas difficile de reconnaître le fameux patriarche Noé. On ne peut pas douter que les Auvergnats, comme le reste des Gaulois, ne descendent de Japhet et qu'il ne soit le père Dis dont parle César (1).

Il n'est pas de même certain s'ils ont la même origine que les Romains, et si quelque prince troyen, dont ils ont fait gloire de venir, se rendit dans leur pays. Tout le monde sait que Lucain leur reproche cet air de vanité qu'ils se donnaient, prétendant par là s'égaler en quelque manière à ce premier peuple du monde :

> Arvernique ausi Latios se fingere fratres,
> Sanguine ab Iliaco populi (2).

Il résulte pourtant, de là, qu'il s'était conservé parmi eux quelque tradition qui leur donnait lieu de se glorifier d'être du même sang que les Romains, puisqu'ils les appelaient leurs frères. Car on doit fort peu se mettre en peine de l'air triomphant dont le poète semble les insulter à ce sujet. On sait que la fierté romaine leur inspirait du mépris pour tout le reste de l'univers. Leur royaume, sous leurs premiers rois, était bien au-dessous de celui des Auvergnats. Luérie et Bituitus, les rois d'Auvergne que nous connaissons, ont bien fait autre figure dans le monde que Romulus, Numa et leurs successeurs. Ceux-ci avaient pour capitale une petite bour-

---

(1) Bochart, *Geog. sacræ pars prior. Phaleg*, liv. I, ch. 34.
(2) Lucain, *Pharsale*, liv. I, v. 425.

gade remplie, sous Romulus, de bergers ou de bandits. Il faisait ses exploits tant vantés, contre les Cemniens, les Ansemates et les Sabins, à la tête d'une armée composée de trois ou quatre cents hommes au plus, qui mirent en déroute une autre armée de cinq ou six cents hommes aussi. Nos rois avaient pour capitale une ville qui devait correspondre à la grandeur de leur État, qui avait pour bornes le Rhin, les Alpes, la mer Méditerranée et l'Océan. S'ils marchaient contre leurs ennemis, on voyait à leur suite deux ou trois cent mille hommes. Il ne manque à de tels rois qu'un historien tel que Tite-Live pour en donner une si belle idée, que Lucain, quand il eût été Romain, se serait trouvé trop heureux d'avoir une même origine avec les peuples auxquels ils commandaient. Le peu que nous savons, par les anciens auteurs, de la mémoire de ces premiers rois d'Auvergne ne laisse pas de nous les faire regarder avec un éclat que l'on ne découvre point dans les premiers rois de Rome ; et un barde de ces temps-là (poète Gaulois), eût pu dire d'un air aussi triomphant que le poète de Rome, que les Romains étaient bien hardis d'oser se dire frères des Auvergnats :

> Romanique ausi Arvernos se fingere fratres
> Sanguine ab Iliaco populi.

C'était une tradition si constante parmi les peuples d'Auvergne qu'ils étaient du même sang que les Troyens, que l'auteur anonyme de la vie de saint Cassius, qui vivait, selon quelques-uns, sous l'empire de Gallien, vers l'an 264, assure que l'on donne le nom de Pergames aux remparts de la ville d'Auvergne (Clermont), parce qu'on appelait ainsi ceux de Troie, et la raison qu'il en donne est que cette ville était l'ouvrage des Troyens : *Quia ante Incarnationem Christi Trojani civitatem illam condiderant* (1). Sidonius Apollinaris, que l'on n'accusera pas d'aimer les contes fabuleux, qui avait vu

---

(1) Bibl. de Clermont, Ms. 148, folio 4 recto, col. 2.

la majesté des empereurs et l'ancien sénat de Rome, dont il était préfet, confond quelquefois, dans ses ouvrages, le sang auvergnat avec le sang romain : *Est mihi*, dit-il dans le panégyrique d'Avitus (1), *quæ Latio se sanguine tollit alumnam, tellus clara viris;* et, dans la septième lettre du septième livre, il parle ainsi : *Arvernorum proh dolor! servitus, qui (si prisca replicarentur) audebant se quondam fratres Latio dicere, et sanguine ab Iliaco populos computare.* Pierre de Poitiers, qui vivait dans le douzième siècle, croit cette ancienne tradition qui ne faisait qu'un même peuple des Romains et des Auvergnats, dans le panégyrique qu'il nous a laissé de Pierre le Vénérable, qui est un des grands ornements de la maison de Montboissier. Voici ses paroles, dignes de remarque :

Hunc Latiæ gentes regum de stirpe potentes,
Arverni populi progenuere duces (2).

Quand les Auvergnats se seraient flattés d'une origine qui leur faisait avoir quelque part à la gloire que s'étaient acquise les Romains, il n'y a rien de fort surprenant, puisqu'Ovide nous apprend qu'après le siège de Troie, quelques personnes de cette ville infortunée avaient cherché un asile dans les Gaules :

Ingeniique sui dictus cognomine Largus
Gallica qui Phrygium duxit in arva senem (3).

Ammien Marcellin, qui avait une si profonde connaissance de l'antiquité des peuples, a aussi écrit comme un fait constant que, depuis l'embrasement de Troie, le peu de personnes qui en échappèrent, fuyant les Grecs qui étaient dispersés par-

---

(1) Vers 139 et 140.
(2) Bibliotheca Cluniacensis, fol. 607, *Petri Pictaviensis monachi panegyricus*, v. 7 et 8.
(3) *Epist. ex Ponto*, IV, 16, v. 17.

tout, occupèrent la Gaule, qui était vide alors : *Aiunt quidam paucos post excidium Trojœ et fugitantes Grœcos ubique dispersos loca hœc occupasse nunc vacua* (1). Agesianax, si on en croit Œneas Silvius, connu sous le nom de Pie II, souverain pontife, poussait la chose encore plus loin, prétendant que les Gaulois, ayant appris que les Grecs assiégeaient Troie dans le dessein de ruiner cette fameuse ville, volèrent au secours de ces peuples ; mais, étant arrivés trop tard, voyant qu'ils leur étaient inutiles, ils avaient repris le chemin de leur patrie : *Agesianax scribit Gallos ex Europa transgressos, tutelœ gratia in urbem ascendisse, eamdemque sine mœnibus repertam illico dimisisse* (2).

On était si convaincu, du temps de Charles le Chauve, que les Gaulois descendaient des Troyens, qu'on en parle dans l'épitaphe de ce roi que l'on voyait autrefois à Nantua :

    Hoc domini Caroli servantur membra sepulcro
        Conspicuus Romæ qui fuit Imperio,
    Dardanidæque simul gentis, non sceptra relinquens,
        Sed... (3).

Je n'ai rapporté tous ces endroits de ces anciens auteurs que pour faire voir si les Auvergnats étaient si ridicules que de se vanter d'être du même sang des Romains, et qu'ils ne s'étaient pas laissés entraîner dans cette erreur sans quelque fondement. Ils ne sont pas les seuls qui ont prétendu être frères des Romains. Ceux de Marseille et d'Autun ont aspiré à la même gloire, comme nous l'apprenons de Cicéron et d'Ammien Marcellin.

Quoi qu'il en soit, que les Auvergnats soient du même sang des Romains ou qu'ils n'en soient pas, c'est de quoi ils ne

---

(1) Ammian. Marcel., lib. IV.
(2) *Æneæ Sylvii Piccolominei Senensis opera*. Bâle, s. d., p. 348.
(3) Ménestrier (Le P.), *Hist. civile et consulaire de la ville de Lyon*, p. 249.

s'embarrassent pas beaucoup, et sur quoi ils ne se fatigueront jamais à soutenir une chose à laquelle ils ne prennent pas la part que leurs ancêtres y ont peut-être prise. Mais on ne peut pas leur ôter la gloire d'avoir étendu leur domination sur toute la Gaule, plus de cent quarante ans avant Jésus-Christ, de s'être fait estimer du fameux Annibal, d'avoir partagé la gloire qu'il acquit dans toutes les batailles qu'il gagna contre les Romains, d'avoir été du nombre de ces fiers Gaulois qui ne furent point épouvantés de la puissance romaine, et qui furent assez hardis que de vouloir la renverser par la prise de Rome. Enfin, il y a deux mille ans que les Auvergnats étaient soumis à des rois à qui une armée commandée par des consuls romains d'une grande réputation ne fit point peur, puisqu'ils furent l'attaquer à la tête de deux cent mille hommes.

IV

L'Éducation des enfants et les Études

Il est certain qu'en Auvergne les pères et les mères travaillaient sans relâche à l'éducation de leurs enfants. Dans les temps les plus reculés, on n'était point embarrassé, comme aujourd'hui, à qui on pourrait les confier dans cet âge tendre où ils prennent si facilement toutes les impressions qui les rendent vertueux ou vicieux pour le reste de leurs jours. Ceux qui avaient l'intendance du culte des dieux et de la religion devenaient leurs maîtres. C'étaient eux qui avaient la direction de toute la jeunesse. Ainsi ils ne sortaient pas de leurs mains que lorsqu'ils étaient parfaitement instruits de la religion et des sciences. Ils ne pouvaient avoir que l'esprit bien formé, puisqu'ils avaient passé le temps où les fougues de la jeunesse sont le plus impétueuses avec des hommes d'un esprit solide et d'une grande droiture, et pour lesquels ce qu'il y avait de plus grand dans l'État avait un respect qui allait jusqu'à la vénération. La jeunesse ne sortait point de cette école qu'elle ne fût instruite des lois qui devaient lui servir de règle dans tout le cours de la vie. On leur mettait dans la mémoire, par des vers qu'ils étaient obligés d'apprendre par cœur, tout ce qui avait rapport à la religion et à ses mystères, et tout ce que la tradition leur avait appris de leur histoire. Ils ne quittaient ces hommes merveilleux que pour passer entre les mains de leurs pères, qui, ne respirant que la guerre, leur donnaient des leçons pour devenir de grands maîtres dans un métier si funeste au monde. Ils apprenaient avec docilité tous les exercices qui servaient à devenir un bon homme de guerre. Monter à cheval pour suivre les bêtes dans les bois et dans les forêts était l'exercice continuel auquel ils s'occupaient.

Lorsque les Auvergnats eurent connu les Romains et qu'ils furent soumis à cette fière nation qui commandait à tout l'univers, les jeunes gens étaient élevés comme les enfants de ceux qui les avaient vaincus. On les envoyait dans les écoles publiques, où ils se rendaient habiles dans la langue grecque, dans la latine, dans l'histoire, dans les mathématiques, mais surtout dans l'éloquence et dans les lois. Quand on avait bien cultivé leur raison par toutes les sciences et qu'ils étaient devenus assez robustes pour soutenir tous les exercices qui demandaient une grande force de corps, on les abandonnait aux maîtres de qui ils pouvaient les apprendre parfaitement.

La manière dont on s'y prit pour donner à Ecdicius, fils de l'empereur Avitus, une éducation digne de sa naissance, nous fera voir tous les soins que l'on prenait pour élever la jeunesse. On voyait à Clermont des écoles publiques où on allait en foule, de toute la Gaule, puiser les sciences qui servaient à former l'esprit et à faire naître dans le cœur des sentiments propres aux grandes âmes. Le sénat de cette ville, qui la rendait une des villes du royaume des plus considérables, y attirait un nombre infini d'hommes distingués, et en même temps une foule de jeunes gens que cette florissante académie pouvait à peine contenir. C'était dans cette célèbre école qu'Ecdicius, après s'être défait de la barbarie du langage celtique (1) et appris toutes les finesses de la langue latine, se rendit maître dans l'art de la véritable éloquence et dans toutes les autres sciences dignes du fils d'un empereur romain. Il n'ignorait pas même le langage des muses; aussi les maîtres expliquaient dans les classes tous les poètes, et en découvraient à leurs écoliers toutes les beautés. Domitius, excellent grammairien, dont Sidonius faisait tant de cas, expliquait à la jeunesse les comédies de Térence et leur en faisait remarquer avec exactitude

---

(1) *C. S. Apoll. opera*, lib. III, ep. 3.

tous les charmes, soit pour la délicatesse de la langue et des sentiments, soit pour la conduite de la pièce. Sidonius lui-même lisait avec son fils Apollinaire non seulement les comédies de Térence, mais encore celles de Ménandre, et lui en développait toutes les beautés et ne lui laissait pas ignorer jusqu'aux mesures des vers.

Les premières études d'Ecdicius étant finies, on le mit sous des maîtres qui le rendirent habile dans tous les exercices qui servent à former le corps des jeunes gens. Il apprit l'art de traverser les rivières à la nage, toutes les finesses de la chasse et de la fauconnerie, la manière de travailler et de monter un cheval et de dresser des chiens, et afin de se procurer quelques moments de relâche, après s'être appliqué à des affaires sérieuses et importantes, il ne dédaignait point d'apprendre à jouer aux dés, à la manière de ces temps-là, et à tirer de l'arc avec beaucoup de justesse.

On avait donné une pareille éducation à Avitus, son père. On lui avait enseigné toutes les beautés de la langue latine ; on lui avait fait admirer l'éloquence de Cicéron et lire avec rapidité les hauts faits des plus grands capitaines. Après cela on lui inspira de la passion pour la chasse qui est une image continuelle de la guerre, et, dans cet exercice, il augmenta si fort les forces du corps qu'il assomma dans les forêts une louve à coups de pierre.

C'était encore à cette fameuse école de la ville de Clermont qu'Aper, homme de qualité, était redevable de toutes les sciences qui le faisaient si fort estimer dans le monde. Sidonius, l'exhortant avec beaucoup de politesse à conserver l'amitié pour cette grande ville, lui dit avec esprit (1) : « Quel mal vous avons-nous donc fait pour demeurer si longtemps éloigné de nous ? N'est-ce point dans ce lieu que nous avons pris soin de vous dans le berceau ? N'est-ce point ici que nous avons raffermi vos membres délicats dans le temps que vous ne poussiez que des cris d'enfant ? N'est-ce point ici que chacun

(1) *Loc. cit.*

se faisait un plaisir de vous tenir entre ses bras ? N'est-ce point dans cette ville où votre aïeul Fronton, plein de tendresse pour vous, et votre aïeule Auspicia, après la mort de votre mère, ont mis tout leur soin à vous conserver ? Ne sont-ce point eux qui ont travaillé à vous placer dans cette célèbre académie pour vous instruire dans les belles-lettres, dans la grammaire, dans la rhétorique et dans toutes les sciences par lesquelles vous vous êtes fait une si belle réputation. » Ce fut dans cette même école où saint Bonnet, cet illustre évêque de Clermont, s'occupa à l'étude des belles-lettres et au droit romain avec un si grand succès, qu'il surpassait tous ceux de son âge et qu'il se fit admirer de tous les habiles hommes de son temps et même de nos rois qui le jugèrent digne de remplir la charge de chancelier. Cette école était encore florissante sous Sigebert, roi d'Austrasie, dans le sixième siècle, puisque ce fut là qu'Andarchius, homme naturellement vain, serviteur du sénateur Félix, étudia toutes les sciences avec son maître, et fit surtout tant de progrès dans l'intelligence des œuvres de Virgile, des lois théodosiennes et dans l'art de calculer, qu'il se crut beaucoup au-dessus de celui à qui il était redevable de son éducation. Il le méprisa, et tout fier de sa science et de son esprit, il osa se promettre d'épouser la fille d'un citoyen de Clermont, nommé Ursus, homme fort riche ; mais son audace fut punie par un genre de mort terrible (1).

L'académie de Clermont n'était pas la seule en Auvergne où la jeunesse pouvait être instruite dans les sciences. On les enseignait encore à Issoire dans le septième siècle. Ce fut dans cette école où se remplit saint Prix, évêque de Clermont, de toutes ces belles connaissances qui, avec sa sainteté, le rendirent si célèbre en France (2).

Les Auvergnats ont toujours passé pour avoir l'esprit vif,

---

(1) GRÉG. DE TOURS, *Hist. Francorum*, IV, 47.
(2) Sur les origines de l'instruction publique dans notre province, nous renvoyons au remarquable ouvrage de M. Elie Jaloustre : *Les anciennes écoles de l'Auvergne* (*Mémoires de l'Académie des sciences, belles-lettres et arts de Clermont-Ferrand*, t. XXIII, 1881).

élevé, pénétrant et propre aux plus hautes sciences. M. de Sainte-Marthe (1) appelle l'Auvergne une terre féconde en beaux esprits, et saint François de Sales écrit à la mère Faure : « Enfin, ma chère fille, vous avez été recueillie avec joie en Auvergne, pays des bons esprits. » Il est certain que les Auvergnats ont toujours eu une forte inclination pour les sciences. Ils ont eu des savants de premier ordre dans tous les temps, et même dans ces siècles où l'on prétend qu'a régné une profonde ignorance. On pourrait sans témérité avancer que l'Auvergne a donné des hommes qui étaient nés, ce semble, pour conserver ces précieux trésors qui avaient presque disparu parmi bien d'autres nations.

Le premier de ces temps obscurs fut avant que la Gaule passât sous la domination des Romains. On croit que ce fut le commerce de ces vainqueurs du monde qui leur inspira de l'amour pour les sciences, mais on se trompe. Du temps des rois Luerie et Bituite, il y avait des savants en Auvergne. On cultivait dans la cour de ces princes les sciences et les beaux-arts. Les personnes d'un rare savoir avaient l'entrée libre dans leurs palais, et tous les chemins à la faveur leur étaient ouverts, aussi bien qu'aux grands capitaines. Ils étaient surtout charmés des douceurs de la poésie; ils en connaissaient toute la beauté. Ils adoucissaient les peines qui accompagnent la royauté par les agréables et tendres imaginations des poètes. Aussi était-ce à eux à qui on avait l'obligation de la joie qui régnait dans les festins. Les bardes s'y trouvaient par ordre du roi et en faisaient tout l'agrément.

Quand les Auvergnats furent en république, après avoir été subjugués par les Romains, leur principale étude fut l'éloquence. Ils en avaient besoin pour se rendre maîtres des peuples qui étaient infiniment jaloux de la liberté que les Romains ne leur avaient point ôtée. Jules César, le plus éloquent homme de son temps, comme il était bien au-dessus des autres hommes, parlait de leur mérite, sans craindre de

---

(1) *Gallia christiana*, t. II, col. 260.

diminuer en rien le sien. Dans quelle admiration ne le jette point l'éloquence de Vercingétorix, qui fut choisi par tous les Gaulois pour commander leur armée contre ce général romain ! Il raconte le grand crédit de ce seigneur sur les citoyens de Gergovia ; s'il trouva l'art de s'en faire roi, ce fut par son éloquence. Il assembla ceux de sa faction et les disposa à tout ce qu'il voulut. Ce ne fut que son éloquence qui le soutint après la prise de Bourges, où le soldat romain irrité n'avait pardonné ni à âge, ni à sexe. Sa perte semblait assurée, puisqu'avec de nombreuses troupes il n'avait point arrêté l'ennemi de la Gaule. Il parut, le lendemain, avec une contenance plus fière qu'à l'ordinaire. Il rassura les esprits et les exhorta à ne point perdre courage pour la perte qu'ils avaient faite. Il leur parla avec tant de force, qu'ils se crurent invincibles avec lui. Sa harangue, dit César, fut reçue avec applaudissements, parce qu'on voyait qu'il ne succombait point dans le malheur, ni ne se cachait dans l'adversité ; de sorte, ajoute ce général romain, que ce qui fait perdre le crédit aux autres, ne servit qu'à augmenter le sien et lui acquérir un renom de prudence. Il détruisit aussi, par son éloquence, un reste d'union que certains peuples de la Gaule conservaient avec la république romaine, lors du soulèvement général des Gaules contre Jules César. Avec quel torrent d'éloquence Critognat, seigneur auvergnat de Gergovia, ne parla-t-il pas dans Alise pour empêcher qu'on ne livrât la place aux Romains, dans un temps où les vivres manquaient aux assiégés ! De quelle manière vive ne dépeint-il point le caractère célèbre des Romains dans leurs entreprises, les malheurs d'être asservis à un peuple qui prétendait opprimer toutes les autres nations de l'univers d'une servitude éternelle ! Tout ce qu'il dit était digne d'Athènes et de l'ancienne Rome.

 Le second de ces temps barbares fut sur le déclin de l'empire romain. Le débordement des peuples du nord fit préférer le fer aux livres, et la passion des armes à celle des sciences. L'Auvergne parut alors plus que jamais féconde en beaux esprits ; elle seule en fournit presque autant que le reste des Gaules. Quel bruit n'ont point fait dans le monde Sidonius, préfet de Rome et évêque de Clermont, Ennodius et Alcime Avite! Nous avons encore leurs ouvrages, où l'on remarque des traits de la plus vive éloquence, un savoir profond, et dans quelques-uns une délicatesse pour la poésie digne du siècle d'Auguste. Dans quelle réputation pour l'esprit et pour la science n'étaient point Avitus, son cousin Probus, les Félix, les Frontons, les Tétrades, les Apollinaires, les Gals, les Grégoires, les Bonnets, les Prix et un grand nombre d'autres! Si nous n'avons pas les ouvrages de plusieurs, l'étendue de leur savoir et la force de leur esprit ne nous sont pas moins connus par la manière dont nous en ont parlé les auteurs du temps. Quelle éloquence ne remarquait-on point dans Avitus, qui parvint à l'empire! Avec quelle dextérité ne ménagea-t-il point l'esprit du roi des Visigoths, Théodoric, lorsqu'il lui persuada de faire la paix avec l'empire en 425, après la levée du siège d'Arles, et l'an 437, après la défaite de Litonus, maître de la milice romaine devant Toulouse! C'est de Sidonius dont nous savons toutes ces particularités, qui ajoute que ce prince arma, par son éloquence, le même Théodoric avec le roi des Français et des Bourguignons contre les Huns, quand le fier Attila fit irruption dans les provinces de l'empire, en 451. Avitus, dit cet évêque de Clermont dans le panégyrique de cet empereur, dispose à son gré de la colère de ces rois, comme si elle était devenue esclave de ce seigneur, dans un temps dans lequel il n'était point encore revêtu de la pourpre ; sa seule éloquence tenait lieu de commandement. La harangue qu'il fit à Tarismond est digne des plus grands orateurs de Rome.

On ne peut pas donner une plus belle idée de l'éloquence du duc Apollinaire que l'ont fait Alcime Avite et Rurice. Celui-là reconnaît que l'élégance et l'éloquence paternelles étaient passées dans Apollinaire ; celui-ci, que ce jeune seigneur ne paraissait pas seulement fils de Sidonius par la générosité de sa race, mais aussi par la fleur de son éloquence.

Le profond savoir de Tétrade a le même Sidonius pour garant: Il dit de ce grand homme que c'était une fontaine de science. Le même évêque ne parle qu'avec admiration du savoir éminent et de la force du génie de Nicetius ; avec quel plaisir fait-il connaître le mérite brillant d'Avitus et de Probus, avec lesquels il avait passé une partie de sa jeunesse ! Il n'oublie pas de faire passer chez eux son livre, non plus que chez Apollinaire, Thaumaste et Fidulus, et dans la maison des Philagres où était Félix, fils de Magnus Félix.

Cassiodore nous dépeint avec des couleurs vives l'éloquence de Félix. Il relève l'abondance du patrice romain dans le choix des termes pour exprimer ce qu'il veut, son feu dans la déclamation, son agrément dans la manière de raconter les moindres choses, son extrême fécondité à trouver de nouveaux mots, son adresse incomparable à faire paraître comme de son propre fonds ce qu'il avait lu dans les auteurs, sa grande pénétration dans tout ce qu'il y a de plus caché dans la nature, sa facilité de s'expliquer en grec. Enfin, ajoute ce savant homme, Félix était un fonds inépuisable de science où l'esprit se repose à son gré, produit quelque chose de nouveau sur-le-champ, met tout à profit et est si fort maître de lui-même, qu'il se trouve le seul sur qui la fortune n'a point d'empire.

Tout ce que nous venons de rapporter paraît bien éloigné de la dureté de ces siècles ; et ne semble-t-il pas que ce sont ces hommes incomparables qui ont donné lieu à Symmaque, préfet de Rome, qui vivait dans ces temps-là, de dire que, s'il voulait entreprendre un ouvrage d'éternelle mémoire, il voudrait le puiser dans la doctrine et l'éloquence des Gaulois ? N'est-ce point au célèbre Grégoire de Tours que nous devons l'histoire de la première race de nos rois ? Sans lui, ces premiers rois nous seraient entièrement inconnus et ces quatre siècles seraient pour nous enveloppés d'épaisses ténèbres, que nous n'aurions jamais pu percer sans son secours.

La troisième époque de ces temps d'ignorance est le xe siècle. C'était, si on en croit les Italiens et le commun des auteurs, un siècle où régnait une sombre obscurité qu'aucune science n'avait pu pénétrer, et où il semblait que les beaux-arts et les Muses s'étaient retirés de l'Europe. Quelles brillantes lumières ne fit point voir l'Auvergne dans ces temps-là ! A qui n'est point connu le fameux Gerbert, précepteur de Robert, le modèle des bons rois, et de l'empereur Othon ! Quelle science n'avait-il point approfondie ! Quel progrès n'avait-il point fait dans ce qu'il y a de plus impénétrable dans les mathématiques, dont on ignorait presque jusqu'au nom ! Son mérite l'éleva sur le siège de Reims, sur celui de Ravenne et enfin sur celui de Rome, où on n'avait point vu jusqu'à lui de pontife romain qui eût une plus vaste étendue de connaissances. Voici comme parle de lui Vignier dans sa Bibliothèque historiale : *Somme que ce peu d'escrits qui restent de luy tesmoignent qu'il a esté ou le premier ou l'un des premiers personnages de son siècle, tant en conseil et affaires d'Estat qu'en savoir et littérature des choses divines, humaines et libérales ; lesquelles il accompagna d'une éloquence et d'un style d'escrire qui le feroient penser avoir vescu en un autre siècle que le sien* (1). Quelle réputation ne se fit pas, dans le même siècle, par sa vertu et son érudition, le célèbre abbé de Mercœur, cinquième abbé de Cluny ! Ces deux hommes seuls étaient capables de donner du lustre à ces temps, que l'on regarde souvent avec horreur.

La quatrième époque de ces temps, où semblait régner une profonde ignorance, est celle qui précéda ou accompagna la naissance des fameux hérétiques Luther et Calvin. Ceux de ce parti soutiennent qu'il était nécessaire que ces deux hommes parussent pour faire renaître l'amour des sciences, que les guerres que se faisaient les princes semblaient avoir banni du commerce des hommes. La noblesse se faisait gloire de ne savoir manier que l'épée. Les hommes doctes étaient l'aversion de quelques rois. Louis XI était persuadé que les lettres ramollissaient le courage, et ainsi elles n'approchèrent point du palais de son fils, Charles VIII, pendant son enfance et sa jeunesse.

(1) Tome II, p. 641.

L'Auvergne fit voir des hommes dont le mérite les éleva aux dignités les plus éclatantes. C'est pour lors qu'elle donna à la France, pour chanceliers, les du Prat, les du Bourg et le célèbre Michel de l'Hospital.

L'Église demandait d'habiles prélats et de profonds théologiens pour défendre les peuples des nouveautés qui avaient tant de charmes pour ceux qui les écoutaient. L'Auvergne donna, pour opposer à tous ces maux, le chancelier du Prat ; Antoine Boyer, archevêque de Bourges et cardinal, que l'on traitait de puissant en discours ; Thomas du Prat, évêque de Clermont, qu'Orlandin traite de fléau des hérétiques, de canoniste du premier ordre et d'ornement de son siècle ; le président Savaron, d'éloquent et d'habile théologien ; Scévole et Louis de Sainte-Marthe, d'amoureux des sciences et des pauvres ; Guillaume du Prat, autre évêque de Clermont, dont la passion qu'il avait pour la religion et pour les lettres lui fit attirer les jésuites en France et former auprès de lui une société de savants parmi lesquels ont brillé particulièrement Gabriel Simeoni, florentin, et Angelus Anglarensis, qui avait une intelligence parfaite de la langue hébraïque, de la syriaque et de la grecque, qu'il avait enseignées avec applaudissement à Venise, à Padoue, à Rome, à Tolède et à Paris ; Gilbert Genebrard, que son zèle pour la religion poussa à de trop grands excès ; Jean de Langeac, évêque d'Avranches et de Limoges, connu par sa doctrine et par ses ambassades en Portugal, en Pologne, en Hongrie, en Écosse et en Angleterre ; Pierre Lizet, premier président du parlement de Paris, si versé dans l'étude du droit, et qui a défendu, par ses ouvrages, la religion catholique ; Philippe de Saliens, abbé de Saint-Pierre de Melun, qui était si versé dans toutes les sciences et dans tous les beaux-arts. L'éclat que l'un et l'autre ont eu en France est peut-être dû à cet illustre abbé, par l'accueil gracieux que François Ier fit aux muses lorsqu'elles recommencèrent à paraître en France par ce grand nombre de savants que ce généreux prince attira à sa cour de toutes les parties de l'Europe. Cette belle inclination lui avait été inspirée par cet illustre Auvergnat qui avait été son précepteur, de qui il tenait aussi cette aversion qu'il eut toute sa vie pour l'hérésie.

Si l'Auvergne a fait voir des hommes extraordinaires dans ces siècles pleins de ténèbres, il en a paru, dans les autres, dont le mérite les a fait connaître dans tout l'univers. Le penchant des Auvergnats a toujours été pour la guerre et pour les sciences ; et, si on ne craignait pas d'en trop dire, on oserait assurer que Caton les avait en vue lorsqu'il disait, dans son livre des *Origines,* que les Gaulois avaient à cœur deux choses avec beaucoup de passion : l'art de combattre et celui de parler. Quand cet auteur écrivait que les Auvergnats étaient les peuples de la Gaule qui faisaient le plus de bruit, on sait aussi que les deux divinités pour lesquelles ils avaient une vénération particulière étaient Hercule et Mercure, tous les deux protecteurs des arts et des sciences. Dans quelle partie de l'Europe ne sont point connus les noms de Sidonius, d'Ennodius, d'Alcime Avite, de Nicetius, des autres dont nous avons parlé ; de Grégoire de Tours, le plus ancien, le plus fidèle et le seul des historiens des rois de la première race ; de Gerbert, que son mérite éleva sur la chaire de saint Pierre sous le nom de Sylvestre II !

Qui ne connaît aujourd'hui Odile de Mercœur, abbé de Cluny ; Pierre-Maurice de Montboissier, surnommé le Vénérable, dont saint Bernard faisait tant de cas ; Guillaume d'Aurillac, évêque de Paris, que plusieurs mettent au rang des premiers pères de l'Église ; Durand de Saint-Pourçain, un des plus subtils philosophes et des plus savants théologiens de son temps ; Pierre d'Auvergne, célèbre disciple de saint Thomas ; Pierre Jacobi, savant jurisconsulte ; Michel de l'Hospital, si connu par son profond génie et par sa probité, dont les ouvrages sur le droit eussent autant contribué à sa gloire que ses poésies, quoiqu'elles soient dignes du siècle d'Auguste ; Gilbert Genebrard, à qui l'étendue de sa science a fait donner le nom de docte par excellence ; Jean de Cinq-Arbres, un des hommes de son siècle les plus savants dans les langues oriéntales ; Pierre Lizet, Jean de La Guesle et Michel Chalvet, si estimés par leur grande connaissance dans la jurisprudence : les deux premiers ont été l'ornement du parlement de Paris, et le troisième de celui de Toulouse ; Guillaume du Vair, garde des sceaux, dont les ouvrages répondent à l'estime que l'on avait de lui ; Jean Savaron, que tous les savants de son temps regardaient avec admiration ; les deux Brohé, père et fils, qui ont soutenu, par leur grande intelligence dans le droit, la gloire que Cujas avait laissée à l'université de Bourges ; Jacques Sirmond, à qui tous les savants font gloire de céder dans la connaissance de l'histoire ecclésiastique ; Martinon, jésuite, qui est dans le rang des plus célèbres théologiens ; Amable Bonnefons, dont les poésies latines font les délices de tous ceux qui aiment la délicatesse et la tendresse dans les vers ; le père Jourdin (1), jésuite, dont les vers lyriques, qui approchent de ceux d'Horace, lui attirèrent l'estime et l'amitié du pape Urbain VIII ; le père Mambrun, aussi jésuite, si estimé par son *Traité du poème épique* et par son *Poème de Constantin* qui, après l'*Énéide*, est ce que nous avons de plus parfait ; le père Delfaut, de la congrégation de Saint-Maur, à qui on doit toutes ces savantes éditions des Pères qu'ont données les bénédictins, ayant été le premier, en commençant saint Augustin, qui a donné l'idée de ces sortes d'ouvrages ; Arnaud d'Andilly, si estimé par sa piété et par le grand nombre de traductions excellentes qu'il a données au public ; Antoine Arnaud, son frère, admirable par son étendue d'esprit et par les profonds raisonnements qui se trouvent dans tous les livres que nous avons de lui en grand nombre ; Blaise Pascal, un des plus grands génies qui aient paru dans le monde ; Cordemoy, à qui ses ouvrages philosophiques ont fait tant d'honneur et à qui nous sommes redevables de l'histoire des deux premières races de nos rois ; les Pères Nicolas et Mourgues ; Jean Domat, si connu par son *Livre des lois civiles dans leur ordre naturel ;* et Jacques Audigier, par son *Origine des François ,* qui est si

---

(1) Jourdain.

glorieux à la nation ! Les autres savants d'Auvergne paraîtront dans l'abrégé de leur vie que nous donnerons. Ce que nous venons de dire pourra suffire pour faire connaître la force d'esprit des Auvergnats et leur grande inclination pour toutes sortes de sciences.

Rien ne prouve encore mieux le bon esprit des peuples de cette province et leur amour pour les sciences et surtout pour le droit, que le dénombrement des chanceliers et des gardes des sceaux que nos rois ont pris parmi les Auvergnats pour les élever à cette grande dignité. Les chanceliers étaient connus, dans les premiers temps, sous le nom de référendaires :

Saint Bonnet, grand-maître référendaire, patrice de Marseille et évêque de Clermont sous Sigebert III, roi d'Austrasie ;

Gerbert, archevêque de Reims, chancelier de France sous le roi Hugues Capet ;

Pierre Flotte, seigneur de Revel (1), chancelier de France sous Philippe le Bel ;

Gilles Aycelin de Montagu, archevêque de Narbonne, chancelier de France sous le même Philippe le Bel ;

Pierre Rodier, clerc du roi, chancelier de France sous Charles le Bel ;

Étienne de Vissac, seigneur d'Arlanc, chancelier de France sous Philippe de Valois ;

Guillaume Flotte, seigneur de Revel, chancelier de France sous le même roi Philippe de Valois ;

Gilles Aycelin Montagu, cardinal et chancelier de France sous le roi Jean ;

Pierre, seigneur de Giat, chancelier de Jean, duc de Berry, et ensuite chancelier de France sous le roi Charles VI ;

Antoine du Prat, seigneur de Nantouillet, archevêque de Sens, cardinal et chancelier de France sous le roi François Ier ;

(1) Ravel.

Antoine du Bourg, baron de Saillans, chancelier de France sous le même roi François Ier ;

Michel de l'Hospital, seigneur de Vignay, chancelier de France sous les rois François II et Charles IX ;

Guillaume du Vair, garde des sceaux de France sous le roi Louis XIII ;

Michel de Marillac, surintendant des finances et garde des sceaux sous le même roi Louis XIII.

Je pourrais ajouter Pierre Séguier, chancelier de France sous les rois Louis XIII et Louis XIV, comme étant de la ville de Saint-Pourçain ; mais, comme tout le monde n'en convient pas, nous laisserons la chose indéterminée.

V

Nourriture

Il est à croire que les Auvergnats, dans les commencements, comme tous les autres peuples de l'univers, aimaient une vie frugale et qu'ils ignoraient cette délicatesse et cette profusion que l'on voit aujourd'hui dans les repas. On peut présumer que sous leurs rois, qui étaient magnifiques en tout, il paraissait quelque chose de leur magnificence dans leur manière de manger. Comme ils aimaient fort la chasse, ils avaient apparemment du goût pour le gibier. Les festins de ces rois devaient être superbes, puisque nous savons que les hommes les plus distingués de leur cour et les savants y étaient invités et qu'on y prenait non seulement le plaisir de la bonne chère, mais encore celui de l'esprit par mille traits piquants et agréables que le feu de l'imagination, animée par la présence du roi, fournissait aux conviés. Ces entretiens n'étaient interrompus, de temps en temps, que par une symphonie des plus charmantes. Il est à croire que l'on servait, comme aujourd'hui, sur table, du bœuf et du mouton. A quoi bon, sans cela, ces grands troupeaux de toutes sortes de bêtes que l'on nourrissait sur les montagnes et dans divers pâturages et dont parle si souvent Sidonius, si l'on n'en mangeait point ? Dans le temps que la ville d'Auvergne (Clermont) était florissante, les tables étaient servies avec beaucoup de magnificence. Il y avait un premier cuisinier qui venait avertir que l'on avait servi. Les repas ordinaires étaient à deux services : dans le premier on servait le bouilli, et dans le second le rôti. Dans un seul plat on voyait une grande diversité de viandes.

Nous étions servis, dit Sidonius dans une lettre, à la manière des festins des sénateurs. Il y avait peu de plats, mais avec cela une grande abondance de viandes. Le gibier était un mets exquis pour eux, puisque ceux qui voulaient mener une vie plus chrétienne que les autres s'en privaient par pénitence, comme nous l'apprenons du même évêque de Clermont, qui dit d'un grand homme de bien : *Ferarum carnibus abstinet* (1). Leurs tables étaient servies avec profusion, comme celles du reste des Gaulois. *Video ibi abundantiam gallicanam* (2), dit le même Sidonius en parlant de la table du roi Théodoric. On y buvait d'excellent vin que le pays, rempli de vignobles, fournissait en abondance. Il fallait aussi qu'il eût grande réputation, puisqu'on le faisait transporter à Trèves, où le tyran Maxime tenait sa cour, et que Sidonius le mettait au rang des meilleurs vins de l'Europe, tels qu'étaient ceux de Falerne et de l'île de Chio. Pline nous apprend qu'il avait été autrefois en grande réputation à Rome, mais que, de son temps, on n'en faisait pas beaucoup de cas, ou parce qu'on avait changé le plant, ou parce que, dans la suite des temps, le terroir avait souffert quelque altération, ou enfin parce que, le luxe alors étant dans son plus grand excès, la délicatesse des Romains leur faisait mépriser tout ce qui avait le plus flatté le goût de leurs pères. Le vin de Vienne, que l'on estimait si fort à Rome, ne devait sa bonté qu'au plant de vignes d'Auvergne, de Bourgogne et du Vivarais, si on en doit croire le même Pline. Le vin que l'on traite à Orléans d'auvernat fait connaître, par son nom, que l'Auvergne en a communiqué le plant. Il faut avouer que les Auvergnats ont toujours fait leurs délices du vin et qu'ils en ont bu avec excès.

Avant qu'ils eussent connu les Romains et qu'ils eussent formé cette grande liaison qui n'en faisait presque qu'un même peuple, ils étaient assis, à table, comme les autres nations de l'Europe, sur des sièges. Après même qu'ils eussent

---

(1) Lib. IV, ep. 9.
(2) Lib. I, ep. 2.

imité ces maîtres du monde en se couchant, comme eux, sur des lits pour prendre leurs repas, il est à croire que les enfants et les femmes gardèrent l'ancienne manière d'être à table. Peut-être même que, dès que la Gaule fut soumise aux Français, on abandonna cette manière de manger pleine de mollesse. Elle subsistait encore du temps des premiers rois de la race des Mérovingiens, comme nous l'apprenons de Grégoire de Tours qui, dans le premier livre de la *Gloire des martyrs* (1), fait la description d'un repas où il se passa des choses assez extraordinaires; je les rapporterai d'autant plus, qu'elles me paraissent dignes de la curiosité du lecteur et que je ne m'écarterai pas de mon sujet, puisqu'il y est fait mention des mets que l'on servait dans ce temps-là. Dans le siècle de ce seul historien des Français, on voyait quelquefois, dans une famille, le mari et la femme qui étaient de religion différente. En effet, dans une ville qui n'est point nommée, il y avait une famille dont le maître était hérétique et la femme fort bonne catholique. Un saint prêtre ayant rendu visite à cette dernière, elle en fut si charmée, qu'elle voulut le retenir à dîner; mais, comme elle craignait la mauvaise humeur de son mari, elle le pria, avec des termes très gracieux, de vouloir bien, dans cette occasion, ne point oublier ses manières polies à l'égard d'un homme qui s'était donné la peine de la venir voir. « Faites-lui, je vous prie, ajouta-t-elle, bonne chère et bonne mine. » Comme il lui promettait qu'elle serait contente de lui, arriva un prêtre hérétique dont la vue surprit si agréablement le mari, qu'il dit à sa femme, avec un air gai : « Nous devons doublement nous réjouir, puisque nous avons chez nous ce que nous pouvions souhaiter tous les deux. » On se mit à table. Ils étaient quatre, rangés de cette manière : le mari occupait le côté droit avec son prêtre hérétique, et, du côté gauche, était le prêtre catholique, tous les trois assis sur des lits, et la femme assise sur une espèce d'escabelle, à côté de son ami. Le mari, qui avait aussi au-

---

(1) Chap. LXXX.

près de lui son ami, lui dit tout bas : « Il ne tient qu'à nous de nous bien réjouir aujourd'hui aux dépens de ce bon catholique romain. Nous pourrons l'empêcher de manger, si vous voulez. Vous n'avez qu'à faire le signe de la croix sur chaque mets, dès qu'il paraîtra ; il n'osera, après cela, y toucher, et nous nous divertirons en bien mangeant, tandis qu'il fera une figure bien triste, ne goûtant de rien de tout ce qui sera servi. » L'hérétique applaudit à la proposition de son hôte. On sert le potage ; l'arien y donna aussitôt sa bénédiction et en mit sur son assiette. La femme, outrée de voir traiter avec tant d'indignité un homme qu'elle considérait beaucoup, dit à son mari : « Ne continue pas de me désobliger d'une si cruelle manière. » Ces mots arrêtèrent pour quelque temps l'insolence de l'hérétique. On servit d'un mets dont le prêtre catholique mangea. L'arien recommença ses bénédictions au troisième et au quatrième service. Enfin on apporta dans une espèce de terrine un ragoût tout bouillant qui avait autour des œufs coupés par quartier sur lesquels on avait jeté un peu de farine, des dattes et des olives. A la vue d'un mets si bon, l'hérétique se hâta non seulement de le bénir, mais d'en manger. Le tour qu'il voulait faire au catholique l'empêchant d'apercevoir que ce qu'on venait de servir était extrêmement chaud, il en prend vite avec sa cuillère, la porte toute pleine dans sa bouche et l'avale avec précipitation. Sa malice ne fut pas longtemps sans être punie : la chaleur lui brûla l'estomac avec tant de violence, qu'il rendit sur-le-champ l'esprit à table, d'où on le porta au tombeau.

Les tables étaient magnifiques, selon les richesses d'un chacun. On en voyait qui étaient enrichies d'or, d'argent et de pierres précieuses. Celle sur laquelle on mangeait était en demi-cercle dont les deux bouts avaient, l'un le nom de *cornu dextrum*, et l'autre de *cornu sinistrum*, le côté droit et le côté gauche. Il y en avait de grandes et de petites, selon le nombre des conviés. On les couvrait de tapis de pourpre ou de quelque étoffe plus riche ou moins riche, selon la qualité ou le bien des personnes.

Il est bien difficile de dire au vrai quelle était la première place du temps que l'empire romain florissait le plus ; dans quel rang le plus honorable on faisait placer ceux qui étaient priés à manger. Nous en avons été parfaitement instruits, sous le déclin de la puissance romaine, par Sidonius, qui nous apprend le rang que tenaient ceux qui avaient [été] appelés par Majorien au festin qu'il donna à Arles, après avoir réjoui le peuple par le spectacle des jeux du cirque (1). L'empereur, qui avait sans doute la première place, était sur le sigma (espèce de canapé) du bout du côté droit ; la seconde place était pour Sévère, consul de l'année présente, à l'autre bout, à la gauche ; près de lui était Félix Magnus, qui avait été consul ; ensuite Camille, Pæonius, Athenius, Gratianensis ; le dernier était Sidonius, qui se trouvait, de cette manière, à la dernière place, entre Majorien et Gratianensis. Ainsi le dernier était placé près de celui qui occupait la première place et était le plus éloigné de celui qui avait la seconde. On garda le même ordre dans le festin que donna le tyran Maxime à plusieurs personnes de sa cour, auquel fut invité saint Martin. Le tyran était au côté droit, le consul Evodius au côté gauche, et les autres de suite, comme au festin de Majorien. Le saint évêque de Tours était placé sur un siège, à la droite de Maxime, et se trouvait hors du sigma. Non loin de la table était le buffet, sur lequel on mettait les assiettes, les plats, les gobelets et les verres. Les grands seigneurs ne laissaient pas d'être magnifiques en vaisselle d'argent. Sidonius en avait en quantité dont il faisait part très souvent aux pauvres à l'insu de sa femme Papianille, qui était de mauvaise humeur quand elle apprenait que le compte de la vaisselle d'argent ne se trouvait pas. Nous savons encore, par Grégoire de Tours (2), que le patrice Mummole en avait une si grande quantité, qu'après qu'elle fut venue entre les mains de Gontran, ce bon roi trouva qu'il en avait trop pour son usage et fit mettre en

(1) Lib. I, ep. 11.
(2) *Hist. Franc.*, liv. VIII, chap. 3.

pièces quinze plats, ne se réservant pour lui qu'un seul bassin qui pesait trois cent soixante marcs. Ils buvaient souvent dans des tasses d'or ou d'argent qui étaient si épaisses, que l'on y gravait quelquefois des vers. Ils avaient aussi l'usage des verres, dont il y en avait de plus épais les uns que les autres. Grégoire de Tours nous apprend que son grand-oncle Grégoire, évêque de Langres, qui était un homme d'une grande sainteté, ne buvait que de l'eau dans ses repas ; mais, afin qu'on ne s'aperçût point de sa mortification, il se faisait servir à boire dans un verre dont l'épaisseur ne permettait pas de distinguer la liqueur qu'on lui présentait.

VI

Richesse et Commerce

Personne n'ignore qu'en 130 avant Jésus-Christ les peuples d'Auvergne étaient gouvernés par des rois de leur nation, qui avaient pour les bornes de leur royaume le Rhin, les Alpes et la Méditerranée, les Pyrénées et l'Océan. Ces rois mettaient de nombreuses armées sur pied, puisque Bituitus vint attaquer les Romains à la tête de deux cent mille hommes. Ils vivaient avec une magnificence qui égalait celle des plus grands rois. Ils parcouraient leurs provinces montés sur un char d'argent, d'où ils faisaient sentir à leurs sujets qu'ils n'étaient leurs maîtres que pour les combler de bien; fort éloignés du faste des rois de Perse qui ne se montraient à leurs peuples que pour les appauvrir par les présents qu'ils recevaient des grands et des petits. Leur palais était souvent ouvert à tout le monde, et à leur table magnifiquement servie trouvaient place les hommes connus par un mérite distingué.

Il fallait de grandes richesses pour soutenir dans la grandeur et dans la gloire des rois si puissants et si bienfaisants. Comme ils n'aimaient qu'à donner, il ne leur venait jamais dans l'esprit de rendre leurs peuples malheureux par des impositions qui pouvaient leur rendre la vie dure. Il fallait pourtant trouver de quoi fournir à l'entretien de plus de quatre cent mille hommes, aux dons immenses qu'ils faisaient, et à ces tables servies chaque jour avec tant de profusion et à toutes les autres dépenses dignes de si grands monarques.

Ils ne pouvaient trouver d'autre ressource que dans le commerce; c'est assurément ce qui produisait chez eux cette abondance par laquelle ils attiraient dans leur capitale les richesses de toute l'Europe. Il est à croire qu'ils travaillaient sans relâche à rendre leurs peuples industrieux et à les exciter par de grandes récompenses à devenir habiles dans tous les arts qui peuvent rendre un empire florissant. Leur État étant environné par le Rhin et par deux mers, il est hors de doute qu'ils savaient profiter de l'avantage que leur donnait une si belle situation. On voyait arriver dans leurs ports tout ce qu'il y avait de plus précieux dans l'Italie, dans l'Espagne et dans l'Allemagne, d'où on les transportait en Auvergne, la demeure des rois. Ce que j'avance n'est point dit au hasard. Des princes qui prenaient si peu sur leurs sujets ne pouvaient pas, sans le commerce, soutenir avec tant d'éclat une puissance qui devint formidable aux Romains. Les Auvergnats ne se contentèrent pas de la fertilité et de la beauté de leur pays, ils s'appliquèrent sans relâche à faire venir chez eux les richesses des autres royaumes. Il ne faut point de plus forte preuve pour faire voir quelle était leur passion pour le commerce que le culte qu'ils rendaient à Mercure, comme le maître souverain du profit qui se fait par le trafic. Il n'y a point eu de peuple dans la Gaule qui ait eu tant de vénération pour ce Dieu que celui d'Auvergne. C'est celui de tous qui lui a rendu les plus grands honneurs. Qui ne sait qu'on avait élevé à la gloire de cette divinité, dans la ville d'Auvergne (Clermont), un colosse qui avait quatre cents pieds de haut, le plus grand qui ait paru dans le monde.

Il est vrai que cette province n'avait pas la commodité de la mer ; mais elle avait dans son sein de quoi attirer toutes les nations. Car, outre ce que la fécondité de la terre produisait au dehors, dont les autres pays ne pouvaient se passer, ses montagnes renfermaient de l'or, de l'argent, du cuivre, que l'on en tirait, qui la rendirent une des plus riches provinces de France et qui fournissait abondamment à tout ce que pouvaient exiger la magnificence et la libéralité de ses rois. Ses richesses n'étaient guère moindres du temps de Jules César, puisqu'elle pouvait entretenir de grandes armées sur pied et qu'elle donna des rois à la Gaule. Sur le déclin de l'empire romain et dans le temps que les empereurs voyaient anéantir leur puissance, l'Auvergne semblait s'élever au-dessus des autres peuples de cette monarchie chancelante. On prenait dans son sein des empereurs, et des sénateurs vivaient dans un éclat qui demandait une grande opulence pour le soutenir. Elle ne perdit rien de ses richesses sous les Visigoths et sous les premiers rois mérovingiens. Nous en avons pour témoin Thierry, roi d'Austrasie, fils aîné du grand Clovis, qui, marchant en Auvergne pour se venger d'Arcade qui avait voulu soumettre cette province à la domination de Childebert, animait ses soldats en leur disant : « Vous n'avez qu'à me suivre, je vous mènerai dans un pays où vous trouverez autant d'or et d'argent, d'esclaves, de bétail et de vêtements que vous en pourrez souhaiter pour remplir votre avidité (1). »

L'Auvergne est aujourd'hui, comme elle l'était pour lors, un des plus beaux pays de l'univers ; mais elle est bien déchue de la gloire et de la puissance où elle était montée du temps de ses rois, du temps de Jules César et sous les derniers empereurs d'Occident, et même sous le règne des Visigoths et sous celui des premiers rois de France. Ses richesses et son commerce n'ont pas moins diminué : les peuples à peine ont-ils de quoi pouvoir mener une vie aisée. Ce n'est que par un travail assidu et opiniâtre qu'ils acquièrent ce qui est absolument nécessaire pour les besoins de la vie. Cependant elle pourrait être une des meilleures provinces de France, si ceux à qui nos rois en abandonnent le gouvernement prenaient le même soin à l'enrichir qu'ils prennent à s'enrichir eux-mêmes. Il ne faut, pour s'en convaincre, que faire quelque attention sur les divers pays qu'elle renferme. En venant du côté du nord où est le Bourbonnais, se présente une campagne large et spacieuse, qui a dans sa longueur trente lieues, remplie de villes, de bourgs et de villages qui se communiquent presque tous par des chemins bordés de noyers et de saules. A travers de cette

---

(1) Grég. de Tours, *Hist. Franc.*, liv. II, c. ii.

campagne passent deux grandes rivières, l'Allier et la Dore, qui en reçoivent dans leur cours de plus petites. Celles-ci, avant que d'y porter leurs eaux, arrosent une infinité de vallons qui offrent aux yeux de longues allées d'arbres, des prairies toujours vertes, au milieu desquelles on découvre des villages et des châteaux, où ceux qui y sont logés se trouvent comme dans une espèce de paradis terrestre.

Le long de ces deux grandes rivières règnent des collines revêtues ordinairement d'un excellent vignoble, aux pieds desquelles sont des terres labourables qui portent cent pour un, des prairies environnées de peupliers et de saules, et des chanvres qui récompensent par leur débit la peine de ceux qui les cultivent.

Cette délicieuse campagne, qui ressemble à un jardin, se trouve renfermée de trois côtés par une chaîne de montagnes qui n'ont rien d'affreux que leur hauteur, sur lesquelles ceux qui les habitent ont le plaisir de voir engraisser un nombre prodigieux de bêtes propres à la nourriture des hommes, et qui leur donnent une plus grande abondance de lait que les vignes de la Limagne ne donnent de vin à ceux [qui] y font leur séjour.

Par ce que nous venons de dire, on peut conclure que la terre d'Auvergne peut produire de quoi enrichir ses habitants et attirer chez eux ces précieux métaux si recherchés des hommes, en communiquant aux autres ces dons que la nature leur a départis si libéralement. Venons dans le détail.

Quoique le pays de l'Auvergne, connu sous le nom de Limagne, soit le plus beau pays de l'univers, le plus abondant et le mieux cultivé, il n'est pas partout égal en bonté. Le terroir qui est depuis Aigueperse jusqu'à Neschers, village à quatre lieues de Clermont, du côté du midi, surpasse en fertilité tout celui qui s'étend jusqu'à Langeac. Les terres y sont si fortes et si grasses, que le laboureur a, quasi tous les ans, le plaisir d'en retirer le fruit de ses peines. Il n'en est pas de même de tout ce qui se trouve entre Neschers et Langeac. Les terres, quoique bonnes, demandent du repos, et ne donnent à leurs maîtres du blé que d'une année à l'autre. On doit les laisser reposer du moins une fois dans trois ans. Tous ces fonds portent du froment, du seigle et du conseigle, qui est un blé mêlé de froment et de seigle, du froment rouge, de l'orge et de la pamoule, un peu différente de ce dernier grain.

On sème du blé dans toutes les montagnes, mais on n'en recueille pas avec la même abondance. Il y a pourtant certains cantons qui en produisent en si grande quantité qu'ils en fournissent à tous leurs voisins. La ville d'Ardes a, près de ses murs, un endroit si abondant en froment, qu'il en a pris le nom de Fromental. Près de la ville de Saint-Flour est une étendue de pays appelée Planèze qui fournit du seigle à presque toutes les montagnes, qui n'ont d'autre grain, pour la plupart, que du blé noir et de celui qu'on appelle blé sarrazin, qui servent de nourriture aux paysans.

L'Auvergne, quoique abondante en blé, n'en communique pas beaucoup aux autres provinces par [ce] qu'on ne le peut que difficilement transporter. Elle ne laisse pas de leur être d'un grand secours dans les années de disette. La ville de Lyon, le Bourbonnais, le Velay, le Limousin et une partie du Languedoc l'éprouvèrent en 1709, lorsque l'Auvergne leur fit part du blé qu'elle eut en assez grande abondance pour sauver la vie à leurs habitants.

Il en est de même des vins qui demeurent dans la province parce qu'on ne peut pas les transporter commodément. Ils étaient autrefois, comme nous l'avons déjà dit, en grande réputation et faisaient un des revenus des plus considérables du pays. Les plus renommés sont aujourd'hui ceux de Chanturgues et de Montjuzet à Clermont, de Nerat et de la Barre à Montferrand, de Pompignac et de Bourrassol à Riom, de Ris, de Châteldon, de Beauregard, de Vollore, de Courpière, de Mirefleurs, de la Roche-Marniac, de Saint-Maurice, de Neschers, de Villeneuve, de Boudes, de Védrines, du Petit-Pérignat, à une lieue de Clermont, et de quelques autres lieux. On ne mépriserait pas dans les meilleures tables de Paris ceux de Ris, de Châteldon, du Cros de Vollore, de Mirefleurs, de Corent, de Villeneuve, de Beauregard et d'un canton du Petit-Pérignat, nommé Dieu-le-Père, s'ils pouvaient être transportés sans demeurer longtemps en chemin.

Cette province abonde en toute sorte de fruits ; mais il y en a peu qui en sortent. Les arbres en sont si chargés de certaines années que la charge d'un cheval ne coûte presque rien. Quelques paysans, plus industrieux que les autres, en tirent quelque profit en les transportant toutes les semaines dans les montagnes. Ceux d'Effiat, des Martres-de-Veyre et de Saint-Maurice tirent de leurs cerises seules, qu'ils vont vendre à Clermont et à Riom, de quoi payer leur taille. Les abricots sont les fruits les plus estimés, parce qu'ils font entrer quelque argent dans la province. Les pâtes d'abricots sont en grande réputation à Paris. C'est le présent le plus agréable que l'on puisse faire aux personnes de la première distinction, soit de Paris, soit de la Cour. Il est surprenant combien il en sort tous les ans de la seule ville de Clermont, où sont les plus fameux confituriers, qui ont un art pour cette sorte de confiture auquel ceux de Paris n'ont jamais pu parvenir.

Les pommes sont encore un fruit dont la province tire un grand secours. On envoie à Paris, par la rivière d'Allier, nos pommes de calville (1), de reinette et d'api. On aime mieux celles qui viennent dans un terroir sec, quoiqu'elles soient moins belles que celles que produit celui qui est trop arrosé. Ces beaux et grands vergers qui font l'ornement de Clermont, de Chamalières, de Montferrand et de tous les villages d'alentour, et ceux du vallon des Martres et de Tallende et de tous les villages qui sont sur les bords de l'Allier peuvent fournir de pommes la ville de Paris ; les vergers de plusieurs autres endroits en donnent au Velay, au Limousin et à la Marche.

---

(1) La réputation des calvilles d'Auvergne était ancienne et, au XIIIe siècle, elles étaient transportées à Paris et vendues sous les noms : le calville blanc de blandureau, et le calville rouge de rouviau :

> Primes ai pommes de rouviau,
> Et d'Auvergne le blanc duriau.

(*Dit des Crieries de Paris*, vers cinquante. — LEGRAND D'AUSSY, *Hist. de la vie privée des François*, éd. Roquefort, t. Ier, p. 271.)

Les noyers sont aussi une richesse du pays. Il sortait autrefois fort peu d'huile de noix de la province, mais depuis que la chandelle enchérit, on en transporte en quantité dans d'autres provinces, ce qui a fait souffrir le petit peuple qui s'en sert pour la lampe et pour faire la soupe. Depuis même cinq ou six ans, on remplit de noix de grands bateaux que l'on conduit à Paris et en d'autres endroits.

Le chanvre (1) est une des bonnes denrées d'Auvergne. On est sûr d'en avoir de l'argent. Il ne faut pas s'en étonner, on le vient acheter pour les cordages des vaisseaux du roi. On en fait des toiles non seulement pour la province, mais encore pour les autres provinces de France. Depuis quelque temps on en envoie à Paris en quantité pour faire des serviettes qui sont ouvrées et qui sont d'un meilleur usage que celles dont on avait accoutumé de se servir. Billom et les lieux qui sont aux environs de la rivière de Dore sont les cantons qui en donnent le plus. On en trouve aussi dans toute la Limagne et surtout dans le Marais, qui est un petit canton à une lieue de Clermont. On sème du lin aux environs de Blesle (2), de Mauriac et de Salers. Celui de cette dernière ville est le plus estimé et est bientôt enlevé.

Les pois de Montsalvy, qui est une petite ville à l'extrémité de l'Auvergne du côté du Rouergue, sont en grande réputation. Ils sont toujours verts et d'un goût merveilleux. On s'en sert dans toutes les bonnes tables de Paris et des bonnes villes du royaume (3).

---

(1) Voir Inventaire sommaire des Archives départementales du Puy-de-Dôme, série C, art. 804 et ss.

(2) L'industrie du tissage du linge ouvré et damassé était pratiquée très anciennement dans la ville et dans les environs de Blesle.
Les tisserands de cette ville avaient formé, avant le XVIIe siècle, une confrérie sous le vocable de N.-D. de Septembre. En 1618 elle comptait 25 confrères, tous maîtres.
Jusqu'au milieu de notre siècle, le linge de table de Blesle jouit, auprès de nos ménagères, d'une réputation méritée.

(3) Le Père François Carantelle, religieux de l'ordre de Saint-Augustin, fait en ces termes l'éloge de ces pois :
« Notre terroir produit des pois si excellents en couleur et saveur, qu'il

Les montagnes d'Auvergne sont encore plus avantageuses pour attirer l'argent des étrangers que le beau pays de la Limagne. Elles sont couvertes de bœufs, de vaches et de moutons que l'on envoie dans toutes les provinces de France. Les pâturages en sont merveilleux, ils s'y engraissent dès que le printemps a chassé l'hiver. C'est de là que la ville de Paris tire sa principale subsistance par ces troupeaux de bêtes que l'Auvergne lui envoie et qui servent à nourrir ce nombre infini de peuple qui est dans cette grande ville, ce qui fait l'admiration des étrangers. Paris n'est pas le seul endroit que nos montagnes entretiennent. Leurs bœufs et leurs moutons vont encore dans le reste de la France et surtout en Provence. De quel secours n'ont-elles pas été à cette province dans la dernière peste dont elle a été affligée (1) ! Il en partait toutes les semaines des troupeaux qui ont sauvé la vie à bien du monde. C'est encore dans ces montagnes où se rendaient les pourvoyeurs des armées du roi et d'où ils conduisaient ce qui faisait subsister les nombreuses troupes qu'il avait sur pied.

On vend à Lyon une espèce de vaches que l'on nomme *maunes* (2). On les engraisse lorsqu'elles ne sont plus en état de porter. Leur chair ne cède guère à celle du bœuf. Les ha-

---

est impossible, dans le monde françois, d'en trouver de semblables ou qui s'en approchent. Venus en autre terre, perdent et la couleur et le goust, tellement qu'il n'appartient qu'à nous d'en avoir de tels. C'est un présent du ciel fait à nous en faveur de nos patrons, primativement à tous autres et comme par préciput et advantage. Ils sont si verts, s'ils ne sont point altérés, qu'ils font honte à l'herbe d'un pré en sa primevère, poisant comme du plomb, non subiects à aucune vermine ou corruption, bien que on les garde plusieurs années pour leur excellence et naturelle bonté, et s'en fait transport jusques à Paris, jusqu'à Rome et autres lieux bien esloignés, et n'est fils de bonne mère qui n'en désire gouster. »
(*Histoire de la vie... du bienheureux sainct Gaubert ou Gausbert, premier fondateur de l'esglise et monastère de N.-D. de Montsalvy.* Manuscrit de la bibliothèque Sainte-Geneviève, 589, H. P., in-folio, folio 104 vo.)

(1) En 1721.

(2) Vieilles vaches destinées à être salées. Ce mot est presque hors d'usage maintenant. Son synonyme : *gorre*, lui a survécu.

bitants de Besançon et ceux des montagnes de Saint-Claude font provision en Auvergne de taureaux ; le Berry, le Bourbonnais et le Nivernais, de jeunes cochons.

Outre les bœufs qui sortent de l'Auvergne pour la nourriture des peuples, il en sort beaucoup pour le labourage, qui vont dans une partie de la Guyenne, dans le Quercy, le Limousin, la Marche, le Berry, le Bourbonnais et le Nivernais, et même jusqu'en Languedoc (1). On engraisse aussi beaucoup de mince bétail dans certains pacages qui sont aux environs de Paulhaguet, dans l'élection de Brioude, pour être conduits à Paris, à Lyon et à Marseille (2).

Tout le monde sait que cette province fournit des mulets au Languedoc, à la Provence, au Roussillon, à l'Espagne et à toute la France, surtout à nos armées. Ils sont élevés dans la haute Auvergne. Les meilleurs se trouvent dans le canton de la Planèze, près de Saint-Flour, et aux environs de Murat. Les Poitevins sont obligés d'y envoyer ceux qui sont nés chez eux lorsqu'ils ont neuf ou dix mois. S'ils ne le faisaient pas ils auraient de la peine à s'en défaire. On les vend aux foires de Saint-Flour, d'Aurillac et de Maliargues, près d'Allanche, où les Espagnols ne manquent pas de se trouver, qui en amènent un grand nombre en Espagne. Autrefois que tout le monde et même les grands seigneurs montaient de petites mules, il est étonnant combien il en sortait de la province pour la seule ville de Paris. Plusieurs grands seigneurs faisaient leurs délices de jaumards, qui sont échappés d'une ju-

---

(1) Voir Inventaire sommaire des Archives départementales du Puy-de-Dôme, série C, art. 796 et ss.

(2) Paulhaguet était la capitale d'un petit pays que le populaire désigne encore sous le nom de Chaliergue. Ce pays n'est noté sur aucune carte et n'a été décrit par aucun géographe. Il serait même difficile d'en fixer les limites.

François Ier créa à Paulhaguet, par lettres d'octobre 1529, un marché hebdomadaire et deux foires annuelles. Depuis cette époque, cette petite ville a continué à être le lieu de rendez-vous de nombreux marchands de bestiaux qui y viennent acquérir les bœufs de Salers et les bizets de Chilhac. — M. Henry Mosnier a publié ces lettres patentes. (*Mémoires de la Société agricole et scientifique de la Haute-Loire*, t. VI, p. 170.)

ment et d'un taureau dont ils retiennent de petites cornes qui paraissent à fleur de peau.

On a toujours aimé en France les chevaux d'Auvergne. Ils étaient autrefois en grande réputation, comme ils le sont aujourd'hui, sous le propre nom de chevaux d'Auvergne. Guillaume de Malmesbury fait mention sous ce nom des chevaux que l'on envoyait au roi d'Angleterre, qui étaient fiers et parfaitement bien dressés à tous les exercices du manège. *De Alvernia potentes ei transmittebant, vel ducebant equos qui nominibus propriis sunt nobilitate feroces, et in orbem agi doctos.* On remarque que les chevaux qui viennent des montagnes, surtout des environs du Mont-Dore, sont les plus estimés, parce qu'ils ont la corne plus dure, le pied plus fort, et qu'ils ont plus de feu. On peut assurer que ce sont les meilleurs chevaux du royaume. Il s'en vendrait beaucoup, et par là il entrerait bien de l'argent en Auvergne, si les haras n'étaient pas si négligés et que les ordres du roi fussent mieux exécutés (1).

Paris et Lyon reçoivent en hiver quantité de perdrix rouges qui font les délices de ceux qui aiment la bonne chère. Les plus estimées sont celles que l'on tue du côté d'Aurillac et dans le canton de Fromental, près d'Ardes. On en envoie même souvent en vie à Paris dans de grandes cages faites tout exprès. Le profit qui en revient n'est pas considérable (2).

---

(1) Voir, pour l'histoire de la race chevaline en Auvergne :

Instruction pour élever des poulains. A Aurillac, de l'imprimerie d'Antoine Viallanes, imprimeur-libraire ; 1787. In-8º de 28 pages ;

Mémoire présenté à Nosseigneurs les députés des États généraux et à M. le premier ministre des finances, concernant les exceptions dont la suppression des haras est susceptible pour l'Auvergne et pour les provinces qui peuvent lui être assimilées, par M. le vicomte de Peyronnencq, président de l'Assemblée de département de l'élection d'Aurillac, inspecteur des haras de la haute Auvergne. A Aurillac, chez Viallanes père et fils ; 1789. In-4º de 8 pages ;

Études sur les chevaux du Limousin, de l'Auvergne et de la Marche, par le commandant de Saincthorent, ancien député de la Creuse. Montluçon, typ. de H. Herbin ; 1881. In-8º de 398 pages avec fig.

(2) La perdrix rouge, et surtout celle du Fromental, — le pays natal des plus grosses, — pourrait donner lieu à une longue note. Bornons-nous à

Ce ne sont pas les seuls avantages que l'on tire des montagnes d'Auvergne. Ce grand nombre de bestiaux qui s'engraissent dans ces excellents pâturages, donnent autant de lait du moins que les vignes de la Limagne donnent de vin. On en fait ce nombre infini de fromages qui se répandent dans toute la France et dans les pays voisins. On en mange sur les vaisseaux de l'Océan et sur ceux de la Méditerranée. Ceux du Cantal, de Salers et d'Ambert sont les plus estimés. Les petits fromages de Saint-Nectaire, à quatre lieues de Clermont du côté de Besse, ne cèdent point en bonté à ceux de l'Europe qui ont le plus de réputation. On en fait du côté de Rochefort et de Tauves qui ont une pâte fine et délicate que les connaisseurs trouvent d'un goût excellent. L'Auvergne serait une des provinces du royaume des plus riches si l'on en pouvait bannir le fromage de Hollande (1).

Le beurre salé n'est pas moins bon que celui de Hollande ; mais on laisse celui d'Auvergne pour courir après celui des

---

dire qu'elle était, au XVII° siècle, très estimée à Paris. Saint-Evremond, le comte d'Olonne et le marquis de Bois-Dauphin, fondateurs du célèbre ordre gourmand des Trois-Coteaux, ne savaient manger que des perdrix d'Auvergne. On en mangeait chez l'auteur de *La Princesse de Clèves*, Mme de La Fayette. C'est Mme de Sévigné qui nous l'apprend : « Je dînai hier chez Mme de La Fayette, avec Tréville et Corbinelli : c'étaient des perdrix d'Auvergne, des poulardes de Caen. » (*Lettres*, éd. Hachette, t. VIII, p. 454.)

A cause de la longueur de la route, ce n'était pas sans inconvénients que ces perdrix faisaient le voyage de Paris. Elles arrivaient le plus souvent gâtées, le carrosse de Clermont restant huit jours en route. Pour éviter leur corruption, on les emballait dans du blé ; mais ce prétendu secret les rendait molles et leur ôtait le goût. C'est sans doute en raison de ces difficultés que nos intendants se faisaient honneur de nos perdrix rouges pour les offrir en présent aux personnes considérables de la capitale.

Au milieu du dernier siècle, dans les grands froids, les perdrix rouges valaient jusqu'à 8 ou 9 livres la paire.

(1) M. Trudaine, intendant d'Auvergne, et M. Rossignol, qui lui succéda, entreprirent d'introduire en ce pays de nouvelles méthodes de fabrication ; ils firent venir des vachers de Suisse et de Hollande, et les installèrent dans les montagnes d'Auvergne. L'entreprise, commencée en 1731 et définitivement abandonnée en 1740, n'eut qu'un médiocre succès. (V. Inventaire sommaire des Archives départementales du Puy-de-Dôme, série C, art. 1 et ss. — DERIBIER DU CHATELET, *Dict. statist. du Cantal*, tome II, p. 68.)

étrangers, par une manie des Français, qui font toujours plus de cas de ce qui vient des pays étrangers que ce que leur offre leur propre pays.

Les forêts qui sont sur les montagnes sont d'un grand secours à la France. On tire de celles d'Ambert, de La Chaise-Dieu, de La Margeride et de Védrines les mâts propres aux plus grands vaisseaux. Celles de La Nobre, près de Bort, en fourniraient aussi beaucoup, si on pouvait les transporter par la Dordogne. On tire aussi de ces forêts et de celles de Vic-le-Comte le bois propre à faire des bateaux pour le trajet des rivières et pour le transport des marchandises par la rivière d'Allier et par la Loire. Elles fournissent de plus le bois pour les poutres, les solives et les ais qui servent à la construction des bâtiments, et ce bois se débite à Paris et dans les villes qui sont sur la Loire. Les forêts qui sont dans les montagnes de Thiers et du côté de Brioude donnent le bois dont on fait les cercles et les douves pour les tonneaux et les cuves qui servent à recevoir la vendange et le vin.

Lorsque les lances royales étaient en usage, on prenait le bois des lances à Chamboulisme (?) et à Valghouse. C'est par là que ces lieux ont acquis l'exemption des tailles.

La poix et la résine qui se tirent de ces mêmes forêts sont fort en usage dans la province même et dans les pays voisins. Le goudron qu'on y trouve se porte dans tous les ports de France, ainsi qu'une autre espèce de goudron qui sort des fontaines bitumineuses de Montferrand et de Cebazat. On voit, par tout ce que nous venons de dire, que l'Auvergne seule peut fournir tout ce qui est nécessaire pour la construction des grands vaisseaux, les bois, les mâts, les voiles, les cordages et le goudron.

L'Auvergne donne en abondance du charbon de terre (1).

---

(1) Cf. : BAUDIN, *Études de gîtes minéraux publiées par les soins de l'Administration des mines : Bassin houiller de Brassac* (Paris, Imprimerie Nationale, 1851) et *Études des gîtes minéraux de la France publiées sous les auspices de M. le ministre des Travaux publics par le Service des topographies souterraines : Bassin houiller de Brassac et de Brioude,*

On le tire des mines de Brassac, près de Brioude, de Lempdes sur l'Allagnon, et de plusieurs autres endroits, d'où on le transporte à Orléans, à Nevers et à Paris dans des bateaux qui, par l'Allier, vont dans la Loire, et, par le canal de Briare, à Paris. Ce commerce faisait entrer plus de cinquante mille écus dans la province pendant (avant ?) la guerre.

Le suif de chèvre d'Arlanc, de Blesle et de Murat a un grand débit à Lyon. Les chandelles d'Arlanc et de Thiers sont fort estimées, et on les transporte jusqu'à Bordeaux. Dans ces derniers temps, Clermont en a fourni à un grand nombre de particuliers de Paris ; on a même chargé de suif des bateaux pour les voiturer à Paris. Il se fait beaucoup de bougie à Brioude et aux environs, et le voisinage d'Aurillac et Montsalvy fournit de la cire en abondance.

Les tapisseries que l'on travaille sur la frontière d'Auvergne se transportent dans toute l'Europe. Toutes celles que l'on vend sous le nom de tapisseries d'Auvergne ne s'y font point : elles se travaillent à Aubusson et à Felletin, villes de la Marche. Il s'en fait à Ambert de fort légères que l'on envoie à Lyon (1). Les camelots et les étamines qui se fabriquent à Ambert, à Olliergues, à Auzelles et dans tout ce canton sont fort estimés ; ils passent en Velay, en Bourbonnais, en Nivernais, en Beauce, dans le Lyonnais et dans la Provence, avec les cadis de Saint-Flour. On travaille, à Sauxillanges, à des espèces d'étamines qui passent jusqu'en Danemark,

---

par J. Dorlhac, ingénieur civil des mines. — *Bassin houiller de Langeac*, par M. Amiot, ingénieur au Corps national des mines (Paris, A. Quantin, 1881).

Bien qu'Audigier ne parle pas des charbons de Langeac, il est assez probable qu'ils étaient aussi utilisés de son temps. Il serait, en effet, difficile d'admettre que les seigneurs de Langeac, à la fois seigneurs de Langeac et de Brassac, eussent laissé improductives, d'un côté, les ressources dont ils tiraient parti d'un autre côté. D'autant plus que l'exploitation de ces mines se pratiquait alors à ciel ouvert et n'exigeait pas de grands frais. On retrouve, du reste, sur les rôles de tailles de la ville de Langeac dans la seconde moitié du XVIII° siècle, des *tireurs de charbon*.

(1) Très probablement, au XVII° siècle, il se faisait, à Saint-Flour, des tapisseries dites *verdures*. — V., sur les tapisseries d'Aubusson, Felletin, Bellegarde, *Histoire d'Aubusson*, par Cyprien Perathon. In-8°.

qui servent pour des banderoles pour des vaisseaux. On les envoie à Toulon, à Marseille, à Lyon. On fait encore, dans tous ces endroits, une autre espèce d'étamine, qui ressemble à celle des voiles de religieuse, qui sert pour couler le lait, qui peut avoir un pied et demi carré, que l'on envoie à Lyon, et, de là, dans les pays les plus éloignés (1).

Le galon de laine que l'on fait à Saint-Flour se débite à Lyon et, de là, dans toute l'Allemagne. Clermont et Brioude fournissent des chapeaux au Bourbonnais et dans les provinces voisines. La vente des cuirs est un des bons commerces d'Auvergne. On les prépare à Clermont, à Riom, à Maringues, à Saint-Flour, à Auzon et à Chaudesaigues, d'où on les envoie à Lyon et dans la Provence. Ceux de Chaudesaigues vont dans le Languedoc et jusque dans le Levant. Les fourrures de peau d'agneau que l'on prépare à Saint-Flour et à Allanche sont portées à Strasbourg et, de là, en Danemark, en Suède, en Bohême et en Pologne. Les parchemins de Saint-Flour passent dans les provinces voisines de l'Auvergne, ainsi que ses couteaux et ses gants de chien, qui sont fort estimés.

Le fil bleu à marquer se fait à Lezoux, à Courpière, à Ambert et ailleurs, dont il se fait un débit assez considérable. On travaille, à Aurillac et aux environs, avec beaucoup de délicatesse, à une sorte de point qui en a pris le nom de cette ville. Il a tenu un des premiers rangs parmi les manufactures de cette sorte que le roi Louis XIV avait établies dans le royaume, par le conseil du grand Colbert. Aujourd'hui le débit est médiocre, les points d'Alençon et de Malines ayant toute la vogue.

On travaillait beaucoup, autrefois, à des dentelles de fil, façon de Flandre et d'Angleterre, à Murat, à Allanche, à La Chaise-Dieu, à Viverols et en d'autres lieux. Les marchands

---

(1) On conserve aux Archives départementales du Puy-de-Dôme (fonds de l'Intendance d'Auvergne) des échantillons de camelots, droguets, étamines, etc., provenant des fabriques de la province. — V., sur cette fabrication, les art. C, 395 et ss. de l'Inventaire sommaire.

de Clermont et du Puy les envoyaient dans tout le royaume et faisaient vivre, par là, fort commodément, un grand nombre de familles qui occupaient les filles à cette sorte de travail ; mais ce commerce, assez considérable, est devenu fort médiocre.

Les manufactures les plus considérables de cette province sont celles de quincaillerie et de papier.

Celles de quincaillerie consistent en des couteaux, des ciseaux, des rasoirs et autres instruments qui se travaillent à Thiers (1) et dans les lieux d'alentour. Cette ville, toute petite qu'elle est, renferme plus de cinq mille familles d'ouvriers qui ont fourni de ces sortes de choses à l'Italie, l'Allemagne, l'Espagne, les Indes orientales, le Mexique, le Pérou, le Canada, les Antilles. Ce commerce est encore considérable ; mais bien moins qu'il l'était autrefois. Cette ville fournissait encore des cartes à jouer à une grande partie de la France, à l'Italie et à l'Espagne ; mais ce commerce est fort diminué depuis qu'on voulut mettre un impôt sur ces cartes, ce qui obligea les ouvriers à quitter et à chercher d'autres villes où ils pourraient travailler en repos. Gênes en reçut une bonne partie, de sorte qu'on ne voit plus de cartes à jouer de Thiers que dans quelques villes de France. L'argent qui venait en France, par ce moyen, surpassait infiniment celui que le ministre voulait tirer de ces impôts (2).

---

(1) Voir, sur les fabriques de quincaillerie et de coutellerie de Thiers, l'ouvrage suivant : G. Saint-Joanny, *Simples notes pour servir à l'histoire de la ville de Thiers aux trois derniers siècles : La coutellerie thiernoise, de 1500 à 1800.* Clermont, 1803, in-8°.
Voir aussi : Inventaire sommaire des Archives départementales du Puy-de-Dôme, série C, art. 415 et ss.

(2) Montaigne, à son retour d'Italie, en 1581, traversa Thiers, ville, dit-il, dont les habitants « font principalement trafiq de papier et sont renommés d'ouvrages de couteaux et cartes à jouer. » « J'y fus voir, ajoute-t-il, faire les cartes chés *Palmier*. Il y a autant d'ouvriers et de façon à cela qu'à une autre bone besouigne. Les cartes ne se vandent qu'un sol les comunes, et les fines deux carolus. » (*Journal du voyage de Michel Montaigne en Italie*, éd. in-12, t. III, p. 455.)
Les cartiers de Thiers essaimèrent et furent se fixer dans des lieux plus commodes. Il en vint à Clermont et à Riom, ainsi que le constatent les

Le papier de Clermont (1), de Thiers et d'Ambert se transporte à Paris et dans tous les pays étrangers. Pour l'impression et pour les estampes, celui d'Ambert l'emporte pour la beauté sur tous les papiers d'Europe. On ne s'en sert point d'autre en France, en Angleterre, en Hollande. Les Hollandais, les Anglais, ceux de Genève qui voulaient s'en passer, n'ont rien oublié pour en avoir chez eux d'aussi beaux ; mais ils n'ont jamais pu y parvenir. Les eaux des ruisseaux sur lesquels sont les moulins contribuent

enveloppes de jeux de cartes du xviie siècle conservées par M. Paul Le Blanc :

Cartes . très fines . portraict — d'Auvergne . faites . par Gervais — maître . cartier deme — vrant vis a vis . la fontaine . de — petits . gras . a . Clermont . Car — tier . de Thiers . a lenseigne de — La Tour d'Auvergne . avec privilege . ;

— Cartes . Tres . fines . fai — tes . A . Riom . par Jean — Prioron . cartier . de — Thiers . de Monseigneur — Le . Marechal . Dalbret .

D'autres quittèrent la province. Mais il n'y avait pas seulement des cartiers à Thiers ; il y en avait aussi parmi les papetiers de Marsac et d'Ambert.

Jean Rouilhon, maître cartier, natif d'Ambre ? (Ambert) en Auvergne, se maria à Grenoble le 10 janvier 1612.

En 1647, une famille de cartiers originaire de Marsac, en Auvergne, les Garet, vint s'établir à Grenoble et fit souche en cette ville. (MAIGNIEN, *Recherches sur les cartiers et les cartes à jouer à Grenoble.* Grenoble, J. Allier, 1887 ; in-8º, p. 10.)

On voit, au musée de Clermont, le bois d'une gravure qui servait assurément à illustrer les enveloppes dont usait un cartier de cette ville. On y lit : *A bon jeu e bon argent . = Cartes . très . fines . faites . par . Garspar . Trioullier . A . Clermont . rue . du . cheval . blan . donnat . sur la plase darme — o a — rme dan - gletaire .* Entre ces inscriptions sont gravées, d'une façon assez large, les armoiries de la Grande-Bretagne.

(1) Les moulins à papier de Clermont se trouvaient, en réalité, à Chamalières, près Clermont. Ceux d'Ambert étaient dispersés dans les villages voisins de cette ville, sur les trois rivières de La Forie, de Valeyre et de Chadernolles. Il y avait, en outre, au xviiie siècle des moulins à papier à Saint-Simond, près d'Aurillac, et à Saint-Amant-Tallende. En 1776, d'après M. Jubié, inspecteur des manufactures, le nombre des moulins en activité dans la province d'Auvergne était de 189, et le produit s'élevait à 1,128,083 livres argent. La fabrique de papier, en décadence vers la fin du xviie siècle, se releva vers le milieu du xviiie siècle.

(V. : M. COHENDY, *Note sur la papeterie d'Auvergne antérieurement à 1790.* Clermont-Ferrand, 1862 ; — dans *Revue d'Auvergne*, 1888, *La papeterie de la Grand'Rive,* par J. CHAMPOMIER ; — Inventaire sommaire des Archives départementales du Puy-de-Dôme, série C, art. 485 et ss.)

beaucoup à le rendre tel qu'il est. Ce commerce qui faisait tant d'honneur à la France, et qui faisait entrer en Auvergne plus de cent mille écus, et nourrissait, par conséquent, un grand nombre de familles et d'ouvriers, n'est plus ce qu'il a été. Les guerres et les impositions l'ont notablement diminué. Les maîtres qui faisaient travailler ont abandonné une partie des moulins, et les ouvriers ont été chercher parti ailleurs.

VII

Moyens d'augmenter et de faciliter le commerce en Auvergne

On peut conclure, par tout ce que nous venons de dire, qu'il n'y a guère de pays au monde qui soit d'un plus grand secours à ses voisins que celui d'Auvergne, et qu'il peut se passer absolument des autres, ayant abondamment, dans son propre fonds, tout ce qui est nécessaire pour mener une vie non seulement aisée, mais agréable.

On peut juger encore que les habitants n'y vivent point dans l'oisiveté et qu'ils sont fort industrieux pour se tirer de la misère. Ceux qui habitent dans des cantons dont le terroir est moins fertile les abandonnent pendant l'hiver pour aller chercher ailleurs, par des travaux très laborieux, ce qui peut leur manquer pour l'entretien de leur famille. On trouve aussi des Auvergnats partout. Il en sortait, autrefois, jusqu'à six mille des montagnes du côté d'Aurillac, de Saint-Flour et de Mauriac, pour aller en Espagne où ils étaient occupés à bien des emplois que ceux de cette fière nation regardent au-dessous d'eux. Ils n'en revenaient pas les mains vides, puisqu'ils en ont rapporté jusqu'à quatre-vingt mille pistoles, qui leur faisaient trouver de la douceur dans leurs montagnes.

Il n'est presque point de région en Europe qui ne voie des chaudronniers d'Auvergne. Ils partent des quartiers d'Aurillac, du vallon de la Jordanne, de Sainte-Mandine, de Saint-Eustache, de Chalinargues, de Marcenat et de plusieurs autres lieux, et se répandent dans presque toutes les provinces du royaume, dans une partie de l'Allemagne et de l'Italie, où leur travail ne leur est pas infructueux. On m'a assuré que ceux du seul vallon de la Jordanne portaient, avec eux, jusqu'à deux cent mille livres.

Les montagnes du côté du Velay, du Gévaudan, du Limousin et du Forez donnent un grand nombre de leurs habitants qui n'en reviennent pas moins chargés d'argent, qu'ils gagnent à scier des bois en long pour faire des planches et défricher des terres, et à d'autres ouvrages qui font voir qu'ils ne mangent pas leur pain dans l'oisiveté. La province recevait, du moins, un million par les mains de ces divers ouvriers. Les dernières guerres ont bien arrêté cette source, de laquelle il y coulait bien de l'argent.

On ne peut pas douter que les peuples d'Auvergne ne soient très laborieux, ni qu'ils manquent d'industrie pour attirer dans leur pays l'or et l'argent, après lesquels soupirent tous les peuples de l'univers. Il est encore hors de doute, par tout ce que nous venons de dire, qu'ils ont mille canaux dans leur province pour l'y faire couler en abondance. Il est, de plus, certain que ce qu'il en vient n'est point proportionné à la peine que se donnent ceux du pays pour le faire entrer chez eux, et à tout ce qu'ils offrent en échange d'absolument nécessaire pour l'usage des hommes. Ce serait donc un grand bien pour cette province, et pour tout le royaume dont elle fait partie, si l'on pouvait lever les obstacles qui arrêtent la vente de tout ce qu'elle renferme dans son sein, et que l'on pût trouver des moyens pour perfectionner ce qu'elle veut communiquer aux étrangers. C'est sur quoi nous allons donner quelques avis que nous soumettons à ceux qui sont plus entendus que nous dans le commerce.

La première chose, et la plus importante pour faire fleurir le commerce d'Auvergne, est que le roi et ses ministres aient une grande attention pour tout ce qui peut servir à l'augmenter et à le perfectionner. Quand les ministres auront autant de zèle pour la gloire du royaume qu'en avait M. de Colbert, ils entreront dans toutes ses vues et favoriseront toutes les provinces qui peuvent le plus contribuer à l'enrichir.

Tout le monde sait que les intendants (1) que l'on envoie dans les provinces y sont absolument les maîtres, qu'ils y disposent de tout à leur gré et que leur autorité est si grande, que le bonheur ou le malheur des peuples dépend d'eux absolument. On voit par là de quelle importance il est de choisir, pour ces emplois, des gens sages, habiles et d'une probité reconnue, qui aient les intérêts de l'État plus à cœur que les leurs, et qui songent moins à s'enrichir que les peuples chez qui on les envoie. On doit surtout leur persuader que le moyen seul et unique de parvenir à un rang considérable dans l'État

---

(1) On peut consulter, sur l'administration des intendants en Auvergne, les ouvrages suivants : DE BOISLILLE, *Correspondance des contrôleurs généraux des finances avec les intendants des provinces*. Paris, 1874, in-4º, 1 vol. ; — DEPPING, *Correspondance administrative, sous le règne de Louis XIV, entre le cabinet du roi, les secrétaires d'État*, etc. In-4º, 4 vol. (Collection des *Documents inédits sur l'Histoire de France*) ; — COHENDY, *Mémoire historique sur les modes successifs de l'administration dans la province d'Auvergne*, etc. Clermont-Ferrand, 1856, in-8º, 1 vol. ; — HANOTAUX, *De l'origine des intendants de province*. 1884, 1 vol.

Les intendants adressaient, de temps à autre, au contrôleur général des mémoires détaillés sur l'état de leur province. Les bibliothèques publiques possèdent d'assez nombreuses copies des mémoires relatifs à la province d'Auvergne. Quelques-uns ont été publiés, entre autres : celui de M. de Mesgrigny, 1637, publié dans le tome III des *Tablettes historiques de l'Auvergne ;* — celui de M. d'Ormesson, 1697-98, dans le tome V du même recueil ; — celui de M. de Ballainvilliers, 1765, dans le tome VII du même recueil.

Les archives de l'Intendance d'Auvergne sont conservées dans le dépôt départemental du Puy-de-Dôme. Elles forment un fonds considérable et assez complet, au moins pour le XVIIIe siècle. L'inventaire de ce fonds est en cours de publication ; le premier volume a paru en 1893 ; il contient l'analyse des documents relatifs à l'agriculture, au commerce, aux arts et métiers, aux subsistances, à l'assistance publique, aux épidémies, à la population et à la noblesse.

LISTE DES INTENDANTS D'AUVERGNE

Coutel (Jean), seigneur d'Ardanne, né à Saint-Flour ; 1555. — Spifame (Jacques), évêque de Nevers ; 1558. — Lamire (Guillaume de), seigneur de Breuille, intendant des finances établies par le roi en pays d'Auvergne, Limousin, Rouergue et Quercy, par les princes de Navarre et de Condé ; 1590. — Le Febvre de Caumartin (Louis), seigneur de Caumartin et de Boissy-le-Chastel en Brie ; 1594 et 1599. — Miron (Robert), seigneur de Tremblaye et de Sève ; 1599. — Merault (Jacques), intendant et chef de la justice dans les provinces du haut et bas Auvergne ; 1607. — Aubery (Robert), seigneur, marquis de Vatan ; 1616. — Legay ; 1616. — Thevin (François), vicomte de Montrouveau, baron de Bohardy ; 1618. — Séguier

est de travailler à rendre plus abondantes et plus heureuses les provinces que l'on confie à leurs soins, et à ne rien oublier de tous les moyens qui se présenteront pour perfectionner tout ce qui peut les enrichir.

Un intendant qui se rendra en Auvergne avec de telles intentions, et qui sera persuadé que son zèle pour le bien de la province le conduira aux emplois les plus importants, travaillera sans relâche à lui procurer tous les avantages que son propre fonds peut lui donner, qui rejailliront en même temps sur tout le royaume.

(Pierre), seigneur d'Autry (*le futur chancelier*) ; 27 avril - 4 juillet 1621. — Voyer d'Argenson (René), comte d'Argenson et de Roufiac ; 1632. — Mesgrigny (Jean de), marquis dudit lieu, seigneur de Vendeuvre ; 1635. — Chaulnes (Jacques de), seigneur de Longcormes, Guiherville, Cohonville ; 1638. — Sève (Alexandre de), seigneur de Chatignonville et de Châtillon-le-Roi, 1644. — Ligny (Jean de), seigneur de Rentilly, neveu du chancelier Séguier ; 1647. — Voisin (Daniel), seigneur de Scrizay, du Plessis-aux-Bois, du Plessis-Voisin, de la Malmaison, etc.; 1648. — Garibal (Jean de) ; 1655. — Verthamon (François de), comte de Villemenon ; 1658. — Le Febvre (Antoine), seigneur de la Barre ; 1660. — Choisy (Jean-Paul), seigneur de Beaumont ; 1662. — Pomereu (Auguste-Robert de), seigneur de la Bretesche ; 1663. — Fortia (Bernard de), seigneur du Plessis et de Cléreau ; 1664. — Le Camus (Jean), seigneur de Beauvais, du Port et de Saint-Mandé ; 1669. — Hector de Marle (Bernard), seigneur de Versigny ; 1672. — Malon (Annet-Louis-Jules), seigneur de Bercy, Conflans, le Pont-de-Charenton ; 1682. — Legoux (Urbain), seigneur de la Berchère ; 1684. — Bérulle (Pierre de), seigneur de Guyencourt ; 1685. — Desmarets (Jean-Baptiste), seigneur de Vaubourg ; 1687. — Maupeou (Gilles de), comte d'Ableige ; 1692. — Le Febvre d'Ormesson (Antoine-François de Paule), seigneur du Cheray, des Tournelles et d'Ormesson ; 1695. — Le Blanc (Claude), seigneur de Passy et d'Estigny ; 1703. — Turgot (Marc-Antoine), seigneur de Saint-Clair ; 1708. — Béchameil (Louis-Claude), marquis de Nointel ; 1714. — Boucher (Claude), seigneur d'Hébecourt-Sainte-Geneviève ; 1717. — Brunet (Gilles), seigneur d'Evry, de Rancy et de la Palisse ; 1720. — Bidé de la Grandville (Julien-Louis); 1723. — Trudaine (Daniel-Charles), seigneur de Montigny ; 1730. — Rossignol (Bonaventure-Robert), seigneur de Balagny ; 1735. — Peirenc de Moras (François-Marie), seigneur de Priest ; 1750. — La Michodière (Jean-Baptiste-François de), comte d'Hauteville, seigneur de La Michodière et Romène ; 1753. — Bernard de Ballainvilliers (Simon-Charles-Sébastien), baron de Ballainvilliers, seigneur de Villouzin et du Ménil ; 1757. — Auget de Montyon (Antoine-Jean-Baptiste-Robert), seigneur de Montyon ; 1767. — Chazerat (Charles-Antoine-Claude de), vicomte d'Aubusson et Montel, baron de Lignat, Bar et Codignac, seigneur de Ligones, Seychalles, Mirabelle et Saint-Agoulin ; 1771.

La première chose à laquelle doit veiller un intendant est d'empêcher que le ministre des finances ne mette sur les peuples des impôts qui vont à la ruine du commerce de ce qui y fait couler l'argent ; car ces sortes d'impositions, bien loin d'être avantageuses à l'État, lui sont préjudiciables, puisque, en ôtant à une province les voies par où elle peut s'enrichir, il est de nécessité qu'elles l'appauvrissent et qu'elles la mettent hors d'état de contribuer aux dépenses qu'exige la constitution du royaume. On en a vu des exemples dans cette province, dont doivent être instruits les intendants qui aiment le bien de leur patrie. Thiers est une petite ville fameuse par le grand commerce qu'elle fait de quincaillerie et de papier. Elle faisait encore un profit, qui n'était point à mépriser, par des cartes à jouer qui occupaient bien des ouvriers, et que l'on envoyait dans l'Italie et en Espagne. Un droit que l'on voulut établir sur ces cartes découragea les maîtres, et les ouvriers, qui n'étaient pas bien payés, furent encore plus rebutés ; de sorte qu'ils quittèrent presque tous et cherchèrent à travailler dans les pays étrangers. Un grand nombre se retira à Gênes, où le bon accueil qu'on leur fit les obligea à demeurer. Ainsi, pour deux ou trois mille livres que cette imposition nouvelle eût fait entrer dans les coffres du roi, l'État a été privé de plus de cinquante mille écus que produisait le débit de ces cartes, dont Gênes a bien su profiter. On eut beau représenter à l'intendant le tort qu'il allait faire à la province et au roi en même temps, en laissant sortir ces ouvriers, tout cela fut inutile. La complaisance pour le ministre l'emporta sur son véritable devoir, qui l'obligeait à lui faire connaître combien ce droit que l'on voulait exiger allait nuire au roi et à la province.

Les nouveaux droits qu'on a mis sur le papier qui se fait dans la même ville de Thiers et dans celle d'Ambert, ont réduit ce commerce si important à peu de chose. Ils ont obligé les maîtres d'abandonner une partie des papeteries ; de sorte qu'il se fabrique bien moins de papier qu'autrefois, et, par conséquent, on s'est privé d'un grand profit qui en revenait, par lequel on attirait en France l'argent des Anglais, des Hollandais et des autres pays étrangers. Ce commerce faisait pourtant beaucoup d'honneur à la nation. Nous avons, de plus, accoutumé ces peuples à se passer de notre papier, et en même temps nous avons bouché un des canaux par où l'argent étranger venait en France. Un intendant qui eût représenté avec force cet inconvénient eût été sans doute écouté, puisque c'est une diminution, pour cette province, de cent mille écus.

Il y a quelques années que ceux qui gouvernaient les finances résolurent d'établir des aides dans cette province, c'est-à-dire un droit sur le vin et sur les boissons et sur le pied fourchu, comme il est établi dans plusieurs autres. Cette nouvelle alarma les peuples, et avec raison ; car, outre qu'ils s'étaient rachetés de cette imposition en 1562, par une finance qu'ils payaient au roi et qu'ils s'engagèrent à payer annuellement, ce qui fit hausser notablement leur taille, qui depuis a augmenté en proportion, ce droit ruinait entièrement une province dont le vin n'est que pour l'usage seul de ses peuples. Les vignes coûtant beaucoup à faire travailler, on les aurait laissées en friche ou on les aurait arrachées. On ôtait par là aux peuples une ressource et on les mettait dans l'impossibilité d'avoir de quoi donner aux receveurs qui lèvent les deniers du roi. Aussi, bien loin d'augmenter par là les revenus de l'État, on les diminuait, et on jetait en même temps les peuples dans le désespoir. L'intendant, au lieu d'entrer dans les intérêts d'une province qui étaient les mêmes que ceux du roi, au lieu de représenter les malheurs qu'allait causer aux peuples la levée de ce droit, répand cette triste nouvelle et jette l'alarme partout ; et parce qu'une douzaine de femmes s'assemblent sur le bruit dont son imprudence l'avait fait l'auteur, il s'acharne à faire passer les peuples les plus soumis et les plus obéissants pour des mutins et des révoltés, et n'oublie rien pour aigrir ceux qui gouvernent, afin de recevoir des ordres à l'abri desquels il pût à son gré désoler une si belle province. Dans cette triste situation on s'adresse au premier ministre, homme de tête, instruit de tout ce qui se passe ; il ne peut revenir de l'étonnement dans lequel le jette la conduite d'un homme qui met tout en usage pour perdre une province de laquelle il devait être le protecteur. Il n'eut pas de peine à s'apercevoir qu'effectivement les peuples étaient absolument ruinés par l'établissement de nouveaux droits, et que par là on les mettrait dans l'impossibilité de fournir aux impositions qu'ils avaient accoutumé de payer. Il est touché de leurs malheurs; pour les consoler, il leur envoie un autre intendant, entièrement éloigné du caractère du premier, qui n'a d'autre vue que d'employer l'autorité qu'on lui donne pour le bien des peuples.

Une autre occupation des intendants est à lever tous les obstacles qui empêchent la sortie des denrées de cette province. Un des plus grands est l'établissement des bureaux de Vichy, de Gannat et de Montluçon (1). Il est assez étonnant qu'au milieu de la France il y ait des douanes qui ne peuvent que nuire notablement au commerce des marchandises qui doivent se communiquer d'une province à l'autre. Celles qui sont établies font un tort infini au commerce de cette province, et même à celui du Languedoc et du Velay. Nos vins, qui seraient d'un grand secours pour la ville de Paris et qui nous procureraient bien de l'argent si on en facilitait la sortie, restent dans la province et s'y donnent pour rien. Le bureau de Vichy en est la principale cause. Les bateaux sur lesquels on les charge pour les transporter à Paris ne peuvent descendre sur la rivière d'Allier qu'à la mi-novembre, dans le temps où arrivent les crues d'eau. Ils sont obligés de s'arrêter à Vichy pour régler les droits avec les commis. Souvent, dans cet intervalle, ils perdent l'occasion de continuer leur route, la rivière ne se trouvant plus navigable. Il faut attendre un mois, ou plus quelquefois, qu'ils puissent être

---

(1) Voir Inventaire sommaire des Archives départementales du Puy-de-Dôme, série C, art. 850 et ss.

favorisés de quelque crue d'eau ; mais, comme alors la saison de l'hiver est la plus rude, ils sont le plus souvent arrêtés au canal de Briare, dans lequel ils ne peuvent point entrer, l'eau en étant gelée. Le vin qui était dans les tonneaux s'affaiblit extrêmement, et ceux qui les conduisent achèvent de lui ôter le peu de force qui lui reste en y mettant de l'eau pour remplacer en quelque manière le vin qu'ils en ont tiré pour boire pendant trois ou quatre mois qu'ils ont séjourné dessus. Il arrive enfin à Paris, et ceux à qui il appartient et qui ont fait une si grande dépense pour l'y faire conduire n'ont, pour toute récompense de toute la peine qu'ils se sont donnée, que le cruel déplaisir de voir le peu de cas que l'on fait de leur vin, qu'ils sont obligés à donner à un très vil prix ; et les marchands de vins, persuadés que nos vins ne peuvent pas souffrir le transport, perdent l'idée d'en venir jamais chercher en Auvergne. On peut juger par cela seul ce que les bureaux du Bourbonnais coûtent à l'Auvergne. Ajoutez à cela l'argent que sont obligés à donner tous les particuliers pour tout ce qu'ils envoient à Paris et tout ce qu'ils en font venir pour leur usage, et l'incommodité qu'ils ont, quand ils voyagent, de se voir traiter quelquefois indignement par des commis qui agissent avec une rigueur insupportable.

On les a pourtant assujettis à payer ces droits contre toute sorte de justice et malgré l'assurance que leur ont donnée les rois que ces bureaux ne regardaient en rien les peuples d'Auvergne, qu'ils n'étaient établis que pour les marchandises de Languedoc. En effet, le roi Louis XIII, étant en Languedoc, voulut que les marchandises qui passaient de cette province en Espagne payassent quelque droit, et, pour cela, il fallait établir des bureaux entre le Languedoc et l'Espagne. Les peuples de cette province, qui craignaient par là la diminution de leur commerce, refusèrent l'établissement de ces bureaux. On eut égard à leurs remontrances, et le roi leur permit, par une déclaration donnée à Cognac en 1622 (1),

---

(1) Déclaration de Cognac, juin 1621.

le libre usage de leur commerce avec l'Espagne, à condition qu'ils seraient réputés comme étrangers à l'égard du reste du royaume, et, pour cela, il ordonna qu'il serait établi des bureaux de douane entre le Languedoc et l'Auvergne, avec cette clause expresse qu'aussitôt que les refusants auraient souffert les bureaux aux confins de l'Espagne, ceux-là seraient supprimés. M. de Mesgrigny, intendant d'Auvergne, commis par la cour pour l'établissement de ces bureaux, trouvant beaucoup de difficulté de les placer entre l'Auvergne et le Languedoc, à cause des montagnes, les établit entre l'Auvergne et le reste de la France, à Vichy, à Gannat et à Montluçon. Les Auvergnats, prévoyant ce qui est arrivé, s'y opposèrent justement, mais on arrêta leurs plaintes en leur disant que ces bureaux n'étaient établis qu'en conséquence du refus qu'avait fait le Languedoc de n'en vouloir point souffrir sur les confins de l'Espagne, on ne ferait payer les droits qu'aux seuls marchands du Languedoc, que ceux d'Auvergne ne payeraient rien, et que ces bureaux ne seraient que des bureaux de conserve. Dans la suite des temps, on a assujetti insensiblement les Auvergnats à payer le même droit que les Languedociens payaient, et non seulement ils payent pour tout ce qui sort de leur province, mais encore pour tout ce qui y entre. L'injustice qu'on leur fait est d'autant plus grande, qu'on a établi des bureaux entre le Languedoc et l'Espagne, et que, par cet établissement, ceux du Bourbonnais devaient être sur-le-champ supprimés (1).

Un autre obstacle à lever pour la facilité du commerce des marchandises et des denrées de cette province est celui qui vient de la rivière d'Allier, qui n'est navigable ordinairement que trois ou quatre mois de l'année; par le moyen des crues

(1) Malgré les protestations de la province d'Auvergne, les bureaux du Bourbonnais subsistaient encore en 1750, et il semble que, dans la suite, on se soit borné à demander la modération des droits perçus à la douane de Vichy (1755-1765). De les supprimer il n'est plus question. Dans le mémoire présenté en 1765 par M. de Ballainvilliers au Contrôleur général, il est encore parlé « des droits exorbitants » qui se perçoivent sur les vins à la douane de Vichy.

d'eau qui font l'effet des torrents des fontes de neige. Si elles manquent dans le mois de novembre, nos pommes, que les marchands de Paris ont achetées, demeurent dans les bateaux et se trouvent souvent pourries lorsqu'elles arrivent à Paris; par la perte qu'ils font sur ces fruits, ils se dégoûtent et ne risquent de venir en chercher en Auvergne que quand l'année n'a pas été favorable pour les pommes dans les autres endroits de France.

Ils sont de plus fort découragés à y venir pour acheter de nos fruits, de nos vins et du charbon de pierre, par le peu de sûreté qu'ils trouvent sur la même rivière, à cause des estacades qui vont d'un bord à l'autre qu'ils y rencontrent de temps en temps, qui n'ont qu'une ouverture assez étroite par où les bateaux sont obligés de passer, non sans danger, puisqu'il en périt tous les ans un grand nombre.

On ne peut guère rendre la rivière propre à porter des bateaux toute l'année qu'en resserrant son lit depuis Mirefleurs jusqu'au-dessous de Vichy, ce qui serait d'une très grande dépense et qui apparemment ne se fera jamais. Pour les grands réservoirs d'eau que l'on pourrait faire par le moyen des petits ruisseaux qui se déchargent dans cette rivière, dont on lâcherait les écluses pour y faire couler ces eaux enfermées, quand elle en manque, outre qu'il n'en coûterait pas moins pour les faire, que pour rendre son lit plus étroit, on ne saurait réussir qu'en prenant des terres d'une grande étendue, qui ruineraient une infinité de particuliers que l'on ne dédommagerait pas de la perte qu'ils feraient; et, enfin, ces eaux ramassées n'en donneraient jamais assez abondamment pour la rendre navigable; et comme les terres sont peu élevées en divers endroits au-dessus de la rivière, il faudrait élever des murailles de plus de trente pieds d'épaisseur pour contenir les eaux de ces ruisseaux. Quelles sommes ne demanderaient pas ces ouvrages immenses !

Il serait plus sûr de faire un canal depuis le pied de Gergovia jusqu'à l'endroit où la Sioule se rend dans l'Allier, pour transporter par là tous nos fruits et nos vins jusque-là. Mais comme il serait nécessaire, pour le remplir, de prendre l'eau des ruisseaux qui arrosent mille prairies qui font une partie des richesses de la Limagne, il faudrait n'y conduire ces eaux que dans le mois d'octobre, qui est le temps propre au transport des pommes et du vin ; de cette sorte les prairies n'en souffriraient point, le lit du canal demeurerait à sec le reste de l'année.

A l'égard des estacades qui sont cause de la perte d'un grand nombre de bateaux, il faut absolument les ôter afin de donner un cours libre à la rivière ; mais comme elles appartiennent à de grands seigneurs qui tirent un gros profit de tous les bateaux qui passent, des moulins qu'ils ont sur la rivière, et de la pêche des saumons qui remontent jusque-là, on doit commencer par entrer dans quelque accommodement avec eux, en leur offrant de les dédommager de manière à les contenter, afin qu'ils ne s'opposent point à une entreprise qui doit être d'une si grande utilité à la province.

La Dordogne, qui a sa source dans le mont Dore, n'est point propre à porter les bateaux dans tout le cours qu'elle a en Auvergne, à cause des rochers dont elle est remplie. On avait entrepris de les faire sauter. Le Père Sébastien, carme d'un grand mérite, avait été envoyé sur les lieux par les ministres pour les instruire du succès que pouvait avoir cette entreprise. Il est à croire qu'on n'abandonnera pas ce projet, que la cour regarde comme d'une grande conséquence pour faciliter la descente des arbres propres à faire des mâts de navire que l'on trouve en abondance dans les forêts voisines de la ville de Bort. Il serait encore très utile pour la province de faire nettoyer le lit de la rivière de Sioule, de faire sauter les rochers qui arrêtent les bateaux, et de donner toute la liberté à l'eau de couler, en ôtant quelques écluses que l'on y a faites pour faire moudre des moulins, dont on pourrait contenter les maîtres par quelque dédommagement. Nous recevrions par elle des bois qui nous manquent pour la charpente et pour brûler, étant environnée, dans son cours, de plusieurs forêts qui nous donneraient des chênes et des hêtres. Ceux qui sont aux environs de cette rivière trouveraient encore le moyen de vendre avec plus de facilité leur blé, pouvant le faire conduire par bateau aux endroits qui peuvent en avoir besoin, au lieu qu'ils sont obligés à le donner pour un prix bien modique, dans l'impossibilité de communiquer avec d'autres gens que ceux du pays.

Les obstacles qui pouvaient arrêter le commerce étant levés, ceux qui ont le pouvoir en mains doivent mettre tous leurs soins à perfectionner les arts dans lesquels les peuples d'une province réussissent le mieux. On connaît l'inclination des habitants de Thiers pour la fabrique des couteaux, des ciseaux et de tous les ouvrages de cette nature. Ce commerce est de conséquence pour la province, puisqu'on transporte ce qui sort des mains des ouvriers de cette petite ville, non seulement en France, en Allemagne, en Italie et en Espagne, mais même dans les Indes et dans les îles de l'Amérique. S'il y a des grâces à répandre, c'est assurément sur des sujets si utiles au public. On les encourage par là à devenir plus habiles dans leur métier et on est sûr d'augmenter le nombre des ouvriers, et en même temps des marchandises et du profit qui en revient. Si on ne veut pas les décharger de tous les impôts, on doit du moins ne leur en faire payer qu'une petite partie, d'autant plus que leurs ouvrages ne coûtent presque rien à ceux qui les achètent, tant ils les donnent à bon marché. On doit se piquer de les secourir dans les malheurs qui leur arrivent quelquefois. Il y a, sur la petite rivière de la Durolle qui descend des montagnes et arrose les murs de cette ville, un grand nombre de moulins où sont des meules sur lesquelles les ouvriers passent les couteaux et les ciseaux avant que de les mettre en vente. Il arrive quelquefois que ses eaux grossissent si fort et descendent avec tant de violence des montagnes, qu'elles renversent ces moulins et les mettent hors d'état de s'en servir. Il faut les raccommoder ou faire cesser le commerce, mettre en même temps plus de dix mille hommes à l'aumône, et priver la province de plus de deux cent mille écus qu'elle reçoit, pour ainsi dire, des mains de ces ouvriers. C'est alors qu'un intendant doit employer tout son crédit pour avoir des fonds des coffres du roi, pour faire réparer au plus tôt ces moulins qui donnent la vie à tant de gens. Ce fut un bonheur pour cette province d'avoir eu M. Le Blanc pour intendant dans une année où l'eau de cette rivière fit le désordre dont nous venons de parler. Sans les mouvements qu'il se donna auprès des ministres auxquels il représenta vivement la perte que le roi allait faire si on n'aidait point les peuples de cette ville dans leur malheur, ce commerce était à bas. Par là il entraînait en même temps la ruine entière d'une ville dont les habitants méritent que l'on ait pour eux quelque attention. S'il eût eu aussi peu de zèle pour les intérêts du roi que celui qui laissa sortir les ouvriers qui travaillaient aux cartes, la province serait privée de l'argent que cette ville y fait entrer par le travail de ses ouvriers.

On ne doit pas avoir moins de soin des moulins à papier de la ville d'Ambert : outre que ce commerce est honorable à la France, il est encore fort avantageux par la vente que l'on fait du papier dans les pays étrangers. On décourage pourtant ceux qui le font travailler par les impositions que l'on met dessus, et par le peu de secours qu'on leur donne quand, par le débordement des rivières sur lesquelles ils sont, ils sont si fort endommagés qu'il faut de grandes sommes pour les rétablir.

Les camelots et les étamines qui se font à Olliergues, à Ambert, à Auzelles et en d'autres lieux, attirent bien de l'argent dans la province ; mais ce commerce serait bien d'une autre conséquence si les bons ouvriers trouvaient quelque protection auprès des intendants et si on leur procurait des laines d'Espagne. Leurs ouvrages alors ne le céderaient en rien aux camelots de Bruxelles, et les Français trouveraient dans leur pays ce qu'ils vont chercher ailleurs. On en ferait encore passer dans les pays étrangers. On ne laisserait pas d'en travailler avec les laines de la province pour ceux qui ne voudraient pas mettre le prix aux autres.

Les chevaux d'Auvergne ont toujours passé pour les meilleurs chevaux de France (1). Il en sortait autrefois un grand nombre de cette province. Il n'y avait point de grand seigneur qui n'en eût plusieurs dans ses écuries. Aujourd'hui on n'en trouve que très peu de bons ; c'est ce qui fait que l'argent n'y vient plus par ce canal en si grande abondance. La négligence des intendants sur cet article en est la principale cause : ils ne font point examiner les chevaux que l'on envoie pour servir d'étalons, ils sont souvent trop vieux et ne sont point de bonne race, de sorte que les poulains qui en viennent n'ont rien que de fort commun. Les chevaux de Danemarck sont ceux qui réussissent le mieux dans cette province. Il faudrait de plus ne confier ces étalons qu'à des gens qui se connussent parfaitement en chevaux ; mais, par une inattention qui n'est point pardonnable, on les met entre les mains de personnes qui n'y entendent rien, qui n'ont d'autre vue, en les prenant, que de se voir, par ce moyen, exemptes de l'embarras de quelque tutelle.

On devrait encore veiller à ce que ceux qui sont chargés par le roi d'envoyer des cavales n'y manquassent point, et qu'elles n'eussent guère plus de cinq ou six ans ; les poulains qu'elles font ont beaucoup plus de feu, et elles sont plus en état de les bien nourrir.

Une des choses qui manquent le plus en Auvergne sont les bois pour la charpente et pour le chauffage, depuis surtout l'année 1709, où on crut que le grand froid avait fait périr la plupart des noyers ; cependant on y trouve beaucoup de forêts remplies de toutes sortes d'arbres. Mais, par le peu d'industrie et la nonchalance des peuples à cet égard, on n'en tire aucun secours dans le besoin où l'on est. Cependant il ne serait pas fort difficile de profiter du bois de ces forêts qui, la plupart, ne sont pas éloignées de quelque rivière. Elles en

---

(1) V. sur les haras d'Auvergne, dans *Revue d'Auvergne*, 1892, p. 22, une étude de M. Audigier. — V. aussi Inventaire sommaire des Archives départementales du Puy-de-Dôme, série C, art. 281 et ss.

fourniraient beaucoup à la Limagne par les rivières qui s'y rendent. On pourrait en couper dans les bois de La Chaise-Dieu que l'on mettrait en bûches et que l'on jetterait dans la petite rivière de Senoire qui les porterait dans l'Allier, d'où elles iraient en flottant jusqu'à Issoire et aux endroits qui sont les moins éloignés de Clermont et de Riom. On jetterait dans l'Allagnon le bois que l'on couperait dans celles qui sont près de Murat, et, par l'Allagnon qui se rend dans l'Allier, on les conduirait jusqu'à Cournon et même jusqu'à Maringues, d'où on les distribuerait dans tous les lieux qui ne sont point éloignés de la rivière. Les forêts qui sont aux environs de la Sioule en donneraient beaucoup qui seraient conduits par cette rivière et par celle d'Allier, en remontant dans des endroits où ceux qui en manquent en viendraient quérir. Mais, afin que les peuples eussent dans quelque temps du bois en abondance, il serait nécessaire d'en planter ou de semer du gland dans divers endroits qui ne produisent rien. C'est un projet que l'on a formé très souvent et qui n'a jamais été exécuté, et ce sera toujours inutilement qu'on en parlera, si les ministres ne veillent à l'exécution. En cela ils peuvent rendre un service essentiel à cette province, sans se donner beaucoup de peine. Une lettre bien vive et bien forte à l'intendant à ce sujet aura tout le succès qu'ils peuvent attendre.

Par la description que nous avons faite de l'Auvergne, on peut conclure qu'il faut une grande attention pour en rendre les chemins praticables; car, ou on voyage par la Limagne où les terres sont grasses et fortes, et les chemins par conséquent pleins de boue, ou l'on voyage dans les montagnes où ils doivent être fâcheux par les fréquentes montées et descentes qui s'offrent à chaque pas, surtout du côté d'Aurillac, de Salers et de Saint-Flour. On ne laisse pas d'en trouver de bien rudes dans d'autres cantons. Cependant, comme le transport des marchandises et des denrées se fait par des chevaux, par des mulets et par des chariots, on voit de quelle nécessité il est de rendre toutes ces routes commodes et aisées. On doit y tenir la main surtout pour celles qui conduisent du Languedoc en Auvergne, et pour celles qui mènent de Bordeaux, de La Rochelle et de Limoges à Clermont et à Lyon. Ces deux routes, surtout la dernière, ne sont jamais sans chevaux ou mulets qui sont chargés de marchandises pour Clermont, pour Lyon, pour la Provence et pour l'Italie, ou qui en portent de ces lieux-là pour Limoges, La Rochelle et Bordeaux. On aurait de la peine à croire tout ce qui se voiture par cette route. Le courrier d'Espagne à Rome n'en tenait point d'autres. Ces chemins, qui sont d'une si grande conséquence, ont été extrêmement négligés jusqu'à cette heure. Ce n'est pas que, de temps en temps, on n'y ait fait quelques réparations ; mais, comme on en chargeait des entrepreneurs qui s'engageaient à les faire pour une certaine somme, la passion du gain les y faisait travailler si légèrement, que, dans deux ou trois mois, ils étaient aussi rompus qu'auparavant. Ces réparations, de plus, ne s'étendaient qu'à une lieue ou deux de Clermont.

On voyage plus à l'aise dans la Limagne. Les chemins étant comme sous les yeux des intendants, on se donne un peu plus de mouvement pour les rendre commodes. Cependant, comme les travaux qu'on y fait sont fort légers, il faut sans cesse recommencer à y travailler. Celui auquel on s'est le plus attaché est le chemin qui conduit de Clermont à Riom ; on l'a refait trois fois dans très peu de temps sans un grand besoin, et il est certain que les sommes qu'on y a employées eussent été suffisantes pour mettre en bon état tous ceux de la basse Auvergne. Il semble que la route qui mène de Clermont à Paris devrait [être] la moins négligée ; elle l'est pourtant depuis Gannat jusqu'à Moulins, ce pays étant de la dépendance de l'intendant de cette ville. On devrait lui donner des ordres fort pressants, pour que les carrosses et les chariots chargés de marchandises y pussent passer avec moins d'incommodités ; à peine peuvent-ils sortir des boues que l'on trouve entre Gannat et Saint-Pourçain.

Pour les chemins de la haute Auvergne, que la hauteur des rochers et leur âpreté rendent très difficiles, et qui le deviennent encore plus par les torrents et le débordement des eaux formés par la fonte des neiges, il est presque impossible qu'on remédie à ces inconvénients. Les grandes sommes qu'exigeraient ces réparations font désespérer qu'on songe jamais à les raccommoder. Nous sommes bien éloignés des idées des Romains qui concevaient bien mieux que nous la conséquence de ces réparations qui vont à la facilité du commerce et à la commodité publique. L'entretien des chemins regardait les consuls qui étaient les premières personnes de l'État. Avoir rendu une route commode, c'en était assez pour être élevé à cette première dignité. Cicéron parlant de ceux qui, dans une certaine année, prétendaient au consulat, dit que, de tous les prétendants, il n'y en a aucun dont la brigue fût plus à craindre que celle de Thermus, et la raison qu'il en apporte, c'est, dit-il, parce qu'il a la commission de faire raccommoder le chemin de Flaminius, ce qui pourra, ajoute-t-il, être achevé pour ce temps-là.

Les grands chemins, étant raccommodés, deviennent presque inutiles par le grand nombre de grandes et petites rivières qui traversent l'Auvergne, si l'on n'a pas soin de faire des ponts par-dessus lesquels les voituriers puissent passer sans danger et sans être arrêtés.

C'est pourtant ce qui manque le plus sur les rivières et sur les ruisseaux, et ce qui est le plus capable d'interrompre le commerce. On en trouve quelques-uns, mais ils ne laissent pas d'être inutiles, ou parce qu'ils sont rompus ou parce qu'ils sont sans garde-fous et si étroits qu'on ne peut point se hasarder d'y passer, tant le danger est grand. Tous ces ponts demanderaient de grandes réparations, qui sont absolument nécessaires non seulement pour la communication des denrées d'un lieu à un autre, mais encore pour mettre la vie des habitants à couvert des périls qui les menacent en traversant ces ruisseaux ou plutôt ces torrents qui engloutissent tous les jours quelqu'un. Il y avait autrefois un pont de pierre à Courpière, sur la rivière de Dore. Quelques arches, n'ayant pu résister à la violence des eaux dans quelque débordement, tombèrent. Toutes les piles sont encore dans leur entier ; il n'en coûterait pas beaucoup pour rétablir ce pont qui se trouve placé dans un des endroits de la basse Auvergne où il passe le plus de monde. On a mis de grandes poutres en long d'une pile à l'autre, sur lesquelles on a cloué de fortes planches pour la commodité des gens à pied, car pour les grosses voitures elles n'oseraient y passer.

On est surpris avec bien de la raison que dans le cours de la rivière d'Allier, qui est [de] près de trente lieues depuis Langeac jusqu'à Saint-Pourçain, il ne s'offre aucun pont pour le passage des carrosses et des grosses voitures. Cependant il est à remarquer que le débordement de ses eaux est si grand, surtout en automne, qu'on ne saurait souvent la passer de plusieurs jours, non pas même en bateau. Il est pourtant vrai que c'est par le passage de cette rivière que les provinces de France, qui sont au couchant de l'Auvergne et celles qui sont à son levant, se communiquent les unes aux autres tout ce qu'elles ont qui peut leur être utile. Les peuples d'Auvergne sont, sur ce point, d'une indolence qui n'est point à pardonner ; ils ont donné sans mot dire cinquante mille écus pour la construction de celui de Moulins, sans qu'il leur soit venu dans l'esprit de représenter au conseil du roi la nécessité absolue d'en avoir un chez eux tant pour le passage des marchandises étrangères que pour les leurs, mais encore pour la commodité des habitants qui se voient souvent dans l'impuissance d'aller dans leurs héritages et dans les villes où l'on rend la justice, étant arrêtés par les crues d'eau qui ne leur permettent point de la passer. Nos ancêtres, qui allaient au solide, avaient eu soin d'en faire construire un au Pont-du-Château qui en a retenu le nom. On pourrait les imiter et en élever un dont la dépense ne serait pas excessive. On ne saurait choisir un endroit plus propice pour le placer, tant à cause des rochers qui sont sur le bord de l'eau que parce qu'il serait sur la grande route qui conduit de Bordeaux, de La Rochelle et de Limoges à Lyon. Il serait encore nécessaire d'en faire un du côté de Brioude, sur la même rivière, celui de Vieille-Brioude n'étant d'usage que pour les gens de pied.

Les accidents qui arrivent tous les jours au port de la Corde (1), par où passe deux fois la semaine le carrosse d'Auvergne qui va à Paris et qui en revient, devraient toucher ceux qui sont à la tête des affaires. On pourrait y remédier en faisant un grand chemin le long de la rivière, depuis Saint-Pourçain jusqu'à Moulins, où le carrosse passerait la rivière sans craindre aucun péril.

On sait dans quelle réputation sont les bains du Mont-Dore ; les malades les plus désespérés y trouvent souvent la guérison de leurs maux. Tous les peuples, non seulement de France, mais même des pays étrangers, y viendraient chercher du soulagement ; mais ils sont arrêtés par la peinture affreuse qu'on leur fait du lieu où ils sont placés. En effet, il n'y a pas une maison propre à recevoir, je ne dis pas des personnes de qualité, mais même un homme un peu accommodé. Cependant, sans beaucoup de dépense, on y pourrait élever de grands bâtiments dans lesquels on pratiquerait toutes les commodités si nécessaires à ceux qui y viendraient chercher des remèdes à leurs maux. On ne comprend point comment les seigneurs de ce lieu n'ont pas entrepris d'y bâtir. Ils auraient, par là, augmenté le revenu de leur terre de plus de dix mille livres, les malades donnant abondamment lorsqu'ils se trouvent logés à leur aise. La chose est assez importante pour représenter au roi qu'il devrait avoir la bonté d'avancer l'argent nécessaire à la construction de ces bâtiments, sur les deniers publics que les receveurs lèvent dans la province ; d'autant plus que, loin d'y perdre, il en retirerait, dans deux ou trois ans, le prix de l'argent qui aurait été

---

(1) Ne s'agirait-il pas ici du port de Cordebœuf qui est mentionné dans *Le siège des huguenots devant la ville de Molins* (Bibl. de l'Arsenal, Ms. 4651, fol. 143) ? Il était situé entre Saint-Pourçain et Varennes, où l'on devait aller rejoindre la route de Lyon à Paris, par Moulins. Il paraît résulter de la phrase suivante d'Audigier que la route de Saint-Pourçain à Moulins, sur la rive gauche de l'Allier, par Châtel-de-Neuve, n'était pas encore établie.

fourni. Il aurait, par là, le plaisir de contribuer au soulagement de ses sujets, et surtout des gens de guerre, dont les blessures les mettent souvent hors d'état de continuer à le servir dans les armées. Mais, afin que les malades y trouvassent tous les secours dont ils ont besoin, on devrait pratiquer, dans les bâtiments qu'on élèverait, un logement pour un médecin qui y ferait sa demeure pendant trois mois de l'année, dont les lumières donneraient une grande tranquillité à ceux qui s'y rendraient pour recouvrer leur santé. La province trouverait de grands avantages dans l'exécution de ce projet (1).

La terre que l'on trouve à Lezoux, petite ville à quatre lieues de Clermont, sur le chemin de Lyon, est très propre pour toutes sortes d'ouvrages que l'on apporte de la Chine et du Japon, que l'on connaît sous le nom de porcelaine. Il y a des curieux, qui sont entendus en ces sortes de choses, qui assurent que les ouvrages qui seraient formés de cette terre, qui est aux environs de cette ville, approcheraient de beaucoup de ceux de ces pays éloignés. Les anciens l'ont mise en usage et en ont fait de petites urnes, des tasses, des soucoupes dont on en voit quelques-unes chez des particuliers. Ce serait un grand profit pour la province si on y réussissait. Il me semble que la chose mériterait bien qu'on en fît un essai. On ne manquerait pas, après cela, de gens qui avanceraient l'argent nécessaire aux ouvriers que l'on appellerait pour y travailler (2).

---

(1) V., sur l'intervention administrative aux bains du Mont-Dore aux xviie et xviiie siècles, CHARLES JALOUSTRE : *Les archives du Mont-Dore*, dans le Rapport du préfet du Puy-de-Dôme au Conseil général, session d'avril 1893.

(2) Les ateliers gallo-romains de Lezoux sont aujourd'hui bien connus, grâce aux fouilles heureuses et aux belles et ingénieuses études de M. le Dr Plicque. Les résultats de ces fouilles sont exposés en grande partie dans diverses revues, et tout particulièrement dans l'*Étude de céramique arverno-romaine* de M. Plicque (Congrès archéologique de Montbrison, 1886).

VIII

Religion

La religion ancienne des Auvergnats n'était pas différente de celle du reste des Gaulois. Ils adoraient le Jupiter gaulois, dit Taranis ; l'Hercule gaulois, dit aussi Hogmius ; Mars, connu sous le nom d'Hésus ; Pluton, sous celui de Dis ; Mercure, sous celui de Teutatès, et Apollon sous celui de Belenus. Diane était aussi l'objet de leur vénération (1).

(1) On ne connaissait, au temps d'Audigier, la religion gauloise que par les auteurs anciens, et les renseignements fournis par ces auteurs se réduisent, en somme, à peu de chose : une page bien connue de César (*De bello Gall.*, VI, 15-19), trois vers de Lucain (*Phars.*, I, 444-446), un passage de Lucien (*Herc. gall.*, p. 598, éd. Didot). C'étaient à peu près là les seules sources auxquelles notre historien pouvait puiser. Les découvertes archéologiques, inscriptions votives et monuments figurés, ont apporté, depuis, quelques lumières nouvelles ; mais la seule dont Audigier aurait pu avoir connaissance, celle des autels découverts en 1711 sous le chœur de Notre-Dame de Paris, ne semble pas être parvenue jusqu'à lui.

La religion gauloise, au temps de César, était un polythéisme analogue à celui des Romains, et César affirme qu' « ils se font des grands dieux » à peu près la même idée que les autres peuples. » Ces dieux même, il ne les désigne que par des noms romains : Apollon, Mars, Jupiter, Minerve, Mercure. A côté de ces dieux, les inscriptions nous ont révélé un certain nombre de divinités locales qui représentaient sans doute la plus ancienne religion des Gaulois, et celle qui a le plus duré. (V. Cam. Jullian, *Gallia*, pp. 14 et 207.)

Voici la liste des principaux travaux relatifs à la religion des Gaulois après et avant la conquête :

H. Gaidoz, *Esquisse de la religion des Gaulois*. Paris, Fischbacher, 1879. — Le même, *Le dieu gaulois du soleil et le symbolisme de la roue*. Paris, E. Leroux, 1886. — P.-P. Mathieu, *Le Puy de Dôme ; ses ruines ; Mercure et les matrones*. Clermont, Thibaud, 1876. — P. Monceaux, *Le grand temple du Puy de Dôme et la nationalité arverne*. — A. Bertrand, *L'autel de Saintes et les triades gauloises*. Revue archéol., 1880. — R. Mowat, *Le temple Vassogalate des Arvernes...* Revue archéol., 1875.

Le Jupiter gaulois dit Taranis, c'est-à-dire Jupiter tonnant, que l'on croit avoir régné dans la Gaule celtique, fut l'objet du culte des peuples d'Auvergne. On l'honorait, à Clermont, sur une petite colline qui a conservé son nom jusqu'à ce jour. On la nomme Montjousé, c'est-à-dire *Mons Jovis,* montagne de Jupiter. Elle est, à présent, chargée d'un excellent vignoble. Dans les premiers temps elle était couverte de sombres forêts où les prêtres gaulois, connus sous le nom de druides, faisaient leur demeure. Ils avaient en grande vénération le chêne, parce qu'il portait le gui. Ils le cueillaient avec beaucoup de cérémonie (1). Un de ces prêtres, vêtu de blanc, l'allait cueillir avec une serpe d'or, le premier jour de l'an. On croit que leur nom de druides vient du mot grec *Drus* Δρῦς ou *Deru* en langage celtique, qui signifie chêne (2). Aussi se plaisaient-ils beaucoup dans les forêts où l'on trouvait cette espèce d'arbre. Ils faisaient aussi leur séjour en Auvergne, dans un bois qui était le long de la rivière d'Allier, depuis le village de Dallet jusqu'à Mirefleurs. Une partie de l'espace où il était est encore aujourd'hui connu sous le nom de Dren, et le bois s'appelait Dieu-y-soit, qui n'a disparu entièrement que depuis trente ans.

Ces prêtres gaulois avaient l'intendance du culte des dieux et de la religion avec la direction des affaires tant publiques que particulières ; outre cela, ils instruisaient la jeunesse. S'il se faisait quelque meurtre ou quelque crime, s'il y avait procès pour une succession ou quelque autre différend, ils décidaient et ordonnaient les peines et les récompenses, et, lorsque quelqu'un ne voulait pas acquiescer à leur jugement, ils lui interdisaient l'entrée de leurs mystères. Ceux qui étaient frappés de cette foudre passaient pour scélérats et pour impies ; chacun fuyait leur rencontre et leur entretien ; s'ils avaient quelque

---

(1) Pline, *Hist. nat.*, XVI, 95. — Cicéron, *De Divinatione*, I, 41.

(2) Cette étymologie, selon M. Gaidoz, « est une illusion des Grecs, qui
» rapprochaient ce nom de leur mot Δρῦς, « chêne. » Ce nom se rencontre
» en irlandais sous la forme *drui* ou *drai*, gén. *druad*, nom. pl. *druid*,
» qui a le sens de sorcier. »

affaire, on ne leur faisait point de justice. Ils n'étaient point admis aux charges ni aux dignités, et mouraient sans honneur et sans crédit. Ils avaient parmi eux un pontife dont l'autorité était absolue. Après sa mort, le plus considérable des autres lui succédait, et, s'il y en avait plusieurs qui y prétendissent, la chose était remise à l'élection, et quelquefois se décidait par les armes. Ils n'allaient point à la guerre et étaient exempts de toute sorte d'impôts et de servitude ; ce qui était cause que plusieurs s'y rangeaient, et chacun tâchait d'y mettre son fils ou son parent. On leur faisait apprendre par cœur un grand nombre de vers, car il était défendu de les écrire, soit pour exercer leur mémoire, soit pour ne point profaner les mystères en les divulguant ; de sorte qu'ils étaient quelquefois vingt ans au collège. Dans les autres choses, ils se servaient de l'écriture et usaient de caractères grecs. Ils ne doutaient point de l'immortalité de l'âme ; ils l'envisageaient comme une créance utile et qui porte les hommes à la vertu par le mépris de la mort. Ils croyaient aussi la métempsycose et avaient plusieurs autres dogmes de théologie et de philosophie qu'ils enseignaient à la jeunesse. Il y en avait quelques-uns qui avaient une grande connaissance de l'astrologie, de la géométrie et de la géographie, mais surtout de la politique ; ce qui les rendait arbitres de toutes les affaires publiques et particulières. Quelques autres ne s'occupaient qu'à la contemplation des choses divines et de tout ce qu'il y avait de plus sublime dans les secrets de la nature, et on donnait à ceux-là le nom d'*eubages*. Ce qui paraît surprenant, c'est de voir que des hommes qui pensaient si bien de toutes choses semblaient être tout d'un coup abandonnés de la raison, lorsqu'ils faisaient des sacrifices où ils immolaient des victimes humaines. Auguste les défendit sous de sévères peines. Tibère ne fit pas moins paraître de zèle pour les abolir ; mais la gloire de les avoir fait cesser est due à l'empereur Claude.

Ils avaient des femmes qui demeuraient avec eux dans les bois, auxquelles on donnait le nom de fées et de *fatuæ*, comme on nommait Fatua la bonne déesse, suivant Macrobe. Il n'y a pas quarante ans que l'on exprimait le même nom en langage auvergnat par celui de *fade* ; et, comme les druides faisaient leur séjour dans les bois de la colline de Montjousé, consacrée à Jupiter, qui a conservé le nom de ce dieu, on donnait le nom de fades de Montjousé aux dévotes qui ont un air simple, entièrement éloigné de celui du monde, qui est le même que celui sous lequel on connaissait les femmes qui étaient consacrées au culte de la religion des Auvergnats et des Gaulois. Ce dieu était encore adoré d'une manière particulière parmi les citoyens de la ville de Gergovia, puisqu'il y avait une rue qui avait le nom de Jupiter, qui est encore connue aujourd'hui par les paysans du voisinage qui en ont conservé le nom, l'appelant *Vio Jove,* voie de Jupiter (1).

Pluton, sous le nom de Dis, était encore l'objet du culte des Auvergnats. La chose n'est pas surprenante. On sait que les Gaulois faisaient gloire d'être descendus de ce dieu, et que c'était pour conserver la mémoire d'un père si illustre qu'ils comptaient par nuits et non par jours. Au commencement des mois et des années la nuit était toujours la première. Les siècles qui se sont écoulés n'ont pu altérer cette tradition parmi les peuples de la campagne d'Auvergne, qui ne donnent point d'autre nom au mot d'aujourd'hui que celui d'*aneu,* qui veut dire nuit.

(1) Il semble hors de doute que c'est une divinité gauloise du nom de *Taranus* (*Taranis,* dans Lucain) que les Romains ont assimilée à leur Jupiter. On a trouvé des inscriptions dédiées : IOVI TANARO. IOVI TARANVCO. Tarann veut dire tonnerre dans les idiomes celtiques, et l'identification s'explique aisément.

Pour M. Gaidoz, deux divinités gauloises auraient été confondues sous le nom du Jupiter romain : le dieu du tonnerre, qui avait pour attribut le marteau, et le dieu du soleil, qui avait pour attribut la roue. (*Op. cit.*)

M. Allmer pense que la roue est l'image de la foudre, et que le dieu au marteau n'est autre que le dieu Silvain.

Aucun monument du culte de Jupiter Taranus n'a été découvert en Auvergne. Sur les traditions relatives à ce culte, voir POMMEROL, *Revue d'Auvergne*, année 1887.

Il faut mentionner cependant l'inscription suivante sur une feuille d'argent trouvée à Vichy : NVMIN. AVG. DEO. IOVI. SALASIQ (*Sabasio*) C. IVLIVS CARASSOVNVS V. S. L. M.

L'Hercule gaulois, qui s'était rendu si illustre dans la Gaule, était encore un dieu des Auvergnats (1). La ville d'Alize le reconnaissait pour son fondateur. Il était fils de Jupiter. Ce père des dieux le reconnut bien pour tel lorsque, étant attaqué par Albion, roi de la Grande-Bretagne, et par Bergiona, fils l'un et l'autre de Neptune, voyant que les troupes de son fils étaient désarmées, il fit pleuvoir sur ses ennemis une grêle de pierres; ce qui les étonna si fort, qu'ils furent mis en déroute. Ce dieu était d'une taille si avantageuse et d'une si grande beauté, que la fille du roi des Celtes, nommée, selon quelques-uns, Galatée, ne put pas le voir sans être éprise de lui. Elle témoigna sa passion à son père, qui ne put lui refuser la permission qu'elle souhaitait d'avoir les dernières faveurs de ce dieu, qui voulut bien l'honorer de sa couche. Elle en eut un fils appelé Galate. La manière dont on représentait ces Hercules gaulois pouvait avoir bien des charmes pour les peuples de la Gaule. Voici comme Lucien nous le dépeint : Sa parure était un carquois sur le dos, une massue à la main droite, un arc à la gauche ; ayant le visage d'un vieillard chauve et ridé et hâlé, mais vénérable, ayant autour de lui une foule de peuple liée avec de petits chaînons d'or et d'argent qui aboutissaient à sa langue ; et, bien que les chaî-

---

(1) Le seul témoignage connu d'un culte d'Hercule chez les Arvernes se trouve dans l'inscription citée par Greppo (*Eaux thermales de la Gaule*, p. 112). Cette inscription, aujourd'hui perdue, aurait été trouvée aux Bains du Mont-Dore. En voici le texte, d'après Greppo :

    HERCVLI . MERCVRIO
     ET . SILVANO
     SACRVM . ET
   DIVO . PANTEO . EX . V.

M. Allmer la déclare fausse (*Revue épigraphique du Midi de la France*, mars-avril 1891, n° 61).

Quant au prétendu Panthéon du Mont-Dore, voir la note ci-dessus, p. 175.

Cette inscription attesterait encore, si l'authenticité en était établie, le culte rendu dans cette contrée au dieu Silvain, le dieu des forêts, particulièrement honoré en Gaule, et dont les images dites « le dieu au maillet » ne seraient, d'après M. Allmer, que des représentations. (V. *Revue épigr. du Midi de la France*, 1891, n° 61.)

nons fussent extrêmement fragiles, nul des captifs ne faisait effort de les rompre, et, tout au contraire, ils témoignaient, à leur air, qu'ils auraient été bien fâchés d'être délivrés d'un si doux esclavage, comme vaincus bien moins par la force de ses armes que par son éloquence. Nos Gaulois et les Auvergnats, par conséquent, avaient tant de vénération pour ce dieu, parce qu'il était grand et fort, qu'une des choses qui leur faisaient le plus de peine en embrassant le christianisme était de ne plus avoir son image ; mais on les consolait en les assurant que les chrétiens avaient un saint qui, pour la grandeur et la force, valait six Hercules. On trouve plusieurs médailles où ce dieu est représenté, aux environs de Clermont et de Gergovia.

Les Gaulois rendaient un culte divin à Apollon, qu'ils connaissaient sous le nom de Belenus, mot qui vient de Bel, dont les Assyriens se servaient pour nommer le soleil. Ils le regardaient comme le seigneur du ciel. On honorait ce dieu dans un lieu appelé Polagnac, non loin du Puy-de-Dôme, qui est à la maison de Chabannes-Curton ; et à Polignac, lieu situé sur les frontières du Velay, qui a passé de la maison des Apollinaires dans celle des Chalencon-Polignac. On y voit encore son idole, qui est une tête de ce dieu d'une grandeur extraordinaire.

Mars (1), que les Gaulois connaissaient aussi sous le nom d'Hésus, qui signifie fort, selon les Hébreux, les Syriens et les Chaldéens, et Diane, recevaient les adorations des peuples

---

(1) Aucun document n'autorise à assimiler Mars et Esus : on admet généralement que ce serait plutôt le dieu gaulois désigné, dans les vers de Lucain, sous le nom de Teutatès, que les Romains auraient identifié à leur dieu Mars.

Inutile de dire que l'étymologie proposée par Audigier pour Merdogne est sans valeur. Mais on connaît un témoignage plus sûr du culte rendu au dieu Mars : c'est une coupe d'argent, de la collection du docteur Constancias, sur laquelle se lit l'inscription suivante : MARTI . RANDOSATI . BASSINVS . BASSVLI . F . V . S . L . M. On traduit d'ordinaire Randosati par Randan. (V. *Mém. de la Soc. des Antiq. de France*, p. 239.)

On connaît également une inscription dédiée MARTI . VOROCIO au dieu Mars honoré à Vouroux ? (V. même recueil, année 1882, p. 264.)

d'Auvergne à Merdogne, qui est sur le penchant de la montagne de Gergovia, et à Mardogne de la haute Auvergne, qui appartient aujourd'hui à M. le prince de Conti. Le nom de ces deux villages est composé de ceux de Diane et de Mars. On voit encore, dans le château du dernier, qui est sur la rivière d'Alagnon, un temple où l'on croit que l'on sacrifiait à ces divinités. On honorait particulièrement Diane dans un lieu nommé Dienne, qui est aujourd'hui à la maison de Montboissier. Ce village, qui est au pied du col de Cabre, en porte le nom dans les vieux titres. Il était au milieu des bois qui faisaient les délices de cette déesse, à cause de sa grande passion pour la chasse (1).

Dans un temple d'idoles grandes et magnifiques qui était dans la ville de Brioude, on y voyait, sur une colonne fort haute, les statues de Mars et de Minerve, qui étaient l'objet de la vénération des peuples qui s'y rendaient en foule pour y offrir de l'encens à ces divinités.

De tous les dieux, les Auvergnats, comme le reste des Gaulois, adoraient principalement Mercure, comme l'inventeur des arts et le patron des voyageurs et des marchands (2).

---

(1) V., sur une prétendue tête de Diane trouvée à Cebazat (dans *Bulletin archéol. du Comité des Trav. hist.*, année 1890, p. 240), une note de M. Luguet sur une triple tête en bronze découverte en Auvergne. — L'inscription gravée sur un anneau d'or trouvé à Vichy : DEAE DIANAE (*Numinibus*) AVGVSTORVM SACRVM DIANENSES DE SVO DONAVERVNT. Les Dianenses étaient, d'après M. Allmer, une confrérie de dévots à Diane.

(2) Nous ne connaissons pas encore d'une science incontestée le nom gaulois du dieu que les Romains ont assimilé à leur Mercure. Pour les uns ce serait un dieu Lug, divinité du crépuscule, qui joue un rôle important dans l'épopée irlandaise et dont on a cru reconnaître le nom dans une inscription votive sous cette forme : LVGOVIBVS. (Mémoire lu à la Société nationale des Antiquaires de France par M. d'Arbois de Jubainville, juin 1885.) D'autres, en comparant le texte célèbre de Grégoire de Tours : *Delubrum illud quod gallica lingua vassogalate vocant*, avec une inscription trouvée à Bittburg, dans la Prusse rhénane, et dédiée MERCVRIO VASSOCALETI, en ont tiré la conclusion « que le nom celtique de Mercure » était, dans la Gaule, Vassocalete, non pas Lug. » C'est la théorie adoptée par M. Allmer (*Rev. épigr. du Midi de la France*, 1891, n° 64).

Sous quelque nom qu'il ait été adoré avant l'époque romaine, ce fut toujours, à n'en pas douter, le dieu le plus populaire de la Gaule, et les découvertes archéologiques ont pleinement confirmé, sur ce point, les as-

La superstition de ceux de la ville de Clermont pour ce dieu était extraordinaire. Ils avaient fait faire, par un des plus habiles hommes qui aient jamais été pour ces sortes d'ouvrages, nommé Zénodore, une statue colossique qui représentait ce dieu. Elle avait quatre cents pieds de haut. Elle surpassait tous les colosses du monde, au rapport de Pline. Elle était placée dans l'endroit le plus élevé de la ville, de sorte que les voyageurs pouvaient découvrir ce dieu de huit ou dix lieues et l'invoquer quand ils se trouvaient dans quelque péril. Il était encore connu sous le nom de Theutatès, qui est le même que le Thoush ou le Thosh des Phéniciens et des Égyptiens. Il était encore honoré sur une colline près de Clermont qui en retient le nom, étant nommée par le peuple Montaudou, c'est-à-dire Mont Theutatès. Le seul changement est celui de la lettre T en D, selon l'usage des anciens.

On trouve quelques auteurs qui veulent que Bacchus a été l'objet du culte des Auvergnats et qu'on l'adorait sur une montagne voisine de Clermont, appelée aujourd'hui Chantourgues, qui produit d'excellent vin, dont la bonté était connue du temps de Sidonius Apollinaris. Ils prétendent que l'on ne doit point chercher le propre nom de Chantourgues que dans celui de ce dieu que les anciens nommaient *Orgius*; ce qui fit donner le nom de *Campus Orgius* à cette montagne. Il est pourtant vrai qu'on ne trouve point ce nom dans les anciens auteurs. Saint Grégoire de Tours l'appelle *Cantobe-*

---

sertions de César : *Deum maxime Mercurium colunt*. L'inscription trouvée dans les fouilles du Puy de Dôme nous apprend que ce temple était dédié MERCVRIO DVMIATI. C'est son image colossale que la cité des Arvernes avait fait couler en bronze par Zénodore. La popularité du Mercure arverne s'étendait, d'ailleurs, au loin dans la Gaule. On a trouvé, jusque sur les bords du Rhin, de nombreuses dédicaces à ce dieu.

Les monuments figurés du culte de Mercure abondent : les uns nous représentent le Mercure classique ; quelques autres, un type tout différent, et qui reproduit sans doute les anciennes traditions gauloises. C'est à ce dernier type que se rapporte le Mercure trouvé à Lezoux par M. le docteur Plicque, entièrement et chaudement vêtu, le visage couvert d'une barbe épaisse, un bonnet de laine sur la tête ; sur la poitrine, l'inscription suivante, qui rend probable l'attribution, MERCVRIO ET AVGVSTO SACRVM. (V. D' PLICQUE, *Lug, le dieu de l'or des Gaulois*, Vichy, Wallon, 1892.)

nicus. Le même nom paraît dans les titres de l'abbaye de Chantoin, qui est située au bas de Chantourgues, d'où est venu aussi le nom du monastère, qui est *Cantobenus* ou *Cantoenus* (1).

Le génie des Auvergnats est célèbre par une ancienne inscription que l'on voit à Mauzac, près de Riom, sur un autel ou une base de marbre blanc (2). Quelques auteurs veulent que Sextus Org. et Suavis Autunois la mi[rent] dans un temple qu'on y avait élevé en l'honneur de cette divinité, lequel a été converti en église consacrée à saint Jean-Baptiste ; quelques autres prétendent que ce marbre était à Clermont, d'où il fut transporté à Mauzac après que la ville eut été ruinée par Pépin le Bref. Voici l'inscription :

GENIO ARVERN
SEXT. ORG. SVAVIS
AEDVVS

C'est ainsi qu'on la lisait en 1604.

Les Auvergnats adoraient tous ces dieux de l'antiquité et en avaient les mêmes sentiments que les autres nations ; car ils croyaient que Jupiter était le souverain des dieux et qu'il lançait le tonnerre ; qu'Apollon redonnait la santé ; que Mi-

---

(1) Cette seconde étymologie est la vraie ; la précédente est insoutenable. *Cantobenicum* a donné Chantourgue, Chanturgue ; *Cantoenum*, Chantoin.

(2) L'inscription citée par Audigier se trouve actuellement au château de Mons, près d'Aigueperse. Le texte en doit être rectifié ainsi qu'il suit, d'après un estampage communiqué par M. E. Vimont à M. R. Mowat :

GENIO ARVERNORVM
SEX. OR[GIVS] SVAVIS
AE[DVVS]

Lancelot avait déclaré cette inscription fausse ; mais, à l'aide d'une autre inscription trouvée à Châlons, M. Mowat en a établi l'authenticité.

Pour lui, ce génie des Arvernes ne serait autre que le Mercure arverne auquel était consacré le grand temple du Puy-de-Dôme, et dont la popularité est attestée par de nombreuses inscriptions votives. (R. Mowat, *Note sur un groupe d'inscriptions relatives au culte de Mercure en Gaule*. Revue archéol., t. XXIX, p. 30. — Le même, *Le temple Vassogalate des Arvernes*. Revue archéol., t. XXX, p. 360.)

nerve présidait aux ouvrages ; que Mercure prenait soin des voyageurs, des ouvriers et des marchands, et que Mars était l'arbitre de la guerre. Ils lui vouaient les dépouilles des ennemis. Mais rien ne marque si fort leur superstition que la cruelle piété qui les portait, dans les grands dangers qu'ils couraient ou à la guerre ou dans quelque maladie, à sacrifier des hommes ou à faire des vœux d'un sacrifice, ce qu'ils exécutaient après par l'entremise des druides. Ils croyaient qu'autrement Dieu ne pouvait être apaisé, et qu'il fallait la vie d'un homme pour en racheter un autre ; de sorte qu'il y avait des sacrifices publics. En quelques endroits on y voyait des idoles d'osier d'une grandeur extraordinaire, qu'on remplissait d'hommes et souvent de criminels ; puis on y mettait le feu. Ils ne croyaient pas qu'il y eût de victime plus agréable à la divinité, et ils brûlaient quelquefois des innocents faute de coupables. Comme la ville de Clermont avait été de tout temps la capitale du royaume des Auvergnats, c'était aussi là qu'ils avaient étalé toute la magnificence pour leurs dieux ; car, outre le colosse de Mercure dont nous avons parlé, on y admirait un ancien temple, qui était connu sous le nom de Vasso, qui était si célèbre dans le monde, que Chrocus vint du fond de l'Allemagne pour le renverser et le détruire. Nous entrerons dans un plus grand détail sur cet ancien monument, dans la description de Clermont (1).

(1) AMMIAN MARCEL., *Hist.*, l. XV, n. 9. — GREG. TURON, *De glor. mart.*, l. II, cap. 15. — BOCHART, *Phaleg*, l. V.

— Il faut ajouter à ces divinités gauloises honorées en Auvergne la déesse *Sianna*, d'après l'inscription suivante conservée au musée de Clermont : IVLIA . SEVERA . SIANN[AE] V. S. L. M. Cette inscription provient du Mont-Dore, et Sianna était peut-être la divinité protectrice des eaux. (V. ALLMER, *Rev. épigr.*, 1891, n° 61.)

IX

Religion chrétienne

Rome, qui a toujours les yeux ouverts pour communiquer aux autres nations la connaissance de Jésus-Christ, ne voyait qu'avec peine, dès le second siècle, une partie des Gaules marcher dans les ténèbres. Plus l'empereur Dèce témoignait d'ardeur pour renverser une religion qui ne devait son éclat qu'aux ruisseaux de sang que ce prince et ses prédécesseurs avaient fait couler, plus l'Église romaine se croyait obligée à la soutenir et à lui donner des hommes nouveaux à la place de ceux que l'on immolait dans tout l'empire. Cette Église choisit des hommes capables de dissiper ces ombres qui cachaient aux Gaulois cette divine lumière propre à leur inspirer le mépris qu'ils devaient avoir pour de fausses divinités, et dans lesquels elle était sûre de trouver un courage à l'épreuve des plus cruels tyrans.

Parmi ceux qui furent envoyés pour fonder de nouvelles églises se trouva Austremoine, qui eut pour son partage l'Auvergne. Si on ignore quelle était sa patrie, on sait du moins quel était son zèle pour établir la foi de Jésus-Christ. La tradition nous apprend qu'il ne fut pas longtemps sans avoir des fruits de sa charité. Cassius, un des sénateurs de Clermont, ne put pas résister aux discours d'un homme qui avait le cœur rempli d'une foi si vive. Il lui fit part de ce précieux don, qui lui fit regarder avec mépris tout ce qu'il avait estimé jusqu'à ce moment; de sorte que ce nouveau fidèle n'eut d'autre occupation, dans la suite, qu'à procurer le même bonheur à ses concitoyens, et cela avec tant de fermeté, qu'il crut devoir prodiguer sa vie pour affermir la foi qu'il leur avait prêchée. Quelque grand que fût le zèle d'Austremoine, il ne pouvait pas être partout ; déplorant le sort de ceux à qui il ne pouvait pas faire entendre sa voix, il envoya dans plusieurs contrées des hommes qui partirent avec un merveilleux courage pour aller annoncer les vérités qu'il leur avait apprises. Nectaire fit connaître aux peuples d'Ardes et des lieux circonvoisins le mystère de la Croix ; Mamet, Mari et Antonin, à ceux de la haute Auvergne ; Sirenat ou Cerneuf, à ceux de la basse, du côté de Billom et de Thiers. Le zèle d'Austremoine trouva des bornes trop étroites dans cette province ; il parcourut le Nivernais et le Berry pour communiquer à ces peuples les lumières dont il avait éclairé l'Auvergne, et donna un de ses disciples, nommé Ursin, pour évêque à la ville de Bourges. Dès qu'il fut de retour dans Clermont, il eut le plaisir de trouver des chrétiens qui, pour conserver leur foi dans toute sa pureté, s'étaient éloignés du commerce du monde pour ne point voir les abominations de ceux que l'ennemi de Jésus-Christ tenait encore sous son joug. Ils étaient rassemblés dans un bourg que l'on appelait déjà le bourg des chrétiens, où est aujourd'hui l'abbaye de Saint-Alyre. C'est là où ils pratiquaient toutes les vertus dignes du beau nom qu'ils portaient. L'éclat de leurs vertus charmait le reste des païens, qui ne pouvaient s'empêcher d'admirer ceux dont ils ne voulaient pas encore suivre l'exemple. Le prêtre des idoles, nommé Victorin, ne put pas résister à la charité de Cassius, qui avait versé des larmes devant le Seigneur pour le persécuteur de ces premiers fidèles. La grâce ramollit ce cœur, qui avait été si dur jusqu'à ce moment, et Victorin, recevant le baptême, devint, comme un autre saint Paul, le plus ferme appui de cette foi divine pour le renversement de laquelle il avait donné tant de combats.

Après la mort de saint Austremoine, le zèle des autres évêques qui lui succédèrent acheva la conversion de tous les peuples de la province, et cela avec tant de succès, qu'il y a peu de pays où l'on trouve tant de saints.

Il n'y avait qu'un seul évêque dans toute la province, qui

comprenait, dans ces commencements, une partie du village (*sic*) du Bourbonnais. La charité qui régnait dans le cœur de ces premiers évêques leur donnait des forces pour gouverner seuls une si grande multitude de peuple. Les choses demeurèrent en cet état jusqu'en 1317. Le pape Jean XXII divisa ce diocèse en deux, et, lui laissant une étendue fort considérable, en tira de quoi composer celui de Saint-Flour.

L'évêché de Clermont comprend, aujourd'hui du moins, sept cent soixante paroisses sous les archidiacres de Clermont, de Cusset, de Billom, de Brioude et d'Aurillac. Le pape Sixte IV unit celui de Saint-Flour au chapitre cathédral de cette ville, dont il est la première dignité, et Louis d'Estaing, évêque de Clermont, celui de Souvigny au séminaire de Saint-Ferréol, à Clermont. Les autres archidiacres, qui n'ont aujourd'hui ni rang dans la cathédrale, ni fonctions dans le diocèse, dépendent de la nomination de l'évêque de Clermont, même ceux qui ont retenu les noms de Brioude et d'Aurillac, quoique ces villes ne soient pas de son diocèse.

Le diocèse est divisé aujourd'hui en quinze archiprêtrés, qui sont ceux de Clermont, de la Limagne, de Souvigny, de Cusset, de Billom, du Livradois, de Sauxillanges, d'Issoire, de Merdogne, d'Ardes, de Mauriac, de Rochefort, d'Herment, de Menat et de Blot.

Les chapitres séculiers qui sont dans le diocèse de Clermont sont en grand nombre. Le plus illustre est celui de la cathédrale de Clermont. Les autres sont ceux de Notre-Dame du Port, de Saint-Genès, de Saint-Pierre et de Notre-Dame de Chamalières, à Clermont ; de Saint-Amable et du Marthuret, à Riom ; de Notre-Dame, à Montferrand ; de Saint-Martin, à Artonne ; de Notre-Dame, à Aigueperse ; de Notre-Dame, à Cusset ; de Saint-Étienne, à Cebazat ; des Saints Victor et Couronne, à Ennezat ; de Notre-Dame, au Pont-du-Château ; de Saint-Martin, à Cournon ; de Notre-Dame, au Crest ; des Saints Victor et Couronne, à Marieuge ; de Notre-Dame, au Broc ; de Saint-Germain-Lembron ; de Saint-Cerneuf, à Billom ; de Saint-Pierre, à Lezoux ; de Saint-Genès, à Thiers ; de la Sainte-Trinité, du Crocq ; de Notre-Dame, à Orcival ; de Sainte-Magdeleine, à Laqueuille, et de Notre-Dame, à Herment.

On compte dans le diocèse trois Saintes Chapelles : celle de Saint-Louis, à Riom ; de Saint-Louis, à Aigueperse, et celle de Vic-le-Comte. Il y a un grand nombre d'abbayes dans le diocèse. Il y en a de séculières et de régulières. Les séculières sont Notre-Dame de Clermont ; Saint-Genès, à Clermont ; celle de Saint-Martin d'Artonne, et celle de Saint-Cerneuf de Billom.

ABBAYES RÉGULIÈRES D'HOMMES

Saint-Alyre de Clermont ; La Chaise-Dieu ; Issoire. Ces trois sont de l'ordre de Saint-Benoît et de la congrégation de Saint-Maur.

Saint-Jean-Baptiste de Mauzac ; Saint-Martin de Menat. Ces deux sont de l'ordre de Saint-Benoît, de l'ordre de Cluny.

Le Moustier de Thiers ; Manglieu ; Ébreuil. Ces trois sont de l'ordre de Saint-Benoît.

Saint-André de Clermont ; Saint-Gilbert de Neuffons. Ces deux sont de l'ordre de Saint-Augustin, de la congrégation des chanoines réguliers de Prémontré.

Chantoen, à Clermont, était aussi, autrefois, d'une congrégation de chanoines réguliers.

Montpeyroux ; Le Bouschet ; Mègemont ; Feniers ; Bellaigue. Ces cinq dernières sont de l'ordre de Cîteaux.

ABBAYES RÉGULIÈRES DE FILLES

Cusset ; Saint-Pierre de Beaumont ; Brageac. Ces trois sont de l'ordre de Saint-Benoît.

L'Éclache ; La Vaissy ou La Vassin ; Mègemont autrefois. Ces trois sont de l'ordre de Cîteaux.

Sainte-Claire de Clermont, urbaniste ; Sainte-Claire d'Aigueperse, de la grande réforme de Saint-François.

Il y a trois prieurés considérables qui sont de l'ordre de Saint-Benoît : Saint-Pourçain ; Sauxillanges ; Souvigny.

On peut mettre au rang des grands bénéfices :

Le doyenné de Mauriac, qui est un bénéfice consistorial. Il y a un monastère de l'ordre de Saint-Benoît, congrégation de Saint-Maur.

Le doyenné de Saint-Amable de Riom ; le doyen est chef du chapitre et est de nomination royale.

Le diocèse de Saint-Flour faisait autrefois une partie de celui de Clermont. Le pape Jean XXII érigea cette ville en évêché en 1317. Il comprend environ trois cents paroisses, qui sont sous les archiprêtres de Saint-Flour, d'Aurillac, de Langeac, de Brioude et de Blesle. On y trouve aussi du moins douze chapitres. Le plus illustre est celui de la cathédrale de Saint-Flour, dont l'église est dédiée à Notre-Dame. Les autres sont ceux de Saint-Géraud d'Aurillac, de Notre-Dame de Murat, de Chaudesaigues, de Ruines, de Corent, d'Oradour, de Saint-Pierre de La Vastrie ; mais un des plus célèbres est celui de Saint-Julien de Brioude, dont les chanoines font preuve de noblesse. Il y a, dans ce diocèse, des abbayes d'hommes et de filles. Saint-Géraud d'Aurillac était un monastère fameux ; c'est aujourd'hui un chapitre sécularisé. Saint-Maurice de Maurs (1) est une abbaye de l'ordre de Saint-Benoît. Saint-Augustin de Pébrac (2) est aujourd'hui de la congrégation de Sainte-Geneviève.

Les abbayes de filles sont : Saint-Pierre de Blesle ; Sainte-Marie des Chases ou des Cases ; Saint-Jean-Baptiste du Buis ou Boisset. Toutes trois de l'ordre de Saint-Benoît.

On trouve encore, dans ce diocèse, une prévôté considérable, qui est celle de Montsalvy. Elle est régulière de l'ordre de Saint-Augustin. Le prévôt en est le chef et le supérieur général.

L'ordre monastique fut établi en Auvergne dans le même

---

(1) Saint-Pierre de Maurs.
(2) Notre-Dame de Pébrac.

siècle que le christianisme, s'il est vrai que saint Austremoine ait donné les commencements au monastère d'Issoire, lequel, bien qu'abandonné dans la suite et renouvelé vers le neuvième siècle, pourrait passer pour le plus ancien du pays. Les autres, qui l'ont suivi de bien près, sont ceux de Saint-Cyrgues, de Chantourgues, de Saint-Mart à Clermont, de Cournon, de Brioude, de Saint-Pourçain et de Menat.

Les règles que l'on observait dans tous ces monastères n'étaient point de celles que l'on a connues sous les noms de Saint-Basile, de Saint-Augustin et de Saint-Benoît. La première a toujours été inconnue en Auvergne, la seconde n'y fut introduite que cinq siècles après, et la troisième, que plusieurs de ces monastères embrassèrent depuis, y fut reçue assez tard, puisqu'ils subsistaient longtemps avant saint Benoît. Il est vrai que l'on faisait beaucoup de cas en Auvergne des statuts des moines de Lerins et de Grigny, au voisinage de Vienne ; mais on n'observait pas ces règles dans toute leur étendue dans les monastères d'Auvergne, comme on peut l'inférer de la lettre dix-septième du septième livre de Sidonius à Volusien (1).

Ce que l'on peut dire de plus vraisemblable sur le premier genre de vie qui était observé dans nos anciens monastères est que les abbés donnaient eux-mêmes quelques règles à leurs moines, que l'on tâcha, dans la suite, de rendre conformes à celles de saint Benoît, de saint Césaire et de saint Colomban, comme nous l'apprenons de l'un des auteurs de la vie de saint Prix, au sujet du monastère de filles que saint Genès, comte d'Auvergne, avait fondé à Chamalières. D'où vient que chaque monastère, en 818, prétendait avoir sa règle particulière, comme on peut en juger par ce qui se passa dans l'assemblée générale des évêques, des abbés et de tous les grands de France, tenue à Aix-la-Chapelle, en présence de Louis le Débonnaire, dans laquelle il fut ordonné que la

(1) Voir, sur les commencements de la vie monastique en Auvergne, l'ouvrage suivant : *Le Cénobite Abraham*, par M. l'abbé Crégut. Clermont-Ferrand, 1893.

règle de saint Benoît serait observée partout (1). C'est pourquoi l'abbé Trithème et les autres compilateurs de la vie et des éloges des hommes illustres de Saint-Benoît ont mis parmi ceux de leur congrégation tous ceux des monastères qu'ils ont trouvés de leur temps qui faisaient profession de cette règle, sans beaucoup se mettre en peine s'ils l'avaient toujours suivie.

Ceux d'Auvergne furent en grande considération dans l'esprit de nos rois. Théodebert Ier, roi d'Austrasie, les exempta des tributs, de même que les autres églises d'Auvergne, selon la remarque de Flavigny. Childebert, autre roi d'Austrasie, en usa de même au rapport de Grégoire de Tours. La notice des monastères qui devaient au roi milice, don ou seule oraison, dressée à Aix-la-Chapelle par la même assemblée dont nous avons parlé, porte que nul des monastères d'Auvergne n'était sujet à la milice, non plus qu'aux dons (2). Voici de quelle manière les ordres religieux établis en France ont fleuri en Auvergne.

L'ordre de Saint-Benoît est le premier qui s'est rendu recommandable dans cette province. Son monastère de Cluny (3) est celui qui a eu le plus d'éclat. C'était là que présidaient autrefois des abbés qui ne voyaient rien au-dessus d'eux que les seuls pontifes romains. Ce monastère était comme le centre de la sainteté de cette congrégation, où la science en même temps semblait faire sa demeure. C'était aussi de là qu'on envoyait ces saintes colonies qui peuplaient le reste de la France, l'Italie, l'Espagne, l'Allemagne, l'Angleterre. Sa situation n'est point à la vérité dans l'Auvergne ; mais il ne laisse pas d'en tirer sa plus grande gloire, puisque c'est de cette province que Cluny tient son fondateur, Guillaume le Pieux, comte d'Auvergne. C'est à l'Auvergne à qui il doit les

---

(1) Baluze, *Capitul. reg. Franc.*, tome I, page 579 : « Ut officium juxta quod in regula S. Benedicti continetur celebrent monachi. »

(2) *Vid. supra*, page 196, note 2.

(3) Voir A. Bernard et A. Bruel, *Recueil des chartes de l'abbaye de Cluny*. Impr. Nationale.

abbés qui lui ont donné un éclat qui l'a rendu vénérable à toute la terre. Car, où ne sont point connus saint Odile, de l'illustre maison de Mercœur ; le bienheureux Pierre-Maurice de Montboissier, surnommé le Vénérable ; Yves de Chassans, et, dans ces derniers temps, Pierre de Chalus, Jacques de Saint-Nectaire et Jacques de Veyni d'Arbouse ! C'est l'Auvergne qui l'a rendu célèbre par ses principaux saints que nous avons déjà nommés, auxquels nous pouvons ajouter Guillaume d'Auvergne, l'un de ses religieux dont on conte bien des merveilles, et par ses plus illustres écrivains, saint Odile, Pierre le Vénérable, et Gérard d'Auvergne, mal nommé d'Anvers, qui est auteur de la chronique de cet ordre. C'est enfin de l'Auvergne que Cluny tient ses premières filles ; c'est ainsi qu'on appelle les prieurés qui relèvent de chef d'ordre. Des sept premiers prieurés, cinq étaient en Auvergne, connus sous les noms de Sauxillanges, de Mozac, de Souvigny, de Saint-Flour et de La Voûte-Chilhac. L'ordre de Saint-Benoît tire encore une gloire extraordinaire de ce pays par les monastères de Menat, d'Aurillac, de La Chaise-Dieu et de Saint-Alyre. Menat seul a produit saint Menelée, saint Savinien, saint Bravy, saint Avit, saint Calais, saint Gal, saint Frambourg, saint Constantin, saint Bonnet et saint Ulface, qui seuls pourraient donner un grand lustre à un ordre. Aurillac, qui, comme chef de congrégation, a répandu ses enfants dans la France et en Espagne, a pour fondateur le célèbre Géraud, comte d'Aurillac. La Chaise-Dieu a aussi envoyé ses enfants en France et en Espagne, a donné un pape à l'Église et plusieurs évêques et plusieurs saints, parmi lesquels les plus illustres sont saint Robert son fondateur, saint Adelelme, saint Seguin, saint Hugues et saint Étienne de Mercœur. Cet ordre posséda en Auvergne les monastères d'hommes de Saint-Alyre à Clermont, de La Chaise-Dieu, de Mozac, d'Issoire, de Thiers, de Manglieu, de Menat, d'Ebreuil, de Maurs, de Mauriac, de Sauxillanges, de La Voûte, de Ris, de Saint-Pourçain, de Montferrand, de Rochefort et de Chanturgues. Les monastères de filles sont Beaumont, Les Chases, Blesle, Brajac, Le

Buis à Aurillac, Cusset, Lavaudieu, La Veine, Saint-Genès-les-Monges, Courpière, Saint-Julien-la-Geneste, Aubeterre, Crocq, Touls, Censac, Chassignoles (1), Clermont et Billom.

Cîteaux est une réforme de Saint-Benoît qui a reçu son plus grand lustre de saint Bernard, abbé de Clairvaux. Elle a eu dans ses abbés généraux qui lui ont fait beaucoup d'honneur, Jean de La Bussière et Jérôme de La Souchère, tous les deux cardinaux. Leur patrie était l'Auvergne où sont les abbayes d'hommes de Bellaigue, du Bouschet, de Feniers, de Montpeyroux et de Mègemont, et celles de filles de L'Esclache, de La Vassin, et un prieuré de bernardines, à Clermont (2).

La congrégation des feuillants est un rejeton de Cîteaux. Elle n'a point de maison en Auvergne; mais elle ne laisse pas de tirer quelque gloire de l'Auvergne qui a donné le jour à un de ses généraux nommé Matharel, qui est mort à Rome en odeur de sainteté.

Fontevraud, qui est une réforme de Saint-Benoît, possède en Auvergne plusieurs monastères de filles, qui sont ceux de Marsat, de Pontratier, d'Estel, de Brioude et de Vic-le-Comte (3).

L'ordre de Grandmont tire son origine et toute sa gloire de l'Auvergne, puisqu'il lui doit saint Étienne, son fondateur, de la maison des anciens comtes d'Auvergne. Il n'a qu'une seule maison dans cette province, qui est dans la ville de Thiers, la patrie de ce saint à qui cet ordre doit son établissement; on y conserve l'esprit de ce grand saint dans toute sa pureté.

Les chartreux sont aussi redevables de leur établissement

---

(1) Touls, Censac et Chassignoles n'étaient pas, à proprement dit, des monastères, mais de simples bénéfices, qualifiés de prieurés, dépendant de Lavaudieu et répartis entre les dignitaires de cette abbaye.

(2) Il y avait encore un couvent de bénédictines mitigées à Auzon, et un couvent de bénédictines suivant la réforme de Saint-Maur, à Issoire.

(3) Audigier a omis, dans sa nomenclature, celui de Sainte-Florine; celui de Vic-le-Comte, fondé en 1646. Celui de La Mothe-Barentin avait déjà été réuni au monastère de Brioude.

et d'une partie essentielle de leur gloire à l'Auvergne. Ils tiennent du monastère de La Chaise-Dieu l'esprit de retraite qui règne parmi eux, que saint Seguin, l'un de ses abbés, inspira à saint Bruno, leur patriarche. C'est à saint Hugues, évêque de Grenoble et moine de La Chaise-Dieu, qu'ils doivent ces lieux autrefois si affreux, où est aujourd'hui la Grande-Chartreuse, dans le diocèse de Grenoble. Ils doivent aussi à un célèbre Auvergnat, Guillaume Raynaud, prieur général de la Grande-Chartreuse, la conservation de leur règle dans toute sa pureté ; puisqu'il refusa généreusement le titre d'abbé général de l'ordre, tant pour lui que pour ses successeurs, et le cardinalat qui lui fut offert par le pape. Cet ordre reconnaît aussi pour un de ses principaux ornements dom Jean Pegon, de Saint-Amant (1), petite ville non loin de Clermont. Son mérite fut récompensé par la dignité de prieur général, avant dom Masson. La Chartreuse du Port-Sainte-Marie, située dans les forêts de Saint-Gervais, au milieu d'un vallon arrosé par la Sioule, est la seule maison que ces Pères aient en Auvergne.

L'ordre de Saint-Augustin n'a paru en Auvergne que longtemps après celui de Saint-Benoît. Saint Pierre de Chavanon, de Langeac, est le premier qui a fait observer cette règle dans son monastère de Pébrac, qui fut chef d'ordre. Les abbayes de Riom et de Chantoen ont autrefois fait profession de cette règle. On l'observe encore dans les abbayes de Pébrac, de Saint-André de Clermont, de Saint-Gilbert de Neuffons, dans la prévôté de Montsalvy et à Vieille-Brioude. Il y a des grands augustins à Ennezat, et des augustins réformés à Clermont

---

(1) Il sera parlé plus longuement de dom Pegon dans un des tomes suivants de l'ouvrage d'Audigier, à l'article *Saint-Amant*. Il est bon, toutefois, de dire ici que la tradition veut qu'il soit né à Langeac ou dans les environs. Il fut prieur de la Chartreuse de 1649 à 1675. Nous avons sous les yeux une empreinte de son sceau, qui, croyons-nous, est inédit. Elle est fixée, par un ruban de soie violette, à une pièce du 20 décembre 1657. Ce sceau rond, de 47mm de diamètre, représente une des extases du bienheureux Pierre de Luxembourg, ainsi qu'en témoigne un phylactère sur lequel on lit : *Beatus Petrus de Luxembourg*.

et à Lezoux. Cette règle est aussi suivie par les religieuses hospitalières de Clermont et de Riom.

L'ordre des hospitaliers de Saint-Jean de Jérusalem, qui se conduit par la règle de Saint-Augustin, avec des constitutions conformes à l'art militaire, reçoit de l'Auvergne un éclat tout particulier, puisqu'elle a communiqué son nom à la seconde de ses langues qui précède celles de France, d'Italie, d'Aragon, d'Angleterre, d'Allemagne et de Castille. Son grand prieur, son maréchal et son bailli sont d'une grande considération dans la religion.

Le maréchal de l'ordre de Saint-Jean de Jérusalem est le chef ou le pilier de la langue d'Auvergne, c'est-à-dire un des principaux soutiens de la religion. Son nom de maréchal marque qu'il commande sur terre à la milice. Sa prérogative est d'être général des âmes, d'avoir la garde de l'étendard de la religion, de nommer le chevalier qui le doit porter à la guerre et dans les cérémonies, de faire les rondes la nuit avec les chevaliers de son auberge et certain nombre de soldats de milice qui lui sont affectés et qu'on appelle les familiers de M. le maréchal. Tous les chevaliers lui demandent congé pour coucher hors de la ville dont les clefs lui sont portées tous les soirs par le capitaine des portes qui est de sa nomination et qui est choisi dans les rangs des frères servants d'armes.

On fait, tous les ans, à Malte, le 8 septembre, jour de la Nativité de la Vierge, de grandes réjouissances en mémoire de la levée du siège de cette ville, contre laquelle l'armée de Soliman avait fait tirer quatre-vingt mille coups de canon. Le grand-maître assiste à la grand'messe, dans l'église de Saint-Jean, et, après l'épître dite, le maréchal de la religion sort de l'auberge d'Auvergne et, suivi d'un commandeur des plus anciens, ayant le casque en tête, il porte le drapeau de cette auberge. Il fait le tour de l'église, et, lorsqu'il passe par la place, la milice fait trois fois la décharge de mousquets.

Le bailli de la langue d'Auvergne fut institué dans le chapitre général de l'an 1411, sous le grand-maître Jean-Baptiste des Ursins, parce qu'elle avait trop d'étendue et fournissait à la religion un trop grand nombre de chevaliers pour avoir si peu de dignités dans le conseil. Il fut alors qualifié bailli de [Lyon et Devesset?] et obtint de faire sa demeure à Montferrand, où se faisait l'information des chevaliers de la langue d'Auvergne. On le traita de bailli de Lyon sous le grand-maître Philippe de l'Isle-d'Adam, et enfin de bailli de [Verrières?] sous le grand-maître Jean de La Cassière. Le grand-prieur d'Auvergne est obligé de faire la visite dans toutes les commanderies de son grand-prieuré, ayant inspection sur les biens et les personnes de l'ordre qui sont dans l'étendue de sa juridiction.

Le grand-prieuré d'Auvergne comprend dans son département la haute et la basse Auvergne, le Velay, le haut Vivarez, le haut Dauphiné, la Savoie, la Franche-Comté, la Bresse et pays de Bugey et Valromey, le Mâconnais, le Lyonnais, Forez et Beaujolais, le haut et bas Limousin, partie de l'Angoumois, partie du Poitou, la Marche, le Berry et le Bourbonnais.

Les commanderies du diocèse de Saint-Flour sont Montchamps, Celles et Carlat. Celles du diocèse de Clermont sont Montferrand, Olloix, Tortebesse, Courteserre, La Racherie, Le Mayet, Pontvieux, La Tourette et Chanonat. Les neuf premières sont administrées par les frères chevaliers et les trois dernières par les frères chapelains ou les frères servants d'armes.

La langue d'Auvergne a donné pour grands-maîtres à l'ordre des hommes d'une grande réputation :

Raymond du Puy, de la province de Dauphiné. Il fut élu maître de l'ordre et gardien de l'hôpital de Saint-Jean de Jérusalem en 1118. Il a été le premier qui a uni la milice avec l'hospitalité et qui a réformé la règle du premier grand-maître Gérard, en lui donnant une meilleure forme qu'elle n'avait. Ces nouvelles constitutions furent confirmées en 1123 par le pape Calixte II, et par Innocent III, qui donna aux chevaliers, pour enseigne de guerre, la croix d'argent en champ de gueules.

Il rendit de grands services à Beaudoin II, roi de Jérusalem. Il mourut en 1160;

Arnaud de Comps, quatrième grand-maître de Saint-Jean de Jérusalem. Il succéda à Auger de Balbin. On le croit du Dauphiné. Il y a pourtant une terre du même nom en Provence. Il se trouva à la bataille que les chrétiens gagnèrent contre le calife d'Egypte, où il combattit avec ses chevaliers avec beaucoup de valeur. Il mourut en 1167;

Guérin de Montagu, quatorzième grand-maître de Malte. Il succéda à Geofroy Le Rat en 1206. Les chevaliers résidaient pour lors à Ptolémaïde ou Saint-Jean d'Acre. Il était de l'ancienne maison de Montagu-sur-Champeix, en Auvergne. Il rendit de grands services au roi d'Arménie et au roi de Hongrie. Il se signala à la prise de Damiette. Après un grand nombre d'autres belles actions, il finit ses jours en 1230, regretté de tous les princes chrétiens;

Bertrand de Comps, dix-septième grand-maître de l'ordre de Saint-Jean de Jérusalem. Il fut élu après le grand-maître Guérin, en 1244. Il était du Dauphiné, de la même maison qu'Arnaud de Comps. Combattant avec beaucoup de courage contre les Turcomans, il fut blessé et mourut peu de jours après, en 1248.

Guillaume de Châteauneuf, dix-neuvième grand-maître. Il fut successeur de Pierre de Villebride (1) en 1251. Le pape Alexandre IV fit beaucoup de bien à son ordre pendant qu'il gouvernait. Il mourut en 1260;

Hugues de Revel, de la province de Dauphiné, fut élu pour grand-maître à Ptolémaïde en 1260. Il fut le vingtième de ceux qui furent élevés à cette dignité. Il fit plusieurs belles lois pour le gouvernement de son ordre. Après quoi il mourut, en 1278;

Jean de Lastic, trente-cinquième grand-maître. Il succéda en 1437 à Antoine Fluvian. Les chevaliers résidaient à Rhodes. Il était de l'ancienne maison de Lastic, en Auvergne. Il défendit Rhodes avec tant de valeur, que le soudan d'Egypte

---

(1) Pierre de Vieille-Brioude.

fut obligé de lever le siège. Il mourut en 1454, dans le temps qu'il s'attendait d'être attaqué par l'empereur des Turcs, Mahomet II. Il a été le premier qui a porté le titre de grand-maître, qui a demeuré depuis à ses successeurs ;

Jacques ou Joubert de Milly était grand-prieur d'Auvergne lorsqu'il fut élu le trente-sixième grand-maître, en 1454, après Jean de Lastic. De son temps, le pape Calixte III accorda de beaux privilèges à son ordre. Il finit ses jours en 1464, en souffrant avec une constance extraordinaire de grandes douleurs ;

Pierre d'Aubusson, grand-prieur d'Auvergne, fut élu trente-neuvième grand-maître, en 1476, après la mort de Jean-Baptiste des Ursins. Il acquit une gloire immortelle en faisant lever le siège de Rhodes à l'armée de Mahomet II, composée de cent-soixante voiles et de cent mille combattants. Le pape Innocent VIII lui envoya le chapeau de cardinal et le fit son légat en Asie et en Orient. Il mourut plein de gloire en 1503. Il était de la grande maison d'Aubusson, fils de Raynaud d'Aubusson et de Marguerite de Comborn ;

Guy de Blanchefort, grand-prieur d'Auvergne, succéda à Émeric d'Amboise en qualité de grand-maître, en 1512. Il fut le quarantième honoré de cette dignité. Il mourut en allant à Rhodes, en 1513, proche de l'île de Zante ;

Jean L'Évêque La Cassière fut élu cinquantième grand-maître de l'ordre de Jérusalem, en 1572, et succéda à Pierre du Mont. Il était auparavant grand-maréchal et chef de la langue d'Auvergne. Il fut quelques années après interdit du magistère par le conseil de l'ordre, qui élut lieutenant-général Maurice de l'Esco, surnommé Romegas. Celui-ci ayant intenté une accusation contre lui touchant la foi, ils se rendirent à Rome tous les deux, l'un pour accuser, l'autre pour se défendre, devant le pape Grégoire XIII. Romegas y mourut au mois de décembre, et le grand-maître peu de jours après, dont on ne douta point de l'innocence. Il avait fait bâtir l'église de Saint-Jean-Baptiste et lui donna mille écus de revenu. Le palais des grands-maîtres, la châtellenie qui est le palais de la justice séculière, l'infirmerie, l'ancienne salle des armes et plusieurs autres édifices sont ses ouvrages qui éterniseront sa mémoire. Sa mort arriva en 1582.

Après avoir fait connaître les grands-maîtres de la langue d'Auvergne, il est bon aussi de faire connaître les grands-prieurs :

N. de Mailly, tué au siège de Damiette en	1218
Robert de Montgiraud	1260
Louis de Saulcet	1262
Michel de Montroignon (1)	1275
Pons du Fay Poroult	1294
Odon de Montaigu	1313
Renaud du Fay Poroult	1331
Frédéric de Fougeroles	1340
Robert de Chalus	1355
Étienne de Montaigu	1365
Pierre de Culende	1380
Robert de Châteauneuf	1400
Luce de Valines	1409
N. de Valencé	1410
Jacques Tinel	1412
Hugues de Chapelle	1422
Jean de Lastic	1430
Louis de Saint-Sébastien	1440
Jacques de Milly	1444
Jean Cotet	1450
Aymard du Puy	1459
Pierre d'Aubusson	1468
Jean Cochotte	1471
Guy de Blanchefort	1487
Louis de Lastic	1536
Gabriel du Chiel	1539
Humbert de Maurinais	1547

(1) Robert de Montrognon, mort le 3 mars 1276. V. son inscription funéraire au musée de Clermont-Ferrand.

Pierre du Mont	1549
Pierre de Giou	1569
Aimery de Reaux	1581
Imbert de Mourman	1591
Aymar de Clermont de Chates	
Claude de Montmorillon	1610
Pierre de Sacconay	1616
Louis-Henri des Thinières	1621
César-Auguste de Belgarde	
François de Cremeaux	1625
François d'Estinguières	1626
Just de Fay de Gerlande	1637
Jean de La Beaume Forsat	1665
Jacques de Saint-Maur Lourdoue	1674
Paul de Félines la Renaudie	1683
Jean de Saint-Viance	1712
Pierre de La Chapelle-Jumillac	1718
Léonard de Chevrière Saint-Mauris (1)	1720

L'ordre de Saint-Antoine de Viennois, à qui la seule maison de Langeac a donné trois de ses plus illustres abbés-généraux, Antoine, François et Louis de Langeac, observe aussi la règle de Saint-Augustin. Il possède dans cette province les commanderies de Montferrand, de Saint-Victor, de La Feuillade, de Frugières, de Cusset, de Billom, de Bense (?), de Nebouzat et de Pleaux. Cette dernière est maintenant aux carmes mitigés, et celle de La Feuillade à M. Dufour, qui paye aux religieux de Montferrand sept cents livres de rente. Celles de Cusset et de Billom ne subsistent plus. Ces Pères se sont contentés d'une place dans le chœur de l'église de Saint-Cerneuf, parmi les chanoines. Ils ont une belle maison dans la ville de Montferrand.

Les dominicains qui font profession de la même règle de Saint-Augustin, avec des constitutions particulières de la main

---

(1) Voir une liste un peu différente des grands-prieurs d'Auvergne dans A. Chassaing : *Cartulaire des Hospitaliers du Velay*. Paris, Picard, 1888.

de leur saint fondateur, ont reçu un grand lustre par les grands hommes que l'Auvergne leur a donnés, parmi lesquels on compte Pierre d'Auvergne, disciple de saint Thomas ; Durand de Saint-Pourçain, évêque du Puy et de Meaux ; Hugues Aycelin et Nicolas de Saint-Saturnin, tous les deux cardinaux. Ils ont deux maisons, l'une à Clermont, l'autre à Saint-Flour.

Ils en ont de filles, sous le nom de Sainte-Catherine de Sienne, à Langeac, à Murat et à Mauriac.

Les religieux de la Charité, qui ont pour leur fondateur le bienheureux Jean de Dieu, vivent sous la même règle. Ils ont des établissements à Clermont et à Effiat.

Les ursulines, qui font partie de la même règle, ont des maisons à Clermont, à Montferrand, à Montaigut-en-Combrailles, à Aigueperse, à Thiers, à Ambert, à Arlanc et à Viverols (1).

Les filles de la Visitation observent la même règle de Saint-Augustin, avec des constitutions faites selon l'esprit de saint François de Sales, évêque de Genève. Elles ont plusieurs maisons en Auvergne, où les maximes de leur saint fondateur se conservent dans toute leur pureté. Elles donnent de grands exemples de vertu à Clermont, à Montferrand, à Riom, à Thiers, à Billom, à Brioude, à Saint-Flour et à Aurillac.

Les filles de Notre-Dame ont des maisons à Riom, à Brioude, à Langeac, à La Mothe-Canillac, à Saint-Flour, à Chaudesaigues et à Salers (2).

L'ordre de Saint-François d'Assise parut d'abord si vénérable, par la sainteté de ses religieux et par leur entier détachement de toute propriété, que plusieurs provinces du royaume ont prétendu à la gloire d'avoir eu les premiers établissements de ces Pères : le Languedoc par son couvent de Mirepoix, le Beaujolais par celui de Pouilly et l'Auvergne par

---

(1) Il faut ajouter à cette liste la maison de Cunlhat, fondée en 1660 par Françoise de Téraules, et celle de Maringues.

(2) Elles avaient aussi des maisons à Aurillac et à Issoire.

celui de Montferrand. Cet ordre possède dans cette province plusieurs maisons sous différentes réformes. On voit des couvents de cordeliers à Clermont, à Montferrand, à Riom, à Saint-Pourçain, à Châteldon, à La Celette, à Vic-le-Comte, à Brioude, à Saint-Flour et à Aurillac. Les deux derniers sont de l'étroite observance.

Les capucins qui doivent leur réforme à Mathieu de Bastie, frère mineur-observantin du duché de Spolète, ont des établissements à Clermont, à Riom, à Cusset, à Thiers, à Billom, à Issoire, à Brioude, à Langeac et à Montaigut-en-Combrailles.

Les récollets, dont la réforme a commencé en 1530, ont des maisons à Montferrand, à Maringues, à Saint-Amant, à Ambert, à Ardes, à Salers et à Murat qui est la première qu'ils aient eu en France avec celles de Tulle.

La bienheureuse Colette établit elle-même une maison de filles à Aigueperse, qui sont sous une abbesse qu'elles élisent. Il y a des religieuses urbanistes à Clermont, à Saint-Amant, à Châteldon et à Aurillac.

Saint Louis, à son retour de la Terre-Sainte, amena quelques religieux du Mont-Carmel en France. Ils furent reçus en Auvergne en 1288. On fit quelques adoucissements à leur règle qui leur a fait donner le nom de carmes mitigés. Il y en a qui ont reçu la réforme faite par sainte Thérèse, que l'on appelle carmes déchaussés, à la différence des autres. Les carmes mitigés sont établis à Clermont, à Aurillac et à Pleaux. Les autres sont à Clermont et à Riom. Cette dernière ville est la seule qui ait une maison de carmélites.

Les minimes, qui suivent la règle de saint François de Paule, comprirent d'abord l'Auvergne dans leur province d'Aquitaine et ensuite dans celle de Lyon. L'Auvergne leur donna pour lors plusieurs célèbres personnages, parmi lesquels les plus connus sont Jean du Bourg; François Croiset, dont la vertu a été si éclatante, qu'André du Saulsay a cru lui devoir donner place dans son martyrologe de France ; Antoine Richard, dont la charité fervente et le don des miracles ont fait tant de bruit dans le monde, que le Père Théophile Raynaud l'a mis dans son indice des saints de Lyon, où il finit ses jours de la mort des justes; et plusieurs autres dont nous ferons connaître le mérite. On a formé depuis une province particulière des minimes d'Auvergne par un décret du consistoire rendu sous le pape Alexandre VII. Cette province est composée des couvents de Clermont, de Beauregard, de Chaumont, de Courpière, de Brioude et d'Usson. Le dernier ne subsiste plus, à la place duquel on en a établi un dans le faubourg de la ville de Bort, en deçà de la Dordogne, dans le diocèse de Clermont.

Les jésuites, qui reconnaissent pour leur fondateur saint Ignace, doivent leur entrée en France à l'Auvergne. C'est un Auvergnat qui leur a fait passer le premier les Alpes et qui leur fonda les trois plus anciens collèges qu'ils aient en France, qui sont ceux de Clermont à Paris, de Billom et de Mauriac, le premier dans la basse Auvergne et le second dans la haute. Guillaume du Prat, fils du chancelier du même nom, ayant goûté leur esprit étant au concile de Trente, crut qu'il devait donner à sa patrie des hommes qui étaient embrasés d'une charité digne des premiers siècles de l'Église. L'Auvergne peut se vanter d'avoir donné à cette société des saints et des hommes éminents en doctrine. A qui ne sont point connus les martyrs Jacques Salez et Guillaume Sautemouche, les Arnoux, les Sirmond, les Jonin et les Mambrun, dont nous parlerons dans la suite! Ces Pères ont en Auvergne les collèges de Clermont, de Billom, de Saint-Flour, d'Aurillac et de Mauriac.

La congrégation de l'Oratoire, établie par le cardinal de Bérulle, à qui la France est redevable de plusieurs grands hommes, n'a eu en Auvergne que le collège de Riom et deux maisons, une à Clermont et l'autre à Effiat. Quelques personnes de cette province s'y sont distinguées par un mérite éclatant. On remarque le Père Jacques Toisac, d'une vertu éminente; le Père David, profond dans la théologie, comme en font foi ses ouvrages, et le Père Soanen, que ses éloquentes prédications ont fait élever au siège de Senez.

Les Pères de la doctrine chrétienne ont une maison à Cusset, à laquelle Gaspard Bonhomme a fait beaucoup d'honneur par sa grande piété.

La congrégation du Saint-Sacrement a un collège et un séminaire à Thiers. Christophe d'Authier de Sigau, évêque de Bethléem, son instituteur, y faisait ordinairement sa demeure (1).

L'Auvergne a été assez heureuse de ne point voir ses peuples enivrés des erreurs qui se sont glissées dans plusieurs parties de l'Europe. Si elles y ont paru, ce n'a été que pour peu de temps.

Le judaïsme avait quelques synagogues en Auvergne du temps de saint Austremoine. Nous ne savons point certainement dans quel temps ces ennemis du nom chrétien vinrent s'y établir. Peut-être quelques-uns s'y retirèrent après qu'ils eurent été chassés de la Judée par l'empereur Adrien. Ils disparurent ou du moins leur religion pendant quelque temps. Vers le sixième siècle de l'Église, saint Avitus, premier du nom, évêque de Clermont, donna le baptême à ceux qui voulurent bien se soumettre à l'Évangile. Les autres se retirèrent à Marseille.

L'Auvergne eut toujours de l'horreur pour l'arianisme,

(1) Christophe d'Authier de Sigaud, né en 1609, à Marseille, eut l'idée de former à Aix-en-Provence une compagnie de missionnaires. En 1638, il se mit en route pour Paris, avec six de ses prêtres, dans l'intention de s'y installer ; mais l'évêque de Valence, Charles de Léberon, leur offrit des lettres d'établissement qu'ils acceptèrent. M. d'Authier fonda dans cette ville un séminaire. Cette société de prêtres, connue sous le nom de Congrégation du Saint-Sacrement ou de Sacramentaires, se voua à l'éducation de la jeunesse. Elle avait pour armoiries : *d'azur à un calice d'or surmonté d'une hostie d'argent*. Elle occupa deux collèges dans notre province. Le premier, celui de Thiers, fut ouvert en 1657. (Voir, sur cette maison, l'ouvrage suivant, dont nous ne connaissons en Auvergne qu'un seul exemplaire : *Exordia et instituta congregationis Sanctissimi Sacramenti*, Graniatonopoli, F. Fremon, 1658, in-12.) Le second, celui de Brioude, n'entra en leur possession qu'après la mort d'Audigier. A la révolution, cette congrégation subit le sort commun ; elle n'a pas été reconstituée depuis. Deux des anciens professeurs de Thiers, MM. Ojerdias et Pajot, se donnèrent à M. Émery lors du rétablissement du culte et furent attachés au grand séminaire de Montferrand.

quoiqu'elle fût soumise aux Visigoths, qui faisaient profession de cette abominable doctrine. Saint Vénérand, évêque de Clermont, préserva nos pères de l'hérésie de Vigilance, dont le venin s'était répandu d'Espagne en Aquitaine. Saint Genès, autre évêque de Clermont, les éloigna des erreurs de Priscilien et des dogmes de Novat et de Jovinien. Celles de Pélage et d'Helvidius n'y trouvèrent point d'entrée.

La secte des vaudois et des albigeois ne put jamais pénétrer en Auvergne, quoique les provinces voisines en fussent infestées. Bien loin qu'elle y fit quelques progrès, les principaux croisés qui prirent les armes furent Robert d'Auvergne, évêque de Clermont; Guy II, comte de Clermont; Guichard de Beaujeu, comte de Montpensier, et une infinité d'autres. Le calvinisme, qui avait fait tant de progrès en France, n'en fit presque point en Auvergne, malgré tous les ressorts que l'on fit jouer pour l'introduire dans cette belle province. On n'eut pas beaucoup de peine à faire revenir ceux qui avaient été gagnés et à les faire rentrer à l'ancienne Église. Il y en avait quelques-uns à Maringues et à Issoire, où l'on voyait deux prêches; quelques autres à Peyrusse, à Lubilhac, à Marsac, à Job, à La Tour-Goyon et à Saint-Flour; mais aujourd'hui il n'en reste plus un seul dans la province depuis l'édit de Nantes.

Bien loin que les peuples de cette province aient eu du penchant pour les hérésies qui se sont élevées en France, ils se sont toujours opposés avec vigueur aux moindres changements en matière de religion. C'est en effet dans cette province que l'on institua pour la première fois un ordre de chevalerie pour combattre les infidèles dans le cœur du royaume. Ce fut l'ouvrage de Guillaume le Pieux, comte d'Auvergne et duc d'Aquitaine. Ce fut elle la première qui mit en mouvement les princes et la noblesse contre les ennemis de Jésus-Christ, à la persuasion de Sylvestre II, par cette belle lettre que nous trouvons parmi ses ouvrages sous le nom de l'église de Jérusalem, et tout le monde sait que la patrie de ce souverain pontife est Aurillac. Ce fut dans son sein où l'on forma pour la première fois le dessein d'envoyer des armées en Orient, dans le concile de Clermont, tenu en 1095. Ce furent les Auvergnats et les Provençaux qui inspirèrent les premiers le courage de se faire chevaliers à ceux qui composaient l'ordre de Saint-Jean de Jérusalem.

C'est de cette province que l'Église a tiré un grand nombre de ses plus illustres évêques, qui ont soutenu avec vigueur la pureté du christianisme. L'Église romaine doit à l'Auvergne Sylvestre II, le premier des pontifes romains qui a été pris en deçà des Alpes. Elle a donné à diverses églises des prélats d'une grande réputation et un grand nombre de cardinaux qui ont été l'ornement du Sacré-Collège.

C'est enfin de l'Auvergne que l'Église triomphante tient un grand nombre de saints. La seule ville de Clermont en compte vingt-huit parmi ses évêques, sans les prêtres, les diacres, les vierges et les martyrs. La première persécution des Allemands, sous le roi Chrocus, donna au ciel jusqu'à six mille deux cent soixante-six chrétiens et presque autant dans la seconde. Ce qui mérite une réflexion particulière et ce qui est presque sans exemple, c'est qu'il n'est point de province en France à laquelle l'Auvergne n'ait donné des saints qui en sont aujourd'hui les principaux patrons.

Le Bourbonnais honore saint Gilbert, abbé de Neuffons ; sainte Pétronille, abbesse ; sainte Procule, vierge et martyre, et saint Léopardin.

Le Nivernais, saint Patrice, abbé.

Le Berry, saint Ursin, premier évêque de Bourges, et saint Apollinaire, un autre de ses évêques.

Le pays chartrain, saint Avit, abbé.

La Touraine, saint Perpetuus, saint Grégoire de Tours et saint Léobard, ermite.

Le Maine, saint Calais, abbé, et saint Frambourg.

La Picardie, saint Valery, abbé, et le célèbre saint Prix, évêque de Clermont.

La Champagne, saint Fale, abbé, et selon quelques-uns saint Agrèce, archevêque de Sens.

La Bourgogne, saint Prix, saint Odile et le bienheureux Pierre le Vénérable, tous les deux abbés de Cluny.

Le Lyonnais, saint Bonnet, évêque de Clermont.

Le Dauphiné, saint Hesychius et son fils saint Alcime Avite et saint Sandoux, tous trois archevêques de Vienne, et saint Apollinaire, évêque de Valence, aussi fils d'Hesychius.

Le pays de Foix, saint Volusien, archevêque de Tours.

Le Périgord, saint Fronton, évêque de Périgueux.

L'Angoumois, saint Sauve, évêque d'Angoulême.

Le Limousin, saint Étienne de Thiers, fondateur de l'ordre de Grandmont, et saint Calminius, comte et duc d'Auvergne.

Le Rouergue, saint Floret.

Le Gévaudan, saint Privat, évêque de Javols.

Le Velay, saint Evodius ou Vosy, évêque de Saint-Paulien.

Le pays de Saintonge, saint Pallade, un de ses évêques.

X

Lois

L'Auvergne eut ses lois pendant le temps qu'elle fut gouvernée par ses rois et qu'elle fut en république. Comme il est à présumer qu'elles n'étaient pas fort différentes de celles du reste des Gaulois, je crois qu'il est bon d'en donner en peu de mots quelque idée.

Il y avait deux sortes de conditions dans les Gaules qui étaient en quelque considération : les prêtres et la noblesse ; car, pour le peuple, il était comme esclave et n'avait aucune autorité dans l'État. On ne l'appelait point aux délibérations publiques, et la plupart, se voyant chargés d'impôts et de dettes ou opprimés par la violence des grands, se mettaient au service des autres, qui avaient le même pouvoir sur eux que des maîtres sur leurs esclaves.

Le premier ordre, qui était des druides, avait l'intendance du culte des dieux et de la religion et la direction des affaires tant publiques que particulières, avec l'instruction de la jeunesse. S'il se faisait quelque crime ou quelque meurtre, s'il y avait procès pour une succession ou pour quelque autre différend, c'étaient eux qui le décidaient et qui ordonnaient les peines et les récompenses ; et, lorsque quelqu'un ne voulait pas acquiescer à leur jugement, ils lui interdisaient l'entrée de leurs mystères. Ils s'assemblaient tous les ans dans l'état des Carnutes (pays chartrain), en un lieu consacré et destiné à cet usage, où ceux qui avaient quelque procès se rendaient et en passaient par ce qu'ils ordonnaient.

Le second ordre était la noblesse. Ceux qui la composaient

s'appelaient chevaliers, qui n'avaient point d'autre exercice que celui des armes. On jugeait du crédit d'un homme et de sa condition par sa suite, car ils n'avaient pas d'autre marque de grandeur.

La coutume des Gaulois dans les grandes entreprises était d'assembler tous ceux qui étaient en âge de porter les armes, et celui qui venait le dernier était massacré cruellement en présence de tous les autres. On ne traitait jamais des affaires d'État que dans ces assemblées publiques. On était obligé de rendre compte au magistrat de ce que l'on avait appris qui concernait le public, sans le communiquer à d'autres ; car il était défendu d'en parler dans le conseil. Il y avait de très sévères punitions contre ceux qui ne se trouvaient pas à ces assemblées, et on faisait affront à ceux qui parlaient hors de leur rang, quand ils ne se taisaient pas au premier signe qu'on leur faisait.

Quand la Gaule fut divisée en différents petits états, ceux qui avaient le plus de réputation devenaient quelquefois les premiers de leur pays. On leur accordait le nom de roi ou la souveraine magistrature. On ne souffrait point que deux parents occupassent de suite cette place. Leur autorité eût été chancelante, si leur élection n'eût été confirmée par les druides. S'ils découvraient que quelqu'un de ces magistrats affectât de se faire roi, ils l'assassinaient sans autre forme de procès. Dans les événements extraordinaires, plusieurs petits états se joignaient ensemble et faisaient choix d'un homme capable de les maintenir et de les défendre contre leurs ennemis.

Les enfants ne paraissaient jamais en public devant leurs pères qu'ils ne fussent en âge de porter les armes. Les hommes étaient obligés, en se mariant, de faire entrer dans la communauté autant de biens qu'ils en recevaient de leurs femmes ; et le tout était au survivant avec les fruits qui en provenaient. Le mari avait puissance de vie et de mort sur sa femme aussi bien que sur ses enfants ; et, lorsqu'un chevalier mourait, ses parents s'assemblaient, et, s'il y avait quelque soupçon contre sa femme, on la mettait à la torture, et, lorsqu'elle se trouvait criminelle, on la brûlait après lui avoir fait souffrir de très cruels supplices.

Il y avait quelques lois militaires qui s'observaient en Auvergne sous le roi Vercingétorix. Il n'était pas permis à un soldat, lorsqu'il s'était attaché au service d'un grand, de l'abandonner. Il devait avoir part à sa bonne ou mauvaise fortune, et s'il arrivait qu'il pérît, il mourait avec lui ou se tuait après sa défaite. Le vassal, aussi, ne devait jamais abandonner son seigneur en guerre, quelque parti qu'il voulût prendre. Dans les moindres fautes, Vercingétorix faisait couper les oreilles ou crever un œil, et punissait par le feu pour les plus grandes.

Quelque changement que l'Auvergne eût souffert du dehors, ses anciennes lois ne changèrent point jusqu'à ce qu'elle trouvât bon elle-même d'en abandonner la plus grande partie pour s'accommoder des lois romaines, sur le déclin de l'empire, comme on peut l'observer sur ce que nous allons dire.

Lorsque les Romains pénétrèrent pour la première fois dans l'Auvergne, après la prise du roi Bituitus par Domitius Ahenobarbus et Fabius Maximus, ses lois ne souffrirent aucun changement. Jules César nous apprend que la République romaine, après avoir défait les Auvergnats par la valeur de Fabius, pouvant les réduire en province, ne l'avait pas fait. Quand on réduisait en province romaine un pays nouvellement conquis, on l'assujettissait aux lois de Rome et on lui ravissait la liberté. Critognat, sénateur de Gergovia, en était bien instruit lorsque, parlant aux autres Gaulois assiégés dans Alize, leur (sic) dit (1) : « Jetez les yeux sur la Gaule narbonnaise qui, depuis qu'elle a été réduite en province, ne fait que languir sous le joug, asservie aux haches et aux faisceaux, privée de ses lois et de ses coutumes. » Le même sénateur dit, dans la même harangue, que, lorsque les Cimbres

---

(1) CÉSAR, *De bell. Gall.*, l. VII, 77.

et les Teutons inondèrent de leurs troupes l'Auvergne, et qu'après l'avoir ravagée ils s'étaient retirés, ils n'avaient point touché à ses droits et à sa liberté. Jules César, s'étant rendu maître de l'Auvergne, lui laissa ses lois et sa liberté ; Pline, si bien instruit des affaires des Romains, nous en assure : *Arverni liberi*.

Après que toutes les provinces de l'empire furent devenues comme égales par la bonté de l'empereur Antonin le Pieux, qui accorda le droit de cité romaine ou du Latium à tous les peuples en général qui relevaient de l'empire, les lois romaines se glissèrent insensiblement dans les pays libres, et par conséquent dans l'Auvergne. Aulus Gellius a bien remarqué que les habitants des villes telles que la cité d'Auvergne n'étaient que citoyens romains honoraires, attachés de la sorte aux lois romaines ; qu'ils usaient aussi de lois particulières, en quoi consistait la différence des villes municipales et des villes de colonies, où les citoyens ne pouvaient être régis que par le seul droit romain. De là vient que toutes les villes qui jouissaient des mêmes privilèges que celles de Rome étaient appelées *municipium*. Ce qui a donné lieu à Sidonius, dans la première lettre du troisième livre qu'il a adressée à Avitus après que les Goths se furent saisis de la plus grande partie de l'Auvergne, de traiter la cité d'Auvergne de petit *municipium*, *municipiolum* (1), quoique l'Auvergne eût renoncé dans ces temps-là à la plupart de ses lois, pour prendre les lois romaines qu'elle jugeait si vénérables et si conformes à la droite raison, qu'elle a toujours pour elles un attachement particulier et n'a jamais pu les abandonner, quelque changement qui lui soit arrivé. Aussi l'Auvergne n'a point eu d'autres lois que les romaines sous les Visigoths, puisque ces rois les prescrivaient eux-mêmes à tous leurs sujets et qu'ils en avaient très peu de particulières, parce que cette nation ne faisait qu'un membre de la République romaine, comme le disait Avitus à Théodoric, l'un de ses rois, dans Jornandès ;

---

(1) Cette expression est répétée dans la 2º lettre du 7º livre.

que ce même roi reconnaît, dans Sidonius, au panégyrique d'Avitus, que les empereurs ayant accoutumé à lui donner des lois, il les recevait plus agréablement de la main de son intime ami ; et qu'enfin ces lois étaient même proposées aux rois visigoths par les préfets du prétoire, suivant l'usage qu'on trouve pratiqué en Orient où Acydinus, consul en 340, se glorifie, peut-être dans le même sens, dans Symmaque, d'avoir administré la justice aux rois de l'Aurore, en qualité de préfet du prétoire d'Orient.

Aussi voit-on que les lois attribuées à Théodoric, à Évarix et à Alaric, rois des Visigoths, ne semblent être faites que pour autoriser les lois romaines, et que le code du dernier, recueilli par Anien, n'est qu'un abrégé du code de Théodose. Ce chancelier d'Alaric fit un abrégé des seize livres du code théodosien par l'ordre de son maître, qui fut publié en la ville d'Aire, en Gascogne.

Sous la première maison de France, les Français saliens et les Ripuaires furent bien gouvernés par la loi salique et par la ripuaire ; mais les anciens Gaulois, que l'on traitait de Romains, suivaient unanimement la loi romaine. Il reste à ce sujet une constitution du roi Clotaire, fils du grand Clovis, portant que les causes des Romains (qui, en cet endroit, se prennent pour les Gaulois) se décideront par la loi romaine, et celle des Français par la loi salique. *Inter Romanos negotia causarum romanis legibus præcipimus terminare.* Ce qui a donné lieu à Agathias de dire que les Français se gouvernent par des lois et des coutumes qui sont presque toutes conformes aux romaines. Par le mot de Français on n'entendait pas généralement tous ceux dont le pays était situé depuis le Rhin jusqu'à la Loire, ni par le nom Romains tous ceux généralement qui se trouvaient entre la Loire et les Pyrénées. Il y avait indifféremment partout des Français et des Gaulois, et par conséquent la loi romaine était suivie par tous les anciens Gaulois, dans quelque lieu qu'ils fissent leur séjour, comme la loi salique et la ripuaire dans tous les lieux où ils habitaient.

La loi romaine avait cours surtout en Auvergne sous cette

première maison de France. Cela paraît par ce que l'auteur de la vie de saint Prix raconte. Il dit que cet évêque de Clermont, étant pressé de plaider la cause de son église, la veille de Pâques, devant Childéric II, roi d'Austrasie, dans laquelle il s'agissait de la succession de Claude, dame d'Issoire, contre Hector, patrice de Marseille, il refusa absolument de le faire parce que la loi de Théodose faisait défense d'ouvrir les tribunaux de justice huit jours avant et huit jours après cette fête si solennelle parmi les chrétiens. L'étude des lois romaines était florissante dans ce temps-là en Auvergne, surtout dans la ville capitale. Ce fut dans cette ville où plusieurs grands hommes, dont parle Sidonius, se perfectionnèrent dans cette science. Ce fut là où ces deux grandes lumières de l'église d'Auvergne, saint Prix et saint Bonnet, se rendirent célèbres dans la connaissance de ces lois, et où les étudia aussi Andarchius, serviteur de Félix, sénateur de la même ville, et s'y rendit si habile par les soins de son maître, que, rempli d'une haute idée de soi-même, il regarda avec mépris celui à qui il avait de si grandes obligations. C'est ce que nous apprenons de Grégoire de Tours (1).

Sous la seconde maison de France, les Français et les Gaulois furent encore jugés séparément par la loi salique et par la romaine. Ce qui se voit par les capitulaires de Charlemagne, de Louis le Débonnaire et de Charles le Chauve. Le premier, ayant réuni plusieurs peuples sous son empire, les laissa vivre selon leurs lois; mais il voulut faire voir l'estime qu'il faisait de la loi romaine en faisant écrire le code théodosien suivant l'édition d'Alaric. Il était permis à tous les sujets de l'empire de la suivre. Tous ces empereurs en faisaient un grand cas et ils avaient grand soin de la conserver. On le voit par un des articles de capitulaires de Charles le Chauve, où, après [avoir] établi une peine contre ceux qui usent de fausses mesures, il ordonne que, dans les pays sujets à la loi romaine, les coupables seraient punis suivant cette loi, ajou-

(1) Voir la note 1, page 190.

tant que ni lui, ni ses prédécesseurs, n'ont jamais prétendu rien ordonner qui y fût contraire (1).

L'empereur Louis le Débonnaire, dans un capitulaire, laisse les Gaulois-Romains dans la liberté d'abandonner la loi romaine et de suivre la loi salique, pourvu qu'ils déclarent quelle est la loi à laquelle ils veulent s'attacher. C'est la raison pourquoi les Gaulois-Romains qui vivaient au delà (2) de la Loire, où il y avait le plus de Français, se conformèrent presque tous à la loi salique, et que les Français qui habitaient au deçà de la Loire, où il y avait plus de Gaulois-Romains, suivirent presque tous la loi romaine. Le grand nombre des Français étaient, en effet, au delà de la Loire, et le grand nombre des Gaulois au deçà; parce que les Français, après avoir poussé leurs premières conquêtes depuis le Rhin jusqu'à la Loire, avaient partagé les terres avec les habitants naturels (3), et les Goths n'avaient pas eu le même avantage dans l'Aquitaine et la Narbonnaise. Si bien que les Français n'ayant succédé deçà la Loire qu'au droit des Goths, les purs Gaulois y furent moins fatigués de leur présence et retinrent plus particulièrement le nom de Romains que Frédegaire leur donne. Ce qui n'empêche pas que la loi romaine ne fût en usage, au delà de la Loire, parmi beaucoup de familles gauloises, et que la loi salique ne fût suivie au deçà de ce fleuve parmi grand nombre de familles françaises.

Car il ne faut pas se persuader, avec quelques auteurs, que la loi ripuaire ait eu lieu seulement depuis le Rhin jusqu'à la Meuse, la loi salique depuis la Meuse jusqu'à la Loire, et la romaine depuis la Loire jusqu'aux Alpes et aux Pyrénées.

---

(1) In illis autem regionibus in quibus secundum legem Romanam judicantur judicia, juxta ipsam legem committentes talia judicentur : quia super illam legem vel contra ipsam legem nec antecessores nostri nec nos aliquid constituimus. (BALUZE. *Capit. reg. Franc.*, t. II, p. 185.)

(2) *Au delà* et *En deçà de la Loire* doivent être entendus eu égard à la position de cette rivière relativement à la ville de Clermont, où écrivait Audigier, et non dans le sens généralement adopté.

(3) V., sur ce prétendu partage, FUSTEL DE COULANGES : *Histoire des institutions politiques de l'ancienne France*. Paris, Hachette.

Les Français et les Gaulois étaient gouvernés différemment à leur gré par la loi salique et par la romaine, en quelque endroit qu'ils fissent leur séjour, d'où vient qu'il suffisait, comme nous l'avons déjà dit, qu'on déclarât dans les actes quelle était la loi qu'on embrassait. Ce qui a donné lieu à cette formule qu'on trouve en plusieurs titres : *Qui professus sum ex natione mea lege vivere salica.* Cet usage paraît à l'égard des régions purement françaises dans Adrevald, moine de Saint-Benoît-sur-Loire, au sujet de Jonas, évêque d'Orléans, et de Donatus, envoyés du roi pour terminer un différend qui était entre les abbés de Saint-Denis et de Saint-Benoît touchant quelques serfs. On s'assembla, mais d'abord fort inutilement, parce que les juges de la loi salique n'entendaient rien à régler les biens ecclésiastiques qui se gouvernaient par la loi romaine. On assigna une autre assemblée à Orléans, où l'on fit venir, outre les juges, des docteurs de lois, tant de la province d'Orléans que de celle de Gâtinais. On voit clairement, par cet exemple, que la loi romaine et la loi salique étaient en vigueur dans les provinces au delà de la Loire, que chacune avait ses juges différents, que l'Église suivait la loi romaine, qu'il y avait des personnes qui faisaient profession de l'enseigner, et qu'il y en avait dès lors à Orléans et que les envoyés du prince présidaient à ces jugements.

Cela paraît à l'égard de l'Aquitaine dans un titre d'Agnès de Poitiers, veuve de Pierre de Maurienne, marquis de Savoie, laquelle faisait profession de vivre selon la loi salique propre à sa nation : *Quæ professa sum ex natione mea lege vivere salica.* Ce titre, que Guichenon a publié dans son histoire généalogique de la maison de Savoie, avait été trouvé dans les archives de Sainte-Marie de Pignerols.

Cela paraît dans la Provence, où Guillaume, comte d'Arles, fait mention des grands du pays qui s'y gouvernaient par la loi salique et par la loi romaine ; comme il est rapporté dans un titre de Saint-Victor de Marseille qu'Antoine de Ruffi a publié dans son histoire des comtes de Provence, où on lit ces mots : *Inter vassos dominicos tam salicos quam romanos* (1). Cela paraît en Limousin, où Himbaud, seigneur de Saint-Sévère, fut condamné à exécuter ce que les envoyés du prince avaient ordonné sur son fief, qui était de le perdre, selon la loi salique : *Aut jure pro injuria castrum lege salica amittere*. Cela paraît enfin dans l'Auvergne, où Achelme donne le lieu de Beaumont avec le tiers de son église à celle de Saint-Julien de Brioude, du consentement de sa femme Frédégonde, sans lequel la loi salique veut que la donation ne soit point valable : *Sicut lex salica docet* (2). Le titre est du temps de Charles le Simple et se trouve dans le cartulaire de Brioude. Cet usage était encore dans l'Italie dont les peuples du temps de Charlemagne étaient gouvernés par la loi romaine, par la salique, par la lombarde, comme l'a très bien remarqué Sigonius.

La chose continua de même sur la fin de la maison carlienne et au commencement de la capétienne. Mais, enfin, les Gaulois-Romains et les Français se trouvèrent tellement confondus ensemble, qu'on ne fut plus en état de les distinguer, ni de les juger par leurs propres lois. C'est pourquoi les provinces au deçà de la Loire, à peu de pays près, achevèrent de se conformer aux lois romaines, et celles d'au delà se conformèrent aux lois saliques, en sorte néanmoins qu'elles retenaient toujours quelque chose de la romaine, de la ripuaire et de la gombette, qui fut la loi des Bourguignons. Il se forma de là un amas de lois qui fut appelé coutume, tant parce que les siècles moyens avaient attribué ce nom à toutes sortes de lois étrangères qu'ils ne traitaient que d'usages, de mœurs et de coutumes, comme on le voit dans Marculfe et dans les autres compilateurs de formules, qu'à cause que

---

(1) *Hist. des comtes de Provence* (Aix, Jean Roize, 1655, in-4°, p. 35). Audigier se trompe lorsqu'il dit que cette charte a été publiée par Ruffi. Il l'a seulement analysée. Elle a été imprimée par Martène dans l'*Amplissima collectio*, t. I, p. 373, et par Guérard dans le *Cartulaire de Saint-Victor de Marseille*, t. I (1857), n° 290, p. 308.

(2) H. Doniol, *Cartulaire de Brioude*, p. 66.

cette coutume se prouvait par témoins et par tourbes (1) ; au lieu que la loi romaine, étant insérée au code et au digeste, retenait le nom de droit écrit.

Il arriva de là que les pays situés à l'extrémité de la Loire, tels que le Berry et l'Auvergne, se trouvèrent régis confusément par la loi romaine et par la coutume. Celle-ci s'étant introduite facilement par le voisinage des Français, ce qui donna lieu à un grand nombre d'alliances entre eux. C'est pourquoi on trouve plusieurs lois romaines insérées dans la coutume du Berry que les jurisconsultes appellent à ce sujet docte; coutume, et ils en attribuent la cause à Pierre Lizet, premier président au parlement de Paris, que le roi François Ier envoya dans cette province en 1539 pour la rédiger. Comme si ce grand homme avait eu droit de composer une nouvelle coutume au lieu de faire une rédaction de l'ancienne. Tout ce mystère se découvre quand on considère que la loi romaine, étant mêlée en Berry avec la salique et la gombette, la première y avait plus de cours, comme dans un pays de l'Aquitaine, de sorte que lorsqu'on travailla à recueillir l'esprit de cette coutume, il s'y glissa plusieurs lois romaines.

La même confusion du droit écrit et de la coutume se trouve en Auvergne, puisqu'on y distingue encore à présent les villes, les bourgs et les villages qui se conduisent par le droit écrit d'avec les villes, les bourgs et les villages qui suivent la coutume. Les lieux où la loi romaine s'est maintenue dans sa vigueur, sont : Clermont, Billom, Issoire, Brioude, Saint-Germain-Lembron, Saint-Germain-l'Herm, Sauxillanges, Lezoux, La Chaise-Dieu, Cusset, Blesle, Courpière, Saint-Flour, Aurillac, Mauriac, Chaudesaigues, Pierrefort et Pleaux. Les villes qui ont préféré la coutume à la loi romaine sont : Riom, Montferrand, Aigueperse, Ébreuil, Thiers, Maringues, Combronde, Artonne, Ennezat, Ris, École, Le Pont-du-Château, Vic-le-Comte, Saint-Amant-Roche-Savine, Olliergues, Ambert, Arlanc, Allègre, Auzon,

---

(1) C'est-à-dire *Enquêtes.* Voir Ducange, v. *Turba,* 2.

Massiac, Ardes, Besse, La Tour, Herment, Saint-Gervais, Montaigut-lès-Combrailles, Ruines, Alanche, La Roquebrou, Monsalvi et Salers. Lorsque la coutume fut introduite dans les lieux et dans les villes qui l'observent, ce fut du consentement des comtes, des seigneurs et des trois États du pays, avec cet égard pour la loi romaine qu'on aurait toujours recours à ses décisions pour les cas dont la coutume ne parlait pas.

La preuve que le consentement des comtes et des seigneurs a été nécessaire, lorsque la coutume fut introduite en Auvergne, se prend de ce que presque toutes les terres qui sont conservées dans l'observation du droit écrit sont ecclésiastiques. L'inclination de l'Église, en France, a toujours été pour la loi romaine, comme on peut l'inférer du premier concile d'Orléans, tenu en 511, où le premier canon est fondé sur cette loi : *Quod ecclesiastici canones et lex romana constituit* et du second concile de Tours, tenu en 567, [qui] s'explique ainsi sur le vingtième canon : *Quia etiam lex romana constituit, ut quicumque sacratam Deo virginem vel viduam fortasse rapuerit, si postea eis de conjunctione convenerit, capitis sententia feriatur.* Et les seigneurs séculiers ont mieux aimé se soumettre à la coutume, ne s'étant guère trouvé dans l'Auvergne que les vicomtes de Carlat et de Murat avec le seigneur de La Roche-Canillac, de Saint-Urcise, de Chaudesaigues et de Talizat, qui n'ont pas voulu souffrir ce changement. Encore se trouve-t-il quelques églises qui prétendent l'hommage de ces vicomtés et seigneuries. Les privilèges des villes de Clermont, de Riom et de Montferrand en sont encore une preuve. Il était permis à leurs citoyens de poursuivre les injures et leurs actions par les voies du droit écrit sans être obligés de les vider par le duel, étant dispensés de s'attacher à cette coutume lorsqu'elle se glissait dans le reste du pays, quoique les ordonnances des rois l'eussent autorisée. Un titre de Guy II, comte d'Auvergne, tiré des archives de Clermont, le justifie à l'égard de cette ville. *Sed appellans si velit crimen quod objicit apellatum per viam juris scripti legitime prose-*

queretur. Un titre d'Alphonse de France, frère de saint Louis, que l'on trouve dans le Spicilegium de dom Luc d'Achéry, en est une preuve pour Riom. *De quelque crime*, dit ce prince, *dont un habitant de Riom puisse être accusé, il ne sera tenu de s'en laver par la voie du combat, s'il ne le veut pas; sans passer pour convaincu, lorsqu'il ne l'aura pas accepté. L'accusation établira sa preuve par témoins et par les autres preuves authentiques qui sont prescrites par le droit romain.* Et enfin un titre de Louis de Beaujeu, seigneur de Montferrand, le fait voir à l'égard de cette ville. On y lit que l'exemption du duel est accordée aux habitants de cette ville pour la vérification d'un crime, pour raison de quoi ils se pourvoieront par la voie du droit écrit et de la loi romaine : *Accusator teneatur procedere et facere secundum formam juris scripti*. Pour montrer encore quelle était l'autorité des trois États pour faire recevoir la coutume, il ne faut que jeter les yeux sur divers articles de cette coutume. On trouve que, lorsqu'on la rédigea par écrit, les trois États de 1510 ayant retranché quelques anciennes coutumes, on se contenta d'insérer dans les articles que les États l'avaient ainsi jugé, quoique ce fût en présence du premier président et d'un conseiller au parlement de Paris. Après même qu'elle eut été rédigée par écrit, les trois États se crurent en droit d'y faire quelque changement.

XI

Gouvernement

Les peuples d'Auvergne ont goûté de toute sorte de gouvernement. Ils ont été soumis à des rois, ils ont été en république, ils ont obéi aux Romains auxquels ils ont donné des empereurs. Nepos fut contraint de céder l'Auvergne aux Visigoths ; elle fut enlevée à ceux-ci par les Français, dont le gouvernement étant affaibli, elle passa sous la domination des ducs d'Aquitaine. Pépin le Bref ne la laissa pas longtemps entre leurs mains ; elle devint une des plus belles provinces de l'empire de Charlemagne. L'autorité royale étant presque anéantie sous les derniers rois de la seconde race, l'Auvergne se vit réduite à obéir à des comtes qui relevaient immédiatement des ducs de Guyenne, et devint de cette sorte un arrière-fief de la couronne. Enfin, elle fut réduite en province du royaume de France sous Philippe-Auguste et sous saint Louis, qui n'en laissa qu'une très petite portion aux comtes, dont l'autorité disparut insensiblement.

Jamais les Auvergnats n'ont été plus heureux que lorsqu'ils furent gouvernés par les rois de leur nation. Ces princes n'envisageaient que le bien de leurs sujets. Ils se regardaient plutôt comme des pères qui avaient une grande famille à gouverner que comme des maîtres qui ne sont nés que pour se faire obéir. Les peuples ne les regardaient aussi que comme des hommes qui étaient à leur tête pour les protéger contre l'injustice et contre ceux qui entreprendraient de les opprimer. Bien loin d'éviter leur présence, ils couraient en foule après leurs rois, et ils ne se croyaient jamais plus heureux que lorsqu'ils se venaient montrer à leurs yeux. Aussi ces princes ne souhaitaient d'avoir des richesses que pour en faire part à leurs sujets. C'est dans cette vue qu'ils parcouraient leurs provinces montés sur un char d'argent sur lequel ils paraissaient comme une divinité bienfaisante prête à secourir les malheureux, répandant partout des sommes immenses d'or et d'argent : *Posidonius Luerii qui Bituiti pater fuit a Romanis profligati opes cum enarrat, tradit eum popularem gratiam aucupantem per agros, curru vehi solitum, aurumque, in turbas celsurum innumeras eum prosequentes* (1). C'est ainsi qu'Athénée parle du premier roi des Auvergnats que nous connaissions. Quelle devait être la sagesse de ceux qui étaient envoyés dans les provinces pour veiller à la sûreté des peuples ! Quelles sévères lois ne devaient point établir de tels rois contre ceux qui eussent osé entreprendre d'abuser de leur autorité !

Après que Fabius Maximus eut vaincu leur dernier roi Bituit, le sénat romain ne laissa pas de craindre les Auvergnats, tout vaincus qu'ils étaient ; c'est pourquoi, dans le dessein de gagner les peuples qu'il redoutait encore, il ne voulut point les réduire en province, ni leur imposer des tributs ; il ne leur ravit point la liberté, dans la crainte où il était que ces peuples, pleins d'horreur comme ils étaient pour la servitude, ne fissent de nouveaux efforts pour secouer un joug qui leur paraîtrait insupportable. *Bello superatos esse Arvernos à Q. Fabio Maximo, quibus populus romanus ignovisset, neque in provinciam redegisset, neque stipendium imposuisset* (2). C'est Jules César de qui nous tenons cette particularité.

Après le renversement du royaume des Auvergnats, l'autorité qui seule était entre leurs mains fut partagée entre plusieurs, de sorte qu'il se forma divers états et communautés qui étaient comme indépendants les uns des autres. Les peuples trouvèrent tant de douceur dans cette sorte de gouver-

---

(1) ATHENÉE, IV, 13 ; — STRABON, IV, II, 3. D'après Posidonius.
(2) *De bell. Gall.*, I, 45.

nement qu'ils envisagèrent comme le plus grand des malheurs la perte de leur liberté. Pour la conserver, ils laissèrent former deux factions dans toutes les principales villes de ces états, qui avaient leurs chefs qui étaient maîtres dans tous les conseils. Leur vue en cela était de défendre les petits contre l'oppression des grands. Chacun avait soin de protéger ceux de son parti, et si quelqu'un d'une faction avait quelque dessein ambitieux, il trouvait une barrière qui l'arrêtait dans ceux de l'autre faction.

Bituitus ayant été vaincu, la ville de Nemetum (Clermont), qui était la capitale de son royaume, perdit aussi beaucoup de son autorité et de sa grandeur (1). Gergovia, sa rivale, devint alors la principale ville de l'état des Auvergnats, qui étaient les chefs d'une faction qui disputa longtemps la principauté des Gaules avec ceux d'Autun. Cette ville était bâtie sur une haute montagne d'une situation avantageuse, capable de se défendre contre de nombreuses armées. Elle avait son sénat ou son conseil qui donnait le mouvement à tout le reste de la province. Elle était remplie d'hommes d'une valeur et d'une prudence qu'on ne voyait point ailleurs. On ne connaissait point parmi eux de véritable bien que la liberté; ils la préféraient à toutes les richesses de l'univers; ils n'eussent pas balancé un moment de donner mille vies pour la conserver. Un citoyen qui eût entrepris de la leur ravir était sur le champ mis à mort. Le père de Vercingétorix, dont l'autorité était grande, fut assassiné parce qu'il voulait se faire roi. Vercingétorix, son fils, homme de grand crédit, ayant eu la même ambition, on courut aux armes, et son oncle, Gobanition, assisté des plus grands du pays, lui résistèrent et le chassèrent de la ville. Ne s'étant pas rebuté, il fut déclaré roi par tous les états de la Gaule. Critognat, seigneur d'Auvergne de grande naissance, dans la crainte de plonger sa

---

(1) C'est là une pure hypothèse et qui ne repose sur aucun document. Il n'est jamais question de la ville de Nemetum dans les auteurs qui nous ont parlé de la Gaule avant la conquête, et l'on ne peut dire si elle existait alors.

patrie dans une éternelle servitude, ne fait point difficulté de dire dans une assemblée qu'ils devaient imiter le courage de leurs ancêtres qui, en la guerre des Teutons et des Cimbres, se voyant renfermés dans leurs villes et réduits à une extrême nécessité, soutinrent leur vie par la mort de ceux qui n'étaient pas en âge de combattre, plutôt que de se rendre honteusement (1). Quand nous n'aurions pas un si grand exemple, nous le devrions laisser à la postérité pour montrer ce qu'on doit faire pour s'affranchir de la tyrannie. On peut juger par ces paroles quel était leur amour pour la liberté. Les peuples choisissaient un seigneur des plus qualifiés qui avait la principale autorité parmi eux et qui était comme le premier du sénat, dont le crédit, quoique grand, trouvait des bornes dans le courage des sénateurs ; et, comme ils savaient le merveilleux empire que la religion a sur les hommes, celui qui était le premier magistrat ne pouvait faire aucune fonction de sa charge que les prêtres n'eussent confirmé son élection. De plus, pour ne point donner lieu aux intrigues que des personnes d'un génie supérieur et entreprenant pourraient faire pour s'élever au-dessus des autres, on ne pouvait posséder cette dignité que pendant une seule année, et deux proches parents ne pouvaient pas espérer de s'y voir placer deux années de suite.

Comme la première ville était comme le centre où tous les autres cantons devaient répondre, il n'était pas permis à ce souverain magistrat de l'abandonner ; il était obligé à n'en sortir jamais, et si on remarquait que l'amour du public ne fût point l'âme de sa conduite et que quelque intérêt particulier lui fît négliger les lois de l'État, on ne balançait point de l'ôter de cette première place où l'on demandait des hommes qui ne vécussent que pour la république.

Le peuple entrait en quelque manière dans les affaires d'État. S'il apprenait quelque chose d'important qui concernait le public, il était obligé d'en rendre compte au magistrat

---

(1) César, *De bello Gallico*, lib. VII, c. 76-77.

et non point à d'autres, et on ne voulait point que les grandes affaires fussent communiquées qu'à ceux qui étaient chargés du gouvernement, et il n'était permis d'en parler que dans les assemblées où on avait accoutumé d'en traiter. Ceux qui étaient marqués pour y entrer étaient sévèrement punis s'ils manquaient à s'y trouver, et ceux qui entreprenaient de parler quand leur rang n'était pas venu, s'ils ne s'arrêtaient point au premier signe qu'on leur faisait, étaient exposés à quelque affront. Ainsi tout se passait avec gravité dans les conseils où toutes les délibérations ne tendaient qu'à procurer un doux repos au public, et à affermir par toutes sortes de moyens leur liberté, dans laquelle ils faisaient consister toute leur gloire. Ils craignaient si fort de la perdre, que non seulement les Auvergnats, mais toute la Gaule, étaient en alarme dès qu'on parlait d'un ennemi, et le bruit s'en répandait partout dans très peu de temps ; car, lorsqu'il arrivait quelque chose d'extraordinaire, les peuples s'en avertissaient par des cris redoublés qui étaient entendus de lieu à autre, si bien que le massacre qu'on avait fait des citoyens romains à Orléans, au lever du soleil, fut su sur les huit ou neuf heures du soir en Auvergne (1).

Outre que les Auvergnats avaient un courage qui les portait à tout sacrifier pour éviter de vivre sous un joug étranger, la situation de leur pays les mettait encore à couvert des insultes de leurs ennemis. La hauteur de leurs montagnes était une forte barrière qu'ils leur opposaient. On pouvait élever partout des places fortes capables, dans ces temps-là, de faire périr des armées nombreuses. Dans la Limagne même se présentaient à chaque pas des collines fort élevées sur lesquelles on bâtissait des châteaux difficiles à prendre. Il fallait bien du temps pour se rendre maître de ces endroits bien fortifiés. Outre qu'ils étaient défendus par leur hauteur et par leurs tours, ils se trouvaient souvent au milieu des vallons où coulaient des torrents qui, venant à grossir tout d'un

---

(1) César, *De bello Gall.*, lib. VII, c. 3.

coup, renversaient les travaux des ennemis et mettaient le désordre dans leur armée. Une situation aussi heureuse, jointe à leur courage, faisait qu'ils ne s'épouvantaient point à l'approche des ennemis. Ils attendirent avec fermeté le vainqueur des nations, Jules César, et l'obligèrent d'abandonner le siège de leur capitale qu'il se glorifiait de prendre. Malgré cet affront, ce grand général ne voulut point, dans la vue de les gagner, tant il redoutait leur courage, les asservir aux haches et aux faisceaux. Charmé de leur valeur, il voulut qu'ils jouissent de la douceur de la liberté. Après la prise d'Alize, il donna un prisonnier à chaque soldat par forme de butin. Ceux d'Auvergne ne subirent point cette loi ; il les distingua, en cette occasion, du reste des Gaulois, pour s'attirer l'amitié d'un état si puissant. Et, dans le temps que Rome tenait sous sa puissance le monde entier, les Auvergnats jouissaient tranquillement de leur liberté, au rapport de Pline l'historien : *Arverni liberi*.

Après que Jules César eut conquis les Gaules, pendant le peu de temps que la république romaine subsista dans son ancienne forme, on vit le gouvernement des Gaules entre les mains du même Jules César, de Licinius Crassus, de M. Æmil. Lepidus, de C. Plancus, de Marc-Antoine, de M. Vipsanius Agrippa, de Val. Messala et de Druse Tibère (1). Lorsque Auguste eut composé l'empire de la manière que tout le monde sait, il partagea les provinces avec le sénat, et se réserva celles qui étaient les plus exposées à l'ennemi, sous prétexte d'ôter au sénat le soin de les conserver dans l'obéissance, mais en effet afin de se rendre plus redoutable ayant les troupes sous ses ordres. Les gouverneurs qui venaient de la main d'Auguste étaient qualifiés présidents ; ceux dont le sénat faisait choix avaient le titre de proconsuls et de consulaires.

L'Aquitaine fut du nombre des premières provinces, c'est-

---

(1) Cette liste est à la fois inexacte et incomplète. Voir E. Desjardins, *Géographie de la Gaule romaine*, t. III, p. 44.

à-dire de celles où il fallait envoyer les meilleures troupes. L'Auvergne était comprise dans ses bornes. Nous trouvons, parmi les présidents d'Aquitaine, Vibius Avitus, sous Néron, au témoignage de Pline. Nous en trouvons jusqu'à l'empire de Valentinien et de Valens, son frère. L'Auvergne, toutefois, ne relevait pas de ces présidents, surtout sous les premiers empereurs, parce qu'elle jouissait d'une entière liberté. Ainsi, quand Pline dit que Zénodore travaillait au fameux colosse de Mercure dans la ville d'Auvergne, dans le temps que Vibius Avitus présidait à la province, il entend par ce mot de province l'Aquitaine en général. Vers le milieu du haut-empire, l'Auvergne parut toute romaine, étant devenue, selon quelques-uns, le siège d'un sénat qui avait toutes les inclinations des Romains. Ce sénat était l'image de celui de Rome ; une partie de la Gaule lui obéissait (1), et toutes les grandes affaires s'y décidaient. Elle fut sous la direction du préfet du prétoire des Gaules, dont l'autorité s'étendait sur la Gaule, l'Espagne et la Grande-Bretagne. C'est pourquoi nous nous fixerons sur les comtes d'Auvergne qui gouvernèrent cette province après la chute de l'empire romain, et nous tâcherons d'en découvrir l'origine et la suite.

Le nom de comte peut trouver son origine du temps des empereurs Adrien et Alexandre Sévère. Le premier, qui voyageait sans cesse, se faisait accompagner d'un certain nombre de sénateurs qui furent appelés *comites*. Le second, un des meilleurs princes qui ait jamais été, pour faire honneur au sénat qu'il ne pouvait pas traîner avec lui dans les provinces, se fit accompagner de seize sénateurs, par le conseil de Mamée, sa mère, qui ne respirait que pour la grandeur du prince et pour la félicité de l'empire.

On forma de la sorte une espèce de sénat particulier auprès

---

(1) La cité d'Auvergne possédait en effet un conseil dirigeant que l'on appelait son *sénat*, mais l'action de ce conseil ne s'étendait que sur la cité d'Auvergne. Chaque cité avait un organisme analogue. A part cette erreur, Audigier a bien vu que, sauf la soumission au gouvernement impérial, la cité s'administrait elle-même.

des empereurs. Le nombre de ces sénateurs ambulants ne fut pas fixé. Les empereurs y ajoutèrent même quelquefois des favoris qui étaient pris [hors] du sénat. L'assemblée obtint par là le nom de *comitatus*, d'où ceux qui la composaient eurent le nom de *comites*, compagnons des empereurs. Le mot de *comitatus* se trouve souvent en ce sens au code de Théodose. On le trouve aussi dans les auteurs du vᵉ et du viᵉ siècle, dans Ammien Marcellin, dans Sidonius Apollinaris et dans Cassiodore.

Le mot de *comites*, au même sens, paraît dans Eusèbe, au livre quatrième de la vie de Constantin, où l'auteur traite de la sorte les grands que l'on voyait à la suite des empereurs, parce que c'était eux que l'on honorait des premières charges de la maison impériale, des provinces et des armées, préférablement à ceux qui se trouvaient éloignés de la personne du prince. Les grands qui possédaient ces premiers emplois joignirent le titre de comtes à celui de la nature de leurs charges. Les grands-maîtres de la maison impériale furent de là dits comtes du sacré palais, *comites sacri palatii* ; les grands chambellans, comtes du vêtement sacré, *comites vestis sacræ* ; les gardes du trésor, comtes des sacrées largesses, *comites sacrarum largitiarum* ; et d'autres semblables.

L'origine des comtes doit donc être rapportée aux empereurs Adrien et Alexandre Sévère, qui choisirent un certain nombre de sénateurs pour leur servir de conseillers et pour les accompagner partout. C'est pour cela qu'ils furent appelés *comites*, gens de la suite du prince, et la cour et la maison du prince *comitatus*. Dans les siècles moyens, on rendit en France le mot *comes* par celui de *cuens* ; on le trouve dans les vieux romans ; on le rendit ensuite par celui de comtes. On en forma aussi le mot de *curt*, que l'on prononce court, selon l'ancien usage de la langue latine, qui est resté en couvert venant de *cubare*, en couche venant de *cubitus*, en coulpe venant de *culpa*, en cours venant de *cursus*, en doux venant de *dulcis*, en double venant de *duplex*, et une infinité d'autres que l'on trouve dans les auteurs. La délicatesse de la langue française a retranché la dernière lettre de court. On l'avait conservée jusqu'au règne des derniers rois de la branche des Valois. Cette lettre formait auparavant la différence de la cour royale d'avec la cour de justice et d'avec la basse cour, dont celle-là a pour racine le mot *curia*, et celle-ci celui de *curtis*.

Les gouverneurs des provinces et des cités furent appelés *comites*, comtes. On le voit au code de Théodose, lib. 6, sur la loi *de comitibus qui provinciam regunt*. La fonction des comtes était semblable à celle des proconsuls ; ils obtinrent les mêmes honneurs, suivant la loi qui dit : *Illustres comites spectabilibus proconsulibus generaliter œquentur*. On qualifiait indifféremment du nom de comte les gouverneurs des provinces et des cités. Sous les Goths, les Français et les Bourguignons, ce titre devint propre aux gouverneurs des seules cités, c'est-à-dire à ceux qui commandaient dans l'étendue d'un diocèse épiscopal ; les autres qui eurent le gouvernement d'une province eurent la qualité de duc sans abandonner absolument celle de comte, laquelle leur était propre à l'égard de la cité métropole qu'ils régissaient en tout par eux-mêmes, n'y faisant que recevoir en qualité de ducs les appellations de comtes de tous les autres diocèses dont leur province était composée. Ainsi le duc et le comte avaient à peu près la même relation entre eux que l'évêque et le métropolitain (1). C'est pourquoi Victorius, comte de la ville d'Auvergne et duc de la première Aquitaine, est qualifié seulement comte dans Sidonius Apollinaris, en vue de l'Auvergne où était son siège ; et dans Grégoire de Tours il a la qualité de duc, en vue de la première Aquitaine où son autorité s'étendait sur les autres comtes de cette province dont les sièges étaient à Bourges, à Limoges, à Cahors, à Albi, à Ro-

---

(1) Cette assertion n'est pas appuyée sur les documents : il n'est pas possible d'y apercevoir, entre le comte et le duc, de différence essentielle. Ce qui rend la situation des ducs supérieure, c'est la puissance militaire exceptionnelle dont ils sont investis ; à tous autres égards, leurs attributions sont les mêmes que celles des comtes.

dez, à Mende et à Saint-Paulien. Les exemples en sont aussi fort communs ailleurs et se rapportent à ce que l'empereur Charlemagne dit dans Philomène à Aymeric, comte de Toulouse et duc de la première Narbonnaise : Vous serez duc par Narbonne et comte par Toulouse, *per Narbonam eritis dux et per Tolosam comes ;* comme étant comte de Toulouse à cause de sa résidence dans cette ville, et duc de la première Narbonnaise à cause des appellations qu'il y recevait des comtes de Narbonne, de Béziers, d'Agde, de Maguelonne, d'Uzès, de Nîmes et de Carcassonne.

Nous ne trouvons point de comtes d'Auvergne sous les Romains ; parce que, selon quelques-uns, le sénat des Gaules qui avait son siège dans la ville d'Auvergne (Clermont), y rendait lui-même la justice. On a bien présumé que Rustic Agrèce, Serenat, Ecdice et Sidonius Apollinaris avaient été comtes d'Auvergne, sur ce que Rustic Agrèce y commandait pour les empereurs des Gaules, quand les lieutenants d'Honorius, empereur d'Occident, prirent cette ville ; sur ce que Serenat abusa de l'autorité de sa charge ; sur ce que Ecdice fit des levées d'hommes et de finances, et sur ce que Sidonius fut traité de comte par l'empereur Majorien au festin qu'il donna à Arles aux grands de l'empire. Mais on ne trouve point qu'aucun de ces hommes illustres ait porté le titre de comte d'Auvergne. Rustic Agrèce ne commanda dans la province qu'en qualité de maître de la milice sous Jovien, Sébastien et Tertulle, tyrans des Gaules, selon Renatus Frigeridus. Serenat n'y eut de l'autorité que comme préfet du prétoire des Gaules. Ecdice y fit des levées considérables comme maître de la milice sous Anthemius et sous Nepos, et Sidonius n'est traité de comte par Majorien que de la manière que nous l'avons expliqué au sujet des sénateurs qui se trouvaient à la suite des empereurs. Les comtes n'ont donc commencé à paraître en Auvergne que sous les Visigoths et les Français. Nos comtes furent ordinairement ducs, mais leur gouvernement ne fut pas toujours de la même étendue.

Du temps des comtes Victorius, Evodius, Apollinaire et Basole, c'est-à-dire pendant le cours de la domination gothique, leur gouvernement comprenait toute la première Aquitaine; du temps d'Agésipe, les trois Aquitaines, à la réserve d'une partie du Rouergue qui relevait des Visigoths; sous Calminius et Nicetius, leur gouvernement était réduit au pays d'Auvergne, de Rouergue et d'Uzès; du temps de Guérin, de Bernard, de Guillaume le Pieux et d'Acfred, ils avaient sous eux la première Aquitaine, et Ebles et Guillaume Tête d'Étoupe avaient sous eux la première et la seconde Aquitaine. L'Auvergne, de cette manière, fut presque toujours le siège d'un duc jusqu'au déclin de la maison de Charlemagne.

Le comté d'Auvergne n'était originairement qu'un office ou bénéfice, comme tous les autres comtés ou duchés du royaume. Les rois l'accordaient à qui bon leur semblait. Guillaume le Pieux, Acfred et Guillaume Tête d'Étoupe tâchèrent de s'en assurer la propriété sous les derniers princes carliens; mais ils ne purent point en venir à bout. De la maison d'Auvergne il passa dans celle de Poitiers, et de celle de Poitiers il revint dans celle d'Auvergne. Charles le Simple, sans avoir égard aux services que lui avait rendus Acfred II, le dépouilla de ce comté pour en favoriser Ebles, comte de Poitiers; et Louis d'Outremer, au commencement de son règne, le donna à Guillaume Tête d'Étoupe, qui en jouit jusqu'à sa mort. Après quoi il revint à ses anciens maîtres de la maison d'Auvergne et n'en sortit plus (1). Elle se vit absolument maîtresse de l'Auvergne à l'avènement de Hugues Capet à la couronne. Ce roi, ne se trouvant pas en état de refuser des provinces entières à ceux à qui il devait son élévation, les en laissa les maîtres. Son fils Robert n'avait garde de dépouiller Robert, comte d'Auvergne, qui était son beau-frère, ayant épousé tous deux les deux sœurs. Long-

---

(1) Voir, sur ces divers personnages : *Hist. génér. de Languedoc*, nouvelle édit., t. II, p. 310-311.

temps après, l'Auvergne fut divisée en trois comtés, et ceux qui les possédaient portaient tous également le titre de comte d'Auvergne.

La première division (1) commença après la mort de Guillaume VI, fils de Robert II, comte d'Auvergne, et de Judith de Melgueil. Il avait survécu [à] Robert III, son fils aîné, et avait laissé vivant Guillaume VIII, surnommé l'Ancien, son cadet. Celui-ci disputa le comté d'Auvergne à Guillaume VII dit le Jeune, son neveu, fils unique de Robert III, prétendant qu'il était plus proche que son neveu ; et, sous ce prétexte, il s'empara du comté, étant soutenu par Louis le Jeune, qui voulait profiter de la mésintelligence qui était entre ces deux proches parents. Guillaume VII ne fut pas entièrement dépouillé, il lui resta un grand nombre de seigneuries ; de sorte qu'il continua toujours à se qualifier comte d'Auvergne pour ne pas même préjudicier à son droit. Il est même à croire qu'il y eut quelque accommodement entre l'oncle et le neveu, et qu'ils retinrent chacun une partie de la ville de Clermont. Guillaume l'Ancien et ses successeurs, après avoir porté quelque temps le titre de comtes de Clermont, s'en tinrent à celui de comtes d'Auvergne, et Guillaume le Jeune et ses successeurs conservèrent la qualité de comtes de Clermont. Ce n'est pas qu'on ne trouve des titres par lesquels il paraît que les descendants de ces deux comtes se sont qualifiés souvent indifféremment et comtes d'Auvergne et comtes de Clermont. Quelques-uns prétendent que nos anciens comtes ont été dits proprement comtes de la ville d'Auvergne et non comtes d'Auvergne, comme on le croit communément. L'erreur consiste, disent-ils, en ce que le débris du comté de Guillaume l'Ancien, étant resté aux environs

---

(1) Sur cette première division du comté d'Auvergne, v. Em. Teilhard, *Montferrand avant sa charte de commune*, dans *Mémoires de l'Académie des sciences, belles-lettres et arts de Clermont-Ferrand*, 1882, page 321. M. Teilhard, en serrant de plus près les textes connus, est parvenu à mettre en lumière un épisode demeuré jusque-là passablement obscur.

de Vic-le-Comte, porte encore aujourd'hui le nom de comté d'Auvergne, d'où l'on a qualifié comtes d'Auvergne tous les prédécesseurs de ceux d'aujourd'hui en remontant; au lieu que ceux-ci n'ont cessé de prendre le titre de comtes de Clermont qu'après avoir perdu la portion de la ville qu'ils s'étaient réservée (1) et après que tout ce qui leur restait se trouva situé dans la Limagne. En quoi les auteurs récents se sont trompés, ajoutent-ils, d'autant plus facilement qu'ils ont trouvé les anciens comtes du pays qualifiés *comites Arverni*, termes qu'ils ont appliqués aux Auvergnats en général, quoiqu'ils ne regardassent en cette occasion que la seule ville de Clermont.

C'était l'ancien usage du royaume : nul comte ne s'y trouve autrement intitulé que comte de la cité où était son siège. De là le comte de l'Ile-de-France fut dit comte de Paris; celui de Bourgogne, comte d'Autun; celui de Poitiers, comte de Poitiers; celui de Champagne, comte de Troyes; celui de Hainaut, comte de Mons; celui de Berry, comte de Bourges; celui de Limousin, comte de Limoges; celui de Rouergue, comte de Rodez; celui de Quercy, comte de Cahors; celui de Lyonnais, comte de Lyon; celui de Provence, comte d'Arles; celui de Grésivaudan, comte de Grenoble; et plusieurs autres. On imitait en cela les évêques qui portaient le nom de la ville de leur siège et nullement celui du pays qui composait leur diocèse.

De ce principe, les comtes d'Auvergne et les évêques d'Auvergne furent dits également comtes et évêques de la ville d'Auvergne. On le voit dans les auteurs et dans les titres. Ils appuient ce sentiment sur divers passages des anciens auteurs. Grégoire de Tours a fait mention de notre comte Hortense en ces termes : Hortense, l'un des sénateurs, était comte de cette ville : *Hortensius, unus ex senatoribus, comitatum illius urbis agens.* Il parle de même du comte Georges; il

---

(1) Em. Teilhard (*op. cit.*) établit d'une façon péremptoire que les droits des comtes d'Auvergne sur Clermont étaient des droits usurpés, la seigneurie de cette ville appartenant à l'évêque.

dit que Georges, citoyen du Velay, possédait le comté de la ville d'Auvergne. Il traite de même le comte Firmin. Le roi Sigebert, dit cet historien, voulant prendre la ville d'Arles, fit mettre sous les armes ceux de la ville d'Auvergne. Firmin était alors comte de cette ville. Grégoire ajoute que le roi Chramne, après avoir chargé d'injures Firmin, le chassa hors du comté de la ville. *Firminum a comitatu urbis graviter injuriatum abejit* (1). L'un des auteurs de la vie de saint Prix a dit, en parlant de Genès, comte, qu'il avait le commandement de la ville d'Auvergne. Abbon a dit de Guillaume le Pieux qu'étant comte de Clermont, il perdit un de ses amis, qui fut tué dans le combat qu'il donna contre Hugues, comte de Bourges. Reginon dit de même que Blandin était comte de la ville d'Auvergne, *Blandinum comitem ipsius urbis Arverniæ captum atque ligatum ad præsentiam Regis adduxerunt*.

L'ancienne généalogie de la maison d'Auvergne parle de même du comte Robert Ier : Robert, comte de la ville d'Auvergne (2). Un titre de Cluny, qui contient le don que le vicomte Guy Ier fit de la terre et de l'église de Beaumont en Bourgogne, porte : Moi, Guy, par la grâce de Dieu, vicomte de la ville d'Auvergne : *Ego, Wido, gratia Dei Arverniæ civitatis vicomes* (3). La chronologie des abbés de Lérins dit du comte Robert II : L'an 1064, le très illustre comte de Clermont et Étienne de Vieille-Brioude donnèrent au monastère de Lérins l'église de Saint-Just, située au territoire de Brioude. On observa avec tant d'exactitude cet usage, que, lors de la division de cet ancien comté en deux comtés, faite entre Guillaume l'Ancien et Guillaume le Jeune, chacun retint le titre de comte de Clermont avec une partie de cette ville. Cela est hors de doute à l'égard de Guillaume le Jeune et de ceux qui descendent de lui. Toutes les chartes lui donnèrent et à ses successeurs le

---

(1) *Hist. Franc.*, IV, 13.
(2) *Hist. généal. de la maison d'Auvergne*, t. II, p. 45.
(3) *Op. cit.*, p. 40.

titre de comte de Clermont. Lorsque ce comté passa de la maison de Clermont-Dauphin dans celle de Bourbon, par le mariage d'Anne, comtesse de Clermont et dauphine d'Auvergne, avec Louis II, duc de Bourbon, et comte de Clermont en Beauvoisis, les princes de Bourbon conservèrent aussi le titre de comtes de Clermont en Auvergne qu'ils distinguèrent en particulier du titre de comte de Clermont en Beauvoisis. Les baillis même que la maison de Bourbon établissait en Auvergne étaient dits baillis du comte de Clermont. Louis de Coustaves, bailli sous Louis de Bourbon, se trouve qualifié dans toutes les ordonnances qui nous restent de lui, Louis de Coustaves, seigneur de Bien-Assis et bailli du comté de Clermont, du dauphiné d'Auvergne, de la baronnie de Mercœur et gouverneur de Clermont. Quant à Guillaume l'Ancien, on voit que lui et ses successeurs ont continué cet usage jusqu'à ce qu'ils perdirent la partie de Clermont qu'ils s'étaient réservée. Deux chartes de ce comte Guillaume en font foi ; elles sont des années 1202 et 1207 ; on y lit : Guillaume, comte de Clermont. Aimoin lui donne le même nom, lorsqu'il raconte les violences que ce comte faisait aux églises d'Auvergne et du Velay avec le comte du Puy, son neveu. Les sceaux de Robert IV, son fils, contiennent ces mots : sceau de Robert de Clermont, *sigillum Roberti de Claromonte*. Un titre du comte Guy, fils de Robert IV, porte : Moi, Guy, comte de Clermont, voulant aller à la guerre contre les Albigeois, ai donné à ma femme, Pernelle de Chambon, comtesse de Clermont, etc... (1). Il est de l'an 1209. La même chose paraît en la personne de Guillaume X, son fils ; dans son testament, il ne prend point d'autre qualité que celle de comte de Clermont. *Nos Guillelmus comes Claromontensis* (2). On lit aussi ces mots autour de son sceau, où il est représenté à cheval : *Sigillum Vuillelmi comitis Claromontensis* (3). Il me semble que tout ce

---

(1) *Op. cit.*, p. 81.
(2) *Op. cit.*, p. 90.
(3) *Op. cit.*, p. 91.

que l'on peut conclure de tout ce que nous avons rapporté à ce sujet est que les comtes d'Auvergne se sont appelés assez indifféremment comtes de Clermont et comtes d'Auvergne, et qu'on les trouve qualifiés dans plusieurs titres de cette manière. Dans le titre du dépôt que Guy II fit à son frère Robert de la ville de Clermont, il y prend la qualité de comte de Clermont et d'Auvergne; ce qui marquerait que le comte de Clermont serait différent de celui d'Auvergne. Ce qui paraît le plus véritable, c'est que Guillaume l'Ancien et Guillaume le Jeune ayant fait quelque accommodement entre eux, les descendants du premier retinrent la qualité de comtes d'Auvergne et les descendants du second se contentèrent de celle de comtes de Clermont. Il est même assez naturel de penser que Dauphin, fils de Guillaume VII, dans le chagrin qu'il eut de se voir privé de la succession qui lui devait revenir du comté d'Auvergne, donna le nom de Dauphiné d'Auvergne aux terres qui lui restèrent, d'où ses successeurs ont été appelés dauphins d'Auvergne (1), et c'est aussi ce qui lui fit abandonner les armes des comtes d'Auvergne, qui étaient un gonfanon frangé de sinople en champ d'or, pour prendre un dauphin, à l'exemple des comtes de Vienne, de la maison desquels était son aïeul maternel, Guy III, comte d'Albon et de Vienne.

Guillaume le Jeune, se voyant dépouillé du comté d'Auvergne par son oncle, implora la protection d'Henri, roi d'Angleterre, duquel ce comté relevait comme duc de Guyenne; ce qui fut cause de son malheur, parce que son oncle, se croyant perdu s'il voyait venir contre lui un roi si puissant, implora de son côté le secours de Louis le Jeune, qui lui promit avec joie sa protection et ne manqua pas de le maintenir dans la possession de ce comté contre son neveu. N'étant point soutenu, comme il s'en était flatté, par le roi

---

(1) V., sur l'origine de ce nom de dauphin : Em. Teilhard, *Montferrand avant sa charte de commune*, et A. Prudhomme, *De l'origine et du sens des mots dauphin et Dauphiné et de leurs rapports avec l'emblème du dauphin*, dans *Bibl. de l'École des Chartes*, 1893, p. 430.

d'Angleterre, il s'accommoda avec son oncle. Il eut dans son partage une partie de la ville de Clermont, les seigneuries d'Issoire, d'Herment, de Chamalières, de Montrognon, de Plauzat, de Champeix, de Cros, d'Aurière, de Neschers, de Chanonat, de Brion, de Saurier et de Rochefort, la châtellenie de Vodable et ses dépendances, à savoir Solignac, Ronzières, Malnon, Antoing, Mazerat, Longchamp, Mareugheol, Bergonne, Collanges, Le Broc et autres bourgs et villages esquels consistait cette châtellenie qui était d'une grande étendue et qui avait Vodable pour capitale. Guillaume l'Ancien eut tout le reste de l'Auvergne. Voilà ce que renfermaient les deux comtés dont les comtes étaient vassaux des ducs de Guyenne.

L'Auvergne ne demeura pas longtemps à relever des ducs de Guyenne. Philippe-Auguste, ne voyant qu'avec regret une si belle province sous la puissance de son mortel ennemi, trouva moyen de l'attirer à lui dans une trêve qu'il fit avec le roi Richard. A cette nouvelle, le dauphin d'Auvergne, fils de Guillaume le Jeune, et Guy II, petit-fils de Guillaume l'Ancien, chagrins de se voir dépendre d'un roi qui était en état de se faire obéir et qui traitait assez durement ses sujets, firent choix de se soumettre plutôt au roi d'Angleterre qu'à Philippe. Richard, connaissant qu'ils souhaitaient de l'avoir pour maître, n'eut point de peine à les gagner. Il leur représenta ce qu'ils avaient à craindre de Philippe par les mauvais traitements qu'ils en avaient déjà reçus, et les assura qu'ils ne manqueraient ni de troupes ni d'argent s'ils se déclaraient pour lui. Ils succombèrent à de si belles promesses et embrassèrent ouvertement le parti de Richard contre Philippe. Ils ne furent pas longtemps sans s'en repentir. Ils se virent abandonnés par le roi d'Angleterre d'une manière indigne et exposés en même temps à toute la colère du roi de France, qui fit entrer ses troupes en Auvergne et y mit tout à feu et à sang. Ne pouvant pas résister à un ennemi si puissant, ils lui demandèrent grâce et firent un accommodement avec lui qui, comme on le peut croire, ne leur fut pas avantageux, puisqu'ils furent obligés à lui céder les terres qu'il leur avait enlevées ; et c'est ce qui donna lieu à voir dans l'Auvergne un troisième comté.

Ce troisième comté d'Auvergne fut composé des terres que Philippe-Auguste avait enlevées à ces deux princes. Il en donna le gouvernement à Guy de Dampierre, seigneur de Bourbon, qui en avait fait la conquête. Guillaume X, fils de Guy II, ne se laissa pas dépouiller impunément ; assisté par son frère, Hugues d'Auvergne, et par les comtes dauphins d'Auvergne, il fit tant de peine à Archambaud de Dampierre, sire de Bourbon, qui avait la garde du comté d'Auvergne, que ce seigneur fut obligé de remettre au roi toutes les places qui avaient été conquises sur ce comté, parce qu'il n'en pouvait pas jouir paisiblement. De sorte qu'ils firent entre eux un traité de trêve au mois de juillet 1229. Après quoi le roi saint Louis donna la paix au comte Guillaume et lui rendit ses bonnes grâces. Le comte jouit alors, sans être inquiété, de ses terres, à la réserve toutefois de cette portion qui fut appelée la terre d'Auvergne, *terra Alverniœ*, qui fut depuis érigée en duché en 1360 par le roi Charles V, alors régent du royaume, laquelle est demeurée jusqu'à présent unie à la couronne. Ces terres échurent à Alphonse de France, frère de saint Louis, qui pour cela fut qualifié comte d'Auvergne, selon Guillaume de Nangis ; ce que MM. de Sainte-Marthe ont bien observé dans leur *Histoire généalogique de la maison de La Trémouille*. Pierre et Guillaume de La Trémouille frères sont nommés avec plusieurs autres seigneurs et traités de chevaliers et de vassaux du prince Alphonse, comte de Poitou, de Saintonge, d'Auvergne et de Toulouse, dans un registre du Trésor des chartes du roi des jugements rendus, accords et compositions faits touchant les droits et prétentions de ces comtes depuis l'an 1251 jusqu'en l'an 1267. C'est ce qui fait dire à Mezeray, dans son *Abrégé de l'Histoire de France*, qu'Alphonse avait eu les comtés de Poitou et d'Auvergne en apanage avec tout ce qu'on avait conquis dans le Languedoc sur les albigeois. Cette portion de l'Auvergne, par laquelle ce frère de saint Louis fut appelé comte d'Auvergne, lui fut effectivement donnée en apanage par son père Louis VIII; ce qui fut confirmé par le roi saint Louis, son frère (1). Ce prince étant mort sans enfants, ce comté fut réuni à la couronne jusqu'en 1360 que le roi Charles, comme nous l'avons déjà dit, l'érigea en duché en faveur de son frère Jean de France, duc de Berry, lequel étant mort sans enfants mâles en 1426, ce comté devait revenir à la couronne, comme les autres apanages, et parce que le duc de Berry avait fait une donation de tous ses biens au roi Charles VI, son neveu. Cependant Marie, fille de ce duc, le porta en dot avec le comté de Montpensier à Jean Ier, duc de Bourbon, le roi Charles VI ayant bien voulu déroger à son droit en faveur de ce prince qui avait rendu de grands services à l'État, surtout contre les Anglais, s'étant trouvé à la bataille d'Azincourt, en 1414, où il fut pris et mené en Angleterre. Les descendants jouirent du duché d'Auvergne jusqu'à Charles III, duc de Bourbon et d'Auvergne, et connétable de France, qui, n'ayant point d'enfants de Suzanne, fille de Pierre, IIe du nom, duc de Bourbon et d'Auvergne, petit-fils de Jean Ier, auquel Marie avait porté le duché d'Auvergne, fut dépouillé de la succession de sa femme par Louise de Savoie, mère de François Ier, fille de Marguerite de Bourbon, sœur de Pierre de Bourbon, prétendant être plus proche héritière de Suzanne que le connétable. En effet, elle gagna son procès au parlement de Paris. Ce prince, au désespoir, passa au service de Charles-Quint, et tous ses biens furent confisqués par arrêt du parlement de Paris du 26 juillet 1527; de sorte que cette portion de l'Auvergne revint à la couronne et n'en a point, depuis, été séparée.

L'autre portion du comté d'Auvergne, que saint Louis laissa aux princes de la maison d'Auvergne, ne fut pas d'une grande étendue, puisque la ville de Riom n'en était pas, non plus que

---

(1) V. BOUTARIC, *Saint Louis et Alphonse de Poitiers*. — V. aussi un rôle des vassaux du comte Alphonse en Auvergne, 1250 à 1263 environ, dans AUG. CHASSAING : *Spicilegium Brivatense*, p. 43. Paris, Imp. Nat., 1886.

la ville de Clermont, dont les évêques devinrent les seigneurs, depuis que Guy II l'eut donnée en dépôt à son frère Robert d'Auvergne, évêque de la même ville (1).

Vic-le-Comte devint pour lors chef du comté qui ne comprenait que Mirefleurs, Saint-Maurice, Dreuil, Sallède, Pignol, Saint-Babel, les châtellenies de Buron, Crains, Busséol et Saint-Julien de Coppel, lorsqu'il vint à Catherine de Médicis par sa mère Madeleine de La Tour, fille de Jean, seigneur de La Tour, troisième du nom, comte d'Auvergne et de Boulogne, et de Jeanne de Bourbon. Nous en ferons voir la descente depuis Guillaume, surnommé l'Ancien, jusqu'aujourd'hui, en faisant l'histoire de la ville de Vic-le-Comte. Ce comté fut encore uni à la couronne par la donation qu'en fit à Louis XIII, étant encore dauphin, Marguerite de Valois, fille du roi Henri II et de Catherine de Médicis. Enfin il fut cédé à Frédéric-Maurice de La Tour d'Auvergne, duc de Bouillon, par le roi Louis XIV, par un contrat d'échange des souverainetés de Sedan et de Raucourt en 1651, dont Godefroy-Maurice de La Tour, souverain duc de Bouillon, a commencé à jouir et dont jouit aujourd'hui son fils aîné, Emmanuel-Théodose de La Tour, souverain duc de Bouillon, et duc d'Albret. Les châtellenies de Buron, de Crains, de Busséol et de Saint-Julien de Coppel, qui faisaient partie de ce comté, ont été démembrées. Antoine de Sarlant, sénéchal de Clermont, acquit celle de Buron de Catherine de Médicis, lors de l'érection de la sénéchaussée, en 1552. Celles de Crains et de Busséol ont été aliénées en faveur de Messieurs de Frédeville, et celle de Saint-Julien de Coppel fut vendue, en 1587, à messire Jean de Saint-Miez, et par ses successeurs au maréchal d'Effiat.

Plusieurs auteurs ont recueilli les comtes d'Auvergne ; afin de ne rien laisser à désirer sur ce sujet, nous en donnerons l'histoire en abrégé qui pourra ne pas déplaire à ceux qui

---

(1) Voir, sur ce prétendu acte de dépôt, Em. Teilhard : *Montferrand avant sa charte de commune.*

aiment l'antiquité. Nous commencerons par ceux de nos comtes qui étaient nommés par les rois, que l'on appelait comtes bénéficiaires, et nous finirons par ceux qui, en devenant comtes d'Auvergne, devinrent en même temps souverains en rendant la foi et l'hommage aux rois de France ; et ceux-là sont connus sous le nom de comtes héréditaires.

Comtes bénéficiaires d'Auvergne

Victorius est le plus ancien de nos comtes. Il fut établi comte d'Auvergne par Évarix, roi des Visigoths, qui mourut en 484 ou 485. Il eut beaucoup de respect pour Sidonius Apollinaris, évêque de Clermont, et pour saint Abraham, abbé de Saint-Cirgues de la même ville. La liaison qu'il avait avec ces deux saints ne l'empêcha pas de mener une vie si scandaleuse, qu'il se vit obligé de se retirer à Rome, où il trouva la punition de ses débauches.

Évodius, d'une famille sénatoriale de Clermont, fut choisi par les Visigoths pour être comte d'Auvergne.

Apollinaire, duc des Auvergnats, fut l'intime ami de Victorius, et eut part à toutes ses disgrâces. Il était fils de Sidonius et de Papianille. Le roi des Visigoths, Alaric, le fit comte d'Auvergne et duc d'Aquitaine. Le grand Clovis ne triompha d'Alaric qu'après la mort de ce comte et la défaite des Auvergnats qu'il avait amenés avec lui. Ce fut en 507.

Basole, seigneur de Mauriac, fut nommé comte de Clermont par Gesalic, roi des Visigoths, bâtard d'Alaric. Il se saisit du royaume sous prétexte de le conserver pour Amaulry qui n'était encore qu'un enfant lorsque son père Alaric perdit la vie. Basole finit ses jours dans le monastère de Saint-Pierre-le-Vif, à Sens, auquel il avait donné sa terre de Mauriac.

Agésipe, de la maison Genésienne de Clermont, sut si bien gagner l'estime du roi Clovis, que ce roi, pour opposer quelque grand seigneur d'Auvergne à ceux qui s'étaient déclarés pour les Visigoths, le fit comte de Clermont et duc d'Aquitaine.

Hortense, d'une famille illustre de Clermont. Il était sénateur quand Thierry Ier, roi d'Austrasie, le créa comte de Clermont. Il eut de grands démêlés avec saint Quintien, qui était évêque de la même ville.

Sigivalde. Les grands services que ce seigneur rendit au roi Thierry, obligèrent ce prince à lui confier le comté de Clermont. Il s'en repentit quand il sut que ce comte menait une vie qui le faisait regarder avec horreur dans toute la province.

George. C'est à saint Grégoire de Tours que nous devons la mémoire de ce comte, qui était de Saint-Paulien.

Beccon, comte de Clermont. L'avarice le dominait si fort, qu'elle le poussait à toutes les actions les plus barbares. Il mourut d'une manière qui fit connaître que la vengeance divine ne laisse rien d'impuni.

Firmin, que l'on croit être de l'illustre maison des Ferréols. Il fut comte de Clermont sous les rois Clotaire Ier et Sigebert Ier. Sa vertu lui attira la colère de Chramne, fils de Clotaire. Ce prince, qui se livrait à toutes ses passions, l'obligea à quitter l'Auvergne; quelque temps après il fut rétabli par le roi Sigebert, qui l'envoya en ambassade à Constantinople auprès de l'empereur Justin II.

Saluste, fils d'Evodius, sénateur de Clermont, fut nommé comte de la même ville par le roi Chramne qui le mit à la place de Firmin.

Calminius tirait son origine de la ville de Clermont et y faisait les fonctions de sénateur lorsque le roi Sigebert le nomma comte d'Auvergne et duc de la partie d'Aquitaine qui relevait de lui. Il renonça à toutes les grandeurs pour se retirer dans un désert où il finit ses jours.

Nicétius, qui tirait son origine de l'illustre maison de Clermont du même nom. Sigebert, qui connaissait son mérite, l'éleva à la dignité de comte de Clermont. Gontran le fit duc d'Auvergne, et Childebert II, patrice de Marseille.

Eulalius. Il fut fait comte de Clermont par le roi Gontran. Il tirait son origine de la même ville, et sa femme Tétradic aussi. Le mépris qu'il eut pour elle, toute belle et spirituelle qu'elle était, lui attira des malheurs qui lui firent passer une vie pleine d'amertume.

Vénérand, comte de Clermont, descendait d'une des plus illustres maisons de cette ville. Dagobert Ier l'envoya deux fois en Espagne pour des affaires d'importance.

Bobon descendait de Mummolène, comte de Soissons, qui vivait sous Clotaire. Il fut fait duc des Auvergnats par Sigebert III, roi d'Austrasie. Il perdit la vie en attaquant un château dans la Thuringe.

Bodilon, duc d'Auvergne, était un des plus grands seigneurs de la cour de Chilpéric II. Ce roi l'ayant traité indignement, il trouva le moyen de s'en venger en le poignardant.

Hector, que l'auteur de la vie de saint Austremoine fait comte de Clermont, fut ensuite patrice de Marseille. Il était d'une noble extraction et d'un grand crédit à la cour du monarque français. L'action qu'il fit en enlevant la fille de Claude, une dame d'Auvergne, lui attira bien des malheurs. Il fut tué par l'ordre de Childéric II.

Saint Genès, comte de Clermont, était fils de Dracolenus Industrius et de Tranquille de Cordoue, proche parente de Thierry, roi d'Austrasie. Après la mort de son père, il fut fait comte de Clermont. Il fit paraître tant de vertu dans cet emploi, qu'après la mort de Carivald, évêque de Clermont, il fut choisi pour être son successeur; mais, pénétré de son indignité, il persuada au clergé et au peuple de mettre saint Prix à sa place.

Blandin, créé comte de Clermont par Gaifre, duc d'Aquitaine, soutint avec vigueur les intérêts du duc contre Pépin le Bref. Il fut pris par ce roi en défendant la ville de Clermont et perdit la vie à la journée de Périgueux.

Chilpingue, après la défaite de Blandin, fut fait comte de Clermont par le duc d'Aquitaine. Il fut tué dans le Forez, ayant les armes à la main pour la défense de celui à qui il devait la dignité de comté.

Ithier fut établi comte d'Auvergne par Charlemagne. Il était fort puissant à la cour de ce monarque.

Berthmond, que Charlemagne fit comte de Clermont, était un de ses serviteurs domestiques. Il affecta de ne point mettre dans cette place des grands seigneurs de sa cour, parce que la fidélité de quelques comtes français lui avait paru suspecte dans la révolte des Saxons et dans la conjuration du jeune Pépin.

Guillaume Ier (1), comte d'Auvergne et de Toulouse et duc d'Aquitaine. Quelques-uns le font comte d'Auvergne sans beaucoup de preuves. Cependant nous n'avons pas voulu le passer sous silence. Il fut très considéré de Charlemagne, qui ne faisait rien d'important sans le consulter. Après avoir donné des preuves de sa valeur, il renonça à toutes les grandeurs, prit congé de l'empereur, déposa ses armes dans l'église de Brioude, sur l'autel placé devant le tombeau de saint Julien, et se retira dans le monastère de Gellone, du diocèse de Lodève, où il employa le reste de ses jours dans la pratique de toutes les vertus.

Guérin Ier (2). Il n'est point seigneur dans son siècle d'une plus grande réputation. Louis le Débonnaire le fit comte de Clermont. Ce fut à lui que Charles le Chauve dut le gain de la bataille de Fontenay, en 841.

Gérard (3), comte de Clermont, selon Aymar de Chabannes.

(1) Voir sur S. Guillaume de Gellone : *Hist. génér. de Languedoc*, nouv. édit., tome II, page 272.

(2) D'après les nouveaux éditeurs de l'*Hist. génér. de Languedoc*, les faits indiqués ici se rapporteraient à un Warin (ou Guérin), comte de Mâcon. Il y aurait eu cependant un Warin, comte d'Auvergne, mais dont on ne sait rien, sinon qu'en 819 il aida Béranger, duc de Toulouse, à repousser les Gascons. (*Hist. génér. de Languedoc*, nouv. édit., tome II, page 298.)

(3) Sur cette chronologie des premiers comtes héréditaires d'Auvergne, Audigier n'apporte aucune vue nouvelle ; il n'ajoute rien à ce qu'avaient donné Justel et Baluze, et il ne semble pas qu'il ait eu connaissance des travaux de dom Vaissette. La publication du cartulaire de Saint-Julien de Brioude a permis aux nouveaux éditeurs de l'*Hist. génér. de Languedoc*

Louis le Débonnaire ayant disposé du royaume d'Aquitaine en faveur de Charles le Chauve, qu'il avait eu de Judith, sa seconde femme, quelques seigneurs d'Aquitaine formèrent un parti pour maintenir la couronne sur la tête du jeune Pépin. L'empereur, irrité de leur audace, fit reconnaître à Clermont Charles le Chauve, et, trouvant Gérard ferme dans ses intérêts, il le créa comte de Clermont et donna à Guérin le comté de Toulouse. Gérard mourut plein de gloire à la journée de Fontenay pour le service de Charles le Chauve.

Guillaume II, comte de Clermont. Aymar de Chabannes est le seul auteur qui ait fait mention de ce comte. Il dit qu'à Gérard, comte de Clermont, et à Ratier, comte de Limoges, tués à la bataille de Fontenay, furent subrogés Guillaume, pour Clermont, et Raymond, pour Limoges. Guillaume ne le garda que jusqu'à l'année suivante, dans laquelle Pépin, étant rétabli, mit à sa place Hervé, dont la maison avait toujours été dans ses intérêts.

Hervé ou Hervée, comte de Clermont. Il était fils de Ray-

---

de porter quelque lumière dans ce sujet, fort obscur jusque-là. Nous donnons ici, d'après une note ajoutée par M. Molinier à celle des bénédictins (*Hist. génér. de Languedoc*, nouv. édit., tome II, page 280), la série des premiers comtes d'Auvergne.

Gérard, l'un des conseillers de Louis le Débonnaire, mort à la bataille de Fontenay (834-841).

Guillaume, frère du précédent (842-846).

Bernard Ier, très probablement fils de Guillaume. Il fut marié deux fois : sa première femme s'appelait Liutgarde ou Letgarde ; la seconde, Ermengarde (846-868).

Bernard II (Bernard Plantevelue), fils du précédent, comte d'Auvergne depuis 868; marquis de Gothie en 878; comte de Mâcon en 880. Sa femme s'appelait Ermengarde. Il mourut en 885.

Guillaume II le Pieux, fils du précédent, comte d'Auvergne et marquis de Gothie depuis 885 ; duc d'Aquitaine en 893 ; épousa en 898 environ, Ingelberge, sœur de Louis l'Aveugle, roi de Provence. Il mourut en 918, sans laisser d'enfants.

Guillaume III, dit le Jeune, neveu du précédent, fils de sa sœur Adelinde et d'Acfred, comte de Razès ; succéda à son oncle dans les comtés d'Auvergne et de Velay seulement. Le marquisat de Gothie revint à la maison de Toulouse. Il mourut en 926, sans enfants.

Acfred, frère du précédent, comte d'Auvergne et du Velay, abbé de Saint-Julien de Brioude. Il mourut en 928, sans laisser d'enfants. Ebles, comte de Poitiers, hérita de l'Auvergne et prit le titre de duc d'Aquitaine.

naud, comte d'Herbauge et de Nantes. Son père fut tué dans un combat. Hervé, voulant venger son père, perdit la vie avec Bernard d'Angoulême, comte de Poitiers.

Étienne (1), comte de Clermont. Son père avait nom Hugues. Il fut nommé au comté de Clermont par Pépin II, après la mort d'Hervé. Il chassa saint Sigon, évêque de cette capitale d'Auvergne, de son siège; mais il fut obligé de le rappeler par ordre du Pape. Les Normands, dans une irruption qu'ils firent, pénétrèrent jusqu'en Auvergne et mirent le siège devant la cité de Clermont. Notre comte, qui s'était enfermé dedans, fut tué sur la brèche (864), en se défendant avec beaucoup de courage.

Bernard Ier, comte d'Auvergne. Il était fort expérimenté dans les affaires d'État. Louis le Bègue, fils de Charles le Chauve se trouva si bien de ses conseils, qu'en mourant il lui recommanda son fils aîné, Louis III. Ce comte, charmé de la confiance que ce roi avait en lui, mena Louis à Autun, où il le fit sacrer. Il perdit la vie en soutenant les intérêts des deux fils de Louis le Bègue contre Boson, qui voulait s'emparer de leur royaume.

Guérin II (2) était fils de Bernard dont nous venons de parler, selon quelques-uns. Il était comte d'Auvergne sous le roi Louis le Bègue. Il fut aussi abbé de Brioude. On croit qu'il fut tué dans la même occasion où son père perdit la vie, en 886.

Guillaume Ier le Pieux, comte d'Auvergne. Ce fut lui qui fonda l'abbaye de Cluny. Il mourut en 917 ou 919, n'ayant eu qu'un fils qui ne vécut pas longtemps.

Guillaume II, comte d'Auvergne. Il était fils d'Acfred, comte de Bourges, et d'Adelinde, sœur de Guillaume le Pieux. Ils soutinrent les intérêts de la maison de Charlemagne. Il mourut en l'année 927, sans avoir été marié.

---

(1) On ne sait où placer cet Étienne, à supposer qu'il ait été comte de Clermont, ce qui paraît fort douteux, aucun des documents où il est question de lui ne lui donnant ce titre. Voir *Hist. génér. de Languedoc*, nouv. édition, tome II, page 309.

(2) Comte de Velay et non d'Auvergne. (Voir la note 3 de la page 312.)

Acfred Ier, comte d'Auvergne après son frère Guillaume. Il n'abandonna jamais le parti de Charles le Simple dans la révolte presque générale de tous les Français, dont ce roi lui sut fort peu de gré. Il mourut sans avoir laissé de postérité.

Bernard II, troisième fils d'Acfred et d'Adelinde, fut aussi comte d'Auvergne, dans la possession duquel il se maintint, malgré l'injustice que Charles le Simple lui avait faite et à son frère de les en vouloir dépouiller pour favoriser le comte suivant.

Ebles, comte de Poitiers, obtint le comté d'Auvergne de Charles le Simple, au préjudice d'Acfred et de Bernard, qui s'étaient déclarés si généreusement pour lui. Peut-être qu'il s'en repentit, puisque ces deux frères ne cédèrent jamais ce comté pendant leur vie.

Raymond Pons ayant reconnu Raoul pour roi en 932, cette complaisance lui valut le comté d'Auvergne. Il battit les Hongrois en Languedoc en l'année 937.

Guillaume Tête d'Étoupe, comte d'Auvergne, obtint ce comté du roi Louis d'Outremer. Il était fils d'Ebles, comte de Poitiers. La noblesse d'Auvergne eut beaucoup de peine à le reconnaître. Elle le reconnut enfin à Ennezat en présence d'Étienne, évêque de Clermont, en 952.

Comtes héréditaires d'Auvergne (1)

Hugues Capet, se voyant heureusement sur le trône des Français, crut qu'il ne s'y maintiendrait qu'avec peine s'il n'avait pas dans ses intérêts les grands seigneurs. Pour se

---

(1) Audigier a placé dans ce chapitre les renseignements relatifs à la seconde race des comtes héréditaires d'Auvergne. Il la rattache à la première en faisant de Guy, fils de Robert, un descendant d'Acfred, comte d'Auvergne, et d'Adelinde. Cette descendance n'a pas semblé suffisamment établie aux nouveaux éditeurs de l'*Hist. génér. de Languedoc*, qui considèrent cette seconde race de nos comtes comme absolument distincte de la première. V. *Hist. génér. de Languedoc*, nouv. édit., tome IV, p. 91.

les attacher par des nœuds indissolubles, il les laissa maîtres des duchés et des comtés qu'ils avaient usurpés pendant la faiblesse de l'autorité royale sous les derniers rois de la maison de Charlemagne. Il n'osa toucher à cette grande puissance dont ils s'étaient emparés, qui les avait mis en état de lui donner la couronne, dans la crainte qu'ils ne la lui ôtassent. C'est ainsi que les descendants d'Acfred et d'Adelinde, sœur de Guillaume le Pieux, devinrent souverains en Auvergne sous la foi et l'hommage qu'ils étaient obligés de rendre au roi de France.

Guy Ier, comte d'Auvergne, est le premier que nous trouvons avoir possédé ce comté après les deux derniers comtes de Poitiers. Il était fils de Robert II, vicomte d'Auvergne, et d'Ingelburge, dame de Beaumont, au diocèse de Châlons. Il descendait en ligne directe et masculine d'Acfred et d'Adelinde. Il fut marié avec Ausende, dont on croit qu'il n'eut point d'enfants. Il prend le titre de prince d'Auvergne dans une charte de Sauxillanges, et donne à ce monastère l'église de Billom, avec le consentement de sa femme.

Guillaume IV, comte d'Auvergne. Guy Ier étant mort sans enfants, ce comté vint à lui comme à son frère. Il fut marié avec Humberge, qui fit plusieurs donations à l'église de Brioude.

Robert Ier, comte d'Auvergne, était fils de Guillaume IV. Il épousa Ermengarde, fille de Guillaume Ier (1), comte d'Arles, laquelle était sœur de la reine Constance, femme du roi Robert, dont il eut :

Guillaume V, comte d'Auvergne. Ce prince assista au sacre du roi Philippe Ier, qui se fit, dans l'église cathédrale de Reims, le 23 de mai 1059. Il épousa Philippie de Gévaudan, de laquelle il laissa :

Robert II, comte d'Auvergne. Il fut marié en secondes noces avec Judith de Melgueil, fille de Pierre, comte de Melgueil en Languedoc, et d'une dame nommée Adalmodie, dont il eut :

(1) Comte de Toulouse.

Guillaume VI, comte d'Auvergne. Il se brouilla avec Aymeric, évêque de Clermont, qui eut recours à Louis le Gros. Le duc de Guyenne fit sa paix avec le roi. Sa femme avait le nom de Jeanne (1) dont on ignore la maison. Il en eut Robert III et Guillaume VIII, dit l'Ancien.

Robert III, comte d'Auvergne. Il eut de grands démêlés avec les chanoines de Brioude. On ne sait point le nom de sa femme, dont il eut :

Guillaume VII, surnommé le Jeune. La grandeur d'âme qu'il fit paraître dans les démêlés qu'il eut avec la France, l'Angleterre et avec Guillaume le Vieux, son oncle, lui acquirent le surnom de Grand. Il accompagna le roi Louis le Jeune au voyage de la Terre-Sainte et en revint avec lui deux ans après. Sa femme fut Jeanne de Calabre (2), fille de Guigue IV, comte d'Albon, et de Marguerite de Bourgogne, de laquelle il eut Dauphin d'Auvergne, comte de Clermont et non d'Auvergne, son père ayant été dépouillé de ce comté par Guillaume l'Ancien, son oncle, fils de Guillaume VI, de sorte que ce comté passa à la branche cadette.

Guillaume VIII, dit le Vieux, comte d'Auvergne. Il envahit sur son neveu Guillaume VII le comté d'Auvergne et s'y maintint par la protection du roi Louis le Jeune. On croit que ces deux comtes voyant que leur mésintelligence ne servirait qu'à les ruiner entièrement, firent entre eux un accommodement et partagèrent l'Auvergne et le Velay. Chacun retint le titre de comte de Clermont avec la moitié de cette ville et des pays d'Auvergne et du Velay. On ne voit pas aujourd'hui le traité de ce partage ; mais l'événement le justifie assez, disent quelques auteurs, par la jouissance des terres qui

(1) La femme de Guillaume VI s'appelait Emme ; elle était fille de Roger, comte de Sicile. V. *Hist. génér. de Languedoc*, nouv. édit., tome IV, p. 91.

(2) La femme de Guillaume VII était Marchise, fille de Guigue IV, dauphin de Viennois. Le nom de Jeanne de Calabre, qu'il faut rayer de la liste des alliances des comtes d'Auvergne, a été emprunté à la charte fausse de la donation faite, en 1149, à l'abbaye de Saint-André, par le comte d'Auvergne. (V. A. Prudhomme, *op. cit.*, p. 449.)

échurent à chacun des comtes, et par la bonne intelligence qu'il y eut entre eux dans les guerres qu'ils eurent avec la France et qui ont continué avec leurs descendants.

Guillaume le Jeune eut dans son partage la partie occidentale de l'Auvergne, le long des montagnes par Pontgibaud, Rochefort, Aurières, Herment, Mauriac et Aurillac, et la partie méridionale depuis Clermont par Montferrand, Issoire, Saint-Germain-Lembron, Vodable, Brioude et le canton du Velay, lequel, avec la ville de Saint-Paulien, son ancienne capitale, se trouve compris dans l'Auvergne, ayant demeuré depuis au comté de Guillaume le Jeune, dont les descendants possèdent encore ce canton du Velay. Guillaume le Vieux obtint, de son côté, la partie septentrionale de l'Auvergne, depuis Riom jusque dans le Bourbonnais, et l'orientale au delà de la rivière d'Allier, depuis le Bourbonnais par Lezoux, Billom, Vic-le-Comte, Sauxillanges, Saint-Amant-Roche-Savine, Ambert, Arlanc, La Chaise-Dieu et Le Puy, nouvelle capitale du Velay, avec le canton du même pays qui a retenu particulièrement le nom de Velay parce qu'il fut détaché du comté de Guillaume le Vieux sous Philippe-Auguste, comme nous l'apprenons de Guillaume Guyant, dans son roman de *La branche des royaux lignages*. Si ce partage est vrai, comme il y a bien de l'apparence, on voit bien clairement l'Auvergne partagée en deux comtés. Les terres qui tombèrent dans le lot de Guillaume l'Ancien retinrent plus particulièrement le nom de comté d'Auvergne, et celles qui échurent dans la portion de Guillaume le Jeune celui de comté de Clermont. Guillaume VIII épousa Anne de Nevers, fille de Guillaume IV, comte de Nevers, dont il eut :

Robert IV, comte d'Auvergne. Il fonda l'abbaye de Vauluisant, aujourd'hui du Bouchet. Il fut marié avec Mahaut de Bourgogne, fille d'Eudes II, duc de Bourgogne, et de Marie de Champagne, de laquelle il laissa :

Guillaume IX, comte d'Auvergne. Il ne le fut pas longtemps. Il mourut, et le comté passa à son frère.

Guy II, comte d'Auvergne. Ce prince s'étant déclaré pour

Richard, roi d'Angleterre, le roi Philippe-Auguste entra en Auvergne et y mit tout à feu et à sang. Il eut de grands différends avec son frère Robert, évêque de Clermont, qu'il prit prisonnier deux fois. Toutes ses terres étant confisquées, il lui donna en dépôt la ville de Clermont, et c'est depuis ce temps-là que les évêques en ont été les seigneurs. Il fut marié avec Pernelle du Chambon, fille d'Amiel, seigneur du Chambon, dont il eut :

Guillaume X, comte d'Auvergne. Il fit la guerre à Archambaud de Dampierre, sire de Bourbon, qui avait la garde et le gouvernement du comté d'Auvergne qui avait été pris sur son père. Il fit sa paix avec saint Louis en 1229. Ce prince lui laissa le comté d'Auvergne en la forme qu'il est à présent, avec les baronnies d'Usson, de Montgascon, de Roche-Savine, de Boutonnargues, de Saint-Bonnet-Novacelle et d'Issandolanges. Il jouit paisiblement de ces terres, à la réserve de cette portion du comté d'Auvergne qui composa le troisième comté d'Auvergne qui fut donné en apanage à Alphonse, frère de saint Louis, et qui fut érigé en duché en 1360, laquelle enfin a été réunie à la couronne. Guillaume épousa Alix de Brabant et mourut en 1229. Il laissa :

Robert V, comte d'Auvergne et de Boulogne par le mariage de son père avec Alix de Brabant, par où ce comté passa dans sa maison et y a toujours resté jusqu'à Louis XI, qui l'acquit de Bertrand de La Tour, VIIe du nom. Il épousa Éléonore de Baffie, dont il eut Guillaume XI, qui mourut sans lignée, et

Robert VI, comte d'Auvergne et de Boulogne. Il fut marié deux fois, la première avec Blanche de Clermont, fille aînée de Robert de France, fils du roi saint Louis et de Béatrix de Bourgogne. La seconde avec Maurice de Flandre. Il eut du premier lit :

Guillaume XII, comte d'Auvergne et de Boulogne, qui mourut à Vic-le-Comte en 1330. Il avait épousé Marguerite d'Evreux, fille de Louis de France, comte d'Evreux, cinquième fils de Philippe III dit le Hardi, roi de France, de laquelle il eut Robert de Boulogne, qui mourut fort jeune, et

Jeanne, Ire du nom, comtesse d'Auvergne et de Boulogne. Elle fut mariée deux fois. La première avec Philippe de Bourgogne, fils d'Eudes IV, duc de Bourgogne, et de Jeanne de France, fille du roi Philippe le Long. La seconde avec Jean de France, lors duc de Normandie, depuis roi de France, avec lequel elle fut couronnée à Reims le 26 septembre 1350. Elle eut de son premier mari :

Philippe, comte d'Auvergne et de Boulogne, duc de Bourgogne. Il mourut sans avoir de postérité en 1361. Par son décès, les comtés d'Auvergne et de Boulogne revinrent, après la mort de la reine Jeanne, à

Jean, Ier du nom, comte d'Auvergne et de Boulogne, de Montfort, seigneur de Montgascon, frère du second lit de Guillaume XII et de la reine Jeanne. Il épousa Jeanne de Clermont, princesse du sang royal de France. Il eut d'elle :

Jean II, comte d'Auvergne et de Boulogne, surnommé le Mauvais Ménager. Il ne laissa qu'une fille d'Eléonore de Comminges, fille de Pierre Raymond, IIe du nom, comte de Comminges, et de Jeanne de Comminges, sa cousine germaine.

Jeanne, IIe du nom, comtesse d'Auvergne et de Boulogne. Elle fut mariée, à l'âge de douze ans, en 1389, à Jean de France, duc de Berry et d'Auvergne, fils du roi Jean, lequel étant mort en 1416, elle se remaria à Aigueperse avec Georges de La Trémouille, baron de Sully et de Craon. N'ayant point eu d'enfants de ses deux maris, elle fit son héritière et donna même avant sa mort le comté d'Auvergne à

Marie de Boulogne, comtesse d'Auvergne et de Boulogne, fille unique de Godefroy de Boulogne, seigneur de Montgascon, et de Jeanne de Ventadour, sa seconde femme, lequel Godefroy était frère de Jean, Ier du nom, comte d'Auvergne et de Boulogne, grand-père de Jeanne II dont nous venons de parler. Marie était tante de Jeanne à la mode de Bretagne. Elle fut troublée, dans la succession de sa cousine Jeanne, par la maison de La Trémouille, parce que celle-ci avait donné à son second mari, Georges de La Trémouille, pendant le cours de sa vie, soit qu'elle eût des enfants ou non, les comtés d'Auvergne et de Boulogne. Marie épousa Bertrand de La Tour, V₆ du nom, fils de Guy, sʳ de La Tour, et de Marthe de Beaufort. De ce mariage vint :

Bertrand, sʳ de La Tour, VIᵉ du nom, comte d'Auvergne et de Boulogne. Il laissa de Jaquette du Peschin, fille unique et héritière de Louis, sʳ du Peschin, de Montcel et d'Artonne :

Bertrand de La Tour, VIIᵉ du nom, comte d'Auvergne et de Boulogne. Il prit alliance, en 1445, avec Louise de La Trémouille, fille de Georges de La Trémouille et de Catherine de l'Isle Bouchard. Ce mariage mit la paix entre les deux familles. Celle de La Trémouille renonça à l'usufruit du comté d'Auvergne. Ils eurent de leur mariage :

Jean III, sʳ de La Tour, comte d'Auvergne et de Boulogne. Il prit alliance avec Jeanne de Bourbon, fille de Jean, comte de Vendôme, et d'Isabelle de Beauveau, veuve de Jean de Bourbon, connétable de France. De leur mariage vinrent deux [filles] :

Anne de La Tour, dite de Boulogne, comtesse d'Auvergne et de Boulogne, et duchesse d'Albanie. Elle épousa Jean Stuart, duc d'Albanie. N'ayant point eu d'enfants, elle institua son héritière universelle Catherine de Médicis, sa nièce, fille de Madeleine de La Tour, sa sœur, et de Laurent de Médicis, duc d'Urbin, neveu du pape Léon X.

Catherine de Médicis, dame de La Tour, comtesse d'Auvergne. Elle fut mariée en 1535 avec Henri d'Orléans, second fils de François Iᵉʳ. Il fut roi après la mort de son père. Elle fit don du comté d'Auvergne à son fils.

François II, roi de France et d'Écosse, comte d'Auvergne et de Lauraguais, et baron de La Tour. Les comtés d'Auvergne et de Lauraguais lui furent donnés, étant encore bien jeune, avec la baronnie de La Tour, Catherine ayant bien voulu s'en dépouiller en faveur de son fils, après la mort duquel elle rentra dans la jouissance de ces deux comtés et de

21

la baronnie de La Tour. Charles IX, son second fils, lui ayant recommandé, en mourant, Charles de Valois, son fils naturel, elle lui fit don, par son testament, des comtés d'Auvergne et de Lauraguais, et de la baronnie de La Tour.

Charles de Valois, duc d'Angoulême, comte d'Auvergne et de Lauraguais, baron de La Tour, s^r de Montrognon et de Chamalières et gouverneur d'Auvergne. Il était fils naturel de Charles et de Marie Touchet, dame de Belleville. Quelques-uns ont prétendu que, lorsque Catherine de Médicis eut perdu la parole dans sa dernière maladie, à Blois, en 1588, le roi Henri III, qui se voyait sans enfants, dicta un testament au nom de la reine, sa mère, par lequel elle disposait des comtés d'Auvergne et de Lauraguais, de la seigneurie de Clermont, de la baronnie de La Tour et de La Cheyre, des seigneuries de Montrognon et de Chamalières et de ses autres biens en faveur de Charles de Valois, son petit-fils. Quoi qu'il en soit, ce prince quitta le nom de grand-prieur de France pour prendre celui de comte d'Auvergne. Le contrat de mariage de Catherine de Médicis et du roi Henri II contenait une substitution des terres de la maison de La Tour en faveur des enfants qui naîtraient de Catherine et des siens en légitime mariage. Cette substitution regardait Henri III. Il en fit donation au même Charles de Valois, son neveu, qui en fut évincé en 1606 par Marguerite de Valois, sœur du roi Henri III. Il continua néanmoins à porter le nom de comte d'Auvergne jusqu'en 1619, que sa tante Diane, légitimée de France, fille du roi Henri II et de Diane de Poitiers, veuve d'Horace Farnèse et de François de Montmorency, maréchal de France, lui laissa par testament le duché d'Angoulême. Il mourut à Paris en 1650.

Marguerite de France, comtesse d'Auvergne, de Clermont et de Lauraguais et dame de La Tour. La substitution contenue dans le contrat de mariage de la reine Catherine de Médicis s'étendait aux filles au défaut des mâles sortis en légitime mariage. Cette princesse se trouva la seule au monde de sa maison après la mort du roi Henri III ; ainsi la substitution fut ouverte en sa faveur. Comme elle n'avait point d'enfants, elle négligea de la faire valoir et laissa Charles de Valois, son neveu, dans la jouissance paisible des biens de sa mère. Charles fit une étroite union en 1605 avec l'Espagne. Henriette de Balsac-Entragues, maîtresse du roi Henri IV, y était entrée avec François de Balsac-Entragues, père d'Henriette. François l'avait eue de Marie Touchet, mère de Charles, qui était par conséquent frère utérin d'Henriette. Cette intelligence avec l'Espagne déplut au roi. Il fit revivre les droits de la reine Marguerite, laquelle obtint, en 1606, un arrêt du parlement de Paris en vertu duquel la substitution fut déclarée ouverte au profit de Marguerite, nonobstant le testament de Catherine, la donation d'Henri III et l'intervention de l'archiduchesse Claire-Eugénie d'Autriche, fille de Philippe II, roi d'Espagne, et d'Elisabeth de France, sœur aînée de Marguerite. Cette reine mourut dans son hôtel, à Paris, en 1615. Elle avait fait une donation des terres provenues de sa mère au roi Louis XIII.

Louis XIII, roi de France et de Navarre, et comte d'Auvergne. Il était encore dauphin que la reine Marguerite lui fit une donation entre-vifs, en 1606, du comté d'Auvergne et des autres terres qui avaient été à Catherine de Médicis. Sous ce monarque, la reine Marie de Médicis, sa mère, jouit de toutes ces seigneuries pour partie de son douaire en vertu des lettres patentes expédiées en 1610. Il mourut en 1643 et laissa d'Anne d'Autriche, fille de Philippe III, roi d'Espagne :

Louis XIV, roi de France, comte d'Auvergne. Anne d'Autriche, mère de ce roi, obtint le comté d'Auvergne pour partie de son douaire en vertu des lettres patentes expédiées en 1644. Josias, comte de Rantzau, en obtint le domaine qu'il engagea en 1646 à Pierre Legoux de La Berchère, premier président au parlement de Grenoble. Le roi en céda, depuis, la propriété au seigneur suivant :

Godefroy-Maurice de La Tour d'Auvergne, duc de Bouillon, comte d'Auvergne, gouverneur de la même province, et grand chambellan de France. Frédéric-Maurice de La Tour d'Auvergne, père de Godefroy, avait cédé les principautés de Sedan et de Raucourt à la France dès l'an 1642. On devait lui donner d'autres terres en échange, l'exécution en avait été différée. Enfin on lui céda le comté d'Auvergne par l'un des articles secrets du traité de Saint-Germain-en-Laye, l'an 1649, par lequel furent assoupis les premiers mouvements de Paris. La cour le confirma par contrat du 21 mars 1651, vérifié au parlement de Paris le 20 février 1652. Mais la maison de Bouillon ne commença à jouir de ce comté que sous ce prince Godefroy-Maurice, sa mère, Léonore de Bergh, ayant remboursé le président de La Berchère, engagiste. Outre le comté d'Auvergne, M. le duc de Bouillon avait eu par engagement du roi, comme étant aux droits du cardinal de Mazarin, oncle de Mme de Bouillon, les baronnies de Montgascon et de Chamalières, qui comprennent les paroisses de Romagnat, de Ceyrat et autres lieux, pour partie de la dot de dame Marie-Anne de Mancini, son épouse, de laquelle il a eu Emmanuel-Théodose de La Tour, comte d'Auvergne, duc de Bouillon et d'Albret, gouverneur d'Auvergne et grand chambellan de France.

Connétables d'Auvergne

Lorsque nos rois eurent presque anéanti le pouvoir des comtes d'Auvergne, ils firent valoir le leur par des officiers qui, comme les anciens comtes, eurent l'intendance de la milice, de la justice et des finances. Au commencement, ils confièrent leur autorité à des connétables, à des baillis, et enfin à des gouverneurs qui eurent fort peu de part à l'administration de la justice et des finances. Quoique la milice, la justice et les finances fussent sous la direction des connétables, comme dans ces temps difficiles la guerre les occupait le plus, ils furent qualifiés de connétables d'Auvergne ; leur fonction regardant plutôt les armes que tout le reste. Nous avons vu que les grands officiers, sous les empereurs, joignaient le titre de comte à celui de la nature de leur charge. Ainsi celui qui avait soin de l'écurie du prince se nommait *comes stabuli,* comte de l'étable, d'où a été formé le nom de cette charge qui devint par la suite une des plus importantes du royaume. Il y avait de même, dans les provinces, des connétables qui avaient inspection sur ce qui regardait la milice, les finances et la justice, qui étaient proprement des gouverneurs de province. On peut juger par là de l'étendue de leur pouvoir. Voici le nom de quelques-uns de ceux qui ont eu cet emploi en Auvergne.

Guy de Dampierre, s^r de Bourbon, connétable d'Auvergne. Ce seigneur fut choisi par Philippe-Auguste pour aller en Auvergne mettre à la raison Guy II, comte de cette province. Il se rendit maître de Riom, de Tournoël et de plusieurs autres places. Le roi fut si content de ses services qu'il lui donna et à ses successeurs, à perpétuité, le château de Tournoël et à même temps le gouvernement ou connétablie, comme on parlait alors, des places qui avaient été prises sur le comte d'Auvergne. Ce fut en 1213.

Archambaud de Dampierre, sire de Bourbon et connétable d'Auvergne. Il vivait sous les rois Philippe-Auguste, Louis VIII et saint Louis. Il était fils du précédent connétable. Philippe-Auguste lui confia la terre d'Auvergne, à la charge de la lui remettre et à ses successeurs quand il en serait requis et de la conserver contre les comtes d'Auvergne. Le connétable affecta sa terre de Bourbon pour répondre au roi de sa fidélité. La guerre que lui firent Guillaume X, comte d'Auvergne, et les comtes dauphins, ses cousins, le fatiguèrent si fort qu'il fut obligé de remettre au roi toutes les places qui avaient été conquises sur les comtes, attendu qu'il ne pouvait pas en jouir paisiblement. Il se démit de la charge de connétable entre les mains de saint Louis et mourut à la bataille de Cognac, en 1238.

Beraud VIII, sʳ de Mercœur, connétable d'Auvergne et maréchal du Bourbonnais. Un titre de l'évêché de Clermont a conservé sa qualité de connétable. On y lit : « Beraud de Mercœur, connétable d'Auvergne et maréchal du Bourbonnais, de la part du roi et du seigneur de Bourbon... » Il est de l'année 1229.

Louis, sʳ de Saint-Nectaire. Il possédait cette dignité en 1230. C'est de lui que descend toute la maison de Saint-Nectaire.

Amaury de Courcelles, connétable d'Auvergne. Guillaume, comte de Clermont, dauphin d'Auvergne, fut assigné à comparaître devant lui à Issoire, sur la plainte faite par les chanoines de Brioude de ce que, tenant d'eux en fief les châteaux de Vieille-Brioude et de Saint-Alyre, jurables et rendables à grande et petite force, comme il l'avait promis par serment et l'avait fait ci-devant, il refusait néanmoins présentement de le faire. Ce fut en 1238, sous le roi saint Louis.

Henri de Poncet, connétable d'Auvergne en 1244, sous le même roi saint Louis.

Erald de Mieschamps, connétable d'Auvergne. Les titres latins le nomment Erald de Mediis Campis. Il vivait sous saint Louis et sous Alphonse de France, comte de Poitou et d'Auvergne en 1266.

Baillis généraux d'Auvergne

Après la mort sans enfants d'Alphonse de France, mort en 1275, le roi Philippe le Hardi supprima la dignité de connétable d'Auvergne et créa à sa place celle de bailli général d'Auvergne avec presque les mêmes fonctions. Les comtes et les connétables avaient eu ordinairement leur siège à Clermont. Le bailli continua quelque temps d'y faire son séjour ; ensuite il fut s'établir à Cebazat et à Gerzat, et enfin à Riom.

Il avait sous lui un bailli pour la haute Auvergne qui était qualifié bailli des montagnes d'Auvergne. Ce bailli avait sous lui deux lieutenants : l'un pour le canton de la haute Auvergne qui est situé au deçà du Cantal, dont le siège était à Saint-Flour, l'autre était pour le canton situé au delà de cette montagne, dont le siège était à Aurillac. Les appellations du bailli particulier étaient portées au bailli général, dont la charge subsista depuis l'an 1271 jusqu'en 1360.

La France céda le Poitou à Edouard IV, roi d'Angleterre, par le traité de Brétigny. Jean de France, troisième fils du roi Jean, était comte du Poitou. Il fallut lui donner le Berry et l'Auvergne en dédommagement. Ces pays furent érigés en duché-pairie de France en 1360. L'érection de ce duché donna lieu à la suppression du bailli d'Auvergne. Son autorité fut partagée en plusieurs fonctions. Celle de la justice pour les terres exemptes et pour les cas royaux fut renvoyée au bailli de Saint-Pierre-le-Moûtier, puis aux baillis de Montferrand et de la haute Auvergne. A l'égard de la justice du duc, le bailli royal d'Auvergne fut converti en sénéchal d'Auvergne pour le duc, et le bailli des montagnes de royal devint bailli ducal.

Pour les finances, on eut recours aux trois États de la province, qui nommèrent des élus pour prendre connaissance des impositions. Ces élus ont depuis été érigés en titre d'office. On créa des gouverneurs pour disposer de la milice. Ces gouverneurs ont plus de rapport aux anciens comtes, connétables et baillis généraux en ce qu'ils ont retenu leur principale fonction, qui consistait dans la disposition de la milice de la province. Ils ordonnent aussi des deniers publics dans des occasions pressantes, et prêtent main-forte aux officiers de judicature et des finances pour l'exécution de leurs ordonnances. La charge de gouverneur est aussi unique comme l'était celle des comtes, des connétables et des baillis généraux. L'autorité des gouverneurs est presque réduite à rien par celle que le roi donne aux intendants dans les provinces, aussi ne les voit-on presque jamais paraître dans leur gouvernement. Nous ne nous écarterons point de notre dessein en continuant, par les gouverneurs, à faire connaître l'état général de l'Auvergne.

Gouverneurs d'Auvergne

Jean, Ier du nom, comte d'Auvergne et de Boulogne, gouverneur d'Auvergne. Il était fils de Robert VII, comte d'Auvergne et de Marie de Flandre. On le connaissait comme un prince excellent en guerre et vertueux en paix. C'est pourquoi il fut ministre d'État sous le règne du roi Jean. Il mourut en 1386.

Jean de Mello, évêque de Chalon-sur-Saône et ensuite de Clermont, gouverneur d'Auvergne. Il se rendit digne, par son mérite et ses assiduités auprès de Jean, duc de Berri, de la confiance de ce prince, qui lui procura le gouvernement de cette province. Il mourut en 1375.

Beraud III, comte de Clermont, dauphin d'Auvergne, et gouverneur de la même province en 1385. Il finit ses jours en 1426.

Jean Le Maingre, dit Boucicaut, gouverneur d'Auvergne. Jean Le Maingre Boucicaut et Florie de Linières lui donnèrent le jour. Il fit deux voyages en Prusse contre les infidèles (1) et signala son courage en diverses occasions contre les Anglais. Il en fut récompensé par le bâton de maréchal de France qu'il reçut de la main de Charles VI, dans l'église de Saint-Martin de Tours, en présence des princes et officiers de la couronne, le jour de Noël de l'année 1391. Il accompagna Jean, duc de Bourgogne, alors duc de Nevers, en Hongrie, et fut fait prisonnier à la journée de Nicopolis. Il assiégea, par ordre de la cour, Benoît XIII dans Avignon. Après quoi il

---

(1) Boucicaut secourut les chevaliers de l'ordre teutonique contre les peuples barbares de la Lithuanie et des pays voisins, que l'on considérait alors comme des Sarrasins.

passa à Gênes, et, voulant maintenir cette république dans la gloire qu'elle s'était acquise, il fut attaquer James, roi de Chypre, devant Famagouste qu'il tenait assiégée, et l'obligea à lever le siège. Il conduisit encore Manuel, empereur de Constantinople, dans la capitale de son empire, tira raison du soudan d'Égypte de l'enlèvement de quelques marchandises des Gênois et acquit à ces républicains le titre de maîtres de la Méditerranée que les Vénitiens s'étaient attribué. La journée d'Azincourt lui fut fatale, comme aux autres grands de France. Il fut pris par les Anglais en commandant l'avant-garde et conduit en Angleterre, où il mourut en 1421.

Louis, IIe du nom, duc de Bourbon (1), surnommé le Bon, chambrier de France et gouverneur d'Auvergne. Il était fils de Pierre, Ier du nom, duc de Bourbon, et d'Isabelle de Valois. Il fut un des princes envoyés en Angleterre pour la délivrance du roi Jean, où il demeura huit ans. Après son retour, il travailla à chasser les Anglais du Poitou et de la Guyenne. Il en délivra l'Auvergne. Il fut chargé du soin de la personne du roi Charles VI, son neveu, pendant sa minorité, il assista à son sacre et le suivit à son voyage de Flandre. Il conduisit l'avant-garde à la bataille de Rosebecq, en 1382. Après la paix, l'Afrique fut témoin de la gloire qu'il acquit au siège de Tunis en 1390, en obligeant les Maures et les Sarrasins d'accepter des conditions avantageuses et honorables aux chrétiens. A son retour, il marcha contre Amé VI, comte de Savoie, pour soutenir les intérêts d'Edouard, sire de Beaujeu, prince de Dombes, qui, en reconnaissance, lui donna ces deux belles terres. Il marcha enfin contre le même comte de Savoie qui prétendait l'hommage de sa nouvelle principauté de Dombes qu'il ne devait qu'à la France. Après tant de belles actions, il mourut à Montluçon le 19 d'août 1410.

---

(1) V. *Histoire des ducs de Bourbon et des comtes de Forez*, par J.-M. DE LA MURE. Paris et Lyon, 1878, tome II, page 44.

Guillaume Le Bouteiller de Senlis, II⁰ du nom, sʳ d'Ermenonville, gouverneur d'Auvergne. Il était de la maison de Senlis, qui a tenu un rang si considérable en France. Il servit le roi avec beaucoup de courage dans les guerres de son temps. Il mourut en 1420.

Bernard d'Armagnac, duc de Nemours, gouverneur d'Auvergne. Il était fils de Bernard, VII⁰ du nom, comte d'Armagnac, connétable de France, et de Bonne de Berri. Il n'était que comte de Pardiac lorsque Charles VII, encore dauphin, lui confia le gouvernement d'Auvergne pendant les mouvements qu'excita contre lui la faction d'Isabeau de Bavière, sa mère, d'Henri V, roi d'Angleterre, et de Philippe, duc de Bourgogne. Cette faction avait donné de son côté le gouvernement d'Auvergne à Guy III, sʳ de Rochebaron. Bernard ruina entièrement le parti contraire par la défaite du sʳ de Rochebaron, par la prise de son château et de toutes les autres places qui s'étaient déclarées contre le dauphin, en Auvergne, en Forez et dans le Velay. Ce fut en 1422. Après quoi le dauphin, étant dans cette province, y fit chevaliers le comte de Pardiac, les seigneurs d'Apchier, de Chalencon, de La Roche, de La Tour-Maubourg, de Vergessac et de Roussel (1).

Guy III, sʳ de Rochebaron, gouverneur d'Auvergne. Il était originaire du Forez, où la terre de Rochebaron est située. Il fut gouverneur d'Auvergne sous Charles VI, roi de France, et Henri, roi d'Angleterre, dont il avait raffermi l'autorité dans cette province. Lorsque la noblesse du Limousin, du Gévaudan, du Velay, du Vivarais et de l'Auvergne se souleva contre lui, commandée par Bernard d'Armagnac, par Imbert de La Groslée, sénéchal de Lyon, et par Gilbert de La Fayette, Guy se cantonna dans Serverette avec le seigneur de Salenoue (2), savoyard. On investit la place où étaient ces deux sei-

---

(1) Ce fait, qui se passa au Puy-en-Velay, est rapporté dans la *Gallia christiana*, t. II, col. 732, *Eccl. Aniciensis*, et une note ajoute : « Hæc leguntur in fronte veteris missalis egregie et pretiose ornati. »

(2) Ce seigneur est appelé par d'autres historiens Salvonne, Salenove ou Salenonne, et par Médicis (*De Podio*, t. I, p. 237), Salnouve.

gneurs. Un arbalétrier auvergnat brûla dans le voisinage un moulin, le feu sauta par-dessus les murs de la place investie et fit périr bien du monde. Ceux qui échappèrent aux flammes éprouvèrent la clémence du vainqueur. Les seigneurs de Rochebaron et de Salenoue se sauvèrent dans les montagnes voisines et de là dans la Bourgogne. Guy rentra depuis au service de Charles VII et mourut en combattant à la journée de Verneuil, en 1423.

Gilbert Motier, III° du nom, s^r de La Fayette, maréchal de France et gouverneur d'Auvergne. Il se signala si fort pour le service du roi contre les Anglais, qu'il fut honoré, en 1421, du bâton de maréchal de France. Il finit ses jours, plein de gloire, le 23 février de l'année 1463, et fut enterré dans l'église de l'abbaye de La Chaise-Dieu.

Antoine de Chabannes, comte de Dampierre, grand-maître de France et gouverneur d'Auvergne. Le roi Charles VII eut toujours une grande considération pour ce seigneur. Divers sujets lui firent perdre les bonnes grâces du roi Louis XI, son fils, qui lui ôta ses charges. Mais, après l'avoir beaucoup persécuté, il lui rendit son amitié et lui donna, le 23 avril 1467, l'état de grand-maître de France et l'honora du collier de son ordre de Saint-Michel. Il mourut à Paris le jour de Noël de l'année 1488.

Jean Doyac, conseiller et chambellan du roi Louis XI et gouverneur d'Auvergne. La ville de Cusset était sa patrie. Il fut fort aimé de Louis XI. Après la mort de ce roi, les courtisans se déchaînèrent contre lui et firent tant, qu'il fut puni comme coupable. Il ne laissa pas, dans la suite, de rendre de grands services à Charles VIII dans la guerre d'Italie.

Charles, s^r de Montfaucon et gouverneur d'Auvergne. Le roi Louis XI l'avait chargé, dans sa dernière maladie, de faire porter la sainte ampoule de Reims à Tours, espérant qu'elle lui procurerait la guérison ou du moins quelque soulagement dans ses maux. Il fut en quelque considération auprès de Charles VIII, puisque la Chronique scandaleuse nous apprend que ce roi le donna pour successeur à Doyac dans le gouvernement d'Auvergne.

Jean III, duc de Clèves, comte de La Marck, chevalier des ordres du roi et gouverneur d'Auvergne. Il était fils de Jean II, duc de Clèves. Il épousa Marie, duchesse de Juliers, et mourut en 1559.

Jean Stuart, duc d'Albanie, comte d'Auvergne et gouverneur de la même province. Ce prince avait pour aïeul Jacques II, roi d'Écosse, pour père Alexandre Stuart, et pour mère Anne de La Tour-Boulogne. Il fut choisi par le parlement d'Écosse pour tuteur du jeune roi Jacques V, et pour gouverneur du royaume. Il y fit plusieurs voyages et s'acquit beaucoup de gloire par le bon ordre qu'il mit dans l'État. En l'année 1515, il se trouva à l'entrée de François Ier. « Il avoit tout son accoustrement de satin blanc broché d'argent tout semé et rempli d'aisles d'oyseaux en façon d'un leurre, le tout d'orfèvrerie d'argent doré, et partout branslans de mesme faits en plumes d'oiseau pannées, le tout brodé à doubles bords de deux cordelières enlevées et nouées d'orfèvrerie dorée. Et au milieu, entre deux, estoit escrit en letre antique, aussi d'orfèvrerie : *Sub umbra alarum tuarum*. Son bonnet estoit de velours blanc couvert de plumes blanches (1). »

Le roi François Ier, dans le dessein d'emporter Pavie, l'assiégea en 1525 et entreprit à même temps de conquérir le royaume de Naples et Gênes ; pour cela il partagea son armée, il en retint une partie et donna l'autre au duc d'Albanie et à Michel-Antoine, marquis de Saluces, pour passer à Naples. Le duc y faisait déjà de grands progrès lorsqu'il apprit la prise du roi devant Pavie. Ce qui l'obligea à ramener ses troupes en France. On prétend que Louise, mère du roi, avait conservé quelque chagrin contre ce duc d'Albanie depuis la perte de la bataille de Pavie, comme s'il avait persuadé François Ier de partager son armée en deux pour s'acquérir plus de gloire seul dans le royaume de Naples, et avoir

---

(1) BALUZE, *Hist. généal. de la maison d'Auvergne*, t. I, page 354.

ainsi été cause de la perte de son fils. On ajoute que la froideur de la régente obligea ce prince à quitter la cour et à se retirer dans son gouvernement d'Auvergne. Mais, avant de partir, ayant voulu prendre congé de Louise, cette princesse lui dit avec beaucoup d'aigreur : Adieu, prince sans terre. Le duc, qui était d'une naissance à ne pas souffrir un tel mépris, et qui, de plus, était fort sûr de son innocence, lui répartit : Adieu, princesse sans honneur. Après quoi il se rendit bien vite dans son château de Mirefleurs, dans le comté d'Auvergne, et mourut peu de temps après dans son château de Dieu-y-Soit, s'étant fait ouvrir les veines dans la crainte qu'il eut que la duchesse Louise et son fils ne tirassent une cruelle vengeance des paroles outrageuses qu'il avait laissé échapper contre cette princesse, mère de son roi. Mais c'est une histoire faite à plaisir, puisqu'il ne mourut qu'en 1536 et que la mère du roi était morte depuis l'année 1531. Il fut enterré dans la Sainte-Chapelle de Vic-le-Comte. Cependant le père Jacques Fodéré assure, dans son *Histoire de la province de Saint-Bonaventure*, qu'il reçut la sépulture dans l'habit de Saint-François aux cordeliers de la même ville, auprès de Jeanne de Bourbon, femme de Jean, s^r de La Tour, IIIe du nom, comte d'Auvergne et de Boulogne, dont il avait épousé la fille aînée, Anne de La Tour, comtesse d'Auvergne et de Boulogne, sœur de Madeleine de La Tour, duchesse d'Urbin, mère de Catherine de Médicis.

Jean de Bretagne, duc d'Étampes, chevalier des ordres du roi et gouverneur d'Auvergne. Il sortait de l'ancienne maison de Brosse à laquelle on avait attribué le nom de Bretagne en 1454, après le mariage de Jean de Brosse, Ier du nom, s^r de Boussac en Auvergne, avec Nicole de Bretagne-Penthièvre. Son père était René de Bretagne-Penthièvre, sa mère Jeanne de Comines, fille de Philippe de Comines, s^r d'Argenton. François II, duc de Bretagne, avait ôté le comté de Penthièvre à Jean de Bretagne, son bisaïeul, en 1461, parce qu'il avait préféré le service du roi Louis XI à celui du duc pendant la guerre du bien public. Le roi François Ier le rendit à Jean et lui donna, de plus, le duché d'Étampes et le gouvernement d'Auvergne, dont le brevet lui fut expédié immédiatement après la mort du duc d'Albanie, en 1536. Il obtint aussi celui de Bretagne en 1541. La cause de tant de bienfaits répandus sur ce duc venait, outre son mérite, de la faveur de la belle Anne de Pisseleu, maîtresse du roi, qui la fit épouser à ce gouverneur. Pendant qu'il était en Auvergne, il y reçut avec magnificence son neveu Charles de Luxembourg, comte de Martigues, et sa cousine Claude de Foix, veuve de Guy XVII, comte de Laval, qui épousèrent dans le château de Boussac, qui appartenait au duc. Les plus grands seigneurs d'Auvergne furent invités à cette fête et s'y distinguèrent dans plusieurs carrousels. La fin en fut tragique. Les galeries du château, remplies de spectateurs, ne purent pas soutenir le grand nombre de personnes qui étaient dessus, elles tombèrent avec un grand fracas, et plusieurs dames de qualité y perdirent la vie. Il servit avec beaucoup d'honneur sous Henri II et sous Charles IX, et mourut, sans avoir laissé d'enfants, à Lamballe en 1565, ayant laissé le duché de Penthièvre à Sébastien de Luxembourg, fils puîné de Charlotte de Bretagne, sa sœur, et de François de Luxembourg, comte de Martigues.

François de Tournon, maître de la chapelle du roi, chancelier de l'ordre de Saint-Michel, cardinal-prêtre, ministre d'État et gouverneur d'Auvergne. Il était fils de Jacques II, s^r de Tournon, et de Jeanne de Polignac. Sa première inclination fut pour l'ordre de Saint-Antoine, dont il prit l'habit et en devint abbé général, et de là il s'éleva par un grand mérite à toutes les dignités les plus éclatantes de l'Église et de l'État. Rome l'admira dans ses ambassades auprès des papes Clément VII, Paul III et Paul IV. Il s'attira l'estime de Charles-Quint en Espagne en 1517, et celle d'Henri VIII, roi d'Angleterre, lorsque ce prince répudia Catherine d'Aragon, sa première femme. Il se fit aussi une grande réputation en France dans l'administration des grandes affaires que lui confia François Ier quand il eut relégué Anne de Montmorency. Ce roi fut si content de ses services, qu'il lui donna, en mourant, cent mille écus, et conseilla à son fils Henri II de se servir de lui après sa mort. Ce conseil ne fit pas beaucoup d'impression sur ce jeune roi, qui rappela d'abord le connétable, qui fit renvoyer à son tour le cardinal à Rome, d'où François II le fit revenir, à la sollicitation de sa mère, Catherine de Médicis. Comme les luthériens et les calvinistes faisaient tous leurs efforts pour répandre le venin de leur hérésie en France, il n'est rien que ce grand homme ne fît pour en arrêter le progrès. Il empêcha la venue de Philippe Mélanchthon à la cour de France, malgré le sauf-conduit qu'avaient obtenu pour lui Marguerite de Valois, sœur du roi, et Anne de Pisseleu, duchesse d'Étampes. Il représenta au roi l'exemple de l'apôtre saint Jean, qui n'avait pas voulu demeurer un moment dans le bain où était entré Cerinthe, sur les pas duquel marchait cet hérétique allemand. Il réprima avec le même zèle les hardiesses de Théodore de Bèze au colloque de Poissy, lorsqu'il parla avec tant d'irrévérence de nos plus augustes mystères. Il se boucha les oreilles et pria la reine de ne point écouter tous ces blasphèmes.

Son amour pour les lettres lui fit entretenir un commerce fort étroit avec Denys Lambin, Pierre Danès, Guillaume Rondelet, Michel de l'Hôpital, Antoine Muret et plusieurs habiles jésuites. Il eut tant d'estime pour ces pères, qu'il fonda dans Tournon un collège où se rendaient en foule des écoliers de toutes les parties de l'Europe. Il se défit du gouvernement d'Auvergne lorsqu'il fut chargé de celui de tout le royaume, et mourut enfin doyen des cardinaux à Saint-Germain-en-Laye, âgé de 73 ans, en l'année 1562. Son corps fut porté dans l'église des jésuites de Tournon et déposé dans un beau mausolée, où l'auteur de son épitaphe, qu'on y voit, a célébré ses grandes qualités, qui n'ont pas reçu moins d'éclat dans les écrits de Michel de l'Hôpital, d'Auguste de Thou, du cardinal Sadolet, de Jean Vivès, d'Henri Sponde, de Pierre Fréron, du père Hilarion de Coste, de Mezeray et de François du Chesne.

Jean d'Albon, s^r de Saint-André, gouverneur d'Auvergne. Il tirait son origine des anciens comtes d'Albon [en] Dauphiné, et avait pour père Guichard d'Albon, s^r de Saint-André, général de l'armée que le roi Charles VIII envoya, en 1496, en Roussillon. Jean fut gouverneur des fils de France sous François Ier. Il épousa Charlotte de La Roche, fille unique de Jean de La Roche, s^r de Tournoël, et de Françoise du Bois. Il en eut le gouverneur suivant et Marguerite d'Albon, qui recueillit toute la succession de sa maison, qu'elle porta dans cèlle de Saint-Germain-Apchon. Il mourut en 1550.

Jacques d'Albon, s^r de Saint-André, premier gentilhomme de la chambre du roi Henri II, maréchal de France et gouverneur d'Auvergne. Il acquit une grande réputation dans les armées de France. Il donna les premières marques de sa valeur à la journée de Cérisoles. François de Bourbon, comte d'Enghien, général de l'armée, voyant ce seigneur dans le plus fort de la mêlée, voulut s'y jeter ; ceux qu'on lui avait donnés pour arrêter le feu de la jeunesse lui remontrèrent le tort qu'il se faisait de s'exposer ainsi, qu'il devait se souvenir du sort de Gaston de Foix à la bataille de Ravenne ; à quoi il répondit, jaloux de la gloire du comte d'Albon : Qu'on fasse donc retirer Saint-André. Il fut favori du roi Henri II avec lequel il avait été élevé. Ce prince le combla de bienfaits. Il lui donna l'ordre de Saint-Michel et la charge de premier gentilhomme de sa chambre, et Claude d'Annebaut, amiral de France, ayant été obligé de rendre le bâton de maréchal de France en vertu de l'édit de 1547, portant qu'une même personne ne pourrait à même temps avoir deux charges de la couronne, le roi en gratifia le seigneur d'Albon.

Il continua à se signaler sous ce roi, son bienfaiteur. A la retraite de Valenciennes, il sauva, par sa prudence, l'arrière-garde de l'armée. Il fut pris à la bataille de Saint-Quentin. Cet accident fut cause qu'il devint un des principaux médiateurs de la paix de Cambrai, que tous les bons Français détestèrent. Sous le roi François II, comme il vit que François, duc de Guise, et le cardinal de Lorraine, son frère, avaient le gouvernement de l'État, appuyés de la faveur de leur nièce, Marie Stuart, reine de France, il épousa leurs intérêts pour obtenir la continuation de ses emplois et conclut le mariage de sa fille unique avec Henri de Lorraine-Guise, fils aîné du duc. Sous Charles IX, l'union du maréchal avec le duc de Guise continua, dans laquelle entra le connétable Anne de Montmorency. Ils se saisirent de la personne du jeune roi et l'amenèrent à Paris sous prétexte du zèle de la religion catholique, qui eût couru risque si Charles était tombé entre les mains du prince de Condé et de l'amiral de Coligny, lesquels traitaient le duc de Guise, le connétable et le maréchal de triumvirs, et leur faction de triumvirat. Le prince de Condé, l'amiral et les huguenots firent grand bruit de cette occasion, dans laquelle il ne paraissait aucune violence, le roi restant à Paris en pleine liberté. Cependant, pour ne point aigrir davantage le parti opposé, la reine crut qu'il était bon que le maréchal se retirât de la cour et allât passer quelque temps dans quelqu'un de ses gouvernements ; mais il ne crut pas devoir lui obéir et lui dit fièrement que, dans la situation présente des affaires, il était obligé à ne point abandonner la cour. Il ne la quitta que pour commander l'armée royale en Poitou contre le prince de Condé et l'amiral, qui ne purent pas l'empêcher d'emporter d'assaut la ville de Poitiers.

Il commandait l'avant-garde à la bataille de Dreux. Après être échappé de mille périls dans cette journée, il parut sur le soir cinquante chevaux que François de La Noue avait ralliés. Le maréchal, voulant les attaquer, fut tué d'un coup de pistolet que lui tira de sang-froid Robigny-Mézières, cavalier de sa connaissance, qu'il avait offensé en prenant le parti d'un nommé Santorin, son ennemi mortel. Ainsi finit ce grand capitaine en 1562.

Jacques de Savoie, duc de Nemours, colonel-général de la cavalerie légère et gouverneur d'Auvergne. Philippe de Savoie, duc de Nemours, et Charlotte d'Orléans-Longueville, donnèrent le jour à ce prince en 1531. On connaît assez le fameux duc de Nemours. Il suffit de dire avec Brantôme que *c'estoit un des plus parfaits et accomplis princes qui fut jamais, beau, brave, adroit, agréable, éloquent, spirituel et le tout aussi bonne grâce qu'on pouvoit dire qu'il estoit très parfait en toutes sortes d'exercices cavaleresques, si bien que qui n'a pas veu M. de Nemours en ses années gaies, il n'a rien veu.* Il épousa, en 1566, Anne d'Este, veuve de François de Lorraine, duc de Guise, et mourut de la goutte à Annecy, en 1585.

François de Montmorin, seigneur de Saint-Hérem, chevalier des ordres du roi et gouverneur d'Auvergne. Il était fils de Jean de Montmorin et de Marie de Chazeron. Après avoir donné, dans diverses occasions, de grandes preuves de son courage et de sa prudence, il fut récompensé du gouvernement d'Auvergne, où il se comporta avec beaucoup de sagesse. Il s'en démit entre les mains du roi Charles IX en le priant d'en gratifier son fils, qu'il avait eu de Jeanne de Joyeuse, dame de Bothéon.

Gaspard de Montmorin, chevalier des ordres du roi et gouverneur d'Auvergne. Il continua d'agir avec la même prudence et la même fidélité que son père.

Jean-Louis de La Rochefoucauld, comte de Randan, chevalier des ordres du roi et gouverneur d'Auvergne. Il était fils de Charles de La Rochefoucauld, comte de Randan, et de Fulvia Pic de La Mirandole, dame d'honneur de la reine Louise de Lorraine-Mercœur, femme d'Henri III. Les services du père, le crédit que la mère avait à la cour et la bonne opinion que ce jeune seigneur avait fait concevoir de son courage et de sa conduite, lui procurèrent le gouvernement d'Auvergne. La mort des Guises ayant donné de nouvelles forces à la Ligue, notre gouverneur devint un des plus grands appuis de cette faction pour soutenir la religion qu'il croyait en péril et pour complaire à sa mère et à François de La Rochefoucauld, son frère, alors évêque de Clermont et depuis cardinal. L'autorité des deux frères jeta presque toute la province dans le même parti. Il ne resta dans celui du roi que les villes de Clermont et de Montferrand et quelques châteaux dans la basse Auvergne et quelques portions de la prévôté d'Aurillac dans la haute. Après la prise de quelques petites places, voulant entrer dans Clermont et Montferrand, il en trouva les portes fermées ; ce qui le fit résoudre de convoquer les trois états de la basse Auvergne à Billom, dans la pensée que ces deux villes suivraient les mouvements de ceux qui étaient à la tête de la province ; mais voyant qu'il n'en était pas ainsi, il entreprit de les bloquer. Alors Yves d'Alègre, seigneur de Meilhau, zélé royaliste, surprit la ville d'Issoire et s'en rendit le maître. A cette nouvelle, le comte leva le blocus et vint reprendre Issoire qui devint plus forte qu'elle n'était par une citadelle qu'il fit construire pour la défendre. Il ramassa de plus de nouvelles troupes qu'il se disposait de conduire à Charles de Lorraine, duc de Mayenne, chef de la Ligue, lorsqu'il se vit arrêté dans son gouvernement par la vigueur que le parti du roi reprit dans Clermont. La cour avait tant de considération pour le comte de Randan qu'elle ne voulut point nommer un autre gouverneur à sa place, non plus qu'à celle de lieutenant au bas pays d'Auvergne, qu'avait Jean-Timoléon de Beaufort-Montboissier, marquis de Canillac. On se contenta d'envoyer dans la province Gilbert Coeffier d'Effiat pour y faire en secret les fonctions de gouverneur et de donner un commandant particulier à la ville de Clermont, qui fut Jean de La Queilhe, seigneur de Florat. Le zèle de ces deux seigneurs pour les intérêts du roi, joint à celui des échevins et du lieutenant-général de Clermont, enleva la ville d'Issoire à la Ligue. Le généreux comte de Randan, voulant reprendre une ville de cette conséquence, combattit l'armée royale devant Issoire et fut tué les armes à la main, également regretté des deux partis (1). Il avait épousé Isabelle de La Rochefoucauld, sa cousine, fille puînée de François, IIIe du nom, comte de La Rochefoucauld, et de Charlotte de Roye, comtesse de Roucy, sa seconde femme, et de cette alliance vint l'illustre Marie-Catherine de La Rochefou-

---

(1) V. André IMBERDIS : *Histoire des guerres religieuses en Auvergne pendant les XVIe et XVIIe siècles*. Riom, Leboyer, 1846.

cauld, duchesse de Randan, marquise de Seneçay, dame d'honneur d'Anne d'Autriche, reine de France, et gouvernante du roi Louis XIV et de Philippe de France, duc d'Orléans.

François de Bourbon, prince de Conti, chevalier des ordres du roi et gouverneur d'Auvergne. Il était le troisième fils de Louis de Bourbon, prince de Condé, et d'Éléonore de Roye. Son premier attachement fut pour Henri IV, alors roi de Navarre, qui le fit général de l'armée des Français, des Suisses, des reîtres et des lansquenets que son parti mit sur pied en 1587. Il eut le gouvernement d'Auvergne en 1590. Il s'en démit en faveur de Charles de Valois, comte d'Auvergne, et on lui donna en récompense celui de Paris et de l'Ile de France. Après la mort d'Henri IV, il assista au sacre et au couronnement de Louis XIII et y représenta le duc de Normandie. Il mourut en l'hôtel de l'abbaye de Saint-Germain-des-Prés, à Paris, le 3 d'août 1614, sans avoir eu d'enfants ni de Jeanne de Coesme, sa première femme, fille de Louis de Coesme, veuve du comte de Montafié, ni de Louise-Marguerite de Lorraine, sa seconde femme, fille d'Henri de Lorraine, duc de Guise, et de Catherine de Clèves.

Charles-Emmanuel de Savoie, duc de Nemours, gouverneur d'Auvergne pour le duc de Mayenne. Il était fils de Jacques de Savoie, duc de Nemours, et d'Anne d'Este, laquelle avait été mariée en premières noces à François de Lorraine, duc de Guise ; de sorte qu'il avait pour frères utérins Henri de Lorraine, duc de Guise, Charles de Lorraine, duc de Mayenne, et Louis de Lorraine, archevêque de Reims et cardinal. Il prétendait à la couronne de France ; mais la conversion du roi Henri IV ayant rompu toutes ses mesures, il ne songea plus qu'à s'assurer une souveraineté qui comprenait dans son idée l'Auvergne et les autres provinces qui composaient son gouvernement dont le siège eût été Lyon. Voyant que ses desseins n'allaient pas à son gré, il se retira à Annecy où il tomba dans une maladie de langueur qui l'emporta en 1595, à 28 ans, dans le temps que sa mère et Alexis de Comnène, gentilhomme grec, étaient sur le point de faire la paix avec le roi

Henri IV. On dit de lui qu'il était d'une libéralité et d'une magnificence dignes des plus grands rois, et d'une sobriété qui eût fait de l'honneur aux plus grands philosophes.

Charles de Valois, comte d'Auvergne et gouverneur de la même province. Il était fils naturel du roi Charles IX et de Marie Touchet, dame de Belleville. Ce prince fut d'un mérite extraordinaire ; il en donna des preuves dans la guerre et dans les ambassades. On lui donna le gouvernement d'Auvergne en 1592. Il s'y rendit pour en prendre possession et assiégea la ville de Vichy ; mais il fut obligé de lever le siège dès qu'il apprit qu'Henri de Savoie, marquis de Saint-Sorlin et lieutenant pour la Ligue au gouvernement de Lyon, venait au secours de la place.

Étant en Auvergne, il ne fut pas si fort attaché au service du roi qu'il ne prêtât l'oreille au mécontentement de quelques seigneurs qui voulaient faire de la peine à Henri IV dans ce commencement de règne. Il se trouva mêlé dans les intrigues du maréchal de Biron, et il lui en eût peut-être coûté la vie, si le roi n'eût sacrifié son ressentiment aux prières du connétable de Montmorency, son beau-frère, de la duchesse d'Angoulême, sa tante, et de la marquise de Verneuil, sa sœur utérine.

Cette duchesse l'engagea encore dans de nouveaux périls, dont il ne se tira que par la seule bonté du prince. Elle avait pris, par sa beauté, tant d'empire sur l'esprit du roi, qu'elle porta ses yeux jusqu'au trône. Voyant la faiblesse du roi pour elle, elle ne voulut lui accorder aucune faveur qu'à la condition de devenir sa femme aussitôt qu'elle aurait eu un fils, et pour cela elle se fit donner une promesse de mariage de la main du roi, dans le temps même qu'on travaillait à le marier avec Marie de Médicis. Elle n'y forma pourtant point d'opposition, contente d'avoir le billet et le cœur du roi, qui lui avait donné un appartement dans le château de Fontainebleau, où il faisait son séjour ordinaire.

La reine eut bientôt découvert les feux du roi pour la duchesse. Celle-ci, fière de posséder le cœur du prince, ne se soumettait qu'avec peine à la reine et ne s'embarrassait pas de lui faire du chagrin. La reine ne put plus souffrir une maîtresse si impérieuse, elle éclata enfin contre sa rivale, contre le seigneur d'Entragues, et contre le comte d'Auvergne. Ces trois personnes, craignant les effets de la colère de cette princesse, demandèrent permission au roi de sortir du royaume. Ce prince, touché du trouble de sa maison et de l'aversion de ses peuples pour ses amours, consentit à leur retraite, dans la pensée qu'ils passeraient en Angleterre ; mais la duchesse, qui ne s'attendait pas à tant de froideur du côté du roi, se laissa si fort transporter à la colère qu'elle forma le dessein d'avoir recours au roi d'Espagne et traita secrètement avec son ambassadeur Baltazar de Zuniga, qui l'assura, de la part de son maître, qu'elle trouverait, avec son père et son frère, un asile assuré à Madrid. Le roi, averti d'un tel dessein, employa la douceur pour en arrêter l'exécution. Le comte d'Auvergne, qui faisait son séjour à Clermont, où il était adoré de tous les peuples de la province, reçut des ordres pour se rendre à la cour. Ce prince, qui regardait l'amitié des Auvergnats comme un rempart contre la colère du roi, et de plus charmé des beaux yeux de Claude de La Tour, dame de Florat, différa d'obéir sous divers prétextes. Enfin, voyant que la douceur était inutile pour le tirer de son gouvernement, il y eut des ordres pour l'arrêter ; ce que Murat, lieutenant-général en la sénéchaussée de Riom, fit avec beaucoup d'adresse ; on le conduisit à la Bastille ; son procès lui fut fait et il fut condamné à perdre la tête. Le roi changea la peine de mort en une prison perpétuelle (1). Il fut onze ans à la Bastille et n'en fut tiré que par le roi Louis XIII, en 1626, lorsque Concino Concini, marquis d'Ancre, eut fait arrêter Henri de Bourbon, prince de Condé. Il rendit de grands services au roi, qui lui confia le commandement de ses ar-

---

(1) V. une copie du procès de Charles de Valois à la Bibl. de Clermont, ms. n° 568 du catalogue Couderc. — V. aussi Marc DE VISSAC, *Chroniques de la Ligue dans la basse Auvergne*. Riom, Girerd, 1888.

mées et l'envoya ambassadeur en Allemagne, auprès de l'empereur Ferdinand II. Il mourut dans son hôtel à Paris, en 1650, âgé de 77 ans et demi. Il avait épousé en premières noces Charlotte, fille d'Henri, duc de Montmorency, connétable de France, et d'Antoinette de La Marck, et en secondes noces Françoise de Nargone-Mareuil, morte le 10 août 1713, âgée de 92 ans, c'est-à-dire 138 ans après son beau-père Charles IX, qui mourut en 1574.

Claude de Lorraine, duc de Chevreuse, prince de Joinville, chevalier des ordres du roi, grand chambellan et gouverneur d'Auvergne. Il rendit de grands services à Henri IV au siège de La Fère et à celui d'Amiens. Après avoir été arrêté et mis à la Bastille pour une affaire où il y avait plus de jeunesse que de mauvaise volonté, il obtint sa grâce. Il alla depuis en Hongrie exercer sa valeur contre les Turcs. A son retour, le roi Louis XIII lui donna le gouvernement d'Auvergne. Il mourut d'apoplexie dans son hôtel, à Paris, en 1639. Il avait épousé Marie de Rohan, veuve du duc de Luynes, si connu du temps de la minorité de Louis XIV. Il s'était démis du gouvernement d'Auvergne en faveur du maréchal d'Effiat.

Antoine Coeffier, marquis d'Effiat, chevalier des ordres du roi, surintendant des finances, grand-maître de l'artillerie, maréchal de France et gouverneur d'Auvergne. Il se distingua, sous le ministère du cardinal de Richelieu, par sa valeur et par sa sagesse, qui furent récompensées de toutes les grandes charges dont nous venons de parler. En 1632, il eut le commandement de l'armée qu'on envoyait en Alsace ; il en fit la revue et s'échauffa si fort, qu'il fut attaqué d'une fièvre qui, le quatrième jour, le mit dans le tombeau, à Lutzelstein ou à la Petite-Pierre, le 29 juillet 1632. Son corps fut porté à Effiat, où il est enterré.

Jean de Saint-Bonnet, s^r de Toiras, chevalier des ordres du roi, maréchal de France et gouverneur d'Auvergne. Il descendait de la maison de Sommières-Caylar ; il était fils puîné d'Aymard de Saint-Bonnet de Toiras et de Françoise-Claire de Saint-Félix, dame de Palières. Il fut élevé page d'Henri de

Bourbon II, prince de Condé, qui le fit le premier gentilhomme de sa chambre. Ce prince le mena en Flandre ; mais il ne fut pas longtemps à revenir, ne voulant avoir aucun commerce avec l'Espagne. Le roi Henri IV le voulut avoir auprès de lui pour s'en servir dans ses parties de chasse, mais encore pour entretenir la passion qu'il avait pour la princesse de Condé, prenant plaisir de parler avec lui de la vie qu'elle menait en Flandre, de ses occupations et de ses divertissements.

Après la mort du roi, ce seigneur fut bien reçu de Louis XIII, parce qu'il entendait parfaitement toutes les ruses de la chasse, pour laquelle ce jeune roi avait une forte passion. Il fut si content de lui, qu'il lui donna une pension de quinze cents livres en 1612, le fit capitaine de la volière des Tuileries et capitaine aux gardes en 1620. Il commença à acquérir de la réputation dans la guerre au Pont-de-Cé, aux sièges de Saint-Jean-d'Angély, de Montauban et de Montpellier. Tous ces nouveaux exploits lui donnèrent bonne opinion de lui-même, et, comme il avait l'avantage d'avoir l'oreille du roi par le moyen des parties de chasse, où il se trouvait souvent avec lui, il se flatta de parvenir aux mêmes dignités où était monté le connétable de Luynes, qui s'était rendu maître de l'esprit du roi par les mêmes moyens. Le seul qui lui faisait obstacle était Armand-Jean du Plessis, évêque de Luçon, qui fut, dans la suite, seul ministre d'État. Il forma une cabale pour le perdre ; elle fut découverte et dissipée ; mais le prélat n'en perdit jamais le souvenir. Ses belles actions ne contribuèrent pas peu à la prise de La Rochelle. Sa gloire augmenta beaucoup à Casal, en 1630. Il y fut assiégé par Ambroise Spinola, gouverneur de Milan, qui s'était vanté de prendre la place dans quarante jours. Il y soutint neuf assauts, et le siège fut enfin levé par le moyen de la trêve qui fut faite, par les intrigues de Jules Mazarin, entre les deux armées qui étaient sur le point de décider la chose par une sanglante bataille. Une clause de cette trêve obligeait le seigneur de Toiras à remettre la place entre les mains d'un commissaire de l'empereur, jusqu'à ce que ce prince eût donné l'investiture du duché de

Mantoue et de Montferrat à Charles de Gonzague, duc de Nevers, pour lequel on combattait. Cette clause déplut au s' de Toiras ; il eut de la peine à sortir de Casal et ne s'y fût jamais résolu s'il n'eût été sollicité par le marquis de Brézé, beau-frère du cardinal de Richelieu, qui fut le trouver de la part des généraux de notre armée ; et si le pape Urbain VIII ne l'en eût prié par un bref dans lequel le Saint-Père lui représentait qu'il s'était acquis assez de gloire dans le monde pour ne s'opposer pas plus longtemps à la tranquillité de l'Italie, *laquelle en devenoit tout entière sa redevable.*

Il conclut la paix de Quérasque en 1636 et fit le traité de Mirefleur entre la France et la Savoie, par lequel Pignerol fut cédé à la France. Après cela, le gouvernement d'Auvergne ayant vaqué par la mort du maréchal d'Effiat, il en fut gratifié. Il en eut une joie extrême à cause de la beauté du pays, des alliances qu'il avait dans la province, et enfin par le souvenir qu'il avait de la manière obligeante dont il avait été reçu en 1629, lorsqu'il y mena une partie de l'armée du roi pour la remettre des fatigues du siège de La Rochelle. L'Auvergne ne jouit pas néanmoins de l'avantage qu'elle espérait de l'inclination du gouverneur. On le soupçonna d'avoir été dans l'intrigue du duc d'Orléans contre l'autorité du cardinal, quoiqu'il eût renvoyé à ce premier ministre la lettre qu'il avait reçue de ce prince, frère du roi, sans l'avoir ouverte.

Quoi qu'il en soit, le cardinal fut ravi de le trouver coupable en quelque chose, et on ne manqua pas de renouveler un ancien soupçon qu'on avait eu autrefois de sa fidélité, lorsqu'on l'avait cru capable de se cantonner dans la citadelle de Saint-Martin et dans le Fort-Louis. On lui fit aussi un crime sur la difficulté qu'il avait faite à Casal d'obéir aux généraux de notre armée, et sur ce que deux de ses frères, Jacques de Saint-Bonnet-Toiras, gouverneur de Clermont-Lodève, et Simon de Saint-Bonnet-Toiras, évêque de Nîmes, s'étaient jetés dans le parti du duc d'Orléans. On présuma que, devant toute leur fortune au maréchal, ils ne l'avaient fait que par son avis. Tout cela, joint à sa manière d'agir avec fierté en souverain de Casal, obligea la cour à former le dessein de le surprendre dans sa place et de l'en tirer avec adresse. Ce projet étant venu à sa connaissance, il se rendit le plus fort dans Casal par le moyen du régiment de son neveu de Saint-Bonnet, gouverneur de Leucate, qu'il trouva dans la disposition de suivre aveuglément ses ordres contre le roi et contre le duc de Mantoue. L'Espagne lui offrit les troupes du Milanais, l'empereur le voulut créer prince de Casal et lieutenant de ses armées en Italie, et le duc de Savoie lui offrit chez lui des emplois et de l'argent pour la valeur de la place. Il écouta tout et n'accepta rien, aimant mieux remettre Casal au roi et ne pas manquer de fidélité à son prince. La cour trouva bien des prétextes pour l'attirer, mais il fut toujours inébranlable. *Le mareschal,* dit son historien, *qui voyoit de loin et qui, par son bon sens, découvroit celuy qui estoit caché dans la lettre du roy et du cardinal, évita de venir; ny le prétexte du gouvernement d'Auvergne, ny la réception du cordon bleu, où il falloit estre en personne, ne furent pas assez forts pour l'attirer* (1). Il fallut convenir d'une ville d'Italie pour sa retraite, jusqu'à ce que sa crainte fût dissipée. On choisit Ferrare; il s'y rendit et en sortit encore pour aller à Venise, à Lorette, à Rome, à Milan et à Turin ; ce qui fut pris pour un dessein de former de nouvelles intelligences contre l'État. La cour prit aussi de nouveaux ombrages et résolut de le punir. Dans cette vue, on commet en Auvergne un autre gouverneur, auquel on donna les appointements. On retrancha, de plus, les revenus attachés à la dignité de maréchal de France et ses pensions; de sorte que ce grand homme se vit réduit à soutenir sa vie des libéralités du duc de Savoie et des cardinaux français, et surtout d'Antoine Barberin.

En 1636, il crut voir quelque jour au rétablissement de ses affaires. Le duc de Savoie s'étant déclaré pour la France, il le choisit pour général de ses troupes, avec l'agrément du

---

(1) Michel BAUDIER, *Histoire du maréchal de Toiras.* Paris, 1644, in-folio.

roi. La fortune, qui semblait vouloir le favoriser, l'abandonna bientôt. Dès le commencement de cette guerre, il reçut un coup de pistolet à l'approche de la forteresse de Fontanette, dans le Milanais, dont il mourut, le 14 juin 1636, les armes à la main, comme il avait souvent souhaité, généralement estimé des Français et des étrangers. Son corps fut enterré dans l'église des capucins de Turin, et sa pompe funèbre se fit en présence de toute la cour de Savoie et du sénat. Il n'avait point pris d'alliance.

Bertrand de La Hire, marquis de Vignoles, chevalier des ordres du roi, maréchal-de-camp et gouverneur d'Auvergne. Il était fils de François de Vignoles de La Hire et de Madeleine de Roche-Beaucourt. Dans le temps que le maréchal de Toiras n'avait pas quitté l'Italie, la cour, qui ne voulait pas laisser l'Auvergne sans gouverneur, mit à la place ce seigneur déjà fort âgé, mais célèbre par les belles actions qu'il avait faites au siège de La Rochelle et à celui de Miolans, château de Savoie situé sur la pointe d'un rocher. Il mourut de dysenterie à Péronne, en 1636, âgé de soixante-onze ans, et avec lui finit l'ancienne maison de La Hire.

Gaspard-Armand, vicomte de Polignac, chevalier des ordres du roi et gouverneur d'Auvergne. Son père était Louis-Armand, vicomte de Polignac, et sa mère Françoise de Montmorin. Il obtint par commission le gouvernement d'Auvergne dans le temps de la disgrâce du maréchal de Toiras. Il sut l'art de s'attirer l'amour de tous les peuples de cette province. Il avait été marié avec Claudine-Françoise, fille aînée de Just-Louis, s^r de Tournon, et de Madeleine de La Rochefoucauld.

Gaston-Jean-Baptiste de France, duc d'Orléans et gouverneur d'Auvergne. Tout le monde connaît ce prince, fils puîné du roi Henri IV et de Marie de Médicis. Après avoir mené une vie pleine d'agitation, il passa ses dernières années avec plus de tranquillité et mourut en 1660.

François de Noailles, comte d'Ayen, marquis de Montclar, chevalier des ordres du roi et gouverneur d'Auvergne. Il était fils d'Henri de Noailles, comte d'Ayen, et de Jeanne-Germaine d'Espagne. Il rendit de grands services au roi pendant les guerres de religion. Il rendit le calme aux peuples du Rouergue, où le duc de Rohan, après le siège de La Rochelle, avait rallumé le feu de la rébellion. Il contribua beaucoup à la reddition de la ville de Milhau. Le nom de Noailles était célèbre pour les ambassades. On sait avec quelle fermeté François et Gilles de Noailles soutinrent l'honneur de la France à Constantinople, à Londres et à Venise. François suivit les traces de ces grands hommes ; on l'envoya ambassadeur à Rome, et il se fit une grande réputation dans cette cour, où le vrai mérite n'est jamais méconnu.

Lorsque le duc d'Orléans traversa l'Auvergne avec l'armée qu'il conduisait en Languedoc au secours du duc de Montmorency (1), le comte de Noailles eut ordre de prendre garde qu'il n'y eût aucun mouvement en Auvergne. Tandis que les troupes du duc d'Orléans passaient, il se tint sur les remparts de Riom, d'où il fit tirer sur elles quelques volées de canon. Voyant que tout était tranquille dans l'Auvergne, il se rendit en Languedoc, dans l'armée du roi, où il servit avec beaucoup de courage en qualité de maréchal-de-camp. Les maréchaux de Vitry et de La Force l'envoyèrent, avec quatre cornettes de cavalerie, à Béziers, pour y recevoir le serment de fidélité du gouverneur et des habitants.

Dans le temps que le duc d'Orléans et le s^r de Cinq-Mars-Effiat formaient un parti en Espagne contre la France, ou plutôt contre le cardinal de Richelieu, les seigneurs de la cour et de l'armée qui assiégeait Perpignan se trouvèrent partagés au sujet du premier ministre et du s^r de Cinq-Mars.

---

(1) Le passage du duc d'Orléans en Auvergne, qui pourrait faire l'objet d'une intéressante étude d'histoire locale, eut lieu dans les premiers jours de juillet 1632. Le 7, ce prince était sous les murs de Riom. Voir, sur cet épisode de nos dissensions intestines, les *Archives du ministère des Affaires étrangères*, France, 802, page 286, et une curieuse plaquette : *Les travaux surmontez, par G. de Roux*, publiée par M. Paul LE BLANC dans le tome XXII des *Mémoires de l'Académie des sciences, belles-lettres et arts de Clermont-Ferrand*.

Le comte de Noailles, qui fit de sérieuses réflexions sur la fin malheureuse de ceux qui avaient voulu attaquer l'autorité du cardinal, ne se sépara jamais de ses intérêts. Quand le traité d'Espagne eut découvert le but des intrigues des mécontents, on ôta au duc d'Orléans le gouvernement de l'Auvergne et on le donna au comte de Noailles pour récompenser sa fidélité. Après la mort du roi, il fut rendu au duc d'Orléans, qui, voulant faire voir que la conduite du comte ne lui avait point déplu, ne s'opposa point au choix que l'on fit de lui pour gouverneur de la ville et château de Perpignan, des comtés et seigneuries de Roussillon, Conflans et Cerdagne. Il mourut en 1645. Il avait épousé Rose de Roquelaure, fille d'Antoine, maréchal de France, et de Catherine d'Ornesan.

Honoré d'Albert, duc de Chaulnes, maréchal de France et gouverneur d'Auvergne. Il était fils puîné d'Honoré d'Albert, s^r de Luynes, et frère de Charles d'Albert, duc de Luynes, connétable de France. En ôtant au duc d'Elbeuf, dont on était mécontent, le gouvernement de Picardie, on le donna au duc de Chaulnes ; mais il fut obligé de le rendre à ce prince, et, en échange, on le fit gouverneur d'Auvergne. Il mourut en sa 69e année, le 30 octobre 1649, doyen des maréchaux de France.

Louis-Charles-Gaston de Nogaret, duc de Candale, pair de France, lieutenant général des armées du roi et gouverneur d'Auvergne. Il était fils de Bernard de Nogaret, duc d'Epernon, de La Valette et de Candale, et de Gabrielle-Angélique, légitimée de France, fille d'Henri IV et d'Henriette de Balsac d'Entragues, marquise de Verneuil. Dès qu'il fut gouverneur d'Auvergne, il réunit toute la noblesse dans les intérêts du roi et dissipa quelques assemblées qui se faisaient dans quelques lieux écartés, en faveur du parlement et du prince de Condé. Il fut honoré du commandement de l'armée de Guyenne en 1652 et en 1653. Il était accompagné de plusieurs Auvergnats d'une grande distinction. Tout plia devant ses troupes. Bordeaux même ne put pas lui résister. Il mourut, sans avoir pris d'alliance, le 28 janvier 1658, et il fut enterré dans la chapelle du château de Cadillac.

Jules Mazarin, cardinal de l'Église romaine, ministre d'État et gouverneur d'Auvergne. Après avoir gouverné longtemps la France et avoir essuyé bien des orages, il finit ses jours à Vincennes, en 1661. Son corps a été transporté, longtemps après, dans l'église du collège des Quatre-Nations, à Paris.

Godefroy-Maurice de La Tour, duc de Bouillon, grand-chambellan de France et gouverneur d'Auvergne. Il fut un des grands seigneurs de France qui se rendirent en Hongrie pour secourir l'empereur Léopold, en 1664, contre le grand-seigneur Mahomet III. Il combattit avec beaucoup de valeur au passage du Raab; il eut un cheval tué sous lui, et, sans les officiers qui l'accompagnaient, il eût eu bien de la peine à se tirer du péril extrême où il s'était exposé. Il se signala encore aux prises des villes de Tournai, de Douai et de Lille, en 1667. Il accompagna le roi à la conquête de la Franche-Comté en 1668, à celle de Hollande en 1672. Il se trouva aux sièges et prises de Munich, de Besançon, de Dôle, de Limbourg, de Valenciennes, de Cambrai et de Gand. Il avait épousé, en 1662, Marie-Anne Mancini, nièce du cardinal Mazarin.

Emmanuel-Théodose de La Tour, duc de Bouillon, grand-chambellan de France et gouverneur d'Auvergne.

Lieutenants au gouvernement d'Auvergne

Les comtes, les connétables, les baillis généraux et les gouverneurs d'Auvergne ont eu des lieutenants. Sous les comtes, on les qualifiait vicomtes; sous les connétables, on les nommait maréchaux, et sous les baillis, lieutenants-généraux. Sous les gouverneurs, on les traita d'abord de lieutenants des gouverneurs, et ensuite de lieutenants de roi.

Les vicomtes d'Auvergne n'étaient pas ordinaires. Les comtes les établissaient à leur gré et en mettaient plusieurs en divers cantons. Les différents vicomtes étaient ordinairement qualifiés vicomtes de Clermont, de Turluron, de Tallende, du

Livradois, de Brioude, du Velay, du Gévaudan, de Carlat et de Murat, et ils sont tous connus par ces noms. Le vicomté du Velay comprenait la partie de la basse Auvergne qui s'étend depuis Vieille-Brioude jusqu'aux confins du Velay ; celui du Gévaudan avait la partie de la haute Auvergne située vers les frontières du Gévaudan, sur la rivière de Truyère. Le siège des vicomtes de Clermont était à Clermont, celui des vicomtes de Turluron à Billom, des vicomtes de Tallende à Saint-Amant, des vicomtes du Livradois à Arlanc, des vicomtes de Brioude à Brioude, des vicomtes du Velay à Saint-Paulien, des vicomtes de Carlat à Aurillac, des vicomtes de Murat à Murat, et des vicomtes de Gévaudan à Ruines.

Les lieutenants-généraux d'Auvergne avaient originairement le nom de lieutenants des gouverneurs, parce qu'ils devaient leur emploi aux seuls gouverneurs qu'ils choisissaient dans des occasions où ils étaient obligés de s'éloigner de la province pour des affaires importantes, c'est-à-dire fort rarement. Aussi n'en trouvons-nous que trois : Pierre de Norri, seigneur de Norri, en 1380, sous Jean, Ier du nom, comte d'Auvergne ; Robert de Mailly, en 1396, sous Jean Le Maingre-Boucicaut, et Gilbert de Châlus, sous Jean Stuart d'Albanie.

Le roi François II établit des lieutenants et les rendit ordinaires ; il leur donna le titre de lieutenants du roi et voulut qu'ils fussent indépendants des gouverneurs pour s'assurer par eux de leur fidélité. Le roi François unit le gouvernement d'Auvergne à celui de Lyon. Le roi Charles IX en fit un gouvernement particulier duquel relevait la Marche limousine. C'est pourquoi on vit trois lieutenants de roi dans le gouvernement d'Auvergne : le premier, pour la basse Auvergne ; le second, pour la haute, et le troisième, pour la Marche. Le roi Henri IV donna à la Marche un gouverneur en chef, de sorte qu'il n'est resté pour l'Auvergne que deux lieutenants de roi.

Le roi Louis XIV créa, de plus, deux charges de lieutenant de roi, par l'édit de 1692 : l'une pour la haute Auvergne, et l'autre pour la basse. Celle de la haute est la seule qui fut levée par Annet-Joseph de Scorailles, marquis de Roussille, frère de Mme la duchesse de Fontanges ; son fils Louis-Théodose en fait les fonctions depuis la mort de son père.

Lieutenants de roi en la basse Auvergne

Nectaire, seigneur de Saint-Nectaire. Il était fils d'Antoine de Saint-Nectaire et de Marie d'Alègre. Il servit très utilement dans l'armée du Lyonnais et du Dauphiné, sous Jacques de Savoie, duc de Nemours, en 1560. Il fit des merveilles à la journée de Dreux.

Artaud d'Apchon Saint-Germain, chevalier de l'ordre du roi, et gentilhomme de la chambre. Il était le fils de Michel Artaud d'Apchon et de Marguerite de Lavieu. L'alliance qu'il fit avec Marguerite d'Albon, sœur du maréchal de Saint-André, servit à lui faire obtenir la lieutenance de roi de la basse Auvergne et de la haute.

Antoine d'Apchon, seigneur de Cézerac. Il était frère du précédent lieutenant de roi. Il donna des marques de sa valeur à la prise de La Charité, à la défense de Lyon et à la bataille de Dreux.

Christophe Le Loup, seigneur de Montfan, chevalier de l'ordre du roi, lieutenant de roi en la basse Auvergne. Il était fils de Louis Le Loup, seigneur de Pierre-Brune, et d'Antoinette de Lafayette. Le roi Charles IX l'honora du collier de son ordre et de la lieutenance de roi de la basse Auvergne, dans le temps que Gaspard de Montmorin était gouverneur de la province où ce seigneur se signala pendant les guerres de la Ligue.

Jean de Beaufort-Montboissier, marquis de Canillac. Il était fils de Marc de Beaufort-Montboissier et de Catherine de La Queilhe. Il fut tué les armes à la main dans l'armée du duc de Mayenne.

Jean-Timoléon de Beaufort-Montboissier, marquis de Canillac, fils du précédent marquis de Canillac et de Gilberte de

Chabannes. On conserva cette charge au fils pour attirer dans le parti du roi tout le reste de la maison de Montboissier, dont l'autorité était grande dans la province. Il mourut en 1598.

Charles de Coligny, marquis d'Andelot, chevalier des ordres du roi et maréchal-de-camp. Il était fils puîné du fameux amiral de Coligny et de Charlotte de Laval. Il abandonna la religion prétendue réformée pour suivre la catholique. Charles de Lorraine, duc de Mayenne, lui procura cette lieutenance de roi dans l'étendue du gouvernement du duc de Nemours. Il se jeta aveuglement dans ses intérêts, quand ce dernier prit le dessein de composer un petit état où il pût être le maître ; c'est pourquoi, ne pouvant pas garder le Lyonnais et le Dauphiné que le duc de Nemours n'abandonnait point, il tâcha du moins de sauver l'Auvergne du naufrage et se retira dans la ville de Brioude où le duc vint l'assiéger. Il fut pris et envoyé au château de Pierre-Encise, à Lyon. Deux ans après, Pierre d'Espinay, archevêque de Lyon, fit prendre les armes, par ordre du duc de Mayenne, aux bourgeois. Ils trouvèrent moyen de se saisir du duc de Nemours, qu'ils renfermèrent dans Pierre-Encise, et donnèrent la liberté au marquis d'Andelot. Il avait épousé Huberte de Chastenay, dame de Dinteville.

Henri de Savoie, duc de Nemours, lieutenant pour la Ligue au gouvernement d'Auvergne. Après la disgrâce du marquis d'Andelot, il commanda dans cette province de la part du duc de Nemours, son frère, sous le nom de marquis de Saint-Sorlin. Après la mort de son frère, il tâcha de se faire gouverneur à sa place ; mais, pressé par Anne d'Este, sa mère, il continua le traité qui avait été commencé avec Henri IV, et le conclut à Folembray en 1596.

Il se trouva au siège d'Amiens, en 1597, contre l'Espagne, avec laquelle il s'unit en 1615 contre la Savoie, parce qu'on n'avait pas voulu lui accorder en mariage sa cousine Isabelle de Savoie, qui fut mariée à Alphonse d'Este, prince de Modène. Elle était fille de Charles-Emmanuel, duc de Savoie, et de

Catherine d'Autriche, infante d'Espagne. L'amour extrême qu'il avait pour cette princesse se changea en une haine effroyable contre son père, qui la lui avait refusée. Ils se réconcilièrent néanmoins en 1619, par l'entremise du maréchal de Bellegarde. Au défaut d'Isabelle, il épousa, en 1618, Anne de Lorraine, fille unique de Charles, duc d'Aumale, et de Marie de Lorraine-Elbeuf. Ce prince mourut à Paris, en 1632.

Antoine, seigneur de Roquelaure, chevalier des ordres du roi, maréchal de France. Il était déjà lieutenant de roi de la haute Auvergne, quand il le fut fait de la basse en 1599, après la mort de Jean-Timoléon de Beaufort-Montboissier. Son père était Géraud, seigneur de Roquelaure, et sa mère, Catherine de Besolles. Le roi Louis XIII le fit maréchal de France en 1615, en récompense des longs services qu'il avait rendus sous Henri IV contre la Ligue, les Espagnols et la Savoie. Il fut marié à Catherine d'Ornesan, veuve de Gilles de Montal, baron de La Roquebrou. Il mourut subitement à Leytoure, en 1625, âgé de 81 ans. Il est enterré à l'église de Roquelaure.

Jean-Claude de Beaufort-Montboissier, vicomte de Lamothe-Canillac. Jean de Beaufort-Montboissier, vicomte de Lamothe-Canillac, fut son père, et Jeanne, dame de Maumont, sa mère. Il ne dégénéra pas de la vertu et du courage de ses aïeux. Il maintint la basse Auvergne dans une parfaite tranquillité, pendant les mouvements que les ducs de Rohan et de Soubise excitèrent dans le voisinage de cette province. Il mit dans sa maison la terre de Dienne par son mariage avec Gabrielle de Dienne.

François de Daillon, comte de Lude, gouverneur de Gaston de France, duc d'Orléans. Il tenait le jour de Guy de Daillon, comte de Lude, et de Jacquette de Lafayette. Il servit avec beaucoup de courage sous les rois Henri III, Henri IV et Louis XIII. La bienséance de ses terres de Pontgibaud et de Montel-le-Dégelé (1) lui fit souhaiter la lieutenance de roi de

---

(1) Le Montel-de-Gelat.

cette province. Il épousa Françoise de Schomberg, sœur d'Henri de Schomberg, maréchal de France. Il mourut en 1619.

Timoléon de Daillon, comte de Lude. Il était fils du précédent seigneur, comte de Lude. Après avoir été longtemps à la cour, il se retira dans sa maison de Lude, où il mena une vie tranquille le reste de ses jours et y mourut, laissant des enfants de Marie Feydeau.

Martin Ruzé, marquis d'Effiat. Ce fils du maréchal d'Effiat, après avoir porté les armes avec succès en Flandre, vint prendre possession de la lieutenance de roi d'Auvergne, en 1637. Il mit à même temps sur pied un régiment d'infanterie, qui eut le nom d'Effiat. Il se conduisit avec la noblesse d'Auvergne en Languedoc, dans le dessein de secourir Leucate, assiégée par les Espagnols, qui avaient pour général le comte de Serbellon. Il apprit sur sa route que Charles de Schomberg, duc d'Halwin, gouverneur de Languedoc, avait forcé l'ennemi dans les lignes ; à cette nouvelle il reprit le chemin d'Auvergne. Il épousa en 1637 Isabelle d'Escoubleau et mourut en 1644.

Jean de Comboursier, marquis du Terrail, lieutenant-général des armées du roi. La maison de Comboursier est originaire du Dauphiné, mais presque naturalisée en Auvergne par le mariage de Louis de Comboursier, seigneur du Terrail, avec Charlotte de La Rochefoucauld, fille de François de La Rochefoucauld, seigneur de Ravel, qui vivait en 1535, et d'Eléonore de Vienne. Ce seigneur s'opposa fortement en Catalogne aux desseins de l'Espagne, en 1642. Il y commanda la cavalerie que l'on envoya au-devant du secours que dom Pedro d'Aragon, fils du duc de Cardone, menait à Colioure, dont Urbain de Maillé-Brézé, maréchal de France, faisait le siège. Il fit tête à l'infanterie ennemie, pendant que Philippe de La Mothe-Houdancourt donnait de son côté, de sorte que les Espagnols furent si bien attaqués, que leur général, avec dom François de Toralta et plusieurs autres seigneurs, y furent faits prisonniers et la ville fut emportée. Il combattit avec un courage égal devant Lerida, mais le succès ne fut pas le même. Le maréchal de La Mothe, qui commandait l'aile droite de notre armée, ayant enfoncé tout ce qui s'opposait à lui, le marquis, qui commandait l'aile gauche, ne donna pas avec moins d'intrépidité sur les ennemis ; mais il ne fut pas secondé, une terreur subite se répandit parmi les troupes, elles se dispersèrent, sans pouvoir être arrêtées par tous les efforts qu'il fit avec le généreux comte de Ravel, son fils unique, qu'il perdit en cette occasion.

Il servit sous le duc d'Orléans à plusieurs sièges de place. A celui de Mardick, en 1646, ce grand homme fut emporté d'un coup de canon qu'on tira de la place dans le temps qu'on signait la capitulation. Il fut marié avec Hilaire, dame de Montmorin-Saint-Hérem, de laquelle il eut Claude-Marie de Comboursier, héritière de cette maison qui porta cette opulente succession à Jean d'Estaing, marquis de Saillans.

Léon d'Aubusson, comte de La Feuillade, lieutenant-général des armées du roi. Il était fils de François d'Aubusson, IIe du nom, comte de La Feuillade, et d'Isabeau Braschet. Il était l'aîné de Georges d'Aubusson, évêque de Metz, et de François d'Aubusson, maréchal de France. Il fut tué au siège de Lens, en 1647, sans avoir été marié.

Henri de Saint-Nectaire, chevalier des ordres du roi et ministre d'État. Son mérite l'éleva à ce grand emploi et lui attira l'amitié de la reine Marie de Médicis, de la reine Anne d'Autriche, du cardinal de Richelieu et du cardinal Mazarin. Il mourut à Paris le 4 janvier 1662.

Christophe de Beaune, maréchal des camps et armées du roi. Il sortait de l'ancienne maison de Beaune en Vivarais, et avait épousé Jeanne de Belvezé-Jonchères. Ils moururent tous les deux presque en même temps, en 1662, sans avoir laissé de postérité. Leur succession passa à Henri de Montaigu-Fromigières.

Armand de Bautru, comte de Nogent-le-Roi, capitaine des gardes de la porte, maître de la garde-robe du roi et maréchal-de-camp. Il était fils de Nicolas Bautru, seigneur de Peschin. Sa femme était Diane-Charlotte de Caumont-Lauzun, à qui le roi avait donné cette lieutenance de roi d'Auvergne, lorsqu'elle était encore fille, pour l'apporter en dot à celui qu'elle épouserait. Après s'être signalé à la prise d'Emmerick, où il fit la fonction de maréchal-de-camp sous Louis de Bourbon II, prince de Condé, il fut sur le Rhin avec notre armée où le comte de Guiche, ayant trouvé un gué à Tolhuys, passa ce fleuve à la nage. Le comte de Nogent fut des premiers à le suivre, mais son courage lui fit trouver la mort ; les ennemis qui défendaient l'autre bord de la rivière le tuèrent, le onzième de juin 1672. Son corps fut transporté par le courant de l'eau jusqu'à Levernart, où il fut enterré.

Lieutenants de roi en la haute Auvergne

Les trois premiers sont les mêmes qui ont été lieutenants de roi dans la basse Auvergne.

Charles, seigneur de Brezons, chevalier de l'ordre du roi, gouverneur de la ville et château de Murat. Il descendait de Tristan de Brezons et d'Hélène de Joyeuse. Les triumvirs François de Lorraine, duc de Guise, Anne de Montmorency, connétable de France, et le maréchal de Saint-André, jetèrent les yeux sur lui pour maintenir l'autorité du roi Charles IX dans la haute Auvergne. Il y réussit, ayant repris la ville d'Aurillac, qui était tombée au pouvoir des huguenots. Sa femme était Léonor de Montmorin dont il eut François de Brezons qui, se voyant sans enfants, laissa ses terres à Marie de Berthon-Crilhon, sa seconde femme, de laquelle elles ont passé dans la maison de Brancas, et de celle-ci, dans la maison de Lorraine-Harcourt.

François de Nozières, chevalier de l'ordre du roi. Gabriel de Nozières et Geneviève de Valens donnèrent le jour à ce seigneur. Il servit avec beaucoup de réputation sous François Ier, Henri II, Charles IX et Henri III. Il eut bien des combats à soutenir contre une illustre dame, Magdeleine de

Saint-Nectaire, veuve de Guy de Miraumont. Comme il l'avait investie dans le château de Pleaux, plusieurs seigneurs vinrent au secours de cette héroïne, on se battit, et le seigneur de Nozières fut tué en se défendant avec beaucoup de courage. Ce fut en 1575.

Raymond de Rastignac, seigneur de Messiliac, chevalier de de l'ordre du roi. Ce seigneur soutint avec vigueur le parti royal contre la Ligue, qu'il déconcerta tout à fait dans la haute Auvergne (1). Il ne contribua pas peu à l'abattre dans la basse par les troupes qu'il y conduisit, avec lesquelles il combattit avec succès à la bataille d'Issoire. Tout étant calme dans l'Auvergne en 1592, il marcha, à la tête de 500 hommes de pied, au secours de Villeneuve-en-Languedoc, qu'Antoine-Scipion de Joyeuse, grand-prieur de Toulouse, tenait assiégée. Louis, duc de Montmorency, gouverneur du Languedoc, maréchal de France, et depuis connétable, entreprit de faire lever le siège et risqua, dans ce dessein, une bataille. Le seigneur de Rastignac eut l'honneur de conduire l'avantgarde et fut cause de la déroute du grand-prieur qui se noya dans le Tarn, le pont ayant rompu sous le grand nombre des fuyards, après avoir perdu trois canons, vingt-deux enseignes et trois mille hommes. Il mourut plein de gloire en 1597.

Charles de Coligny, marquis d'Andelot, lieutenant-général pour la Ligue en la haute Auvergne. Son autorité s'étendait dans ce pays sur ceux de la Ligue, tandis que le parti du roi relevait de celle du seigneur de Rastignac.

Henri de Lorraine, duc de Nemours, marquis de Saint-Sorlin, lieutenant-général de la Ligue dans la haute Auvergne.

Antoine, seigneur de Roquelaure. Il fut successeur de Raymond de Rastignac, en 1577, et de Jean-Timoléon de Beaufort, en 1599.

Henri de Noailles, comte d'Ayen. Il fut l'aîné des enfants

---

(1) Voir le ms. 751 de la Bibliothèque de la ville de Clermont-Ferrand.

d'Antoine de Noailles et de Jeanne de Gontaut. Il servit avec beaucoup de prudence en Auvergne et en Rouergue pendant les troubles du royaume. Il tint les peuples en paix. C'est en sa faveur que la terre d'Ayen fut érigée en comté, en 1592. Il épousa en 1572 Jeanne-Germaine d'Espagne, dont il eut le lieutenant du roi qui suit.

François de Noailles, comte d'Ayen. Nous avons parlé de lui comme gouverneur d'Auvergne.

Anne, duc de Noailles, pair de France, premier capitaine des gardes du corps et chevalier des ordres du roi. Il était fils de François de Noailles et de Rose de Roquelaure, fille d'Antoine de Roquelaure, maréchal de France. Il fut toujours d'une fidélité constante dans tous les mouvements qui agitèrent le royaume pendant la minorité du roi Louis XIV. Il prit alliance avec Anne Boyer, dame d'atours de la reine Anne d'Autriche, et dame d'honneur du palais de la reine Marie-Thérèse d'Autriche. Il finit ses jours en l'année 1678.

XII

Noblesse

L'Auvergne est une des provinces de France où l'on trouve le plus d'ancienne et d'illustre noblesse. Elle a été distinguée par cet endroit dans tous les temps. Ce ne sera pas un petit plaisir pour les curieux que de leur faire connaître les grandes maisons de cette province, qui ont paru avec le plus d'éclat dans l'espace de deux mille ans. Nous commencerons par celles dont plusieurs auteurs font mention depuis cent trente ans avant Jésus-Christ, jusqu'au huitième siècle. Nous continuerons par celles dont nous découvrirons l'origine dans tous les siècles, depuis le neuvième jusqu'au dix-huitième ; nous rappellerons même celles qui sont éteintes et qui sont fondues dans d'autres maisons.

MAISON ROYALE DES AUVERGNATS

Les anciens auteurs nous ont conservé la mémoire de trois rois qui ont régné en Auvergne, cent trente ans du moins avant Jésus-Christ. Nous les connaissons sous les noms de Luérie, Bituitus, Congentiat, père, fils et petit-fils.

MAISON CELTILE

Jules César nous a fait connaître la maison de Celtile, de la ville de Gergovia, qui fut père du roi Vercingétorix, et frère de Gobanition, qui eut pour fils Vergasilaune, le dernier des généraux gaulois qui résista aux Romains.

MAISON DE CRITOGNAT

Nous devons au même Jules César la mémoire de la maison de l'intrépide Critognat, homme de grande naissance et de grand crédit dans Gergovia.

MAISON D'ESPANACTE

Nous ne connaissons de la maison de ce nom que le seul Espanacte de Clermont, qui sut gagner l'estime du grand Jules César.

MAISON SERVILIENNE

La maison Servilienne, de Clermont, a donné Servilius Domitius et Servilius Martianus, fils du premier prêtre du célèbre temple de Lyon.

MAISON DE ZÉNODORE

Nous devons à cette maison le célèbre Zenodore, qui s'acquit une gloire immortelle par le colosse de Mercure auquel il travailla pendant dix ans à Clermont du temps de l'empereur Néron.

MAISON DE CASSIUS

Dans le milieu du troisième siècle vivait Cassius, d'une illustre naissance, qui reçut saint Austremoine dans sa maison de Clermont et qui répandit son sang pour Jésus-Christ.

MAISON URBICIENNE

La maison Urbicienne était du rang des sénateurs à Clermont, à qui elle donna pour second évêque Urbicus, que ses vertus ont fait mettre au nombre des saints.

MAISON ILLIDIENNE

Nous connaissons deux frères de cette maison : Illidius, aujourd'hui Alyre, qui fut le quatrième évêque de Clermont, et Tigridius. L'Église honore la mémoire de tous les deux. Ils vivaient dans le quatrième siècle.

MAISON GEORGIENNE

Cette maison nous a donné saint Georges, premier évêque de Saint-Paulien, et saint Georges, dont nous avons l'éloge dans Grégoire de Tours.

MAISON NEPOTIENNE

Nepotianus, cinquième évêque de Clermont, était de cette illustre maison qui donna, à ce que l'on croit, aux Romains Nepos pour empereur.

MAISON D'INJURIOSUS

Nous devons à cette maison Injuriosus, d'une naissance illustre, puisqu'il avait rang parmi les sénateurs de Clermont.

MAISON DE VÉNÉRAND

Cette maison était illustre. Vénérand, septième évêque de Clermont, était au nombre des sénateurs lorsqu'il fut élu pour remplir le siège. On croit que Vénérand, comte de la ville d'Auvergne et ambassadeur de France en Espagne, était de la même maison.

MAISON DES RUSTICS

Cette maison est illustre pour avoir donné à la ville de Clermont son huitième évêque, saint Rustic.

MAISON DE NAMACE

Le neuvième évêque de Clermont, saint Namace, a donné un grand éclat à cette maison, d'où sortait peut-être encore le grand ami de Sidonius, Namatius.

MAISON APOLLINAIRE

Cette maison a été une des plus illustres des Gaules. Elle a donné des préfets du prétoire des Gaules, des patrices romains, des archevêques et des évêques. Elle a tiré son plus grand éclat du célèbre Sidonius Apollinaris, onzième évêque de Clermont, dont le père et le grand-père avaient été élevés à la dignité de préfet du prétoire des Gaules, et de son fils Apollinaris, qui combattit avec tant de valeur à la bataille de Vouglié en 507, et de son frère Volusien, que l'on croit avoir été archevêque de Tours.

MAISON AVITIENNE

Cette maison a un éclat que les autres n'ont point, puisqu'elle a donné non seulement des consuls romains, des préfets du prétoire des Gaules, mais même des empereurs à Rome. Avitus a été préfet du prétoire des Gaules, consul et empereur ; son fils Ecdicius a été patrice romain, Hesychius et son fils Alcime Avite ont été archevêques de Vienne, Apollinaire, frère d'Alcime Avite, évêque de Valence, Félix Magnus, consul romain. Nous ne finirions point si nous voulions faire mention des autres qui ont possédé les premières dignités de l'empire.

MAISON DES AGRÈCES

Cette maison a été illustrée par Décime Agrèce, préfet du prétoire des Gaules, qui fut tué en défendant Clermont ; par saint Agrèce, archevêque de Sens, et par Agrèce, sénateur de Clermont, qui prit avec trop de chaleur les intérêts d'Hector, patrice de Marseille.

MAISON DE SAINT AMABLE

La ville de Riom reçoit un grand éclat pour avoir donné dans le cinquième siècle saint Amable, cet homme merveilleux si connu par les miracles qui se font sans cesse à son tombeau.

MAISON D'ÉPARCHIUS

Éparchius, de Riom et de race de sénateurs, déshonora sa maison par ses débauches. Il vivait dans le cinquième siècle.

MAISON FRONTONIENNE

Cette maison, qui tenait un grand rang dans Clermont, a produit des personnes d'un mérite distingué : Fronton, comte et ambassadeur en Espagne, dont Sidonius fait un si bel éloge ; Frontine, sa fille, qui était le modèle de toutes les vierges, et Léon, conseiller d'État et ministre des rois Visigoths. On croit que saint Front, évêque de Périgueux, était de la même maison.

MAISON DES CATULINS

Cette maison a donné à Clermont Catulinus, connu pour l'étroite liaison qu'il avait avec Sidonius, évêque de Clermont.

MAISON D'EVODIUS

Cette maison était illustre à Clermont. Nous lui devons des hommes d'une grande réputation. Les plus connus sont Evodius ou Vosy, évêque du Puy, Evodius, sénateur de Clermont et grand ami de Sidonius, Eufraise, le treizième évêque de Clermont, Hortense, un des sénateurs de Clermont et comte de la même ville, Saluste, dont la vertu le faisait haïr du roi Chrame, fils de Clotaire Ier, et Eufraise, prêtre de l'église de Clermont.

MAISON EUTROPIENNE

Nous connaissons de cette maison Eutropie, veuve d'un grand mérite dont la sainteté est révérée dans l'Église, et Eutropie sa fille. Sidonius nous en a conservé la mémoire.

MAISON D'OMMACE

Nous devons la connaissance de cette maison à Sidonius, qui nous donne une grande idée d'Ommacius, un sénateur de Clermont de conséquence, qui eut une fille nommée Iberia qui épousa Rurice, qui fut ensuite évêque de Limoges. Ils laissèrent un fils du nom de son aïeul maternel qui fut évêque de Tours.

MAISON DE DONIDIUS

Sidonius nous a laissé la mémoire d'un homme de mérite de cette maison, appelé Donidius, qui était originaire d'Ebreuil, ville d'Auvergne sur la rivière de Sioule.

MAISON D'EUSTOCHIUS

Cette maison a donné saint Eustochius, cinquième évêque de Tours, qui descendait des sénateurs.

MAISON DE PERPETUUS

Cette maison a été illustrée par l'évêque de Tours, Perpetuus, qui était de race de sénateurs et uni par le sang à l'évêque Eustochius.

MAISON DE CALMINIUS

Cette maison était des plus illustres d'Auvergne. Nous en connaissons Calminius, qui était lié d'une grande amitié avec Sidonius, et Calminius, duc et prince des Auvergnats, fondateur de l'abbaye de Saint-Chaffre en Velay et de celle de Mauzat, près de Riom.

MAISON D'AUXANIUS

Nous devons la mémoire de cette maison à Sidonius, qui nous a laissé un éloge parfait d'un Auxanius, qu'il donna pour successeur au saint abbé Abraham dans un monastère de Clermont.

MAISON DE DOMITIUS

Cette maison a donné à l'Auvergne un homme nommé Domitius, qui avait un beau génie et un grand goût pour les belles-lettres. Sidonius l'estimait par là infiniment.

MAISON DE VECTIUS

Nous connaissons de cette maison Vectius, que Sidonius traite d'homme illustre et auquel il donne de grandes louanges.

MAISON D'EUCHERIUS

Eucherius, que Grégoire de Tours appelle sénateur, sur lequel le duc Victorius exerça une cruauté plus que barbare, était d'une naissance illustre par sa qualité de sénateur et parce que Sidonius le qualifie d'homme illustre.

MAISON NICÉTIENNE

Cette maison, qui était de Clermont, a donné des hommes qui se sont acquis une grande réputation. Les plus connus sont Flavius Nicetius qui fut, selon Sidonius, un des plus grands hommes de son siècle, saint Nicetius, évêque de Trèves, et Nicetius, comte de Clermont, duc d'Auvergne et patrice de Marseille.

MAISON DE TÉTRADE

Cette maison a été célèbre en Auvergne par Tetradius, évêque de Bourges, que Sidonius dit être un homme consommé dans la science du droit, par Tétradie, comtesse de Clermont et duchesse d'Aquitaine, et par Cautin, duc en Austrasie, et par un autre Cautin, dix-septième évêque de Clermont.

MAISON GENÉSIENNE

Cette maison tenait un des premiers rangs en Auvergne. On ne sait si elle a commencé à briller par Genesius dont parle Sidonius. On croit plutôt que c'est par Agesipe, comte de Clermont, par Dracolenus Industrius, père de Genesius, comte de Clermont, qui répandit des biens immenses aux pauvres et aux monastères, et enfin par la sainteté d'un autre Genesius, vingt-cinquième évêque de Clermont.

MAISON DE FLORENTIUS

Cette maison de Clermont était une des plus illustres des Gaules. Elle soutint sa grandeur par les grands hommes qui en sortirent. Le premier que nous connaissions est Georges, sénateur de Clermont, père du célèbre saint Gal, seizième évêque de Clermont, et Florentinus ou Florentius, qui épousa Armentaria, nièce de saint Nizier, évêque de Lyon. Il fut heureux par sa naissance et par ses enfants, puisqu'il donna le jour à saint Grégoire de Tours et à Pierre qui, étant l'aîné, épousa une femme dont il eut plusieurs enfants.

MAISON DE CATON

Nous ne connaissons de cette maison que le seul Caton, prêtre de l'église de Clermont, à qui la vanité fit perdre l'évêché de Clermont et celui de Tours.

MAISON DE BASOLE

Cette maison qui a donné des seigneurs à Mauriac dès le cinquième siècle, a été illustre par Basole, qui fut nommé comte d'Auvergne et duc d'Aquitaine par Gésalic, roi des Visigoths, bâtard d'Alaric. Il était seigneur d'un château près de Mauriac, que l'on croit être Escorailles.

MAISON DES FIDULES

Cette maison a donné un grand saint en la personne de Fidulus ou Fale, qui était né à Clermont d'une haute extraction. Il vivait sous le roi Thierry Ier. Sidonius fait un bel éloge d'un Fidulus, dont on ne sait pas seulement s'il était de la même maison que saint Fale.

MAISON DE FIRMIN

Firmin, comte d'Auvergne, a donné un grand éclat à cette maison qui en avait déjà eu beaucoup par d'autres grands hommes.

MAISON DE PALLADE

Cette maison a été illustre dans cette province. Le premier que nous en connaissions est Brictianus que saint Grégoire de Tours appelle comte. Il eut un fils, nommé Palladius, qui fut comte de Gévaudan, et celui-ci un fils, aussi du même nom, qui fut évêque de Saintes, qui eut part à toutes les grandes affaires de son temps.

MAISON D'ASCOVINDE

Nous ne connaissons de cette maison de Clermont que le seul Ascovinde, homme d'un grand mérite qui fut conseiller d'État de Chrame, fils de Clotaire Ier.

MAISON DE GONDOLÈNE

Nous connaissons de cette maison, qui était ancienne et noble, Gondolenus, qui fut père du célèbre saint Préject ou saint Prix, vingt-neuvième évêque de Clermont.

MAISON DE PLACIDE

Cette maison donna à Clermont Placidius, qui était sénateur de la même ville, qui épousa le parti d'Hector contre saint Prix.

MAISON DE BOBON

Elle a donné un homme nommé Bobon, sénateur de Clermont, qui se déclara aussi contre saint Prix en faveur d'Hector.

MAISON DES SEIGNEURS D'ISSOIRE

Claude, dame d'Issoire, était d'une grande naissance. Le mariage de sa fille avec Hector, patrice de Marseille, fut la source de bien des malheurs. Eufraise fut le nom de sa petite-fille, qui épousa Roger, comte de Limoges.

MAISON DE THÉODAT

Cette maison qui tenait un grand rang dans la province, reçut un nouvel éclat par toutes les vertus que l'on admirait dans saint Bonnet, trente-deuxième évêque de Clermont, qui était fils de Théodat et de Siagrie.

MAISON DE MÉDULPHE

Saint Médulphe ou Mion a donné par sa sainteté un nouveau lustre à sa maison, qui était une des plus considérables de l'Auvergne.

MAISON DE CONSTANTIEN

Cette maison était noble et a été illustre par saint Constantien, dont la réputation était si grande, que le roi Clotaire voulut le voir dans sa solitude.

MAISON DE CARILÈPHE

Cette maison, l'une des plus nobles de la province, a donné saint Carilèphe ou Calais, qui a fondé le monastère d'Anille, dans le pays du Maine.

MAISON DE FRAMBOUR

Saint Frambour, solitaire dans le pays du Maine, a fort illustré cette maison, l'une des plus qualifiées d'Auvergne.

MAISON D'URSE

Cette maison de Clermont a été plus considérable par ses richesses que par sa noblesse. Nous ne connaissons de cette famille que le seul Urse, que ses grands biens rendirent quelque temps malheureux.

MAISON D'EULALIUS

Cette maison était dans un grand éclat à Clermont, puisqu'elle donna pour comte à l'Auvergne Eulalius, dont la vie est remplie d'événements singuliers.

XIII

Maisons illustres d'Auvergne

QUI ONT ÉTÉ CONNUES DEPUIS LE NEUVIÈME SIÈCLE JUSQU'AU DIX-HUITIÈME

MAISON D'AUVERGNE (1)

On ne connaît guère de maison plus illustre dans la Gaule que cette première maison d'Auvergne, qui a donné plusieurs comtes à l'Auvergne et plusieurs ducs à la première Aquitaine. On y trouve Guérin Ier, comte d'Auvergne et duc d'Aquitaine, à qui l'empereur Charles le Chauve dut le gain de la bataille de Fontenay; son fils Bernard, comte d'Auvergne, marquis de Gothie; son petit-fils Bernard II, comte d'Auvergne et duc d'Aquitaine, à qui Louis le Bègue, fils de Charles le Chauve, confia en mourant la tutelle et le gouvernement de son fils, Louis III, qui fut père de Guérin II, comte d'Auvergne, de Guillaume le Pieux, comte d'Auvergne, duc d'Aquitaine et fondateur de l'abbaye de Cluny, et d'une fille nommée Adelinde, qui resta seule de cette grande maison et donna lieu, par son mariage avec le comte Acfred Ier, à l'origine de la seconde maison d'Auvergne, d'où descend aujourd'hui toute la maison de La Tour-Bouillon.

SECONDE MAISON D'AUVERGNE

Cette seconde maison d'Auvergne a quelque chose de bien brillant, car, outre son antiquité, étant issue des anciens ducs d'Aquitaine et comtes d'Auvergne, elle a été féconde en

---

(1) V. sur cette maison les notes, pages 312 à 315.

grands personnages qu'elle a donnés à l'Église et à l'État pendant neuf siècles. Mais ce que l'on aurait de la peine à trouver dans d'autres maisons, c'est que les hommes dont nous lui sommes redevables dans les deux derniers siècles ont pour ainsi dire surpassé ceux qui ont vécu dans les autres, quoiqu'ils aient acquis, par leurs actions et par les services qu'ils ont rendus à nos rois, une gloire qui ne s'effacera jamais. Les seuls noms de François de La Tour, vicomte de Turenne ; d'Henri de La Tour, duc de Bouillon ; de Frédéric-Maurice de La Tour ; d'Henri, vicomte de Turenne, son frère ; de Constantin-Ignace de La Tour, chevalier de Malte ; de Frédéric-Maurice de La Tour, comte d'Auvergne, et de Louis, prince de Turenne, ne rappellent-ils pas dans l'esprit l'idée d'autant de héros? La grandeur de cette maison paraît encore par ses alliances avec les plus illustres maisons de France et avec plusieurs maisons souveraines de l'Europe. Mais ce qui relève encore plus sa gloire, c'est l'avantage qu'elle a de s'être alliée quinze fois avec l'illustre maison de France, de lui avoir donné deux reines : Jeanne, comtesse d'Auvergne et de Boulogne, femme du roi Jean, et Catherine de Médicis, qui était du sang d'Auvergne par sa mère, Madeleine de La Tour. Cette grande maison a été divisée en cinq branches, dont il y en a quatre d'éteintes : la seule qui reste est celle des seigneurs d'Olliergues, à laquelle Bertrand, fils de Bertrand, s^r de La Tour, IIIe du nom, et de Béatrix d'Olliergues, a donné commencement. C'est de lui que descendent les ducs de Bouillon d'aujourd'hui, seuls rejetons de cette illustre maison. Les autres branches ont été celles des comtes d'Auvergne, des dauphins d'Auvergne, des seigneurs de Saint-Ilpize et de Combronde, et des vicomtes de Thiers. Les deux premières branches, ayant fini, tombèrent dans la maison royale de France, nos rois étant devenus comtes d'Auvergne et seigneurs de La Tour par le mariage de Catherine de Médicis, comtesse d'Auvergne et dame de La Tour, avec Henri, duc d'Orléans, qui fut depuis roi, et le dauphiné d'Auvergne passa dans la maison d'Orléans par le mariage de Marie de Bourbon, duchesse de Montpensier, avec Gaston, duc d'Orléans, frère de Louis XIII. Il était venu à la maison de Bourbon par le mariage d'Anne Dauphine, fille de Beraud, dit le Grand, dauphin d'Auvergne, avec Louis II, duc de Bourbon.

La branche des seigneurs de Saint-Ilpize, qui commença par Robert Ier, s^r de Saint-Ilpize, fils de Robert III, comte de Clermont, dauphin d'Auvergne, et d'Isabeau de Chatillon, sa seconde femme, se divisa encore en deux branches. La branche aînée finit en Bernard III, s^r de Saint-Ilpize et de Combronde ; la seconde en Guichard Dauphin II, s^r de Jaligny, grand-maître de France, fils de Guichard Dauphin Ier, s^r de Jaligny, grand-maître des arbalétriers de France, et d'Isabeau de Sancerre, sa première femme.

Matfroy, vicomte de Thiers, frère de Robert Ier, vicomte d'Auvergne, donna commencement à la branche des vicomtes de Thiers, qui eut plusieurs grands hommes, entre autres saint Étienne, fondateur de l'ordre de Grammont. Le dernier de cette branche fut Guillaume de Thiers, qui ne laissa qu'une fille, Marguerite de Thiers, dame de Vollore et de Montguerlhe, qui épousa Pierre de Besse, s^r de Bellefaye en Limousin.

La branche de La Tour des seigneurs d'Olliergues commença par Bertrand, s^r de La Tour, IIIe du nom, s^r d'Olliergues, qui épousa Béatrix, héritière de la maison d'Olliergues, qui laissa Bertrand de La Tour, Ier du nom, s^r d'Olliergues, qui de Marguerite Aycelin de Montaigu eut Agne de La Tour, Ier du nom, s^r d'Olliergues, duquel vint par quelques degrés Agne de La Tour, IVe du nom, s^r d'Olliergues, qui laissa d'Anne de Beaufort, vicomtesse de La Tour, Antoine de La Tour, vicomte de Turenne, qui eut d'Antoinette de Pons François de La Tour, IIe du nom, qui épousa Anne de La Tour-Boulogne. Il fut père de François de La Tour, IIIe du nom, vicomte de Turenne, qui laissa d'Eléonor de Montmorency Henri de La Tour, vicomte de Turenne, duc de Bouillon, prince souverain de Sedan, qui eut d'Elisabeth de Nassau, sa seconde femme,

Frédéric-Maurice de La Tour, duc de Bouillon, qui laissa de Léonor de Berg Godefroy-Maurice de La Tour, duc de Bouillon, grand-chambellan de France, qui eut de Marie-Anne Mancini Manuel-Théodose de La Tour, duc d'Albret et de Bouillon, qui a eu de Marie-Armande-Victoire de La Trémouille.....

Les armoiries des comtes d'Auvergne sont *d'or au gonfanon de gueules frangé de sinople*.

Les dauphins d'Auvergne, qui descendaient d'un aîné des comtes d'Auvergne, devaient avoir conservé le gonfanon dans leur écu, et le quittèrent pourtant et prirent *un dauphin pâmé d'azur sur un champ d'or*.

Les armoiries des seigneurs de St-Ilpize et de Combronde étaient *d'or au dauphin pâmé d'azur au bâton de gueules*.

Les seigneurs de Jaligny, leurs puînés, portaient de même, et pour différence, *le bâton brisé en chef d'un écusson d'argent*.

La branche des vicomtes de Thiers, qui sont ensuite devenus comtes de Chalon, portait *d'azur au lion de gueules*.

Les premières armoiries des seigneurs de La Tour-d'Auvergne étaient *de gueules à la tour d'argent*. Depuis, ils portèrent *de France à la tour d'argent*. Ils mettaient même assez souvent la tour en abîme sur une fleur de lys du milieu de l'écu.

MAISON D'AURILLAC

Cette maison a été dans un si grand lustre dès le neuvième siècle, qu'Odon, abbé de Cluny, qui vivait dans le dixième, ne fait point de difficulté de dire qu'elle était la plus noble et la plus généreuse des Gaules.

Géraud, comte d'Auvergne, est le premier que nous connaissions de cette maison, qui prit alliance avec Adeltrude de France, que l'on croit avoir été fille naturelle de Charlemagne, dont il eut, selon quelques-uns, Ramnulphe, comte de Poitiers et duc d'Aquitaine, tige de la maison de Poitiers, et le célèbre saint Géraud, comte d'Aurillac, fondateur de l'abbaye d'Aurillac. Cette maison était unie par le sang à la première maison d'Auvergne, saint Géraud étant cousin de Guillaume le Pieux.

SECONDE MAISON D'AURILLAC

On croit qu'Avigerne d'Aurillac, sœur de saint Géraud, a donné lieu à cette seconde maison d'Aurillac par son mariage avec Hervé, comte d'Herbauge et de Nantes, dont elle eut Raynaud d'Aurillac et Benoît, tige de cette seconde maison d'Aurillac. De lui descendirent, par quelques degrés, Astorg V d'Aurillac, s^r de Conros, et Durand d'Aurillac, tige de la branche de Montal-La Roquebrou. Astorg V d'Aurillac, s^r de Conros, laissa de Marguerite de Montal Astorg VI d'Aurillac, s^r de Conros, qui épousa en 1314 Dauphine de La Tour, fille de Bernard, s^r de La Tour, VIIIe du nom, et de Béatrix de Rodez ; de ce mariage vinrent, par quelques degrés, Aymeric II d'Aurillac, s^r de Conros, qui épousa en 1420 Florie d'Estaing, dame de Tinières, fille de Jean, vicomte d'Estaing et d'Helips de Pierrefort, dont il eut Alix d'Aurillac, dame de Conros, de La Bastide et de Tinières, qui prit alliance avec Louis de Courcelles, s^r du Breuil et d'Aurouze, et de ce mariage vint Louis II, s^r du Breuil, de Conros, d'Aurouze et de La Bastide, qui fut marié avec Isabeau de Langeac. Il lui donna, par donation, tous ses biens, qu'elle porta à Jacques d'Urfé, dit Paillart, fils de Pierre, Ier du nom, s^r d'Urfé, et d'Isabeau de Chauvigny-Blot.

BRANCHE DE LA MAISON D'AURILLAC-MONTAL

Cette branche de la maison d'Aurillac a pris le nom de Montal, qui est un château qui est près de La Roquebrou.

Durand d'Aurillac, fils d'Astorg IV d'Aurillac, s^r de Conros, qui vivait en 1251, est celui qui a fait la branche d'Aurillac-Montal. Il épousa Guillemette, dame de La Roquebrou ; de ce mariage vint Géraud de Montal, s^r de La Roquebrou et de Carbonnières. Il laissa de N. de Carbonnières Guillaume de Montal, qui fut père de Bernard de Montal, duquel descendit, par quelques degrés, Jean II de Montal, sʳ de La Roquebrou et de Carbonnières, chambellan de Charles VIII, qui laissa de Jeanne de Balzac Dieudonné de Montal, qui prit alliance avec Catherine de Clermont, fille de Pierre de Clermont, sʳ et baron de Clermont de Lodève, et de Marguerite de La Tour, dont il eut Guy de Montal, sʳ de La Roquebrou et de Carbonnières, mort sans enfants des blessures qu'il reçut au siège de Poitiers en 1569, et Gilles de Montal, baron de La Roquebrou et sʳ de Carbonnières, bailli de la haute Auvergne. Il épousa Catherine d'Ornesan, fille de Jean-Claude d'Ornesan, sʳ d'Aurade, et de Brunette de Cornil. Il fut tué en 1576. Sa veuve se remaria avec Antoine de Roquelaure, maréchal de France. Elle avait eu de Gilles de Montal Rose de Montal, dame de La Roquebrou et de Carbonnières, qui fut mariée avec François d'Escars, sʳ de Castelnau. Ce mariage se fit à condition qu'il porterait le nom et les armes de Montal conjointement avec le nom et les armes d'Escars. Ils vivaient en 1610. Ils laissèrent Jacques d'Escars, IIᵉ du nom, marquis de Merville et sʳ de Montal, baron de La Roquebrou, qui épousa Madeleine de Bourbon, fille d'Henri de Bourbon, marquis de Malause, et de Madeleine de Chalon, dame de La Case en Albigeois.

La maison d'Aurillac portait *mi-parti d'or et de sinople à la bordure dentelée de l'un et de l'autre;*

Aurillac-Montal, *d'azur à trois coquilles d'argent 2 et 1 au chef d'or.*

MAISON DE POLIGNAC

Il n'est guère de maison en France plus grande que celle de Polignac. On distingue deux maisons de Polignac. Il y aurait peu de maisons plus illustres que cette première maison de Polignac, s'il est vrai, comme le prétendent avec beaucoup de raison plusieurs auteurs, qu'elle fut la même que celle des anciens Apollinaires d'Auvergne, qui ont rempli les plus hautes dignités de l'empire romain. Nous en donnerons les preuves en parlant de Polignac, ancien château dans l'Auvergne. Le plus ancien que nous trouvons de cette maison, qui a donné des généraux d'armée, des évêques à la France et des grands-maîtres de l'ordre de Saint-Jean de Jérusalem, est Clodion, s^r de Polignac, qui vivait en 888. Cette maison a fait trois branches, dont l'aînée a fini par une fille nommée Valpurge, qui épousa Guillaume de Chalencon, fils de Guy, s^r de Chalencon, et d'Isabeau Dauphine, fille de Jean, comte de Clermont, dauphin d'Auvergne, et d'Anne de Poitiers.

La seconde branche de Polignac est nommée Polignac d'Escoyeux. Elle a pour tige Guillaume de Polignac, s^r d'Escoyeux, fils de Guillaume de Polignac, s^r de Randon, et de Marguerite de Roquefeuil. Il eut un fils, Achardon de Polignac, qui laissa deux enfants, Henri de Polignac d'Escoyeux, qui continua la branche d'Escoyeux, qui eut deux filles mariées dans les maisons de Broux-Chesnat et de Chastel-Aillon. Son frère puîné était Foucaud de Polignac, s^r des Fontaines, tige de la troisième branche de Polignac des Fontaines qui subsiste aujourd'hui, François de Polignac, IIIe du nom, s^r des Fontaines, ayant laissé des enfants de deux femmes. La première était Madeleine Labbé, et la seconde, Marie de La Chétardie.

SECONDE MAISON DE POLIGNAC

Cette maison, quoiqu'illustre par elle-même, a pris le nom de Polignac après que Guillaume VI, s^r de Chalencon, eut épousé Valpurge, héritière de la première maison de Polignac. Ce Guillaume avait pour trisaïeul Bertrand, s^r de Chalencon, qui vivait en 1257. De ce Guillaume et de Valpurge descend toute la seconde maison de Polignac. Louis de Chalencon, dit Armand, vicomte de Polignac, eut deux fils d'Isabeau de La Tour, fille de Bertrand, s^r de La Tour, V^e du nom, et de Marie de Boulogne, qui firent deux branches. L'aîné, Guillaume, vicomte de Polignac, continua la branche directe, et Louis de Polignac, s^r de Beaumont, fit la branche de Chalencon-Rochebaron, par son mariage avec Antoinette de Rochebaron, fille unique de Guy III, s^r de Rochebaron, gouverneur d'Auvergne, et de Catherine de La Roche-Tournoelle. Son petit-fils fut Claude de Chalencon, s^r de Rochebaron, qui épousa Suzanne de La Tour, fille de Godefroy de La Tour et d'Antoinette de Polignac, de laquelle il eut François de Chalencon, s^r de Rochebaron, marié à Jacqueline de Levis, fille de Gilbert de Levis, IIe du nom, comte de Ventadour, et de Suzanne de Layre, de laquelle il laissa François II de Chalencon, s^r de Rochebaron, qui prit alliance avec Marie d'Aumont, fille de Jean d'Aumont, IVe du nom, maréchal de France, dont il n'eut qu'une fille, Antoinette de Chalencon, dame de Rochebaron et d'Ambert, qui épousa en 1628 Claude de Serpens, comte de Gondras, fils de Philippe de Serpens et de Marguerite de La Guiche.

Guillaume Armand, vicomte de Polignac, continua la branche aînée de laquelle est issu Scipion Sidoine Apollinaire, marquis de Polignac, fils de Louis-Armand, vicomte de Polignac, chevalier du Saint-Esprit, et de Jacqueline de Beauvoir de Grimoard, fille du comte du Roure, sa troisième femme. Il a été marié deux fois : la première à Marie-Armande de Rambure ; la deuxième à Françoise de Mailly, fille de Louis, comte de Mailly, et de Marie-Anne de Saint-Hermine, dont il a des enfants. Il a un frère d'un grand mérite, Melchior de Polignac, cardinal (1).

---

(1) Plusieurs généalogies de la maison de Polignac ont été dressées à diverses époques ; nous nous bornerons à en signaler deux, qui sont assurément les plus curieuses et les plus importantes : l'une est restée manuscrite, et l'autre, qui a été récemment imprimée, n'a pas été mise dans le commerce. La première, dont la bibliothèque de la Société d'agriculture, arts et commerce du Puy possède une copie, a pour titre : *Histoire de la maison de Polignac avec les généalogies et armes de la pluspart des illustres familles qui y ont été alliées, le tout divisé en XI livres et deux discours et justifié par titres, actes et autoritez de graves autheurs et fidèles historiens*, par GASPARD CHABRON, *docteur et avocat en la sénéchaussée et siège présidial d'Auvergne, à Riom, et juge de la vicomté de Polignac*. Elle a été composée vers le milieu du XVIIe siècle. La seconde, œuvre de feu M. TRUCHARD DU MOLIN, conseiller à la Cour de cassation, est intitulée : *Baronnies du Velay. Vicomté de Polignac, d'après un manuscrit revu et complété par Augustin Chassaing*. Paris, Firmin-Didot, in-4°, 1893. Un des trente exemplaires de cet ouvrage a été offert par la famille de Polignac à la ville du Puy.

La maison de Polignac porte *fascé d'argent et de gueules de huit pièces;*

Celle de Polignac-Chalencon, *écartelé d'or et de gueules à la bordure de sable semée de fleurs de lys d'or.*

MAISON DE MERCŒUR

Le château de Mercœur, qui est au-dessus de la ville d'Ardes, a donné son nom à la maison de Mercœur, qui égalait par son ancienneté et par sa noblesse les plus grandes maisons de France. Les seigneurs de cette maison se sont distingués par la valeur et par la piété. Elle remonte jusqu'à Charlemagne par Itier, puissant seigneur à la cour de Charlemagne, que cet empereur établit comte d'Auvergne. Longtemps après lui, Itier, s^r de Mercœur, qui vivait en 911, laissa de sa femme Arsinde, Beraud I, qui eut de Gerberge plusieurs enfants, parmi lesquels les plus connus sont saint Odile, abbé de Cluny, Ebbon, Eustorge, Beraud, Bertrand, Étienne et Itier. Cette maison fondit par trois filles de Beraud VI, s^r de Mercœur, et de Béatrix de Bourbon, dans les maisons de Joigny, de Polignac et de Clermont-Dauphin. Marie épousa Jean, comte de Joigny, Béatrix Armand VII, vicomte de Polignac, et Alixent, en premières noces Poncet de Montlaur, en secondes noces Aymard de Poitiers, IIe du nom, et en troisièmes noces Robert III, comte de Clermont, dauphin d'Auvergne. La seigneurie de Mercœur demeura à Beraud I, comte de Clermont, dauphin d'Auvergne, duquel elle vint à Anne Dauphine, fille de Beraud, IIe du nom, comte de Clermont, dauphin d'Auvergne, qui la porta en dot à Louis II, duc de Bourbon, et longtemps après elle vint à Renée de Bourbon, sœur du connétable de Bourbon tué à la prise de Rome, d'où elle passa dans la maison de Lorraine par le mariage de Renée avec Antoine de Lorraine, et de celle-ci dans celle de Vendôme, par le mariage de Françoise de Lorraine avec César, duc de Vendôme, fils naturel du roi Henri IV.

La maison de Mercœur portait *de gueules à trois fasces de vair.*

MAISON DE CHABANNES

Cette maison est une des plus considérables de France, par son ancienneté, par ses grandes alliances, par la valeur d'un grand nombre de ses seigneurs, et par les premières dignités de l'État, auxquelles quelques-uns ont été élevés. Elle tire son origine, selon quelques-uns, des anciens comtes d'Angoulême. La terre de Chabannes passa dans la maison d'Angoulême par une fille de Jourdain Eschivat III, VIe sire de Chabannes, qui fut mariée avec Guillaume de Matha III, s^r de Chabannes. C'est de ce Guillaume que sont issus tous les grands hommes de cette maison : de lui par plusieurs degrés vint Robert de Chabannes, s^r de Chartres, qui fut tué à la funeste journée d'Azincourt. Il laissa deux enfants mâles, qui firent deux branches, Jacques de Chabannes et Antoine de Chabannes, tous les deux grands maîtres de France ; d'Antoine de Chabannes, comte de Danmartin, sortit Jean de Chabannes, qui eut de sa seconde femme, Suzanne de Bourbon, Antoinette de Chabannes, dame de Saint-Fargeau, de laquelle descendait par divers degrés feu Mademoiselle de Montpensier, morte en 1693.

Jacques de Chabannes, s^r de La Palice, fut aussi grand maître de France, et eut deux enfants qui firent aussi deux branches, Godefroy de La Palice, qui fut père du célèbre Jacques de Chabannes, s^r de La Palice, grand maître et maréchal de France, qui finit glorieusement ses jours à la journée de Pavie, en 1524. Son fils, Charles de Chabannes, ne laissa que des filles. De son second fils, Gilbert de Chabannes, s^r de Curton, descendent les marquis de Curton, les comtes de Saignes et de Pionsat.

La maison de Chabannes portait *de gueules au lion de pourpre armé, lampassé, couronné d'or et chargé d'hermines de sable.*

La branche de Chabannes-Danmartin écartelait au 1 et 4 de Chabannes, et au 2 et 3 *d'argent et d'azur de six pièces à la bordure de gueules* qui est Danmartin, et sur le tout *de gueules à trois pals de vair, au chef brisé de quatre merlettes* qui est Châtillon-sur-Marne (1).

MAISON D'ALÈGRE ANCIEN

Cette première maison d'Alègre n'a pas été si illustre que la seconde. Le premier que nous connaissons de cette maison vivait en 1284 et s'appelait Hugues. Elle finit par un Armand II, sʳ d'Alègre, qui ayant perdu son fils, disposa de la terre d'Alègre en faveur d'un de ses neveux, fils de sa sœur, Oudine d'Alègre, qui avait été mariée avec Caston, sʳ de Saint-Nectaire, qui devint sʳ d'Alègre par la donation que lui en fit Armand II, frère d'Oudine d'Alègre, qui avaient tous les deux pour père Eustache, sʳ d'Alègre, et pour mère Sybille de La Roue.

MAISON DE TOURZEL-ALÈGRE

Cette maison reçoit un grand éclat par son origine, que plusieurs croient être la même que celle des anciens comtes d'Auvergne, par le grand nombre de ses hommes illustres et enfin par les grandes alliances qu'elle a contractées avec les maisons les plus considérables de France.

On veut, et ce n'est pas sans fondement, que Morinot, sʳ de Tourzel, premier baron d'Alègre, descendait de Guy, quatrième fils d'Astorg d'Auvergne, et de sa femme Asendane ; frère de Robert Iᵉʳ, vicomte d'Auvergne, d'où sont sortis tous les anciens comtes d'Auvergne.

Jacques de Tourzel, baron d'Alègre, petit-fils de Morinot, sʳ de Tourzel, eut deux fils qui firent deux branches : Yves, baron d'Alègre, et François d'Alègre, sʳ de Précy. Ce dernier ne laissa que des filles. Le premier eut encore deux fils qui

---

(1) V. sur l'histoire de cette maison : *Notice historique sur la maison de Chabannes*, par Mᵐᵉ la Vicomtesse DE CHABANNES, 1846 ; manuscrit à la Bibliothèque de Clermont-Ferrand, n° 564 du Catalogue Couderc, imprimé en 1864 ; — Comte H. DE CHABANNES, *Histoire de la maison de Chabanes et preuves pour servir à l'histoire de la maison de Chabannes*, Dijon, Jobard, 1892-1893 (en cours), 3 vol. parus en 1894 et un recueil de gravures.

furent tiges de deux branches qui subsistent encore aujourd'hui : Gabriel, baron d'Alègre, et Christophe d'Alègre, duquel descendent les seigneurs de Viverols et de Beauvoir. De Gabriel, par deux degrés, vint Christophe, marquis d'Alègre, qui laissa encore deux enfants mâles de Louise de Flageac, qui firent aussi deux branches : Claude-Yves, marquis d'Alègre, et Emmanuel, vicomte d'Alègre. Le premier, qui était l'aîné, ne laissa de sa seconde femme, Marguerite-Gilberte de Roquefeuil, qu'une fille, Marie-Marguerite, marquise d'Alègre, qui épousa, en 1675, Jean-Baptiste Colbert, marquis de Seignelay ; de leur mariage il ne vint aussi qu'une fille, qui mourut en 1678.

Emmanuel d'Alègre, le fils puîné de Christophe, marquis d'Alègre, marié à Marie de Rémond de Modène, dont il eut Yves, marquis d'Alègre, maréchal de France, qui a eu un fils, mort en 1705, et plusieurs filles, de Jeanne-Françoise de Garaud de Caminade.

Alègre ancien portait *d'azur à trois pommes de pin d'or;* d'autres disent *de gueules semé de fleurs de lys d'argent.*

Tourzel-Alègre porte *de gueules à la tour d'argent crénelée de trois pièces et demie, maçonnée de sable.* A quoi Jean de France, duc de Berry et d'Auvergne, ajouta six fleurs de lys d'or posées en pal, trois de chaque côté de la tour.

MAISON DE MONTBOISSIER

Montboissier est une terre à sept lieues de Clermont, du côté d'Ambert, de laquelle les seigneurs de Montboissier ont pris le nom. C'est une maison des plus anciennes et des plus illustres du royaume. On n'en peut pas douter, puisque Pierre de Poitiers, qui vivait dans le douzième siècle, donne pour ancêtres des ducs à Pierre le Vénérable, dans le panégyrique qu'il nous a laissé de cet abbé de Cluny, et que l'abbaye de La Cluse, qui doit sa fondation à un seigneur de Montboissier, était connue à la fin du dixième siècle. Hugues, sr de Montboissier, est le premier que nous ayons découvert de cette maison ; il vivait en 990. De lui vint, par quelques degrés, Pierre-Maurice, s^r de Montboissier, qui épousa sainte Raingarde, que l'on croit avoir été de la maison de Bourgogne, de laquelle il eut plusieurs enfants, desquels les plus connus sont Pierre le Vénérable, abbé de Cluny, et Héracle-Maurice de Montboissier, exarque du palais de Bourgogne, chef du conseil de l'empereur Barberousse, archevêque de Lyon et primat des Gaules. D'Eustache Ier de Montboissier, frère de Pierre le Vénérable, descendit Jacques, baron de Montboissier, qui réunit en sa personne les biens des trois puissantes maisons de Canillac, de Beaufort-Roger et de Montboissier. Jacques de Beaufort, marquis de Canillac, comte d'Alais, n'ayant point eu d'enfants, donna à Jacques de Montboissier, son neveu et son filleul, toutes les grandes terres qu'il possédait, à condition de porter le nom et les armes de Beaufort. Jacques, baron de Montboissier, héritier de Jacques de Beaufort, fit deux branches par les enfants qu'il eut de deux femmes. De la première Françoise de Chabannes, fille du maréchal de Chabannes, vint Jacques de Beaufort-Montboissier, marquis de Canillac, tige de la branche aînée, dont il ne reste que le seul marquis de Canillac.

De la seconde, Charlotte de Vienne, vinrent François de Beaufort-Montboissier, qui n'eut qu'une seule fille, mariée avec Jacques de Beauvais, s^r de La Fin, et Jean de Beaufort-Montboissier, qui eut, de Jeanne de Maumont, quatre fils qui ont fait quatre branches : Jean-Claude, tige de la branche de Dienne-Montboissier et des seigneurs de La Roche-Canillac ; François de Montboissier, tige de la branche de Montboissier des Martres, qui a fondu par une fille dans la maison de Broglie ; Henri de Beaufort-Montboissier, tige de la branche des seigneurs du Pont-du-Château. Il laissa, de Péronelle de Cebazat, Guillaume de Beaufort-Montboissier, baron de Pont-du-Château, grand-père de Jean de Beaufort-Montboissier, lieutenant général des armées du roi et chevalier de l'ordre du Saint-Esprit, et bisaïeul de Denys de Beaufort-Montboissier, marquis de Pont-du-Château. Henri de Beaufort eut encore, de la même Péronelle de Cebazat, Claude de Montboissier-Beaufort, sʳ de Lignat, qui laissa, d'Anne de Mâcon, Gabriel de Beaufort-Montboissier, père de Gabriel de Beaufort-Montboissier, sʳ de Lignat et de Saunade.

Montboissier portait *d'or au lion de sable semé de croix potencées.*

Beaufort-Montboissier-Dienne *écartelé au 1 d'azur au chevron d'or, accompagné de trois croissants d'argent* qui est Dienne, *au 2 d'argent à la bande de gueules accompagnée de six roses de même* qui est Roger, *au 3 d'argent au levrier accolé d'or* qui est Canillac, *au 4* de Montboissier. Roger, avant le pape Clément VI, portait *d'argent à la bande oblique d'azur;* depuis le Pape jusqu'à l'alliance des Canillac Roger porta *d'argent à la bande oblique d'azur, accompagnée de six roses de gueules;* depuis l'alliance de Canillac *écartelé au 1 et 4 de Roger-Beaufort, à la réserve de la bande qui fut simple au lieu d'oblique, au 2 et 3 d'azur au levrier d'argent accolé de gueules à la bordure componnée d'argent* qui est Canillac. Beaufort-Montboissier *écartelé de même, et sur le tout d'or semé de croix potencées de sable au lion de même.*

MAISON DE MONTMORIN

Cette maison prend son nom d'un château élevé qui est près de la ville de Billom. Quelques-uns croient, sur de bons fondements, qu'elle est la même que celle de Montboissier. Quoi qu'il soit, elle est très ancienne, puisqu'on la fait commencer sous le règne du roi Clotaire par un Calixte Iᵉʳ, sʳ de Montmorin. Elle est encore très illustre par ses alliances. On en conviendra aisément quand on saura qu'elle a l'honneur d'appartenir par les femmes à la maison royale.

François de Montmorin, sʳ de Saint-Hérem, épousa Jeanne de Joyeuse, petite-fille de Jeanne de Bourbon, dame de Rochefort, fille aînée de Jean, comte de Vendôme, et d'Isabeau de Beauvau, desquels descend Louis XV. Cette maison a donné deux gouverneurs à l'Auvergne.

De Calixte Ier, dont nous avons parlé, vint, par plusieurs degrés, Godefroy, sr de Montmorin, qui, de Dauphine de Tinières, laissa deux fils qui firent deux branches, Pierre de Montmorin et Jacques de Montmorin. Pierre fut tige de la branche aînée, qui fut encore partagée en deux : la première, des seigneurs de Montmorin, qui finit par Armand de Montmorin, archevêque de Vienne, et Marie-Françoise de Montmorin, mariée avec Jean-Frédéric de Gamaches, comte de Châteaumeillan. Ils étaient enfants tous les deux de Gilbert, seigneur de Montmorin, et d'Anne d'Oisilier. La seconde, des seigneurs de Nades, qui finit par Annet de Montmorin, seigneur de Nades, qui mourut en 1555 et ne laissa que deux filles.

Jacques de Montmorin, fils puîné de Geofroy de Montmorin, fit la branche des marquis de Saint-Hérem ; de lui sortit, par quelques degrés, François de Montmorin, sr de Saint-Hérem, qui, de Jeanne de Joyeuse, dame de Bothéon, eut Gaspard de Montmorin, sr de Saint-Hérem, et Jean de Montmorin, sr de Préaux. Gaspard ne laissa que deux filles de Louise d'Urfé, dame de Balsac. Jean de Montmorin devint sr de Saint-Hérem et fut aïeul de Gilbert-Gaspard de Montmorin, sr de Saint-Hérem, qui eut deux fils de Catherine de Castille, qui ont fait deux branches qui subsistent aujourd'hui. François-Gaspard de Montmorin est tige de la branche des marquis de Saint-Hérem, duquel descend le jeune marquis de Saint-Hérem, gouverneur et capitaine des chasses de Fontainebleau, qui est fils de Charles-François de Montmorin, marquis de Saint-Hérem, et de Marie-Geneviève Rioult de Douilly. Édouard de Montmorin, fils puîné de Gilbert-Gaspard de Montmorin, est tige de la branche des seigneurs de Montmorin La Chassagne, duquel vint François-Gaspard de Montmorin, sr de Montmorin et de Sémiers, fils de Joseph-Gaspard de Montmorin, mort évêque d'Aire, et de Louise-Françoise de Bigny d'Ainay. Il a épousé

La maison de Montmorin porte *de gueules semé de billettes d'argent au lion de même.*

Montmorin Saint-Hérem porta quelque temps pour brisure une bordure engrelée d'azur (1).

MAISON DE SAINT-NECTAIRE

Les grands hommes que cette maison a donnés à la France, son ancienneté et ses grandes alliances l'ont fait connaître dans toute l'Europe. Nous y trouvons des lieutenants-généraux des armées du roi, des ministres d'État, des maréchaux de France.

Nous connaissons un Étienne de Saint-Nectaire qui vivait en 1040, du temps de saint Odile de Mercœur, abbé de Cluny. C'est de lui que descendent tous les seigneurs de Saint-Nectaire, et en particulier Antoine Ier de Saint-Nectaire, qui, d'Antoinette de Montmorin, eut deux fils qui firent deux branches : Antoine II et Jean, s^r de Clavelier, qui fut tige des seigneurs de Saint-Nectaire-Fontenilles, desquels le dernier fut Jean de Saint-Nectaire, s^r de Fontenilles, qui ne laissa qu'une fille de Marguerite de Roffiniac, Gabrielle de Saint-Nectaire, mariée à Gilbert de Chazeron.

Antoine II, s^r de Saint-Nectaire, eut un fils de Marie d'Alègre, Nectaire de Saint-Nectaire, qui laissa, de Marguerite d'Estampes, deux enfants mâles, François, s^r de Saint-Nectaire, qui continua la branche directe, et Jacques de Saint-Nectaire, baron de La Grolière, tige des seigneurs de Saint-Victour, qui sont les seuls qui restent de cette grande maison.

François, s^r de Saint-Nectaire, laissa, de Jeanne de Laval, Henri, s^r de Saint-Nectaire, ministre d'État, qui eut, de Marguerite de La Chastre, Henri II et Charles de Saint-Nectaire, marquis de Châteauneuf, qui laissa, de Marie de Hautefort, Henri, marquis de Châteauneuf, vicomte de

---

(1) V. à la Bibliothèque de Clermont-Ferrand les manuscrits suivants : *Les seigneurs de Montmorin depuis le règne de Clotaire*, 954; manuscrit n° 657 du Catalogue Couderc; — *Maison de Montmorin et ses alliances*, par Mme la Comtesse DE CARNEVILLE, 1867; n°s 736-739 du même catalogue.

Lestrange, qui n'eut que des filles d'Anne de Longueval, desquelles l'aînée, Marie-Thérèse de Saint-Nectaire, épousa, en 1688, Louis de Crussol, marquis de Florensac.

Henri II de Saint-Nectaire, l'aîné des fils d'Henri Ier, fut duc de La Ferté et maréchal de France, qui fut père d'Henri-François de Saint-Nectaire, duc de La Ferté, lieutenant-général des armées du roi, qui n'a laissé que trois filles de Marie-Isabelle-Gabrielle de La Mothe, troisième fille de Philippe de La Mothe-Houdancourt, maréchal de France.

La maison de Saint-Nectaire porte *d'azur à cinq fusées d'argent posées en pal et rangées en fasce.*

MAISON DE LA FAYETTE

La terre de La Fayette, qui est du côté de Montboissier, a donné le nom à une maison des plus illustres du royaume, par son ancienneté, par ses alliances et par les grandes dignités auxquelles ont été élevés quelques seigneurs de cette maison.

Pons Motier de La Fayette, qui vivait sur la fin du douzième siècle, eut deux fils : Gilbert Motier, s[r] de La Fayette, tige de la branche de La Fayette, et Pons Motier de La Fayette, s[r] de Champétières, tige de la branche des seigneurs de Champétières, qui subsiste aujourd'hui.

Gilbert Motier, s[r] de La Fayette, fut aïeul de Guillaume Motier, s[r] de La Fayette, qui eut, de Marguerite Brun du Peschin, Gilbert III, s[r] de La Fayette, fait maréchal de France en 1421, qui fut père de Gilbert IV de La Fayette, qui eut, d'Isabeau de Polignac, Antoine de La Fayette, chevalier, s[r] de Pontgibaud et grand maître de l'artillerie, et François de La Fayette, qui fit une branche qui fondit par des filles en diverses maisons. Antoine de La Fayette, grand maître de l'artillerie, laissa, de Marguerite de Rouville, Jean de La Fayette, s[r] de Hautefeuille, qui eut, de Françoise de Montmorin, Claude de La Fayette, qui, par Marie d'Alègre, fut père de Jean de La Fayette, IIIe du nom, qui le fut aussi, par son mariage avec Marguerite de Bourbon-Busset, de François, comte de La Fayette, qui laissa, de la célèbre Madeleine Pioche de La Vergne, René Armand, marquis de La Fayette, marié avec Madeleine de Marillac, de laquelle il ne laissa qu'une fille, Marie-Madeleine, marquise de La Fayette, qui épousa Charles-Bretagne de la Trémouille. Ce dernier seigneur de La Fayette, voyant qu'il n'avait pas d'enfants mâles, substitua aux noms et aux biens de La Fayette Charles Motier de Champétières, baron de Vissac, qui était de la maison de La Fayette, de la branche de Champétières, étant descendu de Pons Motier, sr de Champétières, frère de Gilbert I, sr de La Fayette, qui fit la branche directe de La Fayette.

BRANCHE DE LA FAYETTE-CHAMPÉTIÈRES

Pons I, sr de Champétières, laissa, de Hélis, dame de Champétières, Pons II, duquel et d'Hélis Bouiller *alias* du Chariol vint, par plusieurs degrés, Jean Motier, IIe du nom, sr de Champétières, chevalier de l'ordre du roi, qui eut deux enfants mâles de sa première femme, Anne de Montmorin : Charles Motier, dont le petit-fils, Jean-Gabriel Motier, ne laissa que deux filles. Jean Motier de Champétières, frère puîné de Charles Motier, eut, de Gabrielle de Murat, Charles Motier de Champétières, chevalier, baron de Vissac, qui, après avoir épousé Marie de Pons, dame du Bouchet, fut père d'Edouard Motier de La Fayette, baron de Vissac, qui a pris le nom de La Fayette en vertu de la substitution faite en faveur de son père par le testament d'Armand de La Fayette, du 11 mai 1692. Il a épousé Marie-Catherine de Chavagnac, dont il a des enfants.

La maison de la Fayette porte *d'or à la bande dentelée de gueules et à la bordure de vair.*

MAISON D'ESCORRAILLES (1)

Le château d'Escorrailles, près de Mauriac, a donné le nom à cette maison, l'une des plus illustres de l'Auvergne.

(1) Scorailles.

Il n'y en a point en France qui l'égalât par l'antiquité, si elle avait, pour auteur de son origine, Basole, comte d'Auvergne, qui vivait sous le roi Clovis I. Il était de Mauriac et d'un château que l'on croit avoir été celui d'Escorrailles. Le premier que nous connaissions de cette maison est Begon I, s^r d'Escorrailles, qui vivait en 1030. Il laissa Raymond, qui eut deux fils qui se croisèrent tous les deux au concile de Clermont en 1095. Leurs noms étaient Guy I, s^r d'Escorrailles, et Raoul. De Guy vint, par divers degrés, Raymond III, s^r d'Escorrailles et de Roussille, qui vivait en 1322. Il avait épousé Marguerite de Roussille, et il fut aïeul de Louis I, s^r d'Escorrailles, chambellan du roi Charles VII. Il rendit de grands services au roi Charles VII contre les Anglais. Il épousa, en 1399, Geneviève de La Roche Aymon. Il avait un frère, Pierre d'Escorrailles, s^r de La Gibaudière, d'où descendent les seigneurs d'Escorrailles de La Gibaudière. Louis laissa Louis II, s^r d'Escorrailles de Roussille. Il avait un frère nommé Marquis d'Escorrailles, qui épousa Claudine de Beauvoir. Il est tige de la branche d'Escorrailles-Claviers. Louis II eut, de Louise de Dienne, Louis III, qui mourut sans laisser de postérité, et Marquis, s^r d'Escorrailles et de Roussille, qui eut plusieurs enfants d'Hélène de Salagnac, parmi lesquels on remarque François et Louis d'Escorrailles, qui a fait la branche des seigneurs d'Escorrailles-Roussille, qui subsiste aujourd'hui en la personne de Louis-Théodoze d'Escorrailles, marquis de Roussille, brigadier des armées du roi, fils d'Annet-Joseph d'Escorrailles et de Charlotte de Tubières.

François, s^r d'Escorrailles, chevalier de l'ordre du roi, fils aîné de Marquis, s^r d'Escorrailles, et d'Hélène de Salagnac, épousa, en 1525, Anne de Montal, de laquelle il laissa plusieurs enfants, entr'autres François et Guillaume d'Escorrailles, légitimé, qui a fait la branche d'Escorrailles-Mazerolles, d'où sont issus les seigneurs de Salern. François II, chevalier de l'ordre du roi, s^r d'Escorrailles, eut de Jacqueline de Dienne François III, s^r d'Escorrailles, qui laissa de Jeanne de Saint-Chamand Jean I, s^r d'Escorrailles, qui acheta la moitié de la terre d'Escorrailles. Il fut marié deux fois. La 1re, en 1625, avec Madeleine Vigier ; la 2e, en 1644, avec Anne Tautal, dame de Chanterelle. Jean décéda en 1690 et laissa plusieurs enfants. Il eut du premier lit Charles I, sr d'Escorrailles et de Rillac, qui laissa, de Gabrielle de Pesteils, François-Antoine d'Escorrailles, et du deuxième lit il eut François, sr d'Escorrailles et d'Ailly.

La maison d'Escorrailles porte *d'or à trois bandes d'azur*. La branche d'Escorrailles-Roussille transporta l'émail et porta *d'azur à trois bandes d'or*. Après son alliance avec la maison de Fontanges, elle a porté *écartelé au 1 et 4 d'Escorrailles-Roussille, et au 2 et 3 d'azur à trois fleurs de lys d'or en chef* qui est Fontanges.

MAISON D'APCHON

Cette maison, qui tire son nom du château d'Apchon, dans la haute Auvergne, égale par son ancienneté et par ses alliance les maisons les plus illustres du royaume. Les seigneurs ont conservé le titre de premier baron de la haute Auvergne, en concurrence avec les seigneurs de Pierrefort. Le premier de cette maison qui soit venu à notre connaissance est Amblard Comtor, sr d'Apchon et d'Indiciat, qui vivait en 998. Il fut absous d'un crime, à condition qu'il donnerait sa terre d'Indiciat pour fonder un monastère, qui a été celui de Saint-Flour. Il épousa Ermingarde, dont il eut Armand Comtor, sr d'Apchon, duquel descendit par divers degrés Bertrand Comtor, sr d'Apchon, qui eut plusieurs enfants, Guillaume, qui continua la branche directe, Bertrand Comtor, sr de Murols et de Chambon, tige de la branche de Murols, et Ebbe Comtor, sr d'Aubière, tige de la branche d'Apchon-Aubière. Guillaume Comtor, sr d'Apchon, qui soumit toute sa terre à l'église de Clermont, fut père de Guillaume II, Comtor d'Apchon, qui laissa de Dauphine de Thiers, fille de Chatard de Thiers et de Brunissend de Comborn, Guillaume III, sr d'Apchon, qui eut de Mahaut Dauphine, fille de Robert III, comte de Clermont, dauphin d'Auvergne, et de Mahaut d'Auvergne, Guy Comtor, sr d'Apchon, qui par son mariage avec Gaillarde de La Tour, fille de Bernard, sr de La Tour, VIIIe du nom, et de Béatrix de Rodez, [laissa] Guillaume Comtor, IVe du nom, ou Guillot, sr d'Apchon, déclaré capitaine souverain d'Auvergne, après la bataille de Poitiers. Le dauphin Charles, régent du royaume, en reconnaissance des services qu'il avait rendus à l'État, lui communiqua les fleurs de lys de France, qui ont depuis fait l'ornement de sa maison. Il fut père de Louis Comtor, sr d'Apchon, qui laissa de Smaragde d'Estaing deux fils et une fille. Guillaume, sr d'Apchon, qui mourut en 1415 à la bataille d'Azincourt, sans avoir pris d'alliance. Jean Comtor d'Apchon, son frère, n'eut d'Antoinette de Tourzel qu'une fille, Annette Comtor, dame d'Apchon, qui ne laissa de son second mari, Jean de La Chassagne, sr de La Molière, qu'une fille, Jeanne de La Chassagne, qui, n'ayant point d'enfants de son mariage avec Aimé Artaud de Saint-Germain, sr de Montrond, la terre d'Apchon passa à la sœur de Guillaume IV et de Jean ; son nom était Louise, dame d'Apchon. Elle fut mariée à Artaud de Saint-Germain, Ier du nom, sr de Saint-Germain et de Rochetaillé. Elle devint dame d'Apchon par le testament de son père, Louis d'Apchon, par lequel il donnait à Guillaume et à Jean d'Apchon, ses fils, la terre d'Apchon, et substituait, s'ils venaient à mourir sans enfants, Louis de Saint-Germain, second fils de sa fille, Louise d'Apchon, et d'Artaud de Saint-Germain, à condition qu'il porterait le nom et les armes d'Apchon, pleines et pures perpétuellement, avec le timbre et le cri de sa maison et de se nommer premièrement Louis, sr comte d'Apchon.

La maison d'Apchon, selon un ancien factum de l'an 1459, a porté *bandé d'argent et de gueules de six pièces au chef d'argent chargé d'une rose de gueules boutonnée d'or.* Depuis le roi Jean elle a porté *d'or à six fleurs de lys d'azur 4 (sic), 2 et 1,* ou plutôt *d'or semé de fleurs de lys d'azur,* parce que le titre porte que c'est à rebours d'ancienne France. Cette maison avait pour cri : *Haut et clair.*

MAISON DE LANGEAC

Peu de maisons en France égalent celle de Langeac, puisque c'est la même que celle des anciens comtes de Toulouse, et que par les femmes elle descend de la maison de saint Alyre, qui a donné un évêque à Clermont dans le quatrième siècle. Raymond Pons III, comte de Toulouse, eut plusieurs enfants ; le troisième avait nom Étienne, à qui il laissa la terre de Langeac. C'est de lui que sont issus tous les seigneurs de Langeac. De cet Étienne sortit, par divers degrés, Jean, sr de Langeac, sénéchal d'Auvergne, qui fut marié deux fois, la 1re, avec Marguerite de Charpaigne-Gouge, la 2e, en 1426, avec Isabelle de Tarente, fille de Jean-Antoine, prince de Tarente, fils de Ferdinand, roi de Naples, et d'Isabelle d'Aragon. Il eut du premier lit deux enfants mâles, qui ont fait deux branches. Jacques, sr de Langeac, tige de la branche aînée, et Poncet de Langeac, sr de Dalet, tige de la branche de Langeac-Dalet. La branche aînée fondit dans la maison de La Rochefoucauld, par le mariage de Françoise de Langeac, fille de Jean de Langeac, baron de Langeac, et de Marie de Chabannes, avec Jacques de La Rochefoucauld, sr de Chaumont-sur-Loire, fils d'Antoine de La Rochefoucauld et de Cécile de Montmirail.

Poncet de Langeac, fils puîné de Jean de Langeac, eut les seigneuries de Dalet et de Malintrat. De lui sont descendus les seigneurs de Langeac-Dalet. De ce Poncet vient, par divers degrés, Gilbert de Langeac, sr de Dalet, qui eut deux femmes. La première, Barbe de Coligny, fille de Cleriadus de Coligny, marquis de Coligny et d'Andelot, et de Catherine de Château-Vieux. La deuxième, Gilberte d'Estaing, fille de Jean-Louis, comte d'Estaing, et de Louise d'Apchon. Il eut du premier lit Gilbert de Langeac, VIe du nom, sr de Dalet, marquis de Coligny, qui épousa, en 1675, Louise de Rabutin, fille de Roger de Rabutin, comte de Bussy, lieutenant général des armées du roi. Il a fait la branche des Langeac-Coligny. Il eut du deuxième lit Claude-Alyre de Langeac, s^r de Préchonnet, qui a fait la branche de Langeac-Préchonnet.

La maison de Langeac porte *d'or à trois pals d'hermines,* quelques autres disent *à trois pals de vair.* La branche de Langeac-Dalet porte *écartelé au 1 et 4 d'or à trois pals de vair* qui est Langeac, *au 2 et 3 fascé d'or et d'azur, à la bordure engrelée de gueules* qui est Dalet, *soutenu de deux sauvages d'or et sommé d'une queue de dauphin de même.*

MAISON D'ORADOUR

Cette maison a la même origine que celle de Langeac, c'est-à-dire qu'elle descend des comtes de Toulouse. Raymond Pons, comte de Toulouse, qui vivait en 936, eut de Berthe d'Arles un fils puîné, Hugues de Toulouse, s^r de La Garde, tige de la maison d'Oradour, aïeul de Bernard de Toulouse, s^r de La Vidalanche et d'Oradour, qu'il acheta des seigneurs d'Apchon. De lui vint, par divers degrés, Robert, s^r d'Oradour et de Bethel, qui prit alliance, en 1351, avec Sibille de Montclar, de laquelle il eut Urbain, s^r d'Oradour, maître-d'hôtel du roi Charles VII, qui fut père de Robert II, s^r d'Oradour, qui eut, de Catherine de Vassel, Jacques d'Oradour, à qui Jean de Saint-Gervasi, qui avait épousé sa sœur, Béatrix de Saint-Gervasi [d'Oradour], fit donation de ses terres, voyant qu'il n'avait point d'enfants. Jacques laissa, d'Antoinette de Tarsin [Torsiat], Jacques II, s^r d'Oradour, de Saint-Gervasi et de Bethel, qui eut de sa première femme, Françoise Comtour des Martinanches, Jacques d'Oradour III, maître-d'hôtel ordinaire du roi Charles IX et sénéchal de Clermont, qui fut marié avec Claude de Boulogne, dame de Sarlan, dont il eut Julien d'Oradour, s^r de Sarlan, de Buron, de Saint-Gervasi et d'Autezat, sénéchal de Clermont, qui fut père de Jacques d'Oradour, s^r de Sarlan, de Buron, etc, qui épousa Madeleine de Bosc, dont il eut Pierre d'Oradour, qui a continué la branche directe, et Charles d'Oradour, s^r d'Autezat, tige de la branche d'Oradour-Autezat. Pierre d'Oradour, s^r de Sarlan, de Buron et de Saint-Gervasi, laissa, de Catherine Voyère, Louis-Timoléon d'Oradour, sʳ de Sarlan, qui épousa, en 1661, Antoinette Roussel, fille d'André Roussel, sʳ de La Bâtisse, et d'Hélène Benoît, de laquelle il a eu [   ] d'Oradour. Pierre d'Oradour eut encore Charles d'Oradour, sʳ de Saint-Gervasi, tige de la branche d'Oradour-Saint-Gervasi, qui fut aïeul de Charles II, sʳ de Saint-Gervasi, d'Unsac et de Segonzac.

La maison d'Oradour porte *de gueules à la croix vuidée, remplie et pommetée d'or de douze pièces.*

MAISON DE ROCHEFORT-LA QUEILHE

La maison de Rochefort, connue encore sous le nom de La Queilhe, est une des bonnes maisons d'Auvergne et des plus anciennes. Elle vient de Géraud de Rochefort, sʳ de La Queilhe et de Préchonnet, qui vivait en 1130. Géraud II, petit-fils de Géraud, fit la branche directe, et Aimoin, la branche de Rochefort-La Queilhe, qui subsiste aujourd'hui. La première branche, dont les seigneurs possédaient Préchonnet, finit par Géraud de Rochefort, sʳ de Préchonnet, qui ne laissa qu'une fille, Louise de Rochefort, dame de Préchonnet, qu'elle apporta en dot à Blain Le Loup, sʳ de Beauvoir, VIIᵉ du nom. La branche de Rochefort-La Queilhe fut encore divisée en deux. Charles, sʳ de La Queilhe, fils de Jacques, sʳ de La Queilhe, et de Louise de Giac, dame de Châteaugay, eut de sa première femme, Antoinette de Ventadour, François et Guillaume de La Queilhe. Le premier continua la branche de La Queilhe, qui finit par François de La Queilhe, qui n'eut qu'une fille de sa première femme, Anne de Rohan, appelée Catherine, dame de La Queilhe, qui épousa, en 1536, Marc de Beaufort-Montboissier, marquis de Canillac. Guillaume, le fils puîné de Charles et d'Antoinette de Ventadour, fit la branche de La Queille et de Châteaugay ; il eut, de Marie de Damas, Jean de La Queilhe, sʳ de Châteaugay, qui prit alliance avec Isabelle de Bourbon-Busset ; de ce mariage est issu, par quelques degrés, Anne de La Queilhe, marquis de Châteaugay et de Vendat, lieutenant-général au gouvernement de Bourgogne, qui prit alliance, en 1706, avec Marie-Joseph d'Amanzé, fille de Louis, comte d'Amanzé, et de Marie Falconis, dont il a eu plusieurs enfants.

La maison de La Queilhe porte *de sable à la croix engrelée d'or*, d'autres font la croix dentelée.

MAISON DE ROCHEFORT-AILLY

Cette maison est illustre par son ancienneté, par les grands hommes qu'elle a produits et par ses alliances. Quelques-uns en font une branche de la maison de Mercœur. Un des plus anciens que l'on connaisse de cette maison est Odilc de Rochefort, s^r d'Aurouse, d'Ailly et de Massiac, qui vivait en 1240. Son petit-fils, Bertrand I de Rochefort, eut trois fils de sa femme Luque de Vernops, qui firent trois branches. Armand de Rochefort, s^r d'Ailly, qui fit la branche de Rochefort-Ailly ; Géraud de Rochefort, s^r de Massiac, qui fit celle de Rochefort-Massiac, et Bertrand de Rochefort, s^r d'Aurouse, fit celle de Rochefort-Aurouse. La branche de Rochefort Massiac ne subsista pas longtemps, Géraud n'ayant laissé qu'une fille, Marie de Rochefort, dame de Massiac, qui apporta cette terre dans la maison d'Espinchal, par son mariage avec Antoine d'Espinchal. La branche de Rochefort-Aurouse ne fut pas aussi de longue durée, car Bertrand II de Rochefort, s^r d'Aurouze, fils de Bertrand I, n'eut qu'une fille unique d'Isabeau de Randon, qui fut Françoise de Rochefort, dame d'Aurouze, qui épousa Robert Dauphin, IIIe du nom, s^r de Saint-Ilpize et de Combronde. D'Armand de Rochefort d'Ailly descendit, par quelques degrés, Claude de Rochefort, s^r d'Ailly, qui prit alliance avec Claire de La Tour, fille d'Antoine de La Tour, s^r de Saint-Vidal, et de Claire, dame de Saint-Point en Mâconnais, fille unique de Guillaume de Saint-Point, lieutenant du roi du Mâconnais. Ainsi ces deux maisons de La Tour Saint-Vidal et de Saint-Point ont fondu par filles dans celle de Rochefort-Ailly, qu'on a depuis nommée Rochefort d'Ailly de La Tour Saint-Vidal. Cette branche en a fait trois. Claude de Rochefort laissa de Claire, dame de Saint-

Point, Claude II de Rochefort d'Ailly de La Tour Saint-Vidal, sr de Saint-Point, gouverneur de Saint-Jean de Losne, a fait la branche de Rochefort Saint-Point (sic). Il épousa, en 1609, Anne de Lucinge, fille de René de Lucinge, vicomte de Compans, dont il eut plusieurs enfants. Pierre-Antoine de Rochefort d'Ailly de La Tour Saint-Vidal, comte d'Ailly, a fait la seconde branche. Aymard de Rochefort d'Ailly de La Tour Saint-Vidal, sr de Josseran, a fait la troisième branche, dont les seigneurs demeurent dans le Bourbonnais.

Cette maison porte *écartelé au 1 et 4 de gueules à la bande d'argent accompagné de six merlettes de même posées en orle,* d'autres mettent *d'argent à la bande vivrée de gueules accompagnée de six merlettes de même,* qui est Rochefort d'Ailly ; *au 2 et 3 d'or à la tour crénelée de gueules.*

MAISON DE MONTAIGU

Montaigu est un lieu au-dessus de Champeix, à quatre lieues de Clermont, d'où tire son nom l'ancienne et illustre maison de Montaigu, qui a donné un grand maître à l'ordre de St-Jean de Jérusalem et un autre à l'ordre des Templiers. Le premier que nous trouvons de cette maison est Astorg, sr de Montaigu, qui eut des petits-fils d'un rare mérite : Guérin, qui fut élu grand maître des Hospitaliers de St-Jean de Jérusalem en 1206 ; Pierre de Montaigu, grand maître des Templiers ; Bernard, évêque du Puy, qui se fit si fort estimer du roi saint Louis ; Astorg, archevêque de Nicosie, et Foulques, évêque de Lyde. Pierre, sr de Montaigu, leur frère, eut plusieurs enfants, parmi lesquels on remarque Guérin et Étienne. Le premier continua la branche directe. On croit que du second sont issus les seigneurs de Montaigu, de la branche de M. le vicomte de Beaune. De Guérin, sr de Montaigu, fils de Pierre II, sr de Montaigu, vint, par plusieurs degrés, Jacques II, sr de Montaigu et de Saint-Vincent, qui laissa, de Françoise de Montmorin, fille de Jacques de Montmorin et d'Anne de Montboissier, plusieurs enfants. Il eut trois fils, qui moururent sans laisser de postérité. Il eut deux filles, Françoise de Montaigu, mariée à Jean de Polignac, s·r d'Adiac, et Marguerite de Montaigu, héritière de la maison de Montaigu, qui eut de son second mari, François Ythier, s·r de Joran, Marc Ythier, baron de Joran, s·r de Montaigu et de St-Vincent.

Étienne de Montaigu, fils puîné de Pierre, s·r de Montaigu, est celui que l'on croit avoir épousé l'héritière de Saint-Marcel, et que l'on regarde comme celui d'où sont descendus les seigneurs de Montaigu-Beaune. Il laissa Raymond, appelé noble Raymond dans les titres. Il vivait en 1324. Il eut un petit-fils du même nom que lui, qui eut trois enfants mâles qui laissèrent postérité : Louis de Montaigu, s·r de Fromigières, qui ne laissa qu'une fille ; Christophe de Montaigu, qui fut père de Joachim de Montaigu, grand prieur de Toulouse, et Raymond, IIIe du nom, gouverneur d'Aigues-Mortes, qui eut deux enfants mâles, Rostaing de Montaigu, qui fut père d'un Antoine de Montaigu, et Josué de Montaigu, s·r de Fromigières, qui épousa Gaspare de Beaune, sœur de Christophe de Beaune, lieutenant du roi en la basse Auvergne. Il eut d'elle Joachim de Montaigu, père d'Antoine-Henri de Montaigu-Fromigières, vicomte de Beaune qui, d'Anne-Gabrielle de Beaufort-Montboissier, a eu Joachim de Montaigu-Fromigières, vicomte de Beaune, chevalier des ordres du roi, qui n'a point d'enfant de Françoise de Colbert-Croissy, et Joseph de Montaigu, comte de Bousols, qui a laissé un fils de Jeanne-Hermette d'Aureille, fille de Jean d'Aureille, marquis de Colombines, et de Charlotte de La Tour Saint-Vidal.

La maison de Montaigu portait *de gueules au lion de vair* ou *de gueules au lion d'argent et d'azur à petites parties*.

Montaigu-Beaune porte *écartelé au 1 et 4 de Beaune, qui est écartelé en sautoir d'argent et de gueules, au 2 et 3 de gueules à la tour d'or sommée de deux autres tours, l'une sur l'autre crénelée et posée sur une terrasse d'or.*

MAISON DE CHASLUS-LAMBRON

Personne ne peut discuter la grandeur et l'ancienneté de la maison de Chaslus-Lambron, s'il est vrai qu'elle soit la même que celle des anciens comtes d'Auvergne, qui descendaient tous de Robert I, vicomte d'Auvergne, et les seigneurs de Chaslus de Guy, quatrième frère de Robert, tous deux fils d'Astorg d'Auvergne et d'Asendane. De ce Guy vint un Hugues IV, s^r de Chaslus, qui eut deux fils, Hugues V, qui fit la branche dirécte de Chaslus, et Amblard de Chaslus, qui fit celle de Chaslus, seigneurs de Montrodès. De Hugues V vint, par divers degrés, Philibert, s^r de Chaslus, qui laissa, de Marguerite d'Escorrailles, Géraud, s^r de Chaslus et Jacques de Chaslus, s^r de Bergonne, qui ayant épousé Agnès de Murols, dame de Gondole, fit la branche de Chaslus-Gondole, qui finit par une de ses filles, nommée Gabrielle, qui fut mariée avec Annet du Prat, s^r de Boudes et de Verrières. Géraud II eut de Jeanne Bouiller-Colanges Lyonnet, s^r de Chaslus, de Boudes et de Sansac, qui fut marié deux fois : la première, avec Jeanne de Reillac, dont il laissa Bertrand, s^r de Chaslus, qui continua la postérité ; la deuxième, avec Antoine de Cebazat, de laquelle il laissa Pierre de Chaslus, dit Challudet, duquel les seigneurs de Challudet, s^{rs} de la maison Montfort en Nivernais (sic), et les autres branches de Challudet prétendent descendre. Bertrand, fils aîné de Lyonnet, maître-d'hôtel du roi Louis XII, s^r de Chaslus, de Boudes et de Sansac, fut aïeul de François, s^r de Chaslus et de Sansac, qui vivait en 1536. Il eut, d'Anne du Prat, Pierre, s^r de Chaslus, qui épousa Françoise de La Tour, fille de Martin de La Tour, s^r et baron de Murat, et de Marguerite Robert de Lignerac.

Cette maison porte *d'or à la croix engrelée d'azur.*

MAISON DE DIENNE

Dienne, qui est un lieu au pied du col de Cabre, a donné le nom à cette illustre maison. Léon de Dienne, duquel descendent tous les seigneurs de Dienne, vivait en 1187. De lui vint, par plusieurs degrés, Amblard III, s^r de Dienne et de Chavagnac, qui eut, de Marguerite de Claviers, Amblard IV, s^r de Dienne, qui ne laissa qu'une fille, et Joubert, s^r de

Dienne, qui épousa, en 1354, Jeanne d'Aubusson, dont il eut Jean, sʳ de Dienne, qui n'eut point d'enfants de Jeanne de Giac, fille de Pierre de Giac, chancelier de France, et Louis, sʳ de Dienne et de Chavagnac, qui laissa de sa troisième femme, Barrane d'Estaing, Guy I, sʳ de Dienne, et Louis de Dienne, sʳ de Chavagnac, tige de la branche de Dienne-Chavagnac, laquelle subsiste aujourd'hui. Guy I, sʳ de Dienne, eut, de Françoise de Tournon, Guy II, qui fut père de Jean I, sʳ de Dienne, qui laissa, d'Hélène de Chabannes, François I, sʳ de Dienne, qui fut père de Jean II, qui le fut de François II, qui, n'ayant point d'enfants de Gabrielle de Foix, dame de Mardogne, Gabrielle, sa sœur, fut héritière des biens de la branche aînée de Dienne (sic), Jean II ayant voulu que le mari de sa fille succèderait aux biens de sa maison, à condition qu'il joindrait le nom et les armes de Dienne au nom et aux armes de sa maison paternelle. Gabrielle épousa, en 1572, Claude de Beaufort-Montboissier, vicomte de La Mothe-Canillac, fils de Jean de Beaufort-Montboissier et de Jeanne de Maumont.

BRANCHE DE DIENNE-CHAVAGNAC

Louis de Dienne, sʳ de Chavagnac, fut père de Jean de Dienne, qui vivait en 1501, duquel descendit, par quelques degrés, Antoine de Dienne, sʳ de Chavagnac, fameux pendant les guerres de religion, qui eut, d'Anne de Pons-La Grange, François de Dienne, qui épousa, en 1613, Jeanne d'Ossandon, dont il eut douze enfants, parmi lesquels on trouve Pierre de Dienne et Gabriel de Dienne-Cheyladet, tige de la branche de Dienne-Cheyladet. Pierre eut, de Claude de Chambeuil, Gabriel de Dienne, sʳ de Chavagnac, qui épousa Marquise de Rochefort-Ailly, de laquelle il laissa Pierre de Dienne, sʳ de Chavagnac, qui a été marié deux fois : la première, avec [   ] de Dienne, sa cousine, fille de François de Dienne, lieutenant général des armées du roi, dont il n'a point eu d'enfants ; la deuxième, [   ].

Gabriel de Dienne-Cheyladet fut père de plusieurs enfants.

François de Dienne, lieutenant général des armées du roi, est l'aîné. Il a épousé Madeleine Le Cour, dont il a un fils.

La maison de Dienne porte *de sinople au chevron d'argent accompagné de trois croissants de même.*

MAISON DE ROBERT-LIGNERAC

C'est une maison des plus illustres de la province. On connaît un Aymeric Robert, s' de Montignac, qui vivait en 1230, qui fut aïeul de Pierre Robert, qui laissa, de Guillemette Gaufredi, Géraud Robert, qui mit la terre de Pleaux dans sa maison par son mariage avec Sybille, dame de Pleaux. De ce Géraud Robert vint, par plusieurs degrés, François Robert, s' de Lignerac, qui eut, de Françoise d'Escars, Charles Robert, qui laissa, de Gasparde Hérail de La Roue, François Robert, s' de Lignerac, chevalier de l'ordre du roi, qui eut, de son premier mariage avec Marie d'Escorrailles, Gilbert Robert, s' de Lignerac, marié avec Jeanne de La Chastre, fille de Claude de La Chastre, maréchal de France ; et du second, avec Catherine de Hautefort, il eut Edme Robert, chevalier de l'ordre du roi, qui épousa Jeanne-Gabrielle de Lévis, duquel descend en ligne directe Joseph Robert, s' de Lignerac et de Pleaux, brigadier des armées du roi et lieutenant du roi dans la haute Auvergne.

La maison de Robert-Lignerac porte *d'azur à trois pals de gueules.*

MAISON DE CHAZERON

Le château de Chazeron, près de Riom, a donné le nom à la maison de Chazeron, une des meilleures d'Auvergne par son ancienneté et par ses alliances avec les plus grands seigneurs de France. Oudin de Chazeron vivait du temps de saint Louis, en 1260. De lui descendit, par quelques degrés, Oudart, s' de Chazeron, qui mit dans sa maison les terres de Vollore et de Montguerlhe par son mariage avec Marguerite de Bellefaye ou de Vollore, nièce du cardinal de Besse, lequel était neveu du pape Clément VI et cousin germain de Grégoire XI. Il fut aïeul de Jacques Ier, sr de Chazeron, de Vollore et de Montguerlhe, qui épousa Anne d'Amboise, fille de Pierre d'Amboise, seigneur de Chaumont, et d'Anne de Beuil, sœur de Jean de Beuil, amiral de France. Il en eut François II, sr de Chazeron, etc., qui épousa, en 1523, Antoinette d'Urfé, dont il eut Gabriel et Antoine de Chazeron, qui firent deux branches. Gabriel, sr de Chazeron et de Vollore, n'eut que deux filles de Gilberte de Marconnay, dame de Montaret : Claude de Chazeron, dame de Vollore, qu'elle apporta en 1563 dans la maison de Montmorin par son mariage avec Gaspard de Montmorin, IIe du nom, sr de Saint-Hérem ; et Catherine de Chazeron, femme de Jérôme d'Arconnas, duquel elle n'eut point d'enfants. Antoine, frère de Gabriel, fut seigneur de Chazeron. Son frère lui fit une donation d'une grande partie de ses biens en 1568. Il laissa de Claude Le Maréchal, fille de Jean Le Maréchal, sr de Fourchaut, et d'Anne d'Albon, Gilbert Ier, sr de Chazeron, sénéchal et gouverneur du Lyonnais, chevalier des ordres du roi, qui eut de Gabrielle de Saint-Nectaire Gabriel II, sr de Chazeron, qui n'eut point d'enfants de Marie-Gabrielle de La Guiche de Saint-Géran, fille de Jean-François de La Guiche de Saint-Géran, maréchal de France. Sa sœur Claude devint dame de Chazeron, qui fut mariée deux fois : la première avec Antoine de Cordebœuf, sr de Beauverger, duquel elle n'eut point d'enfants ; la deuxième avec Gilbert de Monestay, sr de Forges.

MAISON DE MONESTAY-CHAZERON

Cette maison est considérable en Auvergne ; elle a eu des hommes distingués dans la guerre. Les seigneurs qui vivent aujourd'hui descendent de Gilbert de Monestay, sr de Forges, qui de Jeanne de La Roue laissa Gilbert II de Monestay, sr de Forges, qui épousa Louise de Rochefort, dame de Chars, fille de François de Rochefort, sr de Chars, et de Jeanne de Courtenay ; il en eut Gilbert de Monestay III, sr de Forges, et Gaspard de Monestay, sr de Graveron. Gilbert, l'aîné des deux frères, prit alliance avec Claude de Chazeron, dont il eut

François de Monestay, marquis de Chazeron, baron de Chars, lieutenant-général des armées du roi et chevalier de ses ordres, qui, d'Anne de Murat, a laissé François-Amable de Monestay, marquis de Chazeron, lieutenant des gardes du corps, marié en 1693 avec [　　　] Barentin.

La maison de Chazeron portait *d'argent au chef emmanché d'azur de trois pièces.*

Celle de Monestay porte *d'argent au lion de gueules et deux jumelles d'or brochant sur le tout.*

MAISON DE LÉOTOING

C'est une ancienne maison et des plus illustres, étant, à ce qu'on croit, une branche de celle de Mercœur. Elle a pris son nom du château de Léotoing, qui est un ancien membre de la baronnie de Mercœur, qui l'est aujourd'hui du dauphiné d'Auvergne. Le premier que nous connaissons de cette maison est Pierre de Léotoing, sr de Montgon, fils, à ce qu'on croit, de Beraud de Mercœur, sr de Léotoing et de Montgon et d'Aix, lequel était fils de Beraud VII, sr de Mercœur. De ce Pierre descendit, par quelques degrés, Beraud de Léotoing, qui eut d'Isabelle d'Isserpens Louis de Léotoing, sr de Montgon, qui fut fait chevalier devant Bayonne, en 1451, par le comte de Dunois. Il fut père de Robert de Léotoing, sr de Montgon, qui épousa, en 1469, Marguerite de Langeac dont il eut François de Léotoing, qui n'eut pas d'enfants de Jeanne de Montmorin, et Jean de Léotoing, sr de Montgon, qui laissa de Françoise de Montmorin Jacques de Léotoing, qui mourut sans postérité, et Louise de Léotoing, dame de Montgon, qui fut mariée, en 1541, avec Bénigne de Cordebeuf, sr de Beauverger.

MAISON DE CORDEBEUF-MONTGON

Cette maison a donné des hommes qui se sont acquis une grande réputation. Deux grandes maisons ont fondu dans celle-ci : celle de Léotoing-Montgon et celle de La Souchère.

Nous trouvons un Merlin de Cordebeuf, s' de Beauverger, qui gagna, par ses grandes qualités, l'estime du roi Louis XI. Il laissa d'Antoinette d'Allanche Robert de Cordebeuf, qui épousa, en 1499, Françoise de La Garde de La Maleraye, de laquelle il eut Bénigne de Cordebeuf, qui épousa l'héritière de Léotoing, Louise de Léotoing, de laquelle il laissa François de Cordebeuf La Maleraye, s' de Montgon, Corent, Mentières, Talisac, Beauverger et Matrou. Jacques de Léotoing, s' de Montgon, son oncle maternel, se voyant sans enfants, l'institua son héritier, à la charge de porter le nom et les armes de Léotoing-Montgon. Il fut marié, en 1570, à Marguerite de Monestay-Forges, de laquelle il eut Pierre, s' de Montgon, gentilhomme ordinaire de la chambre du roi, fort aimé d'Henri IV et de Louis XIII, auxquels il rendit de grands services. Il prit alliance avec Charlotte de Chabannes, dont il eut plusieurs enfants qui firent diverses branches : François, qui continua la branche aînée ; Jacques de Montgon, s' de Beauverger et de La Maleraye, qui eut d'Anne de Chauvigny-Blot, Pierre de Montgon, s' de Beauverger, qui épousa Marie de La Rochefoucauld, dont il eut [   ] de Montgon, s' de Beauverger ; Jean-François de Montgon, s' de Matrou et La Mothe-Mérinchal, tige de la branche de Montgon-Matrou.

Pierre de Montgon, s' de Védrines, tige de la branche de Montgon-Védrines, épousa Isabeau de Gouvernet, veuve du seigneur d'Anteroche. François de Montgon, l'aîné de tous, prit alliance avec Marie de Beaune, fille d'Antoine de Beaune, s' d'Aubusson, et de Jacqueline de La Souchère, dont il eut Charles-Alexandre, s' de Montgon, qui a laissé de Marie-Françoise de La Barge Jean-François de Montgon, marquis de Montgon, lieutenant-général des armées du roi, qui épousa, en 1688, Louise Sublet, dame du palais de Mme la duchesse de Bourgogne, dont il a eu un fils qui a pris le parti de l'Église.

Léotoing-Montgon portait *écartelé aux 1 et 4 d'or à trois fasces de sable, aux 2 et 3 échiqueté d'argent et d'azur au chef de gueules.*

Cordebeuf, avant d'entrer dans La Garde - La Maleraye, portait *de sable au lion d'argent;* depuis le don de La Maleraye jusqu'à la succession de Montgon, *burelé de dix pièces d'azur et d'argent écartelé en sautoir d'argent flanqué d'hermine de sable.* Depuis la succession de Montgon, cette maison porte purement de l'ancien Léotoing-Montgon.

MAISON DE VILLELUME

Cette maison est très considérable dans cette province; elle est très ancienne et a donné des hommes d'une grande distinction. Elle est, à présent, divisée en cinq branches : De Villelume-Barmontais, de Villelume-Bobières, de Villelume-Ville-Savine, de Villelume La Roche-Othon et de Villelume-Bastiment. Les trois premières sont en Auvergne, la quatrième dans le Berry, et la cinquième dans la Marche et dans le Poitou. Le plus ancien de cette maison nous paraît être Guillaume, s^r de Villelume, qui laissa Guillaume II qui continua la branche aînée, et Josselin de Villelume qui forma la branche de Villelume-Othon. Il épousa Marguerite de Saint-Nectaire. Guillaume II, s^r de Villelume, eut d'Alixent de Tinières Guillaume III, s^r de Villelume, chevalier de l'ordre du roi, qui donna des preuves de sa valeur dans toutes les grandes actions de son temps. Il laissa de Louise de Saint-Marceau Jacques de Villelume, s^r de Barmontais; Antoine de Villelume, s^r de Bobières, qui épousa Anne de Julien, dame de Villedieu, et fut tige de la branche de Villelume-Bobières; Jean de Villelume, s^r de Bastiment, le fut de la branche de Villelume-Bastiment; et Armand de Villelume, s^r de Ville-Savine, qui prit alliance avec Louise de Saix, le fut de la branche de Villelume-Ville-Savine. Jacques de Villelume, l'aîné de tous ces frères, s^r de Barmontais, maréchal-de-camp et syndic de la noblesse d'Auvergne, fut marié, en 1578, avec Magdeleine de Vassel, dont il eut Antoine de Villelume, s^r de Barmontais, gouverneur du château d'Angers, qui vivait en 1640. Il eut de Marie de Chaslus-Cordais Jean-Charles de Villelume, s^r de

Barmontais, maréchal-de-camp, qui laissa de Marie de Monestay Maximilien de Villelume, s^r de Barmontais.

Cette maison porte *d'azur à dix besans d'argent 4, 3, 2 et 1.*

MAISON DE LASTIC

Cette maison, si illustre par le grand-maître des hospitaliers de Saint-Jean de Jérusalem, Jean de Lastic, et par ses alliances, est très ancienne. Un des premiers seigneurs de cette maison est Bompar, s^r de Lastic, dont la femme avait nom Blanche. De lui vint, par divers degrés, Jean II, s^r de Lastic, qui épousa Alix de Vissac, qui vivait en 1370, fille d'Étienne, s^r de Vissac, chancelier de France. Il en eut Étienne, qui continua la branche directe; Bayard de Lastic, qui fut tige de la branche de Lastic-Montlaur; Étienne de Lastic, père de Jean de Lastic, tige de la branche de Lastic-Dauphiné, et Jean de Lastic, grand-maître des hospitaliers de Saint-Jean de Jérusalem. Étienne Ier, s^r de Lastic, l'aîné de tous, laissa Pons de Lastic, qui épousa Jeanne de Saint-Nectaire, qui fut père de Louis, s^r de Lastic et de Montsuc, qui laissa d'Anne de Lafayette Thibaud, s^r de Lastic et de Montsuc, et Louis de Lastic, grand-prieur d'Auvergne. Thibaud eut une fille unique d'Anne d'Ancezune, qui eut nom Françoise, dame de Lastic, de Montsuc et de Rochegonde, qui fut mariée deux fois : la première avec Louis de Foix, s^r de Mardogne; la deuxième avec Jean de La Guiche, s^r de Bournoncle. Elle eut de son premier mari Gabrielle de Foix, dame de Mardogne et de Montsuc, et du second Louise de La Guiche, dame de Lastic et de Rochegonde. Ainsi cette illustre maison fondit, par Françoise de Lastic, dans celle de Foix et de La Guiche, ou plutôt dans celle de La Rochefoucauld, car Gabrielle n'eut point d'enfants, et Louise de La Guiche eut de son mari Louis-Antoine de La Rochefoucauld, dit le baron de Langeac, fils de Jacques de La Rochefoucauld, s^r de Chaumont-sur-Loire, et de Françoise de Langeac.

La maison de Lastic portait *de gueules à la fasce d'argent.*

La branche de Lastic-Dauphiné porte *de gueules à la bande d'argent et à la bordure de sable,* qui est une légère brisure des cadets.

MAISON DE BALSAC

Balsac est une terre, non loin de Brioude, qui a donné son nom à une des plus grandes maisons de France. On la fait commencer par un Hildebert, s^r de Balsac qui vivait en 965 ; de lui vint, par divers degrés, Jean, s^r de Balsac et d'Entragues, qui rendit de grands services au roi Charles VII contre les Anglais. Il laissa de Jeanne de Chabannes Roffec IV, s^r de Balsac et de Paulhac, chambellan du roi, qui fit une branche qui finit par trois filles ; Robert de Balsac, qui continua la branche directe, et Mandon de Balsac, chevalier de l'ordre de Saint-Jean de Jérusalem, qui laissa d'une maîtresse Mandon de Balsac, s^r de Saint-Paul, qui fut légitimé par le roi Louis XI, qui a fait la branche de Balsac-Saint-Paul. Robert de Balsac, s^r d'Entragues, laissa d'Antoinette de Castelnau Pierre, s^r de Balsac, chevalier de l'ordre du roi et gouverneur de la Marche, qui, d'Anne Malet de Graville, dame de Marcoussis, laissa deux fils qui firent deux branches, Guillaume et Thomas, et une fille nommée Jeanne. Guillaume, l'aîné, s^r d'Entragues et de Marcoussis, gouverneur du Havre, laissa de Louise d'Humières François et Charles, qui firent aussi deux branches, et une fille nommée Catherine-Charlotte de Balsac. François de Balsac, de son premier mariage avec Jacqueline de Rohan, eut deux fils qui n'eurent point de postérité ; il prit une seconde alliance avec Marie Touchet, dame de Belleville, qui avait été maîtresse du roi Charles IX, de laquelle il eut Henriette de Balsac, marquise de Verneuil, l'une des maîtresses d'Henri IV, et Marie de Balsac, mariée à François de Bassompierre, maréchal de France. François avait eu de sa première femme une fille, Catherine-Charlotte de Balsac, mariée en 1589 à Jacques d'Illiers, sieur de Chantemerle, laquelle fut mère de Léon d'Illiers, héritier de la maison de Balsac-Entragues à condition d'en porter le nom et les armes.

Charles de Balsac, frère de François, chevalier des ordres du roi, eut plusieurs enfants d'Hélène, fille de Pierre Bon, sʳ de Meüillon ; l'aîné fut Charles de Balsac, baron de Dunes, que son oncle, Charles de Balsac, baron de Dunes, institua son héritier. Il fut marié avec Catherine Hennequin, de laquelle il n'eut que des filles. Jeanne de Balsac, fille de Guillaume de Balsac et de Louise d'Humières, mit la terre de Balsac, en 1532, dans la maison d'Urfé, par son mariage avec Claude, sʳ d'Urfé et de Rochefort, chevalier de l'ordre du roi, fils de Pierre III, sʳ d'Urfé, grand-écuyer de France, et d'Antoinette de Beauveau. Ils laissèrent Louise d'Urfé, dame de de Balsac et de Paulhac, mariée à Gaspard de Montmorin, sʳ de Saint-Hérem, gouverneur d'Auvergne.

Thomas de Balsac, frère puîné de Guillaume de Balsac, épousa Anne de Gaillard, fille de Michel de Gaillard, sʳ de Longjumeau et de Chilly, et de Souveraine d'Angoulême, dont il eut plusieurs enfants. Son aîné, Pierre de Balsac, prit alliance avec Magdeleine Olivier, fille de François Olivier, sʳ de Reuville, chancelier de France, et d'Antoinette de Cerisay.

La maison de Balsac portait *d'azur à trois sautoirs d'argent 2 et 1, au chef d'or chargé de trois sautoirs d'azur.*

MAISON D'OLLIERGUES

Cette maison a été très illustre en Auvergne. La petite ville d'Olliergues, sur la Dore, lui a donné son nom. Elle était fort ancienne, puisque l'on trouve un seigneur d'Olliergues dès l'an 990, nommé Agne Iᵉʳ, sʳ d'Olliergues, qui avait pour femme Pétronille. Il laissa Agne II, sʳ d'Olliergues, qui épousa Auxiliende de Baffie, fille de Dalmas IV de Baffie. De ce seigneur vint, par plusieurs degrés, Agne de Velay V, sʳ d'Olliergues, qui laissa d'Alix du Breuil, fille de Robert de Courcelles, deux filles, dont l'aînée, Béatrix, dame d'Olliergues, apporta en dot cette terre à Bertrand de La Tour, IIIᵉ du nom, fils de Bernard de La Tour, VIIᵉ du nom, et d'Yoland. Ainsi la maison d'Olliergues fondit en celle de La Tour-d'Auvergne. Ysel d'Olliergues, sœur puînée de Béatrix, eut dans son partage la terre de Maymont ; elle épousa Guigue de Roussillon, sʳ d'Anjo, issu d'une très noble et très ancienne maison du Dauphiné.

MAISON DE LA ROUE

La Roue est une terre au delà d'Ambert dont l'ancienne maison de La Roue a pris le nom. On croit que les seigneurs de La Roue sont de la maison de Montboissier. Armand-Maurice de Montboissier, fils puîné d'Eustache de Montboissier, sʳ de Roche-Savine et de La Roue, vivait en 1200. Il laissa Pierre-Maurice de Montboissier, sʳ de La Roue et de Roche-Savine, qui épousa Gaillarde de La Tour, fille de Bernard de La Tour, VIIᵉ du nom, et d'Yoland, de laquelle il eut Pierre II, sʳ de La Roue, qui laissa de Dauphine, vicomtesse de Lavieu, dame de Saint-Bonnet-le-Château, Armand II, sʳ de La Roue, qui fut père de Sibille, dame de La Roue, qui apporta cette terre en dot à Gilbert, sʳ de Solignac en Velay, à condition que le fils puîné qui sortirait de leur mariage porterait le nom et les armes de La Roue. Elle vivait en 1300. D'elle et de Gilbert vinrent Gilbert II, sʳ de Solignac, qui continua la branche directe de Solignac, et Bertrand, sʳ de La Roue, qui exécuta la condition insérée au contrat de mariage de sa mère, en prenant le nom et les armes de La Roue. Il eut de sa seconde femme, Maragde de Châteauneuf, Armand III, sʳ de La Roue.

La Roue portait *fascé d'or et d'azur de six pièces*.

MAISON DE FLAGEAC

L'ancienne maison de Flageac, qui a pris son nom de Flageac, qui est sur la petite rivière de Senoire, rapporte son origine à Gilles de Flageac, qui vivait en 1233. Il négocia l'accommodement du roi saint Louis et de Raymond, comte de Toulouse, avec Humbert de Beaujeu, connétable de France, et Hugues de La Tour, évêque de Clermont. De lui descendit, par quelques degrés, Armand Ier, sr de Flageac, qui fut père de Pierre, sr de Flageac, qui le fut aussi de Louis, sr de Flageac, qui épousa, en 1482, Anne de Montmorin, de laquelle il eut Bernard, sr de Flageac, qui fut père de Pierre II, baron de Flageac, sr de Saint-Romain, qui prit alliance, en 1586, avec Marguerite de Rostaing, fille de Tristan de Rostaing et de Françoise Robertet, veuve de Pierre de Lévis, baron de Cousan, et de Gilbert des Serpents, sr de Gondras. Elle mourut en 1612 dans la ville du Puy, et gît à Flageac. De ce mariage vinrent deux filles : Marguerite de Flageac, mariée en premières noces avec Christophe, comte d'Apcher, et en secondes noces avec Emmanuel de Crussol, duc d'Uzès ; et Louise, dame de Flageac, qui mit cette terre dans la maison d'Alègre par son mariage avec Christophe II, marquis d'Alègre.

La maison de Flageac portait *de sable à la tour crénelée d'argent*.

MAISON DE CROS (1)

La maison de Cros est ancienne et considérable en Auvergne. Elle a donné des archevêques à Bourges et des évêques à Clermont. Le premier que nous trouvons de cette maison est Guy Ier, sr de Cros, de Murat et de Vernines, qui vivait en 1170. Il laissa Géraud Ier, sr de Cros, de Murat et de Vernines, qui fut père d'Aymard, sr de Cros et de partie de Chamalières ; de Géraud de Cros, archevêque de Bourges, et de Pierre de Cros, surnommé de Murat, parce que la terre de Murat-le-Quaire lui échut en partage. Aymard fut père d'Aymard II, sr de Cros, qui le fut aussi de Guy II, sr de Cros et de partie de Chamalières qui consistaient aux fiefs du Bois et du Pré de Cros, qui retiennent encore aujourd'hui le nom de la maison de Cros. Il laissa Pierre Ier, sr de Cros et de partie de Chamalières, et Aymard de Cros, évêque de Clermont. De Pierre, sr de Cros, vint, par plusieurs degrés, Pierre II, sr de Cros et de partie de Chamalières. Il vivait en 1456. Il

---

(1) Voir *Histoire d'un Sanctuaire d'Auvergne, Notre-Dame d'Orcival*. — Desclée, de Brouwer et Cie, 1894. Pages 244-245.

n'eut que deux filles : Jeanne, dame de Cros, qui apporta la terre de Cros à Pierre de Murat, s' de Vernines, qui était de la même maison que Jeanne, et Bonne de Cros, dame d'une partie de Chamalières. Ses descendants ont possédé les fiefs du Bois et du Pré de Cros jusqu'à Jacques, s' de Bois-de-Cros, intendant de la maison de Marie Stuart, reine de France et d'Écosse. Il accompagna cette princesse en Écosse en 1560 et ne laissa que deux filles, mariées dans les maisons de Joran et de Saint-Nectaire.

BRANCHE DE CROS-MURAT-VERNINES

Pierre de Cros, vicomte de Murat, s' de Vernines, fils de Géraud, s' de Cros, fit la branche de Murat. Il était frère de Géraud de Cros, archevêque de Bourges, qui vivait en 1200. Il fut père de Pierre II, vicomte de Murat, qui épousa Gaillarde de La Tour, fille de Bernard, s' de La Tour, VI° du nom, et de Jeanne de Toulouse. De ce mariage vint, par quelques degrés, Guy III ou Guyonet, vicomte de Murat, et Géraud de Murat, s' d'Alagnat. Guy fut père de Pierre de Murat, s' de Vernines, qui laissa de Jeanne de Cros Astorg de Murat, s' de Vernines et de Cros, qui n'eut qu'une fille, Béatrix de Murat, dame de Vernines, qui épousa Milles, seigneur de Propières en Beaujolais. De ce mariage ne vint aussi qu'une fille, Jeanne de Propières, dame de Vernines, qui fut mariée à Guillaume d'Estaing, ambassadeur en Espagne.

BRANCHE DE CROS-ALAGNAT

Géraud de Murat, frère de Guy III, s' de Vernines, fut seigneur d'Alagnat. De lui vint, par quelques degrés, François de Murat, s' d'Alagnat, qui laissa de Jeanne de Flageac Guillaume de Murat, s' d'Alagnat, qui n'eut qu'une fille, Marguerite de Murat, dame d'Alagnat, qui épousa, en 1572, Jean de La Tour, s' de Murat-le-Quaire, fils d'Antoine-Raymond, s' de Murat-le-Quaire, et de Marie de La Fayette.

La maison de Cros portait *de gueules à la tour d'or*.

La maison de Murat-Alagnat portait *losangé d'azur et d'or*.

MAISON DE SALERN (1)

Cette maison est si ancienne, qu'on en ignore l'origine. Quelques-uns la font descendre des anciens comtes de Murat. Un des premiers que nous connaissions de cette maison est Hélin Ier, souverain de Salern, qui suivit saint Louis dans son premier voyage d'outremer, avec lequel il fut fait prisonnier. Il laissa Guy Ier, s^r de Salern, qui épousa, en 1276, Thimoue d'Escorailles, dont il eut Guy II, s^r de Salern, qui fut marié, en 1296, avec Souveraine de Brezons. De lui descendit, par divers degrés, François III, s^r de Salern, gentilhomme de la chambre du roi, qui fut marié, en 1594, avec Jeanne de Saint-Martial, dont il eut Henri, baron de Salern, gentilhomme de la chambre du roi, syndic de la noblesse, qui prit alliance, en 1630, avec Diane de Serment, dame de Montrodès et de Fontfreyde, fille de Gilbert de Serment, s^r de Montrodès et de Fontfreyde, de Theix et de Nadaillat, et de Diane de Saint-Preject (2), dont il n'eut que trois filles, et un fils, François IV. Il se maria en secondes noces avec Diane de Saint-Preject, fille d'Aymard de Saint-Preject et de Catherine de Polignac, dont il eut plusieurs enfants, entre autres François de Salern, s^r de Méliard, qui épousa Anne de Chaslus, fille de Pierre de Chaslus-Lembron, et de Françoise de La Tour, de laquelle il laissa deux filles, dont l'une, dite Mlle de Guillebon, est encore vivante. François IV, baron de Salern, prit alliance avec Marguerite de Mossier, dont il n'eut que des filles. L'aînée, Diane-Magdeleine, dame de Salern, fut mariée, en 1658, avec Annet d'Escorailles, s^r de Mazeroles et de Favars, fils de Guillaume d'Escorailles, s^r de La Coste, et de Catherine de Barriac. Elle lui apporta en dot la baronnie de Salern.

La maison de Salern portait *d'or à une tour crénelée, avec un avant-mur de gueules, maçonnée et ajourée de sable.*

Escorailles-Salern porte écartelé d'Escorailles et de Salern.

---

(1) Salers.
(2) Preject *alias* Prejet, Projet, Priest, Prist, Prix.

MAISON DE MIRAMONT (1)

Miramont, près de Mauriac, a donné son nom à l'ancienne maison de Miramont, qui a fondu dans celle de Saint-Exupéry, et de celle-ci dans celle de Bourbon-Malause. Aymard, s^r de Miramont, vivait en 1075. Il laissa Pierre, s^r de Miramont. Ce fut lui qui enleva Arnaud, abbé de Saint-Pierre-le-Vif, et qui le retint prisonnier dans le château de Ventadour. De lui vint, par quelques degrés, Raynaud, s^r de Miramont, qui vivait en 1280. Il fut père d'Étienne, s^r de Miramont, qui le fut de Boson, lequel laissa Gédoin, mort avant son père. Sa femme avait nom Burgonde. Ils laissèrent Guidonnet, s^r de Miramont, que son aïeul institua héritier par son testament de l'an 1308. Il mourut sans enfants. Gédoin II, s^r de Miramont, son frère, eut cette terre, laquelle il donna, n'ayant point de postérité, à son frère Raymond, qui épousa Luce de Noailles, fille d'Hélie, s^r de Noailles, et de Douce d'Astorg. Il mourut, comme ses frères, sans lignée, et, par son testament, il fit héritières, par égale portion, ses deux sœurs, Mathe et Marguerite de Miramont. La première fut dame de Miramont; la seconde épousa Olier de Saint-Chamant.

Mathe, dame de Miramont, fut mariée avec Hélie de Saint-Exupéry, qui vivait en 1330. De leur mariage vint Guy Ier, s^r de Saint-Exupéry, s^r de Miramont, qui épousa Aigline de Rouffiniac. De lui sortit, par plusieurs degrés, Guy III, s^r de Saint-Exupéry, s^r de Miramont, qui fut marié, en 1548, avec Magdeleine de Saint-Nectaire, dont il n'eut qu'une fille, Françoise de Saint-Exupéry, dame de Miramont et de Favars. Elle prit alliance, en 1571, avec Henri de Bourbon, Ier du nom, baron de Malause, fils de Jean de Bourbon, baron de Malause, et de Françoise de Silly.

La maison de Miramont portait *d'azur à trois miroirs ronds d'argent bordés de gueules au chef d'or,* et celle de Saint-Exupéry *d'or au lion de gueules.*

(1) Miremont.

MAISON DE PESTEILS (1)

Pesteils est un château, à deux lieues d'Aurillac, qui a donné son nom à l'ancienne et illustre famille de Pesteils. Aymery de Belcher, s^r de Pesteils, coseigneur de Tournemire et de Fontanges, vivait en 1250. De lui et de Guillemette, sa femme, vint, par plusieurs degrés, Guy, s^r de Pesteils, coseigneur de Tournemire et de Fontanges ; ses descendants se contentèrent du nom de Pesteils et quittèrent celui de Belcher. Guy vivait en 1400. Il laissa d'Annette Comtor d'Apchon Guynet, qui continua la branche directe, et Autier de Pesteils, tige de la branche de Pesteils-Tournemire. Guynet fut aïeul de Jean-Claude de Pesteils et de Nicolas de Pesteils, coseigneur de Fontanges, qui fut tige de la branche de Pesteils-Fontanges (2).

Jean-Claude, frère aîné de Nicolas, fut chevalier de l'ordre du roi et gentilhomme de sa chambre. Il épousa, en 1575, Suzanne de Lévis, fille d'Antoine de Lévis, comte de Quélus, et de Balthasare de Lettes des Prez, fille d'Antoine de Lettes des Prez, maréchal de France. Elle était sœur de Jacques de Lévis, comte de Quélus, l'un des mignons du roi Henri III. Jean-Claude de Pesteils eut de Suzanne Anne de Pesteils, comtesse de Quélus et dame de Fontanges, qui fut mariée, en 1607, à Jean de Tubières-Grimoald, s^r de Privasac, fils de Jean de Tubières-Grimoald, s^r de Verfeuille, et de Marie de Morlhon. Anne laissa Jean de Tubières, comte de Quélus, s^r de Fontanges, coseigneur de Salern. Il fut marié deux fois : la première en 1636, avec Magdeleine de Bourbon, fille d'Henri de Bourbon, marquis de Malause, et de Magdeleine de Chalon ; la deuxième avec Marie-Elisabeth de Polignac, fille de Gaspard-Armand, vicomte de Polignac, et de Claudine de Tournon. Le comte de Quélus eut du premier lit Henri de Tubières, comte de Quélus, s^r de Fontanges, coseigneur de

---

(1) Pestels.
(2) Voir sur ce point : BOUILLET, *Nobiliaire d'Auvergne*, t. V, p. 87.

Salern, qui prit alliance, en 1663, avec Claude de Fabert, fille d'Abraham de Fabert, gouverneur de Sedan et maréchal de France, et de Claude Richard de Clevant. Le marquis de Quélus mourut subitement au mois de janvier 1680, âgé de 44 ans.

BRANCHE DE PESTEILS-TOURNEMIRE

Autier de Pesteils, s^r de Tournemire, fils de Guy, s^r de Pesteils, et d'Annette Comptor d'Apchon, vivait en 1445. Il fut père de Rigal de Pesteils, s^r de Tournemire, qui laissa Louis de Pesteils, qui épousa, en 1495, Blanche de Beaune, dont il eut Rigal II de Pesteils, qui fut père de Claude de Pesteils, qui fut marié, en 1570, avec Jeanne de Reilhac, de laquelle il laissa Jean-Claude de Pesteils, s^r de Tournemire, chevalier de l'ordre du roi et gentilhomme ordinaire de sa chambre, qui épousa, en 1610, Marguerite de La Roque, dont il eut Claude de Pesteils, s^r de Tournemire.

BRANCHE DE PESTEILS-FONTANGES

Nicolas de Pesteils, frère de Jean-Claude de Pesteils, substitua ses enfants et ses descendants à sa portion de Fontanges et à ses autres biens, à la charge, si c'étaient des filles, que les mâles qui en sortiraient porteraient le nom et les armes de Fontanges. Il fut père de Petre-Jean, coseigneur de Fontanges, et d'Annet de Fontanges, s^r de Velzic. Petre-Jean fut marié avec Jeanne de La Roue, dont il n'eut qu'une fille, Guillemine de Fontanges, mariée, en 1616, à Louis d'Escorrailles, s^r de Roussille, de Cropières et de Fontanges, fils de Rigaud d'Escorrailles, s^r de Roussille, et d'Anne d'Aubusson, d'où descend Louis-Théodose d'Escorrailles, marquis de Roussille: Annet de Fontanges, s^r de Velzic, épousa, en 1597, Françoise d'Escorrailles, fille de Guillaume d'Escorrailles, s^r de Mazeroles, et de Marie de Salern.

La maison de Pesteils porte *d'argent à la bande de gueules accompagnée de six sautoirs de même.*

Tubières-Quélus porte *écartelé au 1 et 4 de Pesteils, au 2 et 3 d'or à trois chevrons de sable 2 et 1* qui est Lévis, *et sur le tout de gueules*.

MAISON DE MONTCLAR

La baronnie de Montclar, dans la haute Auvergne, a donné son nom à l'ancienne maison de Montclar. Astorg est un des premiers seigneurs que nous connaissions de cette maison. Il vivait en 1109. Il fut trisaïeul de Rigal II, s' de Montclar, et de Morinot de Montclar, tige de la branche de Montclar-Montbrun. Rigal II fut père d'Ebles II, s' de Montclar, qui épousa Galiarde, dame de Chambres, et par là le fief de Chambres passa dans la maison de Montclar. Il fut père d'Aymeric, s' de Montclar et de Chambres, qui vivait en 1340, et qui ne laissa qu'une fille, Marguerite, ou selon quelques-uns, Galiarde, dame de Montclar et de Chambres, qui épousa Guillaume de Noailles, fils d'Hélie, s' de Noailles, et de Douce d'Astorg. Ainsi cette branche aînée de Montclar fondit dans la maison de Noailles et dans celle de Barmont ; Marguerite avait été mariée en premières noces avec M. de Barmont, dont elle avait eu un fils, Guillaume de Barmont.

La maison de Montclar portait *d'azur au chef d'or*, et celle de Noailles *de gueules à la bande d'or*.

MAISON DE BREZONS

L'ancien château de Brezons, dans la haute Auvergne, a communiqué son nom à la maison de Brezons, une des plus illustres et des plus anciennes de la province. Nous connaissons Amblard de Brezons dès l'année 1000. Ce fut lui qui fonda le monastère de Saint-Flour. De lui descendit par plusieurs degrés Guillaume I, s' de Brezons, qui eut de Smaragde d'Estaing Guillaume II, s' de Brezons, duquel vint par plusieurs degrés Bonnet, s' de Brezons, qui laissa, d'Alix de Langeac, fille de Tristan de Langeac et d'Anne d'Alègre, Tristan, s' de Brezons, qui vivait en 1530. Il épousa Hélène de Joyeuse, fille de Charles de Joyeuse et Françoise de Meouillon, dont il eut Charles, sʳ de Brezons, chevalier de l'ordre du roi, qui fut père de François, sʳ de Brezons, qui fut marié deux fois : la première, avec Pernelle de La Rochefoucauld, fille de François de La Rochefoucauld, sʳ de Ravel, et d'Éléonore de Vienne ; la seconde, avec Marie Berthon-Crillon. Ce seigneur mourut sans enfants en 1620 et institua héritière sa seconde femme, qui donna les biens de la maison de Brezons à Charles, comte de Brancas, fils de Georges de Brancas, duc de Villars, et de Julienne-Hippolyte d'Estrées, qui fit une donation de la terre de Brezons à Françoise de Brancas, qui épousa, en 1667, Alphonse-Henri-Charles de Lorraine, prince d'Harcourt..

La maison de Brezons portait *de gueules au lion losangé d'argent et d'azur armé et lampassé de sable.*

MAISON DE BREZONS-NEYREBROUSSE

Cette branche de la maison de Brezons a eu des hommes distingués par la valeur. Antoine de Brezons, sʳ de Neyrebrousse, capitaine des francs-archers de la haute et basse Auvergne et du Rouergue, vivait en 1490. Il fut tué en 15... Il laissa Bonnet de Brezons, sʳ de Neyrebrousse, qui mourut sur la brèche de Saint-Quentin en 1557. Il avait eu de Madeleine du Buc Louis de Brezons et Tristan de Brezons, sʳ de La Roque, qui est tige de la branche de Brezons de La Roque-Paulhac, qui a fini par la mort de Claude de Brezons, sʳ de La Roque-Paulhac, qui, n'ayant point d'enfants de Charlotte de Clermont de Lodève, fille de Gabriel-Aldonce de Castelnau, comte de Clermont de Lodève, et de Louise du Prat, a fait son héritier le marquis de Miremont-Pesteils, son neveu. Louis de Brezons, sʳ de Neyrebrousse, l'aîné de Tristan de Brezons, laissa de Gilberte Cordebeuf-Montgon Sébastien de Brezons, qui fut marié deux fois : la première, en 1598, avec Marie Pouget, la seconde, avec Anne-Claude du Prat, dame de Gondole. Il eut du premier lit une fille, et du second,

Annet-Charles de Brezons, sʳ de Neyrebrousse, qui épousa, en 1623, Louise du Treuil, dame de Chauvel et de Lubière.

MAISON DE BRÉON OU BRION

Ce lieu, qui n'est pas loin de Besse, a donné son nom à cette maison, qui a été considérable en Auvergne. Maurin I est le premier seigneur que nous trouvons; il vivait en 1220. Il fut père de Maurin II, sʳ de Bréon, qui mit la terre de Mardogne dans sa maison par son mariage avec Françoise de Mardogne, fille d'Ithier de Rochefort, sʳ de Mardogne, de laquelle il eut Joubert, sʳ de Mardogne et de Bréon, qui laissa, de Dauphine de Dienne, Ithier II, sʳ de Bréon, qui épousa Jeanne de Thiers, fille de Guy VIII, vicomte de Thiers, et de Marguerite de Thiers, sa cousine. Il en eut Maurin III, sʳ de Bréon et de Mardogne, qui prit alliance avec Melior *(sic)* de Châteauneuf-Apchier, fille de Guérin de Châteauneuf-Apchier et d'Yoland de Polignac, de laquelle il laissa Joubert II, sʳ de Bréon et de Mardogne, qui mourut sans laisser de postérité, et cette maison fondit dans celle de Tinières par le mariage de sa sœur Dauphine, dame de Bréon et de Mardogne, avec Pierre-Guillaume de Tinières, sʳ du Val, qui fut père de Jacques de Tinières, sʳ de Mardogne, dont la fille unique, Jeanne de Tinières, dame de Mardogne, épousa Germain de Foix. Jacques avait une sœur, Dauphine de Tinières, qui fut dame de Bréon. Elle apporta cette terre dans la maison de Montmorin par son mariage avec Geofroy, sʳ de Montmorin, fils de Thomas, sʳ de Montmorin et d'Auzon.

La maison de Bréon portait *d'or à la croix ancrée de sinople*.

MAISON DE MUROLS

Le château de Murols, à quatre lieues de Clermont, sur le chemin de Besse, a donné son nom à cette maison bien ancienne, puisqu'on croit qu'elle n'est point différente de celle d'Apchon. Jean I, sʳ de Murols et du Chambon, laissa de Souveraine de Chaslus-Cordais Jean II, sʳ de Murols, qui eut, d'Alix-Bohair de Rochebrian, Guillaume, sʳ de Murols, qui mourut à la bataille de Poitiers, en 1356, sans avoir d'alliance, et Amblard, sʳ de Murols, frère de Bertrand de Murols, sʳ de Gondole, et Jean de Murols, qui fut fait cardinal par le pape Clément VII, séant à Avignon. Amblard laissa de Randonne de Pagnac Guillaume II, sʳ de Murols, et du Broc, vicomte de Rochebrian. Il fut marié deux fois : la première, avec Audine de Saint-Nectaire, fille de Bertrand II de Saint-Nectaire et de Jeanne de Lespinasse; la seconde, avec Guyotte de Tournon. Il eut du premier lit Jean III, sʳ de Murols, qui continua la branche directe, du second lit Jacques de Murols, vicomte de Rochebrian et tige de la branche de Murols, sʳ du Broc, qui fondit par filles dans la maison de Montmorin, Gabrielle de Murols, dame du Broc, de Bergonne et de Gignat, fille de Jean de Murols, sʳ des mêmes lieux, et d'Anne d'Arson, épousa Jean de Montmorin, sʳ de Préaux.

La branche directe fondit aussi par filles dans la maison d'Estaing, par le mariage de Jeanne de Murols, fille de Jean III, sʳ de Murols, et de sa seconde femme Jeanne de Lastic, fille de Pons de Lastic, sʳ de Montsuc, et de Jeanne de Saint-Nectaire, qui fut mariée, en 1455, avec Gaspard d'Estaing, sʳ de Lutgarde, d'Anval et de Vernines, sénéchal du Rouergue.

La maison de Comptor-Murols portait *de gueules au croissant tourné à droit* (sic) *d'or, l'écu semé d'étoiles de même.*

La maison de Chambon-Murols, dite simplement de Murols, portait *d'or à la fasce ondée d'azur,* d'autres disent *à la fasce ondée de sinople.* Mais les armes de Murols paraissent en la première forme au château de Murols et aux Cordeliers de Clermont, sur le tombeau du cardinal de Murols.

MAISON DE LA GUESLE

La Guesle est un château près de Vic-le-Comte, dont la maison de La Guesle a tiré son nom. Gautier de La Guesle vivait du temps du roi saint Louis. Il l'accompagna dans son premier voyage d'outre-mer et fut pris avec lui près de Damiette, en 1250. De ce seigneur descendit en ligne directe Jean de La Guesle, chevalier, sʳ de La Guesle et de La Chaux, président en la cour du parlement de Paris, qui laissa de Marie Poiret Jacques de La Guesle, François de La Guesle, archevêque de Tours, et Jean de La Guesle, sʳ de La Chaux. Jacques de La Guesle, chevalier, sʳ de La Guesle, procureur général au parlement de Paris, ne laissa que trois filles de Marie de Rouville, dame de Chars, fille unique et héritière de Louis de Rouville, sʳ de Chars, et de Magdeleine d'Anthonis.

Jean de La Guesle, son frère puîné, sʳ de La Chaux, épousa Catherine Beraud, de laquelle il n'eut qu'une fille, Marie de La Guesle, dame de La Chaux, qui fut mariée avec René de Vienne, comte de Châteauvieux, sire de Veauvillers; de leur mariage il ne vint qu'une fille, Françoise de Vienne, dame de La Chaux, comtesse de Châteauvieux, qui prit alliance, en 1649, avec Charles, duc de La Vieuville, chevalier d'honneur de la reine et gouverneur de Poitou.

La maison de La Guesle portait *d'or au chevron de gueules accompagné de trois huches ou cors de chasse de sable liés de gueules.*

MAISON DE LA FOREST-BUILLON

Cette maison est considérable par son ancienneté. On trouve un Testard, sʳ de Buillon, et Géraud, son frère, qui vivaient en 1060. En 1080, vivait Pierre de Buillon, sʳ de La Forest; de lui vint, par divers degrés, Jean de La Forest-Buillon, qui fut envoyé ambassadeur à Constantinople par le roi François Iᵉʳ. Il laissa, de Jeanne de Chasteigner, Jean de La Forest, chevalier de l'ordre du roi, qui épousa Françoise Coeffier, tante du maréchal d'Effiat. Il fut aïeul de Hiérôme de La Forest, sʳ de Buillon, qui laissa, de Claude de Rochefort d'Ailly de La Tour Saint-Vidal, Bertrand de La Forest, qui eut, de Jeanne Le Loup, Gaspard de La Forest, sʳ de Buillon, qui épousa, en 1618, Anne Le Groing, lequel fut père de

Guillaume de La Forest, sʳ de Savennes, qui épousa, en 1658, Philiberte de Canillac. Comme cette maison est illustre, celle de Bullon, dont était Claude de Bullon, surintendant des finances et président au mortier dans le parlement de Paris, a fait gloire de descendre de celle de La Forest-Buillon d'Auvergne. Le surintendant à cet effet entra dans la terre de Buillon-La Forest, en vertu d'un traité lignager obtenu de concert avec Gaspard de La Forest-Buillon, dont nous venons de parler, ce qui fut exécuté. Mais son fils, Noël de La Forest-Buillon, étant rentré dans sa terre, la revendit à [   ] de Malet, sʳ de Vendaigre.

La Forest-Buillon portait *fascé d'argent et de sable de six pièces*. Bullon-Bonelles *d'azur au lion d'or issant de trois ondes d'argent, écartelé d'argent à la bande de gueules accompagnée de six coquilles de même.*

MAISON DE LA ROCHE-TOURNOUELLE

Cette maison est très ancienne, puisqu'on trouve des seigneurs de La Roche dès le onzième siècle. Nous ne commencerons à faire connaître les seigneurs de cette maison que par Hugues de La Roche, qui obtint du roi saint Louis la terre de Tournouelle, qui est au-dessus de Riom, après que la maison de Dampierre y eut renoncé. De lui sortit, par divers degrés, Hugues III de La Roche, sʳ de Tournouelle, qui eut deux fils qui firent deux branches. Jean de La Roche continua la branche de La Roche-Tournouelle. Il n'eut qu'une fille, Charlotte de La Roche, de Françoise du Bois. Ce fut par elle que cette branche aînée fondit dans la maison d'Albon-Saint-André, par son mariage avec Jean d'Albon, sʳ de Saint-André, chevalier de l'ordre du roi, gouverneur du Lyonnais, Bourbonnais et haute et basse Marche, qui fut père du maréchal de Saint-André.

Antoine de La Roche, sʳ de Châteauneuf-sur-Sioule, frère puîné de Jean, fit la seconde branche des seigneurs de La Roche. Il fut marié deux fois: la première, avec Anne de

Tourzel, fille d'Yves, baron d'Alègre, et la seconde, avec Jeanne de La Vieuville, de laquelle il eut François de La Roche, qui laissa, de Catherine de Blanchefort, François II, s^r de Châteauneuf, qui épousa Jeanne de Montmorin, fille de Jean de Montmorin et de Marie de Chazeron.

La maison de La Roche portait *fascé et ondé de gueules et d'argent*.

MAISON DE LESPINASSE

Cette maison a été illustre en Auvergne par ses grandes alliances. Il y eut deux branches de cette maison. La première des seigneurs de La Clayette en Mâconnais, et l'autre des seigneurs de Maulevrier.

Philibert de Lespinasse, s^r de La Clayette, vivait sous le roi Charles V et était son grand conseiller. Il fut marié deux fois: la première, avec Guillemette de Vaux, et la seconde, avec Constance de La Tour d'Auvergne, fille de Bertrand, s^r de La Tour, IVe du nom, et d'Isabeau de Lévis. De la première il eut plusieurs filles, parmi lesquelles on remarque Odette, qui fut mariée à Jean de Lespinasse, son cousin au quatrième degré, s^r de Changy et de Maulevrier, de la branche de Changy. Ils laissèrent un Jean II de Lespinasse, qui devint seigneur de Combronde, en 1425, par son mariage avec Blanche-Dauphine, fille de Beraud-Dauphin, IIe du nom, s^r de Saint-Ilpize et de Combronde, et de Philippie de Veauce: Beraud-Dauphin, IIIe du nom, étant mort sans postérité. De leur mariage vint Beraud-Dauphin IV, s^r de Combronde, qui fut marié deux fois: la première, avec Antoinette de Chazeron, fille de Jean de Chazeron et de Catherine d'Apchier, et petite-fille d'Oudar de Chazeron et de Marguerite de Bellefaye, nièce du pape Clément VI. Il eut d'elle une fille appelée Louise. Sa seconde femme fut Antoinette de Polignac, fille de Guillaume II, dit Armand, vicomte de Polignac, de laquelle il eut une fille appelée Françoise, qui fut mariée avec Guy d'Amboise, s^r de Ravel. Par ce mariage la terre de Combronde passa dans la maison d'Amboise, et celle de Lespinasse dans celle de Montmorin et de celle-ci dans celle de La Fayette par le mariage de Françoise de Montmorin, fille d'Annet de Montmorin, s^r de Nades et de Lespinasse, avec Jean de La Fayette, s^r de Hautefeuille.

Beraud-Dauphin IV eut plusieurs frères et des sœurs qui sont François, chevalier de Rhodes; Robert, abbé de Saint-Germain-des-Prés à Paris; Étienne, s^r de Changy et de Maulevrier; Pierre, abbé d'Ébreuil; Marguerite, abbesse de Cusset; Catherine, femme de Philibert de La Roche; Philippie, femme de Charles de Montmorin, et une autre fille appelée Louise. On croit qu'Étienne, s^r de Changy et de Maulevrier, eut un fils appelé Philippe de Lespinasse, s^r de Maulevrier, qui se trouva, en 1516, au mariage de Catherine d'Amboise, petite-fille de Beraud IV, avec François de La Tour, IIe du nom, vicomte de Turenne.

Cette maison portait *fascé d'argent et de gueules de huit pièces*.

MAISON DE MONTGASCON

Cette maison est ancienne et avait de grandes alliances. Elle a possédé la baronnie de Montgascon, dont Maringues est le chef, depuis du moins le onzième siècle. Nous trouvons un Astorg de Montgascon qui vivait dans le douzième siècle, qui fut père de Guillaume de Montgascon; de lui descendit, par quelques degrés, Robert Faucon de Montgascon, qui fut marié deux fois: la première, avec Béatrix de Beaujeu; la seconde, avec Isabeau de Châtillon-en-Barois, dame de Jaligny. Il eut du premier lit Faucon III, s^r de Montgascon, qui épousa, en 1245, Isabeau de Ventadour, fille d'Ebles VI, vicomte de Ventadour, et de Dauphine de La Tour d'Auvergne, dont il n'eut que deux filles, Béatrix et Mahaut de Montgascon. La première fut mariée, en 1279, à Robert VI, comte d'Auvergne et de Boulogne, fils puîné de Robert V, comte d'Auvergne et de Boulogne, et d'Éléonor de Baffie. Elle apporta à ce comte la seigneurie de Montgascon, d'Ennezat, de Joze, de Montredon, de Pontgibaud, des Granges, de Margeride et d'autres terres. Cette maison fondit de cette manière dans celle des comtes d'Auvergne, et dans celle de Tournon par le mariage de Mahaut ou Maurs, sœur de Béatrix, avec Eudes de Tournon, après la mort duquel elle épousa Guillaume de Bourbon, sr de Beçay.

Montgascon portait *de gueules au chef de vair*.

MAISON DE NORRY

Cette maison était illustre en Auvergne et a donné de grands hommes qui ont rendu grands services à la France. Pierre de Norry, qui vivait en 1360, fut chargé par la cour pour aller dans diverses parties du royaume réformer plusieurs abus. Il avait épousé Jeanne de Montboissier, dont il eut Étienne, sr de Norry, Jean de Norry, archevêque de Vienne, puis de Besançon, qui fut employé dans les affaires les plus importantes de l'État. Il assista au concile de Pise et à celui de Constance. Étienne, sr de Norry, prit alliance avec Jeanne, dame de Passac, de laquelle il laissa Jeanne de Norry, qui fut la première femme de Louis de Beaufort, marquis de Canillac et comte d'Alès.

Cette maison portait *de gueules à la fasce d'argent*. Jean de Norry, archevêque de Vienne, y ajouta *trois fleurs de lys d'or en chef et autant en pointe*.

MAISON DE BAFFIE

C'est une maison qui a été des plus illustres d'Auvergne, dont les seigneurs ont possédé Baffie non loin de la ville d'Ambert. Quelques-uns trouvent l'origine de cette maison dans la première maison de Polignac, dont ils font sortir Dalmas I, sr de Baffie, qui vivait en 936. Il eut un arrière-petit-fils du même nom que lui, qui épousa Rotberge de La Tour, fille de Géraud de La Tour, Ier du nom, et de Gausberge, qui fut père de Guillaume de Baffie, fait évêque de Clermont en 1095 dans le concile de la croisade, et de Dalmas IV, sr de Baffie, duquel descendit par quelques degrés Guillaume, dit le Vieil, sr de Baffie, qui épousa Éléonore de

Forez, fille de Guy III, comte de Forez, et d'une dame appelée Asjurane, dont il eut Éléonor de Baffie, qui apporta cette terre dans la maison des comtes d'Auvergne par son mariage avec Robert V, comte d'Auvergne et de Boulogne, fils de Guillaume X, comte d'Auvergne, et d'Alix de Brabant.

La maison de Baffie portait *d'or à trois molettes de sable.*

MAISON DE BLOT

La terre de Blot, qui n'est pas loin de la rivière de Sioule, a donné son nom à cette maison qui était bien illustre, puisqu'on faisait une branche des anciens sires de Bourbon.

Archambaud V, s^r de Bourbon, de Montaigu et de Blot, laissa, d'une dame appelée Luque, deux enfants mâles : Archambaud, s^r de Bourbon, qui continua la branche directe, et Aymard, s^r de Blot et de La Roche-Aymond, surnommé Vairevache, qui fit la branche des seigneurs de Blot. Il fut marié avec Adelinde de Tonnerre, dont il eut Pierre, s^r de Blot, duquel vint par degrés Jean I, s^r de Blot et de Montespedon, qui accompagna le roi Charles VI au voyage de Flandre en 1388 avec trois chevaliers et dix-huit écuyers. Il avait épousé Catherine de Bressols, dame de Montmorillon ; il en eut un fils, Jean II, s^r de Blot, qui mourut sans postérité, et Catherine de Blot, dame de Blot et de Montespedon, qui fit entrer ces terres dans la maison de Chouvigny (1) par son mariage avec Jean de Chouvigny, s^r de Blot et de Montespedon, dont elle laissa Jean III de Chouvigny, s^r de Blot et de Montespedon, qui épousa Dauphine de Bonnebaud, fille de Jean de Bonnebaud et d'Isabeau de Montmorin.

La maison de Blot portait *de sable au lion d'or*, d'autres ont dit *d'argent au lion de gueules.*

MAISON D'AUTIER-VILLEMONTÉE

Cette maison est illustre en ses quatre branches de La Grange, de Paris, de Vaudable et de La Chassagne. Celle

---

(1) *Alias* Chauvigny.

de Paris était réduite à François de Villemontée, marquis de Montaiguillon-en-Brie, maître des requêtes ordinaires de l'hôtel du roi, intendant de justice en Poitou. La branche d'Autier-Vaudable a fini en la personne de Jean Autier de Villemontée, s^r de Mallesagne, capitaine de chevau-légers au régiment de Charles de La Porte de La Meilleraye, maréchal de France. La branche d'Autier-La Chassagne a fondu par filles dans la maison du Pouget. La branche d'Autier-Villemontée-La Grange est la seule qui subsiste aujourd'hui.

Étienne Autier de Villemontée, s^r de La Grange, épousa, en 1457, Isabeau de La Volpilière. Il fut père de Beraud, qui laissa, de Catherine d'Ussel, Antoine Autier de Villemontée, s^r de La Grange, qui eut, d'Anne de Claviers, Jean Autier de Villemontée, syndic de la noblesse en 1553. Il eut, de Marie de Bar, Louis Autier de Villemontée, s^r de La Grange, qui épousa, en 1597, Anne d'Escorrailles, fille de François d'Escorrailles et de Jacqueline de Dienne, de laquelle il laissa Jacques Autier de Villemontée, s^r de La Grange, marié, en 1642, avec Marie de Châteaubodeau.

Cette maison porte *d'azur au chef denché d'or, chargé d'un lion léopardé de sable.*

MAISON D'AYCELIN-MONTAIGU

Cette maison reçoit un éclat tout particulier par les grands hommes qui en sont sortis, qui ont été élevés aux premières dignités de l'Église et de l'État. Pierre Aycelin, s^r de Bressoles, qui vivait en 1280, eut plusieurs enfants: Gilles Aycelin de Montaigu, chancelier de France ; Hugues, surnommé de Billom, cardinal, évêque d'Ostie ; Jean, évêque de Clermont, et Guillaume Aycelin, qui fut père d'Aubert Aycelin, évêque de Clermont, et bisaïeul de Gilles Aycelin, s^r de Montaigu-sur-Billom, qui laissa, de Macaronne de La Tour, fille de Bernard, s^r de La Tour, et de Béatrix de Rodez, Gilles Aycelin, chancelier de France et cardinal ; Pierre Aycelin, évêque de Laon et cardinal, et Bernard Aycelin, dit Griffon, s^r de Montaigu, qui eut, d'Isabeau de Bourbon, dame de Clacy, Louis Aycelin, sʳ de Montaigu, gouverneur de Nivernais, qui épousa Marguerite de Beaujeu dont il n'eut qu'une fille nommée Jeanne Aycelin, laquelle fut mariée 1° avec Jean de Vienne, sʳ de Rolans, maréchal et sénéchal du Bourbonnais, 2° avec Charles de Mello, sʳ de Saint-Bris. Elle eut, de son premier mari, Philippe de Vienne, sʳ de Listenois, Montaigu, Le Donjon, qui prit alliance avec Pernelle de Chazeron.

Aycelin portait *de sable à trois têtes de lion arrachées d'or et lampassées de gueules 2 et 1.*

MAISON DE FLOTTE

Cette maison a été illustrée par deux chanceliers et un amiral de France. N. Flotte est le premier que nous connaissions de cette maison, qui eut pour fils Pierre Flotte, sʳ de Revel, chancelier de France, qui fut père de Guillaume Flotte, sʳ de Revel, chancelier de France, qui épousa Alix de Châtillon, dame d'Escole, dont il eut Pierre Flotte, sʳ d'Escole, amiral de France, qui laissa, de Marguerite de Châtillon, Guillaume Flotte, sʳ de Revel et d'Escole, qui eut, de Marguerite de Beaumont, Antoine Flotte, dit Floton, sʳ de Revel, qui mourut à la bataille de Rosebecq, en 1382. Il avait épousé Catherine de Cousan dont il n'eut qu'une fille unique, Jeanne Flotte, dame de Revel, qui, n'ayant point eu d'enfants de François d'Aubichecourt et de Jacques de Châtillon, institua son héritier André de Chauvigny.

La maison de Flotte-Revel portait *fascé d'or et d'azur de six pièces.*

MAISON DE RODIER

Cette maison a donné un chancelier de France sous Charles le Bel. Pierre Rodier (1), qui parvint à cette dignité, était d'une noble maison ; il était un homme de bon esprit et fut

(1) Il est reconnu aujourd'hui que Pierre Rodier était originaire du Limousin.

employé dans des affaires importantes. Il reçut les sceaux en 1321 et les rendit en 1323, après avoir été pourvu de l'évêché de Carcassonne.

MAISON DE VISSAC

Cette maison est ancienne et a donné un chancelier de France. On la fait descendre de Pons, s^r de Vissac, qui vivait en 1245, qui fut père d'Étienne, s^r de Vissac, qui laissa, de Guigonne, dame d'Arlanc, fille et héritière de Pons, s^r d'Arlanc, et de Béatrix de La Roche en Regnier, Pons, s^r de Vissac, et Hugues de Vissac, qui firent deux branches. La première finit par un Louis, s^r de Vissac et de Marsac, qui n'eut que deux filles de Béatrix de Seissac.

Hugues de Vissac, s^r d'Arlanc, fit la seconde. Il fut gouverneur de la Navarre pendant la jeunesse de Jeanne, reine de Navarre, fille du roi Louis le Hutin. On lui donne pour femme Alix de Poitiers-Valentinois, fille de Guillaume de Poitiers, s^r de Chanac, et de Luce de Beaudiner, et non à son fils, Étienne de Vissac, s^r d'Arlanc, chancelier de France, dont la postérité finit par un Antoine, s^r de Vissac, d'Arlanc et de Murs, qui ne laissa d'Anne de La Roue qu'une fille, Jeanne de Vissac, dame de Vissac, d'Arlanc et de Murs, qui épousa, en 1497, Just de Tournon, chevalier de l'ordre du roi.

La maison de Vissac portait *palé de gueules et d'hermine de six pièces.*

MAISON DE GIAC

Cette maison est considérable par les dignités de chancelier de France et de grand échanson auxquelles ont été élevés Pierre de Giac et Louis de Giac.

Jean de Giac est le premier de cette maison dont nous ayons connaissance. On croit qu'il avait été trésorier de Beraud II, comte de Clermont, dauphin d'Auvergne. Il eut un fils nommé Pierre de Giac, que le roi Charles VI fit chancelier de France en 1383, lequel laissa, de Marguerite de Campandu, Louis de Giac, s^r de Châteaugay, grand échanson de France, dont le fils Pierre, sʳ de Giac II, premier chambellan de Charles VII, fut en si grande faveur auprès de ce prince, ce qui excita si fort contre lui la haine du connétable de Richemont et de Georges de La Trémouille, qu'ils le firent périr. Il laissa de sa première femme, Jeanne de Nailhac, dame de Châteaubrun, Louis I de Giac et de Châteaugay, qui ne laissa point de postérité, de sorte que sa sœur, Louise de Giac, apporta tous les biens de cette maison à Jacques de La Queilhe, duquel descendent les seigneurs de La Queilhe.

La maison de Giac portait *d'or à la bande d'azur accolée de six merlettes de sable.*

MAISON DE PIERREFORT

La ville de Pierrefort, qui est une baronnie dans la haute Auvergne, a donné son nom à cette maison. Le premier que l'on trouve des seigneurs de Pierrefort est Guillaume, sʳ de Pierrefort, qui vivait en 1250. De lui, par divers degrés, descendit Bertrand, sʳ de Pierrefort, qui eut, de Blanche de Senapont, Raymond de Peyre, baron de Pierrefort, qui laissa, de Florie Landonne, Louis de Peyre, baron de Pierrefort, qui fut père, par Marguerite d'Anduse, de Jean de Peyre, baron de Pierrefort, qui laissa, de Blanche de Sévérac, François de Peyre, baron de Pierrefort, qui fut aïeul de Bertrand de Peyre II, baron de Pierrefort, qui eut, de Blanche-Louise de Sévérac, Jeanne de Peyre, dame de Pierrefort, qui fut mariée à Louis Hérail de Buzaringues, qui laissèrent René Hérail, baron de Pierrefort, qui prit alliance avec Jeanne de La Roue, vicomtesse de Lavieu et dame de La Roue, de sorte que cette maison fondit dans celle de Hérail.

La maison d'Hérail portait *au 1 d'hermine* qui est Hérail-Pierrefort, *au 2 fascé d'or et d'azur de six pièces* qui est La Roue.

MAISON DU BOURG

Nous devons à cette maison un chancelier de France et plusieurs autres personnes distinguées. Anne du Bourg, sʳ de

Saillans, laissa, d'Anne de La Merci, dite de La Marcousse, Antoine du Bourg et Étienne du Bourg, qui firent deux branches. Antoine du Bourg, baron de Saillans, chancelier de France, épousa Jeanne Hénard, de la ville de Montferrand, dont il eut plusieurs enfants ; l'aîné de tous fut Antoine du Bourg, baron de Saillans, qui eut, de Nicole de Clermont, Louis du Bourg, baron de Saillans, qui, de Jeanne de Lastic, ne laissa qu'une fille nommée Catherine du Bourg, mariée, en 1599, à Jacques d'Estaing, s^r de La Terrisse.

Étienne du Bourg, frère du chancelier, eut encore plusieurs enfants d'Anne Musnier. Les plus connus sont Anne du Bourg, conseiller-clerc au parlement de Paris, fameux par sa fin tragique ; Étienne du Bourg, s^r de Palerne, qui fit une branche qui a donné des conseillers au parlement de Bordeaux ; Georges du Bourg, tige aussi de la branche des conseillers au parlement de Toulouse ; Amable du Bourg, fameux avocat à Toulouse, qui a fait aussi une branche. L'aîné de tous les enfants d'Étienne était Antoine du Bourg, s^r de Malauzat, qui laissa, de Jeanne de Tominas, Antoine II, qui fit la branche de Malauzat, et Michel du Bourg, s^r de Ceilloux, qui fit celle de Ceilloux, et qui a laissé, de Philiberte du Petitbois, Jean du Bourg, s^r de Ceilloux, qui vivait en 1627, père de Gaspard du Bourg, s^r de Ceilloux. Antoine du Bourg, s^r de Malauzat, épousa, en 1570, Isabeau de Serrier, fille d'Amable, s^r de Palerne, et de Jeanne Robertet, de laquelle il eut Antoine du Bourg, IIIe du nom, s^r de Malauzat, qui laissa, de Gaillarde d'Allemagne, Claude du Bourg, s^r de Malauzat, qui mourut sans laisser de postérité, et Jacques du Bourg, s^r de Chariol, qui eut, de Marie de Biencourt, Charles du Bourg, s^r de Blives près Troyes et de Méry-sur-Seine, qui a laissé plusieurs enfants de Jeanne d'Argillières.

La maison du Bourg porte *d'azur à trois tiges d'épines d'argent mises en pal 2 et 1.*

MAISON DE MARILLAC

Cette maison, qui tire son nom et son origine du château

de Marillac, a donné plusieurs grands hommes à la France. Bertrand de Marillac est le premier que nous trouvons de cette maison. Il fut pris par les Anglais et obligé de vendre presque tous ses biens pour payer sa rançon. Il laissa, de Suzanne de Lastic, Sébastien de Marillac, qui épousa Antoinette de Beaufort-Canillac, dont il eut Pierre de Marillac, qui laissa, de Marguerite de La Richardière, Gilbert de Marillac, contrôleur-général de la maison de Madame Anne de France, qui épousa Marguerite de La Forest. Guillaume, son aîné, secrétaire du duc de Bourbon, eut plusieurs enfants de Marguerite Genest. Les plus connus sont le célèbre Jean Marillac, avocat général au parlement de Paris, mort sans postérité en 1651 ; Charles de Marillac, archevêque de Vienne, et Guillaume de Marillac, s^r de Ferrières, intendant et contrôleur-général des finances, qui fut marié deux fois : la première, avec Marie Aligret ; la deuxième, avec Geneviève de Boislévesque. Il eut, du deuxième lit, Louis de Marillac, maréchal de France ; du premier, Michel de Marillac, garde des sceaux de France, qui eut, de sa première femme, Barbe de La Forterie, René de Marillac, maître des requêtes, qui épousa Marie de Creil et fut père de Michel de Marillac, s^r d'Ollainville, conseiller d'État, qui laissa, de Jeanne Potier, fille de Nicolas Potier, s^r d'Ocquerre, et de Marie Barré, René de Marillac, s^r d'Ollainville et d'Attichy, mort doyen des conseillers d'État. Il avait eu, de Marie Bochart, Jean Marillac, brigadier des armées du roi, tué en 1704 à la bataille d'Hochstet, qui n'a point laissé d'enfants de Marie-Françoise de Beauvillier, sa femme ; Magdeleine de Marillac, mariée, en 1689, à René-Armand, marquis de La Fayette, brigadier d'infanterie, mort à Landau en 1694.

La maison de Marillac portait *d'argent maçonné de sable 3, 2 et 1, et un croissant montant de gueules en cœur.* Le garde des sceaux portait *d'argent maçonné de sable rempli de six merlettes de même 3, 2 et 1, et d'un croissant de gueules mis en cœur.*

MAISON D'ANJONY

Cette maison est illustre par ses alliances. Anjony, château de la haute Auvergne, lui a donné son nom. Louis Ier, sr d'Anjony, vivait en 1403. Il fut père de Louis II, sr d'Anjony, qui le fut de Pierre d'Anjony, qui laissa, de Blanche de Giou, Louis III, sr d'Anjony, qui eut, de Louise Doiral, Michel, sr d'Anjony, qui fut marié avec Germaine de Foix ; de ce mariage vint Louis IV, sr d'Anjony, qui laissa, de Philippe Robert de Lignerac, Michel d'Anjony, qui fut père, par Gabrielle de Pesteils, de Jacques, sr d'Anjony, qui épousa Louise de Salern, fille de François de Salern et de Marguerite Mossier.

La maison d'Anjony porte *d'azur à trois fasces ondées de gueules au chef d'azur chargé de trois coquilles d'argent.*

MAISON D'ESPINCHAL

Cette maison, à qui le lieu d'Espinchal a donné son nom, est considérable dans la province. Antoine, sr d'Espinchal, vivait en 1409. Il épousa Marie de Rochefort, dame de Massiac, de laquelle il eut Guillaume, sr d'Espinchal, qui fut père d'Antoine d'Espinchal et de Massiac, qui eut, d'Alix de La Roche, Guillaume II, sr d'Espinchal et de Massiac, qui fut père, par Méraude de Hauteville, de Gilbert, sr d'Espinchal et de Massiac, de Guillaume III, qui le fut aussi de François, sr d'Espinchal et de Massiac, qui laissa, de Marguerite d'Apchon, dame de l'autre partie de Massiac, Jacques, sr d'Espinchal et de toute la terre de Massiac, qui eut, de Gaspard de La Roue, François II d'Espinchal, sr de Massiac, qui n'eut que deux filles d'Isabeau de Polignac, et Charles-Gaspard d'Espinchal, sr de Massiac, qui laissa, d'Hélène de Lévis, fille de Jean-Claude de Lévis, sr de Châteaumorand, et de Catherine de La Baume......

La maison d'Espinchal porte *d'or au griffon de sable armé et lampassé de gueules, ailé d'azur et accolé de trois épis de sable 2 et 1.*

MAISON DE LA VOLPILIÈRE

Le château de La Volpilière, qui est de la paroisse de Saint-Martin-Vigouroux, a donné son nom à la maison de La Volpilière, qui est très ancienne. Le premier que nous connaissons de cette maison est Annet, sr de La Volpilière et de Roffiac, qui vivait en 1260. Il fut père de Ponchet, sr de La Volpilière et de Roffiac, mort en 1286, qui laissa Grégoire, sr de La Volpilière, qui mourut en 1310, et eut pour fils Annet II, sr de La Volpilière, qui vivait en 1370. Il fut père d'Aymard, qui le fut de Guillaume, sr de La Volpilière et de Roffiac, qui laissa, de Françoise de La Batisse, Pierre de La Volpilière et de La Batisse, qui mourut en 1460 et fut père d'Annet III, sr de La Volpilière, qui ne laissa qu'une fille d'Antoinette de Dienne, nommée Françoise, dame de La Volpilière, qui épousa Guillaume, sr de Greil. Annet mourut en 1500. Françoise eut de son mariage Sébastien de Greil, sr de La Volpilière et de Greil, qui prit alliance, en 1530, avec Jeanne de Nozières, fille de Gabriel de Nozières, bailli des montagnes d'Auvergne.

La maison de La Volpilière portait *échiqueté d'or et d'argent*.

MAISON DE SÉVÉRAC - LIEUTADÈS

Cette maison a pris son nom d'un château qui est dans une plaine que l'on nomme Biadene (1). Le premier de cette maison dont nous ayons connaissance est Pierre, sr de Lieutadès, qui testa en 1274. Il fut marié à R. de Vieille-Brioude, fille d'Étienne, sr de Vieille-Brioude, dont il eut Bertrand de Sévérac, sr de Sévérac et de Lieutadès, qui vivait en 1300. Il épousa Agnès de Gilbertès, fille de Guillaume, sr de Gilbertès, et Blanche, dont il eut Pierre II, sr de Sévérac et de Lieutadès, qui laissa, de Françoise de Balaguier, Guyon, sr de Sévérac et de Lieutadès, qui fut marié avec Gillette de Gouzon,

(1) Ou *les Viadènes*.

de laquelle il laissa Antoine de Sévérac, qui a fait la branche de Sévérac-Ségur, et François, s^r de Sévérac et de Lieutadès, qui épousa, en 1595, Catherine de Bérenger, fille de Fulcran de Bérenger, s^r de Montmouton, et de Gabrielle de La Croix. Il en eut Jacques, s^r de Sévérac et de Lieutadès, marié en premières noces à Marie de Rochefort, fille de Claude de Rochefort, s^r d'Ailly, de laquelle il laissa Jean-Antoine, s^r de Sévérac et de Lieutadès, qui prit alliance avec Marie de La Rochefoucauld, fille de Louis de La Rochefoucauld, marquis de Langeac, et de Louise de La Guiche, dont il n'eut point d'enfants.

La maison de Sévérac-Lieutadès portait *d'argent au lion de gueules semé d'étoiles de même.*

MAISON DE CHAVAGNAC

La maison de Chavagnac est très ancienne. Nous trouvons un Guillaume, s^r de Chavagnac et en partie de Blesle; de lui sortit Pierre Ier, s^r de Chavagnac, qui vivait en 1282. De Pierre descendit, par plusieurs degrés, Jean, s^r de Chavagnac, qui fut marié, en 1246, à Jeanne de La Volpilière, de laquelle il eut deux enfants mâles qui firent deux branches : Claude, s^r de Chavagnac, et Pierre de Chavagnac.

Claude, s^r de Chavagnac, laissa, d'Antoinette de Boulier-Chariol, Antoine, s^r de Chavagnac, qui eut, d'Anne de Saillans, Christophle, s^r de Chavagnac, gouverneur d'Issoire, qui fut fort aimé du roi Henri IV. Il fut père, par son mariage avec Catherine d'Ondredieu, de Josué, s^r de Chavagnac, chambellan de Gaston de France, qui suivit le parti de ce prince ; il épousa, en 1606, Gillette de Cauvisson, de laquelle il laissa François et [Gaspard] de Chavagnac, qui a donné des preuves de sa valeur dans les armées de l'empereur; François, s^r de Chavagnac, gouverneur de Sarlat pour le prince de Condé. Il fut marié deux fois : la première, avec Charlotte d'Estaing, fille de Jacques d'Estaing, s^r de La Terrisse, et de Catherine du Bourg ; la deuxième, avec.....

AUTRE BRANCHE DE CHAVAGNAC

Pierre de Chavagnac, sʳ d'Aubepierre, au diocèse de Saint-Flour, épousa Gabrielle Guilleme, fille de Guillaume Guilleme, sʳ du Cluzel, et de Gabrielle de Polignac, de laquelle il eut Gabriel de Chavagnac et Sébastien de Chavagnac, sʳ de La Chaumète, mari de Claude Geneste. Gabriel de Chavagnac, sʳ d'Aubepierre, qui vivait en 1531, épousa Jeanne Chapel, de laquelle il eut Jean de Chavagnac, sʳ d'Aubepierre, et Antoine de Chavagnac, sʳ de La Bresle. Ce fut lui qui continua la branche par son mariage, en 1563, avec Antoine de Changy, dont il eut David de Chavagnac, sʳ de La Bresle, qui fut marié, en 1593, avec Catherine, dame de La Roussière, de laquelle il eut Antoine II de Chavagnac, sʳ de La Roussière, qui prit alliance avec Elisabeth de Chandieu, fille de Jean, sʳ de Chandieu, de laquelle il laissa Louis de Chavagnac, sʳ de La Roussière et de Tortepierre en Champagne, qui fut marié, en 1663, à Charlotte de La Marche de Coutes, fille de... Lecomte de La Marche, sʳ de L'Eschelle, et d'Antoinette de Beauveau, dont il a eu Antoine III de Chavagnac, sʳ de Tortepierre.....

La maison de Chavagnac porte *d'argent à deux fasces de sable au chef d'azur chargé de trois roses d'or.*

MAISON DE GILBERTEZ

C'est une bonne et ancienne maison, à laquelle la terre de Gilbertez a donné son nom. Guillaume I, sʳ de Gilbertez, vivait en 1290. Il eut de sa femme Blanche, Guillaume II, sʳ de Gilbertez, qui fut père de Hugues, sʳ de Gilbertez, qui vivait en 1400, qui laissa de Léonore de Dienne, Guillaume III, sʳ de Gilbertez, père par son mariage avec Dauphine de La Roche-Tournoëlle, de Jean, sʳ de Gilbertez, qui le fut aussi de Guillaume IV, mari d'Olive de Treignac. Il fut aïeul de Pierre, sʳ de Gilbertez, qui fut marié avec Gabrielle de Talaru, fille de Louis de Talaru, sʳ de Chalmazel, et de Claudine Mitte de Chevrières, dont il laissa Claude, s' de Gilbertez, chevalier de l'ordre du roi et sénéchal d'Armagnac ; il eut de Marie-Claude de Charbonnel La Chapelle, François, s' de Gilbertez, qui n'eut point d'enfants de Catherine de Langeac-Dalet, fille de Gilbert de Langeac-Dalet et d'Anne Le Loup, et Françoise de Gilbertez, qui épousa en 1633 Jacques de La Tour, baron de Murat de Quaires ; de leur mariage vint Jean de La Tour, baron de Murat de Quaires, mari d'Anne d'Apcher.

La maison de Gilbertez porte *d'azur à la fasce d'argent*.

MAISON D'AUREILHE

Cette maison a reçu un grand lustre par Rigaud d'Aureilhe, baron de Villeneuve, ambassadeur des rois Louis XI, Charles VIII, Louis XII et François Ier.

Le premier que nous connaissons de cette maison, est Guillaume d'Aureilhe, qui vivait à la fin du xive siècle. Il fut père de Randon d'Aureilhe et de Jean d'Aureilhe, qui ont fait deux branches : la première, celle d'Aureilhe-Colombines, et la seconde, celle d'Aureilhe-Villeneuve. Randon d'Aureilhe fut marié, en 1406, avec Marie de Florat, dont il eut Beraud d'Aureilhe, s' de Colombines, qui fut père de Louis d'Aureilhe ; par son mariage avec Louise de Chavagnac, Louis laissa Ligier d'Aureilhe ; de Françoise de Douhet, Antoine d'Aureilhe, s' de Colombines, qui fut père de François d'Aureilhe, s' de Colombines, qui prit alliance, en 1566, avec Anne de Boulier, fille d'Antoine de Boulier, s' du Chariol, et Jeanne de Joyeuse, dont il eut Jean d'Aureilhe, s' de Colombines, qui laissa de Jeanne de Beauclair, fille de Louis de Beauclair, s' de La Voute, et de dame Magdeleine de Dienne, François II d'Aureilhe, s' de Colombines, qui eut de Catherine d'Aureilhe, sa cousine, avec laquelle il fut marié, en 1643, Jean d'Aureilhe, marquis de Colombines, s' de Viverols et de Baffie, qui n'a laissé qu'une fille de Charlotte de La Tour de Saint-Vidal, nommée Henriette d'Aureilhe, qui avait épousé Joseph de Montaigu, comte de Bouzols; de ce mariage est venu un fils.

Aureilhe-Colombines porte *d'azur à trois chevrons d'or au chef d'argent chargé de cinq hermines de sable parti d'azur à deux étoiles d'argent et une coquille de Saint-Michel de même et parti de gueules à deux besants d'or.*

BRANCHE D'AUREILHE-VILLENEUVE

Jean d'Aureilhe, fils de Guillaume d'Aureilhe, fut père de Pierre d'Aureilhe, qui le fut aussi de Rigaud d'Aureilhe, maître-d'hôtel du roi et baron de Villeneuve, et Loüis d'Aureilhe, conseiller au parlement de Paris et abbé d'Issoire. Rigaud d'Aureilhe fut marié deux fois : la première avec Catherine Rancé, et la deuxième, avec Charlotte de Rouy. Il eut des enfants des deux lits. Du second, il laissa Maximilien d'Aureilhe, baron de Villeneuve, qui eut aussi de Françoise de Pesteils, Charles d'Aureilhe, s' de Villeneuve, mort à Lyon, en 1572, sans avoir pris d'alliance.

Rigaud d'Aureilhe portait *d'or à la bande fuselée de sable.*

MAISON DE SAINT-QUENTIN-BEAUFORT

Cette maison est ancienne et illustre pour avoir fondé la chartreuse du Port-Sainte-Marie, la seule qu'il y eût en Auvergne. Gilbert Ier de Saint-Quentin, s^r de Beaufort, fut père de Gilbert II de Saint-Quentin, s^r de Beaufort, qui eut de Françoise de Fontenay, Gilbert III de Saint-Quentin, s^r de Beaufort, conseiller et chambellan du Dauphiné d'Auvergne. Il laissa de Blanche de Gimel, Gilbert IV de Saint-Quentin, s^r de Beaufort, qui épousa, en 1528, Anne de Rochefort d'Ailly, de laquelle il eut Claude de Saint-Quentin, fait capitaine de cent gentilshommes de la maison du roi, au camp, devant Saint-Jean-d'Angély, en 1569. Il épousa Claude de Veyni, dont il laissa Gilbert de Saint-Quentin, s^r de Beaufort, V^e du nom, marié en 1589 avec Jeanne de La Roche ; de ce mariage vint Jean de Saint-Quentin, sʳ de Beaufort, qui eut, de Magdeleine de Pontallier, Edme-Gilbert VI de Saint-Quentin, sʳ de Beaufort, qui épousa, en 1647, Marguerite de Villelume.

Cette maison porte *d'or à la fleur de lys de gueules.*

MAISON DE PLAIGNES-SAINT-MARTIAL

Cette maison qui a pris le nom de l'ancienne maison de Saint-Martial, tire son nom d'un lieu de la paroisse de Saint-Martin-Valmeroux, dans la haute Auvergne. Guy Ier, sʳ de Plaignes, vivait en 1360. Il épousa Marie de Saint-Martial, dame de Drugeac, fille de Jean de Saint-Martial, de laquelle il laissa Jacques de Plaignes et de Drugeac, qui recueillit toute la succession de Saint-Martial. Pierre, frère de sa mère, n'ayant point eu d'enfants, le fit héritier de tous ses biens, en 1423, à la charge de porter le nom et les armes de Saint-Martial, ce qu'il fit et quitta le nom et les armes de Plaignes. Il fut père de Guy II de Saint-Martial, sʳ de Drugeac, qui eut de Blanche de Noailles, Louis de Saint-Martial, sʳ de Drugeac, qui laissa, de Marie Rosiers, Antoine de Saint-Martial, sʳ de Drugeac, gentilhomme ordinaire de la chambre du roi François Ier et du roi Henri II. Il fut père, par son mariage avec Gilberte de Ludesse, de Pètre-Jean de Saint-Martial, chevalier de l'ordre du roi, qui eut, de Jeanne de Saint-Chamant, Claude de Saint-Martial, qui mourut sans postérité, et François de Saint-Martial qui épousa, en 1611, Louise de Polignac, dont il laissa Hercule de Saint-Martial, sʳ de Drugeac, qui fut marié deux fois. La première, en 1634, avec Jeanne-Marie de Polignac ; la deuxième, en 1642, avec Jeanne de La Tour, fille de René de La Tour-Gouvernet, marquis de Privas. Il eut du premier lit Louise de Saint-Martial, mariée à François de La Rochefoucauld, comte de Coussage, dont elle a eu Henri de La Rochefoucauld, né en 1659. Du deuxième lit, il eut Claude-Françoise de Saint-Martial, qui épousa Claude-Henri de Saluces, marquis de La Groslière, comte d'Acham, qui fait sa résidence en Guyenne.

La maison de Plaignes-Saint-Martial portait *de sinople à l'escarboucle de gueules fleuronnée et pommetée d'or.*

MAISON DE BOSREDON

Cette maison est ancienne et considérable par ses alliances, elle a pris le nom de Bosredon, qui est un château près de Volvic, au-dessus de Riom. Cette terre n'appartient plus aux seigneurs de ce nom. Louis, s^r de Bosredon et du Puy-Saint-Gulmier, fut premier écuyer de la reine Isabeau de Bavière, femme de Charles VI, gouverneur d'Étampes et lieutenant-général des armées du roi. Il mourut en 1417. Il fut père d'Hugues de Bosredon, s^r d'Herment, qui le fut de Guillaume de Bosredon, s^r d'Herment et de Puy-Saint-Gulmier, qui épousa Isabelle de Foix, fille de Jean de Foix, baron de Rabat, et de Léonore de Comminges, alors veuve de Jacques de Tourzel, baron d'Alègre. Il en eut Antoine de Bosredon Ier, s^r d'Herment et de Puy-Saint-Gulmier, qui fut père de Guillaume II de Bosredon, s^r d'Herment, qui fut marié, en 1547, avec Jeanne d'Aubusson, fille de Jacques d'Aubusson, s^r de Banson, et d'Antoinette de Langeac, de laquelle il laissa Jean de Bosredon, s^r d'Herment et de Puy-Saint-Gulmier, qui fut père, par son mariage avec Louise de Chaslus, de Louis de Bosredon, s^r du Puy-Saint-Gulmier, qui n'eut point d'enfants de Jeanne de Murat, et de Mathelin de Bosredon Ier, s^r du Puy-Saint-Gulmier, qui fut marié avec Antoinette de Murat, sœur de Jeanne, fille de Tristan de Murat, s^r de Rochemaure, et de Jeanne de Greil. Il en eut Jean Mathelin II, s^r du Puy-Saint-Gulmier, qui laissa de Marguerite Le Groin, Bertrand de Bosredon, s^r du Puy-Saint-Gulmier.

La maison de Bosredon portait du temps de Gilles Le Bouvier, héraut de Berry, *écartelé au 1 et 4 de gueules, au 2 et 3 vairé d'argent et d'azur.*

MAISON DE CHALVET-ROCHEMONTAIS

Cette maison est ancienne en Auvergne et illustrée par des hommes d'un grand mérite et par ses alliances. Ces seigneurs possédaient autrefois Rochemontais, qui est peu éloigné de Salern. Antoine Chalvet, sr de Rochemontais, vivait en 1400. Il fut père de Guynot Chalvet, sr de Vernassal, qui laissa d'Hippolyte de Vigier, Jean de Chalvet, sr de Vernassal, qui épousa Louise Dantil de Ligonnez, dont il eut Jacques Chalvet-Rochemontais, qui fut marié avec Marguerite de Rochefort, héritière, à la charge de porter les armes de Rochefort avec les siennes. Il se distingua par sa valeur, et laissa Maximilien de Chalvet de La Roche-Vernassal, gouverneur de Léotoing et de Vieille-Brioude. Ces gouvernements ont été depuis dans sa maison. Il eut d'Anne d'Auzon de Montravel, François de La Roche-Vernassal, sr de La Roche de Vernassal et de Frugières, qui prit alliance avec Marie Le Bouthillier, fille de Denis Le Bouthillier, sr de Rancé, et sœur de l'abbé de Rancé, qui a été si connu sous le nom d'abbé de La Trappe ; de ce mariage sont venus Maximilien de La Roche-Vernassal, maréchal de camp et lieutenant des gardes du corps, qui s'est marié avec Marie-Louise de Chavagnac de Meyronne dont il a eu Henri, qui à l'âge de quatorze ans fut fait capitaine de cavalerie dans le régiment du roi, et [   ] commandeur de l'ordre de Saint-Jean-de-Jérusalem, et capitaine de galères.

AUTRE BRANCHE DE CHALVET

Il y a une autre branche de Chalvet-Rochemontais qui a été très illustrée par Mathieu Chalvet, neveu du premier président de Paris, Lizet. Il se fit une réputation infinie par son esprit, sa probité et son grand savoir dans la science du droit. Il fut président au mortier dans le parlement de Toulouse, et

Henri IV le fit conseiller d'État. Il eut de Jeanne de Bernay, François de Chalvet, en faveur duquel il se démit de sa charge de président.

Cette maison porte *de gueules au chien ou loup d'argent.*

MAISON D'ESCOURCELLES (1)

Cette maison est très ancienne et digne qu'on n'en perde pas la mémoire. Ces seigneurs ont été seigneurs du Breuil, qui est un lieu situé sur la rivière d'Allier, au-dessous de Saint-Germain-Lembron. Robert I d'Escourcelles, sr du Breuil, vivait en 1210. Il fut père d'Amaury d'Escourcelles, connétable ou gouverneur d'Auvergne, qui laissa Robert II d'Escourcelles, qui épousa, en 1261, Philippie, veuve de Guillaume, comte de Clermont et dauphin d'Auvergne, de laquelle il eut Robert III d'Escourcelles, sr du Breuil, et Alix du Breuil, mariée avec Agnon III, sr d'Olliergues et de Maymont. Robert III, sr du Breuil, fut père d'Amaury II d'Escourcelles, sr du Breuil, qui le fut d'Eurile, sr du Breuil, qui vivait en 1340, qui laissa Antoine-Louis I d'Escourcelles, sr du Breuil, qui vivait en 1400, et eut d'Alix, dame de Marsal et de La Bastide, fille d'Aymeric, sr de Marsal, et de Florie d'Estaing, de laquelle il eut Louis d'Escourcelles, sr d'Aurouze et du Breuil, qui épousa, en 1461, Isabeau de Langeac, fille de Jacques de Langeac, sr d'Aurouze et sénéchal d'Auvergne, et de Marie de Clermont de Lodève. Ce seigneur du Breuil n'eut point d'enfants, il donna tous ses biens à sa femme, qui les apporta en dot à Jean d'Urfé dit Paillart, baron d'Aurouze et de Tinières, fils de Pierre, Ier du nom, sr d'Urfé, bailli de Forez, et d'Isabeau de Chouvigny de Blot.

MAISON DE LÉOTOING-CHARMENSAC

Cette maison est, à ce qu'on croit, la même que celle de Léotoing. Charmensac est proche de Léotoing.

---

(1) *Alias* Courcelles.

Robert de Léotoing, s^r de Charmensac et de La Chapelle-Laurent, fut marié deux fois. La première, avec Péronnelle de Rochefort ; la deuxième, en 1534, avec Anne d'Albiac, alors veuve de Louis, s^r de La Chassagne, de laquelle il eut Antoine de Léotoing, s^r de Charmensac, qui laissa de Dauphine de Cebazat, Robert de Léotoing, marié en 1586 avec Magdeleine de Serrier, fille d'Antoine de Serrier, et de Claude Bayard, de laquelle il eut Gabriel de Léotoing, s^r de Charmensac, qui fut père, par son mariage avec Jacquette de Molen, de Louis de Léotoing, s^r de Charmensac, qui fut marié, en 1660, avec Magdeleine de Brezons, fille de Jean-Jacques de Brezons, s^r de Ferrières, et d'Isabeau de Traverse.

MAISON DE BERAUD DE BAR

Jean de Beraud, s^r de Corbières, qui est un château mouvant du Dauphiné d'Auvergne, est le premier que nous trouvons de cette maison ; il vivait en 1455. Il épousa Béatrix de Bar, fille de Bertrand, s^r de Bar, de laquelle il laissa Bertrand de Beraud, s^r de Corbières, qui eut de Catherine Delpeuch, Pierre de Beraud, s^r de Corbières, qui vivait en 1500, qui laissa d'Antoinette Vigeois, Gilbert de Beraud, s^r de Corbières, qui épousa Jeanne d'Artasse, dont il eut Blaise de Beraud, s^r de Corbières, qui fut marié deux fois : la première, en 1547, avec Jeanne de La Bastide ; la deuxième, avec Claude Eynard. Il laissa du premier lit Antoine de Beraud, s^r de Corbières, qui eut de Christine de Marcland, Robert de Beraud de Bar, s^r de Corbières, qui mourut en 1664, après avoir eu de Louise de La Roque-Sévérac, Claude de Beraud, s^r de Corbières.

Cette maison porte *d'or à la fasce de gueules.*

MAISON DE REYNAUD-GRIPEL

Le premier des seigneurs de cette maison est [connu] pour avoir pris, en 1429, au siège de Gergeau, le comte de Suffolk, qui le créa chevalier avant que de se rendre à lui. Il fut père de Guérin Reynaud, qui le fut d'Antoine Reynaud, sr de Dège, père de Germain Reynaud, sr de Dège, qui vivait en 1553. De lui sortit Pierre Reynaud, sr de Dège, qui laissa d'Anne de Pons, Louis Reynaud, sr de Dège, marié en 1580 à Françoise de Pons-La Grange, dont il eut Léonard de Reynaud, qui eut de Marguerite du Buisson, Antoine de Reynaud, sr de Gripel et du Tillet, qui fut marié, en 1661, avec Marie de Sommieure.

Cette maison porte *d'azur au lion d'argent armé et lampassé de gueules.*

MAISON DE QUINQUEMPOIX

La maison de Quinquempoix a possédé les seigneuries d'Anval, de Benaud, de Lissac, près Vic-le-Comte. Jacques de Quinquempoix acheta ces terres en 1486, de Jacques de Beaufort, marquis de Canillac et comte d'Alais. Il épousa Isabeau d'Estrade, dont il eut Mathieu de Quinquempoix, sr d'Anval, de Benaud et de Lissac. Il fut obligé de partager la succession de son père et de sa mère avec Jean Stuart, duc d'Albanie, qui était aux droits de son neveu Guillaume de Quinquempoix, fils de son frère Georges, qui avait fait cession de ces droits à ce duc, en 1532. Quelque temps après, en 1554, il rentra dans toutes les terres de sa maison par une somme qu'il donna aux commissaires députés pour la vente des biens dotaux de la reine Catherine de Médicis. Mathieu épousa, en 1536, Péronnelle de Laire, dont il eut Magdeleine de Quinquempoix, dame d'Anval, de Benaud et de Lissac, qui fut mariée, en 1568, avec Gilles III, sr du Lac.

Cette maison portait *d'or à six tourelles de gueules 3 et 3, au lambel de même de trois pendants.*

MAISON DU LAC

Beraud du Lac, sr du Lac et du Monteil, qui est un château au-dessus de Busséol, vivait en 1459, qu'il épousa Algaye de La Fayette, sœur du maréchal de La Fayette, dont il eut Gilbert du Lac Iᵉʳ, sʳ du Lac et du Monteil, qui laissa de Catherine Mauvicières, Gilbert du Lac II, qui vivait en 1505, et fut père, par son mariage avec Anne de Laure, de Gilbert du Lac III, sʳ du Lac, d'Anval, de Benaud et de Lissac, qui fut marié, en 1568, avec Magdeleine de Quinquempoix, dont il eut Gilbert du Lac, sʳ d'Anval, de Benaud, de Lissac, qui eut de Françoise de La Chassagne, Henri du Lac, sʳ d'Anval, de Benaud et de Lissac. Gilbert, père d'Henry, avait une sœur, Louise du Lac, dame du Monteil, qui apporta cette terre, par son mariage fait en 1591 avec Antoine de Gironde, fils de François de Gironde et de Jeanne de Saint-Paul, dans la maison de Gironde.

La maison du Lac porte *d'or au chevron de gueules accompagné de trois caducées de même 2 et 1.*

MAISON DE FÉDIDES

Ceux de cette maison ont été seigneurs de Chalendras, où est la paroisse de Mirefleurs. Robert de Fédides, sʳ de Fédides et de Chalendras, est le premier que nous connaissions de cette maison. Il vivait en 1420, et fut père d'Antoine de Fédides, qui le fut de Bertrand de Fédides, sʳ de Fédides et de Chalendras, qui fut marié, en 1481, avec Peyronnelle de Colombines, fille de Beraud, sʳ de Colombines, dont il eut Jean de Fédides, sʳ de Chalendras, qui fut marié trois fois. La première, avec Louise de Blanchefort, fille d'Antoine de Blanchefort, sʳ de Blanchefort, et de Jacqueline de Montrognon ; la deuxième, en 1529, avec Charlotte de Gouzoles, par l'entremise de Jean Stuart, duc d'Albanie, et d'Anne de La Tour-Boulogne, sa femme ; la troisième, en 1533, avec Catherine de Monceaux, fille d'Antoine de Monceaux, sʳ de Trémond et d'Auteroche, et d'Antoinette de La Rochette. Il eut de celle-ci deux enfants mâles qui firent deux branches : Antoine de Fédides, qui continua la branche directe, et Hugues de Fédides, tige de la branche de Fédides-Saint-Yvoine.

Antoine de Fédides, sʳ de Chalendras, fut père de Bertrand

de Fédides II, sʳ de Chalendras, qui laissa de Peyronnelle d'Aureilhe, Catherine de Fédides, dame de Chalendras, qui épousa Antoine de Saillans, de laquelle il eut Jean de Saillans, sur qui la terre de Chalendras fut saisie, et adjugée à Antoine Texier, aumônier de Marie de Bourbon, duchesse de Montpensier.

BRANCHE DE FÉDIDES-SAINT-YVOINE

Hugues de Fédides, sʳ de Chauzelles. Il se saisit pendant la Ligue du château de Buron. Il obtint pour en sortir la terre de Saint-Yvoine. Il laissa d'Anne d'Artaud, François de Fédides, sʳ de Saint-Yvoine et de Chauzelles. Il fut marié deux fois. La première, à Catherine d'Eyssac, fille de Claude d'Eyssac et de Françoise du Pillier ; la deuxième, en 1628, avec Jacquette Ardier, alors veuve d'Étienne de Chaudessolle, sʳ de Hauterive, commissaire ordinaire des guerres. Il eut de celle-ci Jean de Fédides, sʳ de St-Yvoine et de Chauzelles.

Fédides-Chalendras portait *d'or à trois taupes de sable 2 et 1 soutenues de deux lions d'or armés et lampassés de gueules.*

MAISON DE BOHYER

Nicolas Bohyer est le premier que nous trouvons de cette maison. Il fut père d'Austremoine Bohyer, sʳ de Saint-Cirgues, de Chenonceaux et de La Tour-Bohyer, maître-d'hôtel des rois Louis XI et Charles VIII. Le dernier de ces rois l'anoblit par lettres données à Moulins, en 1490. Il laissa de Beraude du Prat, Thomas Bohyer et Antoine Bohyer, archevêque de Bourges et cardinal. Thomas Bohyer, sʳ de Saint-Cirgues, etc., général des finances, épousa Catherine Briçonnet, fille de Guillaume Briçonnet et de Raoulette de Beaune, de laquelle il eut plusieurs enfants. Thomas Bohyer, sʳ de Saint-Cirgues, de Champeix et de Chenonceaux, général de Normandie, quoiqu'il ne fût point l'aîné, continua la postérité, ayant eu de Magdeleine Bayard, Guillaume Bohyer, bailli du Cotentin, qui fut marié avec Marie d'Allez, dame de La Roche-d'Arfeuille et de Baudry, de laquelle il laissa Claude Bohyer, sʳ de Baudry et d'Arfeuille, qui eut de Thomasse Cailleau, Antoine Bohyer, sʳ d'Arfeuille, qui épousa, en 1571, Isabelle de Miremont, dont il eut Étienne Bohyer, sʳ d'Arfeuille et de Saint-Martin-le-Beau, qui fut père, par Catherine de Verneuil, de Charles-Henry Bohyer.

La maison de Bohyer porte *d'or au lion d'azur au chef de gueules*.

MAISON DU PRAT

Anne du Prat, sieur de Verrières, est le premier que nous connaissions de cette maison qui a donné un chancelier à la France. Il laissa de Beraude Charrier, Antoine du Prat, sʳ de Verrières, qui eut de Jacqueline Bohyer, Antoine du Prat, Thomas du Prat, évêque de Clermont, et Anne du Prat, tige de la branche du Prat-Gondole. Antoine du Prat II, sʳ de Nantouillet, chancelier de France, qui laissa de Françoise Veiny, Antoine du Prat III, sʳ de Nantouillet, baron de Thiers et chevalier de l'ordre du roi, qui épousa, en 1527, Anne d'Alègre, dame de Précy. Il était frère de Guillaume du Prat, évêque de Clermont. Il eut de sa femme Antoine du Prat et François du Prat, baron de Thiers et de Viteaux, qui a fait la branche des barons de Viteaux. Antoine du Prat IV, sʳ de Nantouillet, prévôt de Paris, qui laissa d'Anne de Barbançon, Michel-Antoine du Prat, sʳ de Nantouillet, qui eut de Marie Seguier, Louis-Antoine du Prat, qui laissa de Magdeleine de Barradat, Antoine du Prat, VIᵉ du nom, marquis de Nantouillet, qui eut des enfants de [   ] Gerante de Senas.

Cette maison porte *d'or à la fasce de sable accompagnée de trois trèfles de sinople 2 et 1*.

MAISON DE BARILLON

Jean de Barillon I, sʳ de Murat, que le chancelier du Prat attira d'Issoire à Paris, qui fut père d'Antoine Barillon Iᵉʳ, sʳ de Mancy, maître des comptes à Paris, qui laissa de Louise de Billon, Jean Barillon, sʳ de Mancy, conseiller au parlement de Paris, qui fut marié deux fois. La première, avec Claude Danes, la seconde, avec Judith de Mesme, fille d'Henri de Mesme, conseiller d'État, et de Jeanne Hennequin, de laquelle il laissa Antoine Barillon, sʳ de Morangis, et Jean-Jacques Barillon, sʳ de Châtillon-sur-Marne, qui a continué la postérité. Antoine Barillon, conseiller d'État, ne laissa pas d'enfants de Philiberte d'Amoncourt. Jean-Jacques, son frère, président des enquêtes au parlement, eut de Bonne Faye, Antoine Barillon IV, sʳ d'Amoncourt, conseiller d'État et ambassadeur de France en Hollande et en Angleterre.

Cette maison porte *d'azur au chevron d'or accompagné de deux coquilles en chef et d'une rose en pointe*.

MAISON DE SAINT-FLORET

Cette maison a tiré son nom du lieu de Saint-Floret, qui est au commencement du vallon de Saint-Cirgues ou d'Issoire. Elle est ancienne et a fait de grandes alliances. René de Saint-Floret est celui qui fit échange de Saint-Cirgues avec Dauphin, comte de Clermont, dauphin d'Auvergne, qui lui donna Saint-Floret, en 1225. Il fut père de Robert, sʳ de Saint-Floret ; il épousa Alix de Montaigu-sur-Champeix. Il eut pour fils Alton I, sʳ de Saint-Floret, qui vivait en 1320 ; ses successeurs ont pris de lui le surnom d'Alton. Il fut père de Pierre Alton, sʳ de Saint-Floret, qui laissa d'Alix de Chaslus, Alton Jean, sʳ de Saint-Floret, qui eut d'Antoinette de Chazeron, Louis-Jean, sʳ de Bellenave et de Saint-Floret, auquel Charles VII fit épouser Magdeleine d'Anjou, fille naturelle de Jean d'Anjou-Naples, marquise de Pont-à-Mousson, à laquelle il donna la ville de Montferrand pour sa dot. De leur mariage vint Louis-Jean II, sʳ de Bellenave et de Saint-Floret, qui fut père de Louis-Jean III, sʳ de Bellenave et de Saint-Floret, qui eut de Magdeleine de Brojoland, plusieurs enfants mâles qui moururent sans postérité et deux filles : Charlotte de Bellenave qui épousa, en 1594, Blain Le Loup, s' de Monfan ; et Louise de Bellenave, dame de Saint-Floret, qui fut mariée avec René Le Loup, s' de Digoine, frère du mari de sa sœur ; de ce mariage il ne vint qu'une fille, Françoise Le Loup de Bellenave, dame de Saint-Floret, qui prit alliance avec Pierre de Loriol, s' de Geslan, qui prit le surnom et les armes de Bellenave.

Saint-Floret portait *de gueules au lion d'or ou d'azur*.

MAISON D'ESCOT-CORNON

Cette maison est très ancienne, puisqu'on trouve des seigneurs de Cornon-Escot dès le xiie siècle. Le premier que nous connaissions de cette maison est Guillaume I, s' de Cornon et de Gondole, qui se trouva impliqué dans la guerre de Guy II, comte d'Auvergne, et de Robert d'Auvergne, évêque de Clermont, son frère. Il vivait en 1199, et fut père de Raoul Escot I, s' de Cornon et de Gondole. Il eut de grands démêlés, en 1208, avec Robert, évêque de Clermont. De lui sortit Guillaume Escot II, s' de Cornon et de Gondole, de Pérignat, d'Aussendre (1) et de Saint-Georges. Il fut père de Raoul Escot II, s' de Cornon et de Gondole, qui épousa Alix de Montgascon, fille de Robert de Montgascon et de Béatrix de Beaujeu. Il se trouva comme parent, en 1279, au contrat de mariage de Robert IV, comte d'Auvergne, et de Béatrix de Montgascon. Il eut de sa femme, Déodat Escot et Châtel Escot. Déodat continua la branche directe et fut père de Raoul Escot III, s' de Cornon, qui mourut en 1330, après avoir eu de son mariage, Agnès, dame de Cornon, qui apporta en dot cette terre à Bertrand de La Vieu, s' de Fougeroles.

BRANCHE D'ESCOT-GONDOLE

Chastel de Cornon, damoiseau, s' de Gondole, en 1287. Il rendit la foi et l'hommage à Aymard de Cros, évêque de

---

(1) Le Cendre.

Clermont, pour la terre de Gondole et ses dépendances. Il ne laissa qu'une fille, Béatrix Escot, dame de Gondole, qui fut mariée avec Bertrand de Murols, s' de Commolet. Elle en était veuve en 1333. Elle avait eu Chastel de Murols, s' de Commolet et de Gondole.

Cornon-Escot portait *d'azur à la croix ancrée d'or.*

MAISON DE MONTROGNON

Montrognon est un ancien château auprès de Gergovia, qui a donné son nom à l'ancienne maison du même nom dont nous connaissons, dès l'année 1229, un Guillaume, s' de Montrognon, qui fut pleige (1) du dauphin, comte de Clermont, envers le roi saint Louis, et Robert de Montrognon, chevalier des hospitaliers de Saint-Jean de Jérusalem, grand prieur d'Auvergne, qui mourut en 1276 (2). Cette maison ancienne s'est maintenue et subsiste encore par les branches de Montrognon-Dumas, de Montrognon-Cropte et de Montrognon-La Grolière.

Jean de Montrognon, s' d'Opme, laissa de Catherine de Salvert, qui était veuve, en 1336, Hugues de Montrognon, s' d'Opme et de Salvert, qui fut père de Jean de Montrognon, s' de Cropte, d'Opme et de Salvert, qui vivait en 1459. Il laissa de Randonne, Louis de Montrognon, tige de la branche de Montrognon-Salvert, et Hugues de Montrognon, s' du Mas et de Cropte, tige de la branche de Montrognon-Cropte, de Montrognon du Mas et de Montrognon-La Groslière. Louis de Montrognon, s' de Salvert et de Chars, épousa N. du Puy, fille de Geoffroy, s' du Puy, et de Jacqueline de Pierre-Buffière; sa succession a passé depuis dans la maison de Rochefort.

Hugues de Montrognon, s' du Mas et de Cropte, frère puîné de Louis de Montrognon, eut un autre frère nommé Michel.

(1) Caution, répondant.
(2) Voir la note page 268.

Ils épousèrent les deux sœurs, Louise et Marguerite du Mez. Hugues laissa de Louise, Antoine de Montrognon, sᵣ du Mas et de Cropte, qui fut marié, en 1479, avec Catherine de Malleret; dont il eut Aubert de Montrognon, sᵣ du Mas et de Cropte, qui épousa en 1537, Jeanne de Beaufort, dont il eut trois fils. Le premier fut Jean de Montrognon, sᵣ du Mas, qui prit alliance, en 1571, avec Françoise de Laval, de laquelle il laissa Jean de Montrognon, sᵣ du Mas, et Pierre de Montrognon, sᵣ de La Groslière. Jean a continué la branche de Montrognon du Mas, par Jean de Montrognon II, sᵣ du Mas, qui épousa, en 1614, Jeanne de Saint-Julien; et Pierre, tige de la branche de Montrognon-La Groslière, fut père de Marin de Montrognon, sᵣ de La Groslière, mari de Jeanne Dogny. Le second fils d'Aubert de Montrognon et de Jeanne de Beaufort, fut Joseph de Montrognon, sᵣ de Cropte, tige de la maison de Montrognon-Cropte. Il fut père d'Annet de Montrognon, sᵣ de Cropte, qui le fut de Claude de Montrognon, sᵣ de Cropte, mari de Marthe Roussel d'Alagnat.

Le troisième fils d'Aubert de Montrognon et de Jeanne de Beaufort, fut Joseph de Montrognon, chevalier de l'ordre des Hospitaliers de Saint-Jean de Jérusalem.

La maison de Montrognon porte *d'azur à la croix ancrée d'argent.*

MAISON DE BOURG

Cette maison a possédé la seigneurie de Villars, près de Clermont. Henri Bourg, chevalier, était sᵣ de Villars et de La Roche-Donesac. Le roi confisqua sa terre de La Roche parce qu'il avait coupé le nez et les oreilles à un sergent. De lui sortit Pierre Bourg, sᵣ de Villars, qui vivait en 1528. Il laissa de Marguerite de Seneret, François Bourg, sᵣ de La Roche. François Iᵉʳ lui permit de rentrer dans sa terre en remboursant celui qui l'avait achetée, parce qu'il s'était distingué à la bataille de Cérisoles. Il laissa de Radegonde de Dorio, Jean Bourg II, et Nicolas Bourg, curé de Cebazat, poète auvergnat.

Jean Bourg eut de Françoise de La Guesle, fille de Robert de La Guesle, sʳ de Belleville, et de Claude Beaubois, Jean Bourg III, qui épousa, en 1602, Anne de Larmière, de laquelle il ne laissa que des filles.

La maison du Bourg-Villars portait *de gueules à un double V d'or*.

MAISON DE VEINY-D'ARBOUSE

Gilbert de Veiny, sʳ d'Arbouse et de Mirbel, vivait en 1520. Il laissa Michel de Veiny et Françoise de Veiny, qui épousa le chancelier du Prat. Michel de Veiny d'Arbouse, chancelier et garde des sceaux du duché d'Auvergne, trésorier de France et général des finances en la généralité d'Auvergne, eut de Péronnelle de Marillac, fille de Gilbert de Marillac, baron de Parsac, et de Péronnelle Filliol, Gilbert de Veiny d'Arbouse et Jacques de Veiny d'Arbouse, abbé de Cluny. Gilbert de Veiny d'Arbouse, sʳ d'Arbouse et de Villemont, IIᵉ de nom, fut marié avec Jeanne de Pinac, de laquelle il eut Gilbert de Veiny et Marguerite de Veiny d'Arbouse, abbesse du Val-de-Grâce, si célèbre par sa prudence et sa piété. Gilbert de Veiny d'Arbouse, sʳ de Villemont III, laissa de Magdeleine de Bayard, Gilbert de Veiny d'Arbouse et un autre Gilbert de Veiny d'Arbouse, évêque de Clermont. Gilbert de Veiny d'Arbouse, sʳ de Villemont, fut marié deux fois. La première, avec Charlotte de Sédières ; la deuxième, avec Françoise de Belvezet-Jonchères, de laquelle il eut un grand nombre d'enfants.

MAISON DE GUÉNÉGAUD

La terre de Guénégaud, près Saint-Pourçain, a communiqué son nom à cette maison, qui a donné des secrétaires d'État et des trésoriers de l'épargne. Jean, sʳ de Guénégaud, qui vivait en 1580, laissa de Georgette Pluyant, Gabriel, sʳ de Guénégaud, trésorier de l'épargne, qui épousa, en 1604,

Marie de La Croix, dame du Plessis de Belleville, fille de Claude de La Croix, vicomte de Semoine, premier écuyer de Marguerite de France, reine, duchesse de Valois, et de Catherine Baluan, de laquelle il eut Henri de Guénégaud, marquis de Plancy, secrétaire d'État, garde des sceaux et surintendant des deniers des ordres du roi, qui prit alliance avec Isabelle de Choiseul, fille de Charles de Choiseul, maréchal de France, et de Claude de Cazillac, dont il eut plusieurs enfants. Il avait deux frères : François de Guénégaud, sieur de Lonzac, conseiller au parlement de Paris et président aux enquêtes ; et Claude de Guénégaud, trésorier de l'épargne, qui fut marié, en 1646, avec Catherine Martel, fille de Charles Martel, sʳ de Montpinchon, et d'Alphonsine de Balzac-d'Entragues, dont il a laissé.....

La maison de Guénégaud porte *écartelé au 1 et 4 d'azur à la croix d'or chargée d'un croissant de gueules en cœur* qui est de La Croix; *au 2 d'azur à trois fleurs lys d'or à la bordure dentelée de même, contre écartelé d'or à trois tourteaux de gueules* qui est de Courtenay ; *au 3 d'argent à deux pals de sable* qui est de Harlay, et sur le tout *de gueules au lion d'or* qui est de Guénégaud ; *tout l'écu bordé d'une bordure engrêlée de gueules pour la brisure.*

MAISON DE CHAUSSAIN

Chaussain est un lieu près de Cusset, qui a donné son nom à cette maison. Raoul, qui vivait en 1380, est un des premiers seigneurs de Chaussain. Il fut père de Jean, sʳ de Chaussain, qui épousa Jeanne de Sontembruce, dont il eut Hector, sʳ de Chaussain, qui fut marié, en 1460, à Jeanne Desbos, dame des Ormes, de laquelle il laissa Aubert, sʳ de Chaussain, qui fut père, par son mariage avec Catherine de Doyac, de Bertrand, sʳ de Chaussain, qui vivait en 1519, et laissa de Pernelle de Bonay, Antoinette, dame de Chaussain, qui épousa Hector de Sèneret, sʳ de La Batisse, en la paroisse de Saint-Cyr, au diocèse de Clermont.

MAISON DE SÈNERET

Bernard, baron de Sèneret, qui vivait en 1420, est le premier que nous connaissions de cette maison dans laquelle se fondit celle de Chaussain. Il eut d'Elis, dame de Montferrand en Gévaudan, Maurice, baron de Sèneret, dont la branche directe fondit par filles dans la maison de La Tour-Saint-Vidal, et Guy de Sèneret, s^r de Saint-Amand, qui laissa de Marie, dame de La Batisse, Hector de Sèneret, mari d'Antoinette, dame de Chaussain, dont il eut Baltazard de Sèneret, s^r de Chaussain et de La Batisse, capitaine de la ville de Moulins, qui laissa de sa première femme Péronnelle de Bonay, François de Sèneret, s^r de Chaussain, qui fut marié deux fois. La première, en 1548, avec Anne d'Angeton, dame de Boisrigaud, fille de Louis d'Angeton, maître-d'hôtel du roi et ambassadeur de France en Suisse sous le roi Henri II, et de Michelle de La Grange; la deuxième, avec Magdeleine de La Fin, fille de Jean de La Fin, s^r de Beauvoir. Il eut de la première, Diane de Sèneret, dame de Chaussain, qui épousa Claude de Saix, s^r de Rivoire. Elle eut de ce seigneur Simonne de Saix, mariée, en 1608, à Jean de La Queilhe, s^r de Florat, et Jeanne de Saix, dame de Chaussain et de Rivoire, qui épousa, en 1614, Christophe de Talaru, surnommé l'Ermite de La Faye, baron de Chalmazel; de ce mariage il ne vint qu'une fille, nommée Jeanne de Talaru-Chalmazel, dame de Rivoire, de Chaussain et de Montpeyroux, qui fut mariée, en 1644, à Joachim de Coligny, marquis de Coligny et d'Andelot, fils de Cleriadus, marquis de Coligny et d'Andelot, et de Catherine de Châteauvieux. Ils n'eurent point d'enfants.

Sèneret portait *d'azur au bélier paissant d'argent accolé et clariné d'or*.

MAISON DE COEFFIER-EFFIAT

Cette maison a été très élevée dans le XVIIe siècle. On y trouve des maréchaux de France, des grands maîtres de l'artillerie, des grands écuyers de France et des chevaliers des ordres du roi. Michel Coeffier, sʳ d'Effiat, qui était intendant de l'artillerie en Italie sous le roi Louis XII, eut de Gilberte Goy, dame de La Guesle, Gilbert Coeffier Iᵉʳ, sʳ d'Effiat près Aigueperse. Il fut fait chevalier le lendemain du combat de Cerisoles, le 15 avril 1544, par le seigneur de Thais et par le comte d'Enghien, lieutenant général pour le roi en Italie. Il laissa de Bonne Ruzé, sœur de Martin Ruzé, secrétaire d'État, Gilbert Coeffier II, sʳ d'Effiat, gouverneur secret d'Auvergne, qui eut de Charlotte Gautier, Antoine Coeffier, dit Ruzé, marquis d'Effiat, maréchal de France, surintendant des finances et grand maître de l'artillerie, qui laissa de René Moreau, Henry d'Effiat, marquis de Cinq-Mars, grand écuyer de France, et Martin Ruzé, qui était l'aîné, marquis d'Effiat, qui, d'Isabelle d'Escoubleau, eut Antoine Ruzé, marquis d'Effiat, qui n'a point eu d'enfants de Marie-Anne Olivier de Léoville. Tous les grands biens de la maison d'Effiat sont tombés dans celle de La Meilleraye, parce que Marie Coeffier-Ruzé-d'Effiat, sœur du père du dernier seigneur de cette maison, avait épousé Charles de La Porte, duc de La Meilleraye, pair et maréchal de France.

La maison de Coeffier portait *d'azur à trois coquilles d'or 2 et 1*. Elle porta depuis la donation de Martin Ruzé, sʳ de Beaulieu, *de gueules au chevron ondé d'argent et d'azur de dix pièces accompagné de trois lionceaux d'or 2 et 1. Ceux du chef contournés.*

MAISON DE LA BARGE

La Barge est un château non loin de la rivière de Dore, au-dessous de Vollore, dont les anciens seigneurs de La Barge ont pris le nom. Nous en connaissons qui vivaient en 1250, comme Faydit Iᵉʳ, sʳ de La Barge, qui fut père de Faydit II, sʳ de La Barge, qui le fut aussi de Faydit III, sʳ de La Barge, que Catherine de Narbonne, femme d'Agne de La Tour I, sʳ d'Olliergues, nomma, en 1390, pour un de ses exécuteurs testamentaires avec Godefroy de Montmorin. Il laissa Antoine Ier, sr de La Barge, qui eut de Marguerite de Cholet-Hauterive, Louis Ier, sr de La Barge, qui fut marié avec Louise du Lac, fille de Béraud, sr du Lac, et d'Algaye de La Fayette, dont il eut Antoine III, sr de La Barge, qui laissa de Charlotte de Rivoire, fille d'Imbaud de Rivoire, sr du Palais, François, sr de La Barge, chevalier de l'ordre du roi, capitaine de cent arquebusiers à cheval et lieutenant de roi en Vivarais. Il fut marié avec Gabrielle des Essarts, dont il eut Louis, sr de La Barge, qui épousa, en 1595, Françoise de Montmorin, fille de François de Montmorin, sr de Saint-Héran, gouverneur d'Auvergne, et de Jeanne de Joyeuse. De ce mariage vint Jean-Baptiste, sr de La Barge, qui, de Jeanne de Montboissier, eut François-Christophe, sr de La Barge, qui n'a laissé que des filles de Catherine d'Albon, fille de Gilbert-Antoine d'Albon, et de Claude Bouthillier. Il avait un frère [   ] de La Barge, commandeur de Malte, et une sœur, Marie-Françoise de La Barge, femme d'Alexandre, sr de Montgon.

Les anciens seigneurs de La Barge portaient *de gueules à la fasce échiquetée d'or et d'azur de deux traits au chef d'or chargé d'un lion de sable.* Les nouveaux portent *d'argent à la bande de sable.*

MAISON DE FRÉDEVILLE

La maison qui a pris le nom de Frédeville, qui est un château au delà de la Dore, de la paroisse d'Augerolles, est considérable en Auvergne. Hugues, sr de Frédeville, capitaine de cinquante hommes d'armes et sénéchal d'Auvergne, fils d'André, sr de Frédeville, épousa, en 1376, Philippe de Boulier, dont il eut Antoine, sr de Frédeville, qui laissa d'Isabeau de Rochefort, Louis, qui testa, en 1480, et laissa de Guimone de La Volpilière, Alexandre, sr de Frédeville, qui fut père par Anne de Saint-Cirgues, d'Alexandre II, sr de Frédeville, qui eut d'Anne de Terrin, Claude, sr de Frédeville, gentilhomme ordinaire de la chambre du roi, qui laissa de Magdeleine de Boisbenoît,

Antoine II, s^r de Frédeville, qui ne laissa qu'une fille de Catherine de La Roche. Simon, frère puîné d'Alexandre, s^r de Frédeville, de La Groslière, de Crems et de Busséol, épousa, en 1606, Gasparde de Blanzat, et fut tué, en 1621, au siège de Montauban. Il fut père de Gilbert-Simon II, s^r de Frédeville, qui laissa d'Antoinette de Boissieux, Pierre, s^r de Frédeville.

Cette maison porte *d'argent à la croix de gueules dentelée de sable.*

MAISON DE MURAT-ROCHEMAURE

Les seigneurs de cette maison descendent des vicomtes de Murat par Pierre de Murat, s^r de Vaux, qui était le troisième fils de Reynaud Ier, vicomte de Murat, et de Jeanne Châteauneuf-Apcher. Il vivait en 1402. Il laissa de Béatrix de La Roche, Reynaud de Murat, s^r de Vaux, qui épousa Marguerite de Rochemaure, fille de Pierre, s^r de Rochemaure, terre située dans la paroisse de La Nobre. Il en eut Reynaud II, s^r de Rochemaure, qui fut père de Pierre de Murat, s^r de Rochemaure, qui ne laissa que deux filles. Son frère, Jean de Murat, s^r de Rochemaure, continua la descendance et eut cette terre par substitution. Il épousa, en 1433, Marguerite de Montclar, dont il laissa Jean de Murat II, s^r de Rochemaure, qui fut père de Philibert de Murat, s^r de Rochemaure, qui eut de Gabrielle de Salers, Michel de Murat, s^r de Tessonnières, qui fit une branche qui finit par une fille, Gabriel de Murat, s^r de Montlamy, qui fit la branche de Murat-Montlamy, et Baltazard de Murat, s^r de Rochemaure, qui vivait en 1527, et laissa d'Antoinette de Pompignac-La Chassagne, Tristan de Murat, s^r de Rochemaure, qui fut marié avec Jeanne de La Volpilière, dont il eut deux fils nommés François, qui firent deux branches. François de Murat, s^r de Rochemaure, qui continua la branche directe, fut marié trois fois. La première, avec Antoinette de Ceriers ; la deuxième, avec Anne de La Bachelerie ; et la troisième, avec Marguerite de Pierrefort. Il eut du premier lit, François de Murat II, s^r de Rochemaure, qui prit alliance avec Jeanne d'Escorailles.

François de Murat, sʳ de Serre, second fils de Tristan de Murat, qui fut marié deux fois. La deuxième, en 1593, avec Catherine de Polier, dame de Varillètes. Il mourut dans un âge fort avancé, en 1645, et laissa du second lit, Claude de Murat, sʳ de Varillètes, maréchal de camp et lieutenant général de la cavalerie de France en Piémont, qui a continué la branche de Murat-Varillètes.

La maison de Murat-Rochemaure porte *d'argent à la bande de gueules accompagnée de six merlettes perdues de sable 3 et 3*.

MAISON DE LIGNIÈRES

La terre de Lignières en Combrailles a donné le nom à cette maison qui a de grandes alliances. Nous trouvons un Jean I, sʳ de Lignières, qui vivait en 1300, et laissa Guillaume de Lignières qui fut tué à la bataille de Poitiers, en 1356. De lui vint, par plusieurs degrés, Antoine, sʳ de Lignières, chevalier de l'ordre du roi, gouverneur de Chartres, qui épousa, avant 1566, Françoise de Courtenay, fille de François de Courtenay, Iᵉʳ du nom, sʳ de Bleneau, et de Marguerite de La Barre. Ils laissèrent trois filles, dont l'aînée, nommée Claude, fut mariée en premières noces à Raymond Roger du Bernet ; et en secondes noces, avec Abdenago de La Roche-Chaudry. Du premier lit vint Diane du Bernet, dame de Lignières, qui épousa, en 1600, Gaspard de Montagnac, sʳ de l'Arfeuillère. La seconde, Rose de Lignières, fut mariée avec Pierre de Rochefort, sʳ de Salvert. La troisième, Jacqueline de Lignières, dame de La Grange et de Bleneau en Brie, prit alliance, en 1595, avec Georges d'Aubusson, premier comte de La Feuillade.

La maison de Lignières portait *d'azur au lion d'or*.

MAISON DE MONTAGNAC

Les seigneurs de cette maison ont possédé Aubière, belle terre près de Clermont, et celle de Lignières. Le premier que nous connaissions de cette maison, est Guy de Montagnac, sʳ de l'Arfeuillère. Il vivait en 1450. Il fut père de François de Montagnac, et de Jean de Montagnac, sʳ de l'Arfeuillère, qui fut marié, en 1481, avec Lianne de Fournaux, fille de Ponchon de Fournaux. Jean eut d'elle Jacques de Montagnac, qui épousa Catherine de Jonas, en 1518. Il en eut Gaspard de Montagnac, sʳ de l'Arfeuillère, qui prit alliance avec Hélène de Saint-Marceau du Verdier. Il fut père de Jean de Montagnac, sʳ de l'Arfeuillère qui, en 1591, fut marié avec Claude de La Buxière, dame de La Couture en Combraille, dont il eut Gaspard II de Montagnac, mari de Diane du Bernet et de Lignières, de laquelle il laissa François de Montagnac, sʳ de Lignières, d'Aubière, de Chauvance et de La Couture. Il épousa, en 1637, Gilberte de La Rochebrian, dame de Chauvance et d'Aubière, fille d'Amable de La Rochebrian, sʳ d'Aubière, et de Jeanne de Saint-Chamans. Il en eut plusieurs enfants, dont l'aîné fut Gaspard de Montagnac, sʳ de Lignières, d'Aubière et de La Couture.

La maison de Montagnac porte *de sable au sautoir d'argent accosté de quatre molettes de même.*

MAISON DE BÉRANGER-MONTMOTON

Cette maison est ancienne. Le premier des seigneurs de Montmoton que nous connaissions, est Guy Béranger, sʳ de Montmoton, qui fut père de Guillaume de Béranger, sʳ de Montmoton, qui épousa, en 1431, Isabelle Jossueil, de laquelle il eut Louis de Béranger qui fut marié, en 1482, avec Jeanne de Madières, de laquelle il laissa Michel de Béranger, sʳ de Montmoton, qui prit alliance, en 1526, avec Catherine de Melet de Beaufort, qui le fit père de Folcrand de Béranger, chevalier de l'ordre du roi, qui fut marié, en 1570, à Jeanne de Clermont, dont il eut Laurent de Béranger, sʳ de Montmoton, qui laissa de Catherine de Claviers, mariée en 1596, Folcrand de Béranger, sʳ de Montmoton et de Murat-Larabe, qui épousa, en 1627, Jeanne-Catherine de Champetières, qui le rendit père de Charles de Béranger, marquis de Montmoton et baron de Murat-Larabe, et maréchal de camp des armées du roi, qui prit alliance, en 1663, avec Louise de Guilhem de Clermont-Lodève, dont il eut deux filles.

La maison de Béranger-Montmoton portait *écartelé au 1 et 4 d'azur au griffon contourné d'argent, au 2 et 3 de* Claviers.

MAISON DE NÉRESTAN

Le lieu de Nérestan a donné son nom à cette maison qui demeure aujourd'hui en Forez. Jean, s^r de Nérestan, fut père d'Etienne, s^r de Nérestan, qui vivait en 1375, qui fut le père de Pierre Ier, s^r de Nérestan, qui laissa Guinot Ier, qui fut père de Pierre II, et celui-ci le fut de Guinot II, qui eut Philibert, s^r de Nérestan, maréchal de camp et grand maître des ordres de Notre-Dame du Mont-Carmel et de Saint-Lazare. Il laissa de Jacqueline d'Arènes, Jean Claude, s^r de Nérestan, conseiller d'Etat, maréchal de camp, et grand maître des ordres de Notre-Dame du Mont-Carmel et de Saint-Lazare. Il fut tué devant Turin. Il fut marié, en 1615, à Enemonde-Joachime de Harlay, petite-fille d'Achille de Harlay, comte de Beaumont, premier président du parlement de Paris. Il vint de ce mariage Charles-Achille de Nérestan, marquis de Nérestan, grand maître des ordres de Notre-Dame de Mont-Carmel et de Saint-Lazare.

MAISON DE CHAMBEUIL

Le premier que nous trouvons de cette maison, est Pierre Julien, s^r de Chambeuil, qui vivait en 1371. Il fut père de François de Julien, s^r de Chambeuil, qui laissa Charles Ier, s^r de Chambeuil, qui le fut de François de Julien II, qui laissa Charles II, père d'Antoine de Julien, s^r de Chambeuil, qui épousa, en 1570, Catherine de Ludesse, dont il eut François de Julien III, s^r de La Veyssière, et un autre François de

Julien, s^r de Farreyrolles. Le premier François de Julien laissa Claude de Julien, s^r de Chambeuil.

Cette maison porte *d'azur au chevron d'argent à trois épis d'or deux en chef et un en pointe.*

MAISON DE GIOU

Cette maison est considérable en Auvergne. Pierre de Giou, s^r de Giou, vivait en 1435. Il laissa de Marguerite d'Escorailles, fille de Louis, s^r d'Escorailles, et de Louise de Dienne, Annet, s^r de Giou I, qui eut de Vidalle de Langeac, fille de Tristan de Langeac et d'Anne d'Alègre, Jacques I, s^r de Giou, qui fut père, par son mariage avec Catherine de Durfort, de deux fils du même nom, qui ont fait deux branches. Jacques II, s^r de Giou, fut marié avec Françoise d'Anglars, dame de Saint-Victour, dont il eut Jacques III, s^r de Giou et de Saint-Etienne, qui n'eut que deux filles de Marie de Murat, l'aînée, mariée avec Paul Le Loup de Bellenave, marquis de Saint-Floret ; la seconde, avec le marquis de Chassange, en Poitou. Jacques de Giou qui continua la branche masculine, épousa Anne de Vézin, dont il eut Louis de Giou, qui laissa d'Anne des Plat, Jacques de Giou, qui fut marié, en 1623, avec Gabrielle de Soulhac, dont il eut Jacques de Giou, qui vivait en 1666.

La maison de Giou portait *d'argent à trois tourteaux de gueules et pour supports deux anges.*

MAISON DE LA ROQUE-SÉNEZERGUES

C'est une ancienne maison qui a pris le nom de Sénezergues d'un château qui relève de la baronnie de Calvinet, dans la haute Auvergne. Archambaud de La Roque, s^r de Sénezergues, vivait en 1308. Il fut père d'Othon de La Roque, s^r de Sénezergues, qui le fut d'Archambaud de La Roque, qui le fut aussi d'un autre Archambaud de La Roque III, qui vivait en 1390. Il laissa Jean de La Roque, s^r de Sénezergues, bailli des montagnes d'Auvergne. Sa femme était de la maison d'Escars, de laquelle il laissa Archambaud de La Roque IV, qui épousa, en 1516, Marguerite de Saint-Jean, de laquelle il eut Jean de La Roque, s' de Sénezergues, qui prit alliance, en 1549, avec Jeanne de Saint-Exupéry, dont il eut Guy de La Roque, qui fut marié en 1591 avec Françoise de Saint-Martial, fille de Rigal de Saint-Martial et de Françoise de La Jugie. Ils laissèrent Louis de La Roque, s' de Sénezergues, qui laissa d'Anne de Florie, François de La Roque, s' de Sénezergues, marié en 1648, avec Anne de Benoît.

Cette maison porte...

MAISON DE NOZIÈRES-MONTAL

Jean Ier, de Montal-Nozières, qui épousa, en 1432, Hélène de Montal, fille de Jean de Montal, baron de Montal, et sœur d'Amaury de Montal. Il laissa Jean de Montal-Nozières II, baron de Malemort, qui eut cette terre d'Amaury de Montal, baron de Malemort, son oncle, frère de sa mère, qui eut de Louise de Gimel, Gabriel de Nozières, baron de Malemort, chevalier de l'ordre du roi et bailli des montagnes d'Auvergne, qui prit alliance avec Antoinette de Balsac. Son frère puîné fut François Montal-Nozières, marié, en 1516, avec Jeanne de Tournemire, fille de Jean de Tournemire, s' de Valmaison, et de Catherine de Mealet. De leur mariage vint Gabriel de Montal-Nozières, s' de Valmaison, qui fut marié, en 1544, avec Genèvre de Valens, fille de Jean de Valens, s' de Valens, et de Françoise de Combarel. Il en eut François de Montal-Nozières II, qui épousa, en 1584, Jeanne de Lamer, fille de Pierre de Lamer et d'Anne de Langeac, de laquelle il laissa Jacques de Montal-Nozières, s' de Valens, marié, en 1634, avec Jacqueline de Saint-Nectaire, fille de Jacques, baron de Saint-Victour, et de Françoise d'Apchon. Il avait eu un frère aîné, Gilbert de Montal-Nozières.

Cette maison porte...

AUTRE BRANCHE DE MONTAL-NOZIÈRES

François de Montal-Nozières eut de Jeanne de Tournemire, Gabriel de Montal-Nozières, qui laissa encore de Genèvre de Valens, Rigaud Montal-Nozières, marié, en 1629, avec Louise de·Salers, fille de François de Salers, baron de Salers. De leur mariage, vint François-Gabriel de Montal-Nozières, s^r de La Roquevieille, qui prit alliance avec Anne de La Tour, fille d'Henry de La Tour, s^r de Saint-Paul.

MAISON DES GUILLAUMANCHES

Les seigneurs des Guillaumanches, dans des titres que j'ai vus de 1024, 1089, 1114, se qualifient de lignée masculine de la famille de Nicetius, duc d'Auvergne, de laquelle ils tiennent les Guillaumanches, dont ils portent le nom. Cette terre leur a appartenu jusqu'à la fin du xvie siècle. Ils ont porté ce nom conjointement avec ceux de Viallatel et du Boscage, lors de leur alliance avec les héritières de ces familles en 1345 et 1543.

Cette maison porte *d'argent au taureau de gueules passant surmonté d'un lambel d'azur*.

MAISON DE LA ROCHEBRIANT

C'est une ancienne maison et illustre par ses alliances. Pierre de La Rochebriant, s^r de Chauvance, fut marié avec Éléonor de Contours, dont il eut Guy de La Rochebriant, s^r de Chauvance, qui épousa, en 1554, Françoise de Boulier, fille d'Antoine de Boulier, s^r du Chariol, baron d'Aurouse, et de Jeanne de Joyeuse, de laquelle il laissa Annet de La Rochebriant, s^r de Chauvance, qui eut deux enfants mâles de Gilberte d'Aubière, Amable et Annet de La Rochebriant. Amable ne laissa qu'une fille, nommée Gilberte de La Rochebriant, dame d'Aubière, qui transporta la plus grande partie des biens de sa maison dans celle de Montagnac de Lignières, par son mariage avec François de Montagnac, sʳ de Lignières. Annet II continua la branche directe. Il prit alliance avec Gabrielle de Chabannes, fille de Jacques de Chabannes, comte de Pionsat, vicomte de Savigny, et de Charlotte de Chazeron. Il en eut François-Annet de La Rochebriant, sʳ de La Chaud, qui fut marié, en 1662, avec Antoinette de Langeac, fille de Gilbert de Langeac et de Gilberte d'Estaing.

Cette maison porte *écartelé d'or et d'azur.*

MAISON DE GREIL LA VOLPILIÈRE

L'héritière de La Volpilière a fait entrer cette terre dans la maison de Greil.

Guillaume de Greil épousa Françoise de La Volpilière, fille d'Annet III, sʳ de La Volpilière, et d'Antoinette de Dienne ; de ce mariage vint Sébastien de Greil La Volpilière, qui épousa Jeanne de Nozières, fille de Gabriel de Nozières, dont il eut Antoine de Greil La Volpilière, marié avec Marguerite de Garceval, en 1556, de laquelle il laissa François de Greil La Volpilière, qui fut père par Gilberte de Bayard, fille de Gilbert de Bayard, de François de Greil La Volpilière II, sʳ de La Volpilière, de Greil et de Boussac, qui épousa, en 1637, Madeleine d'Ossandon, fille de Gabriel d'Ossandon et de Claude de Frédeville.

Cette maison porte *de gueules au chevron d'or rompu chargé de cinq tourteaux d'azur.*

MAISON DE MONTCLAR-MONTBRUN

Nous avons déjà dit que la maison de Montclar est une des plus illustres et des plus anciennes de la province.

Bernard de Montclar, sʳ de Montbrun, laissa de Marguerite d'Escoraille Guyot de Montclar, qui eut d'Hélips de Peyrusse Louis de Montclar, qui épousa, en 1419, Constance de La Tour, dont il laissa Guillaume de Montclar Iᵉʳ, qui prit alliance avec Luque de Neuféglise, par laquelle il fut père de Guillaume de Montclar II, marié, en 1479, avec Marie d'Espinchal, fille de Pierre d'Espinchal, dont il eut Guinot de Montclar, qui prit alliance, en 1512, avec Jeanne d'Anglars, qui le rendit père de Jean de Montclar, qui épousa, en 1551, Anne de Mauriac, alias de Miramon, fille de Jean de Mauriac ; de leur mariage vint Guy de Montclar, qui fut marié, en 1586, avec Renée de Chaslus-Cordais, fille de René de Chaslus, chevalier de l'ordre du roi. Il en eut Jean de Montclar II, qui épousa, en 1615, Marguerite de Saint-Martial, de laquelle il laissa Gaspard de Montclar, baron de Montbrun, qui fut marié, en 1655, avec Juliette de Fontanges, dont il eut...

Cette maison porte *d'azur au chef d'or.*

MAISON DE ROQUELAURE-POMPIGNAC

Cette maison, qui est ancienne, a pris le surnom de Pompignac, qui est une terre dans la haute Auvergne, non loin de la rivière de Trueyre.

Jean de Roquelaure fut, père par la demoiselle d'Isandre, de Begon de Roquelaure, qui épousa, en 1480, Isabeau de Villemur, dont il eut Amblard de Roquelaure, qui épousa Huguette de La Tour, fille de Jacques de La Tour, et d'Isabeau de La Goutte, femme en secondes noces de Gaspard de Roquelaure. De ce mariage vint Gaspard de Roquelaure, un des cents gentilshommes de la maison du roi. Il fut marié deux fois ; la première avec Antoinette de Marcenat, en 1560, et la deuxième, en 1578, avec Isabeau de La Goutte. Il eut du deuxième lit Jacques de Roquelaure, sr de Pompignac, qui fut marié, en 1602, avec Jeanne d'Ossandon, dont il eut Gabriel de Roquelaure, sr de Pompignac et de Puydorat, qui prit alliance avec Jeanne de Saint-Didier, en 1644, de laquelle il laissa Gabriel de Roquelaure, sr de Pompignac, et Pierre de Roquelaure, sr de Lavaur et de Puydorat.

Cette maison porte *de gueules, à la tour crénelée avec l'avant mur ajouré d'or, parti d'azur à trois rocs d'échiquier de 2 et 1 en chef et trois besants de même, 2 et 1 en pointe.*

MAISON DE LAYSE-SIOUGEAC

La maison de Layse rapporte son origine à Yves, sʳ de Layse, qui vivait dans le xɪvᵉ siècle. Il laissa de Marguerite d'Apchier, Raynal, sʳ de Layse, qui, par Marguerite de Veyssières, fut père de Georges, sʳ de Layse, qui eut de Marguerite de Laudouze, Jacques de Layse, qui eut d'Antoinette de La Tour, Fauconnet de Layse, qui épousa, en 1494, Jeanne de La Guesle, fille de François de La Guesle, gouverneur du comté d'Auvergne, et de Marguerite d'Anglars, de laquelle il laissa Jacques de Layse, sʳ de Siougeac, qui eut d'Hippolyte d'Oradour, Marien de Layse, qui épousa, en 1578, Anne Douhet de Marlat, dont il eut Julien de Layse, sʳ de Siougeac, qui fut marié, en 1604, avec Charlotte de Chambon, de laquelle il laissa François et Jean de Layse. Le premier fut lieutenant-colonel du régiment d'Effiat et écuyer ordinaire d'Henry Ruzé d'Effiat, marquis de Cinq-Mars, et grand écuyer de France. Jean fut marié, en 1648, avec Jeanne de Bonnafos, fille de N. de Bonnafos, sʳ de Bélinay, et de N. de Palemourgues.

Il mourut en 1675, et laissa Jean de Layse-Siougeac, sʳ de Brion.

Cette maison porte *de sable à la bande d'or, accompagnée de deux étoiles et deux roses d'argent.*

MAISON DE LASTIC

Louis de Lastic fut père de Jacques de Lastic, qui fut marié deux fois. La première avec Antoinette Julhen, en 1556, fille du sieur de Jarry. La deuxième, en 1578, avec Antoinette de Tour des Dames de Velzic. Il eut du premier lit Louis de Lastic, et du deuxième Annet de Lastic, sʳ de La Vergnete, fut marié, en 1607, avec Françoise de Barthomy, dont il laissa Annet de Lastic II, qui épousa, en 1638, Marie de La Volpilière, de laquelle il eut Annet de Lastic III, sʳ de La Vergnete, qui prit alliance avec Françoise de Gasquet, fille du baron de Sainte-Colombe.

Cette maison porte *de gueules à la fasce d'argent*. Les seigneurs de cette maison résidaient à Vigouroux, dans la paroisse de Saint-Martin.

MAISON DE LIGONDEZ

La terre de Ligondez, qui est dans la Combraille, près de la rivière du Cher, a donné son nom à cette maison, qui est considérable dans la province. Il y a eu trois branches de cette maison, l'une qui faisait sa demeure à Châteaubodeau, paroisse de Rougnat, dans l'élection d'Evaux, l'autre au château du Puy-Saint-Bonnet, paroisse de Teilhède, élection de Riom, et la troisième à Cheliac, paroisse de la Marche, élection de Montluçon.

Un des premiers seigneurs que nous connaissions de cette maison est Perrin de Ligondez, s^r du Puy-Saint-Bonnet, marié avec Isabeau de Château, qui fut père de Ligier de Ligondez, qui épousa Catherine Boutelly, de laquelle il eut Aubert de Ligondez, qui eut de Marguerite Fraischaud, François de Ligondez Ier, qui prit alliance, en 1378, avec Marguerite de Leron, dont il laissa Jacques de Ligondez Ier, s^r du Puy-Saint-Bonnet, qui fut marié avec Marguerite de Montjournal. De leur mariage vint François de Ligondez II, capitaine des gardes du roi Henri II, qui eut de Jeanne de Châteaubodeau, Sébastien de Ligondez, qui épousa, en 1570, Gabrielle de Jonas, dont il eut Jacques de Ligondez II, s^r du Puy-Saint-Bonnet. Il prit alliance, en 1593, avec Anne de Rochefort d'Ailly, de laquelle il laissa Jean de Ligondez, s^r de Rochefort et du Puy-Saint-Bonnet, qui fut marié, en 1628, avec Jeanne de Rouvignac, qui le fit père de Louis de Ligondez, marié, en 1659, à Diane-Madeleine de La Roy de Guédon ; Gaspard de Ligondez, s^r de Châteaubodeau, qui épousa, en 1654, Antoinette de Saint-Julien, et Jacques de Ligondez, s^r de Fortunier, qui prit alliance, en 1645, avec Marguerite de Bridier.

Cette maison porte *d'azur au lion d'or, accompagné d'étoiles sans nombre.*

MAISON DU CROC

Cette maison est ancienne, puisqu'elle a donné Pierre du Croc, qui fut élu évêque de Clermont en 1301. Après cet évêque de Clermont, un des premiers seigneurs du Croc que nous trouvions est Philibert Ier, qui vivait en 1400, et fut père de Martin du Croc, qui eut deux enfants mâles de Marie de Chandorat, Gilbert et Annet, tige de la branche du Croc-Bressolières. Gilbert se distingua dans les guerres de Naples. Il laissa de Philippe de Saillans, Philibert du Croc II, maître d'hôtel des rois François II et Charles IX, chevalier de leur ordre et ambassadeur de France en Allemagne, en Angleterre et en Ecosse, qui eut de Renée de Malvoisin, Guillaume du Croc, marié à Renée de Menetou, de laquelle il laissa Gaspard du Croc, qui eut pour femme Isabeau de La Goutte, dont les vertus ont été célébrées par Honoré d'Urfé, dans Astrée. De ce mariage vinrent Charles du Croc, qui épousa Marie de La Richardie, et Gaspard du Croc II, qui le fut (sic) avec Claude Montjournal.

Cette maison porte *d'or à deux fasces de sinople.*

MAISON DE PÉLAMOURGUES

Michel de Pélamourgues est un des premiers seigneurs de cette maison qui soit venu à notre connaissance. Il fut père de Raymond de Pélamourgues, qui épousa, en 1502, Jeanne de Mège, qui le fit père de Simon de Pélamourgues, qui prit alliance, en 1594, avec Anne de La Rocque, de laquelle il laissa Antoine de Pélamourgues et Pierre de Pélamourgues, s^r de Monfort.

Antoine, s^r du Pouget, de Vitragues et de La Roque-Cassaniouse, qui faisait sa résidence dans le château de La Guillaumenque, élection d'Aurillac, épousa, en 1678, Françoise de Sénczergues, dont il eut François de Pélamourgues.

Les seigneurs de Pélamourgues portent dans leurs armes *d'azur au lion d'or.*

MAISON DE NAUCASE

Le lieu de Naucase, en la paroisse de Saint-Julien-de-Toursac, élection et bailliage d'Aurillac, a donné son nom à cette maison. Un des premiers seigneurs que nous connaissions, est Pierre de Naucase, qui fut père de Guillaume de Naucase, qui fut marié, en 1490, avec Jeanne de Salvagnac, de laquelle il eut Pierre de Naucase, qui prit alliance, en 1536, avec Antoinette de Marsilhac, qui le rendit père de Michel de Naucase, qui épousa, en 1561, Anne de Valary de Teyra, dont il eut Antoine de Naucase, marié, en 1597, avec Jacquette de Bourdeilles, fille de Philippe de Bourdeilles, chevalier de l'ordre du roi, et de Charlotte de Belvet ; de ce mariage, vint Claude de Naucase, s^r dudit lieu, qui prit alliance, en 1666, avec Rose de Hautefort-St-Chamand, fille de François de Hautefort et de Françoise d'Escars-Montal.

La maison de Naucase porte *d'argent à un taureau de gueules, accorné, accolé et clariné d'azur, soutenu d'un lion léopardé de sable armé et lampassé de gueules, au chef d'azur, au navire d'argent sur une onde de même.*

MAISON DE BEAUCLAIR

Cette maison est considérable dans cette province. Un des premiers seigneurs de Beauclair que nous trouvons, est Rigaud de Beauclair, s^r dudit lieu. Il vivait en 1310 et fut père de Rigaud de Beauclair, qui fut bailli des Montagnes d'Auvergne. Il fut pris par les Anglais au siège de Luzignan, en 1370. Il eut un fils, appelé Guy de Beauclair, chambellan du roi en 1462. Il laissa Nicolas, s^r de Beauclair, qui fut marié deux fois. Il eut de sa seconde femme, Jeanne de Dienne, Louis de Beauclair, s^r de Beauclair et de La Voute, marié en 1546, avec Jacquette de Caissac, dont il eut François-Charles, s^r de Beauclair, chevalier de l'ordre du roi, qui épousa, en 1565, Jeanne de Foix, qui le rendit père de Pierre-Jean, sʳ de Meissac, marié en premières nocés, en 1598, avec Anne de Pelvech, dame de Meissac, de laquelle il laissa Jean Pons de Beauclair, sʳ de Meissac, chevalier de l'ordre du roi, qui fut allié, en 1618, avec Antoinette de Saint-Nectaire.

Cette maison porte *d'or à trois chevrons de gueules au chef d'argent chargé d'hermine.*

MAISON DE SÉDAGES-VACHERESSE

Hugues de Sédages, sʳ de Vacheresse, dans la paroisse de Saugues, vivait en 1502. Il fut père de Jean de Sédages, qui fut marié, en 1514, avec Claude de Gast, fille de Jean Gast, sʳ de Traux-en-Vivarais, dont il eut Jean de Sédages II, qui fut allié, en 1539, avec Michelle Dumas, de laquelle il laissa Michel de Sédages, sʳ de Vacheresse, qui eut de Louise de Loubeyrac, fille d'Antoine de Loubeyrac, sʳ de Murs, François de Sédages Iᵉʳ, marié, en 1606, avec Anne Aimard, fille d'Armand Aimard, sʳ du Rouet, et de Michelle de La Chassagne, dont il eut François de Sédages, sʳ de Vacheresse, qui épousa en 1654, Claude de Saignard, fille de Jean de Saignard, sʳ de Préaux, et de Claude Alvier, dame de La Fraisange.

Cette maison porte *d'argent au soleil de gueules soutenu de deux lions d'or.*

MAISON DE MÉALET

Cette maison a diverses branches, mais elles descendent toutes de Dorde de Méalet, gentilhomme de la chambre du roi, gouverneur de la vicomté de Carlat et de Murat, sʳ de Fargues, dans le bailliage et élection d'Aurillac, qui eut d'Antoinette de Seremur, qu'il épousa en 1537, Jacques de Méalet, sʳ de Fargues, qui laissa de Catherine de La Trémolière, Jean de Méalet, gentilhomme ordinaire de la chambre du roi, qui fut marié avec Claude de Lignerac, dont il eut plusieurs enfants, qui firent diverses branches. Pantaléon de

Méalet, qui continua la branche directe ; Jean de Méalet, sr de Vitrac, qui a fait la branche de Méalet-Vitrac, Christophle, sr de Bleau, qui a fait celle de Méalet-Bleau, Hector de Méalet, sr des Planches, qui a fait celle de Lestrade. Pantaléon de Méalet épousa, en 1622, Louise de Brugier, qui le rendit père d'Amable Méalet, sr de Fargues et de Rouffiac, dans le bailliage et élection de Saint-Flour, qui fut marié, en 1662, avec Jeanne de Felsins-Montmurat, dont il eut François de Méalet, sr de Fargues et de Rouffiac.

Les armes de cette maison sont *d'azur à trois étoiles d'or, deux en chef et une en pointe, au chef d'or.*

MAISON DE MURAT—MONTFORT

Gabriel de Murat, sr de Montfort, épousa, en 1527, Gabrielle de Batut, dont il eut deux enfants, qui firent deux branches. L'une de Murat-Montfort, l'autre de Murat de Serre. Barthélemy ou Bertrand fit la première, et Joachim de Murat fit la seconde. Barthélemy de Murat, sr de Montfort, paroisse de Taleyrat, élection de Mauriac, fut marié, en 1575, avec Catherine de Lévis, dont il eut Claude de Murat, sr de Montfort, qui fut allié, en 1599, avec Catherine de Lavondès, de laquelle il laissa François de Murat, qui épousa, en 1646, Catherine de Pélamourgues, qui le rendit père de Jacques et de Charles de Murat.

Cette maison porte *d'argent à la fasce de gueules, accompagné de trois canettes en chef 2 et 1, et trois autres canettes, rangées de même, de sable.*

MAISON DU LAC—CONTOURNAT

Cette maison n'est point différente de celle des seigneurs du Lac-Anval. Ils descendent tous de Gilbert du Lac et de Madeleine de Quinquampoix. Car, outre François du Lac, qui continua la branche du Lac-Anval, leur fils aîné, ils eurent encore Jacques du Lac, sr de Rouzières et de Contournat, marié avec Marguerite Ponchon, d'où descendent toutes les branches des du Lac-Contournat. De ce Jacques et de Marguerite Ponchon vinrent quatre frères : François du Lac, sr de Contournat, qui épousa, en 1654, Anne Ternier ; Henry du Lac, sr de La Farge, qui fut marié avec Anne Tournade ; Jean du Lac, sr de Rouzières, et Jacques du Lac.

Les armes de cette maison sont *trois boucles de sable et un chevron rompu de gueules, bordé de sable en champ d'or.*

MAISON DU LAC-PUYDENAT

Le château du Lac, qui a donné son nom à cette maison, est dans la paroisse de Courteserre, élection de Clermont. Jean du Lac et de Puydenat, fut marié, en 1520, avec Magdeleine de Papon, qui le fit père de Gabriel du Lac, sr de Puydenat, qui épousa, en 1544, Marie de La Barre, dont il eut Jean du Lac II, qui prit alliance avec Marie du Floquet, en 1570, de laquelle il laissa Pierre du Lac, marié, en 1611, avec Jeanne de Terraules, dont il eut Jacques, sr du Lac, et Michel de Puydenat, qui faisait sa demeure dans l'élection d'Issoire. Jacques avait épousé, en 1664, Michelle de Boulier du Chariol.

La maison du Lac-Puydenat porte *d'azur à la fasce d'or.*

MAISON DE L'HOSPITAL

Le chancelier de L'Hospital a donné un éclat à cette maison que l'on ne découvre dans aucune autre. Jean de L'Hospital est le premier que nous trouvons de cette maison. Il fut premier médecin de Charles, duc de Bourbon, connétable de France, et l'un des principaux de son conseil. Il laissa plusieurs enfants. L'aîné de tous fut l'incomparable Michel L'Hospital, chancelier de France, qui épousa, en 1537, Marie Morin, fille de Jean Morin, sr de Paray, lieutenant criminel du Châtelet de Paris, et de Charlotte de Montmirail, de laquelle il n'eut qu'une fille unique, nommée Magdeleine de l'Hospital, mariée avec Robert Hurault, s' de Belesbat, maître des requêtes. Son père ordonna par son testament que le nom de L'Hospital serait ajouté à celui de ses petits-enfants issus de sa fille unique avec Robert Hurault, s' de Belesbat. Le chancelier avait un frère, nommé Pierre de L'Hospital, s' de La Roche, près d'Aigueperse, tige de la maison de La Roche-L'Hospital; une sœur, Magdeleine de L'Hospital, mariée à Saint-Flour dans la maison de Coutel de Courtilles, un autre frère abbé de Vaas, et une autre sœur, nommée Françoise, religieuse, à laquelle il laissa vingt écus de rente par son testament.

La maison de l'Hospital porte *d'azur à la tour posée sur un socle d'argent au chef de gueules chargé de trois étoiles d'or.*

MAISON D'ARNAUD

Il n'est guère de maison en France qui ait donné de plus grands hommes pour la guerre, pour les sciences et pour les affaires d'État.

Un des premiers que nous connaissions de cette maison, est Henry Arnaud, dont le mérite lui gagne l'amitié de Pierre de Bourbon, comte de Beaujeu, et de son gendre, le connétable de Bourbon. Il eut de Catherine Bariot, Antoine Arnaud, qui épousa en premières noces, Marguerite Mosnier du Bourg et en secondes noces, Anne Forget. Il eut du premier lit, Jean de La Mothe-Arnaud qui, s'étant renfermé dans Issoire pour le parti du roi, en sortit pour combattre le comte de Randan, qu'il tua de sa propre main. Il ne laissa qu'une fille, nommée Anne Arnaud, qui fut mariée avec Barthon de Villemolage; du second lit, il eut Antoine Arnaud, qui continua la postérité; Isaac Arnaud, intendant des finances, s' de Coreville, qui mourut huguenot et laissa de N. Barrin de La Galissonière, Isaac Arnaud, gouverneur de Philisbourg, un des plus braves hommes et des plus beaux esprits de son siècle, célèbre dans les écrits de Voiture, David Arnaud, Benjamin Arnaud, tous les deux tués au siège de Gergeau,

Louis Arnaud, secrétaire du roi, Claude Arnaud, surnommé le Petit, trésorier de France, et Pierre Arnaud, gouverneur de Fort-Louis et maréchal des camps et armées du roi, qui a égalé dans la guerre les plus grands capitaines.

Antoine Arnaud, l'aîné de tous les enfants du second lit, fut fameux avocat à Paris. Il laissa de Catherine Marion, fille de l'avocat général Marion, vingt-deux enfants. Les plus connus sont Robert Arnaud d'Andilly, Henry, évêque d'Angers, Antoine Arnaud, docteur de Sorbonne, Catherine Arnaud, mariée à M. Le Maistre, et Angélique Arnaud, abbesse de Port-Royal.

Robert Arnaud d'Andilly, conseiller d'État, eut de Catherine de La Borderie, N. Arnaud, abbé commendataire de Chomes; Henry Arnaud, sr de Luzancy, qui a passé sa vie dans la solitude, et Simon Arnaud, sr de Pomponne, ministre et secrétaire d'État qui, de Catherine Ladvocat, a laissé Augustin Arnaud, capitaine au régiment du roi, N. Arnaud, abbé et conseiller d'État, qui a été ambassadeur à Venise, et Catherine-Félicité Arnaud, qui fut mariée, en 1699, avec Jean-Baptiste Colbert, marquis de Torcy, secrétaire et ministre d'État.

MAISON DU VAIR

Cette maison, qui est sortie d'Anjony, village de la Haute-Auvergne, est illustre pour avoir donné à la France un garde des sceaux dont la vertu, la probité et la science, lui ont donné une espèce d'immortalité. Le premier de cette maison, connu par son mérite, est Jean du Vair, chevalier, procureur général de la reine Catherine de Médicis et d'Henri de France, duc d'Anjou et maître des requêtes de l'hôtel. Il fut marié avec Barbe François, dont il eut Guillaume du Vair, sr de Villeneuve-le-Roy, garde des sceaux de France, évêque et comte de Lisieux. Il était filleul de Guillaume du Prat, évêque de Clermont, qui lui laissa vingt écus de rente par son testament, pour tout le temps de ses études. Il eut deux sœurs, Antoinette du Vair, mariée à Nicolas Aleaume, conseiller au Parlement, et Philippe du Vair de Vérigny, morte jeune et enterrée, comme son père, au cimetière de Saint-André-des-Arts.

La maison du Vair portait *d'azur à la fasce d'or, accompagnée de trois croissants montants d'argent.*

MAISON DE SÉVEYRAT-FONTAUBE

Le premier que nous trouvons de cette maison est Pierre de Séveyrat Ier, sr de Fontaube, qui fut père de Jean de Séveyrat, sr de Fontaube, qui eut de Louise Chappel La Salle, Pierre de Séveyrat II, sr de Séveyraguet, marié, en 1541, avec Magdeleine Le Grand, de laquelle il laissa Pierre de Séveyrat, sr de Séveyraguet, et de Fontaube III, qui fut allié, en 1573, avec Jeanne de Murat-Rochemaure, dont il eut Ytier de Séveyrat, sr de Fontaube, qui fut marié, en 1649, avec Marie Tixidre, dont il eut plusieurs enfants : Louis de Séveyrat, sr de Fontaube, Jean de Séveyrat, sr du Verger, Antoine de Séveyrat, sr de Laval, et Paul de Séveyrat, sr de La Chaud, François de Séveyrat, sr de Fontaube ; l'aîné de tous, épousa, en 1654, Antoinette de Torsiac.

Cette maison porte *d'azur au sautoir d'or à la bordure engrelée de gueules.*

MAISON DE SÉVÉRAC-LA-CHASSAGNE

Guillaume, par qui commence la généalogie de cette maison, était sr de Sévérac, il fut marié, en 1478, à Louise Maquis, dont il eut Georges, sr de Sévérac et de Confolens, qui épousa, en 1498, Jeanne du Chassaing, qui le rendit père de Louis Ier, seigneur de Sévérac et de Confolens, qui prit alliance, en 1539, avec Isabeau de Fontvenant, de laquelle il laissa Louis II, sr de Sévérac qui, en 1571, épousa Catherine d'Auteroche, dont il eut Pons, sr de Sévérac qui, en 1612, fut marié avec Marie de Minardon, de laquelle il laissa Louis III, s^r de Sévérac et de La Chassagne, qui prit alliance, en 1648, avec Françoise de Bourdeilles.

Les armes de cette maison sont *d'azur au sautoir d'or à la bordure engrelée de gueules.*

MAISON DU PASTURAL

Antoine du Pastural est le premier, le plus connu, de cette maison, qui fut père de Jacques du Pastural, qui épousa, en 1502, Jeanne d'Aureilhe, dont il eut Claude du Pastural, marié, en 1552, avec Antoinette de Rochefort, dont il laissa deux fils qui ont fait deux branches. Guillaume, qui a continué la branche directe, et Louis du Pastural, qui a fait la seconde branche. Il épousa, en 1589, Gilberte Papon, qui le fit père de Claude du Pastural, qui fut marié, en 1620, avec Catherine de Chavagnac, dont il eut Antoine du Pastural, s^r de La Bresle, marié en 1648. Son fils fut Claude du Pastural, s^r de La Vilatelle, qui demeurait en la paroisse de Grandrif, élection d'Issoire.

Guillaume du Pastural fit la branche aînée. Il se maria, en 1592, avec Alix de Vertamy, dont il eut Gabriel du Pastural, s^r du Peschiers, paroisse de Baffie, élection d'Issoire, qui épousa, en 1627, Catherine de La Farge.

(Voyez ci-après, où la maison du Pastural est plus détaillée par les titres qui m'ont été postérieurement remis. — Page 486).

Cette maison porte de *gueules à la roue à huit rais d'argent.*

MAISON DE VIGIER DE PRADES

Durand de Vigier, s^r de Prades, épousa, en 1524, Catherine de Chalon, dont il eut François de Vigier, marié avec Françoise de Chalvet, de laquelle il laissa Antoine de Vigier, qui prit alliance, en 1572, avec Gilberte de Férières, qui le fit père de Jacques-Antoine de Vigier, s^r de Prades et de Conros, qui s'allia, en 1593, avec Magdeleine de Rouffignac, dont il eut Louis de Vigier, sʳ de Prades et de Conros, marié en 1636, avec Rose de Pesteils. Il demeurait dans son château de Prades, paroisse de Saint-Christophe, élection de Mauriac.

Les armes de cette maison sont à *un champ d'azur, au lion d'argent, rampant entre deux rochers, coupés et soutenus d'un globe.*

MAISON DE VERDONNET

Le premier de cette maison est un Etienne de Verdonnet, qui vivait en 1290, auquel Philippe-le-Bel donna des lettres patentes par lesquelles il l'exempte de tous les droits que l'on payait pour lors, et lui permet de bâtir les murailles de son château avec des créneaux. De cet Etienne descendit, par divers degrés, Pierre de Verdonnet qui, par Anne de Moutier, fut père de Louis de Verdonnet, qui épousa, en 1572, une demoiselle dont le nom est ignoré, dont il eut Marcellin de Verdonnet, marié, en 1608, avec Anne Le Bègue, de laquelle il laissa François de Verdonnet, sʳ dudit lieu, qui est dans la paroisse de Bouzel, au-dessous de Vertaizon. Il épousa, en 1644, Gabrielle de Villelume, fille d'Antoine, sʳ de Barmontais.

Les armes de Verdonnet sont *d'azur à un lion d'argent rampant, armé de gueules, l'écusson bordé.*

MAISON DE VERTAMY

Un des premiers de cette maison, est Antoine de Vertamy, sʳ dudit lieu, père de Mandon de Vertamy, marié, en 1504, avec Louise de Rochefort de Beauvoir, dont il eut André de Vertamy, sʳ de La Borie, qui fut allié, en 1562, avec Magdeleine de La Bretognière, par laquelle il fut père de Guillaume de Vertamy, sʳ de La Borie, qui épousa, en 1611, Claudine du Pastural, de laquelle il laissa Louis de Vertamy, sʳ de La Borie, qui fut marié deux fois ; la première, avec Isabeau de Bonneville, et la deuxième, en 1651, avec Claudine d'Auzolé.

Il eut du premier lit, Louis de Vertamy, sr de Saint-Priest, et du second, Gabriel, Antoine, Jacques et François de Vertamy.

Les armes de cette maison sont *d'azur au chevron d'argent, entrelacé à dextre et à senestre de trois fasces de même.*

MAISON DE MONTSERVIER

Un des premiers que nous connaissions de cette maison, est Guyonet de Montservier, qui fut père de Jean de Montservier, marié, en 1501, avec Gabrielle de Laurie, dont il eut Jean de Montservier II, qui prit alliance, en 1524, avec Huguette d'Auriouse, dite de Saint-Quentin, qui le rendit père d'Hugues de Montservier, qui laissa de Louise de La Roche-Aymond, Joseph de Montservier, sr d'Orsonnette, qui eut de Brigide de Ségur, Hugues II de Montservier, allié, en 1614, avec Marguerite de Boisset La Sale, de laquelle il laissa Alexandre de Montservier, sr de Felines, marié, en 1637, avec Magdeleine de Tourciat.

Les armes de cette maison sont *d'azur à trois trèfles d'or et un chevron rompu.*

MAISON D'ANGLARS-BASSIGNAC

Bernard d'Anglars, sr de Bassignac, vivait en 1519. Il fut père d'Etienne d'Anglars, sr de Bassignac, qui prit alliance, en 1535, avec Jeanne du Chastelet, dont il eut Antoine d'Anglars, marié, en 1574, avec Antoinette de Gouzel de Ségur, qui le rendit père de Guy d'Anglars, qui épousa, en 1606, Catherine de Rebier, dont il laissa François d'Anglars, sr de Bassignac, qui fut marié, en 1642, avec Gabrielle de Toutail de Chanterelle, dont il eut deux enfants mâles, nommés Rogier d'Anglars, sr de La Barandie, et Guy d'Anglars, sr de Rive.

Cette maison porte *de sable au lion d'argent lampassé de gueules à trois étoiles d'argent, 2 et 1.*

MAISON DE GIRONDE DU MONTEIL

Jean de Gironde est un des premiers que nous trouvons de cette maison. Il fut père de Pierre de Gironde, qui le fut de Louis de Gironde, qui eut pour fils Tristan de Gironde, qui épousa, en 1502, Catherine de Montservier, de laquelle il eut François de Gironde qui, en 1531, se maria avec Jeanne de Saint-Paul, qui le rendit père d'Antoine de Gironde, s' de Monteil et de Neyronde, marié, en 1572, à Louise du Lau, dont il eut Charles de Gironde, s' du Monteil, qui prit alliance avec Anne de Marillac, en 1618, de laquelle il laissa Jacques-Louis de Gironde, s' de Monteil, de Neyronde et de Buron, qui épousa, en 1648, Louise de Jaban.

Les armes de la maison de Gironde sont *d'azur à la colombe d'argent, accompagnée de trois étoiles de même, deux en chef et une en pointe.*

MAISON DE JUGEALS DU PEYRAT

Cette maison, qui est dans l'élection d'Aurillac, est ancienne. Pierre du Peyrat Ier, qui est le premier que nous connaissions, vivait en 1340. Il épousa, en 1365, Delphine de Callarier, dont il eut Etienne du Peyrat, qui fut père par Antoinette de Pleaux, fille de Reynaud de Pleaux, de Pierre de Jugeals du Peyrat II, marié, en 1447, à Marthe de La Gorse, de laquelle il laissa Antoine de Jugeals du Peyrat Ier, qui fut allié, en 1463, avec Catherine de Clermont-Touchebeuf. De leur mariage, vint Antoine de Jugeals du Peyrat II, marié, en 1496, avec Catherine Fauschères de Sainte-Fortunade, fille de Gabriel Fauschères, s' de Sainte-Fortunade, dont il eut Raymond de Jugeals du Peyrat Ier, qui se maria, en 1542, avec Anne de Reillac, fille de Louis de Reillac et d'Hélène de Clavier. Il fut père de Jean de Jugeals du Peyrat, un des cent gentilshommes de la maison du roi. Il épousa, en 1580, Louise de Saint-Aulaire, fille de François de Saint-Aulaire. Il eut d'elle Mercure de Jugeals, qui fut marié, en 1612, avec Louise de Prallat, dame de La Bountat. Il laissa d'elle Henry de Jugeals, sr du Peyrat et de La Bountat, qui s'unit par le mariage, en 1659, avec Jeanne de Saillans, fille de Raymond de Saillans, dont il eut Raymond de Jugeals.

Cette maison porte *d'azur à une fasce d'or et trois étoiles d'argent, deux en chef et une en pointe.*

MAISON DE CRESPAT

Cette maison doit sa noblesse à Géraud Crespat, sr de Durtol, qui s'attira l'estime du roi Charles VII, qui lui donna des lettres de noblesse en 1435, et la confiance de Bertrand de La Tour, VIIIe du nom, comte d'Auvergne et de Boulogne. De lui vint, par quelques degrés, Claude Crespat, sr de Durtol, qui fut marié deux fois. La première avec Jeanne de Veyni, et la deuxième avec Françoise Cistel. Il eut de sa première femme François Crespat, sr de Durtol, qui fut aïeul de Giraud Crespat, Ve du nom, sr de Ludesse, qui laissa de Suzanne Pellissier, fille de Mathieu Pellissier, écuyer, sr de Féligonde...

MAISON DE RIBEYRE

Cette maison est aujourd'hui une des plus distinguées de cette province. Elle a donné des hommes qui se sont acquis une grande réputation dans la robe et dans l'épée. On trouve un Guillaume Ribeyre, qui était de l'église cathédrale de Clermont, dans un ancien registre appelé communément *la Canone*, compilé, en 1291, sous Philippe le Bel. Le premier de cette maison que l'on pourrait croire en être certainement est Antoine Ribeyre qui vivait en 1441, qui était marié avec Anne Mercier. Il est sans doute aïeul de Guillaume Ribeyre qui laissa de Perrette Enjobert Antoine Ribeyre, sr de Croelle et d'Opme, qui eut de Michelle Chambon Paul de Ribeyre qui fit la branche aînée, Antoine Ribeyre, tige de la branche de Ribeyre-Opme, et Jean Ribeyre, sr de Fontenilles, de Lezoux, de Ligonne et de Seychalle, et intendant d'armée, qui est mort sans avoir pris d'alliance. Paul Ribeyre, l'aîné des fils d'Antoine, premier président de la cour des Aides de Clermont, eut de Jeanne du Bois François de Ribeyre qui a continué la branche directe, Antoine Ribeyre, maréchal des camps et armées du roi et gouverneur de Tournai, qui est mort sans avoir été marié, Paul Ribeyre, s^r de Nébouzat, trésorier de France, qui a été marié deux fois et a laissé des enfants des deux lits, et est tige de la seule branche où il y ait des enfants mâles. François Ribeyre, s^r de Fontenilles, de Lezoux et de Saint-Sandoux, premier président à la cour des Aides de Clermont, a épousé Madeleine de Bérulle, petite nièce du cardinal de Bérulle, de laquelle il a eu Marguerite Ribeyre, mariée avec Louis-Théodose d'Escorailles, marquis de Roussille, de l'ancienne maison de ce nom, et Amable Ribeyre qui a épousé François de Chazerat, s^r de Ligonne, conseiller à la cour des Aides de Clermont.

BRANCHE DE RIBEYRE-OPME

Antoine Ribeyre, le second fils d'Antoine Ribeyre et de Michelle Chambon, fut conseiller d'État par brevet et lieutenant général en la sénéchaussée de Clermont. Il laissa de Marguerite Fayet Antoine Ribeyre, s^r d'Opme, conseiller au parlement de Paris, lieutenant civil au Châtelet, maître des requêtes, intendant de justice à Limoges et à Tours et conseiller d'État ordinaire. Il avait épousé Catherine Potier, fille du premier président au parlement de Paris et de Catherine Gallard. Il n'a laissé que deux filles mariées dans les maisons de Barentin et de La Bourdonnaye.

La maison de Ribeyre porte *d'azur à la fasce ondée d'argent et accompagnée de trois canes, deux en chef et une en pointe.*

MAISON DE LA BUXIÈRE, S^r DE LA COUSTURE EN COMBRAILLE

Un des premiers seigneurs de cette maison est Jean de La Buxière, dit Gaillardet, qui épousa, en 1392, Catherine de Chasteauneuf, près Saint-Gervais, et Marguerite Garon dont il eut Jacques de La Buxière, sʳ de La Cousture, marié en 1418 à Philippe de Marat, qui le fit père de Jean de La Buxière II, sʳ de La Cousture, qui prit alliance, en 1470, avec Christine de Bonneval, dont il laissa Jean de La Buxière, sʳ de La Cousture, allié en 1510 avec Isabeau Mareschal, fille de Pierre Mareschal, sʳ de Fourchaud, et de Jeanne de Boulainvillers, dont il eut François de La Buxière, sʳ de La Cousture, qui fut marié, en 1582, avec Suzanne de Mailleret, dame de Lussac, d'où sortit Claude de La Buxière, dame de La Cousture, qui apporta cette terre en dot à Jean de Montagnac, sʳ de l'Arfeuillère, et fut mère de Gaspard de Montagnac.

Cette maison porte *d'azur à la fasce d'or au lion naissant, et à trois coquilles de saint Jacques mal ordonnées en pointe de même.*

MAISON DE LA ROCHE DU RONZET (1)

Jean de La Roche, sʳ de Giac, qui eut de Gaspare de Trenchelion Jean de La Roche, sʳ du Ronzet et de Giac II, qui fut père, par Antoinette de Murat-Tissonière, de Joseph de La Roche, sʳ du Ronzet et de Giac, qui laissa, de Charlotte de La Faye, François de La Roche, sʳ du Ronzet et de Giac, allié avec Marguerite de La Borde, dont il eut Joseph de La Roche, sʳ du Ronzet et de Giac, qui épousa, en 1647, Gabrielle de La Blanchisse qui laissa Jean de La Roche III, sʳ du Ronzet et de Giac, marié avec Françoise de Bardon.

Cette maison porte *bandée d'azur et d'or de sept pièces.*

MAISON DE LA SALLE DU TILLET

Antoine de La Salle, sʳ du Tillet, mort en 1489, laissa Jean de La Salle, sʳ du Tillet, qui avait un frère commandeur de l'ordre des Hospitaliers de Saint-Jean de Jérusalem. Il fut marié, en 1519, avec Anne de Burel, dont il eut Gilbert de

---

(1) V. *Histoire généalogique de la maison de La Roche du Ronzet*, par Ambroise Tardieu, Herment, 1892.

La Salle, sʳ du Tillet, qui fut allié en 1559 avec Jeanne de Pons, de laquelle il laissa Damien de La Salle, sʳ du Tillet, qui épousa en 1584 Renée de Bard dont il eut François-Michel de La Salle, sʳ du Tillet, qui laissa de Jacqueline de La Vernède plusieurs enfants qui ont fait plusieurs branches : François de La Salle II, sʳ du Tillet, qui a continué la branche directe, François-Marc de La Salle, sʳ de Saint-Mary, Jacques de La Salle, sʳ de Saint-Poncy, Henry de La Salle, sʳ de Laubarès, Alexandre de La Salle, sʳ de Luzers.

La maison de La Salle porte *de gueules à la tour d'argent maçonnée de sable soutenue de deux rochers d'or.*

MAISON DES CHAMPS

Jean des Champs, sʳ du Chier, vivait en 1500. Il fut père d'Antoine Iᵉʳ des Champs, sʳ du Chier, qui épousa en 1506 Anne de Neuville, qui le rendit père d'Antoine des Champs II, sʳ du Chier, qui eut d'Anne d'Astorgue Antoine des Champs III, qui épousa, en 1581, Louise de Villelume, de laquelle il eut Gabriel des Champs, sʳ du Chier, qui prit alliance, en 1614, avec Renée de Chalvet, dont il eut Antoine des Champs IV, sʳ du Chier, marié en 1663 avec Marie de Villelume. Il avait un frère, François des Champs, sʳ de Beauregard.

Cette maison porte *d'azur au chevron d'or accosté de trois étoiles d'argent.*

MAISON DE LEYRETTE

Jean de Leyrette laissa de Marguerite de Quincampoix Michel de Leyrette, qui fit alliance, en 1560, avec Catherine de Halebrot qui le rendit père de Guillaume de Leyrette qui épousa, en 1583, Marguerite de Bornat dont il eut Hugues de Leyrette qui eut d'Anne de Vaux Gilbert de Leyrette, marié en 1616 avec Marie de Bard, de laquelle il laissa Gilbert de Leyrette, sieur du Poët, sénéchaussée de Riom, marié en 1642 avec Catherine Tonnelier.

Cette maison porte *d'argent à trois grues de sable armées et becquées de gueules.*

MAISON D'ALEXANDRE, *alias* DE ROUSSAT

Le lieu de Roussat, qui est à la maison d'Alexandre, est un fief qui relève du marquisat de Combronde. Roger d'Alexandre vivait en 1520. Il fut père de Bertrand d'Alexandre qui eut, de Catherine Chiron, Pierre d'Alexandre marié avec Claude de Saint-Martin, de laquelle il laissa Pierre d'Alexandre II, qui eut de Gilberte de Reclanes Jacques d'Alexandre, s' de La Chapelle d'Andelot et de Lusillac, qui épousa, en 1663, Isabeau de La Salle.

Cette maison porte *d'argent à l'aigle éployée de sable à deux têtes becquée et lampassée et timbrée de gueules, chaque tête chargée d'une fleur de lys aussi de gueules.*

MAISON DE BRUN-BOISNOIR

Ceux de cette maison ont pris la qualité d'écuyer depuis plus de deux cents ans, comme il paraît par le contrat de mariage de Pierre Brun, s' de Boisnoir, avec Anne Roget, qui est du 12 octobre 1519. Ce Pierre Brun eut trois fils : Pierre, Jean, Claude, qui firent trois branches. Il résidait au lieu de Segonzat, paroisse de Saint-Gervazy.

Leurs armes sont *d'azur au cœur d'or accompagné de trois croissants d'argent, deux en chef et un en pointe.*

MAISON DE BOURDEILLES

Les messieurs de la maison de Bourdeilles sont seigneurs de Cousance et demeurent ordinairement dans ce lieu, paroisse de Collanges, élection d'Issoire. Ils ont un Jean de Bourdeilles, comte de Brioude, et un Christophe de Bourdeilles, chevalier de Saint-Jean de Jérusalem.

Ils portent dans leurs armes *d'azur à trois demi vols d'or, deux en chef et un en pointe.*

MAISON DE BOST DE CODIGNAT

Jacques de Bost de Codignat, sʳ de Montfleury, vivait en 1540. Il eut de Catherine de Ravel Jean de Bost, sʳ de Montfleury, qui laissa de Marie de Frédeville François de Bost, marié en 1605 à Léonore de Faïdides, de laquelle il eut Alexandre de Bost, sʳ de Montfleury, qui épousa en 1648 Léonore des Assis, de laquelle il laissa Michel de Bost, sʳ de Montfleury.

Cette maison porte *d'azur à la bande d'or accompagnée de deux étoiles d'argent.*

MAISON DE BARD-COURTEIX

Cette maison a deux branches : ceux de l'une demeuraient en 1666 au château de Courteix, paroisse de Condat, près Herment; ceux de l'autre faisaient leur résidence à Chanonat, à deux lieux de Clermont. Ils ont toujours pris la qualité d'écuyers, ce que l'on voit par des contrats depuis 1400.

Leurs armes sont mi-parti *au 1 de gueules semé d'étoiles d'argent, au milieu un croissant aussi d'argent, au 2 de gueules avec un chevron rompu de sinople, chargé de trois étoiles d'argent.*

MAISON DE BARDET, Sʳ DE BURC

On trouve des titres, dès l'an 1361, où ceux de cette maison prenaient la qualité de damoiseau, *domicellus*.

Ils ont pour armes *un chevron coupé, un lion rampant, deux étoiles en chef et une en pointe, sur un fond d'azur.*

MAISON DE BARON, Sʳ DE L'AYAT

On trouve un Guillaume de Baron, qualifié de noble homme et d'écuyer, dans un contrat en latin de l'an 1496. François de Baron, sʳ de L'Ayat, faisait sa demeure, en 1666, dans une maison du village de Saigne, paroisse du Vernet, élection de Clermont.

Il portait *de gueules à deux pals d'argent, à la bande d'argent brochant sur le tout, chargée de rocs d'échiquier aussi de gueules.*

MAISON DE BLANCHEFORT-BEAUREGARD

La noblesse de ceux de cette maison paraît du moins depuis 1500. Christophle de Blanchefort, et Blaise de Blanchefort, son oncle, vivaient en 1666. Le premier demeurait avec la dame des Roches, sa mère, dans son château de Beauregard, paroisse de Saint-Ours ; le second avec le sieur de Villelume, son beau-père, dans son château de Confolens, élection de Clermont. Le maréchal de Schomberg avait tant de confiance en Maurice de Blanchefort qu'il le chargea en 1632 de veiller, pour le bien de l'État, sur l'armée de Gaston d'Orléans qui passait par l'Auvergne pour aller joindre le duc de Montmorency.

Cette maison porte *d'or à deux lions de gueules.*

MAISON DE BORT

Il paraît que la noblesse est dans cette maison depuis le commencement du xve siècle. Jean de Bort, qui vivait en 1666, était s^r de Chayssac, dans le comté d'Auvergne, près de Vic-le-Comte (1).

Ses armes étaient *d'azur au sautoir d'or, au chef une étoile de même.*

MAISON DE CHAMPREDON

Cette maison est noble, du moins depuis 1322, comme il paraît par le testament de Beraud Champredon, s^r de Montgranat, qui est du jeudi après l'Exaltation de la sainte Croix de septembre. On y trouve des comtes de Brioude et des che-

---

(1) Une main étrangère a rayé ces derniers mots et écrit Vic de Saignes.

valiers de Malte. Pierre de Champredon, sr de La Fage et de Montgranat, résidait en 1666 dans le lieu de La Fage, paroisse de Vedrines-Saint-Loup.

MAISON DE CHAPPEL LA SALLE

On trouve plusieurs seigneurs de cette maison qui sont appelés damoiseaux depuis l'an 1455. Antoine Chappel, sr de La Salle, résidait en 1666 dans son château de La Pascherie, paroisse de Rouffiac, élection d'Aurillac.

Ses armes étaient *d'azur à trois fasces d'or crénelées.*

MAISON DE CHASLUS-PRONDINES

Il paraît par les titres des seigneurs de cette maison qu'ils ont pris la qualité d'écuyers du moins depuis 1414, puisqu'il est fait mention en cette année d'un Guillaume de Chaslus, écuyer, mari de Marguerite de Prondines. En 1571, Jean de Chaslus, fils de Jean de Chaslus et de Marguerite de Chaslus La Brousse, fut reçu chevalier de Malte. En 1666, il y avait deux frères de cette maison, Jean de Chaslus, sr de Vialeveloux, et Alexandre de Chaslus, sr de Prondines, qui faisaient leur résidence dans les lieux de même nom.

Ils avaient pour armes *d'azur au poisson de mer appellé Leud, posé en bande, d'or; à cinq étoiles de même, deux en chef et trois en pointe à la bordure engrelée de gueules.*

MAISON DE CHASLUS-COUSAN

Il y a plus de deux cents ans que ceux de cette maison ont joui de la noblesse. Ils ont titre de l'an 1517, dans lequel Gabriel de Chaslus est traité d'homme noble et chevalier, sr de Cousan. Le mariage de Gabriel de Chaslus avec Marguerite d'Anteroche a mis dans cette maison la terre et baronnie d'Anteroche. Pierre-Charles de Chaslus, écuyer, sr de Cousan, Anteroche et le Monteil, vivait en 1666.

Il portait *d'azur à trois fasces brisettées chacune de trois pièces.*

MAISON DE CHAVAGNAT-LANGEAC

Cette maison est ancienne et illustre par ses alliances avec celles de La Rochefoucauld, de Chabannes et de Canillac. Il y en avait deux branches, l'une des s^{rs} de Chavagnat et l'autre des s^{rs} de Meyronne, de laquelle était Louise de Chavagnat-Meyronne, mariée avec Maximilien La Roche-Vernassal, maréchal de camp et lieutenant des gardes du corps. François-Roch de Chavagnat, qui vivait en 1666, était de la première branche.

Les armes de cette maison sont *d'argent à l'aigle de sable becquée de gueules*.

MAISON DE CHAUMEIL-MASSEBEAU

Les lettres de noblesse de cette maison sont en latin de l'année 1483. Guyot de Chaumeil était un des cent gentilshommes de l'hôtel du roy, en 1503, sous Louis XII. Le premier qui fut anobli, Jean de Chaumeil, fut marié en 1465 avec Marie de Séveyrac.

Ceux de cette maison ont pour armes *d'azur à trois chevrons d'or accompagnés de trois croissants de même*.

MAISON DE CHAUNAT-MONTLAUSY (1)

Un des plus anciens de cette maison est Raymond de Chaunat, marié en 1537 avec demoiselle comtesse de Gasse. Antoine de Chaunat, s^r de Montlausy, qui vivait en 1666 et demeurait dans son château élection d'Aurillac, avait épousé, en 1639, Olympe de Luzignan, fille de messire François de Luzignan, chevalier de l'ordre du roi.

Cette maison porte *d'argent à un lion rampant de sable, armé, lampassé et couronné de gueules*.

---

(1) *Alias* Montlogis.

MAISON DE CHEMINADES

Jacques de Cheminades, qui vivait en 1666, prouva par beaucoup de titres sa noblesse depuis l'an 1510, dans laquelle année fut marié son trisaïeul, Armand de Cheminades, avec Marguerite de Roquelaure, d'où sont descendus tous ceux de cette maison qui porte *de gueules au chien courant d'argent et au chef d'or chargé de trois molettes de sable.*

MAISON DU PASTURAL

Cette maison est très ancienne dans la noblesse d'Auvergne. Elle tire son origine du lieu nommé Le Pastural près La Roue, proche Saint-Anthême, diocèse de Clermont. En 1333, Boffard du Pastural, en qualité de gentilhomme et de seigneur, rendit foi et hommage à dame Marguerite, comtesse de Boulogne et d'Auvergne, sous le règne de Charles Quatrième, dit le Bel, ainsi qu'il conste par un acte en latin. Les descendants de Boffard du Pastural firent trois branches, dont l'une fut établie à Beauzac en Velay, l'autre à Iguerande en Bourgogne, la troisième, qui a toujours représenté la branche aînée, subsiste dans le lieu de Grandrif. Elle a eu sous François Ier, un maître d'hôtel de la maison de la reine ; sous Henri III, un gentilhomme ordinaire de la chambre qui eut commission de lever et de commander une compagnie de cent hommes en date du 29e janvier 1586 ; autre commission de lever et commander une compagnie de cent hommes dans le régiment du marquis d'Halincourt, signée Louis XIII, en date du seize décembre. En 1591, le duc de Genévois et de Nemours, pair de France, donna commission à un du Pastural de commander une troupe dans le Velay. En 1614, Marie de Médicis écrivit une lettre à Blaise du Pastural, capitaine d'une compagnie de cent hommes au régiment de Nérestang, pour lui marquer le bon gré du zèle qu'il avait pour le service du roi son fils. Cette branche, par différents degrés, a eu, en 1502, Antoine du Pastural marié avec Jeanne d'Aureilhe de Colombine, dont il eut Claude du Pastural marié avec Antoinette de Rochefort en 1551, dont il eut deux fils, Guillaume et Louis. Celui-ci fut marié en 1589 avec Gilberte Papon de Beauvoir, qui le fit père de Claude du Pastural, lequel fut marié en 1620 avec Catherine de Chavagnac dont il eut Antoine du Pastural, sr de La Presle, marié en 1648, qui eut pour fils Claude du Pastural, marié avec Antoinette de Moureau du Bourg, duquel mariage est venu Gabriel du Pastural avec demoiselle de Granet dont est issu Pierre du Pastural, tige de la branche aînée qui subsiste au château de Grandrif.

Guillaume du Pastural a fait la branche des du Pastural, sr du Peschier, éteinte depuis peu, ainsi que celles qui étaient établies dans le Velay et dans la Bourgogne.

Cette maison, par plusieurs alliances, depuis 1300 et en 1400, avec la maison de La Roue, porte dans ses armes *de gueules à la roue à huit rais d'argent, au cerf couronné et deux lions rampants.*

XIV

Maisons nobles

QUI NE SONT POINT DE LA PROVINCE ET DONT LES SEIGNEURS Y FONT LEUR RÉSIDENCE

MAISON D'ESTAING

Cette maison est une des plus illustres du royaume par son ancienneté, par ses alliances et par les prérogatives qu'elle a d'avoir les mêmes armes et les mêmes livrées que nos rois. On commence à la connaître dès le règne de Charles le Simple. Aymard, s^r d'Estaing, vivait en 970. De lui vint, par plusieurs degrés, Jean III, vicomte d'Estaing, chevalier de l'ordre du roi, qui épousa, en 1584, Gilberte de La Rochefoucauld, fille de François de La Rochefoucauld, s^r de Ravel, et d'Éléonore de Vienne, dont il eut François II, vicomte d'Estaing, qui a continué la branche aînée, et Jacques d'Estaing, s^r d'Ennezat, d'Entraigues, de Nébouzat, de Neschers, de Plauzat et de La Terrisse, qui prit alliance avec Catherine du Bourg, dame de Saillans, fille de Louis du Bourg et de Jeanne de Lastic, de laquelle il laissa Jean d'Estaing, tige de la branche d'Estaing-Ravel, marquis de Saillans, s^r de Neschers, de Nébouzat et de Cheylade, lieutenant-général des armées du roi, qui fut marié avec Claude-Marie de Comboursier, dame du Terrail et de Ravel, fille de Jean de Comboursier, s^r du Terrail et de Ravel, lieutenant du roi en la basse Auvergne et lieutenant-général de ses armées, et d'Hilaire Diane de Montmorin. Il en a eu Gaspard d'Estaing, marquis de Saillans, qui a eu de Philiberthe de la Tour-Saint-Vidal, Charles-François d'Estaing.

MAISON D'ESTAING-MUROLS

François II, vicomte d'Estaing, baron de Murols, l'aîné de Jacques d'Estaing, s' d'Ennezat, se maria avec Marie de Bussy, fille de Joachim de Bussy, s' d'Erie et de Brians, et de Françoise de Saux-Tavannes, dont il eut Joachim, vicomte d'Estaing, baron de Murols, qui laissa de sa première femme Claude-Catherine Legoust de La Berchère, François, vicomte d'Estaing, lieutenant-général des armées du roi et chevalier de ses ordres, qui s'est allié avec Marie de Nettancourt de Haussonville, fille de Nicolas de Nettancourt, comte de Vaubecour, et de Claire Guillaume, sa seconde femme, fille de Pierre Guillaume, vicomte de Chalons, et de Claire Lepagnal, de laquelle il a plusieurs enfants.

Estaing, selon quelques auteurs, portait *écartelé au 1 et 4 d'argent, au 2 et 3 d'argent à trois croix de gueules en pal.*

Cette maison porte, depuis Philippe-Auguste, *de France, brisé seulement d'un chef d'or.*

MAISON D'AUBUSSON-BANSON

Cette illustre maison tire son origine des anciens vicomtes d'Aubusson. Nous ne parlerons que de la branche d'Aubusson établie en Auvergne. Guillaume d'Aubusson, s' de La Borne, qui vivait en 1278 et qui descendait de Guy I, vicomte d'Aubusson, fut père de Guillaume d'Aubusson, s' de Poux et de Banjeux, en la Marche, qui vivait en 1350. Celui-ci fut bisaïeul de Guillaume d'Aubusson, s' de Banson, dit Carados. Il fut institué héritier d'Erard, s' de Banson, à condition de porter le nom et les armes de Banson. Il épousa en 1428 Gabrielle du Puy. Il en eut Louis d'Aubusson, s' de Banson, échanson du roi Louis XI, qui fut marié en 1505 avec Dauphine d'Estaing. Il fut père de Jacques d'Aubusson, s' de Banson, qui fut envoyé en ambassade vers les princes d'Allemagne, par le roi Henri II. Il avait épousé Catherine de

Langeac, fille d'Alyre, s' de Dallet, et de Catherine de Chazeron, dont il eut Gilbert d'Aubusson, s' de Banson, marié avec Jeanne de Rivoire, fille de Pierre, s' du Palais, et d'Antoinette de La Fayette. Il laissa Louis d'Aubusson, s' de Banson, qui épousa Marie Baude, qui le fit père de François d'Aubusson, s' de Banson, de François, s' de Poux, et de Jean, s' de Servière, tous les deux mariés. François d'Aubusson, l'aîné, s' de Banson, épousa, en 1646, Gabrielle d'Aureilhe-Colombine dont il laissa plusieurs enfants.

La maison d'Aubusson porte *d'or à la croix ancrée de gueules*. Après le don d'Erard, s' de Banson, la maison d'Aubusson-Banson porta *d'azur au bois de cerf d'or qui est Banson, et à la croix ancrée de même posée entre les branches du bois de cerf*. Dans la suite, pour mieux conserver l'origine de la maison d'Aubusson, cette branche a porté *écartelé au 1 et 4 d'Aubusson et au 2 et 3 de Banson*.

MAISON DE BLOT

La terre de Blot, qui n'est pas loin de la rivière de Sioule, a donné le nom à cette maison qui était bien illustre, puisqu'elle faisait une branche des anciens sires de Bourbon.

Archambaud V, s' de Bourbon, de Montaigut et de Blot, laissa d'une dame appelée Luque, deux enfants mâles, Archambaud VI, s' de Bourbon, qui continua la branche directe, et Aymond, s' de Blot, surnommé Vairevache, qui fit la branche des seigneurs de Blot. Il fut marié avec Adélaïde de Tonnerre, dont il eut Pierre, s' de Blot, qui eut de grands différends avec Archambaud VII, s' de Bourbon, pour la terre de Montaigut lès Combraille, qui furent terminés par la médiation du roi d'Angleterre, Henri II; ce fut en présence des plus grands seigneurs du royaume. C'était en 1169. Parmi les seigneurs qui s'y trouvèrent de la part d'Archambaud, on trouve un Jourdain d'Escorailles et un Hugues, s' de Montmorin. De ce Pierre vint par divers degrés Jean Ier, s' de Blot et de Montespedon, qui accompagna le roi Charles VI au voyage de Flandres, en 1388, avec trois chevaliers et dix-huit écuyers. Il fut père de Jean II, s' de Blot et de Montespedon, qui prit alliance avec Dauphine de Bonnebaud, fille de Jean, s' de Bonnebaud, et d'Isabeau de Montmorin. Il eut d'elle Robert, s' de Blot et de Montespedon, qui épousa Catherine de Chastel de Montagnes, fille d'Erard de Chastel de Montagnes et de Catherine de Chauvigny dont il eut Jean de Chauvigny, s' de Blot, de Montespedon, de Saint-Agoulin et de Bonnebaud, marié avec Catherine de La Fayette. De ce mariage descendit par plusieurs degrés Gilbert de Chauvigny, s' de Blot et de Montespedon, qui épousa Diane de Brugier, fille de Gilbert de Brugier, s' du Rochain, et de Marguerite de Belvezé-Jonchères, dont il eut Amable de Chauvigny, s' de Blot et de Montespedon.

MAISON DE LA ROCHEFOUCAULD-LANGEAC

La branche de La Rochefoucauld établie en Auvergne descend d'Antoine de La Rochefoucauld, s' de Barbezieux, général des galères de France. De lui vint par quelques degrés Jacques de La Rochefoucauld, s' de Chaumont-sur-Loire, qui épousa en 1586 Françoise de Langeac, fille et héritière de Jean de Langeac, s' de Langeac, et de Marie de Chabannes; elle fit donation de cette terre à son mari, le 5 mai 1609. Il eut trois enfants qui firent trois branches particulières : Louis-Antoine, Charles-Ignace et Henry ;

Louis-Antoine de La Rochefoucauld, s' de Chaumont, de Langeac et de Saint-Ilpize, qui épousa, en 1611, Louise de La Guiche, dont il eut plusieurs enfants. L'aîné fut Jean de La Rochefoucauld, marquis de Langeac, qui a laissé de Françoise-Marie d'Urfé, fille d'Emmanuel, marquis d'Urfé, et de Marguerite d'Alègre, Jean-Antoine, marquis de Langeac;

Charles-Ignace de La Rochefoucauld, quatrième fils de Jacques, s' de Chaumont, et de Françoise, dame de Langeac, fut s' de Domeyrat, et épousa, en 1624, Claude Guillemine du Clusel, fille de Louis du Clusel et d'Alix de Rosille, dame de

Lorac, de laquelle il eut Louis de La Rochefoucauld, comte de Lorac, marié avec Catherine de Serpens, fille de Claude, comte de Gondras, et d'Antoinette de Rochebaron, de laquelle il a laissé Charles-Ignace de La Rochefoucauld, marquis de Rochebaron, qui prit alliance avec N. d'Escoubleau, fille de N. d'Escoubleau, sr de Sury-en-Forez, et de N. de Cremeaux d'Entraigues dont il a eu...

Henry de La Rochefoucauld, baron d'Arlet, septième fils de Jacques de La Rochfoucauld, fut marié avec Clauda-Françoise de Polignac, fille de François, sr d'Auzon, et d'Anne de Chazeron, de laquelle il laissa François de La Rochefoucauld, comte de Coussage, marié avec Louise de Saint-Martial, fille d'Hercule, comte de Drugeac, dont il a eu Henry, Louis et Anna de La Rochefoucauld.

La Rochefoucauld-Langeac porte *écartelé au 1 d'argent et d'azur de dix pièces à trois chevrons de gueules, celui du chef brisé,* qui est de La Rochefoucauld, *au 2 de sinople au sautoir d'or*, qui est de La Guiche, *au 3 de Langeac, au 4 de gueules à la fasce d'argent,* qui est de Lastic.

MAISON D'ESCARS

Cette maison, qui est du Limousin, est une des plus illustres de France par sa noblesse, par ses alliances et par les grands hommes qui en sont sortis. La branche d'Auvergne descend de François d'Escars, chevalier, baron de Merville, capitaine de cinquante hommes d'armes, sénéchal de Guyenne et gouverneur du château du Hâ, à Bordeaux, qui épousa Rose de Montal, dame de La Roquebrou, fille de Gilles de Montal, chevalier de l'ordre du roi, baron de La Roquebrou et de Carbonnières, et de Catherine d'Ornesan. De leur mariage vint Jacques d'Escars-Montal, marquis de Montal et de Merville, sr de Carbonnières-Istrac et autres places, qui fut marié en 1620 avec Madeleine de Bourbon, fille d'Henry de Bourbon II du nom, marquis de Malause, et de Madeleine de Châlon, dame de La Case, dont il eut Charles d'Escars-

Montal, chevalier, marquis de Montal et de La Roquebrou, baron de Merville, Carbonnières, Istrac et autres places, qui épousa Françoise Bruneau, dame de La Rabastelière.

Escars-Montal porte *écartelé au 1 et 4 de France au bâton de gueules péri en bande* qui est Bourbon-Malause ; *au 2 et 3 d'azur à trois coquilles d'argent, 2 et 1 au chef d'or* qui est Montal ; *sur le tout de gueules au pal de vair* qui est d'Escars. Les supports sont deux sauvages.

MAISON DE BOURBON-BUSSET

Pierre de Bourbon, bâtard de Liège, s^r de Busset, était fils de Louis de Bourbon, évêque de Liège, et de Catherine de Gueldres, à ce que l'on prétend. Il épousa Marguerite d'Alègre, dame de Busset, fille aînée de Bertrand d'Alègre, s^r de Busset, et d'Isabelle de Lévis-Cousan, dont il eut Philippe de Bourbon, s^r de Busset, qui prit alliance avec Louise Borgia, dame de La Motte-Fucilly, fille unique de César Borgia, duc de Valentinois, et de Charlotte d'Albret, de laquelle il laissa Claude de Bourbon I, comte de Busset et gouverneur du Limousin, marié en 1554 avec Marguerite de La Rochefoucauld, fille d'Antoine de La Rochefoucauld, baron de Barbezieux, et d'Antoinette d'Amboise. De ce mariage vint César de Bourbon, comte de Busset, baron de Chaslus. Il fut marié deux fois. La première en 1584 avec Marguerite de Pontac. La deuxième avec Louise de Montmorillon, fille unique de Saladin de Montmorillon et d'Anne de L'Hospital-Sainte-Mesme, de laquelle il laissa Jean-Louis, comte de Busset, baron de Chaslus, qui fut marié en 1639 avec Hélène de La Queilhe, fille de Jean de La Queilhe, s^r de Fleurat, et de Simone de Saix. Il en eut Louis de Bourbon, comte de Busset, lieutenant général de l'artillerie, qui épousa, en 1672, Madeleine de Bermondet, fille de Georges de Bermondet, comte d'Oradour, et de Françoise Gamier. Il fut tué, en 1677, au siège de Fribourg, ayant laissé...

Cette maison porte *de France à la bande en devise de gueules*, *au chef d'argent chargé d'une croix potencée d'or, accompagnée de quatre croisettes de même* qui est de Jérusalem.

MAISON DE CAISSAC-SÉDAGE

C'est une ancienne maison sortie du Limousin. Raymond de Caissac, s^r de Sédage, fut marié, en 1479, avec Marguerite de Rosières, dont il eut Nicolas de Caissac, s^r de Sédage, qui épousa en 1561, Louise Delair, dont il laissa plusieurs enfants. L'aîné fut François de Caissac, s^r de Sédage, chevalier de l'ordre du roi, et gentilhomme de sa chambre. Il fut marié deux fois. La première avec Jeanne de Robert Lignerac, fille d'Etienne Robert de Lignerac et de Gabrielle de Lévis. La deuxième avec Hélène de Monthon-Saint-Vansac. Il eut plusieurs enfants de la première. L'aîné, Louis de Caissac, mourut sans lignée. Le second fut Alexandre de Caissac, s^r de Sédage, gentilhomme ordinaire de la chambre du roi. Il fut marié, en 1614, avec Sibille de Glandières, fille du s^r de Glandières, et d'Hélène de Monthon-Saint-Vansac, seconde femme de son père. Il en eut Etienne de Caissac, s^r de Sédage.

Cette maison porte *d'argent au chevron d'azur, deux étoiles d'azur au-dessus, et un lion de sinople au-dessous, lampassé de gueules.*

MAISON DE BONLIEU-MONTPENTIER

Cette maison est noble depuis Philippe de Valois, qui commença à régner en 1328. Elle tire son origine du Vivarais. Le premier que l'on connaît est Albert de Bonlieu Ier. Le roi Philippe de Valois lui accorda, en 1344, des lettres de noblesse à cause de son grand mérite et des services importants qu'il avait rendus aux armées du roi. Il était fils d'un autre Albert, habitant d'Annonay, Il fut marié avec Agnès de Vorey, dont il eut Jean de Bonlieu, s^r de Jarnieu, qui épousa **Béatrix** de La Gorse en 1377, de laquelle il laissa Albert de

Bonlieu II, qui eut, de Marie de Gleteins, Albert de Bonlieu III, s* de Jarnieu, marié avec Marguerite du Lac, qui le rendit père de Merand de Bonlieu, bailli et capitaine de la baronie d'Annonay, qui laissa, de Jeanne Pelète, Flory de Bonlieu, s* de Jarnieu, qui eut, de Claude de Peloux, Christophe de Bonlieu, s* de Jarnieu, qui épousa, en 1594 Louise de Montmorin, dame du Breuil, qui fut père de Nicolas-François de Bonlieu, s* de Jarnieu, et de Montpenter, marié, en 1624, avec Claude de Goyon, fille de Charles de Goyon, chevalier de l'ordre du roi et gentilhomme ordinaire de sa chambre, et d'Hélène de Polnier, dont il eut Charles-Louis de Bonlieu, s* de Montpentier, de St-Bonnet, de Novacelles, d'Issandolanges et du Breuil, qui prit alliance avec Marie de Beaufort-Montboissier-Canillac, en 1653, fille de François de Beaufort-Montboissier-Canillac, s* des Martres-de-Veyre, de Monton et de Chadieu, et de Marie de Peloux. De ce mariage...

Cette maison porte *d'azur losangé et échiqueté d'or.*

MAISON DE RIVOIRE

C'est une ancienne maison du Dauphiné. Jean de Rivoire, s* de Gerbais et de Brassole, en Dauphiné, qui vivait en 1370, laissa, d'Aigline de Gerbais, Berlion de Rivoire, père de Pierre de Rivoire, marié en 1398 à Bonne de Groslée, de laquelle il eut Jacques de Rivoire, s* de Romagneu et de La Bastie-Montgascon, qui laissa, de Jeanne de Blaterin, Pierre de Rivoire, s* de Romagneu, qui continua la branche directe en Dauphiné, et Imbaud de Rivoire, s* de La Bastie-Montgascon, tige de la branche d'Auvergne et de Forez. Le roi François Ier lui donna La Bastie en reconnaissance des services qu'il rendit dans le Milanais, contre l'empereur Maximilien Ier. Il épousa, en 1496, Jeanne de Chavelard, dame du Palais et de Chavelard, dont il eut Baltazard de Rivoire, s* du Palais et de La Bastie, et Charlotte de Rivoire, mariée à Antoine III, s* de La Barge. Baltazard eut, de Gabrielle de La Barge, sœur d'Antoine, mari de sa sœur, Gilbert Rivoire, marquis du Palais, s* d'Orcet, bailli de Monferrand, marié en 1620 à Gilberte de Beaufort-Montboissier, fille d'Henry de Beaufort-Montboissier, s⁰ de Pont-du-Château, et de Péronelle de Cebazat. De ce mariage vint Henry de Rivoire, marquis du Palais, s⁰ de Boën en Forez et baron d'Orcet, en Auvergne, bailli de Montferrand, qui épousa Françoise de La Tour-Murat, fille de René de La Tour et de Marguerite de Murat.

Rivoire porte *fascé d'argent et de gueules à la bande d'azur chargée de trois fleurs de lis d'or brochant sur le tout.*

MAISON DE SAINT-GERMAIN-APCHON

Cette maison qui est du Bourbonnais, où est située la terre de St-Germain-des-Fossés, est ancienne. Elle possède la terre d'Apchon, que Louise Comptor d'Apchon apporta à Artaud de Saint-Germain, en se mariant avec lui. Il descendait de Chatard Iᵉʳ de Saint-Germain et d'Alix de La Mothe-St-Jean, qui vivaient tous les deux en 1291. De ce Chatard Iᵉʳ de Saint-Germain vint par quelques degrés Chatard IV de Saint-Germain, qui fut père d'Artaud de Saint-Germain, mari de Louise d'Apchon, fille de Louis Comptor, sʳ d'Apchon, et de Smaragde d'Estaing. Elle devint dame d'Apchon par le testament de son père, Louis d'Apchon, par lequel il donnait à Guillaume et à Jean d'Apchon, ses fils, la terre d'Apchon, et substituait, s'ils venaient à mourir sans enfants mâles, le second de sa fille Louise à cette terre, à condition qu'il porterait le nom et les armes d'Apchon pleines et pures avec le cri et le timbre de sa maison. Du mariage de Louise d'Apchon et d'Artaud de Saint-Germain vinrent plusieurs enfants.

Artaud, sʳ de Saint-Germain, fut l'aîné, qui laissa, de Marie Vert, Michel Artaud, sʳ de Saint-Germain, qui eut, de Marguerite de Lavieu, Aimé Artaud, sʳ d'Apchon, qui épousa Marguerite d'Albon, sœur du maréchal de Saint-André.

Louis de Saint-Germain, fils puîné de Louise d'Apchon et d'Artaud de Saint-Germain, se saisit d'Apchon pour en jouir aux conditions du testament de son aïeul maternel. Il eut des procès à soutenir et mourut en les poursuivant sans laisser d'enfants mâles. Louis laissa la succession d'Apchon à son frère Jean de Saint-Germain, baron d'Apchon, chanoine, comte de Lyon, qui adopta son neveu Aimé Artaud, baron d'Apchon, qui, n'ayant point eu d'enfants de Françoise de Lapeyrouse-Escars, institua son héritier Aimé Artaud de Saint-Germain, fils de Michel Artaud de Saint-Germain, son frère, et de Marguerite de Lavieu. Aimé Artaud II fut par là baron d'Apchon. Il fut chevalier de l'ordre du roi, gentilhomme ordinaire de sa chambre. Il épousa, en 1519, Marguerite d'Albon, fille de Jean d'Albon, s^r de Saint-André, et de Charlotte de La Roche, dame de Tournouelle. Ce fut en faveur de ce mariage qu'Aimé Artaud, Ier du nom, l'institua son héritier. Il laissa plusieurs enfants, l'aîné de tous fut Gabriel, baron d'Apchon. Il prit alliance avec Françoise de La Jaille, de laquelle il eut deux enfants mâles. Charles, baron d'Apchon, qui ne laissa qu'une fille de Louise Chastillon-Argenton, la baronnie d'Apchon vint à son frère Jacques, baron d'Apchon, qui n'eut que deux filles de Sidonie de Vendomois.

Antoine d'Apchon, fils d'Aimé Artaud et de Marguerite d'Albon, continua la branche directe. Il avait encore un frère, Jacques d'Apchon, s^r de Saint-Germain, chevalier de l'ordre du roi, chambellan de François de France, duc d'Alençon. Il fut marié deux fois, la première avec Catherine Séguier, s^r de Verrières (sic), la deuxième avec Claudine de La Fin. Il eut du premier lit Claude d'Apchon, s^r de Saint-Germain, qui épousa Philiberte de Saint-Aubin, qui le rendit père de Jacques d'Apchon, marié avec Marie d'Andelot. Il avait un frère puîné, Henry d'Apchon, s^r de Saint-André, qui épousa Marie Stuart, de laquelle il laissa Jacques d'Apchon, s^r de Saint-André, qui fut allié avec Eléonore Saulx, fille de Jean de Saulx, vicomte de Lugny, et de Catherine Chabot, dame de Lugny, dont il eut Claude d'Apchon, s^r de Saint-André, qui épousa Béatrix de Groslié. Il en eut Philiberte d'Apchon, dame de Saint-André, qui fut mariée, en 1644, avec Jacques Artaud, baron d'Apchon, son cousin ; Antoine d'Apchon, chevalier de l'ordre du roi, gentilhomme de M. le duc d'Anjou, s^r de Cézerac et de Chanteloube. Il prit le métier de la guerre dans un âge assez avancé. Il avait été prévôt de Saint-Jean de Lyon. Sa mère, Marguerite d'Albon, l'institua son héritier en 1571. Il épousa en 1596 (?) Christine d'Abin, dont il eut Jean d'Apchon, s^r de Cézerac, gouverneur de Cusset. Il fut marié, en 1602, avec Jeanne de Saint-Paul, fille unique de Louis de Saint-Paul et de Marguerite Hérail de Pierrefort La Roüe, de laquelle il eut deux enfants mâles, Claude et Jacques d'Apchon. Claude, baron d'Apchon. Il eut la terre d'Apchon par un arrêt du Parlement de Paris de l'année 1616, qui déclara que la substitution d'Aimé Artaud et de Marguerite d'Albon était ouverte en faveur de Claude qui, n'ayant pas eu d'enfants, laissa la baronnie d'Apchon à son frère Jacques Artaud, baron d'Apchon, de Vaulmières, de Saint-Vincent, de Falgoux et de Cézerac. Il épousa, en 1644, sa cousine Philiberte d'Apchon. De ce mariage vint Claude, baron d'Apchon, marié avec Françoise Blée, dont il n'a eu que des filles, l'aînée...

MAISON DE FORGET

La maison de Forget est originaire de Touraine. Le plus ancien que nous connaissions du nom de Forget est Jean Forget, écuyer, s^r de Lavarre, qui eut deux fils, Jean et Pierre Forget. Jean est la tige de la branche de Touraine, établie à Paris, qui a donné Jean Forget, baron de Maflée, président à mortier au Parlement de Paris en 1599. Pierre est la tige de la branche qui est en Auvergne. Ayant accompagné son père dans le voyage de la Terre Sainte, il passa à son retour en Auvergne et s'y maria. Il fut père de Jean Forget, procureur du roi, à Riom, qui épousa Jeanne Godivel dont il eut Antoine Forget, secrétaire de la duchesse de Lorraine et trésorier à l'extraordinaire des guerres. C'est de lui que sont issus les Messieurs Forget, de Riom. Il laissa de Suzanne de Millet, Paul Forget, s^r de Gourdon, conseiller au Présidial de

Riom, qui prit alliance avec Catherine Enjobert, fille de Gaspard Enjobert et de Françoise de Terraules. Il en eut Antoine Forget, s' de Gourdon, conseiller au Présidial de Riom, qui de Claude du Bois laissa Paul Forget II, s' de Gourdon.

Les armes des Forget de Paris et d'Auvergne sont *d'azur à un chevron d'or accompagné de trois coquilles d'or 2 et 1*.

MAISON DE STRADA

Cette maison, qui est établie en Auvergne, est originaire de Prague, capitale de la Bohême. Nous connaissons Octavio Strada, seigneur de Rosberg, garde des médailles et des antiques de l'empereur Rodolphe II, qui l'anoblit. Il avait épousé Ottilia de Rosberg, dont il eut Jacques de Strada, s' de Cournon, qui trouva l'art de faire écouler les eaux du lac de Sarliève en 1629, et le roi Louis XIII lui en accorda la propriété et un dédommagement aux seigneurs voisins du Cendre, de Pérignat, d'Aubière, de Cournon, et aux Messieurs de la Sainte-Chapelle de Riom qui y avaient droit de pêche.

La maison de Strada porte *parti au 1 fascé de sable, d'argent et de gueules, au 2 bandé de sable et de gueules de six pièces, au chef d'or chargé d'un aigle éployé de sable*.

MAISON D'ARAQUY

La maison d'Araquy est originaire du Quercy. Il paraît par des hommages rendus au vicomte de Turenne, par Bertrand d'Araquy en 1469, et par Pierre d'Araquy en 1444, que ces seigneurs prenaient alors la qualité d'écuyers. On voit même par une transaction passée entre le vicomte de Turenne et Bertrand d'Araquy, du VIII des Ides de Juillet 1278, qu'ils prenaient la qualité de damoiseau, *domicellus*. Hector d'Araquy, cadet de cette maison, s'est établi en Auvergne.

Leurs armes sont de *sinople au lion d'or à la bordure de même*.

MAISON D'AYROLLES

Cette maison tire sa noblesse de Bérengon d'Ayrolles, qui fut fait premier échevin de la ville de Bourges en 1577 et fut continué en 1578. Il le fut encore en 1587 et continué en 1588. La place d'échevin de la ville de Bourges donne la noblesse à ceux qui sont revêtus de cette charge. Noble Bérengon d'Ayrolles était maître des requêtes de la reine Marguerite. Cela paraît dans son testament de l'an 1608. Pierre Bérengon d'Ayrolles fut pourvu, en 1622, de l'office de lieutenant-général civil et criminel, garde des sceaux et juge d'apeaux de la ville et baronnie de Calvinet.

Cette maison porte *écartelé au 1 et 4 d'azur, au 2 de sable à l'aigle d'or, au 3 d'or à une tige de laurier de sinople.*

MAISON DE CHANDIEU

C'est une ancienne maison venue de Dauphiné, qui a de grandes alliances. Dans un contrat de mariage de l'an 1633, Jean de Chandieu y est traité de haut et puissant seigneur, Messire Jean de Chandieu. Antoine de Chandieu, sr d'Appany, qui vivait en 1666, était fils d'Isaac de Chandieu, puîné de cette maison, qui avait pour aîné Jacques de Chandieu dont les descendants font leur demeure dans le château de Paule en Beaujolais.

Cette maison porte *de gueules au lion d'or armé et lampassé de sable.*

TABLE DES MATIÈRES

	Pages
Projet de l'Histoire d'Auvergne...	1
Histoire d'Auvergne.	
I. Description de l'Auvergne...	127
II. Merveilles naturelles de l'Auvergne...	147
III. Antiquité...	180
IV. L'éducation des enfants et les études...	187
V. Nourriture...	201
VI. Richesse et commerce...	207
VII. Moyens d'augmenter et de faciliter le commerce en Auvergne.	224
VIII. Religion...	244
IX. Religion chrétienne...	254
X. Lois...	277
XI. Gouvernement...	289
Comtes bénéficiaires d'Auvergne...	309
Comtes héréditaires d'Auvergne...	315
Connétables d'Auvergne...	324
Baillis généraux d'Auvergne...	326
Gouverneurs d'Auvergne...	328
Lieutenants au gouvernement d'Auvergne...	350
Lieutenants de roi en la Basse-Auvergne...	352
Lieutenants de roi en la Haute-Auvergne...	357
XII. Noblesse...	360
XIII. Maisons illustres de l'Auvergne du ıxe au xviiie siècle...	370
XIV. Maisons nobles qui ne sont point de la province et dont les seigneurs y font leur résidence...	488

TABLE ALPHABÉTIQUE

Les noms de choses sont en PETITES CAPITALES ; les noms de lieux en *italiques* ; les noms de personnes en romain.

A

Abbon, 302.
Abin (Catherine d'), 498.
Abraham (saint), 21, 259, 309, 365.
ABRICOTS, 212.
Acfred Ier, comte, 31, 32, 299, 313, 315.
Acfred II, comte, 32, 299.
Acfred, comte de Bourges ou de Razès, 313, 314, 315, 316.
Acham, 437.
Achelme, 285.
Achéry (Dom Luc d'), 288.
Acydinus, 281.
Adam, clerc, 59.
Adam, prêtre, 42.
Adebert, év., 29.
Adélaïde, 34.
Adélaïs, imp., 34.
Adélard, év., 31, 32.
Adelelme (saint), 261.
Adelinde, comt. d'Auv., 31, 32, 313, 314, 315, 316.
Adelphe, ab. de Manglieu, 27.
Adeltrude, 373.
Adémar, doyen, 44.
Adrevald, moine, 284.
Adrien, 13, 273, 295, 296.
Adrien IV, pape, 52.
Æneas Silvius, *voir* Pie II.

Agde, 298.
Agésianax, 185.
Agésipe, 299, 309, 366.
Agilmare, év., 30.
Agrèce (Maison des), 363.
Agrèce, sénateur, 363.
Agrèce (saint), archev. de Sens, 275, 363.
Agricola, 19.
Agricola (Georges), de Misnie, 161.
Agricole (saint), 38.
Ahenobarbus, *voir* Domicius.
Aigrefeuille (Pierre d'), év., 120.
Aigueperse, 7, 130, 178, 210, 252, 256, 257, 270, 271, 286, 320.
Ailly (Cantal), 172.
Aimoin, 137, 303.
Aimard (Anne), 467.
— Armand, 467.
Aire, 281.
Aix-la-Chapelle, 28, 259, 260.
Alagnat, 8, 409.
Alagnat, *voir* Roussel.
Alagnon (l'), 31, 134, 143, 146, 219, 238.
Alamodie, ép. de Pierre de Melgueil, 316.
Alaric, 3, 281, 282, 309.
Albi, 297.
Albiac (Anne d'), 440.
Albigeois, 274, 303.

Albinus, 15.
Albion, 248.
Albon, 336.
Albon (Guigue IV, comte d'), 317.
Albon-Saint André (d') Anne, 400.
— Catherine, 453.
— Gilbert-Antoine, 453.
— Guichard, 336.
— Jacques, maréch. de Fr., 336, 357.
— Jean, 336, 419.
— Marguerite, 352, 496.
Albret (Charlotte d'), 493.
Alcime, 20.
Alcime Avite, 21, 193, 197, 276, 363.
Aleaume (Nicolas), 472.
Alègre ou *Allègre*, 7, 132, 145, 286.
Alègre (Maison d'), 330.
Alègre (d') Anne, 414, 458.
— Anne, ép. d'Ant. du Prat, 444.
— Bertrand, 493.
— Christophe II, 408.
— Marguerite, 491.
— Marguerite, dame de Busset, 493.
— Marie, 385.
— Marie, ép. de Cl. de La Fayette, 386.
— Yves, 339, 420.
Alexandre II, pape, 38.
Alexandre III, pape, 49. 52, 54, 56.
Alexandre IV, pape, 266.
Alexandre VII, pape, 272.
Alexandre *alias* de Rouzat (Maison d'), 481.
Alexandre Sévère, 15, 16, 295, 296.
Algarde, 33.
Aligret (Marie), 429.
Alise, 192, 248, 279, 294.
Alix ou Alasie, 69.
Allanche, 8, 129, 131, 132, 145, 215, 220.
Allanche (Antoinette d'), 402.
Allemagne (Gaillarde d'), 428.
Allez (Marie d'), 444.
Allier (l'), 14, 75, 134, 135, 136, 137, 141, 142, 143, 164, 165, 210, 212, 218, 219, 230, 232, 233, 238, 241, 242, 245, 318.

Allmer, 247, 248, 250, 253.
Ally (Haute-Loire), 394.
Allyre (saint), 17, 33, 101, 102, 128, 137, 361, 391.
Aloys (Alleuse), 86.
Aloyza, voir *Aloys*.
Alvier de la Fressange (Claude), 467.
Amable (Maison de saint), 363.
Amable (saint), 18, 49, 363.
Amanzé (d') Louis, 394.
— Marie-Joseph, 394.
Amaulry, 309.
Amaury, patr. de Jérusalem, 57.
Ambert, 7, 129, 131, 136, 145, 217, 218, 219, 220, 222, 228, 236, 270, 271, 286, 318, 377, 407, 422.
Amboise (d') Anne, 400.
— Antoinette, 493.
— Catherine, 421.
— Emeric, grand maître, 267.
— Guy, sʳ de Ravel, 420.
— Jacques, év., 122.
— Pierre, 400.
Ameil, év. d'Embrun, card., 121.
Améthystes, 153.
Amiens, 26, 343, 353.
Amiot, ingénieur, 219.
Ammien-Marcellin, 181, 184, 185, 296.
Amoncourt (Philiberte d'), 445.
Ancezune (Anne d'), 404.
Ancre (le maréchal d'), 342.
Andarchius, 190, 282.
Andelot (Marie d'), 497.
Andelot, *voir* Coligny.
André (Pierre), év., 120.
Andros, île, 159.
Anduse (Marguerite d'), 427.
Angeton (d') Anne, 451.
— Louis, 451.
Anglard, forêt, 146.
Anglarensis (Angelus), 196.
Anglars (d') Françoise, 458.
— Jeanne, 462.
— Marguerite, 463.
Anglars-Bassignac (Maison d'), 475.
Angoulême (Souveraine d'), 406.

Anien, 281.
Anile, mon., 368.
Anjo, 407.
Anjony, 471.
Anjony (Maison d'), 430.
Anjou (d') Charles, roi, 87.
— Jean, 445.
— Magdeleine, 445.
Anne, fille d'Eustache, 66.
Annebaut (Claude d'), amiral, 336.
Annecy, 338, 340.
Annibal, 2, 9, 186.
Annonay, 113, 494, 495.
Anteroche, 402, 484.
Anthemius, 19, 298.
Anthonis (Magdeleine d'), 418.
ANTIMOINE, 150.
Antoing ou Antoingt, 26, 305.
Antonin, 15, 280.
Antonin (saint), 255.
Antonins, voir Saint-Antoine, 117.
Anval, 417.
Anval-près-Vic-le-Comte, 441.
Anvers (Gérard d'), voir Auvergne (d'), 129.
Apcher ou Apchier (d'), 320.
— Anne, 434.
— Catherine, 420.
— Christophe, 408.
— Marguerite, 463.
Apchon, 8, 132, 389.
Apchon (Maison Comptour d'), 389.
— (Branche de Murols), 389, 416.
— (Branche d'Aubière), 389.
Apchon (d') Annette, 412, 413.
— Arnaud, 58.
— Françoise, 459.
— Guillaume, 496.
— Jean, 496.
— Louis, 496.
— Louise, 391, 496.
— Marguerite, 430.
Apchon-Saint-Germain (d') Antoine, sgr de Cézerac, 352.
— Artaud, 352, 390.
— Michel, 352.
Aper, 174, 181, 189.

Apollinaire, 20, 23, 189, 194, 299, 309, 363.
Apollinaire (famille), 76, 193, 249, 362, 375.
Apollinaire (saint), év. de Bourges, 275.
Apollinaire (saint), év. de Valence, 21, 276, 363.
Apollon, 244, 249, 252.
Appany, 500.
Apruncule, év. de Langres, 20.
Aragon, 87.
Aragon (d') Catherine, 334.
— Pedro, duc de Cardone, 355.
— Isabeau, 77.
— Isabelle, 391.
— Jacques, roi, 77.
Araquy (Maison d'), 499.
Arbois de Jubainville (d'), 250.
Arcade, 209.
Arconnas (Jérôme d'), 400.
Arcons (saint), 18.
Ardes, 8, 131, 132, 135, 145, 172, 211, 216, 255, 256, 271.
ArJier (Jacquette), 443.
Arfeuille, 444.
ARGENT, 119.
Argillières (Jeanne d'), 428.
Aribert, 25.
Arlanc, 7, 130, 131, 136, 199, 219, 270, 286, 318, 351, 426.
Arlanc (d') Guiguonne, 426.
— Pons, 426.
Arles, 193, 205, 284, 298, 302.
Arles (Berthe d'), 392.
Arlet, 492.
Armagnac (d') Bernard VII, 330.
— Bernard, comte de Pardiac, duc de Nemours, 330.
Armentaria, 366.
Arnaud, abbé de Saint-Allyre, 59.
— abbé de Saint-Pierre-le-Vif, 411.
Arnaud (Maison d'), 470.
Arnaud (Antoine), 198, 471.
Arnaud, év., 32.
Arnaud, grand-maître, 57.
Arnaud d'Andilly, 198, 471.

Arnoux (le P.), 272.
Arosberg, *voir* Rosberg.
Arsinde, 378.
Arson (Anne d'), 417.
Artasse (Jeanne d'), 440.
Artaud (Anne d'), 443.
Arthème (saint), 17.
Artière (l'), riv., 136.
Artonne, 18, 37, 169, 256, 257, 286, 321.
Ascalon, 67.
Asclepius, év., 28.
Ascoli (Jérôme d'), 92.
Ascovinde, 367.
Ascovinde (Maison d'), 367.
Asdrubal, 9.
Asendane, *voir* Ausende.
Asjurane, 423.
Assis (Léonore des), 482.
Astorg (Douce d'), 411, 414.
Astorgue (Anne d'), 480.
Athénée, 290.
Athenius, 205.
Attichy, 429.
Attila, 193.
Aubepierre, 157, 433.
Aubert (Etienne), *voir* Innocent VI.
Aubeterre, prieuré, 47, 262.
Aubichecourt (François d'), 425.
Aubière, 78, 136, 455, 456, 499.
Aubière (Gilberte d'), 460.
Aubijoux, 8, 132.
Aubusson (Creuse), 219.
Aubusson (Puy-de-Dôme), 7.
Aubusson (d'), 59.
— Anne, 413.
— Jacques, 437.
— Jeanne, 398.
— Jeanne, ép. de Guil. de Bosredon, 437.
— Pierre, grand-maître, 267, 268.
— Raynaud, 267.
Aubusson-Banson (Maison d'), 489.
Aubusson de la Feuillade (d') François II, 356.
— François, maréchal de France, 356.

Aubusson de la Feuillade (d'), Georges, 455.
— Georges, év., 356.
— Léon, 356.
Audigier (Jacques), 8, 125, 198.
Audigier (Pierre), 1, 120, 131, 144, 149, 150, 151, 157, 219, 244, 249, 252, 273, 283, 285, 295, 312, 315.
Audigier, 237.
Augerolles, 453.
Auguste, emp., 246, 294.
Auguste, lapidaire, 153.
Augustins, 263.
Augustonemetum, 10, 130, 133, 291.
Aulnat, 86, 89, 116.
Aulus Gellius, 280.
Aumont (d') Jean, maréch. de France, 377.
— Marie, 377.
Aurade, 375.
Aureilhe (Maison d'), 434, 435.
— (Branche de Colombines), 434.
— (Branche de Villeneuve), 435.
Aureilhe (d') Jeanne, 473.
— Peyronnelle, 443.
Aureilhe de Colombines (d') Gabrielle, 490.
— Jean, 396, 434.
— Jeanne, 487.
— Jeanne-Henriette, 396, 434.
Aurelle, *voir* Aureilhe.
Arènes (Jacqueline d'), 457.
Aurières, 78, 305, 318.
Aurillac, 8, 31, 73, 85, 105, 129, 130, 131, 133, 138, 150, 215, 216, 219, 220, 222, 224, 238, 256, 258, 261, 262, 270, 271, 272, 274, 286, 318, 327, 339, 357.
Aurillac (Maison d'), 373.
— (Seconde Maison d'), 374.
— (Id., branche d'Aurillac-Montal), 374.
— (Id., branche d'Aurillac-Montal-Laroquebrou), 374.
Aurillac (Guillaume d'), év., 99.
Auriouse (Huguette d'), 475.
Aurouse, 394.

Aurouse (d'), 58, 374, 394.
Ausende, ép. de Guy I, 316, 389, 397.
Ausone, 137, 144.
Auspicia, 190.
Aussendre, voir *Le Cendre*.
Austremoine (saint), 6, 9, 14, 17, 25, 29, 63, 128, 254, 255, 259, 273, 311, 361.
Auteroche (Catherine d'), 472.
Autezat, 392.
Authier de Sigau (Christophe d'), 273.
Autier-Villemontée (Maison d'), 423.
— (Branche de La Chassagne), 423, 424.
— (Branche de Lagrange), 423, 424.
— (Branche de Paris), 423, 424.
— (Branche de Vodable), 423, 424.
Autriche (d') Anne, 323, 356.
— Catherine, 354.
— Claire-Eugénie, 323.
— Marie-Thérèse, 359.
Autun, 114, 115, 185, 291.
Auvergnats (Maison royale des), 360.
Auxanius, 365.
Auxanius (Maison d'), 365.
Auvergne (Maison d'), 370.
— (seconde Maison d'), 370.
Auvergne (Astorg d'), 380, 397.
Auvergne (comtes d'), Bernard Ier, 31, 299, 313, 314.
— Bernard II, Plantevelue, 31, 313, 315.
— Guillaume le Pieux, 31, 32, 33, 66, 131, 260, 274, 299, 302, 313, 314, 316, 374.
— Guillaume II, 313, 314, 316.
— Guillaume III, le Jeune, 313.
— Guillaume III, Tête d'Etoupe, 33, 299, 315.
— Guillaume IV, 33, 35, 316.
— Guillaume V, 36, 316.
— Guillaume VI, 44, 300, 317.
— Guillaume VII, le Jeune, 47, 48, 55, 300, 302, 304, 305, 317, 318.
— Guillaume VIII, l'Ancien, 48, 49, 50, 59, 60, 300, 302, 303, 304, 305, 317, 318.

Auvergne (comtes d'), Guillaume IX, 318.
— Guillaume X, 76, 98, 120, 303, 306, 319, 325, 423.
— Guillaume XI, 319.
— Guillaume XII, 319, 320.
— Guy, 33, 302, 316.
— Guy II, 60, 61, 62, 71, 274, 287, 304, 305, 306, 308, 318, 325, 446.
— Jean Ier, 320, 328.
— Jean II, 320.
— Robert Ier, 35, 299, 302, 316.
— Robert II, 300, 302, 316.
— Robert III, 46, 71, 300, 317.
— Robert IV, 60, 303, 318, 446.
— Robert V, 76, 78, 97, 120, 421, 423.
— Robert VI, 80, 87, 97, 112, 421.
— Robert VII, 111, 112, 328.
Auvergne (Dauphins d'), 58, 71, 86, 110, 305.
— Beraud Ier, comte de Clermont, 378.
— Beraud II, le Grand, id., 378, 426.
— Beraud III, id , 328.
— Beraud II, sr de Saint-Ilpize, 420.
— Beraud III, id., 372, 420.
— Beraud IV, de Lespinasse, 420, 421.
Auvergne (Dauphin Ier d'), comte de Clermont, 55, 60, 62, 317.
— Guillaume Dauphin, 67, 86, 326.
— Robert Ier, 75, 78, 445.
— Robert II, 78.
— Robert III, 119, 378, 389, 394.
— Anne Dauphine, 303, 378.
— Blanche Dauphine, 420.
— Catherine Dauphine, 67.
— Isabeau Dauphine, 376.
— Mahaut Dauphine, 389.
Auvergne Hugues Dauphin, prév. de Brioude, 119.
— Pierre Dauphin, abbé d'Ebreuil, 421.
— Robert Dauphin, abbé de Saint-Germain-des-Prés, 421.

Auvergne (d') Gérard, chroniqueur, 261.
— Godefroy ou Geoffroy, 120.
— Guillaume, chan. de Lille, 76.
— Guillaume, év. de Paris, 73, 74, 99, 197.
— Guillaume, prév. de Brioude, 59.
— Guillaume, prév. de Clermont, 64.
— Guy, arch. de Vienne, 76.
— Guy, cardinal, 118, 119, 120, 121.
— Hugues, 306.
— Jeanne, comtesse, 320.
— Judith, 39.
— Mahaut, 390.
— Marie, 71.
— Pierre, troub., 63.
— Pierre, domin., 270.
— Robert, év. de Clermont et arch. de Lyon, 60, 61, 62, 63, 64, 65, 66, 67, 68, 71, 86, 107, 274, 304, 308, 319, 446.
Auvergne (vicomtes d'), Robert Ier, 33, 380, 397.
— Robert II, 33, 315, 316.
Auxerre, 88, 137.
Auzance, 132.
Auze (l'), riv., 150, 172.
Auzelles, 219, 236.
Auzole (Claudine d'), 474.
Auzon, 7, 44, 220, 262, 286, 492.
Auzon de Montravel (Anne d'), 438.
Avignon, 114, 121, 328.
Avit I (saint), 23, 24, 261, 273.
Avit II (saint), 25.
Avit (saint), ab., 275.
Avitacum, 140.
Avitienne (Maison), 363.
Avitus, 3, 19, 23, 140, 184, 188, 189, 193, 194, 280, 281, 363.
Avol (saint), 24.
Avranches, 196.
Aycelin-Montaigut (Maison d'), 424.
Aycelin, 101, 112, 113.
— Aubert, 97, 98, 107, 108, 110, 112, 113, 424.
— Gilles Ier, 100.
— Gilles, card., 199, 424.

Aycelin (Gilles), card. et chanc., 89, 90, 94, 98, 100, 101, 121, 199, 424.
— Guillaume, 98, 424.
— Hugues, 67, 91, 92, 95, 98, 270, 424.
— Jean, év., 94, 95, 98, 424.
— Marguerite, 103, 372.
— Pierre, 91, 94, 100.
— Pierre, card., 121, 424.
— Robert, 98.
Aydat, 88, 135, 139, 140, 141.
Ayen, 317, 348, 359.
Aymeric, comte de Toulouse, 298.
Aymeric, év., 44, 48, 317.
Aymerics (dimeries des), 116.
Ayrolles (Maison d'), 500.
Azincourt, 307, 329, 379, 390.

B

Baboulet, source, 173.
Babylone, 160.
Bacchus, 251.
Baffie, 422, 434, 473.
Baffie (Maison de), 422.
Baffie (de) Auxiliende, 406.
— Dalmas IV, 406.
— Eléonore, 87, 97, 120, 319, 421, 423.
— Guillaume, év., 43, 422.
— Guillaume, seign., 75.
Bains du Mont-Dore, 6, 137, 138, 144, 174, 175, 242, 243, 248, 253.
Bala III, roi de Hongrie, 69.
Baladou (puy de), 135.
Balaguier (Françoise de), 431.
Balbin Auger (de), 266.
Balbinus, 16.
Ballainvilliers (de), intendant d'Auvergne, 226, 232.
Balsac-près-Brioude, 405, 406.
Balsac ou Balzac (Maison de), 384, 405.
— (Branche de Saint-Paul), 405.
Balsac ou Balzac (de) Antoinette, 459.
— Jeanne, 375.

Balsac ou Balzac-Entragues (de) Alphonsine, 450.
— François, 323, 342.
— Henriette, marquise de Verneuil, 323, 341, 349, 405.
— Robert, 405.
Baluan (Catherine), 450.
Baluze (Etienne), 81, 260, 283, 312, 332.
Banhols, 80.
Banjeux, en la Marche, 480.
Banson, 8, 489.
Bar (Marie de), 424.
Bar (de) *voir* Beraud (de).
Barbançon (Anne de), 444.
Barberin (le card. Antoine), 346.
Barbezieux, 491, 493.
Bard, près Boudes, 172.
Bard (de) Renée, 480.
— Marie, 480.
Bard-Courteix (Maison de), 482.
Bardet de Burc (Maison de), 482.
Bardon (Françoise de), 479.
Barentin, 401, 478.
Bariot (Catherine), 470.
Barillon (Maison de), 444.
Barmont, 414.
Barmont (Guillaume de), 414.
Barmontais, 8.
Baron de l'Ayat (Maison de), 482.
Barradat (Magdeleine de), 444.
Barré (Marie), 429.
Barriac (Catherine de), 410.
Barthomy (Françoise de), 463.
Basole, comte, 28, 299, 309, 366, 388.
Basole (Maison de), 366.
Bassignac, 155, 475.
Bassignac, *voir* Anglars.
Bassompierre (François de), maréch. de France, 405.
Bastie (Mathieu de), fr. mineur, 271.
Bataillouze (puy de), 144.
Batut (Gabrielle de), 468.
Baude (Marie), 490.
Baudier (Michel), 346.
Baudin, 218.
Baudry, ab. de Bourgueil, 42.

Baufeti, 98.
Bautru (de) Armand, comte de Nogent, 356.
— Nicolas, 356.
Bavière (Isabeau de), 330, 437.
Bayard (Claude), 440.
— Magdeleine, 443.
Bayard (de) Gilbert, 461.
— Gilberte, 461.
— Magdeleine, 449.
Bayonne, 161, 401.
Beaubois (Claude), 419.
Beauclair (Maison de), 466.
Beauclair (de) Jeanne, 434.
— Louis, 434.
Beaudiner (Luce de), 426.
Beaudoin II, roi de Jérusalem, 266.
Beaufort-en-Vallée, 67.
Beaufort (de), 58.
— Anne, 372.
— Jeanne, 448.
— Louis, 422.
— Marthe, 321.
— Raoul, 67.
Beaufort-Canillac (Jacques de), 441.
Beaufort-Montboissier-Canillac (de) Anne-Gabrielle, 396.
— Antoinette, 429.
— François, 495.
— Gilberte, 495.
— Henri, 495.
— Jean, 352, 354, 398.
— Jean-Claude, 354, 398.
— Jean-Timoléon, 339, 352, 354, 358.
— Jeanne, 453.
— Marc, 352, 393.
— Marie, 495.
Beaufort-Roger (de), 383.
— Guillaume, 67.
Beaufort-Saint-Quentin, *voir* Saint-Quentin.
Beaujeu (de) Anne, 122.
— Béatrix, 79, 421, 446.
— Edouard, 329.
— Guichard, 65, 67, 274.
— Humbert, 407.
— Imbert, 73, 407.

Beaujeu (de) Louis, 288.
— Marguerite, 425.
Beaulieu (Simon de), archevêque de Bourges, 87, 90.
Beaulieu (Cantal), 154.
— *près-Jaligny*, 36.
Beaumont (Marguerite de), 425.
Beaumont, 78, 257, 261.
— en Bourgogne, 302.
— *près-Brioude*, 285.
Beaune (Raoulette de), 443.
Beaune-près-Pradelles, 356, 396.
Beaune (de) Antoine, 402.
— Blanche, 413.
— Christophe, 356.
— Gaspare, 396.
— Marie, 402.
Beaune (le vicomte de), 395.
Beauregard, 123, 134, 152, 168, 211, 212, 271.
— *près-Saint-Ours*, 480, 483.
Beaurepaire (source de), 163, 164.
Beauvais, 94.
Beauvais-la-Fin (Jacques de), 382.
Beauveau (de) Antoinette, épouse de Pierre d'Urfé, 406.
— Antoinette, 433.
— Isabelle, 321, 383.
Beauverger, *voir* Cordebœuf.
Beauverger, 401, 402.
Beauvezeix, 135.
Beauvillier (Marie-Françoise de), 429.
Beauvoir, *voir* La Fin, Le Loup.
Beauvoir (Claudine de), 388.
Beauvoir de Grimoard du Roure (Jacqueline de), 377.
Beauzac-en-Velay, 486.
Becon, 24, 310.
Bédat (le), 134, 136.
Begon 1er, év., 33.
Begon II, év., 34, 35.
Beil, 173.
Bel (Jean), ab. de Saint-Allyre, 84.
Belcher (de), *voir* Pesteils.
Belenus, 244, 249.
Bélinay, *voir* Bonnafos.
Bellefaye (Marguerite de), 399, 420.

Belgarde (César-Auguste de), 269.
Bellegarde, 219.
Bellaigue, abb., 47, 257, 262.
Bellenave, 445.
Bellenave *voir* Le Loup.
Bellenave (de) Charlotte, 446.
— Louise, 446.
— Paul, 458.
Belvet (Charlotte de), 466.
Belvezé-Jonchères (de) Françoise, 449.
— Jeanne, 356.
— Marguerite, 491.
Benaud, 441.
Bénissons-Dieu, abb., 55.
Benoît (Hélène), 393.
Benoît, march., 151.
Benoît VIII, pape, 36.
Benoît IX, pape, 101.
Benoît XII, pape, 117, 119.
Benoît XIII, pape, 328.
Benoît (Anne de), 459.
Bense, 269.
Beraud (Catherine), 418.
Beraud, chan. de Brioude, 35.
Beraud de Bar (Maison de), 440.
Béranger-Montmoton (Maison de), 456.
Béranger de Montmoton (de) Catherine, 432.
— Fulcran, 432.
Bérenger, comte, 29, 312.
Bergh (Léonore de), 324, 372.
Bergiona, 248.
Bergonne, 305, 397.
Bermondet (de) Madeleine, 493.
— Georges, comte d'Oradour, 493.
Bernard (A.), 260.
Bernard, ab. de la cath., 32.
Bernard, ab. de Saint-Allyre, 32.
Bernard, arch. de Rouen, 100.
Bernard, d'Angoulême, 314.
Bernard, év., 32, 33.
Bernard (saint), 45, 46, 47, 51, 197, 262.
Bernay (Jeanne de), 439.
Bernet (du) Diane, 455, 456.
— Raymond-Roger, 455.

Bernowinus, év., 28, 32.
Berry, 16.
Berry (de) Bonne, 330.
— Jean II, duc, 120, 199, 307, 320, 327, 328, 381.
— Marie, 307.
Berthmond, comte, 312.
Berthon-Crillon (Marie de), 357.
Berthon-Crillon (Marie), 415.
Bertrand (A.), 244.
Bertrand (Mathieu), 113.
Bertrand (Pierre), card., 113, 115.
Bertrand-Frenaud (fief de), 75.
Bérulle (de), card., 478.
— Madeleine, 478.
Besançon, 215.
Besolles (Catherine de), 354.
Besse, 8, 39, 135, 139, 151, 172, 217.
Besse (de), card., 399.
— Pierre, sr de Bellefaye, 372.
BÉTAIL, 214.
Bethel, 392.
Beuil (de) Anne, 400.
— Jean, amiral, 400.
BEURRE, 217.
Bèze (Théodore de), 335.
Béziers, 298, 348.
Bigny d'Ainay (Louise-Françoise), 384.
Beziers (Matheline de), 60.
Biadène, voir *Les Viadènes*.
Biencourt (Marie de), 428.
Billom, 7, 41, 43, 50, 66, 79, 86, 88, 92, 94, 113, 123, 130, 131, 213, 256, 257, 262, 269, 270, 271, 272, 316, 318, 339, 351.
Bellon (Louise de), 445.
Biron (le maréch. de), 341.
Bittburg, 250.
Bituitus, 10, 182, 191, 207, 279, 286, 290, 360.
BITUME, 158.
Blaeu, 131, 144.
Blanchefort (de) Antoine, 442.
— Catherine, 420.
— Guy, 267, 268.
— Louise, 442.

Blanchefort-Beauregard (Maison de), 483.
Blancheix, 136.
Blandin, comte, 27, 302, 311.
Blanède, 31.
Blanzat, 135.
Blanzat (Gasparde de), 454.
Blaterin (Jeanne de), 495.
Blée (Françoise), 498.
Blesle, 8, 31, 97, 105, 131, 133, 213, 219, 257, 261, 286, 432.
Blimont (saint), 26.
Blives-près-Troyes, 428.
Blot, 8, 132, 256, 423, 490.
Blot (Maison de), 423.
Bobon, duc, 27, 310.
Bobon (Maison de), 368.
Bobon, sénateur, 368.
Bochart de Saron (Gilbert), év., 124.
Bochart, 182, 253.
Bochart (Marie), 429.
Bochet, 163.
Bodilon, duc, 310.
Boën en Forez, 496.
Bogros, 155.
Bohyer (Maison de), 443.
Bohyer (Jacqueline), 444.
Bois (du) Claude, 499.
— Françoise, 336, 419.
— Jeanne, 478.
Boisbenoit (Magdeleine de), 453.
Boislévesque (Geneviève de), 429.
Boislille (de), 226.
Boisrigaud, 451.
Boisset, 258.
Boisset de La Salle (Marguerite de), 475.
Boissieux (Antoinette de), 454.
Bon (Pierre), sr de Meüillon, 406.
Bonay (Péronnelle de), 451.
Bonhomme (Gaspard), 273.
Boniface VIII, pape, 93, 95, 98, 100.
Bonlieu-Montpentier (Maison de), 494.
Bonnafos de Bélinay (Jeanne de), 463.
Bonnebaud, 491.

Bonnebaud (de) Dauphine, 491.
— Jean, 423, 491.
Bonnebaud, *voir* Langeac.
Bonnefons (Amable), 198.
Bonnet (saint), 25, 190, 193, 199, 261, 276, 282, 368.
Bonneval, 132.
Bonneval (de) Christine, 479.
— Isabeau, 474.
Bordeaux, 59, 81, 219, 239, 241, 349.
Borgia (César), 493.
— Louise, 493.
Bornat (Marguerite de), 480.
Borne (forêt de), 145.
Bort, 129, 133, 138, 145, 155, 218, 234, 272.
Bort (Maison de), 483.
Bort (François de), 90.
Bosc (Madeleine de), 392.
Boson, 314.
Bosredon (Maison de), 437.
Bost de Codignat (Maison de), 482.
Bothéon, 338.
Boucicaut (Jean le Maingre), 328, 351.
Boudes, 172, 211, 397.
Bougies, 219.
Bouillé ou Bouiller (Philippe de), 453.
Bouillé-Chariol (de) Anne, 434.
— Antoine, 434, 460.
— Antoinette, ép. de Cl. de Chavagnac, 432.
— Antoinette, 460.
— Michelle, 469.
Bouillé-Collanges (Jeanne de), 397.
Bouillet, 163.
Bouillon (le grand), source, 168, 169.
— *(le petit)*, source, 168, 169.
Bouillon (ducs de), 308, 370, 371, 372, 373.
Boulainvilliers (Jeanne de), 479.
Boulogne, 76, 101, 110, 120, 319, 320, 321.
Boulogne (Maison de), 371.
Boulogne (de) Claude, 392.
— Godefroy, 320.
— Mahaut, 76.
— Marie, 320, 321, 376.

Boulogne (de) Robert, 320.
— le card., *voir* Auvergne (Guy d').
Bourassol, 211.
Bourbon (de), 62, 303.
— Archambaud, 66.
— Archambaud V, 423.
— Béatrix, 378.
— Charles Ier, duc, 122, 131.
— Charles Ier, év., 122.
— Charles II, év., 122.
— Charles III, duc et connét., 307, 378, 469, 476.
— François, 336.
— Guillaume, s^r de Beçay, 422.
— Isabeau, 424.
— Jean Ier, 307.
— Jean, c^{te} de Vendôme, connét., 321.
— Jeanne, 321, 383.
— Jeanne, 308, 321, 333.
— Louis, év., 493.
— Louis II, 303, 329, 372, 378.
— Mahaut, comtesse, 66.
— Marguerite, 307.
— Marie, 372.
— Pierre Ier, 122, 329.
— Pierre II, 307, 470.
— Raynaud, 122.
— Renée, 378.
— Suzanne, 307.
— Suzanne, 379.
Bourbon-Busset (Maison de), 493.
Bourbon-Busset (de) Isabelle, 393.
— Marguerite, 386.
Bourbon, *voir* Busset, Condé, Conti, Malauze.
Bourdeilles (Maison de), 481.
Bourdeilles (de) Françoise, 473.
— Jacquette, 466.
— Philippe, 466.
Bourg (Maison de), 448.
Bourg de Saillans (Maison du), 428.
— (Branche de Ceilloux), 428.
— (Branche de Malauzat), 428.
Bourg (du) Antoine, 196, 200.
— Catherine, 432, 488.
— Louis, 488.
— Jean, minime, 271.

Bourges, 16, 54, 61, 65, 66, 68, 74, 81, 87, 90, 105, 117, 192, 196, 198, 255, 297, 408, 500.
Bourg-Lastic, 156.
Bourgogne (Mad. la duchesse de), 402.
Bourgogne (de) Béatrix, 319.
— Eudes II, duc, 318.
— Eudes IV, duc, 320.
— Jean, duc, 328.
— Mahaut, 61, 318.
— Marguerite, 317.
Bourguignons, 285, 296.
Bournoncle, 404.
Bousols ou *Bouzols*, 396.
Boussac en Auvergne, 333.
Boutaric (V.), 307.
Boutelly (Catherine), 464.
Bouthillier (Claude), 453.
Boutonargues, 119, 319.
Bouzel, 474.
Boyer, *voir* Bohyer.
Boyer (Anne), 359.
— Antoine, card., 196.
— François, 175.
Brabant (de) Alix, 120, 319, 423.
— Henri Ier, duc, 76.
Brageac ou *Brajac*, abb, 257, 261.
Brancas (Maison de), 357.
Brancas (de) Charles, 415.
— Françoise, 415.
— Georges, 415.
Brantôme, 338.
Braschet (Isabeau), 356.
Brassac, 132, 153, 155, 218, 219.
Brassole, 495.
Bravi *ou* Bravy (saint), 21, 29, 261.
Brenat, 153.
Bréon, voir *Brion*.
Bréon ou Brion (Maison de), 416.
Bréon (Arnaud de), 58.
Bresons ou *Brezons*, 8, 106, 143, 357, 414.
Bressols (Catherine de), 423.
Bretagne (de) Jean, 333.
— Jean, duc d'Etampes, 333.
Bretagne-Penthièvre (de) Charlotte, 334.

Bretagne-Penthièvre (de) Nicole, 333.
— René, 333.
Breuil (Alix du), 406, 439.
Brezons (de), 35, 105.
— Charles, 357.
— François, 357.
— Jacques, 440.
— Magdeleine, 440.
— Souveraine, 410.
— Tristan, 357.
Brezons (Maison de), 414.
Brezons-Neyrebrousse (Maison de), 415.
Briare (canal de), 219, 231.
Brictianus, comte, 367.
Briçonnet (Catherine), 443.
— Guillaume, 443.
Bridier (Marguerite de), 464.
Brion, 305.
Brion (comte de), 151.
Brioude, 7, 18, 19, 29, 31, 32, 33, 35, 36, 46, 48, 59, 79, 94, 104, 105, 129, 130, 131, 133, 149, 150, 153, 156, 215, 218, 219, 220, 241, 250, 256, 258, 259, 262, 270, 271, 272, 273, 285, 286, 302, 312, 313, 314, 316, 318, 350, 351, 353.
Brioude (comtes de), 131, 149, 317, 326, 481, 483.
Brohé (les), 198.
Brojoland (Madeleine de), 445.
Brosse (Jean Ier de), 333.
Broux-Chesnat (Maison de), 376.
Bruel (A.), 260.
Bruges, 76.
Brugier (Louise de), 468.
Brugier du Rochain (de) Diane, 491.
— Gilbert, 491.
Brun-Boisnoir (Maison de), 481.
Brun du Peschin (Marguerite), 386.
Bruneau de La Rabastelière (Françoise), 493.
Bruyant, 139.
Bubus, év., 27.
Buc (Madeleine du), 415.
Buci (Matifas de), 98.
Buisson (Marguerite du), 441.

33

Bullon, *voir* La Forest-Buillon.
Burel (Anne de), 479.
Buron, 60, 308, 392, 443, 476.
Busséol, 308, 441, 454.
Busset, *voir* Bourbon-Busset.
Busset, 493.
Bussy (de) Joachim, 489.
— Marie, 489.
Bussy, *voir* Rabutin.
Buzarinques (Louis Hérail de), 427.
Byzance (Etienne de), 127.

C

Cabre (col de), 138, 143, 148, 250, 397.
Cacadogne (puy de), 137.
Cadillac, 349.
Cadis, 219.
Caen, 217.
Cahors, 23, 24, 103, 297.
Cailleau (Thomasse), 444.
Cailloux du Rhin, 154.
Caissac (Jacquette de), 466.
Caissac-Sédage (Maison de), 494.
Calabre (Jeanne de), 317.
Calais (saint), 22, 261, 275, 368.
Calamis, 12.
Calixte II, pape, 44, 265.
Calixte III, pape, 267.
Callarier (Delphine de), 476.
Calminius, 19, 276, 299, 310, 365.
Calminius (Maison de), 365.
Calupan (saint), 25.
Calvin, 195.
Calvinet, 138, 458, 500.
Calvinistes, 274.
Cambrai, 119, 336, 350.
Camelots, 219, 220, 236.
Campandu (Marguerite de), 426.
Candale (Louis-Charles-Gaston de Nogaret, duc de), 349.
Canillac (de), 105, 422.
Canillac, *voir* Beaufort.
Canillac (Philiberte de), 419.
Canone (la), 477.

Caponi (le marquis de), 169.
Cappadoce, 161.
Capucins, 271.
Caracalla, 15.
Carantelle (le P. François), 213.
Carbonnières, 374, 375, 492.
Carbonnières (N. de), 374.
Carcassonne, 112, 298.
Carilèfe, *voir* Calais.
Carilèfe (Maison de), 368.
Carivald, év., 311.
Carlat, 8, 130, 132, 265, 287, 351, 467.
Carmes, 271.
Carmes deschaussés, 271.
Carneville (la comtesse de), 385.
Carrières de pierres, 157.
Cartes a jouer, 221, 222, 228.
Casal, 344, 345, 346.
Casimir, roi de Pologne, 35.
Cassiodore, 296.
Cassius (Maison de), 361.
Cassius (saint), 183, 254, 255, 361.
Castelnau (de) Antoinette, 405.
— Gabriel-Aldonce, 415.
Castille (de) Blanche, 72.
— Catherine, 384.
Catalogne, 153.
Catherine de Sienne (sainte), 270.
Caton, prêtre, 22, 366.
Caton (Maison de), 366.
Catulin (Maison des), 364.
Caumont-Lauzun (Diane-Charlotte de), 357.
Cautin, duc, 366.
— év., 22, 366.
Cauvisson (Gillette de), 432.
Cazillac (Claude de), 450.
Cebazat, 136, 155, 159, 218, 250, 256, 326, 397.
Cebazat (de) Antoine, 397.
— Dauphine, 440.
— Guillaume, doyen de Clerm., 79.
— Péronelle, 382, 383, 496.
Célé (le), riv., 138.
Célestin II, pape, 46.
Célestin III, pape, 59.

Celles, command., 265.
Celtile (Maison), 360.
Censac près Paulhaguet, 262.
Cère (la), riv., 130, 138, 146.
CÉRÉALES, 211.
Cériers (Antoinette de), 454.
Cerinthe, 335.
Cerisay (Antoinette de), 406.
Cérisoles, 336, 448, 452.
Cerneuf (saint), 255.
Césaire (saint), 24, 259.
César (Jules), 2, 7, 10, 14, 15, 133, 137, 141, 142, 176, 180, 191, 192, 208, 209, 244, 279, 280, 290, 292, 293, 294, 360, 361.
Carmélites, 271.
Cévennes, 142, 143.
Ceyrat, 33, 116, 324.
Cezens, 116.
Cézerac, 352, 497, 498.
Cézerac, *voir* Apchon - Saint - Germain.
Chabannes (Maison de), 379.
Chabannes-Curton, 249, 379.
Chabannes-Pionsat, 379, 461.
Chabannes-Saignes, 379.
Chabannes (de) Antoine, comte de Dampmartin, 331.
— Aymard, 312, 313.
— Charlotte, 402.
— Françoise, 382.
— Gabrielle, 461.
— Gilberte, 352.
— H., comte, 380.
— Hélène, 398.
— Jacques, 461.
— Jeanne, 405.
— Marie, 391, 491.
— la vicomtesse, 380.
Chabot (Catherine), 497.
Chabron (Gaspard), 377.
Chadernolles, 222.
Chaduc (Louis), 175.
Chailly (Guillaume de), 65.
Chaise-Dieu (La) voir La Chaise-Dieu.
Chalandrat, 76, 442.

Chalencon (de), 330.
— Antoinette, 377.
— Guillaume, 376.
— Guy, 376.
— Hugues, chant. de la cath., 100.
Chalencon-Polignac, 249, 376.
Chalencon-Rochebaron, 376, 377.
Chaliergue, 215.
Chalinargues, 224.
Chalon (Madeleine de), 375, 412, 473, 492.
Chalon-sur-Saône, 328.
Châlons, 252.
Châlons-sur-Marne, 117.
Châlus (de) Alix, 445.
— Anne, 410.
— Gilbert, 351.
— Louise, 437.
— Pierre, 261.
— Pierre, 410.
— Robert, 268.
Châlus-Lambron (Maison de), 396, 397.
— (Branche de Gondole), 397.
— (Branche de Chaludet), 397.
Châlus-La-Brousse (Marguerite de), 484.
Châlus-Cordais (de) Marie, 403.
— René, 462.
— Renée, 462.
— Souveraine, 416.
Châlus-Cousan (Maison de), 484.
Châlus-Prondines (Maison de), 484.
Châlus-Vialeveloux, 484.
Chalvet (Françoise), 473.
— Mathieu, 198, 438.
— Renée, 480.
Chalvet-Rochemonteix (Maison de), 438.
— (Autre branche), 438, 439.
Chalvet - Rochemonteix - Vernassal, 438.
Chalvignac, 150, 157.
Chamalières, 25, 59, 62, 78, 94, 119, 136, 212, 222, 259, 305, 322, 324, 408.
Chamalières (Pierre de), 62.

Chambeuil (Maison de), 457.
Chambeuil (Claude), 398.
Chambon, 8.
Chambon (Creuse), 132.
Chambon, lac, 135, 141.
Chambon (Michelle), 477, 478.
Chambon (de) Charlotte, 463.
— Amiel, 319.
— Pernelle, 303, 319.
Chamboulisme, 218.
Chambres, 414.
Champ des Pauvres (du), source, 163, 164.
Champagnac-les-Mines, 155.
Champagne (la), 22.
Champagne (Marie de), 318.
Champeix, 7, 78, 119, 135, 305, 443.
Champétières, 386, 387.
Champétières (Jeanne-Catherine de), 457.
Champomier (J), 222.
Champredon (Maison de), 483.
Champs (Maison des), 480.
Chanac, 426.
Chancelade, 117.
CHANDELLES, 219.
Chandieu (Maison de), 500.
Chandieu (de) Elisabeth, 433.
— Jean, 433.
Chandorat (Marie de), 465.
Changy, 420.
Chanoines réguliers de Prémontré, 257.
— de Saint-Augustin, 257, 258.
Chanonat, 78, 168, 265, 305, 482.
Chanteloube (l'abbé de), 498.
Chantemerle, 405.
Chanterelle, 389.
Chanteuge, 8, 32.
Chantoen, 17, 24, 64, 80, 85, 252, 257, 263.
Chanturgues, 17, 211, 251, 252, 259, 261.
CHANVRE, 213.
CHAPEAUX, 220.
Chapel (Jeanne), 433.
Chapelle (Hugues de), 268.

Chapitres séculiers, 256.
Chapelle-La-Salle (Maison de), 484.
Chapelle-La-Salle (Louise de), 472.
Chapteuil (Pons de), 66.
Charade, 149.
CHARBON DE TERRE, 155, 248, 249, 233.
Charbonnel-La-Chapelle (Marie-Claude de), 434.
Charbonnier, 135, 155.
Chard ou *Chars*, 138, 400, 401, 447.
Charitains, 270.
Charlemagne, 27, 282, 285, 289, 298, 312, 314.
Charles le Bel, 111, 113, 199, 425, 486.
— le Chauve, 30, 185, 282, 312, 313, 314.
— le Simple, 285, 299, 315, 488.
Charles V, 121, 306, 307, 390, 420.
Charles VI, 199, 307, 328, 329, 330, 423, 426, 437, 490.
Charles VII, 122, 330, 331, 392, 427, 477.
Charles VIII, 195, 331, 336, 434, 443.
Charles IX, 161, 200, 322, 334, 337, 338, 343, 351, 352, 357, 392, 405, 465.
Charles-Quint, 307, 334.
Charmensac, 439.
Charmensac *voir* Léotoing-Charmensac.
Charrier (Beraude), 444.
Charpaigne (Marguerite de), 391.
Charpaigne-Gouge (Martin de), év., 122.
Chars, voir *Chard*.
Chartres, 47, 98.
Chartreux, 67, 112.
Chases (les), voir *Les Chases*.
Chassaing (Augustin), 269, 307, 377.
Chassaing (Jeanne du), 472.
Chassange en Poitou, 458.
Chassans (Yves de), ab. de Cluny, 261.
Chassignolles près Auzon, 262.
Chasteigner (Jeanne de), 418.
Chastel-Aillon (Maison de), 376.

Chastel de Montagne (de) Catherine, 491.
— Erard, 491.
Chastel-Marlhac, 8.
Chastel-sous-Mercœur, 80.
Chastelet (Jeanne du), 475.
Chastenay (Huberte de), dame de Dinteville, 353.
Chastillon-Argenton (Louise de), 497.
Chastreix, 38, 80.
Château (Isabeau de), 464.
Châteaubodeau, 464.
Châteaubodeau (de) Jeanne, 464.
— Marie, 424.
Châteaubrun, 427.
Châteaugay, 393, 426.
Châteaumeillan, *voir* Gamaches.
Châteauneuf (de) Catherine, 478.
— Guillaume, 266.
— Maragde, 407.
— Robert, 268.
Châteauneuf-Apchier (de) Guérin, 416.
— Jeanne, 454.
— Mélior, 416.
Châteauneuf-sur-Sioule, 8, 419, 478.
Château-sur-Cher, 130, 133.
Châteauvieux, 418.
Châteauvieux (Catherine de), 451.
Châtel-de-Neuve, 242.
Châteldon, 100, 211, 271.
Châtelguyon, 170, 172.
Châtillon (de) Alix, 425.
— Isabeau, 421.
— Isabeau, 119, 372.
— Jacques, 425.
— Jeanne, 99.
— Marguerite, 425.
Châtillon-sur-Seine, 174.
Chaudesaigues, 8, 129, 131, 163, 167, 173, 174, 220, 258, 270, 286, 287.
Chaudessolle (Etienne de), 443.
CHAUDRONNIERS, 224.
Chaulnes (Honoré de), duc d'Albret. mar. de Fr., 349.
Chaumeil-Massebeau (Maison de), 485.
Chaumont près Ambert, 272.
Chaumont-sur-Loire, 391, 491.

Chaunat-Montlausy (Maison de), 485.
Chauriat, 33.
Chaussain (Maison de), 450, 451.
Chaussain près Cusset, 450.
Chauvance, 456.
Chauvance *voir* La Rochebriant.
Chauvel, 416.
Chauvigny (de) Amable, 491.
— André, 425.
— Anne, 402.
— Catherine, 491.
— le vicomte, 110.
Chauvigny de Blot (Maison de), 423.
Chauvigny de Blot (de) Isabeau, 374, 439.
— Jean, 491.
Chauzelles, 443.
Chavagnac près Blesle, 432.
Chavagnac (Maison de), 432.
— (Autre branche), 433.
Chavagnac (de) Catherine, 473, 487.
— Louise, 434.
— Marie-Catherine, 387.
Chavagnac *voir* Dienne-Chavagnac.
Chavagnat-Langeac (Maison de), 485.
— (Branche de Chavagnac), 485.
— (Branche de Meyronne), 485.
Chavagnat de Meyronne (Marie-Louise de), 438, 485.
Chavelard, 495.
Chavelard (Jeanne de), 495.
Chayssac, 483.
Chazelles près Brioude, 149.
Chazelles près Tauves, 149.
Chazerat (François de), 478.
Chazeron (Maison de), 399, 400, 401.
Chazeron (de) Anne, 492.
— Antoinette, 420.
— Antoinette, ép. d'Alton de Saint-Floret, 445.
— Catherine, 490.
— Charlotte, 461.
— Gaspard, 338.
— Gilbert, 385.
— Jean, 420.
— Marie, 338, 420.
— Oudart, 399, 420.

Chazeron (de) Pernelle, 425.
— le marquis, 170.
Cheliac, 464.
Cheminades (Maison de), 486.
Chemins, 238, 239.
Cher (le), riv., 138, 146.
— source du, 172.
Chesne (François du), 335.
Chevaux, 216, 237.
Chevrières, *voir* Mitte.
Chevrières - Saint - Mauris (Léonard de), 269.
Cheylade, 488.
Ches-Redon (Creuse), 138.
Childebert, 5, 22, 209, 260, 310.
Childéric II, roi d'Austrasie, 282, 311.
Chiel (Gabriel du), 268.
Chillac, 215.
Chilly, 406.
Chilpéric II, 27, 311.
Chilpingue, comte, 311.
~~Chiron~~ (Catherine), 481.
Choiseul (de) Charles, maréch. de Fr., 450.
— Isabelle, 450.
Chondardi, chan. de Clerm., 107.
Chouvigny *alias* Chauvigny, 423.
Chramne, 302, 310, 364, 367.
Chrocus, 25, 253, 275.
Cicéron, 185, 189, 240, 245.
Cilicie, 160.
Cinq-Arbres (Jean de), 197.
Cinq-Mars, *voir* Effiat.
Cistel (Françoise), 477.
Citeaux, 46, 55, 59, 117, 257, 262.
Clacy, 425.
Clair (saint), 17.
Clairvaux, 47.
Claude, 10, 246.
Claude, dame d'Issoire, 282, 311, 368.
Clavelier, 385.
Clavières, 129, 146.
Claviers (de) Anne, 424.
— Catherine, 456.
— Hélène, 476.
— Marguerite, 397.
Clément IV, 81, 85.

Clément V, 98, 100, 101, 102.
Clément VI, 67, 121, 383, 399, 420.
Clément VII, 334, 417.
Clément (saint), 33, 102.
Clermont-Ferrand, 6, 18, 24, 33, 40, 44, 49, 54, 55, 59, 61, 62, 63, 64, 65, 66, 68, 71, 72, 74, 75, 76, 77, 78, 79, 81, 82, 84, 86, 87, 88, 89, 90, 91, 93, 95, 97, 98, 99, 100, 101, 103, 104, 105, 106, 112, 113, 114, 115, 116, 117, 118, 119, 120, 121, 122, 123, 124, 129, 130, 131, 132, 133, 136, 139, 144, 147, 148, 149, 150, 151, 152, 155, 156, 157, 159, 160, 162, 163, 164, 167, 168, 170, 171, 172, 183, 188, 189, 190, 193, 196, 199, 201, 202, 208, 210, 211, 212, 213, 217, 219, 220, 221, 222, 238, 239, 243, 245, 249, 251, 253, 255, 256, 257, 259, 262, 263, 264, 265, 268, 270, 271, 272, 275, 286, 287, 300, 301, 302, 304, 305, 308, 309, 310, 311, 312, 313, 314, 317, 318, 319, 322, 326, 338, 339, 342, 350, 351, 361, 362, 364, 365, 366, 367, 368, 369, 391, 408, 455, 463, 477.
Clermont (comtes de), *voir* Auvergne (comtes d').
Clermont-Dauphin (Maison de), 378.
Clermont (de) Blanche, 319.
— Jeanne, épouse de Jean d'Auvergne, 320.
— Jeanne, 456.
— Nicole, 428.
Clermont de Chates (Aymard de), 269.
Clermont-Lodève (de) Catherine, 375.
— Charlotte, 415.
— Gabriel-Aldonce, 415.
— Marie, 439.
— Pierre, 375.
Clermont-Lodève, *voir* Guilhem.
Clermont-Touchebœuf (Catherine de), 476.
Clèves (de) Catherine, 340.
— Jean II, duc, 332.

Clèves (Jean II de), duc, comte de La Marck., 332.
Clos (du), médecin, 165, 166, 167, 168, 169, 170, 171, 172, 173, 177.
Clotaire Ier, 281, 310, 364, 367.
Clotaire II, 26.
Clovis, 209, 309.
Cluny, 31, 32, 34, 36, 41, 45, 46, 47, 51, 195, 257, 260, 276, 302, 314, 381.
Cluzel (du), *voir* Guilleme.
Cochotte (Jean), 268.
Codignat, 482.
Coëffier-Effiat (Maison de), 451, 452.
Coëffier, *voir* Effiat.
— Catherine, 418.
Coësme (de) Jeanne, 340.
— Louis, 340.
Cognac, 231.
Cohendy (Michel), 222, 226.
Colbert, 220, 225.
Colbert de Croissy (Françoise), 396.
Colbert de Seignelay (J.-B.), 381.
Colbert de Torsy (J.-B.), 471.
Colette (la bienh.), 271.
Coligny (l'amiral de), 337, 353.
Coligny (de) Barbe, 391.
— Béatrix, 75.
— Charles, marq. d'Andelot, 353, 358.
— Cleriadus, id., 391, 451.
— Joachim, id., 451.
Colioure, 355.
Collanges, 305, 421.
Cologne, 76.
Colombines, 434.
Colombines, *voir* Aureilhe.
Colombines (de) Beraud, 442.
— Peyronnelle, 442.
Combarel (Françoise de), 459.
Comblat, 172.
Comborn (de), 58.
— Brunissend, 389.
— Jacques, év., 122.
— Marguerite, 267.
Comboursier (de) Claude-Marie, 356, 488.

Comboursier (de) Jean, 355, 488.
— Louis, 355.
Combraille (la), 8, 19, 131, 152, 464.
Combronde, 21, 24, 132, 286, 371, 420, 481.
Côme (puy de), 158.
Comines (de) Jeanne, 333.
— Philippe, 333.
Commode, 13, 15.
Comnène (Alexis de), 340.
Comminges (de) Arnaud-Roger, év., 113, 118.
— Bernard V, comte, 113.
— Eléonore, 320.
— Jean, card., 113.
— Jeanne, 320.
— Léonore, 437.
— Pierre-Raymond, 320.
Compain (pas de), 143.
Compains, 141, 151.
Compans, 395.
Compostelle, 41.
Comps (de) Arnaud, 266.
— Bertrand, 266.
Comtes d'Auvergne, *voir* Auvergne.
Comté d'Auvergne, 131, 132.
Comtor, Comptor ou Comptour, *voir* Apchon.
Comtour des Martinanches (Françoise), 392.
Condat, 88.
Condat-près-Herment, 482.
Condé (de) Henri de Bourbon, prince, 342.
— Henri II de Bourbon, prince, 343, 357.
— Louis de Bourbon, prince, 340.
Condé (le prince de), 337.
Confinial, 67, 68.
Confolens (Cantal), 472.
Confolens (Puy-de-Dôme), 483.
Congentiat, 360.
Congrégation de Saint-Maur, 198, 257, 258, 262.
Conros, 8, 145, 146, 473.
Conros (famille de), 374.
Constance, reine de France, 35, 316.

Constancias, 249.
Constantien (Maison de), 368.
Constantien (saint), 22, 261.
Constantin, 133, 296.
Constantinople, 329, 348.
Conti (de) François de Bourbon, prince, 340.
Conti (le prince de), 163, 250.
Contournat, 468.
Contours (Eléonore de), 460.
Corbeil, voir *Corbirs*.
Corbières, 440.
Corbirs, 150.
Cordais ou *Cordès*, 403.
Cordebœuf (port de), 242.
Cordeliers, 271.
Cordeliers de Clermont, 417.
Cordebeuf-Montgon (Maison de), 401, 402.
— (Branche de Matrou), 402.
— (Branche de Védrines), 402.
Cordebeuf-Montgon (de) Antoine, 400.
— Bénigne, 401.
— Gilberte, 415.
Cordemoy, 198.
Cordoue (Tranquille de), 311.
Coren (Cantal), 173, 258, 402.
Corent (Puy-de-Dôme), 167, 212.
Cornet (du), source, 165.
Cornil (Brunette de), 375.
Cornon, voir *Cournon*.
Cotet (Jean), 268.
Couderc (Camille), 342, 385.
Coudes, 80, 131, 135.
Courcelles ou Escourcelles (Maison de), 439.
Courcelles (de) Amaury, 326.
— Louis Ier, 374.
— Louis II, 374.
— Robert, 406.
Cournon, 33, 78, 134, 238, 256, 259, 446, 499.
Courpière, 7, 79, 131, 136, 211, 220, 240, 262, 272, 286.
Courteix, 482.
Courtenay, 459.

Courtenay (de) François, 455.
— Françoise, 455.
— Jeanne, 400.
— Robert, 120.
Courtesserre, 265, 469.
Courteughol, 104.
Cousan ou *Couzan*, 408.
Cousan (Catherine de), 425.
Coustave (Louis de), 303.
Couteaux, 235.
Coutel de Courtilles, 470.
Couzance, 481.
Couze (la) de Champeix, 134, 135, 141.
— d'Issoire, 134, 135, 139.
— de Saint-Germain, 134, 135.
Crains, 308, 454.
Crégut (l'abbé Régis), 140, 259.
Creil (Marie de), 429.
Cremeaux (François de), 269.
Cremeaux d'Entraigues (de) N., 492.
Cremps, voir *Crains*.
Crespat (Maison de), 477.
Crespy (Simon de), 39.
Critognat, 192, 279, 291, 361.
Croc (Maison du), 465.
— (Branche de Bressolières), 465.
Croc (Pierre du), év., 95, 97, 98.
Crocq, 257, 262.
Croelle ou *Crouël* (puy de), 159, 477.
Croiset (François), minime, 271.
Cropières, 413.
Cropte, 447.
Cros, 8, 68, 305, 408.
Cros (bois et pré), 408.
Cros (Maison de), 408.
— (Branche de Cros-Alagnat), 409.
— (Branche de Cros-Murat-Vernines), 409.
Cros (de), 63, 68.
— Aymard, év., 89, 90, 92, 95, 446.
— Géraud, 65, 74, 90.
— Géraud II, 68.
— Géraud, prév., 119.
— Guy II, 90.
Cros-de-Montvert, 145.
Cros-de-Vollore, 211.

Crouzy, 150.
Crussol (de) Emmanuel, duc d'Uzès, 408.
— Louis, 386.
Cuers ou *Cuyrs*, 81.
CUIRS, 220.
CUIVRE, 150.
Cujas, 198.
Culende (Etienne de), 268.
Culhat, 90.
Cunibert, prév. de Brioude, 32.
Cunlhat, 8, 270.
Cusset, 7, 30, 130, 132, 256, 257, 262, 269, 271, 273, 286, 331.
Cusset (Isabelle de), 116.

D

Dagobert Ier, 310.
Daillon du Lude (de) François, 354.
— Guy, 354.
—. Timoléon, 355.
Dalet ou *Dallet*, 62, 134, 245, 391.
Dalmas (Géraud), 79.
Damas (Marie de), 393.
Damiette, 266, 268, 418.
Dampierre (de) Archambaud, 306, 319, 325.
— Guy, 62, 306, 325.
Danemark, 219.
Danes (Claude), 445.
Danès (Pierre), 335.
Dantil de Ligonnez (Louise), 438.
Darbouville, 80.
Darcet, 178.
Darvic (Etienne), 38.
Dauphins d'Auvergne (les), 58, 71, 86, 110, 305, 373.
— (Branche de Saint-Ilpize et de Combronde), 372, 373.
Dauphins d'Auvergne, *voir* Auvergne.
Dauphiné d'Auvergne, 7, 26, 131, 132.
Dauphiné, 266, 304, 336.
David (le P.), 272.
Décé, 16, 254.

Décime Agrèce, 363.
Delair (Louise), 494.
Delfaut (Dom), 198.
Delpeuch (Catherine), 440.
DENTELLES, 220, 221.
Depping, 226.
Déribier du Chatelet, 217.
Desbos des Ormes (Jeanne), 450.
Descartes, 20.
Desfarges, chan., 98.
Desges, 40.
Désidérat (saint), 24.
Desjardins (E.), 294.
Desprez (Raymond), év. de Clermont, 1, 118.
Diadumène, 15.
DIAMANTS D'ALENÇON, 152.
Diane, 244, 249, 250.
Diane, légitimée de France, 322.
Didier (saint), 24.
Didius Julianus, 15.
Dienne, 8, 250, 354, 397.
Dienne (Maison de), 397, 398, 399.
 - (Branche de Chavagnac), 398.
 — (Branche de Cheyladet), 398, 399.
Dienne (de) Antoinette, 431, 461.
— Dauphine, 416.
— Gabrielle, 354.
— Jacqueline, ép. de Fr. de Scorailles, 388, 424.
— Jacqueline, 433.
— Jeanne, 466.
— Léon, 58.
— Louise, 388, 458.
— Magdeleine, 434.
Dieu-le-Père près le Petit-Pérignat, 212.
Dieu-y-soit, 245, 333.
Digoine, 446.
Diocèse de Clermont, 256.
Dispater, 180, 181, 182, 244, 247.
Doctrine chrétienne (les PP. de la), 273.
Dogne (la), 137.
Dogny (Jeanne), 448.
Doiral (Louise), 430.
Dolore (la), riv., 136.

Domat (Jean), 198.
Dombes, 329.
Dombes (la comtesse de), 131.
Domeyrat, 491.
Dominicains, *voir* Frères-Prêcheurs.
Domitien, 13.
Domitius, 19.
Domitius, grammairien, 188, 365.
Domitius Ahenobarbus, 279.
Donas Vignas, 87.
Donatus, 284.
Donidius, 19, 364.
Donidius (Maison de), 364.
Doniol (H.), 285.
Donjeon (Guillaume de), arch., 68.
Dordogne (la), 55, 129, 132, 137, 138, 145, 151, 154, 155, 218, 234.
Dore (la), riv., 131, 134, 136, 210, 213, 240.
Dore (la) du Sancy, 137.
Dorio (Radegonde de), 448.
Dorlhac (Justin), 219.
DOUANES INTÉRIEURES, 230.
Douhet (Françoise de), 434.
Douhet de Marlat (Anne), 463.
Doyac (de) Catherine, 450.
— Jean, 331, 332.
Dracolenus Industrius, 311, 366.
Dreuil, 308.
Dreux, 337, 359.
Drignac, 172.
DROGUETS, 220.
Droüille, forêt, 146.
Drugeac, 172, 436, 492.
Drujeac, *voir* Plaignes-Saint-Martial.
Druse Tibère, 294.
Duché d'Auvergne, 132.
Dufour, 269.
Dufour, médecin, 169.
Dunes, 406.
Dunois (le comte de), 401.
Duprat, *voir* Prat (du).
Durand, év., 40, 41, 42.
Durandel, *voir* Saint-Pourçain.
Durazzo, 160.
Durfort (Catherine de), 458.
Durolle (la), riv., 136, 235.

E

Ebles, comte de Poitiers et d'Auvergne, 299, 313, 315.
Ebreuil, 19, 41, 130, 136, 257, 261, 286, 364.
Ecdicius, 3, 19, 23, 188, 189, 298, 363.
Eclache (l'), voir *Léclache*.
Ecole, 286.
Edouard II, roi d'Angleterre, 102.
Edouard III, id., 93, 113.
Edouard IV, id., 327.
Effiat, 132, 212, 270, 272, 343, 355, 451, 452.
Effiat (Antoine d'), maréchal de Fr., 308, 343, 345, 355, 418, 452.
Effiat (Coeffier d') Gilbert, 339, 452.
— Henri, Cinq-Mars, 348, 452, 463.
Effiat (Martin Coeffier-Ruzé d'), 355, 452.
Eginhard, 137, 181.
Egypte, 74, 266.
EMIGRANTS, 224.
Emilien (saint), 21.
Emme, ép. de Guillaume VI, 317.
Emmerick, 357.
Enjobert (Catherine), 498.
— Gaspard, 498.
— Perrette, 477.
Ennezat, 38, 80, 87, 256, 263, 286, 421, 488.
Ennodius, 193, 197.
Entraigues, 136, 488.
Entraigues (Aveyron), 138.
Entraigues-près-Egliseneuve, 323, 341, 349, 405, 450.
Enval, 149.
Eoalde, ab., 27.
Eparchius (Maison d'), 363.
Eparque (saint), 17.
Eparrou, 147, 154, 157.
Epernon (Bernard de Nogaret d'), duc, 349.
Epinet, 80.

Ermengarde, ép. de Robert I, 35, 316.
Ermengarde, comtesse d'Auvergne, 31.
Ermengarde, ép. de Bernard I, 313.
Ermengarde, ép. de Bernard II, 313.
Ernion, archid., 43.
Escars (Maison d'), 492.
Escars (d') François, 375.
— Françoise, 399.
— Jacques II, 375.
Escars-Montal (Françoise d'), 466.
Escole, 425.
Escorailles, voir *Scorailles*.
Escot (Guy), ab. de Saint-Alyre, 101, 108.
Escot-Cornon (Maison d'), 446.
— (Branche d'Escot-Gondole), 446.
Escoubleau (d') Isabelle, 355, 452.
— N., 492.
Escourcelles, *voir* Courcelles.
Espagne (Germaine d'), 348, 359.
Espaly, 86.
Espanacte (Maison d'), 361.
Espinay (Pierre d'), arch. de Lyon, 353.
Espinchal (Maison d'), 430.
Espinchal (d'), Antoine, 394.
— Marie, 462.
— Pierre, 462.
Esplantas, 162, 163.
Esquirou (J.-B.), 172.
Essarts (Gabrielle des), 453.
Estaing (Maison d'), 488.
Estaing-Murols (Maison d'), 489.
— (Branche Estaing-Ravel), 488.
Estaing (d'), 97.
— Barrane, 398.
— Charlotte, 432.
— Dauphine, 489.
— Florie, 374, 439.
— Gaspard, 417.
— Gilberte, 391, 461.
— Guillaume, 409.
— Jacques, 428, 432.
— Jean, vicomte, 374.
— Jean, marquis, 356.

Estaing (d') Jean-Louis, 391.
— Joachim, év., 124, 256.
— Smaragde, 390.
— Smaragde, ép. de Guillaume de Brezons, 414.
Estampes (Marguerite d'), 385.
Este (d'), Alphonse, 353.
— Anne, 338, 340, 353.
Estel ou *Esteil*, 262.
Estinguières (François d'), 269.
Estrade (Isabeau d'), 441.
Estrées (Julienne-Hippolyte d'), 415.
Etamines, 219, 220, 236.
Etampes, 333, 334.
Etangs, 139.
Etienne, comte d'Auv., 29, 30, 314.
Etienne I, év., 28.
Etienne II, év., 33, 34, 37.
Etienne III, év., 35.
Etienne IV, év., 35.
Etienne V, év., 48, 53, 54.
Etienne, prév. de Brioude, 36.
Etienne de Grammont ou de Thiers (saint), 262, 276, 372.
Etienne de Mercœur (saint), 261.
Eubages, 246.
Eucherius, sénateur, 365.
Eucherius (Maison d'), 365.
Euchinte, 160.
Eudes, duc de Bourgogne, 61.
Eufraise, év., 364.
— prêtre, 364.
Eufraise (saint), 20.
Eufraise, ép. de Roger de Limoges, 368.
Eugène III, pape, 46.
Eulalius, comte, 24, 311, 369.
Eulalius (Maison d'), 369.
Eunemus, év. de Nevers, 30.
Eurimène, 161.
Eusèbe, 296.
Eustoche (saint), 17, 364, 365.
Eustochius (Maison d'), 364.
Eutropie (sainte), 21, 364.
Eutropienne (Maison), 364.
Evarix, 19, 281, 309.
Evaux, 132, 464.

Evodius, 19, 205, 276, 299, 309.
— sénateur, 310, 364.
Evodius, *voir* Vosy.
Evodius (Maison d'), 364.
Evreux (Marguerite d'), 319.
Eynard (Claude), 440.
Eyssac (d'), Catherine, 443.
— Claude, 443.

F

Fabert (de) Abraham, maréchal de Fr., 413.
— Claude, 413.
Fabius Maximus, 279, 290.
Fabre (Anne), 94.
Faidides (Léonore de), 482.
Faidides, *voir* Fédides.
Falconis (Marie), 394.
Fale (saint), 22, 275, 367.
Famagouste, 329.
Fargues, 467.
Farnèse (Horace), 322.
Farreyrolles, 458.
Faure, ab. de Sainte-Geneviève, 123.
Faure (la mère), 191.
Fauschères de Sainte-Fortunade (Catherine), 476.
— Gabriel, 476.
Fauste de Riez, 19.
Favars, 410, 411.
Fay de Gerlande (Just de), 269.
Fay-Poroult (de) Pons, 268.
— Renaud, 268.
Faye (Bonne), 445.
Fayet (Marguerite), 478.
Fédides (Maison de), 442.
— (Branche de Fédides-Saint-Yvoine), 443.
Féligonde, *voir* Pellissier.
Felines, 475.
Felines La Renaudie (Paul de), 269.
Félix (saint), 24.
Félix, sénateur, 190, 193, 194, 282.
Felix Magnus, 194, 205, 363.
Felletin, 219.

Felsins Montmurat (Jeanne de), 468.
Feniers, 8, 55, 132, 146, 257, 262.
FER, 150.
Ferdinand II, 343.
Fer (H. de), 131, 144.
Férières (Gilberte de), 473.
Ferrare, 346.
Ferréol (saint), 18.
Ferreoles, 80.
Ferréols (Maison des), 310.
Ferrières (Allier), 150.
Feuillants, 262.
Feurs, 138.
Fidule (Maison des), 367.
Fidule, Fidulus, *voir* Fale.
Fidulus, 194.
Figeac, 138.
FIL A MARQUER, 220.
Filliol (Peronnelle de), 449.
Firmin, comte, 302, 310, 367.
Firmin (Maison de), 367.
Flageac, 407.
Flageac (Maison de), 407.
Flageac (de) Jeanne, 409.
— Louise, 381.
Flandre (de) Marie, 328.
— Maurice, 319.
Floquet (Marie du), 469.
Florat, 80.
Florat (Marie de), 434.
Florat, *voir* La Queuille.
Florensac, 386.
Florentinus, 366.
Florentius (Maison de), 366.
Florentius (Pierre), 366.
Floret (saint), 276.
Florie (Anne de), 459.
Florus, 141, 180.
Flotte (Maison de), 425.
Flotte (de), 92, 93, 94, 100, 112.
— Guillaume, chanc., 110, 199.
— Pierre, chanc., 93, 96, 97, 100, 199.
Fodéré (Jacques), 333.
Fohet, 80, 86.
Foix (de) Claude, 334.
— Gabrielle, 398, 404.

Foix (de) Gaston, 336.
— Germain, 416.
— Germaine, 430.
— Isabelle, 437.
— Jean, 437.
— Jeanne, 467.
— Louis, 404.
Folembray, 353.
Fondi, 121.
FONTAINES ET SOURCES, 158.
Fontanas, 135.
Fontanges, 173, 389, 412.
Fontanges (de) Annet, 413.
— Juliette, 462.
Fontanges (la duch. de), 352.
Fontaube, 472.
Fontenay (de) Françoise, 435.
Fontenilles, 477.
Fontevraud, 262.
Fontfreyde, 410.
Fontvenant (Isabeau de), 472.
FORÊTS, 145, 218, 234, 237.
Forez, 85, 128, 225, 311.
Forges, 400.
Forget (Maison de), 498.
Forget (Anne), 470.
Fort-Louis, 345.
Fortunat (saint), 23.
Fortunier, 464.
Fougeroles, 446.
Fougerolles (Frédéric de), 268.
Fourchaut, 400, 479.
Fournaux (Liane de), 456.
— Ponchon, 456.
Fournels, 163.
Fournier (Jacques), *voir* Benoît XII.
Fraischaud (Marguerite), 464.
Frambourg (Maison de), 369.
Frambourg (saint), 22, 261, 275, 369.
France (Isabeau de), 101.
France (Elisabeth de), 323.
France (de) Jean, *voir* Berry.
— Jeanne, 320.
— Louis, comte d'Evreux, 319.
— Robert, 319.
François (Barbe), 471.

François Ier, 196, 199, 200, 215, 321, 332, 333, 334, 335, 336, 357, 418, 434, 486, 495.
François II, 200, 321, 336, 351, 465.
François II, duc de Bretagne, 333.
François d'Assise (saint), 67, 270.
François de Paule (saint), 271.
François de Sales (saint), 191, 270.
Francs saliens, 281.
— ripuaires, 281.
Frédegise, év., 29.
Frédégonde, ép. d'Achelme, 285.
Frédéric Barberousse, 52, 54.
Frédeville, 453.
Frédeville (Maison de), 308, 453.
Frédeville (de) Claude, 461.
— Marie, 482.
Frères-Mineurs, 66, 81, 90, 94.
Frères-Prêcheurs, 66, 75, 81, 88, 89, 92, 98, 109, 269, 270.
Fréron (Pierre), 335.
FROMAGES, 217.
Fromental, 211, 216.
Front (saint), év., 364.
Frontine, 363.
Fronton, 20, 190, 193, 276, 363.
Frontonienne (Maison), 363.
Frugières, 269.
FRUITS, 212, 233.
Fulgoad, arch. de Lyon, 27.
Fulvian (Antoine), 266.
Fuscino, 21.
Fustel de Coulanges, 283.
Forez (de) Eléonore, 422.
— Jeanne, comt., 90.
— Reynaud, 66.
— Guy III, 422.

G

Gabrielle-Angélique, légitimée de France, 349.
Gaidoz (Henri), 244, 245, 247.
Gaifre ou Gayfre, duc, 27, 311.
Gaillard (de) Anne, 405.
— Michel, 405.

Gal I (saint), 15, 21, 22, 23, 193, 261, 366.
Gal II (saint), 24, 193.
Galate, 248.
Gallard (Catherine), 478.
Gallien, 183.
GALONS DE LAINE, 220.
Gamaches (Jean-Frédéric de), 384.
Gamier (Françoise), 493.
Gandalhac, 38.
Gannat, 129, 230, 239.
Ganniac (Bernard de), 98.
GANTS DE PEAU DE CHIEN, 220.
Garaud de Caminade (Jeanne-Françoise de), 381.
Garceval (Marguerite de), 461.
Gardes (des), forêt, 146.
Garet, cartier, 222.
Garivolde (saint), 24.
Garon (Marguerite), 478.
Gasquet (Françoise de), 463.
Gasse (de), 485.
Gast (de) Claude, 467.
— Jean, 467.
Gaubert (saint), *voir* Gausbert.
Gaumet, médecin, 168.
Gausberge, 422.
Gausbert (saint), 214.
Gautier (Charlotte), 452.
Gautier (Paul), 139.
Gayfre, *voir* Gaifre.
Gellone, 312.
Génebrard (Gilbert), 196, 197.
Guénégaud, 449.
Guénégaud (Maison de), 449.
Genès (saint), év., 24, 64, 274, 366.
Genès (saint), comte, 25, 259, 302, 311, 366.
Gênes, 228, 329, 332.
Genésienne (Maison), 309, 366.
Genest (Marguerite), 429.
Geneste (Claude), 433.
Genève, 153, 222.
Genève (de) Raoul, 75.
— Robert, card., 121.
Georges, comte, 301, 302, 310.
— sénateur, 366.

Georges (saint), év. de Saint-Paulien, 16, 362.
George (sainte), 18.
Georgienne (Maison), 362.
Gérante de Senas, 444.
Gérard, comte, 312, 313.
Gérard, grand-maître de Saint-Jean de J., 265.
Géraud, comte, 373.
Géraud, gentilhomme, 36.
Géraud (saint), 31, 261, 373.
Gerbais, 495.
Gerbais (Aigline de), 495.
Gerberge, 378.
Gerbert, 34, 195, 197, 199, 274, 275.
Gergovie, 2, 7, 10, 14, 133, 141, 192, 233, 247, 249, 251, 279, 291, 360, 361, 447.
Germanicus, 12.
Gerson (Jean), 110.
Gervais, cartier, 222.
Gerzat, 33, 62, 326.
Gésalic, 309, 367.
Geslan, 446.
Géta, 15.
Gévaudan, 351, 367.
Gévaudan (Philippie de), 316.
Giac ou *Giat*, 479.
Giac (Maison de), 426.
Giac ou Giat (de) Jeanne, 398.
— Louise, 393.
— Pierre, chanc., 199, 426.
Gilbert, év., 59, 60.
Gilbert de Neuffonts (saint), 47, 275.
Gilbertès ou Gilbertez, 80, 431.
Gilbertez (Maison de), 433, 434.
Gilbertez (de) Agnès, 431.
— Guillaume, 431.
Gimel (de) Blanche, 435.
— Louise, 459.
Giou, 458.
Giou (Maison de), 458.
Giou (de) Blanche, 430.
— Pierre, 269.
Giraud (Pierre), chantre, 119.
Gironde (de) Antoine, 442.
— François, 442.

Gironde du Monteil (Maison de), 476.
Glandières (Sibylle de), 494.
Gleteins (Marie de), 495.
Gobanition, 291, 360.
Godivel (Jeanne), 498.
Godon, archiprêtre, 38.
Gondole, 397, 446.
Gondolène (Maison de), 367.
Gondolenus, père de saint Prix, 367.
Gondras, 377, 408, 491.
Gontran, 24, 205, 310.
Gonzague (Charles de), duc de Nevers, 345.
Gontaut (Jean de), 359.
Gordiens (les deux), 16.
Gorre, 214.
Got (Bertrand de), *voir* Clément V.
Goths, 280, 283, 296.
GOUDRON, 218.
Gouge, *voir* Charpaigne.
Gourdon, 498, 499.
Gouvernet (Isabeau de), 402.
Gouzel de Ségur (Antoinette de), 475.
Gouzoles (Charlotte de), 442.
Gouzon (Gillette de), 431.
Goy (Gilberte), dame de La Guesle, 452.
Grandrif, 473, 486, 487.
Grand-Selve, abb., 54.
Granet (de), 487.
Gratianensis, 205.
Gratien, 156.
Gruveron, 400.
Graviers (des), source, 165, 166.
Graville, *voir* Malet.
Grégoire, év. de Langres, 206.
Grégoire VII, pape, 38, 40, 43.
Grégoire IX, pape, 70.
Grégoire XI, pape, 121, 399, 400.
Grégoire XIII, pape, 267.
Grégoire-le-Grand (saint), 46.
Grégoire (saint), pape, 25.
Grégoire de Tours (saint), 15, 17, 18, 23, 25, 26, 137, 145, 180, 181, 190, 193, 194, 197, 203, 205, 206, 209, 250, 251, 253, 260, 275, 282, 297, 301, 302, 310, 362, 366, 367.
Greil (de) Guillaume, 431.

Greil (de) Jeanne, 437.
— Sébastien, 431.
Greil La Volpilière (Maison de), 461.
Grenoble, 222, 263, 323.
Greppo, 248.
Grigny, 259.
Griou (puy de), 144.
Groslée (Bonne de), 495.
Groslier (Béatrix de), 497.
Grotte (de la), source, 177.
Gueldres (Catherine de), 493.
Guérard, 285.
Guérin, comte, 30, 299, 312, 313.
Guérin II, comte, 314.
Guérin (le P.), bénédictin, 162.
Guettard, 156.
Guiche (le comte de), 357.
Guichenon, 284.
Guigue IV, dauphin de Viennois, 317.
Guilhem de Clermont-Lodève (Louise de), 457.
Guillaume, ab. de Maurs, 116.
Guillaumanches (Maison des), 460.
Guillaume (Claire), 489.
Guillaume, ab. du Bouchet, 117.
Guillaume, comte d'Arles, 284, 316.
Guillaume (Pierre), vicomte de Chalons, 489.
Guillaume de Chamalières, 38, 40.
Guillaume de Gellone, 312.
Guillaume de Tyr, 57.
Guillaume Cuyant, 318.
Guillebon (Mlle de), 410.
Guilleme du Cluzel (Claude), 491.
— Gabrielle, 433.
— Guillaume, 433.
— Louis, 491.
Guise (de) François, 337, 338, 340, 357.
— Henri, 337, 340.
Guy III, comte de Vienne, 304.
Gyroinde, 24.

H

Halebrot (Catherine de), 480.
Halwin, *voir* Schomberg.

Haras, 237.
Harlay, 450.
Harlay (de) Achille, 457.
— Enemonde-Joachime, 447.
Harpe (rue de la), 92.
Hautefort (de) Catherine, 399.
— Marie, 385.
Hautefort-Saint-Chamand (de) François, 466.
— Rose, 466.
Haute-Serre, forêt, 146.
Hauteville (Méraude de), 430.
Hector, gentilhomme, 36.
Hector, patrice, 282, 311, 363, 368.
Heldin, 38.
Héliogabale, 15.
Helvidius, 274.
Hénard (Jeanne), 428.
Hennequin (Catherine), 406.
— Jeanne, 445.
Henri II, 308, 321, 322, 334, 336, 357, 489.
Henri III, 149, 322, 323, 338, 354, 357, 371, 486.
Henri IV, 161, 340, 341, 343, 344, 347, 349, 351, 353, 354, 378, 402, 405, 432, 439.
Henri, roi d'Angleterre, 50, 55, 56.
Henri II, id., 304, 490.
Henri V, id., 330.
Henri VIII, id., 334.
Héraclius, *voir* Montboissier.
Hérail, *voir* Buzarinques et La Roue.
Hercule, 197, 244, 248, 249.
Herment, 8, 38, 71, 72, 132, 256, 257, 305, 318.
Hervé, comte, 313, 314.
Hésus, 244, 249.
Hesychius (saint), 276, 363.
Hiérapolis, 161.
Hilarion de Coste (le P.), 335.
Hildegaire, chan. de Brioude, 35.
Himbaud, seigneur limousin, 285.
Hispalis, voir *Espaly*.
Hochstet, 429.
Hogmius, 244.
Hollande, 217, 222.

Hongrie, 69, 77, 343.
Hongrie (de) André, roi, 69, 77.
— Clémence, 104.
— Yolant, 77.
Hospitaliers, *voir* Saint Jean de Jérusalem.
Honorius, 17.
Honorius IV, pape, 90.
Hortense, comte, 301, 310, 364.
Houille, *voir* Charbon.
Hugues Capet, 34, 199, 299, 315.
Hugues, comte de Bourges, 302.
Hugues, év. de Grenoble, 42, 262.
Hugues (saint), 261.
Huîtres perlières, 162, 163.
Humberge, ép. de Guillaume IV, 33, 35, 316.
Humières (Louise d'), 405, 406.
Hunald, 28.
Hurault de Belesbat (Robert), 470.

I

Iberia, 19, 364.
Iboly (l'), riv., 131.
Iconium, 69.
Iguerande-en-Bourgogne, 486.
Ile-de-France, 22.
Illidienne (Maison), 361.
Illidius, *voyez* Allyre, Alyre ou Alire.
Illiers (d'), Jacques, 405.
— Léon, 405.
Ilpise (saint), 18.
Imberdis (André), 339.
Impératrice (Agnès), 113.
Indiciat, 389.
Ingelberge, ép. de Guillaume le Pieux, 313.
Ingelburge, dame de Beaumont, 316.
Injuriosus, 362.
Injuriosus (Maison d'), 362.
Innocent, év. de Rodez, 23.
Innocent II, pape, 44, 52, 265.
Innocent III, pape, 35, 69.
Innocent IV, pape, 74.
Innocent V, pape, 88.

Innocent VI, pape, 120.
Innocent VIII, pape, 267.
Intendants d'Auvergne (Liste des), 226.
Isidore, hist., 128.
Isidore de Séville, 137.
Issandolanges, 75, 76, 319, 495.
Isserpens (d') Catherine, 492.
— Claude, 377.
— Gilbert, 408.
— Isabelle, 401.
— Philippe, 377.
Issoire, 7, 14, 32, 129, 132, 134, 135, 139, 153, 155, 171, 190, 238, 256, 257, 259, 261, 262, 270, 271, 274, 286, 305, 318, 326, 339, 358, 432, 444, 445, 473.
Issoire (Maison des seigneurs d'), 368.
Istrac, 492.
Ithier, comte, 28, 312.

J

Jaban (Louise de), 476.
Jacobi (Pierre), 197.
Jacobins, *voir* Frères-Prêcheurs.
Jacques V, roi d'Ecosse, 332.
Jacques (saint), ap., 41.
Jacques (saint), ermite, 29.
Jaleyrac, 155, 172.
Jalignac (Hugues de), 89.
Jaligny, 36, 372, 373, 421.
Jaligny (Guichard Dauphin Ier, sr de), 372.
— (Guichard Dauphin II, sr de), 372.
Jaloustre (Charles), 243.
Jaloustre (Elie), 191.
James, roi de Chypre, 329.
Jardin (du), *voir* Orto (de).
Jarenton, ab. de Saint-Bénigne, 42.
Jarnieu, 494, 495.
Jarry, 463.
Jaude (de), sources, 163.
Javols, 276.
Jean, év., 31.
Jean VIII, pape, 30.
Jean X, pape, 36.

Jean XXII, pape, 103, 105, 108, 109, 115, 117, 132, 256, 258.
Jean, roi de France, 121, 129, 199, 320, 328, 329.
Jean de Dieu (saint), 270.
Jensac, 74.
Jérémie, arch. de Sens, 28.
Jérusalem, 115.
Jésuites, 93, 272.
Job, 274.
Joigny (Maison de), 378.
Joigny (Jean de), 378.
Jonas, év., 284.
Jonas (de) Catherine, 456.
— Gabrielle, 464.
Jonin (le P.), 272.
Joran, *voir* Ythier.
Jordane (la), riv., 131, 138, 148, 224, 225.
Jornandès, 280.
Joppé, 160.
Joseph, hist., 128.
Jossueil (Isabelle), 456.
Joubert Armand, 46.
Jourdain (le P.), 198.
Jovien, tyran des Gaules, 298.
Jovinien, 274.
Joyeuse (de) Antoine-Scipion, 358.
— Charles, 415.
— Hélène, 357, 414, 415.
— Jeanne, 338, 383, 384, 452.
— Jeanne, ép. d'Ant. de Bouillé, 434, 460.
Joze, 80, 168, 421.
Jubié, 222.
Judith, reine de France, 313.
Jugeals du Peyrat (Maison de), 476.
Juifs, 14, 16, 273.
Julhen (Antoinette), 463.
Julien (Anne de), 403.
Julien (de), *voir* Chambeuil.
Julien (saint), 18, 19, 29, 312.
Juliers (Marie de), duchesse, 332.
Julius Avitus Lupus, 15.
Julius Vindex, 11.
Jupiter, 244, 245, 247, 248, 252.
Just (saint), 24.

Justel, 312.
Justin II, 310.

K

Kalkar (Henry), 112.
Kircher (le P.), 139.

L

La Bachelerie (Anne de), 454.
La Barandie, 475.
La Barge, 90.
La Barge (Maison de), 452.
La Barge (de) Antoine III, 495.
— Gabrielle, 495.
— Marie-Françoise, 402.
La Barre, 211.
La Barre (de) Marguerite, 455.
— Marie, 469.
La Bastide, 173, 374.
La Bastide (Jeanne de), 440.
La Bastie, 495.
La Batisse (Françoise de), 431.
La Bâtisse (Roussel de), 393.
La Baume (Catherine de), 430.
La Baume-Forsat (Jean de), 269.
Labbé (Madeleine), 376.
La Blanchisse (Gabrielle de), 479.
La Borde (Marguerite de), 479.
La Borderie (Catherine de), 471.
La Borie, 474.
La Borne, 489.
La Bountat, 477.
La Bourdonnaye, 478.
La Bresle, 433, 473.
La Bretognière (Magdeleine de), 474.
La Broha, 80.
La Brosse (de), forêt, 146.
La Bussière (Jean de), card., 262.
La Buxière (Maison de), 478.
La Buxière (Claude de), 456.
Lac (du) Gilles III, 441.
— Louise, ép. de L. de La Barge, 453.
— Louise, 442.
— Marguerite, 495.

Lac-Anval (Maison du), 441, 468.
Lac-Contournat (Maison du), 468.
Lac-Puydenat (Maison du), 469.
La Carrière (de), 172.
La Case-en-Albigeois, 375, 492.
La Cassière (Jean de), grand maître de Malte, 265, 267.
Lacossou, lac, 141.
La Celette, 8, 146, 271.
La Chaise-Dieu, 7, 33, 37, 39, 40, 42, 44, 77, 83, 86, 131, 132, 134, 135, 136, 145, 218, 220, 238, 257, 261, 262, 286, 318, 331.
La Chapelle d'Andelot, 481.
La Chapelle-Jumillac (Pierre de), 269.
La Chapelle-Laurent, 440.
La Charité, 352.
La Chartreuse, voir Le Port-Sainte-Marie.
La Chartreuse-de-Neuville, 112.
La Grande-Chartreuse, 263.
La Chassagne, *voir* Montmorin.
La Chassagne (de) Françoise, 442.
— Jean, 390.
— Jeanne, 390.
— Louis, 440.
— Michelle, 467.
La Chastre (de) Claude, maréchal de France, 399.
— Jeanne, 399.
— Marguerite, 385.
Lachaux-près-St-Germain-Lherm, 153.
La Chaux-près-Vic-le-Comte, 418.
La Chétardie (Marie de), 376.
La Cheyre, 322.
La Clayette-en-Mâconnais, 420.
La Cluse, abb., 35, 381.
La Corde (port de), 242.
La Coste, 410.
La Coûture-en-Combraille, 456.
La Coûture-en-Combraille (Maison de), 478.
La Crégut, lac, 141.
La Croix (de) Claude, 450.
— Gabrielle, 432.
— Marie, 450.

Lacs, 139.
Ladvocat (Catherine), 471.
La Fage (Cantal), 484.
La Fageole, mont., 145.
La Farge (Catherine de), 473.
La Fau, 80.
La Faye (Charlotte de), 479.
La Fayette, 7, 386.
La Fayette (Maison de), 386, 421.
— (Branche de Champétières), 386, 387.
La Fayette (de) Anne, 404.
— Antoinette, 352.
— Antoinette, ép. de P. de Rivoire, 490.
— Catherine, 491.
— Jacqueline, 149.
— Jacquette, 354.
— Marie, 409.
— René-Armand, 429.
La Fayette-Hautefeuille (de) Jean, 421.
— Mad., 217, 387.
La Fayette (Motier de) Algaye, 441, 453.
— Gilbert I, 387.
— Gilbert II, 386.
— Gilbert III, maréch. de Fr., 330, 331, 441.
La Fère, 343.
La Ferrière, mine, 150.
La Ferté, *voir* Saint-Nectaire.
La Feuillade, commanderie, 269.
La Fin (de) Claudine, 497.
— Jean, 451.
— Magdeleine, 451.
La Fin, *voir* Beauvais.
La Fontaine-du-Berger, 157.
La Force (le maréch. de), 348.
La Forest, 62.
La Forest (Marguerite de), 429.
La Forest-Buillon (Maison de), 418.
La Forio, 222.
La Forterie (Barbe de), 429.
La Foulhouse, 90.
La Fraissange ou *La Fressange*, 467.

La Galissonière (Barrin de), 470.
La Garde de La Maleraye (Françoise de), 402, 403.
Lager (Bertrand de), 121.
La Gibaudière, *voir* Scorailles.
La Godivelle, lac, 141.
La Gorse (de) Béatrix, 494.
— Marthe, 476.
La Goutte (de) Isabeau, 462.
— Isabeau, ép. de Gasp. du Croc, 465.
La Grand'Rive, 222.
La Grange (Michelle de), 451.
La Grange, *voir* Pons (de).
La Grolière ou *La Groslière*, 385, 437, 447, 448, 454.
La Groslée (Imbert de), sénéch. de Lyon, 330.
La Guesle, 417.
La Guesle (Maison de), 417, 418.
La Guesle (de) François, 463.
— Françoise, 449.
— Gautier, 75, 417.
— Jean, 198.
— Jeanne, 463.
— Robert, 449.
La Guiche (de) Jean, 404.
— Louise, 404, 432, 491.
— Marguerite, 377.
La Guiche de Saint-Géran (de) Jean-François, maréch. de France, 400.
— Marie-Gabrielle, 400.
La Guillaumenque, 465.
La Hire, *voir* Vignoles.
Laire (Péronnelle de), 441.
La Jaille (Françoise de), 497.
Lajas, forêt, 68.
La Jugie (Françoise de), 459.
La Madeleine, source, 177.
La Maleraye, *voir* La Garde.
La Marche (Sabadin de), 67.
La Marche de Coûtes (Charlotte de), 433.
La Marck (Antoinette de), 343.
La Margeride, 80, 129, 145, 146, 218, 422.
Lambale, 334.

Lambert, duc de Spolète, 30.
Lambin (Denis), 335.
Lambron, voir *Lembron*.
La Meilleraye, *voir* La Porte.
Lamer (de) Jeanne, 459.
— Pierre, 459.
La Merci de La Marcousse (Anne de), 428.
La Molette (Arbert de), 83.
La Molière, 390.
Lamontgie, 153.
La Mothe-Houdancourt (de) Marie-Isabelle-Gabrielle, 386.
— Philippe, maréch. de France, 355, 356, 386.
Lamothe-près-Brioude, ou *Lamothe-Canillac*, ou *Lamothe-Barentin*, 262, 270, 354.
La Motte-Fucilly, 493.
La Mothe-Mérinchal, 402.
La Mothe-Saint-Jean (Alix de), 496.
La Mouche, mont., 145.
Lampret, 155.
La Mure (J.-M. de), 329.
Lancelot, 252.
Lander (le), riv., 131, 138.
Landeyrat, 129.
Landonne (Florie), 427.
Langeac, 8, 40, 105, 130, 131, 132, 133, 134, 145, 154, 155, 210, 219, 241, 258, 263, 270, 271, 391, 392.
Langeac (Maison de), 391, 392.
— (Branche de Coligny), 391.
— (Branche de Dalet), 391, 392.
— (Branche de Préchonnet), 392.
Langeac (de) Alix, 414.
— Anne, 459.
— Antoine, grand maître de Saint-Antoine, 269.
— Antoinette, ép. de Jacques d'Aubusson, 437.
— Antoinette, 461.
— François, grand maître de Saint-Antoine, 269.
— Françoise, 391, 404, 491.
— Gilbert, 461.
— Jacques, 439.

Langeac (de) Jean, 391, 491.
— Jean, év., 196.
— Louis, grand maître de Saint-Antoine, 269.
— Marguerite, 401.
— Tristan, 414, 458.
— Vidalle, 458.
Langeac-Dalet (de) Alyre, 490.
— Catherine, 434.
— Catherine, ép. de Jacques d'Aubusson, 490.
— Gilbert, 434.
Langeais, 138.
Langres, 20.
Langres (hôtel de), 93.
Langue d'Auvergne, 267, 268, 269.
Languisset, archid. d'Aurillac, 85.
La Nobre, 145, 218, 454.
La Noue (François de), 337.
La Nugère, mont., 157.
La Pascherie, 484.
Lapeyrouse-Escars (Françse de), 497.
La Planèze, 211, 215.
La Porte de La Meilleraye (Charles de), maréch. de Fr., 424, 452.
La Prade, 133.
La Presle, 487.
Laps, 75, 76.
Laqueuille, 8, 159, 257.
La Queilhe ou La Queille (Maison de), 393.
La Queille (de) Catherine, 352.
— Jacques, 427.
— Jean, sr de Florat, 339.
— Jean, 451, 493.
La Rabastelière, *voir* Bruneau.
La Racherie, 265.
L'Arfeuillère, 455, 456, 479.
La Richardie (Marie de), 465.
La Richardière (Marguerite de), 429.
La Rivière (Roger de), 104.
Larmière (Anne de), 449.
La Roche (de) Béatrix, 330, 454.
— Alix, 430.
— Catherine, 454.
— Jeanne, 435.
— Philibert, 421.

La Roche-Aymon (de) Geneviève, 388.
— Louise, 475.
La Roche-Aymond, 423.
La Roche-Beaucourt (Madeleine de), 347.
La Rochebrian (Amable de), 456.
La Rochebriant (Maison de), 460.
La Roche-Canillac, 133, 287.
La Roche-près-Aigueperse, 470.
La Roche-Chaudry (Abdenago de), 455.
La Roche d'Arfeuille, 444.
La Roche-Donezac ou *La Roche-Blanche*, 448.
La Roche du Ronzet (Maison de), 479.
La Rochefoucaud (de) Antoine, 493.
— Charlotte, 355.
— François III, 339.
— Isabelle, 339.
— Madeleine, 337.
— Marie, 402.
La Rochefoucauld-Coussage (de) François, 436, 492.
— Henri, 436.
La Rochefoucauld-Langeac (de) Louis-Antoine, 404, 432, 491.
— Marie, 432.
La Rochefoucauld-Randan (de) Charles, 338.
— François, év., 123, 338.
— Jean-Louis, 338, 339.
— Marie-Catherine, 339.
La Rochefoucauld-Ravel (de) François, 351, 415, 488.
— Gilberte, 488.
— Pernelle, 415.
La Rochefoucauld (Jacques de), sr de Chaumont, 391, 404.
La Rochelle, 344, 345, 347, 348
La Roche-Marchalin, forêt, 146.
La Roche-Marniac ou *Noire*, 211.
La Rochette (Antoinette de), 442.
La Roche-Tournoël (Maison de), 419.
La Roche-Tournoël (de) Catherine, 377.
— Charlotte, 336, 497.

La Roche-Tournoël (de) Dauphine, 433.
— Jean, 336.
La Roche-Vernassal (Maximilien de), 438, 482.
La Roque (de) Anne, 465.
— Marguerite, 413.
La Roque-Cassaniouse, 465.
La Roque Paulhac, *voir* Brezons-Neyrebrousse.
La Roque-Sénezergues (Maison de), 458.
La Roque-Sévérac (Louise de), 440.
Laroquebrou ou *Roquebrou (la)*, 8, 138, 287, 354.
La Roquebrou, *voir* Aurillac-Montal.
La Roquevieille, 460.
La Roue, 7, 407, 427, 486.
La Roue (Maison de), 407, 487.
La Roue (de) Anne, 426.
— Gasparde, 430.
— Guillaume, év., 85.
— Jeanne, ép. de Gilb. de Monestay, 400.
— Jeanne, 413.
— Sybille, 380.
La Roue (Hérail de) Gasparde, 399, 427.
— Jeanne, 427.
— Marguerite, 498.
La Roussière (Catherine de), 433.
La Roy de Guédon (Diane-Madeleine de), 464.
La Salle (Isabeau de), 481.
La Salle du Tillet (Maison de), 479.
La Sauvetat, 158.
La Souchère (de) Jacqueline, 402.
— Jérôme, card., 123, 262.
La Soucheyre, *voir* Cordebeuf-Montgon.
Lastic, 8, 266, 404.
Lastic (Maison de), 404, 463.
— (Branche Lastic-Dauphiné), 404, 405.
— (Branche Lastic-Montlaur), 404.
Lastic (de) Jean, grand maître, 266, 267, 268.

Lastic (de) Jeanne, 417.
— Jeanne, ép. de L. du Bourg, 428, 488.
— Louis, 268.
— Pons, 417.
— Suzanne, 429.
La Terrisse, 488.
Latilly (Pierre de), év., 120.
La Tour ou La Tour d'Auvergne, 86, 132.
Latour (de), 58, 100.
La Tour (de) Agne ou Agnon, prieur, 105.
— Anne, duchesse d'Albanie. 321, 332, 333, 442.
— Bernard, 38.
— Bernard III, 60.
— Bernard V, 86.
— Bernard VI, 60, 74, 409.
— Bernard VII, 75, 80, 83, 406.
— Bernard VIII, 100, 105, 374, 390, 424.
— Bernard, card., 105, 121.
— Bernard, év. de Langres, 93, 122.
— Bertrand Ier, 60.
— Bertrand III, 104, 406.
— Bertrand IV, 116, 122, 420.
— Bertrand V, 321, 376.
— Bertrand VI, 80, 321.
— Bertrand VII, 319, 321.
— Bertrand VIII, 477.
— Bertrand, chan., 80.
— Bertrand, év. du Puy, 122.
— Claude, dame de Florat, 342.
— Constance, 461.
— Constance, ép. de Ph. de Lespinasse, 420.
— Dauphine, 374.
— Dauphine, ép. d'Eb. de Ventadour, 421.
— François, vic. de Turenne, 421.
— Françoise, 410.
— Gaillarde, ép. de P. de Murat, 74, 409.
— Gaillarde, ép. de Guy d'Apchon, 390.

La Tour (de) Gaillarde, ép. de P.-M. de Montboissier, 407.
— Géraud Ier, 38, 422.
— Géraud II, 38.
— Godefroy, 377.
— Guillaume, chan. de Clerm. et de Brioude, 104.
— Guy, 321.
— Guy, év. de Clermont, 6, 67, 75, 81, 82, 84, 85, 88, 89.
— Henri, év., 122.
— Hugues, év. de Clermont, 6, 67, 71, 72, 73, 79, 81, 86, 107, 407.
— Hugues, sénéch. de Lyon, abbé de Clermont, 89, 90, 91.
— Huguette, 462.
— Jacques, 462.
— Jean, card., 122.
— Jean III, comte, 122, 308, 321, 333.
— Jean III, 321, 333.
— Madeleine, 308, 321, 333.
— Marguerite, 375.
— Mascaronne, 100, 424.
— Rotberge, 422.
— Suzanne, 377.
Latour-d'Auvergne ou Tour d'Auvergne (la), 8, 39, 80, 150, 286, 322, 371, 373.
La Tour d'Auvergne (de) Emmanuel-Théodose, 308, 324, 350, 372.
— Frédéric-Maurice, 324, 372.
— Godefroy-Maurice, 308, 323, 324, 350, 372.
La Tour-du-Pin (de) Albert Ier, 75.
— Albert, le Jeune, 75.
— Albert II, 71.
La Tour-du-Pin-Gouvernet (de) Jeanne, 436.
— René, 436.
La Tourette, 265.
La Tour-Goyon, 274.
La Tour-Maubourg (de), 330.
La Tour-Murat-le-Quaire (de) Antoine-Raymond, 409.
— Françoise, 397.
— Françoise, ép. de H. de Rivoire, 496.

La Tour-Murat-le-Quaire (de) Jacques, 434.
— Jean, 409.
— Jean, fils de Jacques, 434.
— Marguerite, 496.
— Martin, 397.
— René, 496.
La Tour-Olliergues (Branche de), 372.
La Tour-Olliergues (de) Agne Ier, 113, 452.
— Bertrand Ier, 100, 103, 113.
— Pierre dit Pierrot, 113.
La Tour-Saint-Paul (de) Anne, 460.
— Henry, 460.
La Tour-Saint-Vidal (de) Antoine, 394.
— Charlotte, 396, 434.
— Claire, 394.
— Philiberte, 488.
La Trémolière (Catherine de), 467.
La Trémouille (de) Charles-Bretagne, 387.
— Georges, 320, 321, 427.
— Guillaume, 306.
— Louise, 321.
— Marie-Armande-Victoire, 373.
— Pierre, 306.
Lau (Louise du), 476.
Laubarès, 480.
Laudouze (Marguerite de), 463.
Lauraguais, 321, 322.
Laure (Jeanne de), 442.
Laurie (Gabrielle de), 475.
Laval (de) Charlotte, 353.
— Françoise, 448.
— Jeanne, 385.
Laval (Guy XVII, comte de), 334.
Lavarre, 498.
Lavassin ou *Vassin (la)*, 8, 60, 141, 257, 262.
La Vastrie, 258.
Lavaudieu, 8, 135, 262.
Laveine, abb., 262.
La Vergnete, 463.
La Vernède (Jacqueline de), 430.
Laves, ruiss., 68.
La Veyssière, 104, 457.
La Vidalanche, 392.

Lavieu, 427.
Lavieu (de) Bertrand, 446.
— Dauphine, 407.
— Marguerite, 352, 497.
La Vieuville (de) Charles, duc, 418.
— Jeanne, 420.
La Vilatelle, 473.
La Villetour, 171.
La Volpilière (Maison de), 431.
La Volpilière (de) Guimone, 453.
— Isabeau, 424.
— Jeanne, ép. de Jean de Chavagnac, 432.
— Jeanne, 454.
— Marie, 463.
Lavondès (Catherine de), 468.
Lavoûte-Chillac, 8, 36, 134, 261.
Layse-Siougeac (Maison de), 463.
Le Bègue (Anne), 474.
Le Blanc, intendant d'Auv., 236.
Le Blanc (Paul), 222, 348.
Le Boscage, 460.
Le Bouchet, abb., 59, 112, 117, 257, 262, 318.
Le Bouteiller de Senlis (Guillaume), 330.
Le Bouthillier de Rancé (Denis), 438.
— Marie, 438.
Le Breuil, 135, 374, 406, 439, 495.
Le Breuil, *voir* Courcelles.
Le Broc, 256, 305, 417.
Le Buis, abb., 262.
Le Cendre, 446, 499.
Le Chambon-près-Murols, 416, 417.
Le Chier, 480.
Léclache, 8, 59, 257, 262.
Le Cour *ou* Court (Madeleine), 399.
Le Crest, 256.
Le Croc, 95.
Le Donjon, 425.
Le Falgoux, 145, 154, 498.
Légonce (saint), 17.
Legoux de La Berchère (Claude-Catherine), 489.
— Pierre, 323, 324.

Le Grand (Madeleine), 472.
Legrand d'Aussy, 150, 151, 152, 177, 212.
Le Groing (Anne), 418.
— Marguerite, 437.
Le Lac, 441.
Le Lioran, mont., 138, 143.
Le Loup (Anne), 434.
— Blain, sr de Montfan, 446.
— Blain, sr de Beauvoir, 393.
— Christophe, sr de Montfan, 352.
— Françoise, 446.
— Jeanne, 418.
— Louis, sr de Pierre-Brune, 352.
— Paul, 458.
— René, 446.
Le Luguet, mont., 145.
Le Maistre de Sacy, 471.
Le Marais, 213.
Le Maréchal ou Mareschal de Fourchaud (Claude), 400.
— Isabeau, 479.
— Jean, 400.
— Pierre, 479.
Le Mayet, 265.
Lemnos, 154.
Le Monteil, 442, 476.
Le Montel-de-Gelat, 354.
Le Moustier-de-Montferrand, 44.
Le Moustier-de-Thiers, 257.
Lempdes (Haute-Loire), 135, 155, 219.
Lempdes (Puy-de-Dôme), 89.
Lens, 356.
Léobard (saint), 25, 275.
Léocadie, 15.
Léon, 19, 364.
Léon, roi d'Arménie, 69.
Léon X, pape, 321.
Léopardin (saint), 275.
Léotoing, 401, 438, 439.
Léotoing (Maison de), 401.
Léotoing-Montgon (Maison de), 402.
Léotoing-Charmensac (Maison de), 439, 440.
Léotoing (Louise de), 402.
Lepagnal (Claire), 489.

Le Palais, 495.
Le Pantier, voir Montpentier.
Le Pastural-près-Saint-Anthême, 486.
Lépaud, 132.
Le Peschier, 473, 487.
Lepidus (M.-Emil.), 294.
Le Plomb du Cantal, 143, 144.
Le Poët, 480.
Le Pont-du-Château, 7, 134, 159, 241, 286, 382, 496.
Le Pont-du-Vernet, 135.
Le Poux, 489.
Le Puy-de-Dôme, 129, 130, 136, 144, 157, 251, 252.
Le Puy-en-Velay, 31, 34, 37, 69, 73, 77, 85, 86, 109, 132, 221, 270, 318, 377, 395.
Le Puy-Saint-Bonnet, 464.
Le Puy-Saint-Gulmier, 8, 437.
Le Rat (Geoffroy), 69, 266.
Lérins, 259, 302.
Lermite de la Faye, 451.
Leron (Marguerite de), 464.
Le Rouet, 467.
Les Chases ou Chazes, abb., 40, 117, 133, 134, 258, 261.
L'Esco (Maurice de), 267.
Les Fauges, 144.
Les Granges, 80, 421.
Les Lignères, 8, voir Lignières.
Les Martres-d'Artières, 136.
Les Martres-de-Veyre, 134, 135, 167, 212, 382.
Les Martres-sur-Morge, 136, 495.
Lespinasse, 106.
Lespinasse (Maison de), 420.
— (Branche de Changy), 420.
— (Branche de La Clayette), 420.
— (Branche de Maulevrier), 420.
Lespinasse (Jeanne de), 417.
Les Roches, forêt, 145.
Les Roches-près-Pontgibaud, 158, 483.
Les Viadènes, 431.
Le Terrail, 488.
Letgarde, voir Liutgarde.

Lettes des Prez (de) Antoine, marêch. de Fr., 412.
— Balthasare, 412.
Leucate, 346, 355.
Leucone, 26.
Levernart, 357.
Le Vernet-la-Varenne, 152.
Le Vernet-Sainte-Marguerite, 135, 170, 483.
Lévi ou Lévis (de) Catherine, 468.
— Isabeau, 122, 420.
— Jeanne-Gabrielle, 399, 494.
— Pierre, 408.
Lévis-Cousan (Isabelle de), 493.
Lévis-Caylus ou Quélus (de) Antoine, 412, 414.
— Suzanne, 412.
Lévis-Châteaumorand (de) Hélène, 430.
— Jean-Claude, 430.
Levis-Ventadour (de) Gilbert, 377.
— Jacqueline, 377.
Leyrette (Maison de), 480.
Leytoure, 354.
Lezoux, 7, 44, 61, 62, 75, 89, 130, 145, 152, 154, 220, 243, 251, 256, 264, 286, 318, 477.
L'Hospital (Maison de), 469.
— (Branche de L'Hospital-La Roche), 470.
L'Hospital (Michel de), 196, 197, 200, 335.
L'Hospital-Sainte-Mesme (Anne de), 493.
Licinius Crassus, 294.
Lidde, 69.
Liège, 76, 493.
Lieutadès, 431.
Lignat, 383.
Lignerac (Claude de), 467.
Lignerac, voir Robert de Lignerac.
Lignières-en-Combraille, 455.
Lignières (Maison de), 455, 460.
Lignon (le), riv., 138.
Ligondez (Maison de), 464.
Ligonne, 477.
Ligonnez, voir Dantil.

Lille-en-Flandre, 76, 350.
Limagne d'Auvergne (la), 5, 7, 128, 130, 132, 135, 142, 145, 147, 181, 213, 214, 217, 234, 238, 239, 256, 293.
Limoges, 19, 196, 239, 241, 297, 313, 364, 478.
Lin, 213.
Linières (Florie de), 328.
Liparis, 160.
L'Isle-d'Adam (Philippe de), grand maître de Malte, 265.
L'Isle-Bouchard (Catherine de), 321.
Lissac-près-Vic-le-Comte, 441.
Listenois, 425.
Lithuanie, 328.
Litonus, 198.
Liutgarde, ép. de Bernard Ier, 313.
Livradois (le), 7, 132, 136, 256, 351.
Lizet (Pierre), 196, 198, 286, 438.
Lodève, 105, 312.
Londres, 348.
Longchamp, 305.
Longueval (Anne de), 386.
Longjumeau, 406.
Lorac, 492.
Lorette, 346.
Loriol (Pierre de), 446.
Lorraine (de) Anne, 354.
— Antoine, 378.
— Charles, duc de Mayenne, 338, 340, 352.
— Charles, duc d'Aumale, 353, 354.
— Françoise, 378.
— Louis, card., 337, 340.
— Louise Marguerite, 340.
Lorraine-Elbeuf (Marie de), 354.
Lorraine-Harcourt (Maison de), 357.
Lorraine-Harcourt (Alphonse-Charles-Marie de), 415.
Lorraine-Mercœur (Louise de), reine, 338.
Lot (le), riv., 138.
Lothaire Ier, 30.
Loubeyrac (de) Antoine, 467.
— Louise, 467.
Louis l'Aveugle, roi de Provence, 313.

Louis Ier, le Débonnaire, 28, 29, 30, 259, 282, 283, 312, 313.
Louis II, le Bègue, 30, 314.
Louis III, 314.
Louis IV, d'Outremer, 299.
Louis VI, le Gros, 44.
Louis VII, le Jeune, 47, 50, 55, 69, 300, 304, 317.
Louis VIII, 70, 71, 307, 325.
Louis IX (saint), 72, 73, 82, 83, 96, 99, 271, 289, 306, 307, 319, 325, 326, 395, 399, 407, 417, 419.
Louis X, le Hutin, 103, 104, 114, 426.
Louis XI, 106, 195, 319, 331, 333, 402, 405, 434, 443.
Louis XII, 434, 452, 485.
Louis XIII, 142, 200, 231, 308, 323, 340, 342, 343, 344, 354, 402, 486, 499.
Louis XIV, 200, 220, 308, 323, 340, 343, 351, 359.
Louis XV, 383.
Loup (saint), 19.
Louvain (Alix de), 76.
Lubière, 416.
Lubilhac, 274.
Lucain, 182, 183, 244, 247, 249.
Lucien, 244, 248.
Lucinge (de) Anne, 395.
— René, 395.
Lucius II, pape, 46.
Lucius III, pape, 57.
Luçon, 344.
Lude, *voir* Daillon.
Ludesse, 477.
Ludesse (de) Catherine, 457.
— Gilberte, 436.
Luerius, 10, 182, 191, 290.
Lug, 250, 251.
Lugeac, 35.
Lugnat, 62.
Lugny, 497.
Luguet, 250.
Lusillat, 481.
Lussac, 479.
Lussat, 36, 80.
Lutgarde, 417.

Luther, 195.
Lutzelstein, 343.
Luxembourg (de) Charles, 334.
— François, 334.
— Pierre, 263.
— Sébastien, 334.
Luynes (de) Charles d'Albert, duc, connét., 344.
— Honoré d'Albert, duc, 349.
Luys (Guillaume de), 88.
Luzancy, 471.
Luzignan (de) François, 485.
— Olympe, 485.
Lyde, 395.
Luzers, 480.
Lyon, 14, 15, 25, 26, 35, 52, 53, 66, 76, 118, 122, 167, 214, 215, 216, 219, 220, 239, 241, 242, 243, 271, 340, 341, 352, 361, 366.

M

Macédoine, 159.
Mâcon, 312, 313.
Mâcon (Anne de), 383.
Macrin, 15.
Macrobe, 247.
Madic, 8, 173.
Madières (Jeanne de), 456.
Madriat, 135.
Maensac, voir *Moissat*.
Maflée, 498.
Magnac (Cantal), 178.
Maguelonne, 53, 298.
Mahomet II, 267.
Mahomet III, 349.
Maignien, 222.
Maillargues ou *Maliargues*, 215.
Maillé-Brézé (Urbain de), maréch. de Fr., 355.
Mailleret (Suzanne de), 479.
Mailly (de) N., 268.
— Françoise, 377.
— Louis, 377.
Mailly (Robert de), 351.
Maine (le), 22.

Majorien, 19, 205, 298.
Malauze (de), marquis, 157, 375.
— Henri de Bourbon, 375, 411, 412, 492.
— Jean, 411.
— Madeleine de B., 375, 492.
— Magdeleine de B., 412.
Malauzat, 428.
Malbo, 106.
Malemort, 459.
Malemort (Hélie de), 59, 65.
Malet de Graville (Anne), 405.
Malet de Vendaigre, 419.
Malintrat, 62, 116, 159, 391.
Malleret (Catherine de), 448.
Mallesagne, 424.
Malmesburg (Guillaume de), 216.
Malnon, 305.
Malvoisin (René de), 465.
Mambrun (le P.), 272.
Mammée, 15, 295.
Mamert (saint), 20.
Mamert Claudien, 20.
Mamet (saint), 255.
Mancini (Marie-Anne de), 324, 350, 373.
Mandevillain (Jean de), év., 118.
Manglieu, 8, 24, 27, 257, 261.
Mantoue, 345, 346.
Manuel, empereur, 329.
Maquis (Louise), 472.
Marat (Philippe de), 479.
Marbres, 156.
Marc-Antoine, 294.
Marc-Aurèle, 13, 15.
Marcenat, 8, 224.
Marcenat (Antoinette de), 462.
Marchise, ép. de Guillaume VII, 317.
Marcillat, 146.
Marcland (Christine de), 440.
Marconnay (Gilberte de), 400.
Marcoussis, 405.
Mardick, 355.
Mardogne, 8, 58, 134, 398, 404.
Mardogne (de), 58, 250, 398, 416.
— Dauphine, 416.
— Françoise, 416.

Mareugheol ou *Marieuge-Lembron*, 256, 305.
Marguerite (la reine), ép. d'Henri IV, *voir* Valois.
Marguerite, reine de Hongrie, 69.
Marillac (Maison de), 428.
Marillac (de) Anne, 476.
— Gilbert, 449.
— Madeleine, 387.
— Michel, 200.
— Péronnelle, 449.
Maringues, 7, 130, 134, 136, 220, 238, 270, 271, 274, 286, 421.
Marion (Catherine), 471.
Marnhac, 153.
Mars, 244, 249, 250, 253.
Marsac, 222, 274, 426.
Marsal-Aurillac-Conros (de) Alix, 374, 439.
— Aymeric, 374, 439.
Marsat, 136, 262.
Marseille, 185, 199, 215, 220, 310, 311.
Marsilhac (Antoinette de), 466.
Mart (saint), 18.
Martel (Catherine), 450.
— Charles, 450.
Martène (dom Ed.), 285.
Martial, 13.
Martin (saint), 17, 18, 205.
Martinon (le P.), 198.
Mary (saint), 255.
Mary (bois de), 154.
Mary (puy), 144.
Maschale, 93.
Massiac, 8, 135, 145, 156, 287, 394, 430.
Massillon (J.-B.), év., 124, 168.
Masson (dom), chartreux, 263.
Matha (Guillaume de), 379.
Matharel, relig. feuillant, 262.
Mathieu (P.-P.), 244.
Matrou, 402.
Maubec (Etienne de), 79.
Maumont (Jeanne de), 354, 382, 398.
Maune, 214.

Mauriac, 8, 28, 43, 123, 130, 131, 132, 150, 154, 155, 157, 172, 213, 224, 256, 258, 261, 270, 272, 309, 318, 366, 387, 388, 474.
Mauriac (de), *alias* Miramon (Anne de), 462.
— Jean, 462.
Maurienne (Pierre de), 284.
Maurinais (Humbert de), 268.
Maurs, 8, 89, 116, 130, 131, 133, 138, 261.
Mauvicières (Catherine), 442.
Mauzac, *voir* Mozat.
Mauzun, 66, 75.
Maxime, 17, 156, 202, 205.
Maximin, 16.
Mayaux, 153.
Mayenne, *voir* Lorraine.
Mayeul ou Mayol (saint), 34.
Maymont ou *Meymont,* 90, 407, 439.
Mazarin, cardinal, 324, 344, 350, 356.
Mazayes, 38, 158.
Mazérat, 305.
Mazeroles, 410.
Méalet (Maison de), 467.
— (Branche de Bleau), 468.
— (Branche de Lestrade), 468.
— (Branche de Vitrac), 468.
Méalet (Catherine de), 459.
Meaux, 109, 270.
Médagues, 168.
Médicis (Etienne), 330.
Médicis (Catherine de), 61, 122, 123, 161, 308, 321, 322, 333, 335, 371, 441, 471.
— Laurent, 321.
— Marie, 341, 347, 356, 486.
Médulphe, *voir* Mion.
Médulphe (Maison de), 368.
Meissac, 467.
Mège (Jeanne de), 465.
Mégemont, abb., 55, 257, 262.
Meilhaud, 7, 135, 171, 339.
Mélanchton (Philippe), 335.
Melet de Beaufort (Catherine de), 456.

Melgueil (de) Judith, 39, 300, 316.
— Pierre, 316.
Mello (de) Charles, 425
— Jean, év., 120, 121, 122, 328.
Menat, 8, 29, 132, 136, 146, 148, 256, 257, 259, 261.
Mende, 298.
Menelée (saint), 261.
Ménestrier (le P.), 185.
Ménetou (Renée de), 465.
Ménétrol, 33.
Mentières, 402.
Meouillon (Françoise de), 415.
Mercier (Anne), 477.
Mercœur, 8, 131, 132, 163, 195, 303, 401.
Mercœur (Maison de), 378.
Mercœur (de), 28, 33, 34, 37, 44, 110, 261, 378.
Mercœur (de) Beraud Ier, 378.
— Beraud IV, 48.
— Beraud VIII, 326.
— Beraud, s^r de Léotoing, 401.
— Etienne, 37.
— Etienne, 48, 53, 54.
— Itier, 378.
— Odile, 48.
— Odile, *voir* O lile (saint)
— Pierre, 110.
Mercure, 6, 11, 145, 150, 197, 208, 244, 250, 252, 253, 361.
Merdogne, 132, 249, 250, 256.
Mérinchal, 138.
Merville, *voir* Escars.
Méry-sur-Seine, 428.
Messala (Val.), 294.
Mesgrigny (de), intendant d'Auv., 226, 232.
Mesme (de) Henri, 445.
— Judith, 445.
Messeix, 155.
Messiliac, *voir* Rastignac.
Meüillon, *voir* Bon.
Meymont, voir *Maymont.*
Mez (du) Louise, 448.
— Marguerite, 448.
Mezel, 155.

Mezeray, 306, 335.
Mieschamps (Erald de), 326.
Milan, 344, 346, 347.
Milhau, 348.
Millet (Suzanne de), 498.
Milly (Jacques ou Joubert de), 267, 268.
Milon, arch. de Bénévent, 40.
Minardon (Marie de), 472.
Minerve, 250, 252.
Mines, 147.
Minimes, 156, 271.
Miolans, 347.
Mion (saint), 368.
Miramont, *voir* Miremont.
Miramon (de), *voir* Mauriac (de).
Miraumont (Guy de), 358.
Mirbel, 449.
Mirefleur, 345.
Mirefleurs-près-Vic-le-Comte, 50, 134, 135, 147, 154, 211, 233, 245, 308, 333, 442.
Miremont (Isabelle de), 444.
Miremont (Maison de), 411.
Miremont-Pesteils, 415.
Mirepoix, 270.
Mitte de Chevrières (Claudine), 434.
Modène, 353.
Moderatus, ab., 27.
Moissac, 84.
Moissac (Bertrand, abbé de), 84.
Moissat, 31, 32, 66.
Molay (Jacques de), 103.
Molen (Jacquette de), 440.
Moléon, 178.
Monceaux (P.), 244.
Monceaux (de) Antoine, 442.
— Catherine, 442.
Monestay (Marie de), 404.
Monestay-Chazeron (Maison de), 400, 401.
Monestay-Forges (Marguerite de), 402.
Monistrol-sur-Loire, 86.
Monnaie de Clermont, 91, 107.
Monnaie de Riom, 149.
Monne (la), riv., 134, 135.

Mons (château de), 252.
Mont (Pierre du), 267, 269.
Montafié (comte de), 340.
Montagnac (Maison de), 455, 456, 460.
Montagnac (de) Gaspard, 455, 456, 479.
— Jean, 479.
Montagnes, 142.
Montaigne (Michel), 224.
Montaiguillon-en-Brie, 424.
Montaigu ou Montaigut (Maison de), 395, 396.
Montaigut (de) Alix, 445.
— Astorg, arch., 69.
— Bernard, év., 69, 73.
— Etienne, 268.
— Foulques, 69.
— Guérin, grand maître de Saint-Jean, 69, 70, 266.
— Odon, 268.
— Pierre, 69.
— Pierre, fils de Pierre, 69.
— Pierre, grand maître de Saint-Jean, 69.
Montaigut-Aycelin ou Listenois, *voir* Aycelin.
Montaigut-Beaune, 396.
Montaigut-Bouzols (Joseph de), 396, 435.
Montaigut-Fromigières, 396.
Montaigut-Fromigières (de) Henri, 356.
— Louis, 356.
Montaigut-le-Blanc ou *sur Champeix*, 7, 69, 70, 78, 266, 395.
Montaigut-lès-Combrailles, 8, 133, 150, 270, 271, 287, 423, 490.
Montaigut-Listenois, voir *Montaigut-sur-Billom*.
Montaigut-sur-Billom, 92.
Montal (de) Anne, 388.
— Amaury, 459.
— Gilles, 354, 492.
— Hélène, 459.
— Jean, 459.
— Rose, 492.
Montaret, 400.

Montauban, 83, 344, 454.
Montboissier, 8, 132, 386.
Montboissier (Maison de), 381, 382, 383.
— (Branche de Dienne), 382, 383.
— (Branche des Martres), 382.
— (Branche du Pont-du-Château), 382.
Montboissier (de) 51, 53, 58, 110, 353, 407.
— Anne, 395.
— Armand, 45.
— Eustache, 407.
— Eustache-Maurice, 47.
— Guillaume, év., 122.
— Héraclius, 52, 56, 57.
— Hugues-Maurice, 35.
— Jeanne, 422.
— Jourdain, 45.
— Pierre-Maurice, dit le Vénérable, 45, 46, 47, 51, 52, 184, 197, 261, 276.
— Pierre-Maurice, 407.
— Ponce, 45.
Montbrun, *voir* Montclar.
Montchamps, command., 265.
Montclar, 347.
Montclar (Maison de), 414, 461.
— (Branche de Montbrun), 414, 461.
Montclar (de) Marguerite, 454.
— Sibille, 392.
Le Mont-Dore, voir *Bains-du-Mont-Dore*.
Le Mont-Dore, mont., 129, 130, 139, 144, 146, 151, 175, 216.
Montel-de-Gelat (le), 8.
Montespedon, 423, 490, 491.
Montevers, 68.
Montfan, *voir* Le Loup.
Montfaucon (dom Bernard de), 131.
Montfaucon (Charles de), 331.
Montferrand, 7, 66, 67, 91, 130, 134, 136, 159, 211, 212, 218, 261, 265, 269, 270, 271, 286, 287, 288, 318, 339, 445, 496.
Montferrand (G. de), comtesse, 63.

Montferrand-en-Gévaudan, 451.
Montfleury, 482.
Montfort, 320.
Montferrat, 345.
Montfort (Laure de), 113.
Montfort-en-Nivernais, 397.
Montfort-près-Taleyrat, 468.
Monthon-Saint-Vansac (Hélène de), 494.
Montgascon, 79, 80, 130, 319, 320, 324, 421.
Montgascon (Maison de), 421.
Montgascon (de), Alix, 446.
— Aymeric, chan., 79, 80, 98.
— Béatrix, 80, 112, 446.
— Faucon, 79.
— Jean, chan., 80.
— Robert, 79, 446.
Montgiraud (Robert de), 268.
Montgon, 401.
Montgon (de), *voir* Cordebeuf, Léotoing.
Montgon (de) Alexandre, 453.
— comte, 173.
Montgranat, 483.
Montguerlhe, 372, 399, 400.
Montignac, 399.
Montjoly, 149.
Montjournal (Claude), 465.
Montjournal (Marguerite de), 464.
Montjuzet, 211, 245, 247.
Montlamy, 454.
Montlaur (de) Alcinoïs, 77.
— Poncet, 378.
Montlogis, *voir* Chaunat-Montlausy.
Montluçon, 230, 232, 329, 464.
Montluçon (Béatrix de), 66.
Montmirail (de) Cécile, 391.
— Charlotte, 469.
Montmorency (de) Anne, 334, 357.
— Charlotte, 343.
— Eléonore, 372.
— François, maréch. de France, 322, 337.
— Henri Ier, connét., 343.
— Henri II, 348.
— Louis, maréch. de Fr., 358.

Montmorillon (de) Claude, 269.
— Louise, 493.
— Saladin, 493.
Montmorin, 88.
Montmorin (Maison de), 383, 384, 385, 400, 421.
Montmorin (de) Anne, 387.
— Anne, ép. de L. de Flageac, 408.
— Annet, sr de Nades, 421.
— Antoinette, 385.
— Charles, 421.
— François, 338, 453.
— Françoise, ép. de L.-Arm. de Polignac, 347.
— Françoise, ép. de Jean de Léotoing, 401.
— Françoise, ép. de Jean de La Fayette, 421.
— Françoise, ép. de L. de La Barge, 453.
— Gaspard, 352, 406.
— Gaspard II, 400.
— Geofroy, 416.
— Geofroy ou Godefroy, 384, 453.
— Hilaire, 356.
— Hilaire-Diane, 488.
— Hugues, 47, 490.
— Isabeau, 423, 491.
— Jacques, 395.
— Jean, 338, 420.
— Jean, sr de Préaux, 417.
— Jeanne, ép. de Fr. de Léotoing, 401.
— Jeanne, ép. de Fr. de La Roche, 420.
— Léonore, 357.
— Louis, 58.
— Louise, 495.
— Thomas, 416.
Montpellier, 53, 114, 163, 344.
Montpensier, 7, 71, 130, 132, 178, 372.
Montpensier (la comtesse de), 152.
Montpentier-près-Antoingt, 494, 495.
Montpeyroux, abb., 46, 80, 257, 262.
Montpeyroux-sur-Allier, 157.
Montplaisir, chât., 135.

Montredon, 80, 421 :
Montreuil-sur-Mer, 101, 112.
Montrodès ou *Montrodez*, 78, 397, 410.
Montrognon, 78, 305, 322.
Montrognon (Maison de), 447, 448.
— (Branche de M.-Cropte), 447.
— (Branche de M.-du-Mas), 447.
— (Branche de M.-La Grolière), 447.
— (Branche de M.-Salvert), 447.
Montrognon (de) Jacqueline, 442.
— Michel, 268.
— Pierre, 268.
Montsalvy, 8, 131, 213, 214, 219, 258, 263, 287.
Montservier (Maison de), 475.
Montservier (Catherine de), 476.
Montsineyrc, lac, 141.
Montsuc, 404, 417.
Morangis, 445.
Morge (la), 134, 136, 141.
Morin (Jean), sr de Paray, 469.
— Marie, 469.
Morlhon (Marie de), 412.
Mosnier (Henry), 215.
Mosnier du Bourg (Marguerite), 470.
Mossier (Marguerite de), 410, 430.
Mota (Pierre), 38.
Motier, *voir* La Fayette.
Moulins-sur-Allier, 132, 169, 239, 241, 242.
Moureau du Bourg (Antoinette de), 487.
Mourgues (le P.), 198.
Mourman (Imbert de), 269.
Mouron (Pierre), 92.
Moussinière, voir *Montsineyre*.
Moutier (Anne de), 474.
Mowat (R.), 244, 252.
Mozat, 29, 41, 63, 252, 257, 261, 365.
MULETS, 245.
Mummole, 205.
Mumnolène, comte, 311.
Murat, 8, 105, 131, 132, 134, 135, 143, 153, 215, 219, 220, 238, 258, 270, 271, 287, 351, 409, 454, 467.
Murat l'arabe ou *la Rabe*, 8, 456.

Murat-le-Quaire, 8, 68, 408.
Murat (de), lieut.-génér. à Riom, 342.
Murat (de) Anne, 401.
— Antoinette, 457.
— Gabrielle, 387.
— Guillaume, év., 74.
— Jean, 58.
— Marie, 458.
— Pierre, 74.
— Tristan, 437.
Murat-Alagnat, voir Cros-Alagnat.
Murat-Montfort (Maison de), 468.
— (Branche de Serre), 468.
Murat-Rochemaure (Maison de), 454.
— (Branche de Tessonnières), 454.
— (Branche de Montlamy), 454.
Murat-Rochemaure (Jeanne de), 472.
Murat-Tissonière (Antoinette de), 479.
Murat-Vernines, voir Cros-Murat-Vernines.
Murat-Vernines (Pierre de), 409.
Murat (de), vicomtes, 105, 454.
Muret (Antoine), 335.
Murols, 8, 135, 389, 489.
Murols (Maison de), 416.
Murols (de) Agnès, 397.
— Bertrand, 447.
— Chastel, 447.
— Jean, card., 121, 417.
Murs, 426.
Musnier (Anne), 428.

N

Nadaillat, 410.
Nades, voir Montmorin.
Nailhac (Jeanne de), 427.
Namace (saint), 6, 28, 362.
Namace (Maison de), 362.
Nangis (Guillaume de), 306.
Nantes, 143.
Nantouillet, 444.
Nantua, 185.
Naples, 332.
Naples (Ferdinand), roi de, 391.
Narbonne, 81, 199, 298.

Narbonne (Catherine de), 452.
Nargone-Mareuil (Françoise de), 343.
Nassau (Elisabeth de), 372.
Natalène (sainte), 18.
Naucase, 466.
Naucase (Maison de), 466.
Nébouzat, 117, 269, 478, 488.
Nectaire (saint), 255.
Nemetum, 10, 130, 133, 291.
Nemosus, 130, 133.
Nemours, voir Etampes (Savoie).
Népos, 3, 289, 298, 362.
Népotien (saint), 17, 362.
Népotienne (Maison), 362.
Neptune, 248.
Nérat, 211.
Nérestang (Maison de), 457.
Nérestang (Françoise de), 55.
Néron, 11, 12, 13, 150, 295, 361.
Nerva, 13.
Neschers, 7, 134, 135, 141, 157, 210, 211, 305, 488.
Nettancourt d'Haussonville (de) Marie, 489.
— Nicolas, 489.
Neuféglise (Luque de), 461.
Neuvéglise, 154.
Neuville (Anne de), 480.
Neuvy, 133.
Nevers, 30, 114, 134, 219, 345.
Nevers (de) Anne, 49, 60, 318.
— Guillaume IV, comte, 318.
Neyrebrousse, 145.
Neyronde, 476.
Nicétienne (Maison), 365.
Nicetius, comte, 24, 299, 310, 366, 460.
Nicetius (saint), év., 366.
Nicetius (Flavius), 366.
Nicolas Ier, pape, 29.
Nicolas IV, pape, 92, 94.
Nicolas (le P.), 198.
Nicopolis, 328.
Nicosie, 69, 395.
Nîmes, 298.
Nivernais, 16.
Nizier (saint), év., 366.

— 545 —

Noailles (de) Anne, 359.
— Antoine, 358.
— Blanche, 436.
— François, 347, 348, 349, 359.
— Henri, 348, 358.
— Gilles, 348.
— Guillaume, 414.
— Hélie, 411, 414.
— Luce, 411.
Nogent, *voir* Bautru.
Nohanent, 136.
Noix, 213.
Noirétable, 138.
Nonette, 7, 134.
Norbert, év. de Clermont, 26, 28.
Norbert, év. du Puy, 31.
Norbert (saint), 47.
Norry (Maison de), 422.
Norry (Pierre de), 351.
Notre-Dame (Religieuses de), 270.
Notre-Dame d'Aigueperse, 256.
Notre-Dame de Chamalières, 59, 256.
Notre-Dame de Chaudesaigues, 258.
Notre-Dame de Clermont, 257.
Notre-Dame de Corent, 258.
Notre-Dame de Cusset, 256.
Notre-Dame d'Herment, 257.
Notre-Dame de Maurs, 258.
Notre-Dame de Montferrand, 256.
Notre-Dame de Murat, 258.
Notre-Dame d'Oradour, 258.
Notre-Dame d'Orcival, 257.
Notre-Dame de Paris, 244.
Notre-Dame de Ruines, 258.
Notre-Dame de Vertaizon, 88.
Notre-Dame du Broc, 256.
Notre-Dame du Crest, 256.
Notre-Dame du Marthuret de Riom, 256.
Notre-Dame du Pont-du-Château, 256.
Notre-Dame du Port, 29, 77, 256.
Novat, 274.
Nozières-Montal (Maison de), 459.
— (Autre branche), 460.
Nozières (de) Gabriel, 431, 461.
— Jeanne, 431, 461.

O

Ocquerre, 429.
Odile *ou* Odilon (saint), 33, 34, 35, 37, 105, 197, 261, 276, 378, 385.
Odin (Julien), 94.
Odon, ab. de Cluny, 373.
Odon, chan. de Clermont, 91.
Oisilier (Anne d'), 384.
Ojerdias, 273.
Olby (Asselme d'), 42.
Olivier (François), s^r de Reuville, 406.
— Magdeleine, 406.
Olivier de Léoville (Marie-Anne), 452.
Ollainville, 429.
Olliergues, 7, 77, 136, 219, 236, 286, 371, 372, 406, 439.
Olliergues (Maison d'), 406, 407, 439.
Olliergues (Béatrix d'), 104.
Olloix, 265.
Ommace, 19.
Ommace (Maison d'), 364.
Ondredieu (Catherine d'), 432.
Opme, 78, 447, 477.
O$_R$, 147.
Oradour, 8, 258, 392.
Oradour (Maison d'), 392.
Oradour (Hippolyte d'), 463.
Oratoriens, 124, 272.
Orcet, 495, 496.
Orcines, 38.
Orcival, 8, 63, 257.
Orlandin, 196.
Orléans, 114, 202, 219, 284.
Orléans (Gaston-J.-B., duc d'), 345, 347, 348, 349, 354, 356, 371, 432, 483.
Orléans (Philippe de France, duc d'), 340.
Orléans-Longueville (Charlotte d'), 337.
Ormesson (d'), intendant d'Auv., 226.
Ornesan (d') Catherine, 349, 354, 492.
— Claude, 375.
Orto (Guillaume de), ab., 119.

35

Orviète, 85.
Ossa (Arnaud d'), 103.
Ossa (Jacques d'), *voir* Jean XXII.
Ossandon (d'), Gabriel, 461.
— Jeanne, ép. de François de Dienne, 398.
— Jeanne, 462.
— Madeleine, 471.
Othon Ier, emp., 34.
Othon II, emp., 34, 195.
Othon III, emp., 34.
Ouzouer, 88, 89.
Ovide, 159, 184.
Oxford, 137.

P

Pæonius, 205.
Pagnac *alias* Polignac.
Pagnac (Randonne de), 417.
Pajot, 273.
Palais (du), *voir* Rivoire.
Palerne, 428.
Palu (Pierre de), patriarche, 115.
Pallade (saint), 25, 276.
Pallade (Maison de), 367.
Palladius, comte, 367.
Palladius, év., 367.
Panthéon, 175, 248.
Papianille, 140, 205, 309.
Papiers d'Auvergne, 131, 222, 228, 236.
Papon (Magdeleine de), 469.
Papon de Beauvoir (Gilberte), 473, 487.
Pardiac, *voir* Armagnac.
Parentignat, 135.
Paris, 73, 76, 82, 98, 99, 100, 104, 111, 114, 115, 123, 124, 155, 211, 212, 213, 214, 215, 216, 217, 218, 219, 230, 231, 239, 242, 272.
Paris (Guillaume de), év., *voir* Auvergne (d').
Pascal II, pape, 43, 44.
Pascal (Blaise), 198.
Pates d'Abricots, 212.

Passac (Jeanne de), 422.
Pastural (Maison du), 473, 486.
— (Branche de Beauzac), 486.
— (Branche de Grandrif), 486.
— (Branche d'Iguerande), 486.
Pastural (Claudine du), 474.
Patrice (saint), 275.
Paul III, pape, 334.
Paul IV, pape, 334.
Paule-en-Beaujolais, 500.
Paulhac, 84, 405, 406, 415.
Paulhac (Bertrand de), ab., 84.
Paulhaguet, 8, 135, 215.
Paulhenc, 173.
Paulin (saint), 17, 18.
Pavie, 332.
Pavin, lac, 135, 139.
Payan-Dumoulin, 163.
Peaux d'Agneau, 220.
Pébrac, 8, 40, 258, 263.
Pegon (dom Jean), chartreux, 263.
Pégu, 152, 153.
Pélage, 274.
Pélamourgues (Maison de), 465.
Pélamourgues (Catherine de), 468.
Pèlerin (Jean), 131.
Pelète (Jeanne), 495.
Pellissier de Féligonde (Mathieu), 477.
— Suzanne, 477.
Peloux (de) Claude, 495.
— Marie, 495.
Pelvech (Anne de), 467.
Penthièvre, 333.
Pépin, fils de Louis, 28, 29, 30.
Pépin le Bref, 27, 130, 252, 289, 311.
Pépin II, 312, 313, 314.
Pérathon (Cyprien), 219.
Perdrix, 216, 217.
Pérignat (le petit), 211, 212, 446, 499.
Pérignat-outre-Allier, 14, 158.
Périgueux, 311.
Perles, 162, 163.
Pérol (puy), 144.
Pérols, 63.
Péronne, 347.

Pérouse, 81.
Perpet (saint), 17.
Perpetuus (saint), 275, 365.
Perpetuus (Maison de), 365.
Perpignan, 348, 349.
Pertinax, 15.
Pescenius Niger, 15.
Peschin, 356.
Peschin (du) Jaquette, 321.
— Louis, 321.
— Marguerite, 386.
Pestels ou Pesteils (Maison de), 412.
— (Branche de Tournemire), 412, 413.
— (Branche de Fontanges), 412, 413.
Pesteils (de), Françoise, 435.
— Gabrielle, ép. de M. d'Anjony, 430.
— Gabrielle, 389.
— Rose, 474.
Pesteils, 8.
Petitbois (Philiberte du), 428.
Pétronille, femme de saint Gilbert, 47, 275.
Peutinger, 167.
Peyrache ou *Pierre Arse* (puy de), 144.
Peyre (de), 105.
Peyre (de), *voir* Pierrefort.
Peyronnencq (le vicomte de), 216.
Peyrusse, 274.
Peyrusse (Hélips de), 461.
Phale, *voir* Fale.
Philagre, 194.
Philander, 174.
Philippe, 16.
Philippe, comte d'Auv., duc de Bourgogne, 320, 330.
Philippe II, roi d'Espagne, 323.
Philippe III, roi d'Espagne, 323.
Philippe-Auguste, 58, 60, 61, 65, 289, 305, 306, 318, 319, 325.
Philippe le Bel, 91, 92, 93, 95, 96, 99, 100, 102, 103, 112, 113, 115, 199, 474, 477.
Philippe le Hardi, 77, 82, 87, 319, 326.
Philippe le Long, 101, 104, 111, 114, 320.

Philippe VI de Valois, 199, 494.
Philippe, veuve de Guillaume Dauphin Ier, 439.
Philon, hist., 128.
Pic de La Mirandole (Fulvie), 338.
Pie II, pape, 185.
Pie IV, pape, 123.
Pie V, pape, 123.
Pierre Ier, ab. de Maurs, 89.
Pierre III (Olivier), ab. de Maurs, 89.
Pierre, év. du Puy, 55.
Pierre, frère de Grégoire de Tours, 26.
Pierre le Vénérable, *voir* Montboissier.
Pierre de Chavanon (saint), 40, 263.
Pierre-Brune, forêt, 146.
Pierre-Brune, *voir* Le Loup.
Pierre-Buffière (Jacqueline de), 447.
Pierre-Encise (Lyon), 353.
Pierre de Luxembourg, 263.
Pierrefort, 8, 132, 286, 374, 389, 498.
Pierrefort (Marguerite de), 454.
Pierrefort (Maison de), 427.
PIERRES PONCES, 155.
Pignères (de), forêt, 145.
Pigneroles, 284, 345.
Pignol, 308.
Pillier (Françoise du), 443.
Pinac (Jeanne de), 449.
Pioche de La Vergne, *voir* La Fayette (de), Mad.
Pisseleu (Anne de), duch. d'Etampes, 334, 335.
Placide (Maison de), 368.
Placidime, 20.
Placidius, sénateur, 368.
Plaignes, 436.
Plaignes-Saint-Martial (Maison de), 436.
Plancus (C.), 294.
Plat (Anne des), 458.
Plauzat, 7, 16, 78, 305, 488.
Pleaux, 8, 132, 269, 271, 286, 358, 399, 476.
Pleaux (de) Antoinette, 476.
— Reynaud, 476.
— Sybille, 476.

Plicque (le docteur), 243, 251.
Pline l'Ancien, 12, 159, 161, 180, 202, 245, 251, 295.
Pline l'historien, 294.
PLOMB, 150.
Pluton, 244, 247.
Plutarque, 127, 181.
Pluyant (Georgette), 449.
POINT D'AURILLAC, 220.
Poiret (Marie), 418.
POIS, 213.
Poissy, 335.
Poitiers, 23, 337.
Poitiers (de) Agnès, 284.
— Alphonse, 72, 75, 76, 83, 288, 306, 326.
— Anna, 376.
— Aymard, 378.
— Diane, 322.
— Pierre, 184.
Poitiers (de) Guillaume V, comte, 38.
Poitiers-Valentinois (de) Alix, 426.
— Guillaume, 426.
POIX, 218.
Poix (puy de la), 159.
Pojet ou Poyet (Bertrand de), card., 108.
Polagnac, 249.
Polier (Catherine de), 455.
Polignac, 7, 249, 375, 376, 377.
Polignac (Maison de), 375, 422.
Polignac (de), 55, 59, 76, 77, 249, 376, 378.
— Antoinette, 420.
— Armand, 37.
— Armand, 48.
— Armand, év., 77.
— Armand VII, 378.
— Catherine, 410.
— Clauda-Françoise, 492.
— Etienne, 37.
— François, 492.
— Gabrielle, 433.
— Gaspard-Armand, 347, 412.
— Guillaume II, 420.
— Isabeau, 386.

Polignac (de) Isabeau, ép. de Fr. d'Espinchal, 430.
— Jeanne, 334.
— Jeanne-Marie, 436.
— Louis-Armand, 347.
— Louise, 436.
— Marie-Elisabeth, 412.
— Melchior, card., 377.
— Pons III, 77.
— Valpurge, 376.
— Yoland, 416.
Polignac-Adiac (Jean de), 396.
Polignac-Chalencon (Maison de), 376, 378.
Polignac des Fontaines (Branche de), 376.
Polignac-Escoyeux (Branche de), 376.
Polnier (Hélène de), 495.
Pommerol (le docteur), 247.
POMMES, 212.
Pompignat, 33, 37, 211.
Pompignac-sur-la-Trueyre, 462.
Pompignac-La Chassagne (Antoinette de), 454.
Pomponne, 471.
Ponce, év., 54, 59.
Ponce, fils de Guillaume IV, 35.
Ponce, fille de saint Gilbert, 47.
Poncet (Henri de), 326.
Ponchon (Marguerite), 469.
Pondonas (Louis de), 58.
Pons (de) Anne, 441.
— Antoinette, 372.
— Jeanne, 480.
Pons de La Grange (de), Anne, 398.
— Françoise, 441.
Ponts-de-Cé, 344.
Pontac (Marguerite de), 493.
Pontallier (Magdeleine de), 436.
Pontgibaud, 8, 21, 78, 80, 136, 149, 158, 170, 318, 354, 421.
Pontratier, 262.
PONTS, 240.
Port-Sainte-Marie (Chartreuse du), 8, 67, 136, 263, 434.
Pont-Vieux, 149, 265.
Porto, 103.

Portugal, 153.
Posidonius, 290.
POTERIE SAMIENNE, 154, 243.
Potier (Catherine), 478.
— Jeanne, 429.
Pothin (saint), 15.
Pouget (Marie), 415.
Pouilly-en-Beaujolais, 270.
Pourçain (saint), 21.
Poyet, *voir* Pojet.
Prade (la), riv., 136.
Prades, *voir* Vigier.
Prades (Cantal), 474.
Prague en Bohême, 499.
Prallat (Louise de), 477.
Prat (Maison du), 444.
— (Branche de Gondole), 444.
— (Branche de Viteaux), 444.
Prat (du) Anne, 397.
— Anne-Claude, 415.
— Antoine, card. et chanc., 123, 196, 199.
— Beraude, 443.
— Guillaume, év., 61, 93, 122, 123, 272.
— Thomas, év., 123, 196.
Préaux, *voir* Montmorin.
Préchonnet ou *Preschonnet*, 8, 75, 146, 156, 393.
Preject, *voir* Prix.
Prieurs (grands) d'Auvergne, 268, 269.
Prioron (Jean), cartier, 222.
Priscilien, 274.
Privasac, 412.
Privat (saint), 276.
Prix (saint), 24, 25, 190, 193, 259, 275, 276, 282, 302, 311, 367.
Probus, 19, 193, 194.
Procule ou Prologue, 24.
Procule, év., 27.
Procule (sainte), 275.
Prondines (Marguerite de), 484.
Propières-en-Beaujolais, 409.
Propières (de) Jeanne, 409.
— Milles, 409.
Protais (saint), 21.

Prudelles, mont., 149.
Prudhomme (A.), 304, 317.
Ptolémaïde, 266.
Ptolémée, 127, 181.
Pupienus, 16.
Puydorat, 462.
Puy-Guillaume, 136.
Puy-en-Velay (le), voir *Le Puy*.
Puy (du) Aymard, 268.
— Raymond, grand maître de Saint-Jean, 265.
— Gabrielle, 489.
— Geoffroy, 447.

Q

Quélus, 412.
Quérasque, 345.
QUINCAILLERIE, 221.
Quinquempoix (Maison de), 441.
Quinquempoix (de) Magdeleine, 442, 468.
— Marguerite, 480.
Quintien (saint), 20, 23, 310.

R

Rabanesse, 79.
Rabutin (de) Louise, 391.
— Roger, 391.
Radegonde (sainte), 23.
Raingarde, mère de saint Robert, 37.
— mère de Pierre le Vénérable, 45.
Rambaud (tour de), 171.
Rambure (Marie-Armande de), 377.
Ramnulphe, comte de Poitiers, 373.
Rance (la), riv., 131.
Rancé, *voir* Le Bouthillier.
Rancé (de), l'abbé, 438.
Rancé (Catherine), 435.
Randan, 7, 22, 132, 146, 249, 338.
Randan, *voir* La Rochefoucaud
Randoha, 80.
Randon, 376.
Randon (Isabeau de), 394.

Rantzau (Josias de), 323.
Raoul, roi de France, 315.
Rastignac (Raymond de), 358.
Ratier, comte de Limoges, 313.
Raucourt, 308.
Ravel alias *Revel*, 97, 199, 355, 420, 425, 488.
Ravel (Catherine de), 482.
Ravenne, 34, 336.
Raymond, comte de Limoges, 313.
Raymond-Pons, comte de Toulouse et d'Auv., 32, 315, 391, 392.
Raynaud, comte d'Herbauge, 313.
Raynaud (Guillaume), chartreux, 263.
Raynaud (Théophile), 271.
Reaux (Aimery de), 269.
Rebier (Catherine de), 475.
Récarède, 27.
Reclanes (Gilberte de), 481.
Reclinde, 37.
Récollets, 271.
Reginon, 302.
Regnac, voir *Reignat*.
Reignat, 86, 116.
Reilhac, 132.
Reillac (de) Anne, 476.
— Jeanne, ép. de L. de Châlus, 397.
— Jeanne, ép. de Cl. de Pesteils, 413.
— Louis, 476.
Reims, 34, 104, 120, 199, 316, 331, 340.
Rémond de Modène (Marie de), 381.
Renatus Frigeridus, 298.
Rencon, év., 36, 37.
Résine, 218.
Reuville, *voir* Olivier.
Revel, *voir* Ravel.
Reynaud-Gripel (Maison de), 440.
Rhodes, 266, 267.
Ribeyre (Maison de), 477, 478.
— (Branche d'Opme), 477, 478.
Richard (Antoine), minime, 271.
Richard, roi d'Angl., 58, 60, 61, 305, 319.
Richard de Clevant (Claude), 415.
Richelieu (le card. de), 343, 344, 345, 348, 356.

Richer, ab. de Saint-Laumer, 66.
Rigunthe, 27.
Riom, 7, 18, 49, 75, 83, 90, 129, 130, 134, 149, 152, 155, 157, 169, 170, 211, 212, 220, 221, 222, 238, 239, 252, 263, 270, 271, 272, 286, 287, 288, 307, 318, 325, 326, 342, 348, 363, 365, 377, 399, 437, 464, 498, 499.
Rioult de Douilly (Marie-Geneviève), 384.
Ris, 211, 261, 286.
Rivières, 134.
Rivoire, 451.
Rivoire (Maison de), 495.
Rivoire du Palais (de) Charlotte, 453.
— Imbaud, 453.
— Jeanne, 490.
Robert, roi, 84, 195, 299.
Robert (saint), 37, 40, 261.
Robert de Lignerac (Maison de), 399.
Robert de Lignerac (Marguerite), 397.
— Jeanne, 494.
— Philippe, 430.
— Robert, 494.
Robertet (Françoise), 408.
— Jeanne, 428.
Robigny-Mezières, 337.
Rocci, *voir* Rovi.
Rochebaron, 330.
Rochebaron (de), Antoinette, 376.
— Antoinette, ép. de Cl. d'Isserpens, 492.
— Guy III, 330, 331, 376.
Rochebrian, *voir* Murols.
Rochebriand (Alix-Bohair de), 417.
Roche-d'Agoux, 146, 152.
Roche-en-Regnier, 426.
Rochefort, 63, 132, 217, 256, 305, 318.
Rochefort (Cantal), 261.
Rochefort (de) Antoinette, 473, 487.
— Bernard, év., 73.
— Isabeau, 453.
— Itier, doyen de Brioude, 149.
— Jean, 75.

Rochefort (de) Marguerite, 438.
— Péronelle, 440.
— Pierre, 455.
Rochefort-Ailly (Maison de), 394.
Rochefort-d'Ailly (de) Anne, 435.
— Anne, ép. de Jacques de Ligondez, 464.
— Claude, 432.
— Marie, 432.
— Marquise, 398.
Rochefort-d'Ailly-La-Tour-Saint-Vidal, 418.
Rochefort-d'Aurouse (de) Léon, 58.
— Marie, 430.
Rochefort de Beauvoir (Louise de), 474.
Rochefort de Chars (de) François, 400.
— Louise, 400.
Rochefort-La Queilhe (Maison de), 393, 394.
Rochefort-Mardogne (Ithier de), 416.
Rochefort-sur-Mer, 145.
Rochegonde, 404.
Rochemaure (Marguerite de), 454.
Rochemaure-près-La-Nobre, 454.
Rochemontais, 438.
Rochemontais ou Rochemonteix, *voir* Chalvet-Rochemontais.
Rocher (du), source, 165.
Roche-Savine, 407.
Rochetaillée, 390.
Rodez, 20, 23, 117, 297.
Rodez (Béatrix de), 100, 374, 390, 424.
Rodier (Maison de), 425.
Rodier (Pierre), chanc., 111, 199.
Rodolphe II, 499.
Roffiac, 158, 431.
Roffiniac ou Rouffiniac (de) Aigline, 411.
— Magdeleine, 473.
— Marguerite, 385.
Roger, grand-maître de Saint-Jean, 57.
Roger ou Rogier, *voir* Beaufort.
Roger, comte de Limoges, 368.

Roger, comte de Sicile, 317.
Roget (Anne), 481.
Rogier, *voir* Beaufort.
Rohan (de) Anne, 393.
— Marie, duch. de Luynes, 343.
— Jacqueline, 405.
Rolans, 425.
Rolland, prév. de la cath., 98.
Rolland (Jean), card., 121.
Rolland, march., 153.
Rollet, trésorier de France, 152.
Romagnat, 324.
Romagneu, 495.
Romegas, 267.
Rondelet, 156.
Rondelet (Guillaume), 335.
Ronzières, 305.
Roquebrou (la), voir *Laroquebrou*.
Roquefeuil (de) Marguerite, 376.
— Marguerite-Gilberte, 381.
Roquelaure-Pompignac (Maison de), 462.
Roquelaure (de) Antoine, maréch. de France, 349, 354, 358, 359.
— Géraud, 354.
— Marguerite, 486.
— Rose, 349, 359.
Rosberg (Ottilia de), 499.
Roscia, 20.
Rose (Antoine), év., 124.
Rosebecq, 425.
Rosières (Marguerite de), 494.
Rosiers (Marie), 436.
Rossignol, intendant d'Auv., 217.
Rosille (Alix de), dame de Lorac, 491.
Rostaing (de) Marguerite, 408.
— Tristan, 408.
Rouannès-Saint-Mary, 146.
Rouen, 100.
Rouffiac, 468, 484.
Rouffignac, *voir* Roffignac.
Rougnat, 464.
Rouilhon (Jean), cartier, 222.
Roure, 149.
Roussat, *voir* Rouzat.
Roussel (de), 330.

Roussel (André), 393.
— Antoinette, 393.
Roussel d'Alagnat (Marthe), 448.
Roussille, *voir* Scorailles.
Roussille (Marguerite de), 387.
Roussillon (Guigue de), 407.
Routes, 238, 239.
Rouvignac (Jeanne de), 464.
Rouville (Marguerite de), 386.
Rouville de Chars (de) Louis, 418.
— Marie, 418.
Roux (Pierre), év., 43.
Roux (Géraud de), 349.
Rouy (Charlotte de), 435.
Rouzat, *voir* Alexandre.
Rouzières, 468.
Rovi (Pierre), doyen, 119.
Royat, 149, 150.
Roye (de) Charlotte, comtesse de Roucy, 339.
— Eléonore, 340.
Rue (la), riv., 55, 129, 138, 146.
Ruessium, 16.
Ruffi (Antoine de), 284, 285.
Ruhan, 78.
Ruines, 8, 258, 287, 351.
Rurice, 193, 364.
Rustic (Maison des), 362.
Rustic, *voir* Rustique.
Rustic, év., de Limoges, 19.
Rustique (saint), 17, 362.
Rustique Agrèce, 17, 19, 298.
Ruzé (Bonne), 452.
— Martin, 452.
Ruzé, *voir* Coëffier-Effiat.

S

Sacconnay (Pierre de), 269.
Sacramentaires, *voir* Saint-Sacrement.
Sadolet, card., 335.
Saignard (de) Claude, 467.
— Jean, 467.
Saigne (Puy-de-Dôme), 483.
Saignes, 8.

Sa'llans, 8, 200, 428.
Saillans, *voir* du Bourg et d'Estaing.
Saillans (de) Anne, 432.
— Antoine, 443.
— Jeanne, 477.
— Philippe, 465.
— Raymond, 477.
Saincthorent (de), 216.
Saint-Agoulin, 491.
Saint-Alyre ou *Allyre*, abb., 24, 28, 32, 43, 59, 79, 84, 108, 156, 160, 161, 163, 255, 257, 261.
Saint-Alyre, château, 326.
Saint-Amable-de-Riom, 256, 258.
Saint-Amandin, 129, 224.
Saint-Amant-Roche-Savine, 286, 318, 319.
Saint-Amant-Tallende, 7, 80, 135, 222, 263, 271, 286, 351.
Saint-André-de-Clermont, 48, 71, 116, 257, 263, 317.
Saint-André-des-Arts, 472.
Saint-Anthême, 129.
Saint-Antoine de Viennois (de), Ordre, 117, 269.
Saint-Arcons-d'Allier, 117, 269.
Saint-Aubin (Philiberte de), 497.
Saint-Aulaire (François de), 476.
— Louise, 476.
Saint-Babel, 308.
Saint-Barnabé (chapelle de), 145.
Saint-Beauzire, 33.
Saint-Benoît-sur-Loire, 284.
Saint-Bonnet (de), *voir* Toiras.
Saint-Bonnet (Cantal), 129.
Saint-Bonnet-le-Château, 407.
Saint-Bonnet-Novacelles, 319, 495.
Saint-Bris, 425.
Saint-Cerneuf-de-Billom, 41, 256, 257, 269.
Saint-Chaffre-en-Velay, abb., 365.
Saint-Chamand (de) Jeanne, ép. de Fr. de Scorailles, 388.
— Jeanne, 436.
— Ollier, 411.
Saint-Chamans (Jeanne de), 456.
Saint-Christophe, 474.

Saint-Cirgues, 7, 135.
Saint-Cirgues (Anne de), 453.
Saint-Cirgues-de-Clermont, 259, 309.
Saint-Cirgues-près-Issoire, 443, 445.
Saint-Claude, 39, 215.
Saint-Côme, mont., 143.
Saint-Cyr ou Saint-Cirgues-de-Châteauneuf, 450.
Saint-Denis-en-France, 284.
Saint-Didier (Jeanne de), 462.
Saint-Didier (Guigon de), 86.
Saint-Donat, 38, 80.
Saint-Donatien-de-Bruges, 76.
Saint-Etienne-de-Cebazat, 256.
Saint-Eustache, voir Sainte-Anastasie.
Saint-Exupéry (de) Françoise, 411.
— Guy, 411.
— Hélie, 411.
— Jeanne, 459.
Saint-Félix (Françoise-Claire de), 343.
Saint-Ferréol (le séminaire de), 256.
Saint-Floret, 7, 135, 171, 445.
Saint-Floret (Maison de), 445.
Saint-Floret, voir Bellenave et Le Loup.
Saint-Flour, 8, 35, 105, 106, 129, 131, 132, 133, 138, 145, 157, 158, 173, 211, 215, 219, 220, 224, 238, 256, 258, 261, 270, 271, 272, 274, 286, 327.
Saint-Genès-de-Clermont, 256, 257.
Saint-Genès-de-Thiers, 35, 256.
Saint-Genès-les-Monges, abb., 262.
Saint-Georges-ès-Allier, 446.
Saint-Géraud-d'Aurillac, 105, 258.
Saint-Germain, voir Apchon.
Saint-Germain-Apchon (Maison de), 336, 496.
Saint-Germain (Artaud de), 390, 496.
Saint-Germain-des-Fossés, 496.
Saint-Germain-Lembron, 7, 33, 49, 130, 132, 134, 135, 172, 256, 286, 318, 439.
Saint-Germain-l'Herm, 8, 286.

Saint-Gervais, 146, 263, 287.
Saint-Gervasi ou Gervazy, voir Oradour (d').
Saint-Gervazy, 481.
Saint-Gilbert-de-Neuffons, 257, 263.
Saint-Hérem, voir Montmorin.
Saint-Hermine (Marie-Anne de), 377.
Saint-Hilaire-de-Clermont, 33, 49.
Saint-Hilaire-de-Cournon, 33.
Saint-Hippolyte, 33.
Saint-Honorat-de-Lérins, 37.
Saint-Ilpise ou Ilpize, 7, 29, 371, 420, 491.
Saint-Jean (Marguerite de), 459.
Saint-Jean, source, 177.
Saint-Jean-au-Palais (chapelle de), 80.
Saint-Jean-Bapt.-de-Mozat, 257.
Saint-Jean-Bapt.-du-Buis, 258.
Saint-Jean-d'Angély, 344.
Saint-Jean-de-Jérusalem (Hospitaliers de), 57, 69, 70, 264, 265, 266, 267, 268, 269, 270, 395, 404, 405, 479, 481.
Saint-Jean-d'en-Haut, 149.
Saint-Jean-des-Ollières, 77.
Saint-Joanny (Gustave), 221.
Saint-Julien (de) Antoinette, 464.
— Jeanne, 448.
St-Julien-de-Brioude, voir Brioude.
Saint-Julien-de-Coppel, 308.
Saint-Julien-de-Toursac, 466.
Saint-Julien-la-Geneste, 262.
Saint-Just-près-Brioude, 149, 302.
Saint-Laumer-de-Blois, 66.
Saint-Laurent-d'Auzon, 44.
Saint-Laurent-de-Clermont, 88.
Saint-Loup-de-Billom, 41.
Saint-Mamet, 94.
Saint-Marceau (Louise de), 403.
Saint-Marceau du Verdier (Hélène de), 456.
Saint-Mars-la-Pile, 138.
Saint-Mart, 159, 259.
Saint-Martial (de) Françoise, 459.
— Hercule, 492.
— Jeanne, 410.

Saint-Martial (de) Louise, 492.
— Marguerite, 462.
— Rigal, 459.
Saint-Martial, *voir* Plaignes-Saint-Martial.
Saint-Martin, citadelle, 345.
Saint-Martin-d'Artonne, 256, 257.
Saint-Martin-de-Cournon, 33, 256.
Saint-Martin-de-Menat, 257.
Saint-Martin-des-Olmes, 43, 98.
Saint-Martin-de-Tours, 42.
Saint-Martin-Valmeroux, 172, 436.
Saint-Martin-Vigouroux, 431, 464.
Saint-Martin (Claude de), 481.
Saint-Mary, 480.
Saint-Mary-le-Plain, 106.
Saint-Maur-Lourdoue (Jacques de), 269.
Saint-Maurice, égl., 27.
Saint-Maurice-près-Vic-le-Comte, 147, 154, 211, 212, 308.
Saint-Miez (Jean de), 308.
Saint-Myon, 136, 169, 170.
Saint-Nectaire ou *Séneterre*, 8, 79, 170, 217.
Saint-Nectaire (Maison de), 385, 409.
— (Branche de Fontenilles), 385.
— (Branche de Saint-Victour), 385.
Saint-Nectaire (de) Antoine, év., 123.
— Antoine, 352.
— Antoinette, 467.
— Audine, 417.
— Bertrand II, 417.
— Casto, chan. de Brioude, 79.
— Caston, 380.
— Gabrielle, 400.
— Henri, 356.
— Jacqueline, 459.
— Jacques, ab., 261.
— Jacques, sr de Saint-Victour, 459.
— Jeanne, 404, 417.
— Louis, 79, 326.
— Magdeleine, 358, 411.
— Marguerite, 403.
— Nectaire, 352.
Saint-Nicolas (la chap.), 42, 119.
Saint-Ours, 80, 483.

Saint-Pardoux, source, 177.
Saint-Pardoux-Latour, 38.
Saint-Paul (de) Jeanne, 442, 476.
— Jeanne, ép. de Jean d'Apchon, 498.
— Louis, 498.
Saint-Paulien, 7, 16, 130, 276, 298, 310, 318, 351.
Saint-Pierre (de), source, 163, 164.
Saint-Pierre-de-Beaumont, 257.
Saint-Pierre-de-Blesle, 258.
Saint-Pierre-de-Clermont, 72, 256.
Saint-Pierre-de-La-Vastrie, 258.
Saint-Pierre-de-Lezoux, 256.
Saint-Pierre-de-Mauriac, 157.
Saint-Pierre-de-Maurs, 258.
Saint-Pierre-de-Melun, 196.
Saint-Pierre-des-Chases, voir Les Chases.
Saint-Pierre-le-Moûtier, 129, 327.
Saint-Pierre-le-Vif, 28, 309.
Saint-Point (de) Claire, 394.
— Guillaume, 394.
Saint-Pol, *voir* Saint-Paul.
Saint-Poncy, 480.
Saint-Pourçain, 7, 43, 129, 134, 136, 200, 239, 242, 258, 259, 261, 271, 449.
Saint-Pourçain (de) Durand, év., 67, 108, 109, 114, 197, 270.
— Durand, 67.
Saint-Preject (de) Aymard, 410.
— Diane, 410.
Saint-Priest, 475.
Saint-Quentin, 336.
Saint-Quentin-Beaufort (Maison de), 58, 435, 436.
Saint-Romain-près-Siaugues, 408.
Saint-Sabas, mon., 46.
Saint-Sacrement (Congr. du), 273.
Saint-Sandoux, 80, 478.
Saint-Saturnin, 7, 80, 135.
Saint-Saturnin (Nicolas de), card., 67, 121.
Saint-Sébastien (Louis de), 268.
Saint-Sévère-en-Limousin, 285.
Saint-Simond (Cantal), 222.

Saint-Symphorien-de-Thiers, mon., 35.
Saint-Théodard-de-Montauban, 83.
Saint-Urcise, 287.
Saint-Valery, 26.
Saint-Vénérand (chapelle), 156.
Saint-Viance (Jean de), 269.
Saint-Victor, commanderie, 269.
Saint-Victor, égl., 31.
Saint-Victor-de-Marseille, 284.
Saints Victor et Couronne d'Ennezat, 256.
Saints Victor et Couronne de Marieuge, 256.
Saint-Victor-sur-Arlanc, 136.
Saint-Victor ou *Saint-Victour*, 385, 458.
Saint-Vincent (Cantal), 173, 498.
Saint-Vincent-près-Blanzat, 136.
Saint-Vincent-près-Champeix, 135, 395.
Saint-Yvoine, 443.
Sainte-Anastasie, 129, 224.
Sainte-Chapelle d'Aigueperse, 257.
— de Paris, 74, 115.
— de Riom, 257, 499.
— de Vic-le-Comte, 257.
Sainte-Claire-d'Aigueperse, 257.
Sainte-Claire-de-Clermont, 257.
Sainte-Colombe (le baron de), 463.
Sainte-Croix-d'Orléans, 157.
Sainte-Florine, 155, 262.
Sainte-Geneviève, abb., 111, 123, 214, 258.
Sainte-Magdeleine-de-Laqueuille, 257.
Sainte-Mandine, voir *Saint-Amandin*.
Sainte-Marthe (Scévole de), 191, 196, 306.
— Louis, 196, 306.
Sainte-Marguerite (de), sources, 164, 165.
Sainte-Marguerite-au-Mont-Dore, source, 177.
Sainte-Marie (Cantal), 173.
Sainte-Marie-des-Chases, 258.

Sainte-Thècle-de-Chamalières, 27.
Sainte-Trinité-de-Crocq, 257.
Saintes, 367.
Saix (de), Claude, 451.
— Hélène, 493.
— Jeanne, 451.
— Louise, 403.
— Simonne, 451, 493.
Saladin, 57.
Salagnac (Hélène de), 388.
Salerne (de), prince, 87.
Salern ou *Salers*, 8, 131, 143, 144, 154, 173, 213, 215, 217, 238, 270, 271, 287, 388, 409, 412.
Salern ou Salers (Maison de), 410.
Salers (de) François, 460.
— François, 430.
— Gabrielle, 454.
— Hélin, 75.
— Louise, ép. de Jac. d'Anjony, 430.
— Louise, ép. de Rig. de Montal-Nozières, 460.
— Marie, 413.
Salez (Jacques), 272.
Saliens (Philippe de), 196.
Sallèdes, 308.
Salnoue (de), 330, 331.
Saloch (Hongrie), 70.
Saluces (de) Michel-Antoine, 332.
— Claude-Henri, 437.
Saluste, comte, 310, 364.
Salvagnac (Jeanne de), 466.
Salvert, 447, 465.
Salvert (Catherine de), 447.
Salviati (Bernard), év., 123.
Sancerre (Isabeau de), 372.
Sancy (pic de), 137, 144.
Sandoux (saint), 276.
Sansac, 135, 397.
Santorin, 337.
Sarlant, 392.
Sarlant (Antoine de), 308.
Sarliève, 136, 141, 142, 499.
Sarrasins, 328, 329.
Saugues, 162.
Saulcet (Louis de), 268.
Saulsay (André du), 271.

Saulse, 33.
Saulx (de) Eléonore, 497.
— Jean, 497.
Saumons, 234.
Saunade, 383.
Saurier, 305.
Sautemouche (Guillaume), 272.
Sauvagnat-d'Herment, 38.
Sauve (saint), 276.
Saux-Tavannes (Françoise de), 489.
Sauxillanges, 8, 31, 32, 33, 38, 131, 132, 153, 155, 219, 256, 258, 261, 286, 316, 318.
Savaron, le président, 157, 196, 198.
Savennes, 117, 155, 156, 419.
Saverdun, 117.
Savinien (saint), 261.
Savoie, 284, 329.
Savoie (de) Amé, comte, 329.
— Charles-Emmanuel, 340, 353.
— Eugène, 35.
— Henri, marq. de Saint-Sorlin, 341, 353, 358.
— Isabelle, 353, 354.
— Jacques, duc de Nemours, 337, 340, 352, 353.
— Louise, reine de Fr., 307, 332, 333.
— Philippe, duc de Nemours, 337, 338.
Sayat, 136.
Scatéon, voir *Tiretaine (la)*.
Schomberg (de) Charles, duc d'Halwin, 355.
— Françoise, 355.
— Henri, maréch. de Fr., 355, 483.
Scieurs de long, 225.
Scio, île, 161.
Scorailles, 8, 367, 387, 388.
Scorailles (Maison de), 387, 388.
— (Branche Scorailles-Claviers), 388.
— (Branche Scorailles-Mazerolles), 388.
Scorailles (de) Anne, 424.
— Annet, 410.
— Annet-Joseph, 352
— François, 424.

Scorailles (de) Françoise, 413.
— Géraud, ab. de Tulle, 58.
— Guillaume, sr de La Coste, 410.
— Guillaume, sr de Mazerolles, 413.
— Guy, 59.
— Jeanne, 454.
— Jourdain, 490.
— Louis, sr de Roussille, 413.
— Louis, 458.
— Louis-Théodose, 352, 413, 478.
— Mainfroy, doyen de Mauriac, 58.
— Marguerite, ép. de Philibert de Chalus, 397.
— Marguerite, ép. de P. de Giou, 458.
— Marguerite, ép. de B. de Montclar, 461.
— Marie, 399.
— Raoul, 59.
— Rigaud, 413.
— Thimone, 410.
Sébastien (le P.), carme, 234.
Sébastien, tyran des Gaules, 298.
Sédage, 494.
Sedan, 308.
Sédières (Charlotte de), 449.
Segonzat, 393, 481.
Séguier (Catherine), 497.
— Marie, 444.
— Pierre, 200.
Seguin de Billom (Hugues), 92.
Seguin (saint), 261, 263.
Ségur (Brigide de), 475.
Seignelay, *voir* Colbert.
Seissac (Béatrix de), 426.
Sèle (la), voir *Celé (le)*.
Sémiramis, 160.
Senapont (Blanche de), 427.
Seneçay (de), la marquise, 340.
Sèneret (de) Hector, 450.
— Marguerite, 448.
Séneterre, *voir* Saint-Nectaire.
Sénezergues (Françoise de), 465.
Senlis, 22, 120, 124.
Senoire ou *Senouire (la)*, 134, 135, 238, 407.
Sens, 28, 123, 199.

Sentoire (la), 55.
Seremur (Antoinette de), 467.
Serenat, 298.
Serlande, 153.
Serment (de) Diane, 410.
— Gilbert, 410.
Sérmur, 132.
Serpens, *voir* Isserpens.
Serre (de), ab. de Saint-André, 116.
Serre, 455.
Serres, 145.
Serrier (de) Amable, 428.
— Antoine, 440.
— Isabeau, 428.
— Magdeleine, 440.
Serverette, 330.
Servilienne (Maison), 361.
Servilius Domitius (C.), 14, 361.
Servilius Martianus, 14, 361.
Sévérac (de) Blanche, 427.
— Blanche-Louise, 427.
Sévérac-La-Chassagne (Maison de), 472.
Sévérac-Lieutadès (Maison de), 431, 432.
— (Branche de Ségur), 432.
Sévère, 15.
Sévère, cons., 205.
Severiana, 20.
Séveyrac (Marie de), 485.
Séveyraguet, 472.
Séveyrat-Fontaube (Maison de), 472.
Sévigné (madame de), 217.
Sextus Orgius, 252.
Seychalles, 477.
Sezal, 79.
Siagrie, 368.
Sianna, 253.
Sicile, 53.
Sidoine-Apollinaire, 3, 18, 19, 20, 21, 23, 135, 137, 138, 140, 144, 158, 167, 174, 180, 181, 183, 189, 193, 194, 197, 201, 202, 205, 251, 259, 280, 281, 282, 296, 297, 298, 309, 362, 363, 364, 365, 366, 367.
Sigebert Ier, 24, 302, 310.
Sigebert III, 190, 199, 311.

Sigivalde, comte, 310.
Sigon (saint), év., 29, 30, 315.
Silly (Françoise de), 411.
Simeoni (Gabriel), 196.
Simniulfe, 22.
Simon (Pierre), arch., de Bourges, 66, 68.
Singles, 38.
Sioule (la), 41, 47, 134, 136, 233, 234, 263, 364, 423.
Sirenat, *voir* Cerneuf.
Sirmond (le P. Jacq.), 167, 198, 272.
Sixte IV, pape, 106.
Soanen, év. de Senez, 272.
Soissons, 34.
Solignac (Gilbert de), 407.
Solignac-en-Velay, 407.
Solignat, 305.
Solin (C. J.), 176.
Sommières-Caylar (de), 343.
Sommièvre (Marie de), 441.
Sontembruce (Jeanne de), 450.
Soucy (creux de), 139.
Sources, 158.
Sources minérales et thermales, 163.
Soulhac (Gabrielle de), 458.
Souvigny, 132, 133, 256, 258, 261.
Spa, 165.
Spinola (Alexandre), 344.
Spon, 169.
Sponde (Henri), 335.
Stable I (saint), 28.
Stable II, év., 29.
Stalimène, 154.
Strabon, 127, 143, 290.
Strada (Maison de), 499.
Strada (Octavio de), 142.
Stuart (Jean), duc d'Albanie, 321, 332, 334, 351, 441, 442.
Stuart (Marie), reine, 337, 409.
Stuart (Marie), ép. de H. d'Apchon, 497.
Sublet (Louise), 402.
Suavis, autunois, 252.
Suétone, 13.
Suger, 48.

Suif, 249.
Sully (Henri de), 61.
Sulpice Sévère, 18.
Sury-en-Forez, 492.
Sylvestre II, *voir* Gerbert.
Symmaque, 194, 281.
Symphorien (saint), 24.

T

Talaru-Chalmazel (de) Christophe, 451.
— Gabrielle, 433.
— Jeanne, 451.
— Louis, 433.
Talc, 154.
Taleyrat (Cantal), 468.
Talizat, 287, 402.
Tallende, 7, 134, 135, 212, 350.
Tallende (le petit), 33.
Tambour (du), source, 167.
Tamise (la), 137.
Tapisseries, 219.
Taranis, 244, 245, 247.
Tardieu (Ambroise), 479.
Tarentaise, 56.
Tarente, 391.
Tarente (de) Isabelle, 391.
— Jean-Antoine, 391.
Tarismond, 193.
Tautal (Anne), 389.
Tauves, 149, 217.
Tazanat ou *Tazenat*, lac, 141.
Teilhède, 27, 464.
Templiers (les), 57, 69, 90, 99, 103.
Ternant, 38.
Ternier (Anne), 469.
Terrail, *voir* Comboursier.
Terraules (de) Françoise, 499.
— Jeanne, 469.
Terrin (Anne de), 453.
Tertulle, tyran des Gaules, 298.
Tessonnières, 454.
Tétrade, 193, 194.
Tétrade (Maison de), 366.
Tétradie, 24, 311, 366.
Tetradius, év., 366.

Teutatès, 244, 249, 251.
Texier (Antoine), 443.
Thaumaste, 194.
Theillard (Emm.), 300, 301, 304, 308.
Theix, 410.
Théodat, 368.
Théodat, év., 34.
Théodat (Maison de), 368.
Théodebert, 23, 260.
Théodoric, 20, 193, 202, 280, 281.
Théodose, 281.
Thermus, 240.
Thierry, roi, 20, 21, 23, 209, 310, 311, 367.
Thiers, 7, 35, 79, 95, 130, 136, 150, 218, 221, 222, 228, 235, 255, 257, 261, 262, 270, 271, 273, 286, 371, 444.
Thiers (de), Chatard, 389.
— Dauphine, 389.
— Etienne II, 40.
— Guillaume, 37, 372.
— Guy II, 35.
— Guy VIII, 416.
— Jeanne, 416.
— Marguerite, 372.
— Marguerite, ép. de Guy VIII, 416.
— vicomtes de, 372, 373.
Thinières, 80, 154, 374.
Thinières (de) Alixent, 403.
— Dauphine, 384, 416.
— Jeanne, 416.
— Jacques, 416.
Thinières (des) Louis-Henri, 269.
— Pierre-Guillaume, 416.
Thiolet (de), lave, 157.
Thomas, év. d'Ascalon, 67.
Thomas d'Aquin (saint), 109, 197.
Thomas de Cantorbéry (saint), 54, 57, 58.
Thosh ou Thoush, 251.
Thou (Auguste de), 335.
Thuret, 33, 62.
Thuringe (la), 20, 23, 27, 311.
Tibère, 12, 246.
Tigridius, 361.
Tinel (Jacques), 268.

Tinières, voir *Thinières*.
Tinlhat, 88.
Tiretaine (la), 134, 135, 136, 161.
Tite-Live, 180, 183.
Titus, 13.
Tixidre (Marie), 472.
Toiras (de) Aymard de Saint-Bonnet, 343.
— Jacques de Saint-Bonnet, 345.
— Jean de Saint-Bonnet, maréch. de France, 343, 344, 345, 347.
— Simon de Saint-Bonnet, év., 345.
Toisac (le P. Jacques), 272.
Tolhuys, 357.
Tominas (Jeanne de), 428.
Tonnelier (Catherine), 480.
Tonnerre (Adelinde de), 423, 490.
Toralta (François de), 355.
Torsiat (de) Antoinette, ép. de Jacq. d'Oradour, 392.
— Antoinette, ép. de L. de Séveyrat, 472.
— Magdeleine, 475.
Tort, 88.
Tortebesse, 146, 265.
Tortepierre-en-Champagne, 433.
Touchet (Marie), 322, 323, 341, 405.
Toul, 29.
Toulouse, 81, 104, 105, 193, 298, 312, 313, 391, 392.
Toulouse (de) Bernard, 392.
— Hugues, 392.
— Jeanne, ép. de Bernard V, de La Tour, 60, 74, 409.
— Jeanne, ép. d'Alph. de Poitiers, 72.
— Raymond VII, 72, 407.
— Raymond-Pons, 392.
Touls (Cantal), 262.
Tourciat, *voir* Torsiat.
Tour-d'Auvergne (la), voir *Latour*.
Tour-des-Dames-de-Velzic (Antoinette de), 463.
Tournai, 119.
Tournemire, 412.
Tournemire (de), Jacques, 58.
— Jean, 459.
— Jeanne, 459.

Tournoël ou *Tournouelle*, 325, 419, 497.
Tournon, 335.
Tournon (de) Claudine-Françoise, 347, 412.
— Eudes, 422.
— François, card., 334.
— Françoise, 398.
— Guyotte, 417.
— Jacques, 334.
— Just, 426.
— Just-Louis, 347.
— Pons, 42.
Tours, 17, 22, 43, 138, 180, 331, 364, 478.
Tourzel, *voir* Alègre.
Tourzel (de) Anne, 419, 420.
— Antoinette, 390.
— Jacques, 437.
Tousi, 29.
Toutail de Chanterelle (Gabriel de), 475.
Trajan, 13.
Traux-en-Vivarais, 467.
Traverse (Isabeau de), 440.
Treignac (Olive de), 433.
Trenchelion (Gaspare de), 479.
Trente, 123.
Trentaine (la), riv., 60.
Trèves, 156.
Treuil (Louise du), 416.
Trioullier (Gaspard), cartier, 222.
Trithème, abbé, 260.
Troie, 183, 184, 185.
Truchard du Molin, 377.
Trudaine, intendant d'Auv., 217.
Truyère (la), riv., 138, 143, 351.
Tulle, 271.
Tubières (Charlotte de), 388.
Tubières-Grimoald (de), Jean, 412.
Tubières-Quélus (Henri de), 412, 414.
— Jean, 412.
Tunis, 83.
Turenne (vicomtes de), 371, 372, 421.
Turiac, *voir* *Thuret*.
Turin, 346, 347.
Turluron, 350.

U

Ulface (saint), 261.
Ultrogode, 22.
Unsac, 393.
Urbain II, pape, 4, 40, 41, 43, 44.
Urbain IV, pape, 77, 78, 85, 102.
Urbain V, pape, 107.
Urbain VI, pape, 121.
Urbain VIII, pape, 198, 345.
Urbanistes, 257, 271.
Urbicienne (Maison), 361.
Urbique (saint), 17, 361.
Urfé (d') Antoinette, 400.
— Claude, 406.
— Emmanuel, 491.
— Françoise-Marie, 491.
— Honoré, 138.
— Jacques ou Jean, dit Paillart, 374, 439.
— Louise, 384, 406.
— Pierre III, 406.
Urse (Maison d'), 369.
Ursicin, év. de Cahors, 23.
Ursin (saint), 16, 255, 275.
Ursins (J.-B. des), grand maître de Malte, 265, 267.
Ursulines, 270.
Ursus, 190.
Ussel (Catherine d'), 424.
Usson, 7, 50, 151, 153, 272, 319.
Uteo, 50.
Uzès, 298.
Uzès, *voir* Crussol.

V

Vacheresse-près-Saugues, 467.
Vair (Maison du), 471.
Vair (Guillaume du), 198, 200.
Vairevache, *voir* Blot.
Vaissète (dom J.), 312.
Valary de Teyra (Anne de), 466.
Valence, 21.
Valencé (N. de), 268.
Valenciennes, 336.

Valens, 295.
Valens (de) Geneviève, 357, 459.
— Jean, 459.
Valentinien, 156, 295.
Valery (saint), 26, 275.
Valeyre, 222.
Valines (Luce de), 268.
Valjouze ou *Valghouse*, 218.
Vallis honesta, voir *Feniers*.
Vallis lucida, voir *Le Bouchet* ou *Vauluisant*.
Vallis sana, voir *Lavassin*.
Valois (Adrien de), 143.
Valois (de) Charles, duc d'Angoulême, 102, 113, 322, 323, 340, 341, 342.
— Isabelle, 329.
— Marguerite, reine de France, 308, 322, 323, 335, 450, 500.
Varennes (Allier), 242.
Varillètes, 455.
Vassalo (Burgon de), 66.
Vassel (de) Catherine, 392.
— Magdeleine, 403.
Vassin (la), voir *Lavassin*.
Vasso, 6, 145, 253.
Vassogalate, 250, 252.
Vaudois, 274.
Vauluisant, abb., 318.
Vaulmières, 498.
Vaux, 454.
Vaux (de) Anne, 480.
— Guillemette, 420.
Vayron, 150.
Veauce (Philippie de), 420.
Veauvillers, 418.
Vectius Epagatus, 15, 19.
Vectius (Maison de), 365.
Vedrines, 211.
Védrines-près-Lorlanges, 402.
Vedrines-Saint-Loup, 145, 218, 484.
Veiny (de) Claude, 435.
— Françoise, 444.
— Jeanne, 477.
Veiny d'Arbouse (Maison de), 449.
Veiny d'Arbouse (de) Gilbert, év., 124.
— Jacques, 261.

Velay, 16, 128, 132, 147, 211, 212, 219, 225, 317, 318, 351, 377, 486, 487.
Velcia (de), 41.
Velzic, 413.
Venance Fortunat, 180.
Vendaigre, 34.
Vendat, 393.
Vendôme (duc de), César, 378.
— (comte de), Jean, 321, 383.
Vendomois (Sidonie de), 497.
Vénérand, comte, 311.
Vénérand (Maison de), 362.
Vénérand (saint), 17, 274, 362.
Venise, 73, 346, 348.
Ventadour (de) Antoinette, 393.
— Ebles VI, 421.
— Isabeau, 80, 421.
— Jeanne, 320.
Ventadour (Maison de), 58.
Ventadour, *voir* Levis-Ventadour.
Vercingétorix, 2, 10, 192, 279, 291.
Verdonnet (Maison de), 474.
Verdures, 219.
Verfeuille, 412.
Vergasilaune, 360.
Vergessac *ou* Vergezac (de), 330.
Vernassal, 156, 438, 485.
Verneuil, 331.
Verneuil (Catherine de), 444.
Verneuil, *voir* Balsac-Entragues.
Vernines, 8, 68, 78, 136, 408, 417.
Vernops (Luque de), 394.
Verrières-près-Issoire, 397, 444.
Vert (Marie), 496.
Vertaizon, 65, 66, 88, 474.
Vertamy (Maison de), 474.
Vertamy (Alix de), 473.
Vespasien, 13.
Veyssières (Marguerite de), 463.
Vezezoux, 153.
Vézin (Anne de), 458.
Viale, 134.
Vialeveloux, 484.
Viallatel, 460.
Vibius Avitus, 12, 295.
Vic-en-Carladès ou *Vic-sur-Cère*, 8, 131, 138, 143, 172.

Vic-le-Comte 7, 60, 131, 145, 164, 165, 166, 167, 218, 262, 271, 286, 301, 308, 318, 319, 333, 417, 441.
Vichy, 162, 230, 232, 233, 247, 250, 341.
Vicomtes d'Auvergne, *voir* Auvergne.
Victor Frédéric, antipape, 53.
Victoriac, 29.
Victorin, prêtre, 255.
Victorius, 297, 299, 309, 365.
Vieille-Brioude, 134, 135, 241, 263, 266, 326, 351.
Vieille-Brioude (de) Etienne (1064), 302.
— Etienne (XIIIe siècle), 431.
Vienne, 20, 21, 55, 76, 102, 103, 202, 438.
Vienne (de) Eléonore, 355, 415, 488.
— Françoise, 418.
— Jean, 425.
— Philippe, 425.
— René, 418.
Vigeois (Antoinette), 440.
Vigier (Hippolyte), 438.
— (Madeleine), 389.
Vigier de Prades (Maison de), 473.
Vigilance, 274.
Vignay, 200.
Vignier, 195.
Vignoles (de) Bertrand de La Hire, 347.
— François de La Hire, 347.
Vigouroux, 464.
Villars-près-Clermont, 157, 448.
Villebride (Pierre de), 266.
Villedieu, 403.
Villelongue, 80.
Villelume (Maison de), 403, 483.
— (Branche de Barmontais), 403, 474.
— (Branche de Bastiment), 403.
— (Branche de Bobières), 403.
— (Branche de La Roche-Othon), 403.
— (Branche de Ville-Savine), 403.
Villelume (de) Gabrielle, 474.
— Louise, 480.
— Marie, 480.
— Marguerite, 436.

Villemolage (Barthon de), 470.
Villemont, 449.
Villemur (Isabeau de), 462.
Villeneuve, 34, 434.
Villeneuve-en-Languedoc, 358.
Villeneuve-Lembron, 158, 211.
Villeneuve (Girard de), 86.
Vincennes, 111, 350.
Vimont (Ed.), 252.
Vins, 211, 229, 233.
Violan (puy), 144.
Vipsanius Agrippa, 294.
Visigoths, 280, 281, 289, 298, 299, 309, 310, 364, 367.
Visitandines, 270.
Vissac, 387.
Vissac (Maison de), 426.
Vissac (de) Alix, 404.
— Etienne, chanc. de Fr., 199, 404.
— Marc, 342.
Vital (saint), 38.
Vitaline (sainte), 18.
Vitragues, 465.
Vitruve, 158, 161, 175, 178, 179.
Vitry (le maréch. de), 348.
Viverols, 7, 220, 270, 434.
Vivès (Jean), 335.
Viviers, 55.
Vodable, 131, 305, 318, 423.

Vollore, 7, 90, 211, 399, 400, 452.
Volusien, 259, 276, 363.
Volvic, 25, 27, 29, 157, 437.
Vorey (Agnès de), 494.
Vosy (saint), 276, 364.
Vouroux, 249.
Voyère (Catherine), 392, 393.

W

Warin, *voir* Guérin.
Winebrand, 128.

Y

Ydes, 173.
Ythier de Joran (François), 396, 409.
— Marc, 396.

Z

Zante, 267.
Zénodore, 11, 12, 13, 150, 251, 295, 361.
Zénodore (Maison de), 361.
Zuniga (Baltazar de), 342.

ERRATA

Pages

74. Ligne 7, au lieu de *septième du nom*, lisez *sixième du nom*.
74. Ligne 7, au lieu de *Gérard*, lisez *Géraud*.
75. Ligne 8, au lieu de *Bertrand*, lisez *Bernard*.
100. Ligne 8, au lieu de *Bertrand*, lisez *Bernard*.
122 Ligne 7 (premier mot), au lieu de *Bertrand*, lisez *Bernard*.
150. Ligne 9, au lieu de *Corbirs*, lisez *Corbeil*.
150. A la note (1), ajouter *exploitée plus tard*.
150. Note (3), au lieu de *Ferrières, près Massiac*, lisez *La Ferrière, près Tourniac*.
172. Ligne 26, au lieu d'*Auge*, lisez *Auze*.
185. Ligne 4, au lieu de *Œneas*, lisez *Æneas*.
261. Ligne 22, au lieu de *Constantin*, lisez *Constantien*.
331. Ligne 15, au lieu de *Dampierre*, lisez *Dampmartin*.
358. Ligne 28, au lieu de *Henri de Lorraine*, lisez *Henri de Savoie*.
372. Ligne 10, au lieu de *Bernard III*, lisez *Beraud III*.
396. Ligne 25, au lieu de *Jeanne-Hermette*, lisez *Jeanne-Henriette*.
421. Ligne 26, au lieu de *Barois*, lisez *Bazois*.
430. Ligne 26, au lieu de *Gaspard*, lisez *Gasparde*.
447. Ligne 16, au lieu de *Montrognon-Dumas*, lisez *Montrognon-du-Mas*.
463. Ligne 19, au lieu de *Palemourgues*, lisez *Pélamourgues*.
491. Ligne 33, au lieu de *Guillemine*, lisez *Guilhem*.

CLERMONT-FERRAND, IMPRIMERIE L. BELLET

www.ingramcontent.com/pod-product-compliance
Lightning Source LLC
Chambersburg PA
CBHW060751230426
43667CB00010B/1526